Die

Zollgesetzgebung des Reichs,

enthaltend

die Zollgesetze und zollverwaltungsrechtlichen Vorschriften des Reichs nebst Erläuterungen, den Zolltarif mit seinen Abänderungen durch die Handelsverträge, die Handelsverträge mit Belgien, Österreich-Ungarn, Rußland und der Schweiz.

Herausgegeben

von

Paul Havenstein,
Kammergerichtsrat.

Zweite, neu bearbeitete Auflage.

Berlin 1906.
Verlag von H. W. Müller.
W. 35. Potsdamerstr. 121 K.

Vorwort.

Die neue vielfach vermehrte und umgearbeitete Auflage erscheint mit dem neuen Zolltarif. Sie soll wie die alte eine vollständige und sichere Zusammenfassung des in Deutschland geltenden materiellen Zollrechtes bieten, wie es für die Praxis von Bedeutung ist. Alle gesetzlichen Vorschriften sind daher im Wortlaut und mit Erläuterungen gegeben, die Verwaltungsvorschriften teils wörtlich teils in Anziehung und übersichtlicher Inhaltsangabe. Von den Handelsverträgen waren nur die mit den Nachbarstaaten aufzunehmen, weil die übrigen — abgesehen von dem Zolltarif — für die Praxis kein unmittelbares Interesse besitzen.

Das Werk soll Zollbeamten und Gewerbetreibenden ein praktisches Handbuch, Behörden und Gerichten ein klares Bild des gegenwärtigen Standes der Wissenschaft in allen Zollrechtsfragen gewähren. Deshalb verlangten seine Erläuterungen eine allgemein verständliche Form und einen selbständigen, mit dem Rüstzeug der Wissenschaft ausgestatteten Inhalt, — dies um so mehr, als anderweitige wissenschaftliche Behandlungen des größten Teiles der Materie fehlen. Wenn dabei wiederum von kritikloser Wiederholung reichsgerichtlicher Entscheidungen abgesehen ist und nicht selten gegenüber dem Reichsgericht abweichende Ansichten entwickelt werden mußten, so sind doch überall die Gründe der gegenteiligen Auffassung, die Gesetzgebungsmaterialien und die Literatur ausführlich berücksichtigt, so daß der Leser sich selbst das Urteil bilden kann. Nicht wenige der von dem Verfasser in der vorigen Auflage vertretenen Rechtsansichten sind inzwischen auch Gemeingut der Rechtssprechung geworden.

Zugleich mußten die Fragen des mehr praktischen Zollrechtes, welche den denkenden Zollbeamten und Gewerbetreibenden vornehmlich beschäftigen und die bisher eigentlich jeder wissenschaftlichen Erörterung entbehrten, wie die Rechtsverhältnisse bei der Deklaration und der Revision, bei den Begleitscheinen und den sonstigen Transportkontrollen, gegenüber Post, Eisenbahn, Zollniederlagen mit größerer Ausführlichkeit behandelt werden. Hierbei ist der Verfasser wesentlich Anregungen und Anfragen aus den Kreisen der Herren Zollbeamten gefolgt, für die er an dieser Stelle nochmals seinen Dank aussprechen möchte.

Berlin, 1. April 1906.

Havenstein.

Inhaltsübersicht.

Verzeichnis der Abkürzungen.

ALR. = Allgem. Landrecht f. d. Preuß. Staaten.
Begl.Reg. = Begleitschein-Regulativ v. 8. Juli 1888 (wiederholt abgeändert; siehe S. 42 Anm. 1).
BGB. = Bürgerliches Gesetzbuch.
BGBl. = Bundesgesetzblatt.
Eis.Z.Reg. = Eisenbahn-Zollregulativ v. 5. Juli 1888 (wiederholt abgeändert; siehe S. 57 Anm. 1).
Goltd. Arch. = Archiv f. Strafrecht, begründet v. Goltdammer.
GS. = Gesetz-Sammlung.
O.Trib. — Preuß. Obertribunal.
Pr. FMReskr. = Reskript des Preuß. Finanzministers.
PrZBl. = Zentralblatt der Abgaben-Gesetzgebung und Verwaltung in Preußen.
RGBl. = Reichsgesetzblatt.
RGes. = Reichsgesetz.
RG. E. = Entscheidungen des Reichsgerichts in Strafsachen, herausgeg. v. den Mitgliedern des Gerichtshofes und der Reichsanwaltschaft.
RG. R. = Rechtsprechung des Reichsgerichts, herausgeg. v. der Reichsanwaltschaft.
RV. = Verfassung des Deutschen Reichs.
RZBl. = Zentralblatt f. d. Deutsche Reich.
StrGB. = Strafgesetzbuch f. d. Deutsche Reich.
StrPO. = Strafprozeßordnung f. d. Deutsche Reich.
VZG. = Vereinszollgesetz v. 1. Juli 1869.
ZVV. = Zollvereinigungsvertrag v. 8. Juli 1867.

Nachträge und Berichtigungen.

S. 27 Anm. 2 letzter Absatz ist zu lesen statt 20. Juli 1879: 7. Februar 1906 (RGBl. S. 209). Dazu Ausf.Bestimmungen RZBl. 1906 S. 137.

S. 34 Anm. 1 am Ende einzuschalten: S. 31 und 250.

S. 44 Anm. 1 a. E. hinzuzufügen: Übereinkommen v. 25 Jan. 1905 (RZBl. 1906 S. 494).

S. 56 Anm. 3 a. E. hinzuzusetzen: Ferner die Verschlußordnung für Elbschiffe RZBl. 1906 S. 467 u. 497.

S. 56 Anm. *) a. E. einzuschalten: Desgl. 1906 S. 406.

S. 57 Anm. 1 Abs. 1 a. E. hinzuzufügen: RZBl. 1906 S. 407.

S. 65 Anm. 1 a u. b a. E. „ RZBl. 1906 S. 476.

S. 73 Anm. *) vorletzte Zeile hinter „S. 61" einzuschalten: und RZBl. 1906 S. 409.

S. 74 Anm. 1 a. E. anzufügen: und RZBl. 1906 S. 407.

S. 202 Anm. *) hinter „Paragraphen" einzuschalten: u. im RZBl. 1906 S. 413.

S. 205 Anm. 2 statt „Seefischereiordnung" zu lesen: Seefischereizollordnung (RZBl. 1906 S. 257).

S. 206 Anm. 10 a. E. hinzuzusetzen: RZBl. 1906 S. 265.

S. 208 Anm. 1 a. E. hinzuzusetzen: Im übrigen vgl. RZBl. 1906 S. 204.

S. 210 Anm. *) a. E. hinzuzusetzen: RZBl. 1906 S. 316.

S. 249 Z. 9 v. o. neben Oliven . . . in der Kolonne: „Allg. Tarif" statt 30 ein Strich zu setzen.

A.

Vereinszollgesetz vom 1. Juli 1869.

(BGBl. S. 317.)

Inhalt.

Wir Wilhelm, von Gottes Gnaden König von Preußen &c. verordnen im Namen des Norddeutschen Bundes, nach erfolgter Zustimmung des Bundesrats des Deutschen Zollvereins und des Deutschen Zollparlaments, was folgt:

I. Verkehr mit dem Vereinsauslande.

Ein-, Aus- und Durchfuhr.

§ 1.

Alle Erzeugnisse der Natur, wie des Kunst- und Gewerbefleißes dürfen im ganzen Umfange des Vereinsgebiets [1] [2]) eingeführt, ausgeführt und durchgeführt werden.

---

1. Das VZG. — mit dem 1. Januar 1870 in Kraft getreten — gilt außer im Deutschen Reich im Großherzogtum Luxemburg und den österreichischen Enklaven Jungholz und Mittelberg, in ersterem auf Grund des zwischen Preußen (zugleich namens der übrigen Vertragsstaaten) und Luxemburg geschlossenen Vertrages v. 20./25. Oktober 1865, dessen Vertreter jetzt das Reich und Luxemburg sind, in letzteren auf Grund eines Österreichisch-Bayrischen Vertrages von 1868, in welchen das Reich nicht eingetreten ist, und eines Deutsch-Österreichischen Vertrages v. 2. Dez. 1890 (RGBl. 1891 S. 59). Beide Enklaven werden zollrechtlich als zu Bayern gehörig behandelt.

Vom Zollgebiet ausgeschlossen sind (s. g. Zollausschlüsse):

a) in Baden der Ort Büsingen, der Bittenharter Hof, die Orte und Höfe Jestetten mit Flachshof, Gunzenrieder Hof und Reutehof, Lottstetten mit Balm, Dietenberg, Nack, Locherhof, Volkerbach, Dettighofen mit Häuserhof, Altenburg, Baltersweil, Berwangen und Albführenhof bei Weisweil;

b) in Preußen die Freihafengebiete von Emden und Geestemünde nebst angrenzenden Petroleumlagerplätzen und Helgoland;

c) in Hamburg das Freihafengebiet mit der Insel Neuwerk und ein kleines Terrain bei Kuxhaven;

d) in Bremen ein kleines Gebiet an der Stadt und das Freihafengebiet von Bremerhaven nebst angrenzenden Petroleumlagerplätzen.

2. Im Reiche beruht die Geltung des VZG. auf sehr verschiedenen Gesetzen. Nur in Elsaß-Lothringen ist es durch Reichsgesetz (v. 17. Juli 1871) eingeführt. Im übrigen ist es gesondert für den früheren Norddeutschen Bund, für Bayern, für Württemberg, für Baden, für Hessen südlich des Mains veröffentlicht worden,

und es erwächst die Frage, ob das VZG. in diesen Gebieten Reichsrecht oder Landesrecht ist. Die Frage hat insofern keine politische Bedeutung, als nach Art. 35 der RV. dem Reich ausschließlich die Gesetzgebung über das gesamte Zollwesen zugewiesen und den Einzelstaaten damit jede Änderung der Zollgesetzgebung entzogen ist. Sie gewinnt aber praktischen Wert, weil die Gesetzgebung für Reichs- und für Landesgesetze mitunter verschiedene Grundsätze aufstellt, insbesondere § 5 des Einf. Ges. z. Reichs-Strafprozeßordnung die prozeßrechtlichen Vorschriften der Reichsgesetze aufrecht erhält, die der Landesgesetze nicht, was für den 17. Abschnitt des VZG. von Wichtigkeit wird. — Die Ansichten sind geteilt. Während Zorn (Staatsrecht Bd. II S. 246) von einem Reichszollgesetz spricht, wird von Laband (Staatsrecht des Deutschen Reichs, 2. Aufl. Bd. II S. 911), von Rönne (Staatsrecht des Deutschen Reichs Bd. IIa S. 195, Staatsrecht der Preuß. Monarchie Bd. I Abt. 2 S. 227), wohl auch von Meyer in Hirths Annalen 1882 S 771) angenommen, daß das VZG. — abgesehen von Elsaß-Lothringen — nur als Landesrecht Geltung habe, weil es als Landesgesetz veröffentlicht und durch Art. 2 der Reichsverfassung nicht zum Reichsgesetz erhoben worden sei. Indessen war das VZG. niemals Landesgesetz. Nach Art. 7 Abs. 1 des Zollvereinigungs-Vertrages v. 8. Juli 1867 kamen die Gesetze des Zollvereins durch Mehrheitsbeschluß des Bundesrats und des Zollparlaments zustande, und bedurften keiner Bestätigung durch die Landesgesetzgebung; nur ihre Veröffentlichung sollte in den bei den Vertragsstaaten üblichen Formen geschehen. Die Gesetze wurden gegeben und geändert durch die Bundesgewalt, sie galten für das gesamte Vereinsgebiet, sie verpflichteten (selbstverständlich nach ihrer Veröffentlichung) die Bürger unmittelbar, nicht die Staaten, — sie waren daher Vereinsrecht, nicht Landesrecht. Der Veröffentlichung war keine größere Bedeutung beigelegt wie der anderer Gesetze, und wenn sie sich in den Formen des Landesrechts vollzog, so war dies eben nur eine Form, dadurch hervorgerufen, daß der Gesetzgebung des Zollvereins keine einheitliche, sondern eine mehrfache, örtlich geteilte Exekutive zur Seite stand. Bei solcher Zersplitterung der Exekutive mochte sich das politische Gebilde des Zollvereins dem schulmäßigen Begriff „Staat" oder „Bundesstaat" schlecht einfügen lassen, — auf den Charakter seiner Gesetzgebung, ob gemeines Recht oder Landesrecht, ist sie ohne entscheidenden Einfluß gewesen. Wären die Gesetze des Zollvereins Landesgesetze gewesen, so hätten sie nicht bloß in den Formen der Landesgesetze verkündet werden müssen, sondern sie hätten von jeder Landesgesetzgebung besonders beschlossen und ordnungsmäßig zum Gesetze erhoben werden müssen. Übrigens war selbst die Form ihrer Verkündigung keineswegs die eines Landesgesetzes, es fehlte in der Eingangsformel das Wesentliche eines solchen: die Zustimmung der gesetzgebenden Körperschaften des Landes; — sie war nur eine Publikation der landesherrlichen Exekutive in denjenigen Blättern, in welchen die Landesgesetze veröffentlicht wurden, und vollzog sich in Bayern und Württemberg als Königl. Deklaration (26. Sept. 1869) bez. Königl. Dekret (10. Juli 1869), in Baden und Hessen als einfache Bekanntmachung des Finanzministeriums (13. Juli, 16. August 1869).

Ist aber das VZG. gemeines Recht des Zollvereins gewesen, so ist es auch gemeines Recht des Deutschen Reichs geworden. Denn das Deutsche Reich, mit dem Zollverein auf der gleichen rechtlichen und territorialen Grundlage erwachsen, für die Gesetzgebung mit denselben Organen und — für die hier in Frage kommende Materie — mit den gleichen Befugnissen ausgestattet, stellte eine organische Fortbildung des Zollvereins, allerdings von dauerndem Bestande, dar und wurde bei seiner Errichtung von allen maßgebenden Faktoren als unmittelbarer Rechtsnachfolger des Zollvereins angesehen. Dessen Gesetze blieben daher seine Gesetze. Art. 40 der RV. erhält auch alle Bestimmungen des Zollvereinigungsvertrages v. 8. Juli 1867 in Kraft. Zu dessen wichtigsten Bestimmungen gehörte, daß die durch Übereinstimmung des Bundesrats und des Zollparlaments zustande gekommenen Gesetze Vereinsgesetze seien, allgemeine Gültigkeit haben sollten. Durch Aufrechterhaltung dieser Bestimmung ist jenen Gesetzen die Bedeutung und Kraft der Reichsgesetze beigelegt worden, und es bedurfte ihrer Erwähnung in Art. 2 nicht. Durch Art. 40 der RV. ist ferner das Deutsche Reich zum Rechtsnachfolger des Zollvereins erklärt worden; denn wenn eine Verfassung die Verfassung eines früheren Staatsgebildes — und das war der Zollvereinigungsvertrag v. 8. Juli 1867 — in sich aufnimmt, so ist damit die Fortführung der früheren Organisation, die Rechtsnachfolge im staatsrechtlichen Sinne ausgesprochen. — Der höchste Gerichtshof des Reiches hat auch niemals an der vollkommenen Gleichartigkeit der Gesetze des Zollvereins und des Reiches gezweifelt und den § 5 des Einf.Ges. zur Reichs-Strafprozeßordnung auf beide gleichmäßig bezogen.

§ 2.

Ausnahmen [1]) hiervon (§ 1) können zeitweise [2]) für einzelne Gegenstände beim Eintritt außerordentlicher Umstände oder zur Abwehr gefährlicher ansteckender Krankheiten (Art. 4 Abs. 2 bis einschließlich 5 des Vertrages vom 8. Juli 1867) oder aus sonstigen gesundheits- oder sicherheitspolizeilichen Rücksichten für den ganzen Umfang oder einen Teil des Vereinsgebiets angeordnet werden. [3])

---

1. § 2 des VZG. beruht auf dem angezogenen Art. 4 Abs. 2 bis 5 des Zollvereinigungsvertrages v. 8. Juli 1867, welcher lautete:

Die Freiheit des Handels und Verkehrs zwischen den vertragenden Teilen soll auch dann keine Ausnahme leiden, wenn beim Eintritte außerordentlicher Umstände, insbesondere auch bei einem drohenden oder ausgebrochenen Kriege, einer von ihnen sich veranlaßt finden sollte, die Ausfuhr gewisser im inneren freien Verkehr befindlichen Erzeugnisse oder Fabrikate in das Ausland für die Dauer jener außerordentlichen Umstände zu verbieten.

In einem solchen Falle wird man darauf Bedacht nehmen, daß ein gleiches Verbot von allen vertragenden Teilen erlassen werde.

Sollte jedoch einer oder der andere derselben es seinem Interesse nicht angemessen finden, auch seinerseits jenes Verbot anzuordnen, so bleibt demjenigen oder denjenigen Teilen, welche solches zu erlassen für nötig finden, die Befugnis vorbehalten, dasselbe auch auf den Umfang des ihrem Beschlusse nicht beitretenden Teiles auszudehnen.

Die vertragenden Teile räumen sich ferner auch gegenseitig das Recht ein, zur Abwehr gefährlicher ansteckender Krankheiten für Menschen und Vieh die erforderlichen Maßregeln zu ergreifen. Im Verhältnisse von einem Vereinslande zu dem anderen dürfen jedoch keine hemmenderen Einrichtungen getroffen werden, als unter gleichen Umständen den inneren Verkehr des Staates treffen, welcher sie anordnet.

Unter den Staatsrechtslehrern bestehen Zweifel, ob diese Vorschriften mit dem Verschwinden des Norddeutschen Bundes und seinem Aufgehen in das Deutsche Reich ihre Geltung verloren haben, oder ob sie durch Art. 40 der RV. aufrecht erhalten worden sind (vgl. einerseits Seydel, Kommentar S. 166, von Aufseß in Hirths Annalen 1885 „Zölle und Steuern“, — andererseits Delbrück Art. 40 der RV.,

Laband, Staatsrecht Bd. II S. 909, Zorn, Staatsrecht Bd. II S. 248). Nachdem Art. 4 Abs. 2 bis 5 a. a. O. durch § 2 VZG. aus einer völkerrechtlichen in eine staatsrechtliche Vorschrift umgewandelt worden ist, wobei an Stelle der „vertragenden Teile" (des Norddeutschen Bundes) die Einzelregierungen (Preußen, Sachsen 2c.) getreten sind, beschränkt sich die Frage darauf, ob das durch § 2 des VZG. den Einzelstaaten vorbehaltene Recht durch Art. 35 der RV., wonach die Gesetzgebung über das gesamte Zollwesen dem Reiche zusteht, oder durch Art. 33 a. a. O., wonach alle Gegenstände, welche im freien Verkehr eines Bundesstaates befindlich sind, in jeden anderen Bundesstaat eingeführt werden dürfen, — hinfällig geworden sei. Die Frage ist im allgemeinen zu verneinen. Art. 4 Abs. 2 bis 5 des Zollvereinigungsvertrages, bzw. § 2 VZG. hatten nicht die Bedeutung, daß den Einzelstaaten das Recht beigelegt werden sollte, gewisse Einfuhrverbote zu erlassen, sondern umgekehrt, daß dieses auf anderen Gebieten, als dem der Zollverwaltung, nämlich auf gesundheitlichem, polizeilichem, militärischem Gebiete entsprossene und — bei aller grundsätzlichen Freiheit des Verkehres und aller Zolleinigung — selbstverständliche Recht der Einzelstaaten im Interesse jener Gesichtspunkte gewissen Beschränkungen unterworfen werden sollte. § 2 VZG. (bzw. Art. 4 des Zollvereinigungsvertrages) enthält eine Verstärkung der Art. 33, 35 der RV. und steht ihnen nicht entgegen. Nur Einfuhrverbote, welche zum Schutze der inländischen Produktion oder der Erhebung einer inneren Steuer dienen, dürfen nicht von den Einzelstaaten, sondern nach Art. 33, 35 RV. allein vom Reiche ausgehen. — Ebenso versteht es sich von selbst, daß, wenn jenes anderweite Gebiet z. B. die Medizinal- und Veterinärpolizei, der Gesetzgebung des Reiches überwiesen ist (Art. 4 Nr. 15 der RV.) und auf demselben durch Reichsgesetz der Machtbefugnis der Einzelstaaten Schranken gezogen sind, wie für Rinderpest und Viehseuchen, — diese Schranken nicht überschritten werden dürfen; sowie daß die vom Reich mit anderen Staaten — vgl. Art. 1 des Deutsch-Österreichischen Handelsvertrages — geschlossenen Verträge auch die Einzelstaaten binden. Im übrigen hat § 2 VZG. seine Geltung bewahrt, freilich nur für die Einzelstaaten und das Anordnungsrecht des Bundesrats, nicht für die Gesetzgebung des Reichs, welche durch ihn so wenig wie durch ein anderes Reichsgesetz beschränkt wird und nicht verhindert ist, auch dauernde Einfuhrverbote zu erlassen, wie das für verseuchte Tiere (§ 6 RGes. v. 23. Juni 1880 und 1. Mai 1894), für Sprengstoffe (§ 1 RGes. v. 9. Juni 1884), für eine Reihe von Fleischsorten (Fleischbeschau- und Zollordnung v. 29. Januar 1903), für Süßstoffe (RGes. v. 7. Juli 1902) bereits geschehen ist.

Die gegenteilige Ansicht wird in erster Linie durch Rudolf Delbrück „Der Artikel 40 der RV." S. 24 vertreten. Delbrück geht davon aus, daß jedes Ausfuhrverbot (ebenso wohl jedes Ein- und Durchfuhrverbot S. 12, 13, 24 a. a. O.) der Natur der Sache nach unter den Begriff der Zollgesetzgebung falle, gleichviel ob es auf den für die Zollgesetzgebung leitenden wirtschaftlichen oder auf anderen Gesichtspunkten beruhe. Dies sei durch § 2 des VZG. ausdrücklich anerkannt worden. Weil nun Art. 35 der RV. jeden in den Bereich des Zollwesens fallenden gesetzgeberischen Akt eines Bundesstaates ausschlösse, so sei damit die Befugnis der Einzelregierungen zu Ein- und Ausfuhrverboten beseitigt. — Beim Mangel ausdrücklicher gesetzlicher Bestimmungen kann aber nicht angenommen werden, daß ein Waffenausfuhrverbot im Fall eines Krieges, ein Einfuhrverbot sozialdemokratischer Schriften, ein Ein-, Aus- oder Durchfuhrverbot zur Verhütung des Einschleppens oder Verschleppens von Pest oder Cholera, mag es ein Stück der Zollgrenze umfassen oder nicht, — staatsrechtlich der Natur der Sache nach zur Zollgesetzgebung gehöre, wie auch derartige Verkehrsbeschränkungen nicht von den Organen der Zollverwaltung, sondern von denen des Kriegswesens, der politischen oder Medizinalpolizei vorbereitet zu werden pflegen. Ebenso bietet § 2 VZG. (bez. Art. 4 des ZVVertrages) weder in seinem Wortlaut noch in seinen Motiven genügenden Anhalt dafür, daß jener Grundsatz staatsrechtliche Anerkennung gefunden hätte. Staatsrechtlich anerkannt ist nur, daß der Erlaß solcher Ein-, Aus- und Durchfuhrverbote im Zollinteresse gewissen Beschränkungen unterworfen ist, und daß diese Beschränkung in den Rahmen der Zollgesetzgebung gehört, nicht, daß die Einfuhrverbote selbst in diesen Rahmen fielen. Wäre letzteres der Meinung der vertragenden Teile, bez. beim VZG. der gesetzgebenden Gewalten gewesen, so hätte man kaum auf die Vermutung geraten können, daß Ein-, Aus- oder Durchfuhrverbote neben der Zollgesetzgebung von den Einzelstaaten auszusprechen seien, und es hätte der Hervorhebung sehr gewichtiger Gründe bedurft, eine derartige Durchlöcherung der Zuständigkeit der Zollgesetzgebung zu rechtfertigen. Nichts davon findet sich in den Motiven, — im Gegenteil wird das Recht der Einzelstaaten, aus polizeilichen, gesundheitlichen oder militärischen Gründen Einfuhrverbote ꝛc. zu erlassen, offenbar als selbstverständlich vorausgesetzt und im Parlament als solches nicht angezweifelt, was bei der Auffassung Delbrücks kaum verständlich gewesen wäre.

2. Dies Wort ist an Stelle des früheren Ausdrucks „auf bestimmte Zeit" gewählt worden, damit die Einfuhrverbote „bis auf weiteres" erlassen werden können, was den Verhältnissen in der Regel am besten entsprechen wird (Motive).

3. Zur Zeit sind folgende Einfuhrverbote in Geltung:

A. Die auf Grund des RGes. betr. die Rinderpest ꝛc. v. 7. April 1869 nebst Instruktion v. 9. Juni 1873, sowie auf Grund des RGes. v. 23. Juni 1880 und 1. Mai 1894 gegen Viehseuchen nebst Instruktion v. 12. Februar 1881 erlassenen bzw. in letzterem Gesetz enthaltenen Verbote; im Verhältnis zu Österreich-Ungarn hat das Viehseuchen-Übereinkommen v. 25. Januar 1905 besondere Vorschriften.

B. Die Kaiserl. Verordnungen v. 11. Februar 1873 (RGBl. S. 43), 31. Oktober 1879 (RGBl. S. 303), 4. Juli 1883 (RGBl. S. 153), 7. April 1887 (RGBl. S. 155) nebst Bekanntmachungen v. 12. Juli 1883 (RGBl. S. 142), 24. Mai 1884 (RGBl. S. 51), 24. August 1884 (RGBl. S. 191), 16. Juni 1886 (RGBl. S. 191), 23. August 1887 (RGBl. S. 431), welche die Einfuhr und Ausfuhr von Reben und Rebenblättern, von trockenem Rebholz, Kompost, Düngererde, gebrauchten Weinpfählen und Weinstützen verbieten und die Einfuhr von Weintrauben, Weintrestern, bewurzelten Gewächsen aller Art, von Pflänzlingen, Sträuchern und sonstigen Vegetabilien, welche aus Pflanzschulen, Gärten oder Gewächshäusern stammen, nur unter erschwerenden Bedingungen gestatten. Die beiden letzten Verordnungen sind in Ausführung der zwischen Deutschland, Österreich-Ungarn, Frankreich, Portugal und der Schweiz am 3. November 1881 geschlossenen internationalen Reblauskonvention ergangen, welcher Belgien und Luxemburg 1882, die Niederlande 1884, Italien 1887 und Spanien 1891 beigetreten sind. Dazu RGes. v. 6. Juli 1904 betr. die Bekämpfung der Reblaus (RGBl. 1904 S. 261), welches Strafbestimmungen enthält.

C. Die Kaiserl. Verordnung v. 26. Februar 1875 (RGBl. S. 135), welche die Einfuhr von Kartoffeln aus Amerika, ihrer Schalen und Abfälle, ihrer Säcke und sonstigen Verpackungsmittel verbietet. Auf Kartoffeln, welche als Schiffsproviant eingehen und vom Schiffe nicht entfernt werden, findet das Verbot keine

Anwendung; doch sind diese nach § 80 VZG. unter Verschluß zu nehmen (Pr. FMReskript v. 6. März 1875; PrZBl. S. 45).

D. Die Kaiserl. Verordnungen v. 5. Februar 1898 (RGBl. S. 5) und 6. August 1900 (RGBl. S. 791), welche zur Verhütung der Einschleppung der San José-Schildlaus die Einfuhr lebender Pflanzen und frischer Pflanzenabfälle, frischen Obstes und frischer Obstabfälle, sowie ihres Verpackungs- und Verwahrungsmaterials aus Amerika und Japan verbieten.

E. Der Bundesratsbeschluß v. 16. Januar 1881 (RZBl. S. 15, PrZBl. 1881 S. 50), welcher die Einfuhr von losen Spielkarten und Karten, welche in ihrer vorliegenden äußeren Vereinigung als Kartenspiele nicht anzusehen sind, verbietet (Ausführungsbestimmung zum RGes. v. 3. Juli 1878).

F. Die Kaiserl. Verordnungen v. 6. März 1883 (RGBl. S. 31) und 3. Sept. 1891 (RGBl. S. 385), welche die Einfuhr von Schweinefleisch, einschl. Speckseiten, und Würsten aller Art amerikanischen Ursprungs verbieten, falls dieselben nicht mit einer ärztlichen Bescheinigung versehen sind, daß das Fleisch im Ursprungslande nach Maßgabe der dortigen Vorschriften untersucht und frei von gesundheitsschädlichen Eigenschaften befunden worden ist (vgl. hierzu Pr. FMReskript v. 9. Sept. 1891; PrZBl. S. 254), — und die Kaiserl. Verordnung v. 29. Nov. 1887 (RGBl. S. 529) betr. die Einfuhr von Schweinen und Schweinefleisch dänischen, schwedischen, norwegischen Ursprungs.

G. Die die Einfuhr von Fleisch in weitgehendem Maße verbietende Fleischbeschau-Zollordnung des Bundesrats v. 29. Januar 1903 (RZBl. S. 32).

H. Das Süßstoffgesetz v. 7. Juli 1902 (RGBl. S. 253), das die Einfuhr von Süßstoff und süßstoffhaltigen Nahrungs- und Genußmitteln aus dem Auslande nur auf besondere Ermächtigung hin gestattet. Die Ausführungsbestimmungen (RZBl. 1903 S. 103) ermächtigen den Reichskanzler zu Ausnahmen im Einzelfall.

J. Das RGes. v. 9. Juni 1884 gegen den verbrecherischen und gemeingefährlichen Gebrauch von Sprengstoffen, welches deren Einfuhr nur auf polizeilichen Erlaubnisschein gestattet (RGBl. 1884 S. 61; Pr. FMReskript v. 24. Sept. 1884, PrZBl. S. 140. — Bek. des Bundesrats v. 16. April 1891 über den Begriff „Schießmittel", RGBl. 1891 S. 105).

Eingangszoll.

§ 3.

Die aus dem Vereinsauslande eingehenden Gegenstände sind zollfrei, soweit nicht der Vereinszolltarif*) einen Eingangszoll festsetzt.

---

*) Der z. Z. gültige Zolltarif ist vom 25. Dezember 1902; vgl. denselben mit den vertragsmäßigen Abänderungen unter F.

§ 4.

Im letzteren Falle tritt mit den im gegenwärtigen Gesetz (§§ 111 bis 118) bestimmten Ausnahmen [1] [2] [3]) die Zollpflichtigkeit, ohne Rücksicht auf die etwaige Abstammung der Gegenstände aus dem freien Verkehr des Zollvereins, [4]) ein.

---

1. Eine weitere Reihe von Ausnahmen enthalten die §§ 5 und 6 des Zolltarifgesetzes v. 25. Dezember 1902. Dieselben werden ergänzt durch

a) Bundesratsbeschl. v. 23. Febr. 1882 (§ 101 der Prot., RZBl. 1882 S. 91 und PrZBl. 1882 S. 138), wonach Salz auf Vereinsrechnung abgabenfrei zum Einsalzen von Ausfuhrgegenständen, zur Pökelung und Nachpökelung von Heringen verabfolgt werden kann; vgl. dazu Ausführungsbestimmungen betr. das Gesetz über die Erhebung einer Abgabe von Salz v. 5. Juli 1888 § 21 und Anlage III (Protokolle des Bundesr. § 407; RZBl. 1888 S. 613ff.; PrZBl. 1888 S. 718 und 752ff.);

b) Bundesratsbeschlüsse v. 6. November 1902 und 25. Mai 1905 (RZBl. S. 409 bzw. 144), wonach den beim Deutschen Reich und beim Großherzogtum Luxemburg beglaubigten Botschaftern, Gesandten, Ministerresidenten unbedingt, den ihnen zugeordneten Räten, Legationssekretären, Attachees, sowie ihren Familienmitgliedern dann, wenn von dem betreffenden Staate Gegenseitigkeit geübt wird, — Zollfreiheit für Anzugsgut und sonstige Gebrauchs- oder Verbrauchsgegenstände auf Rechnung des Reichs zu gewähren ist.

c) Bundesratsbeschl. v. 12. Dezember 1889 (§ 585 der Protokolle; RZBl. S. 589; PrZBl. 1890 S. 13), wonach Gegenstände, welche als Geschenke eines fremden Staatsoberhauptes eingehen, mit Zustimmung der obersten Landesfinanzbehörde des Bestimmungsortes zollfrei abzulassen sind.

2. Außerdem können auf Rechnung der Einzelstaaten gewisse Sachen nach Landesrecht zollfrei gelassen werden. Der Zoll wird dann seitens des Reichs in Anrechnung gebracht und müssen diese Gegenstände in ein Register über die auf privative Rechnung freigeschriebenen Zollgefälle (vgl. dessen Einrichtung im Pr. FMReskript v. 18. Dezember 1867; PrZBl. 1868 S. 86; Sächs. FMReskript v. 9. März 1868) aufgenommen, zugleich aber in dem allgemeinen Zoll-Einnahme-Journal nachgewiesen werden. Es bestimmte nämlich der Zollvereinigungsvertrag v. 8. Juli 1867:

Art. 13. Vergünstigung für Gewerbetreibende hinsichtlich der Zollentrichtung, welche nicht in der Zollgesetzgebung selbst begründet sind, fallen der Staatskasse derjenigen Regierung, welche sie bewilligt hat, zur Last. Hinsichtlich der Maßgaben, unter welchen solche Vergünstigungen zu bewilligen sind, bewendet es bei den darüber bestehenden Verabredungen.

Zollbegünstigungen für Maschinen und Maschinenteile sollen auch auf privative Rechnung nicht gewährt werden.

Art. 15. Von der tarifmäßigen Abgabenentrichtung bleiben die Gegenstände, welche für die Hofhaltung der hohen Souveräne und ihrer Regentenhäuser, oder für die bei ihren Höfen akkreditierten Botschafter, Gesandten, Geschäftsträger usw. eingehen, nicht ausgenommen, und wenn dafür Rückvergütungen statthaben, so werden solche der Gemeinschaft nicht in Rechnung gebracht.

Ebensowenig anrechnungsfähig sind Entschädigungen, welche in einem oder dem anderen Staate den vormals unmittelbaren Reichsständen, oder an Kommunen oder einzelne Privatberechtigte für eingezogene Zollrechte oder für aufgeschobene Befreiungen gezahlt werden müssen.

Dagegen bleibt es einem jeden Staate unbenommen, einzelne Gegenstände auf Freipässe ohne Abgabenentrichtung ein- oder ausgehen zu lassen. Dergleichen Gegenstände werden jedoch zollgesetzlich behandelt und in Freiregistern, mit denen es wie mit den übrigen Zollregistern zu halten ist, notirt, und die Abgaben, welche davon zu erheben gewesen wären, kommen bei der demnächstigen Revenueausgleichung demjenigen Staate, von welchem die Freipässe ausgegangen sind. in Abrechnung.

Wie der letzte Absatz ergibt, ist das Recht der Krone bzw. der Ministerien, aus Billigkeitsrücksichten ausnahmsweise den Zoll zu erlassen, durch die Reichs- oder Vereinsgesetzgebung formell nicht geändert, im Verhältnis zum Reich allerdings jedem solchen Zollerlaß rechnungsmäßig die Anerkennung versagt. Auch § 23 des Zollgesetzes v. 23. Januar 1838: „Eine Befreiung von den durch dieses Gesetz bestimmten Abgaben findet nicht statt", welcher als „selbstverständlich" (vgl. Motive zu § 15 VZG.) im VZG. fortgelassen worden ist, beanspruchte keine andere Bedeutung und hatte nur das Recht des Zollvereins, nicht der Landesregierung im Auge. — Andererseits enthält ein solcher Zollerlaß aus Billigkeitsrücksichten auf Rechnung des Einzelstaats jetzt nicht nur einen Verzicht auf einen Zollanspruch, einen gnadenweisen Erlaß, sondern zugleich eine Ausgabe und muß staatsrechtlich als solche behandelt werden. Das Recht zu ihrer Gewährung kann nicht mehr auf das allgemeine Begnadigungsrecht des Monarchen oder die Befugnis der Verwaltung, von der Erhebung gewisser Eingänge aus Billigkeitsrücksichten abzusehen, gegründet werden, — und schwebt in der Luft, wenn es eine anderweitige Stütze im Landesstaatsrecht nicht findet; es darf nur durch Gesetz ausgeübt werden, wenn die Bewilligung von Ausgaben staatsrechtlich auf Grund eines Gesetzes geschehen muß. — Freilich wird es zurzeit selten eines privativen Zollerlasses bedürfen, weil das VZG. (§§ 111 bis 117) und das Zolltarifgesetz (Art. 5, 6), wie der Bundesrat (in Ausführung des § 118 VZG.) die Billigkeit in weitgehendem Maße berücksichtigt und den Landesfinanzbehörden ausgedehnte Befugnisse zugewiesen haben (vgl. Anmerkungen zu § 118).

3. Für Preußen sind folgende Vorschriften von Bedeutung:

A. Für fremde Gesandte bestimmt das Regulativ v. 15. Februar 1819:

1. Die am Hofe Seiner Majestät residierenden Gesandten und Minister, sowie diejenigen Geschäftsträger, welche bei dem Königlichen Ministerium förmlich beglaubigt sind, haben bei ihrem ersten Antritt und in einem Zeitraum von einem Jahr die Befugnis, alles, was zur Einrichtung ihres Hauses gehört, als Wagen, Pferde, Meubles, Kleidungsstücke, Wäsche, Tischgeschirr usw. frei von Zoll- und Verbrauchssteuern einzuführen.

2. Die fremden Gesandten haben das Recht, zu ihrer ersten Einrichtung eine gewisse Quantität Verbrauchsartikel frei von Zoll- und Verbrauchssteuern nach folgendem Verhältnis einzubringen, nämlich

a) die Gesandten bis zur Höhe einer Summe von 2000 Talern,

b) die förmlich beglaubigten Residenten und Geschäftsträger bis zur Höhe einer Summe von 1000 Talern an Zollgefällen und Verbrauchssteuern,

Die Zollverwaltung soll mit den fremden Gesandten eine Abrechnung halten und alle Verbrauchsartikel bis dahin abgabenfrei verabfolgen lassen, daß die oben gedachten Summen erreicht sein werden. Nachher haben die fremden Gesandten die Verbrauchsabgaben und die Zölle von allem zu entrichten, was sie fernerhin werden kommen lassen.

3. Die den Gesandtschaften beigegebenen Legationssekretarien haben die Befugnis, die zu ihrem Gebrauch bestimmten Gegenstände, bestehend in Kleidungsstücken, Wäsche, Papieren und Büchern, frei von Zoll- und Verbrauchssteuern einzubringen.

Die Buchung dieser Gegenstände geschieht allein beim Hauptsteueramt Berlin (für ausländische Gegenstände), wohin sie auf Begleitschein I abzulassen sind (Zirk.-Reskript v. 18. März 1819).

B. Für Fürstlichkeiten bestimmen

a) Reskript v. 14. Oktober 1820:

Seine Majestät der König haben befohlen, daß Prinzen und Prinzessinnen aus regierenden Häusern mit ihrem Gefolge ohne alle Nachfrage nach steuerbaren Objekten auf den Grenzzollämtern frei und ungehindert einpassieren sollen;

b) Reskript v. 23. Februar 1821:

Es ist gar nicht die Absicht der Verfügung vom 14. Oktober v. Js. gewesen, eine Steuerfreiheit für fürstliche Personen aus regierenden Häusern zu begründen, sondern daß man sie, aus Rücksichten der Achtung gegen ihre Person, bei ihren Reisen für sich und ihr Gefolge nur deshalb von aller Nachfrage seitens der Steuerbehörten habe befreit wisssen wollen, weil im voraus anzunehmen ist, daß sie keine steuerbaren Gegenstände bei sich führen werden. Sachen indessen, die sie mit der Post, zu Schiffe, durch Frachtfuhrwerk, Boten usw. kommittieren . . . unterliegen insofern der allgemeinen Behandlung, als nicht auf Spezialorders oder Pässe einzelne Ausnahmen gemacht sind.

C. Anker.

Reskript v. 16. September 1829. Aus der See herausgebrachte, früher verloren gegangene Anker können steuerfrei eingelassen werden, jedoch nur gegen glaubhafte Bescheinigung, daß dieselben wirklich aus dem benachbarten Gewässer herausgeholt sind, damit diese Befreiung nicht dazu benutzt werde, alte auswärts aufgekaufte Anker ohne Abgabenentrichtung einzuführen.

D. Ballast.

Reskript v. 29. November 1834. Es kann bei dem bisherigen Verfahren bleiben, wonach den Schiffern aller Nationen gestattet ist, Bruchsteine und Kalksteine, welche sie als Ballast mitbringen, ohne Erlegung der Eingangsabgaben auszuladen, insofern sie solche der Hafenbehörde unentgeltlich überlassen und auf den Ballastplatz werfen. Das Hauptzollamt ist hiervon jedesmal in Kenntnis zu setzen und hat alsdann dafür zu sorgen, daß die gedachten Gegenstände nicht zu anderem Gebrauch von dort in Massen wieder weggeholt werden.

4. Ebenso ohne Rücksicht, ob die Gegenstände neu oder gebraucht sind. Doch vgl. Art. 6 des Zolltarifgesetzes v. 25. Dezember 1902.

Ausgangszoll.

§ 5.

Bei der Ausfuhr gilt ebenfalls die Zollfreiheit als Regel. Die Ausnahmen *) ergibt der Vereinszolltarif.

*) Ausnahmen existieren zurzeit nicht.

Seitens der Einzelstaaten dürfen Ausgangszölle nicht erhoben werden. Vereinszollvertrag v. 8. Juli 1867 Art. 4 Abs. 1.

Zollfreiheit des Durchgangs.

§ 6.

Von der Durchfuhr werden Abgaben nicht erhoben.

II. Verkehr im Innern des Vereinsgebiets.

Freiheit des Verkehrs im Innern.

§ 7.

Der Verkehr mit vereinsländischen, sowie mit zollfreien oder verzollten ausländischen Waren innerhalb des Vereinsgebietes ist, vorbehaltlich der Bestimmungen in den Abschnitten XV und XVI dieses Gesetzes, und soweit nicht durch Vertrag unter den Zollvereinsstaaten Ausnahmen begründet sind, frei.*)

*) Zwischen Luxemburg und dem Reich ist der Verkehr mit Branntwein, zwischen Bayern, Württemberg, Baden, Elsaß-Lothringen und den übrigen Staaten der Verkehr mit Bier, zwischen Bayern, Württemberg und allen anderen Vereinsstaaten der Verkehr mit geschrotenem Malz eingeschränkt. Vgl. Anm. zu § 8.

§ 8.

Binnenzölle,*) sowohl des Staats, als der Kommunen und Privaten, sind unzulässig.

Dahin gehören jedoch nicht solche Abgaben, welche für die Benutzung von Häfen, Kanälen, Schleusen, Brücken, Fähren, Kunststraßen, Wegen, Krahnen, Wagen, Niederlagen und anderen zur Erleichterung des Verkehrs bestimmten Anstalten erhoben werden.

*) Hierunter sind nicht die inländischen Verbrauchssteuern zu verstehen (Erklärung des Bundesratsbevollmächtigten im Zollparlament). Daher wird jener Satz durch die sog. Übergangsabgaben erheblich eingeschränkt. Nach Art. 5 des Zollvereinigungsvertrages v. 8. Juli 1867 sind die Einzelstaaten, deren Kommunen und Korporationen berechtigt, von Branntwein, Bier, Wein, Most, Cider, Essig, Malz, von Mehl, anderen Mühlenfabrikaten und Backwaren, von Fleisch, Fleischwaren und Fett — innere Steuern zu erheben und in solchem Fall von den aus einem anderen Vereinsstaat eingehenden gleichartigen Erzeugnissen eine entsprechende Abgabe — die sog. Übergangsabgabe — zu erfordern (Ausnahme für Wein und Traubenmost bez. des früheren Norddeutschen Bundes vgl. Art. 5 § 3e des ZVV. v. 8. Juli 1867). Übergangsabgaben bestehen zurzeit (RGBl. 1897 S. 598):

a) von Bier zwischen Bayern, Württemberg, Baden, Elsaß-Lothringen einerseits und den übrigen Staaten andererseits (Bundesratsbeschl. v. 25. März 1874, RZBl. S. 127);
b) von geschrotenem Malz zwischen Württemberg und Bayern einerseits und den anderen Staaten andererseits;
c) von Branntwein zwischen Luxemburg einerseits, den übrigen Staaten andererseits (Pr. FMReskript v. 29. Sept. 1887, PrZBl. S. 413).

Endlich ist in Elsaß-Lothringen der bestehende Oktroi der Gemeinden in Geltung geblieben (RGes. v. 25. Juni 1873 § 5, RGBl. S. 162). — Jedoch dürfen nach § 13 des Zolltarifgesetzes vom 1. April 1910 ab für Rechnung von Kommunen und Korporationen Abgaben auf Getreide, Hülsenfrüchte, Mehl und andere Mühlenfabrikate, auf Backwaren, Vieh, Fleisch, Fleischwaren und Fett nicht mehr erhoben werden.

III. Erhebung des Zolles.

Erhebungsmaßstab, nach welchen Sätzen der Zoll zu entrichten ist.

§ 9.

Die Erhebung des Zolls geschieht nach Gewicht, nach Maß, nach Stückzahl oder nach dem Werte.

Der Zoll ist nach denjenigen Tarifsätzen und Vorschriften zu entrichten, welche an dem Tage gültig sind, an welchem

1) die zum Eingange bestimmten Waren bei der kompetenten Zollstelle zur Verzollung,[1][2] zur Abfertigung auf Begleitschein II (§ 33), oder zur Anschreibung auf Privatkreditlager (§ 108);

2) die zum Ausgange bestimmten ausgangszollpflichtigen[3] Waren bei einer zur Erhebung des Ausgangszolls befugten Abfertigungsstelle

angemeldet und zur Abfertigung gestellt werden (§ 34).

---

1. Für Berechnung des Zolles ist also im allgemeinen der Tag der Gestellung der Ware zur Verzollung entscheidend, nicht der frühere ihrer Versendung auf Begleitschein I oder Ladungsverzeichnis oder ihres Einbringens auf eine öffentliche Niederlage, nicht auch der spätere der wirklichen Berechnung und Erhebung des Zolles.

Wenn beim s. g. Veredelungsverkehr die Wiederausfuhr der eingebrachten Waren in der bestimmten Frist nicht stattfindet, so hat die Verzollung nach demjenigen Tarifsatze, welcher zur Zeit der für die Eingangsabfertigung abgegebenen Anmeldungen in Geltung stand, zu erfolgen. Das gleiche gilt bei den für den Schiffbau eingegangenen Materialien, wenn die Verwendung derselben zu dem Schiffbau nicht nachgewiesen ist.

(Anm. des Bundesrats zur Ausf. des VZG. v. 5. Juli 1888 Nr. 27.)

2. Durch § 9 wird nicht die Zollpflichtigkeit selbst auf den Augenblick der Gestellung der Ware zur Verzollung verlegt, sondern nur ihre Tarifierung, die Berechnung des Zollsatzes, und zwar nur für den regelmäßigen ehrlichen Verkehr. An sich tritt die Zollpflichtigkeit mit dem Überschreiten der Grenze ein, so daß ein Rücktransport vor Erreichung der Zollstelle im allgemeinen nicht von Entrichtung des Zolles entbindet (vgl. jedoch Anm. 1 zu § 32). Erfolgt das Überschreiten der Grenze in der Absicht der Zollhinterziehung, so ist der an diesem Tage gültige Zollsatz der Feststellung des Zolles und der Defraudationsstrafe zugrunde zu legen, mag er auch bis zur Entdeckung der Defraudation oder bis zur Beschlagnahme der Ware gewechselt haben. Vollzieht sich die Defraudation erst nach Überschreitung der Grenze während des Transports im Inlande, so ist der Zeitpunkt maßgebend, in welchem die Defraudation begangen wird. Und so auch bei der vermuteten Defraudation des § 136 VZG.; es entscheidet der Tag, an welchem — nach Art der betr. Vermutung — die Defraude als verübt anzusehen ist; dies wird regelmäßig der Tag sein, an welchem die die Vermutung begründenden Tatsachen, z. B. die falsche Deklaration, die Umgehung der Zollstätte, sich ereignet haben; jedoch nicht notwendig: es kann durch weitere Beweise ein früherer Moment ermittelt werden, z. B. wenn bei § 136 Nr. 7 VZG. der Tag des Einbringens der Waren, für welche der Nachweis fehlt, in das Geschäft des Gewerbetreibenden oder über die Grenze anderweit festgestellt wird.

Umgekehrt bleiben Waren, welche über die Grenze geschafft sind, als ihre Zollpflichtigkeit gesetzlich noch nicht ausgesprochen war, zollfrei, wenn dieselbe vor ihrer Gestellung bei der zuständigen Zollstelle gesetzlich eingeführt wird.

3. Ein Ausgangszoll existiert zurzeit nicht (Ges. v. 7. Juli 1873).

Nebengebühren.

§ 10.

Neben den Zöllen dürfen andere Abgaben und Gebühren nur insoweit erhoben werden, als dieselben in den §§ 8, 27 und 108 vorbehalten sind, oder als es sich um eine Entschädigung für den Mehraufwand an Beamtenkräften handelt, welchen die Verabsäumung gesetzlich den Beteiligten obliegender Verpflichtungen noch in anderen Fällen, als denen des § 27 oder die Gestattung einer Ausnahme von den Vorschriften dieses Gesetzes im Interesse der Zollsicherheit notwendig macht. [1] [2])

Wegen der Meßgebühren (Meßunkosten) ist das Nötige in den Meßordnungen enthalten.

---

1. Anw. zur Ausf. des VZG. v. 5. Juli 1888 — § 407 der Protokolle — Nr. 1.

Die Erhebung besonderer Gebühren neben den Zöllen ist, außer den im Gesetze speziell bezeichneten Fällen, beispielsweise dann zulässig, wenn die Zollabfertigungen an anderen Orten, als an der ordentlichen Amtsstelle oder, mit Ausnahme der im § 133 vorgesehenen Fälle, während der Nachtzeit erfolgt, wenn auf den Antrag der Beteiligten statt der Begleitscheinabfertigung und der Anlegung des Verschlusses amtliche Begleitung angeordnet wird, wenn Schiffer sich weigern, eine Deklaration über die Zugänge zum Schiffsraum und etwaige geheime Behältnisse abzugeben und dadurch eine Bewachung des Schiffes notwendig wird, oder wenn dieselben an andern als den bestimmten Löschstellen anlegen.

2. Bestimmungen über Art und Höhe der auf Grund des § 10 VZG. für Rechnung des Reichs zu erhebenden Gebühren und der an Zollbeamte für außergewöhnliche Dienstleistungen auf Kosten des Reichs zu gewährenden besonderen Vergütungen enthält die Zollgebührenordnung v. 28. Juni und 1. August 1905 (RZBl. S. 170).

Abänderungen des Vereinszolltarifs.

§ 11.

Abänderungen des Vereinszolltarifs sollen der Regel*) nach wenigstens acht Wochen vor dem Zeitpunkte, mit welchem sie in Kraft treten, zur öffentlichen Kunde gebracht werden.

---

*) Dieser Paragraph hat nur instruktionelle Bedeutung und hindert die Gesetzgebung nicht, im Einzelfall anderes zu bestimmen, was mehrfach geschehen ist. Er sollte einen allgemeinen Grundsatz zur Beruhigung des Handelsstandes aufstellen.

Amtliches Warenverzeichnis.

§ 12.

Zur richtigen Anwendung des Vereinszolltarifs dient das amtliche Warenverzeichnis, [1]) welches die einzelnen Warenartikel nach ihren im Handel und sonst üblichen Benennungen in alphabetischer Ordnung aufzählt und die auf jeden derselben anzuwendende Tarifnummer bezeichnet. Beschwerden über die Anwendung des Tarifs im einzelnen Fall werden im Verwaltungswege [2]) entschieden. [3])

---

1. Zum amtlichen Warenverzeichnis gehören auch die ihm vorgedruckten s. g. Instruktionspunkte (RG. E. 13 S. 321) und die Anmerkungen (RG. E. 25 S. 8).

Nach der Anordnung des Bundesrats v. 20. Januar 1898 (RZBl. S. 84) haben die Direktivbehörden für ihren Bezirk auf Anfragen Auskunft über die Zolltarifierung von Waren, über Tarabestimmungen und Tarasätze zu erteilen. Die Auskunft bindet die untergebenen Zollämter und kann bis zum Widerruf nicht geändert werden. Über das Nähere siehe RZBl. 1898 S. 84.

2. D. h. im geordneten Instanzenzuge durch die Hauptämter, Direktivbehörden, Finanzministerium, Bundesrat. Der Rechtsweg ist gegen die Entscheidung der Zollbehörde nicht zulässig. Anders, wenn es sich um Festsetzung einer Zollstrafe durch die Gerichte handelt; hier entscheiden die Gerichte, wie über die sonstigen Grundlagen ihres Urteils, über den — der Berechnung der Strafe zugrunde zu legenden — Zollsatz nach eigenem Ermessen. § 260 StrPO. RG. E. 12 S. 1, 25 S. 8; R. 7 S. 57.

Dagegen haben sie sich in ihren Strafurteilen jedes Ausspruchs über die nachzuzahlenden Zollgefälle und deren Höhe zu enthalten, soweit es sich nicht um die subsidiarische Haftbarkeit handelt (vgl. dazu Anm. 10 § 153 VZG). Pr. JMReskript v. 4. Juni 1868, JMBl. S. 233, PrZBl. 1868 S. 174. Das gleiche gilt für die Strafbescheide der Verwaltungsbehörden (Anm. 12 zu § 135).

3. In § 12 ist nur vorgeschrieben, daß die Anwendung des Tarifs auf die Zollpflichtigkeit der Ware, ihre Unterstellung unter diese oder jene Tarifnummer Sache der Zollbehörden ist. Ob die Befreiung vom Zoll auf Grund des Vereinszollgesetzes (§§ 9ff., 111ff.) im Prozeßwege gegen den Fiskus erstritten werden kann, ist weder aus dieser noch einer anderen Vorschrift des VZG. oder eines Reichsgesetzes zu entnehmen und richtet sich nach dem Staatsrecht desjenigen Einzelstaates, gegen dessen Behörden der Anspruch sich wendet, von welchen also der Zoll erhoben bzw. für sich eingefordert worden ist. In Preußen ist die Entscheidung der Gerichte ausgeschlossen, weil eine solche nach §§ 78, 79 II 14 ALR. an das Vorhandensein eines „ausdrücklichen Privilegiums" gebunden ist, Privilegien aber nach dem VZG. nicht existieren (vgl. § 23 Zollgesetz v. 23. Jan. 1838, Motive des VZG. zu § 15), und die in den §§ 111—118 VZG. aufgeführten Zollerleichterungen und Befreiungen sich nicht als persönliche Privilegien, sondern als allgemein gültige Ausnahmen und Einschränkungen allgemein gültiger Gesetze darstellen (Erk. des OVerw.Ger. v. 3. Juli 1886, PrZBl. S. 208; RG. E. 5 S. 37ff.). Eine Ausnahme macht nur das nach Anm. 1 b bzw. 3 zu § 4 den fremden Botschaftern, Gesandten usw. zugebilligte Privilegium. — Gegenüber den Reichs-Zollämtern (in den Hansestädten) war der Rechtsweg zulässig; ebenso ist er es in denjenigen Einzelstaaten, wo abweichende Bestimmungen nicht bestehen (RG. E. 5 S. 37ff.).

Dagegen darf in Preußen wegen Verjährung oder früherer Tilgung die Klage auf Erstattung des Gezahlten vor den ordentlichen Gerichten erhoben werden. § 9 Ges. v. 24. Mai 1861.

Verpflichtung zur Entrichtung des Zolles.

§ 13.

Zur Entrichtung des Zolles ist dem Staate gegenüber derjenige verpflichtet, welcher zur Zeit, wo der Zoll zu entrichten, Inhaber [1] [2] (natürlicher Besitzer) des zollpflichtigen Gegenstandes ist. Dem Inhaber steht derjenige gleich, welcher den zollpflichtigen Gegenstand aus einer öffentlichen Niederlage entnimmt. [3])

---

1. Inhaber (natürlicher Besitzer) ist jeder, welcher (bewußterweise) die tatsächliche Gewalt über die Sache hat, mag er sie für sich oder einen anderen haben, mag er Eigentum oder ein beschränktes Recht an ihr ausüben. Jeder Transporteur, jeder, welcher (bewußterweise) mit der Ware betroffen wird, ist Inhaber und zur Zahlung des Zolles verpflichtet, sogar, wenn er unter dem Befehle eines anderen steht; — in solchem Fall, wie stets, wenn mehrere die tatsächliche Gewalt über die Sache ausüben, sind alle zur Entrichtung des Zolles solidarisch verbunden. Vgl. RG. E. 31 S. 274.

Man kann übrigens zur Deklaration verpflichtet sein, ohne für den Zoll zu haften, z. B. der Schiffsführer bezüglich der Effekten der Schiffsmannschaft (§ 78 VZG.). Für das ihm nicht zum Transport übergebene Passagiergepäck ist der Schiffsführer weder Inhaber (Warenführer) noch Deklarant. Anm. 1 zu § 23.

2. Die Verpflichtung zur Zollentrichtung lastet nicht als dingliches Recht auf der Ware, wie Laband, Staatsrecht II S. 940 darlegt, sondern als persönliche Verpflichtung auf dem Inhaber. Das Recht des Staates zur Beschlagnahme und Zurückbehaltung ist mit letzterer Auffassung ebenso vereinbar wie mit ersterer, und die Zollerlasse wegen zufälligen Untergangs oder Verminderung der Ware beim Transport auf Begleitschein oder Ladungsverzeichnis bzw. in der Niederlage sind nicht allgemeine Folgerungen aus dem Wesen der Zollpflicht, sondern nicht auszudehnende Ausnahmen aus Billigkeitsrücksichten. Die Labandsche Ansicht widerspricht dem klaren Wortlaut der §§ 13, 29 letzter Absatz, 31 VZG. und scheitert an dem Umstande, daß der Zoll den Wert des Gegenstandes mitunter übersteigt, daß der Importeur sich nicht durch absichtliche Vernichtung der Ware vor den Augen der Zollbehörde bez. in der Niederlage oder durch ihre Überlassung an den Fiskus seiner Zollverbindlichkeit entziehen kann, sondern nur — und lediglich auf Grund von Ministerialverfügungen — durch Zurückschaffung der Ware über die Grenze unter gewissen Voraussetzungen, daß endlich das Einbringen der Ware in eine öffentliche Niederlage den Zollanspruch des Staates gegen den Einlagerer nicht aufhebt, sondern nur den Zweck einer Kreditierung der Zollgefälle für bestimmte Zeit unter entsprechender Sicherung des Staates und gewissen Vergünstigungen für den Niederleger verfolgt. Ein unmittelbares d. h. dingliches Recht an der Ware selbst — und zwar ein Zurückbehaltungsrecht mit Pfandrechtswirkung, bedingtes und unbedingtes Eigentum (§ 14 Anm. 2) — entsteht für den Fiskus erst durch die Beschlagnahme oder Zurückbehaltung und durch die Konfiskation. Darüber lassen die §§ 14, 156 VZG. keinen Zweifel. Unter zollpflichtigen Waren versteht das VZG. wie der Sprachgebrauch natürlich nur Waren, die zu verzollen sind, wie eine stempelpflichtige Urkunde eine Urkunde ist, die zu verstempeln ist. Waren oder Urkunden, an denen der Fiskus ein dingliches Recht hat, sind mit jenen Ausdrücken nicht gemeint. Übereinstimmend RG. E. 19 S. 194;

O. Meyer, Deutsches Verwaltungsrecht I S. 278; Bullnig, Arch. f. Strafrecht 41 S. 120; Lehr, Handwbuch f. Staatsw. VI S. 837.

3. Dieser Satz will nur besagen, daß die Entnahme von der Niederlage noch zur „Einfuhr“ (§ 1 Tarifgesetz), zum Einbringen der Ware in den freien Verkehr gehört.

Haftung der Ware.

§ 14.

Die zollpflichtigen Gegenstände haften ohne Rücksicht auf die Rechte eines Dritten an denselben für den darauf ruhenden Zoll und können, solange dessen Entrichtung nicht erfolgt ist, von der Zollbehörde zurückbehalten oder mit Beschlag belegt werden.[1] [2] [3] [4] Das an den Inhaber des zollpflichtigen Gegenstandes von einem Zollbeamten ergangene Verbot, über den fraglichen Gegenstand weiter zu verfügen, hat die volle Wirkung der Beschlagnahme. Die Verabfolgung der Waren, auf welchen noch ein Zollanspruch haftet, kann in keinem Falle, auch nicht von den Gerichten, Gläubigern oder Gütervertretern (Massenkuratoren) bei Konkursen eher verlangt werden, als bis die Abgaben davon bezahlt sind.

---

1. Einer besonderen Form bedarf die Beschlagnahme nicht, nur muß der Ausdruck deutlich sein. Die Formvorschriften der §§ 94 ff. StrPO. finden auf die Beschlagnahme durch Zollbeamte keine Anwendung (§ 5 Einf.Ges. z. StrPO.). Befindet sich die Ware bereits im Besitz der Zollbehörde, so ist eine Beschlagnahme nicht erforderlich („zurückbehalten“). Andererseits findet die Beschlagnahme auch statt, wenn die zollpflichtigen Gegenstände sich nicht im Gewahrsam einer bestimmten Person befinden (vgl. § 157 VZG.) oder vom Besitzer freiwillig angeboten werden.

In Preußen soll nach der Beschlagnahme Menge, Gattung, Beschaffenheit, Wert der beschlagnahmten Sachen unter Zuziehung von Sachverständigen festgestellt und von größeren Beschlagnahmen soll Anzeige dem Prov.Steuerdirektor und dem Finanzminister erstattet werden. Doch sind diese Vorschriften nur instruktionell. Vgl. Arch. f. Strafrecht 1905 S. 112.

2. Die Beschlagnahme (Zurückbehaltung) setzt nicht voraus, daß die Ware zu einem Zollvergehen benutzt worden ist, sie kann auch allein zur Sicherung der Zollgefälle erfolgen. Sie hat die gewöhnlichen Wirkungen staatlicher Beschlagnahmen d. h. sie begründet für den Fiskus zur Sicherung seiner Forderung ein Zurückbehaltungsrecht mit den Wirkungen eines Faustpfandrechts (§ 49 RKonkOrdn.), das zugleich dem Schutz des § 137 RStrGB. untersteht.

Betrifft die Beschlagnahme (Zurückbehaltung) einen Gegenstand, welcher der Konfiskation unterliegt, der also zu einem Zollvergehen gebraucht ist, so schafft sie auflösend bedingtes Eigentum des Fiskus, das in unbedingtes übergeht, sobald die Konfiskation rechtskräftig ausgesprochen ist. Vgl. § 156 VZG. u. Anm. 2 dazu.

Weil die Ware für den Zoll haftet, kann sie von der Zollbehörde nicht eher verabfolgt werden, auch nicht zur Versendung auf Begleitschein oder Ladungsverzeichnis, als bis der Zoll gezahlt oder sichergestellt ist. Geschieht es doch, so darf sie zwar überall — solange sie noch nicht in den redlichen Besitz eines Dritten gelangt ist — aufs neue mit Beschlag belegt werden, der redliche Erwerb durch einen

Dritten hebt aber gemäß § 932 BGB. (Anm. 2 zu § 155 VZG. u. RG.E. 30 S. 413), das Recht des Staates auf. Dagegen treten alle Ansprüche Dritter, auch der Konkursmasse und der Gerichte, auf das in der Hand der Zollbehörde befindliche Gut hinter deren Rechte zurück. Vgl. RKonkO. § 49.

3. Das Erk. des Pr. OTrib. v. 19. September 1877 (PrZBl. 1878 S. 97) führt zutreffend aus, daß die Zollbeamten die Beschlagnahme auszusprechen haben, wenn sie nach pflichtmäßiger Erwägung das Vorhandensein einer Zollgesetzübertretung annehmen; den Gerichten steht eine Nachprüfung der tatsächlichen Richtigkeit dieser Beweggründe nicht zu, sofern die pflichtmäßige Erwägung stattgefunden hat (Anm. 3 zu § 161 VZG.).

4. Außer der in § 14 geordneten Beschlagnahme der zollpflichtigen Ware ist für Preußen in § 13 des Verwaltungsstrafgesetzes v. 26. Juli 1897 noch eine sog. Sicherungsbeschlagnahme der Transportmittel und sonstiger Gegenstände vorgesehen. Die Vorschrift lautet:

Zur Sicherung der den Beschuldigten voraussichtlich treffenden Geldstrafe, der Kosten des Verfahrens und der Abgaben können ferner die bei der Begehung der Zuwiderhandlung in seinem Gewahrsam befindlichen Transportmittel und sonstige von ihm mitgeführte Gegenstände — ausgenommen Arbeitsgeräte — mit Beschlag belegt werden, wenn sein Wohnsitz unbekannt oder außerhalb des Deutschen Reichs gelegen ist. Die bezeichneten Transportmittel können in allen Fällen, wo es nach Art oder Umfang der Gegenstände zur Ausführung des Transports erforderlich ist, unentgeltlich benutzt werden, die in Beschlag genommenen Gegenstände bis zur nächsten Amtsstelle zu befördern, bei welcher deren Aufbewahrung möglich ist.

Die Anordnung der Beschlagnahme und der im vorhergehenden Absatze erwähnten Benutzung steht dem untersuchungführenden Hauptamte, dem Bezirksoberinspektor oder dem Bezirksoberkontrolleur, bei Gefahr im Verzuge auch Zoll- und Steuerbeamten geringeren Ranges zu. Die Ausführung kann überhaupt durch jeden Zoll- und Steuerbeamten erfolgen. Beamte geringeren Ranges haben nach Anordnung einer Beschlagnahme binnen drei Tagen die Bestätigung des Bezirksoberkontrolleurs oder des Hauptamtes nachzusuchen.

In ähnlicher Weise — doch vgl. § 13 — dürfen Gegenstände, welche als Beweismittel für die Untersuchung von Bedeutung sein können, beschlagnahmt werden.

Diese Sicherungsbeschlagnahmen sind aufzuheben, wenn das Strafverfahren erledigt ist, ferner, wenn ihr Grund weggefallen ist oder wenn sich ergibt, daß die Transportmittel und Sachen Eigentum einer bei der Zuwiderhandlung nicht beteiligten, auch nicht vertretungspflichtigen Person sind. § 14 Pr. Verwaltungsstrafges. Sie setzen auch voraus, daß die Transportmittel und sonstigen Sachen sich im Gewahrsam des Kontravenienten befinden. Ein Schiff befindet sich im Gewahrsam des Kapitäns, nicht etwa des kontravenierenden Reisenden oder Matrosen, ein Wagen im Gewahrsam des Herrn, wenn dieser dabei ist, nicht des kontravenierenden Kutschers.

Verjährung der Abgabe.

§ 15.

Alle Forderungen und Nachforderungen von Zollgefällen, desgleichen die Ansprüche auf Ersatz wegen zuviel oder zur Ungebühr entrichteter Gefälle [1] [2] [3]) verjähren [4]) binnen Jahresfrist, von dem Tage an gerechnet, an welchem die Ware in den freien Verkehr gesetzt oder an

welchem der Zoll für die auf Privat-Kreditlager abgefertigten Waren [5]) festgestellt [6]) oder die Abfertigung auf Begleitschein II erfolgt ist. Auf das Regreßverhältnis des Staates gegen die Zollbeamten und auf Nachzahlung hinterzogener (defraudierter) Gefälle findet diese abgekürzte Verjährungsfrist keine Anwendung.

---

1. Beschl. d. Bundesrats v. 11. März 1890 — § 148 der Prot. — (PrZBl. S. 60):

1. Bei der Revision der Zollregister ist in Ansehung der sich ergebenden Nacherhebungen und Vergütungen jeder Belag insofern als ein in sich abgeschlossenes Ganzes zu behandeln, als innerhalb desselben für jeden Warenempfänger die zu viel und die zu wenig erhobenen Beträge zusammenzurechnen und die so gefundenen Summen abzugleichen sind. Mit der Schlußsumme ist hierauf wie folgt zu verfahren:

a) Beträge von nicht mehr als zehn Pfennig werden zwar im Revisionsprotokoll notiert, aber weder nacherhoben noch zurückvergütet.

b) Beträge über zehn Pfennig, aber unter drei Mark, werden jedesmal nacherhoben, aber nur auf ausdrückliches Verlangen des Beteiligten binnen Jahresfrist vom Tage der Erhebung an zurückvergütet.

c) Beträge von drei Mark und darüber werden nicht nur nacherhoben, sondern auch ohne Antrag rückvergütet. Hat aber letzterenfalls der zum Empfange Berechtigte den zur Rückerstattung angewiesenen Betrag innerhalb eines Jahres vom Zeitpunkt der Anweisung ab nicht erhoben, so ist der Betrag als heimgefallen zu behandeln.

2. Die Bestimmungen ad I finden auf die Behandlung der Register-Nacherhebungen und Vergütungen, welche sich bei den gemeinschaftlichen Verbrauchssteuern, der statistischen Gebühr, dem Spielkartenstempel, sowie den Reichsstempelabgaben ergeben, entsprechende Anwendung.

2. Die Direktivbehörden dürfen den Zoll in allen Fällen zurückerstatten, in welchen sie ihn erlassen können. Pr. FMReskript v. 23. Dezember 1869 III 25102.

Sie sind befugt, die Rückzahlung des Zolles für solche Waren anzuordnen, welche irrtümlich zur Verzollung angemeldet und demnächst, ohne aus dem Gewahrsam der Zoll- oder Eisenbahnverwaltung gewesen zu sein, in das Ausland wieder ausgeführt sind oder auf eine öffentliche Niederlage oder in ein Privattransitlager gebracht sind. Pr. FMReskript v. 9. Dezember 1879 (PrZBl. S. 370) und 25. Mai 1880 (PrZBl. S. 392).

3. Über die Buchung der Rückzahlung überhobener Zollgefälle in Preußen vgl. Pr. FMReskript v. 15. November 1850 (PrZBl. S. 179).

4. Ob ein Zollbetrag verjährt ist oder nicht, hat in Preußen nicht endgültig die Verwaltungsbehörde zu entscheiden; es kann die Entscheidung des Gerichts angerufen werden. § 9 Ges. v. 24. Mai 1861.

5. Oder überhaupt der kreditierte Zoll.

6. „Festgestellt"; nicht „bezahlt".

Für Preußen ist noch das Ges. v. 18. Juni 1840 §§ 2 ff., 7 von Bedeutung. Danach kann auf Zurückzahlung zu viel erhobener, wie auf Nachzahlung gar nicht oder zu wenig erhobener Wage- und Krahngelder, Schiffahrts-, Hafenabgaben und Niederlagegelder ein Anspruch nur erhoben werden, wenn derselbe binnen Jahresfrist, vom Tage der Versteuerung bzw. des Eintritts der Zahlungsverpflichtung an gerechnet, angemeldet und begründet, bzw. dem Zahlungspflichtigen gegenüber geltend gemacht wird.

IV. Einrichtungen zur Beaufsichtigung und Erhebung des Zolles.

Zollinie — Grenzbezirk — Binnenlinie.

§ 16.

Die Landesgrenzen gegen das Vereinsausland bilden die Zollgrenze oder Zollinie. Es können indes einzelne Teile eines Vereinsstaates, wo die Verhältnisse es erfordern, von der Zollinie ausgeschlossen bleiben.[1]) Für den Verkehr dieser Teile mit dem Vereinsgebiet werden nach Bedürfnis besondere Anordnungen getroffen.

Wo das Vereinsgebiet durch das Meer begrenzt wird, bildet die jedesmalige, den Wasserspiegel begrenzende Linie des Landes die Zollinie.[2]) Das gleiche gilt, wo das Vereinsgebiet an andere Gewässer grenzt, sofern deren Stand von Ebbe und Flut abhängig ist.

Der zunächst innerhalb der Zollinie belegene Raum, dessen Breite nach der Örtlichkeit bestimmt wird, bildet den Grenzbezirk, welcher von dem übrigen Vereinsgebiete durch die besonders zu bezeichnende Binnenlinie getrennt ist.[3])

---

1. Vom Vereinslande ausgeschlossen sind Helgoland, Teile von Baden und Teile der Häfen von Hamburg, Bremen, Kuxhafen, Bremerhaven, Geestemünde, Emden (RZBl. 1888 und 1904 S. 27; vgl. Anm. 1 zu § 1 VZG.).

2. Hierin liegt eine Abweichung von dem völkerrechtlichen Prinzip, wonach das Staatsgebiet das Meer auf Kanonenschußweite von der Küste umfaßt.

3. Anw. zur Ausf. des VZG. v. 5. Juli 1888 — § 407 der Prot. — Nr. 2.

a) Künstliche, in das Wasser hinausreichende Anlagen, wie Moolen, Dämme, Anlege- oder Ladebrücken usw. sind als Teile des Landes anzusehen.

b) Bei Gewässern, deren Stand von Ebbe und Flut abhängig ist, bildet die jedesmalige, den Wasserspiegel begrenzende Linie des Landes nur insofern die Zollgrenze, als der verschiedene Wasserstand in der Tat eine Folge der Ebbe und Flut ist. Bei Überschwemmungen ist die gewöhnliche Flutlinie als Zollgrenze zu betrachten.

c) Der Grenzbezirk ist da, wo Straßen, welche einem erheblicheren Verkehr dienen, die Binnenlinie überschreiten, durch Tafeln mit der Inschrift „Grenzbezirk" kenntlich zu machen. Die Zollstraßen sind als solche ebenfalls durch Tafeln zu bezeichnen. Dasselbe gilt von den erlaubten Landungsplätzen, welche an den die Grenze bildenden schiffbaren Gewässern liegen.

Zollstraßen und Landungsplätze.

§ 17.

Zollstraßen*) sind:

a) alle die Grenze gegen das Vereinsausland überschreitenden oder an der Grenze beginnenden, dem öffentlichen Verkehr dienenden Eisenbahnen für den Eisenbahntransport;

b) die Häfen am Meer, soweit sie nicht ausnahmsweise ausdrücklich ausgeschlossen sind, mit den dazu angewiesenen Einfahrten;

c) die aus dem Vereinsauslande in und durch den Grenzbezirk führenden Land- und Wasserstraßen, welche einen erheblichen

Warenverkehr mit dem Auslande vermitteln und als solche ausdrücklich zu bezeichnen sind.

Wo die Zollgrenze durch ein schiffbares Wasser gebildet wird, sollen die erforderlichen Landungsplätze bestimmt werden.

---

*) Die Zollstraßen werden in Preußen außer durch die Amtsblätter (FM.-Reskript v. 23. Dezember 1869, PrZBl. 1870 S. 14) durch Zolltafeln bezeichnet, welche an schwarz und weiß angestrichenen Ständern aufgerichtet sind, wo die Zollstraßen die Grenzlinie und wo sie die Binnenlinie überschreiten. Die Tafeln (von verschiedener Farbe nach Verschiedenheit der Zollstation) erhalten oben den Königl. Adler und darunter in schwarzer Farbe und möglichst großer Schrift die Angabe der Straße, z. B. Zollstraße zum Nebenzollamt I zu N. N. (FMReskript v. 5. April 1818 III 5589).

Über die Anlegung der Zollstraßen vgl. noch Zirk.Reskript v. 7. Nov. 1826, für Chausseen speziell Reskripte v. 31. August 1847 III 18717 und IV 13804. — Für die übrigen Staaten gelten ähnliche Bestimmungen.

Zollbehörden.*)

§ 18.

Zur Sicherung, Feststellung und Erhebung der Ein- und Ausgangszölle werden Zoll- oder Steuerämter, und da, wo die Grenzzollämter nicht nahe genug an der Zollinie liegen, an dieser besondere Ansagestellen errichtet.

---

*) Über die Zollbehörden vgl. bes. §§ 128—131 VZG.

Grenzbewachung.

§ 19.

Die Aufsicht auf den Waren-Ein- und Ausgang wird längs der Zollgrenze und im Grenzbezirke durch eine uniformierte und bewaffnete Grenzwache geübt, die zum Gebrauche ihrer Waffen nach den darüber bestehenden besonderen Bestimmungen befugt ist.[1] [2] [3] [4]

---

1. Das Preuß. Gesetz über den Waffengebrauch der Grenzaufsichtsbeamten v. 28. Juni 1834 (GS. S. 83) bestimmt:

§ 1. Die Grenzaufsichtsbeamten sind bei Ausübung ihres Dienstes im Grenzbezirke von den ihnen anvertrauten Waffen Gebrauch zu machen befugt:

a) wenn ein Angriff auf ihre Person erfolgt, oder wenn sie mit einem solchen Angriffe bedrohet werden;

b) wenn diejenigen, welche Fuhrwerke oder Schiffsgefäße führen, Sachen transportieren, oder Gepäck bei sich haben, sich ihrer Anhaltung, der Visitation und Beschlagnahme ihrer Effekten, Waren und Transportmittel, der Abführung zum nächsten Zollamte oder zur Obrigkeit des nächsten Orts oder der Ergreifung bei versuchter Flucht tätlich oder durch gefährliche Drohungen widersetzen.

Der Gebrauch der Waffen darf aber nicht weiter ausgedehnt werden, als es zur Abwehrung des Angriffs und zur Überwindung des Widerstandes notwendig ist. Der Gebrauch der Schußwaffe findet nur alsdann statt, wenn der Angriff oder die Widersetzlichkeit entweder mit Waffen oder anderen gefährlichen Werkzeugen oder aber von einer Mehrheit, welche stärker ist als die Zahl der zur Stelle anwesenden Grenzaufsichtsbeamten, unternommen oder angedrohet wird. Der Androhung eines solchen Angriffs wird es gleich geachtet, wenn die angehaltenen Personen ihre Waffen oder anderen gefährlichen Werkzeuge nach erfolgter Aufforderung nicht sofort ablegen, oder wenn sie solche demnächst wieder aufnehmen.

§ 2. Die Grenzaufsichtsbeamten können ferner bei Ausübung ihres Dienstes der Waffen und namentlich der Schußwaffen sich bedienen:

a) wenn im Grenzbezirke außerhalb eines bewohnten Ortes und außerhalb der Landstraße mehr wie zwei Personen als Fußgänger, Reiter oder als Begleiter von Lastfuhrwerken oder Lasttieren zur Nachtzeit (d. h. eine Stunde nach Sonnenuntergang bis eine Stunde vor Sonnenaufgang) oder mit Gepäck oder Ladung auch zur Tageszeit betroffen werden und auf einen zweimaligen Anruf,*) wobei der Anrufende sich als Grenzaufsichtsbeamter zu erkennen gegeben hat, nicht anhalten, sich vielmehr einzeln oder sämtlich entfernen;

und

b) wenn im Grenzbezirke Schiffer, welche zur Nachtzeit oder mit verdeckten oder beladenen Schiffsgefäßen zur Tageszeit in der Fahrt angetroffen werden, auf einen solchen Anruf nicht anhalten oder nicht wenigstens ihre Bereitwilligkeit zum Anhalten durch die Tat unzweideutig zu erkennen geben, sondern sich vielmehr zu entfernen suchen.

Der Gebrauch der Schußwaffen ist jedoch in den vorstehend unter a und b bezeichneten Fällen den Beamten nur dann erlaubt, wenn wenigstens zwei von ihnen zur Wahrnehmung des Dienstes auf einem Posten zusammen sind.

§ 3. Die nach § 20 des Vereinszollgesetzes vom 1. Juli 1869 zur Unterstützung der Grenzbesetzung verpflichteten Polizei- und Forstbeamten sind nur dann, wenn sie mit den Grenzaufsichtsbeamten gemeinschaftlich handeln, in solchem Falle aber ebenso wie diese, die Waffen zu gebrauchen befugt.

§ 4. Die Beamten müssen, wenn sie sich der Waffen bedienen, in Uniform oder mit einem amtlichen Abzeichen versehen sein.

§ 5. Sie sind nach Anwendung der Schußwaffen sogleich nachzuforschen schuldig, ob jemand verletzt worden, soweit es ohne Gefahr für ihre Person geschehen kann.

§ 6. Im Fall einer Verletzung haben sie dem Verletzten Beistand zu leisten und dessen Fortschaffung zum nächsten Ort zu veranlassen, wo die Polizeibehörde für ärztliche Hilfe und für die nötige Bewachung Sorge zu tragen hat.

Die Kurkosten sind erforderlichenfalls aus der Steuerkasse vorzuschießen, welche den Ersatz von dem Verletzten und den Teilnehmern der Kontravention, oder von den Beamten, je nachdem die Anwendung der Waffen gerechtfertigt befunden worden ist oder nicht, verlangen kann.

Die §§ 1—6 gelten auch in Schleswig-Holstein (Verordn. v. 29. Juli 1867, GS. S. 1265) — und materiell in Hannover (Hann.Ges. v. 29. Nov. 1853, GS. f. Hannover 1853 I S. 531). Die weiteren Paragraphen des Gesetzes v. 28. Juni 1834 sind nicht mehr in Geltung (EinfGes. z. StrPO.).

Zu dem Gesetz sind besondere Instruktionen erlassen, so v. 8. Juli 1835 (v. Kamptz, Jahrbücher 50 S. 613) und gleichlautend v. 20. Januar 1868 für Schleswig-Holstein.

2. Die Grenzbeamten sind zum Waffengebrauch nur im Grenzbezirk und nur zum Zollschutz oder zur Abwehr von Konterbanden, nicht im sonstigen

---

*) „Halt! Grenzbeamte!" FMReskript v. 14. Juli 1834.

Steuerdienst befugt. Sie sollen sich nur der ihnen amtlich anvertrauten Hieb- und Schußwaffen bedienen; doch ist der Gebrauch anderer Waffen, vorausgesetzt, daß sie nicht schlimmerer Natur sind, im Einzelfall an sich nicht unberechtigt z. B. der Gebrauch des Stockes statt des Säbels, des Kolbens statt des Schusses oder des aufgepflanzten Seitengewehrs und macht einen etwaigen Widerstand nicht zu einem erlaubten.

Unter Umständen wird aber das unterlassene Mitführen der richtigen Waffen disziplinarisch geahndet werden.

3. Ist der Grenzbeamte berechtigt, den Pascher zu zwingen, das beschlagnahmte Gut selbst zur nächsten Zollstelle bzw. zum nächsten Gemeindevorsteher zu schaffen? Ohne Zweifel, denn die Grenzbeamten sind nicht nur dazu da, Defraudationen anzuzeigen und die Beweise zu sichern, sondern auch die Beobachtung der Zollgesetze, — insbesondere das Vorführen der eingebrachten Waren bei der Zollstelle — zu erzwingen. Unter „Abführung zum nächsten Zollamte" in § 1 des Ges. v. 28. Juni 1834 ist also „Abführung mit Sack und Pack" zu verstehen, wie auch § 129 Abs. 3 des VZG. den Beamten nur das „Begleiten" und „Führen" der Transporte zur Pflicht macht und Abs. 1 die Transporteure anweist, den Befehlen der Grenzbeamten Folge zu leisten. Das Gegenteil würde die Zollbeamten häufig nötigen, entweder von der Verhaftung der Schmuggler oder der Sicherung des beschlagnahmten Gutes abzusehen. Vgl. RG. R. 7 S. 92; E. 29 S. 136.

Dementsprechend gestattet § 13 des Pr. Verwaltungsstrafges. v. 26. Juli 97 sogar die Benutzung der Transportgegenstände des Kontravenienten, jedoch — um jede unnötige Belästigung und Schikane des Publikums auszuschließen — nur soweit dies wegen der Art und Größe der beschlagnahmten Gegenstände durchaus erforderlich ist. Vgl. Anm. 4 zu § 14 VZG.

4. Die Zollbeamten sind behufs Ausübung ihres Dienstes zum Betreten von — nicht geschlossenen — Privatgrundstücken befugt und darf ihnen dies vom Eigentümer nicht verboten werden; ein dabei von letzterem geleisteter Widerstand ist nach § 113 StrGB. bzw. § 161 VZG. strafbar. RG. E. 16 S. 249, R. 9 S. 496, Goltd. Arch. 25 S. 68, PrZBl. 1876 S. 89, Opp. Rechtspr. OTrib. 16 S. 769. Geschlossene und zugleich vom Hausrecht umfaßte Grundstücke, d. h. Gebäude und umschlossene Höfe (nicht: ein geschlossener Wildpark, ein nicht umschlossener Hof) dürfen nur unter den Voraussetzungen des § 126 VZG. betreten werden; ebenso bewohnte Schiffe.

Auch polizeilich verbotene Wege und Grundstücke, z. B. Deiche, Eisenbahndämme, selbst wegen Rinderpest gesperrte Gehöfte können die Grenzbeamten im Dienste betreten, Erk. des RG. im PrZBl. 1877 S. 281, Opp. Rechtspr. OTrib. 18 S. 101, Pr. FMReskript v. 28. Mai 1878, PrZBl. S. 114, und bez. der Eisenbahndämme § 78 Nr. 3 der Eis. Bau- u. Betr.O. v. 4. November 1904 (RGBl. S. 387).

Mitwirkung anderer Beamten zum Zollschutze.

§ 20.

Andere Staatsbeamte, sowie die Kommunalbeamten, namentlich die Polizei- und Forstbeamten, sind zur Unterstützung der Grenzwache verpflichtet.[1]) Sie haben insbesondere Übertretungen der Zollvorschriften, welche bei Ausübung ihres Dienstes zu ihrer Kenntnis kommen, möglichst zu hindern und jedenfalls zur näheren Untersuchung sofort anzuzeigen. [2])

---

1. Zur Erfüllung dieser Pflicht haben die genannten Beamten die gleiche Befugnis, Personen und Waren anzuhalten, wie die Grenzbeamten (§ 130 VZG.).

2. Die Postanstalten im Grenzbezirk sind verpflichtet, dem Verlangen der Organe der Grenzzollverwaltung um Aushändigung bestimmt bezeichneter Poststücke zum Zweck der zollamtlichen Behandlung stattzugeben und Beschlagnahmeverfügungen der Grenzzollbehörde als für sie verbindlich zu erachten. Pr. FMReskript v. 28. August 1883.

V. Allgemeine Bestimmungen für die Waren-Einfuhr, Ausfuhr und Durchfuhr.

Straßen und Zeit, an welche die Überschreitung der Grenze gebunden ist.

§ 21.

Wer zollpflichtige [1]) Waren oder solche Gegenstände mit sich führt, welche zwar zollfrei, aber dergestalt verpackt [2]) sind, daß ihre Beschaffenheit nicht sogleich erkannt werden kann, darf über die Zollinie zu Wasser oder zu Lande in der Regel nur während der Tageszeit und nur auf einer Zollstraße (§ 17) eintreten, auch, Fälle dringender Gefahr oder höherer Gewalt ausgenommen, nur bei einem erlaubten Landungsplatze anlanden. [3])

Ebenso darf bei der Ausfuhr von ausgangszollpflichtigen, sowie von solchen Waren, deren Ausfuhr nachgewiesen werden muß, die Überschreitung der Grenze in der Regel nur während der Tageszeit und nur auf einer Zollstraße stattfinden. Waren des freien Verkehrs, welche keinem Ausgangszolle unterliegen, sind auch in verpacktem Zustande bei der Ausfuhr an die Innehaltung der Zollstraße und der Tageszeit nicht gebunden.

Als Tageszeit wird angesehen:

in den Monaten Januar und Dezember die Zeit von 7 Uhr morgens bis 6 Uhr abends;

in den Monaten Februar, Oktober und November die Zeit von 6 Uhr morgens bis 6 Uhr abends;

in den Monaten März, April, August und September die Zeit von 5 Uhr morgens bis 8 Uhr abends;

in den Monaten Mai, Juni und Juli die Zeit von 4 Uhr morgens bis 10 Uhr abends.

Eine Ausnahme leidet die Bestimmung, daß die Überschreitung der Grenze nur während der Tageszeit und nur auf einer Zollstraße erfolgen darf:

a) bei Fischerfahrzeugen, welche bloß frische Erzeugnisse des Meeres einführen;
b) bei der Bergung von Strandgut;
c) wenn in besonderen Fällen die Erlaubnis des zuständigen

Hauptzollamts oder Nebenzollamts[4]) vor dem Beginn des Transports erteilt worden ist. Der Erlaubnisschein muß den Warenführer, die Ware selbst, die Straße und Zeit, für welche er gültig ist, bezeichnen.

Die Überschreitung der Grenze außerhalb der angegebenen Zeit ist ferner gestattet:

d) beim Transport auf den dem öffentlichen Verkehr dienenden Eisenbahnen;

e) beim Eingange und Ausgange, der seewärts erfolgt oder von Ebbe und Flut abhängig ist;

f) bei Waren, welche mit den gewöhnlichen Fahrposten versendet werden, sowie bei Waren, welche Reisende[5]) mit sich führen, mit Ausschluß der zum Handel bestimmten Waren.

Rücksichtlich der Zeit, innerhalb deren Zollabfertigungen an der Grenze vorgenommen werden, gelten die Bestimmungen des § 133.

---

1. Die betreffende Warenpost, nicht bloß die Warengattung muß zollpflichtig sein. Einfuhr zollfreier Mengen an sich zollpflichtiger Warengattungen ist auch zur Nachtzeit und auf Nebenwegen gestattet, wenn sie nicht so verpackt sind, daß ihre Beschaffenheit nicht sogleich erkannt werden kann. RG. E. 23 S. 328, 26 S. 22.

2. Unter „verpackten Waren" sind solche Waren zu verstehen, die man auch im gewöhnlichen Leben „verpackt" nennt. Waren, die mit einer leichten Zeug- oder Papierumhüllung versehen sind, die vom revidierenden Beamten ohne Mühe aufgehoben oder geöffnet werden kann, sind keine verpackten Waren. Verpackt sind die Waren auch nicht, wenn sie sich in dem dazu bestimmten Kutschersitz befinden. Sie sind verpackt, wenn sie in verdeckten Schiffsbehältern verstaut, unter anderen Waren in schwer auffindbarer Art verborgen oder wenn sie mit einer außergewöhnlichen, besonderen Umhüllung, die nicht leicht entfernt werden kann, versehen sind. Vgl. RG. E. 28 S. 1 und Anw. zur Ausf. des VZG. v. 5. Juli 1888 — § 407 der Prot. — Nr. 3 a.

Als verpackte Waren, welche in der Regel nur während der Tageszeit und nur auf einer Zollstraße über die Zollinie eintreten können, sind, außer den mit einer besonderen Umhüllung für den Transport oder die Aufbewahrung versehenen, alle solche Gegenstände anzusehen, welche in verdeckten Fahrzeugen oder in unverdeckten dergestalt verladen sind, daß der Inhalt des Fahrzeuges nicht mit Sicherheit erkannt werden kann. Unter verdeckten Fahrzeugen werden jedoch Chaisen usw. nicht verstanden.

Die Einfuhr und Ausfuhr unverpackter zollfreier Waren ist jetzt durch das RGes. v. 20. Juli 1879 betr. die Statistik des Warenverkehrs gewissen Beschränkungen für Ort und Zeit unterworfen (vgl. Pr. FMReskript v. 10. Dezember 1880. PrZBl. 1881 S. 281).

3. Sonst Strafe aus § 152 VZG., bez. bei zollpflichtigen Waren aus §§ 135, 136 Nr. 5 VZG.

4. Anw. zur Ausf. des VZG. v. 5. Juli 1888 — § 407 der Prot. — Nr. 3 b.

Ist von einem Amt ausnahmsweise die Erlaubnis zur Einbringung zollpflichtiger Waren außerhalb der Tageszeit und auf einem Nebenwege erteilt, so muß für die Überwachung des Transports durch die Grenzaufsicht Sorge getragen werden. Über die erteilten Erlaubnisscheine ist ein Notizregister zu führen, in welchem der Inhalt der Erlaubnisscheine kurz anzugeben ist.

5. Das Wort ist in seinem gewöhnlichen Sinn zu verstehen. Es muß sich danach um eine Reise handeln, so daß der regelmäßige Verkehr der Grenzbevölkerung über die Grenze hin und zurück, um Waren einzukaufen oder zu verkaufen, einen Arzt zu holen usw. nicht darunter fällt. — Der Zweck der Reise ist ohne Bedeutung; auch Geschäftsreisende fallen unter den Begriff, vorausgesetzt, daß sie keine Waren (Warenproben) zum Verkauf bei sich führen, in welchem Fall sie eben „Warenführer" sind, sondern nur (zollfreie) Abschnitte zum Prüfen und Vergleichen. Gleichgültig sind auch Dauer und Länge der Reise. Den Gegensatz zur Reise bildet der Warentransport; Frachtführer sind nie Reisende. Dagegen ist es unerheblich, ob die Gegenstände, welche Reisende bei sich führen, von vornherein zollfrei bzw. als Reisebedarf zollfrei zu belassen sind oder ob sie verzollt werden müssen.

Deklaration [1]) — **generelle und spezielle Deklaration.**

§ 22.

Beim Eingange ist die Ladung zu deklarieren. Die Deklarationen sind entweder generelle oder spezielle.[2])

Die generelle Deklaration [3]) (Ladungsverzeichnis, Manifest), welche bei der Einfuhr auf Eisenbahnen und seewärts abzugeben ist, muß enthalten:

Die Zahl der Wagen, aus denen der Transport besteht, bei Schiffen den Namen oder die Nummer des Schiffsgefäßes;

den Namen und Wohnort der Warenempfänger;

die Zahl der Kolli, deren Verpackungsart, Zeichen und Nummern,[4]) sowie die allgemeine Bezeichnung der Gattung der geladenen Waren;

beim Eingange auf den Eisenbahnen außerdem deren Bruttogewicht.

Sie muß ferner mit der Versicherung der Richtigkeit der gemachten Angaben und der Unterschrift des Deklaranten versehen sein.

In der speziellen Deklaration, deren es in der Regel zur weiteren Abfertigung der eingegangenen Waren, sowie beim Eingange auf anderen als den oben bezeichneten Verkehrswegen bedarf, ist außerdem anzugeben:

die Menge und Gattung der Waren — bei verpackten Waren für jedes Kollo — nach den Benennungen und Maßstäben des Tarifs, sowie welche Abfertigungsweise begehrt wird.

Sind in einem Kollo Waren zusammengepackt, welche verschiedenen Zollsätzen unterliegen, so muß in der speziellen Deklaration die Menge einer jeden Warengattung nach dem Nettogewicht angegeben werden.

Die Deklarationen müssen in deutscher Sprache abgefaßt und deutlich geschrieben sein. Auch dürfen sie weder Abänderungen, noch Rasuren enthalten. Deklarationen, welche diesen Erfordernissen nicht entsprechen, können zurückgewiesen werden.

Die näheren Bestimmungen über den Umfang der Deklarationspflicht enthalten die Abschnitte VI bis VIII.

---

1. Zu deklarieren sind alle zollpflichtigen und die mit zollpflichtigen

zusammengeladenen zollfreien Waren (§ 24 Abs. 1). „Zusammengeladen" sind die Waren, welche sich im selben Transportmittel (Schiff, Wagen, Eisenbahnzug, nicht Eisenbahnwagen, vgl. §§ 63, 66) befinden.

Die Deklaration ist entweder eine schriftliche oder eine mündliche; letztere nur bei Ladungen, deren Zollsatz weniger als neun Mark beträgt. Die schriftliche Deklaration kann entweder vom Deklarationspflichtigen oder von einem Bevollmächtigten, von einem Zollabrechner oder nach mündlicher Angabe von einem Zollbeamten gefertigt werden (vgl. des näheren § 25). — Die Deklaration ist ferner entweder eine spezielle oder eine generelle; letztere nur beim See- und Eisenbahnverkehr und nur als provisorische zulässig, und auch hier nicht notwendig. Die Ware selbst wird bei ihr nach der Umschließung und der Gattung im allgemeinen, beim Eisenbahnverkehr auch nach dem Bruttogewicht bezeichnet; bei der speziellen Deklaration muß noch die spezielle Gattung und das Bruttogewicht angegeben werden. — Ist der Deklarant wegen fehlender oder mangelhafter Papiere oder aus sonstigem Grunde nicht imstande, eine ordnungsmäßige Deklaration — generelle oder spezielle — abzugeben, so hat er dies schriftlich oder zu Protokoll zu erklären und den Antrag auf amtliche Revision zu stellen. Macht er in solchem Falle noch deklaratorische Angaben, bzw. giebt er daneben eine mehr oder weniger vollständige Deklaration ab, so ist dies überflüssig, und er kann aus irrigen Angaben derselben nicht haftbar gemacht werden; § 136 1 c findet hierauf keine Anwendung.

2. Verpflichtet zur Deklaration oder zum Antrage aus § 27 ist der Warenführer; der Warenempfänger ist nur berechtigt, die spezielle Deklaration statt seiner anzufertigen, zu berichtigen oder zu ergänzen. Wegen unterlassener Deklaration kann daher nur der Warenführer bestraft werden. Umgekehrt kann der Warenempfänger nicht durch Antrag aus § 27 eine unrichtige Deklaration des Warenführers unschädlich machen; auf ihn bezieht sich § 27 überhaupt nicht; er hat nur das Recht, die Deklaration zu berichtigen oder zu vervollständigen (§ 23) und insoweit den Warenführer zu entlasten, vgl. Anm. 2, 3 zu § 23.

3. Anw. zur Ausf. des VZG. v. 5. Juli 1888 — § 407 der Bundesrats-Protokolle — Nr. 4.

a) Es steht dem Deklaranten frei, statt der generellen sofort die spezielle Deklaration abzugeben.

b) Wegen der Formulare zu den im Eisenbahn- und Seeverkehr abzugebenden generellen Deklarationen (Ladungsverzeichnisse, Manifeste) wird auf die betreffenden Regulative verwiesen.

Die speziellen Deklarationen sind nach dem anliegenden Muster abzugeben.

Die Formulare zu den speziellen Deklarationen werden den Deklaranten einzeln unentgeltlich von den Zollämtern verabfolgt. Es können solche auch von den letzteren in beliebiger größerer Menge gegen Erstattung der Papier- und Druckkosten entnommen werden.

c) Die bisherigen Vorschriften wegen Anfertigung der Deklaration, sowie die den Zollämtern erteilte Geschäftsanweisung bleiben in Kraft, soweit nicht das Vereinszollgesetz etwas Anderes bestimmt oder durch Beschlüsse der Vereinsregierungen Änderungen eingetreten sind.

4. Soweit solche vorhanden, — besondere Signierung ist zur Deklaration nicht erforderlich. Pr. FMReskript v. 7. Juli 1840.

§ 23.

Die Deklaration liegt dem Warenführer [1]) ob. An Stelle desselben kann auch der Warenempfänger [2]) die Gattung und Menge der

Waren mit der Angabe, welche Abfertigungsweise begehrt wird, speziell (§ 22) deklarieren.[3])

Der Warenführer, sowie der Warenempfänger ist berechtigt, bei dem Grenzzollamte oder einem Amte im Innern, an welches die Waren im Ansageverfahren (§ 33) abgelassen sind, eine bereits abgegebene Deklaration, solange die spezielle Revision noch nicht begonnen hat, zu vervollständigen oder zu berichtigen.

In gleicher Weise können die Angaben des Ladungsverzeichnisses (§ 63) in betreff der Gattung und des Gewichts der Waren vervollständigt oder berichtigt werden. Die Berichtigung einer Deklaration über die mit Begleitschein I (§ 33) abgefertigten Waren am Bestimmungsorte ist nur in der im § 46 angegebenen Einschränkung zulässig.

---

1. Warenführer ist immer eine natürliche Person, nie eine juristische. Das Wort bezeichnet die Persönlichkeit, welche die Ware einbringt, den Transport selbständig leitet (Anm. 3 zu § 44). Warenführer ist also der Fuhrmann, der Schiffsführer, der Zugführer nur bezüglich der Ladung, nicht bezüglich des ihm nicht zum Transport übergebenen Passagiergepäcks (vgl. Anm. 9 zu § 136); dies gehört nicht zur Ladung, bezüglich seiner ist der Passagier Warenführer. Die Effekten der Schiffsmannschaft gehören zur Ladung, sind aber besonders zu deklarieren. § 78 VZG.

2. Warenempfänger bezeichnet hier, wie sonst im Gesetze, nicht bloß den letzten Warenempfänger, welcher die Ware bestellt hat, sondern auch denjenigen, welcher die Waren nur vorläufig tatsächlich in Empfang nimmt, um sie weiter zu befördern oder sonst über dieselbe auftragsgemäß zu verfügen, d. h. den s. g. Warendisponenten und den Spediteur.

3. Der Satz spricht ungenau. Nach seinem Wortlaut wäre jede Deklaration vom Warenführer anzufertigen und hätte der Warenempfänger nur das Recht, sie in gewissen Beziehungen — Gattung, Menge, Abfertigungsweise — zu ergänzen oder zu berichtigen, in allen anderen läge die Haftung dem Warenführer ob und könnte nur von ihm übernommen werden, so daß z. B. bei sofortiger spezieller Deklaration diese vom Warenführer allein oder doch mit unterschrieben werden müßte. — In Wahrheit will der Satz aber folgendes sagen: Die generelle Deklaration darf nur vom Warenführer, die spezielle kann auch vom Warenempfänger abgegeben werden, mag ihr eine generelle voraufgegangen sein oder nicht, mag es sich um Eisenbahn- und Seetransport oder um anderweite Einfuhr handeln. Wird die spezielle Deklaration vom Warenempfänger abgegeben, so haftet er für deren ganzen Inhalt, nicht bloß für Gattung und Menge. Die Motive zu §§ 22 bis 90 VZG. sagen ausdrücklich: „Die Abgabe der generellen Deklaration erfolgt durch den Waren(Schiffs)führer. . . . Die spezielle Deklaration muß außerdem enthalten Gattung und Menge der Waren nach den Benennungen und Maßstäben des Tarifs. Sie kann vom Warenführer oder vom Warenempfänger abgegeben werden. . . . Bei den speziellen Deklarationen haften die Deklaranten auch für die Angabe hinsichtlich der Gattung und Menge der Waren." Und diese Meinung der Motive hat namentlich in den Worten des § 27 VZG. „und erfolgt auch nicht die Deklaration durch den Warenempfänger" Ausdruck gefunden. Der Warenempfänger braucht aber nicht zu deklarieren, kann also nie wegen unterlassener Deklaration bestraft werden.

§ 24.

Die Deklaration hat alle Teile der Ladung, mithin, wenn zollpflichtige Waren mit zollfreien Gegenständen zusammengeladen*) sind, auch die letzteren zu umfassen.

Die Deklarationen über Waren, welche in den freien Verkehr treten sollen, brauchen nur in einfacher Ausfertigung abgegeben zu werden. Sind die Waren zur Weiterversendung unter Begleitscheinkontrolle bestimmt, so kann für jede Warenpost, über die ein besonderer Begleitschein auszustellen ist, eine zweifache Ausfertigung der Deklaration verlangt werden.

Bei Ladungen, von denen der Eingangszoll weniger als neun Mark beträgt, genügt die mündliche Angabe.

Werden statt einer Deklaration mehrere Teildeklarationen übergeben, so hat der Deklarant eine besondere schriftliche Versicherung beizufügen, daß die ganze Ladung richtig deklariert sei.

Rücksichtlich der Deklarationen der Reisenden kommen die Bestimmungen im § 92 zur Anwendung.

---

*) „Zusammengeladen" vgl. Anm. 1 zu § 22.

§ 25.

Die Ausfertigung der Deklaration kann durch den Warenführer beziehungsweise [1]) Warenempfänger selbst oder durch einen Bevollmächtigten erfolgen.

Ist der Warenführer des Schreibens unkundig, und befindet sich kein Kommissionär (Zollabrechner) am Orte, so geschieht auf den Antrag des Warenführers die Ausfertigung der Deklaration durch das Zollamt auf Grund der übergebenen Papiere oder der mündlichen Anzeige.[2]) Ebenso kann der Warenführer die Ausfertigung von dem Zollamte verlangen, wenn der Eingangszoll von der ganzen Ladung nicht über dreißig Mark beträgt.

Die vom Zollamte ausgefertigte Deklaration hat der Deklarant mit seiner Unterschrift oder seinem gewöhnlichen Handzeichen zu versehen, dessen Richtigkeit von einem zweiten Beamten oder einem Zeugen zu bescheinigen ist.

---

1. „Beziehungsweise" d. h. in denjenigen Fällen, wo der Warenempfänger deklarieren darf (vgl. § 23); in den übrigen Fällen kann er nur mit Vollmacht des Warenführers für diesen auftreten.

2. Ein Entgelt darf dafür nicht gefordert werden (§ 10 VZG.).

§ 26.

Der Deklarant haftet*) für die Richtigkeit der Deklaration auch in dem Falle, wenn dieselbe von einem Dritten in seinem Auftrage oder vom Zollamte gefertigt worden ist. Ebenso haftet der Warenführer oder der Warenempfänger für die Richtigkeit der etwa von ihm ergänzten oder berichtigten Deklaration.

Insoweit eine Berichtigung erfolgt ist, wird die ursprüngliche Deklaration als beseitigt angesehen.

*) Bestraft wird aber der Dritte, wenn falsch deklariert ist (§ 136), es sei denn dem Vertretenen eine Mitschuld nachweisbar, doch ev. § 153 VZG., RG. E. 13 S. 241.

§ 27.

Werden die Deklarationen nicht rechtzeitig (§§ 39, 63, 66, 75 und 81) abgegeben, so werden die Waren auf Kosten und Gefahr der Beteiligten unter amtlichen Gewahrsam oder amtliche Bewachung genommen. [1])

Besitzt der Warenführer keine Frachtbriefe oder andere über seine Ladung sprechende Papiere, oder nur solche, die zur Anfertigung der vorgeschriebenen Deklaration [2]) unzureichend sind, oder über deren Richtigkeit er Zweifel hegt, und ist ihm sonst die Ladung nicht genug bekannt, um die Deklaration zu fertigen oder fertigen zu lassen, und erfolgt auch nicht die Deklaration seitens des Warenempfängers,[3]) so hat der Warenführer, wenn er nicht den höchsten Eingangszoll zu entrichten erbötig ist, in dem Abfertigungspapier oder besonders schriftlich oder zu Protokoll zu erklären, daß er außerstande sei, eine zuverlässige Deklaration abzugeben und hiermit den Antrag auf Vornahme der amtlichen Revision zu verbinden. [4]) Es schreitet sodann die Zollbehörde zur speziellen Revision (§ 28), deren Befund der Warenführer, welcher für die richtige Stellung der Ladung zur Revision haftet, mit zu unterzeichnen hat. Der Warenführer und der Empfänger müssen in diesem Falle sich gefallen lassen, daß die gehörig deklarierten Ladungen, auch wenn sie später eintreffen, in der Abfertigung vorgezogen werden und daß die Ladung inzwischen auf seine Kosten unter amtlicher Bewachung und Verschluß gehalten wird.

1. Es kann auch Strafe aus § 152 VZG. eintreten.

2. Der speziellen oder generellen. Daher haftet der Schiffer nicht für die Angaben des Manifestes, wenn er auf demselben den Antrag aus § 27 gestellt hat.

3. D. h. die spezielle Deklaration (Anm. 3 zu § 23).

4. Wird dieser Antrag gestellt, so ist jede beigefügte Deklaration — mag sie noch so eingehend sein — überflüssig und nicht verbindlich; aus ihrer Unrichtigkeit darf ein Strafverfahren gegen den Deklaranten nicht eingeleitet werden; im Anschluß an jenen Antrag aus § 27 bezweckt sie nur, den revidierenden Zollbeamten gewisse Anhaltspunkte zur leichteren Orientierung zu gewähren, nicht dem Deklaranten eine Verpflichtung aufzubürden. Damit der Antrag auf spezielle Revision diese Wirkung habe, muß er aber — wie das RG. E. 17 S. 17 hervorhebt — gemäß des § 27 VZG. mit der protokollarischen bzw. schriftlichen Erklärung verbunden sein, daß Antragsteller außerstande sei, eine zuverlässige Deklaration abzugeben. „Dies ist eine wichtige und innerlich wohl begründete Bestimmung: denn wird die Ware mit Bestimmtheit deklariert und mit solcher Deklaration der Antrag auf

Revision verbunden, so kann dieses Verfahren leicht den Sinn haben oder doch von der Zollbehörde in dem Sinne verstanden werden, daß der Antrag auf Revision nur ein Mittel sein soll, die in der Deklaration enthaltene Versicherung über die Beschaffenheit der Ware um so glaubhafter zu machen, und auf diese Weise kann gerade durch den Antrag die Zollbehörde von der Revision abgehalten, statt zu derselben veranlaßt werden." RG. E. 1 S. 5. Andererseits ist der Gebrauch jener gesperrt gedruckten Worte nicht derartig wesentlich, daß sie nicht durch einen sinnentsprechenden Ausdruck ersetzt werden könnten, z. B. genügt ohne allen Zweifel, wenn schriftlich oder zu Protokoll „der Antrag aus § 27 auf Vornahme der speziellen Revision gestellt" wird; damit ist eben gesagt, daß der ganze Inhalt des § 27 in diese Erklärung aufgenommen sein soll, und nur ein kürzerer Ausdruck für dieselbe Sache gewählt, wie das auch § 39 VZG. tut.

Revision [1]) — allgemeine und spezielle Revision.

§ 28.

Die Revision seitens der Zollbehörde ist entweder eine allgemeine oder eine spezielle. Die erstere geschieht nur nach Zahl, Zeichen, Verpackungsart und Gewicht der Kolli ohne deren Eröffnung. Bei der speziellen Revision findet außerdem die Eröffnung der Kolli statt, um die Gattung und Menge der in denselben enthaltenen Waren zu ermitteln. [2])

---

1. Anw. zur Ausf. des VZG. — Prot. des Bundesrats § 407 — v. 5. Juli 1888, Nr. 5.

Die Revision an anderen Orten, als an der ordentlichen Amtsstelle, ist nur in besonderen Fällen mit Genehmigung des Amtsvorstandes zulässig.

2. In welcher Art die Revisionen vorzunehmen sind, darüber erteilen die verschiedenen Geschäftsanweisungen genaue Anleitung, und zwar im wesentlichen nach denselben Gesichtspunkten. Nach der Pr. Instruktion v. 28. Mai 1878 hat die Revision in der Regel durch zwei Beamte zu geschehen, welche vom Amtsvorstand bestellt werden. Die Anwendung der Revisionsinstrumente (des Bohrers und des Visitiereisens) ist nur mit Zustimmung des Warenführers gestattet. Verweigert er sie, so muß er die Sachen dergestalt offen legen, daß sich die Beamten von ihrer Beschaffenheit, soweit nötig, überzeugen können. Werden Fässer mit Flüssigkeiten geöffnet, so sind dieselben, wenn der Eigentümer nicht zugegen oder vertreten ist, von Amts wegen sogleich sorgfältig wieder zu verschließen; der Verschluß ist amtlich zu versiegeln und solches im Frachtbrief zu vermerken. — Tritt der Verdacht einer Defraudation hervor, so sind die Gegenstände zu beschlagnahmen. — Entstehen über die Tarifierung Meinungsverschiedenheiten zwischen dem Zollpflichtigen und dem Zollamt, so ist zunächst die Bestimmung des letzteren maßgebend. Dem Zollpflichtigen ist aber bekannt zu machen, daß ihm die Beschwerde — und bei welcher Behörde — offen steht, und er ist darauf hinzuweisen, daß er von der streitigen Ware entweder Proben unter seinem Privatsiegel zurücklasse oder sich dergleichen unter Amtssiegel zur Anfügung an die Beschwerde besorge. Ist das Amt über die Klassifizierung selbst zweifelhaft, so erhebt es die Gefälle zur Verwahrung und berichtet an die vorgesetzte Behörde.

Bruttogewicht (Rohgewicht) — Tara — Nettogewicht (Reingewicht).

§ 29.

Bei der speziellen Revision wird entweder nur das Bruttogewicht oder auch das Nettogewicht der Waren ermittelt.

Unter Bruttogewicht (Rohgewicht) wird das Gewicht der Ware in völlig verpacktem Zustande, mithin in ihrer gewöhnlichen Umgebung für die Aufbewahrung und mit ihrer besondern für den Transport verstanden.

Das Gewicht der für den Transport nötigen äußeren Umgebung wird Tara [1]) genannt.

Ist die Umgebung für den Transport und für die Aufbewahrung notwendig dieselbe, wie es z. B. bei Syrup usw. die gewöhnlichen Fässer sind, so ist das Gewicht dieser Umgebung die Tara.

Das Nettogewicht (Reingewicht) [2]) ist das Bruttogewicht nach Abzug der Tara. Die kleinen, zur unmittelbaren Sicherung der Ware nötigen Umschließungen (Flaschen, Papier, Pappe, Bindfaden und dergl.) werden bei Ermittelung des Nettogewichts nicht in Abzug gebracht; ebensowenig, der Regel nach, Unreinigkeiten und fremde Bestandteile, welche der Ware beigemischt sein möchten. Eine Ausnahme von letzterer Bestimmung findet rücksichtlich der zu Wasser eingegangenen Waren in der Weise statt, daß, wenn infolge von Havarie durch eingedrungenes Wasser oder andere fremde Bestandteile das Gewicht der Ware vermehrt ist, bei der Verzollung ein dem Gewicht des Wassers ꝛc. entsprechender Abzug von dem vorgefundenen Gewicht der Ware zugestanden wird. [3]) [4]) — Auch ist es gestattet, die Ware unter amtlicher Aufsicht zu trocknen, worauf das nach der Trocknung vorgefundene Gewicht der Verzollung zugrunde gelegt wird.

Welche Gegenstände nach dem Roh- und welche nach dem Reingewicht zu verzollen sind, bestimmt der Vereinszolltarif.

Es bleibt der Wahl des Zollpflichtigen überlassen, ob er bei Gegenständen, deren Verzollung nach dem Reingewicht geschieht, die tarifmäßige Tara gelten, oder das Reingewicht, entweder durch Verwiegung der Ware ohne die Tara oder der letzteren allein ermitteln lassen will. Bei Flüssigkeiten und anderen Gegenständen, deren Reingewicht nicht ohne Unbequemlichkeit ermittelt werden kann, weil ihre Umgebung für den Transport und für die Aufbewahrung dieselbe ist, wird die Tara nach dem Vereinszolltarif berechnet und der Zollpflichtige hat kein Widerspruchsrecht gegen Anwendung desselben. Die Zollbehörde ist befugt, die Reinverwiegung eintreten zu lassen, wenn eine von der gewöhnlichen abweichende Verpackungsart der Waren oder eine erhebliche Entfernung von den im Vereinszolltarif angenommenen Tarasätzen bemerkbar wird

---

1. Über die Tara hat der Bundesrat eine eigene Taraordnung mit Taratarif erlassen. RZBl. 1906.

2. Anw. zur Ausf. des VZG. — Prot. des Bundesrats § 407 — v. 5. Juni 1888 Nr. 6.

Wird von den Beteiligten für havarierte Güter ein Gewichtsabzug bei der Verzollung in Anspruch genommen, so ist in der Deklaration ausdrücklich ein Antrag darauf zu richten. Zur Feststellung des zu gewährenden Abzugs ist das aus den Konnossementen, Frachtbriefen usw. sich ergebende Gewicht zu berücksichtigen. Auch bleibt dem Abfertigungsamt überlassen, Probetrocknungen vorzunehmen und in geeigneten Fällen Sachverständige zuzuziehen. Die Bewilligung des Abzuges erfolgt durch die Direktivbehörde.

3. Ausf. Reskript des Pr. FM. v. 23. Dezember 1869 Nr. 3.

Wie der Gewichtsabzug, welcher bei der Verzollung von havarierten Gütern für eingedrungenes Wasser oder andere fremde Bestandteile gewährt werden kann, am zweckmäßigsten festzustellen ist, wird nach den Umständen des einzelnen Falles zu beurteilen sein. In der Regel werden die sich aus den Konnossementen, Frachtbriefen usw. ergebenden Mengen vorzugsweise Berücksichtigung verdienen.

Ein besonderes Augenmerk ist darauf zu richten, ob die Güter nicht etwa bereits im Auslande in havariertem Zustande verladen worden sind. Entstehen in dieser Beziehung Zweifel, so ist von den Beteiligten der Nachweis zu verlangen, daß die Waren unterwegs Havarie erlitten haben.

Die durch Feststellung des zu gewährenden Gewichtsabzuges entstehenden Kosten haben die Beteiligten zu tragen.

4. Beschluß des Bundesrats v. 12. April 1894 (RZBl. S. 118).

Der nach der Bestimmung in § 29 Abs. 5 des VZG. bei der Verzollung havarierter Waren für eingedrungenes Wasser oder andere das Gewicht vermehrende fremde Bestandteile zulässige Gewichtsabzug ist dann nicht zu gewähren, wenn die Waren bereits im Auslande in havariertem Zustande verladen worden sind.

Diese Beschränkung findet keine Anwendung auf solche nach dem Zollgebiet bestimmte Waren, welche während des Transports dorthin Havarie erlitten haben und in einem nichtdeutschen Bergungshafen umgeladen sind.

Probeweise Revision.

§ 30.

Liegen spezielle Deklarationen über die Waren (§ 22) vor, so kann die Feststellung des zu entrichtenden Zolles oder die weitere Abfertigung auf Grund probeweiser Revisionen erfolgen, sofern sich bei denselben vollkommene Übereinstimmung mit den Angaben der Deklaration herausstellt. [1] [2] [3]

In dem Falle des § 27 ist eine probeweise Revision ausgeschlossen.

---

1. Anw. zur Ausf. des VZG. — Prot. des Bundesrats § 407 — v. 5. Jul 1888 Nr. 7.

Eine probeweise Verwiegung zur Feststellung des der Verzollung oder weiteren Abfertigung zugrunde zu legenden Gewichts ist auch dann nicht ausgeschlossen, wenn sich bei der Verwiegung der einzelnen Kolli nur Abweichungen von 2 Prozent oder weniger gegen das deklarierte Gewicht ergeben.

Hinsichtlich des auf Landstraßen eingehenden Dachschiefers ist eine probeweise Verwiegung auch dann nicht ausgeschlossen, wenn sich bei der Verwiegung der einzelnen Schock beziehungsweise Klafter Abweichungen bis zu 6 Prozent gegen das deklarierte Gewicht ergeben.

2. Bei Ausfuhr von Rohzucker in Säcken ist die probeweise Verwiegung zulässig, wenn das ermittelte Gewicht der einzelnen rein verwogenen Partien oder Kolli um nicht mehr als 2 Prozent hinter dem deklarierten zurückbleibt (Bundesratsbeschl. v. 19. November 1871, Prot. § 586); doch sollen sich die probe-

weisen Verwiegungen auf mindestens 2 Prozent der Kollizahl der ganzen Warenpost erstrecken (Bundesratsbeschl. v. 4. Mai 1873, § 236 der Prot.; PrZBl. 1873 S. 131). Vgl. noch § 393 der Prot. von 1877, § 57 der Prot. von 1879 und § 121 der Prot. von 1883. PrZBl. 1885 S. 164; RZBl. 1879 S. 141 und 1883 S. 81. Über probeweise Verwiegung von in Kisten ausgehendem rangierten Würfelzucker vgl. Bundesratsbeschluß v. 24. Juni 1884 (§ 333 der Prot., RZBl. S. 189), von Brotzucker: Pr. FMReskript v. 6. Januar 1885 (PrZBl. S. 10), von Kristallzucker in Säcken: Bundesratsbeschl. v. 21. Mai 1885 (§ 328 der Prot.), von Roh-, Kristall-, Krümel- und Mehlzucker in Fässern: RZBl. 1880 S. 810.

3. Bei Bau- und Nutzholz ist eine probeweise Vermessung zur Feststellung des der Verzollung oder weiteren Abfertigung zugrunde zu legenden Kubikinhalts zulässig, wenn sich bei Vermessung der einzelnen Stücke Abweichungen von nicht mehr als 2 Prozent gegen den deklarierten Kubikinhalt ergeben (Pr. FM.-Reskript v. 10. Dezbr. 1879 und 11. Januar 1880; PrZBl. 1880 S. 5 und 18). Für in Flößen eingehendes Bau- und Nutzholz existieren besondere Erleichterungen für die Abfertigung. RZBl. 1880 S. 394, 1888 S. 751.

Obliegenheiten des Zollpflichtigen.[1]

§ 31.

Der Zollpflichtige hat die Waren in solchem Zustande darzulegen, daß die Beamten die Revision, wie erforderlich, vornehmen können; auch muß er die dazu nötigen Handleistungen nach der Anweisung der Beamten auf eigene Gefahr und Kosten verrichten oder verrichten lassen.[2])

Die Ab- oder Ausladung darf erst erfolgen, nachdem das Zoll- oder Steueramt die Anweisung dazu erteilt hat.

---

1. Anw. zur Ausf. des VZG. v. 17. Dezember 1903 Nr. 7a. (RZBl. 1904 S. 19).

Für den zollamtlichen Verkehr auf Schiffen hat der Schiffsführer hinsichtlich des Schiffes und seiner Zugänge auf seine Kosten alle Vorkehrungen zu treffen, welche erforderlich sind, um die mit den Dienstverrichtungen auf dem Schiffe betrauten Beamten vor Beschädigungen zu schützen.

Insbesondere hat er folgende Vorschriften zu beachten:

a) Laufplanken, Stege, Brücken, Treppen, welche zum Personenverkehr zwischen einem verankert oder vertaut liegenden Schiffe und dem Lande dienen, müssen breit und stark genug und wenigstens an einer Seite mit Geländer oder Tau versehen sein.

Die Laufplanken müssen so unterstützt werden, daß allzugroße Schwankungen sowie ein Abrutschen der Planken von den Stützen verhindert werden. Zu letzterem Zwecke müssen die Stützen auf beiden Seiten über die Planken hinausragen.

Die Stützen müssen richtig gebaut und in gutem Zustande sein und so aufgestellt werden, daß ein Umstürzen vermieden wird; sie sind in solchen Größen vorrätig zu halten, daß womöglich eine zur Unterstützung ausreicht; müssen zwei übereinander gestellt werden, so sind sie in sicherer Weise aneinander zu befestigen.

b) Treppen von mehr als einem Meter Höhe müssen wenigstens auf einer Seite mit Geländer, Handleisten oder Tau versehen sein.

c) Oberdeckluken sowie alle sonstigen Luken und Öffnungen über und unter Deck, deren Sülle (Umrandung) unter 80 cm hoch sind, müssen, wenn sei nicht zum Laden, Löschen oder zu sonstigen Schiffsarbeiten gebraucht werden, fest geschlossen oder durch Geländer, Ketten, Taue oder in sonst geeigneter Weise geschützt sein, andernfalls aber den diensttuenden Beamten, bevor diese ihre Umgebung betreten, — auf Verlangen durch einen zur Begleitung mitzugebenden Mann der Schiffsbesatzung — besonders gezeigt werden.

d) Bei Glatteis, Reif oder Schneebelag ist den Beamten die erforderliche Hilfe zur Vermeidung des Ausgleitens oder des Abstürzens zu gewähren.

e) Die Triebräder der Dampfwinden und Steuergeschirre sind mit Schutzblechen oder sonst geeigneten Schutzvorrichtungen zu versehen.

f) Die sämtlichen Räume des Schiffes und die Zugänge zu demselben sind, wenn ein Beamter sie zwecks Dienstverrichtungen zu betreten hat, bei eintretender Dunkelheit und, soweit die natürlichen Lichtquellen nicht ausreichen, überhaupt hell zu beleuchten. Luken und Öffnungen sind besonders kenntlich zu machen. Es genügt, wenn dem diensttuenden Beamten ein Mann der Schiffsbesatzung mit einer Handlaterne zur Begleitung und Führung mitgegeben wird und dieser die nötige Beleuchtung bewirkt.

Solange den vorstehenden Vorschriften nicht entsprochen ist, kann die weitere Abfertigung des Schiffes versagt werden.

2. Weigert er sich dessen, so kann ihn die Strafe der Widersetzlichkeit treffen (vgl. Anm. 1 zu § 161), jedenfalls unterliegt er der Ordnungsstrafe des § 152 VZG., und die Ware ist — wenn der Zoll nicht sofort bezahlt wird — mit Beschlag zu belegen (§ 14 VZG.). Der Paragraph bezieht sich aber nur auf „Zollpflichtige". Für Nichtzollpflichtige vgl. §§ 127, 129 Abs. 1. RG. E. 34 S. 104.

Behandlung der Waren, welche in den freien Verkehr treten sollen.[1])

§ 32.

Sollen die Waren in den freien Verkehr treten, so erfolgt spezielle Revision (§§ 28—30). Bei der Abfertigung an der Grenze oder bei einem Amte im Innern, auf welches die Waren im Ansageverfahren (§ 33) abgelassen sind, bilden stets, soweit nicht für havarierte Güter (§ 29) eine Ausnahme nachgelassen ist, die ermittelte Menge und Beschaffenheit der Ware die Grundlage der Verzollung. Rücksichtlich der unter Begleitscheinkontrolle abgefertigten Waren kommen die Bestimmungen im § 47 zur Anwendung.[2])

Wünscht der Deklarant, daß die Ladung, oder ein Teil derselben, von der speziellen Revision befreit bleibe, so kann dem Antrage gegen Entrichtung des höchsten Zollsatzes im Tarif entsprochen werden, insofern nicht besonderer Verdacht vorhanden ist, daß eine Umgehung des Stückzolles oder die Übertretung anderer Landesgesetze beabsichtigt werde, z. B. die Einbringung falscher Münzen 2c., in welchem Fall die Revision und nach dem Befunde die Beschlagnahme der betreffenden Gegenstände eintreten muß.

---

1. Ist dem Warenführer der zu entrichtende Zoll zu hoch, so steht es ihm bis zur Zahlung frei, die Waren unter amtlicher Aufsicht wieder über die Grenze zurückzuschaffen. Voraussetzung ist, daß die Waren noch nicht aus der Obhut der Zollbehörde gekommen waren. In Preußen muß das ganze Verfahren durch zwei Beamte

festgestellt, der Ausgang von ihnen kontrolliert und bescheinigt werden. Pr. FM.-Reskript v. 23. Juni 1837.

2. Rücksichtlich der auf Ladungsverzeichnis abgefertigten die des § 66 Abs. 5 VZG.

Behandlung der Waren, welche an der Grenze auf ein Amt im Innern abgelassen oder durchgeführt werden sollen — Ansageverfahren — Begleitscheinverfahren, Ladungsverzeichnis.

§ 33.

Sollen die Waren unverzollt von dem Grenzzollamte auf ein zur weiteren zollamtlichen Abfertigung befugtes Amt im Innern, oder zur unmittelbaren Durchfuhr abgelassen werden, so geschieht dies entweder im Ansageverfahren [1]) (§§ 38, 52 und 83), bei welchem die grenzzollamtliche Abfertigung — Deklaration und Revision — an das Amt im Innern verlegt, beziehungsweise der Wiederausgang der eingeführten Waren lediglich durch amtliche Begleitung kontrolliert wird, oder es tritt die Abfertigung auf Ladungsverzeichnis oder Begleitschein ein. Die Begleitscheine bestehen in Begleitscheinen Nr. I oder Nr. II. Die Begleitscheine Nr. I und die denselben gleichgestellten amtlichen Bezettelungen, [2]) sowie die Ladungsverzeichnisse haben den Zweck, den richtigen Eingang der über die Grenze eingeführten Waren am inländischen Bestimmungsorte oder die Wiederausfuhr solcher Waren zu sichern. Begleitscheine Nr. II dienen dazu, die Erhebung des durch spezielle Revision ermittelten Zollbetrages einem anderen Amte gegen Sicherheitsleistung zu überweisen.

---

1. Unter Ansageverfahren versteht das Gesetz grundsätzlich nur den Fall, wo die Papiere eingesiegelt werden und amtliche Begleitung stattfindet. Das Ansageverfahren kann sowohl auf der Strecke vom Ansageposten zum Grenzzollamt wie von letzterem nach dem Bestimmungsorte eintreten. In ersterem Falle ist beim Eingang landwärts statt der Begleitung amtlicher Verschluß zulässig, an dessen Stelle beim Eingang seewärts sogar einfache Versiegelung der Ladungspapiere treten darf. §§ 38, 52, 74, 83 VZG., Anw. zur Ausf. Nr. 8b (zu § 38).

2. Nämlich die Eingangsdeklarationen und Niederlageabmeldungen, welche als Begleitscheine benutzt werden (Motive zu diesem §).

Behandlung ausgehender ausgangszollpflichtiger Waren.

§ 34.

Bei ausgehenden, einem Ausgangszolle unterliegenden Waren geschieht die Ermittelung der Menge und Art derselben, sowie die Erhebung des Zolles nach der Wahl des Warenführers entweder beim Grenzzollamte am Ausgangspunkte, oder bei einer dazu befugten Hebestelle im Innern mit Vorbehalt der Revision beim Grenzzollamte. Für den Eisenbahn- und Seeverkehr gelten besondere Vorschriften (§§ 71 und 88).

Verschiedenheit des Abfertigungsverfahrens je nach der Art des Einganges und Ausganges.

§ 35.

Die näheren Bestimmungen über das bei der Waren-Ein-, Aus- und Durchfuhr zu beobachtende Verfahren richten sich danach, ob der Ein- und Ausgang auf Landstraßen, Flüssen und Kanälen, oder auf Eisenbahnen oder seewärts stattfindet.

VI. Bestimmungen über die Waren-Einfuhr, Ausfuhr und Durchfuhr auf Landstraßen, Flüssen und Kanälen.

A. Waren-Eingang.

Verhalten beim Eingang über die Grenze.

§ 36.

Der Weg von der Zollinie bis zum Grenzzollamte muß auf der Zollstraße ohne Abweichung und willkürlichen Aufenthalt und, ohne daß die Ladung eine Veränderung erleidet,*) fortgesetzt werden.

*) Ev. kommen die Strafvorschriften der §§ 136 Nr. 5 und 6, 152 zur Anwendung.

Anmeldung bei dem Grenzzollamte oder den Ansageposten.

§ 37.

Bei dem Grenzzollamte hat der Warenführer seine sämtlichen die Ladung betreffenden Papiere zu übergeben.

§ 38.

Wo zwischen der Grenze und dem Grenzzollamte ein Ansageposten errichtet ist, hat der Warenführer seine Papiere über die Ladung bei letzterem abzugeben. Die Papiere werden in Gegenwart des Warenführers eingesiegelt, an das Grenzzollamt adressiert und einem Grenzaufseher überliefert, welcher das Fuhrwerk oder Schiffsgefäß zum Grenzzollamte begleitet.*)

*) Anw. zur Ausf. des VZG. — Prot. des Bundesrats § 407 — v. 5. Juli 1888 Nr. 8.

a) Die Begleitungen vom Ansageposten zum Grenzzollamte sollen regelmäßig und so oft geschehen, als es der Umfang des Verkehrs erheischt und die Stärke des Personals, sowie die Entfernung bis zum Grenzzollamt zulassen.

Bei jedem Ansageposten muß eine Bekanntmachung angeheftet sein, aus welcher zu ersehen ist, zu welchen Stunden täglich die Begleitung der eingetroffenen Warentransporte zum Grenzzollamt erfolgt.

Auch außerhalb der regelmäßigen Begleitungsstunden müssen Reisende, deren Begleitung der Ansageposten für nötig erachtet (§ 92), zum Grenzzollamt begleitet werden.

b) Auch kann für einzelne Strecken, wo das Bedürfnis des Verkehrs es erfordert, mit Genehmigung der Direktivbehörde von dem Ansageposten, statt der Begleitung, amtlicher Verschluß angeordnet werden.

Verfahren, wenn die Waren an der Grenze in den freien Verkehr treten sollen.

§ 39.

Sollen die Waren an der Grenze in den freien Verkehr treten, so sind dieselben unmittelbar nach der Ankunft dem Grenzzollamte nach Maßgabe der Bestimmungen in den §§ 22 ff. speziell zu deklarieren, sofern nicht nach § 27 der Antrag auf Vornahme der amtlichen Revision gestellt wird. Es findet demnächst spezielle Revision (§§ 28—30) und gegebenenfalls Erhebung des Eingangszolles (§ 32) statt.[1])

Über den entrichteten Eingangszoll wird von der Zollbehörde eine Quittung erteilt.

Der Deklarant haftet für die Richtigkeit der Deklaration sowohl hinsichtlich der Zahl und Art der Kolli, als hinsichtlich der Menge und der Gattung der Waren.[2]) Es sollen indes Abweichungen von dem deklarierten Gewicht, welche bei der Revision sich herausstellen, straffrei gelassen werden, wenn der Unterschied zehn Prozent[3]) des deklarierten Gewichtes der einzelnen Kolli oder der in einem Kollo zusammengepackten verschieden tarifierten Waren oder einer zusammen abgefertigten gleichnamigen Warenposten nicht übersteigt.

---

1. Anw. zur Ausf. des VZG. — Prot. des Bundesr. v. 5. Juli 1888 § 407 — Nr. 9.

Hat der Warenführer über Waren für verschiedene Empfänger nur eine Deklaration abgegeben, so kann er verlangen, daß das Zollamt, neben Erteilung der allgemeinen Quittung, auf jedem Frachtbriefe den summarischen Betrag des entrichteten Eingangszolles von den darin verzeichneten Waren vermerke.

In der auszufertigenden Quittung ist, insofern es sich um legitimationsscheinpflichtige Waren handelt, dem Warenführer vorzuschreiben, innerhalb welcher Frist und auf welcher Straße er seine Ladung durch den Grenzbezirk zu führen habe (§ 119).

Er erhält schließlich sämtliche Frachtbriefe und sonstige von ihm übergebene Papiere, nachdem dieselben einzeln abgestempelt worden sind, zurück.

2. Es sei denn, daß er den Antrag aus § 27 gestellt hat.

3. Beim Seeverkehr 20% — § 81 VZG.

Niederlegung beim Grenzeingangsamte.

§ 40.

Die Waren können bei dem Eingangsamte niedergelegt werden, wenn der Ort das vollständige Niederlagerecht (§ 97) hat, oder sich eine beschränkte Niederlage (§ 105) daselbst befindet.*)

Das Abfertigungsverfahren wird durch das für die betreffende Niederlage erlassene Regulativ (§ 106) bestimmt.

*) Anw. zur Ausf. des VZG. v. 5. Juli 1888 — § 407 der Prot. — Nr. 10.

Allgemeine und beschränkte Niederlagen dürfen in der Regel nur bei Hauptzoll- oder Hauptsteuerämtern errichtet werden. Ausnahmsweise können dieselben auch für solche Orte zugestanden werden, an denen sich nur ein Nebenzollamt oder Steueramt, welches jedoch mindestens mit zwei Beamten besetzt sein muß, befindet.

Verfahren, wenn die Waren von der Grenze auf ein Amt im Innern oder zur Durchfuhr abgelassen werden sollen. — Begleitschein[1] I.

§ 41.

Sollen die Waren unverzollt einer Hebestelle im Innern zur schließlichen zollamtlichen Abfertigung überwiesen werden, oder zur unmittelbaren Durchfuhr gelangen, so ist die Ladung speziell zu deklarieren.[2] Bei einer und derselben Post gleichartiger Waren braucht das Gewicht in der Deklaration nur summarisch angegeben zu werden.

Die Revision seitens des Abfertigungsamtes ist eine allgemeine,[3] insofern nicht besondere Gründe[4] eine Ausnahme erfordern, oder die Beteiligten selbst die spezielle Revision beantragen. Es tritt sodann in der Regel[5] amtlicher Verschluß[6] der Ware und die Erteilung eines Begleitscheins I ein, welcher ein Verzeichnis der Waren, auf die er lautet, nach Maßgabe der vorhandenen Deklaration oder des Revisionsbefundes, die Zahl der Kolli[7] und deren Bezeichnung, die Art des angelegten amtlichen Verschlusses, den Namen und Wohnort der Warenempfänger, das Erledigungsamt, sowie den Zeitraum enthalten muß, innerhalb dessen der Beweis der erreichten Bestimmung zu führen ist.

Die Feststellung des Gewichts kann ausnahmsweise in Fällen des Bedürfnisses durch Probeverwiegungen erfolgen, wenn sich bei den einzelnen zur Verwiegung gelangenden Kolli keine Abweichungen ergeben, welche zwei Prozent des deklarierten Gewichts überschreiten.[8]

Bei eingehenden Schiffs- oder Wagenladungen, bei welchen die Revision ohne vorherige Ausladung nicht ausführbar ist, soll der Begleitschein ohne vorgängige Revision auf Grund der abgegebenen Deklaration[9] ausgefertigt werden, sofern amtliche Begleitung eintritt oder ein sichernder Verschluß angelegt werden kann.

Auf den Antrag der Beteiligten kann die Abfertigung auch solcher Waren auf Begleitschein I erfolgen, welche nach der Deklaration zollfrei sind.[10]

1. Der Zweck der Begleitscheine ist

a) entweder den richtigen Eingang der über die Grenze eingeführten Waren am inländischen Bestimmungsorte bez. die Wiederausfuhr solcher Waren zu sichern,

b) oder die Erhebung des durch spezielle Revision ermittelten Zollbetrages einem anderen Amte zu überweisen.

Dem ersten Zwecke dienen Begleitscheine I, dem zweiten Begleitscheine II. Auf Antrag der Beteiligten können auch zollfreie Waren auf Begleitschein I abgefertigt werden. Begleitscheine II werden nur für Waren ausgestellt, deren Eingangszoll 15 Mark oder mehr beträgt. § 51 VZG.

Die näheren Bestimmungen über die Ausfertigung der Begleitscheine enthält das Begleitschein-Regulativ v. 5. Juli 1888 (RZBl. S. 501), abgeändert durch die Beschlüsse des Bundesrats v. 14. Juni 1895 (RZBl. S. 265), 28. Oktober 1897 (RZBl. S. 317), 10. Juni 1898 (RZBl. S. 312 u. 340).

2. Was die spezielle Deklaration enthalten muß, besagt § 22, in welcher Form (Deklarationen — Auszüge aus Deklarationen — Niederlageabmeldungen, Begleitscheinauszüge) sie zu übergeben ist, § 4 Begl.Reg. RZBl. 1888 S. 501; PrZBl. 1888 S. 527.

3. Wie die allgemeine Revision beschaffen sein muß, bestimmt § 28 VZG.

4. Insbesondere Mängel der Deklaration, Verdacht einer Abgabenhinterziehung oder eines Fehlers in der Deklaration, Unmöglichkeit eines sichernden Verschlusses, vgl. § 5 Begl.Reg.

5. „In der Regel" — unter besonderen Verhältnissen also amtliche Begleitung.

6. Über die Art des Verschlusses vgl. § 43 VZG.

7. Zahl und Gewicht der Kolli sind im Begleitschein nicht nur in Ziffern, sondern auch in Buchstaben anzugeben. Begl.Reg. § 12.

Bei Verlust des Begleitscheines kann der Vorsteher des Ausfertigungs-Hauptamtes ein zweites Exemplar ausstellen lassen.

8. Bei nach Inhalt und Verpackung gleichartigen Kollis kann das Gewicht partienweise oder im ganzen festgestellt werden. Das Nähere vgl. § 5, § 6 Abs. 5, § 10 Abs. 3 Begl.Reg.

Von Waren, die einem Zollsatze von höchstens 5 Mk. für 1 dz unterliegen, sowie von Petroleum, Bier und lebendem Vieh einschließlich des Federviehs kann, wenn sie in Eisenbahnwagenladungen eingehen, das zollpflichtige Gewicht von den Zollstellen mit Genehmigung des Amtsvorstandes durch Verwiegung auf der Gleiswage (Zentesimalwage) in der Weise ermittelt werden, daß von dem Gewichte des Wagens einschließlich der Ladung das Gewicht des leeren Wagens abgezogen wird. Für andere Waren darf die Gewichtsermittlung mit Genehmigung des Amtsvorstandes in derselben Weise, jedoch nur dann erfolgen, wenn die Verwiegung auf den gewöhnlichen Wagen infolge der Größe oder Schwere der Gegenstände oder infolge sonstiger besonderer Umstände unverhältnismäßige Schwierigkeiten bietet. Wenn die Waren auf Eisenbahnstationen ohne Zollstelle weiter geführt werden, kann auf Antrag der Beteiligten, sofern ein dem angemeldeten Gewicht entsprechender Abgabebetrag sichergestellt wird, die Verwiegung des leeren Wagens am Entladungsorte durch zwei auf die sachgemäße Wahrnehmung des Standpunkts der Zollverwaltung verpflichtete Beamte der Bahnverwaltung vorgenommen werden, von denen einer Vorsteher der Station oder der Güterabfertigungsstelle oder Vertreter eines solchen sein muß. Über das Ergebnis der Ermittelung ist von dem Zollpflichtigen binnen einer von dem Abfertigungsamte zu bestimmenden Frist diesem Amte eine durch die Beamten, welche die Verwiegung vorgenommen haben, ausgestellte Wiegebescheinigung vorzulegen.

Über die Berechnung des Gewichtes der Vorsatzbretter vgl. Pr. FMReskript v. 21. Sept. 1890 (PrZBl. 1890 S. 182).

Besondere Vorschriften gelten für Ermittelung des Nettogewichts von in Bassinwagen ausgeführtem Branntwein auf der Zentesimalwage (Bundesratsbeschl. v. 7. Juli 1887, § 419 der Prot.; PrZBl. S. 213; RZBl. S. 314).

9. Die Deklaration muß immer eine spezielle sein.

10. Um die Eröffnung der Kolli und unnötigen Aufenthalt am Grenzzollamt zu vermeiden.

§ 42.

Liegt keine vollständige spezielle Deklaration (§ 22) vor, so sind in der Regel die Waren bei dem Grenzzollamte der speziellen Revision zu unterwerfen. Es kann jedoch, im Fall die Deklaration nur insofern mangelhaft ist, daß die Gattung der Waren nur allgemein nach ihrer sprachgebräuchlichen oder handelsüblichen Benennung*) bezeichnet worden oder die Angabe des Reingewichts bei den in einem Kollo zusammenverpackten verschieden tarifierten Waren fehlt, hierüber hinweggesehen werden und die Abfertigung auf Begleitschein I ohne vorherige spezielle Revision erfolgen, wenn ein sichernder Verschluß angelegt werden kann oder Begleitung von der Behörde angeordnet wird.

---

*) Die Bezeichnung darf nicht so allgemein sein, daß jedes — ungefähre — Erkennen der Warengattung unmöglich wird. Der Paragraph will den soliden Verkehr vor unnötigen Scherereien bewahren und ihn nicht allzu ängstlich an die Ausdrucksart des Tarifs binden. Daher werden einerseits die Abschnittsbezeichnungen des Tarifs genügen, andererseits wird bei Manufaktur- und Konfektionsgegenständen — wenn nicht ganz einfache Sachen, wie Garne, in Frage kommen — selbst die Angabe des Materials erübrigen. Ferner sollen die im Sprach- oder Handelsgebrauch üblichen Warenbezeichnungen statt derjenigen des Tarifs zulässig sein. Unbedenklich sind daher Ausdrücke wie Apotheker-, Bürstenbinder-, Papp-, Glas-, Strohwaren, kurze Waren (Mercerie), Kunstgegenstände, Matten, Porzellan, Steingut, Töpferwaren, Kleider, Gardinen, Säcke &c.; dagegen wären Bezeichnungen wie Kolonial-, Materialwaren, Metalle, Garne (ohne Angabe des Materials) zu beanstanden, weil sie leicht zur Vorbereitung einer Defraude dienen, jedenfalls ein Zeichen großer Nachlässigkeit des Deklaranten sind.

Daß die gewählte Bezeichnung wirklich und nicht bloß nach Ansicht des Deklaranten handelsüblich sein muß, versteht sich von selbst (RG. E. 7 S. 330).

Amtlicher Verschluß.

§ 43.

In der Regel tritt Kolloverschluß [1]) ein. Es kann indes statt desselben nach dem Ermessen des Abfertigungsamtes der Verschluß des Wagens oder des Schiffsgefäßes eintreten (§§ 94—96). [2])

Bei speziell revidierten Waren kann von der Anlegung eines amtlichen Verschlusses, wenn die Beteiligten dieselbe nicht selbst beantragen, [3]) abgesehen werden, sofern eine Vertauschung der Ware nach deren Beschaffenheit auf dem Transporte nicht zu besorgen ist. [4]) [5])

---

1. Bei Gütern, welche unter Zollverschluß aus Österreich kommen, unterbleibt die Anlegung eines anderweiten Verschlusses und die Auspackung, falls

a) die Waren beim Eingangsamte zur Weitersendung mit einem Begleitschein (nicht zur schließlichen Abfertigung) angemeldet werden und von einer amtlichen Bezettelung begleitet sind, welche ergibt, daß und wie sie am Versendungsorte unter amtlichen Verschluß gesetzt worden sind;

b) dieser Verschluß bei der Prüfung unverletzt und sicher befunden wird;

c) die Deklaration vorschriftsmäßig und dergestalt erfolgt, daß wegen mangelhafter Anmeldung die spezielle Revision nicht erforderlich wird, und zum Verdacht eines beabsichtigten Unterschleifs keine Veranlassung vorliegt.

Läßt sich ohne Abladung der Waren die vollständige Überzeugung gewinnen, daß der in Österreich angelegte Verschluß unverletzt und sichernd ist, so kann auch die Abladung und Verwiegung der Waren unterbleiben. Handelsvertrag zwischen Deutschland und Österreich-Ungarn v. 6. Dezbr. 1891 und 25. Januar 1905 Art. 7 und Schlußprotokoll dazu.

2. Begleitscheingüter unter Eisenbahnwagenverschluß dürfen nur auf solche Hauptämter im Innern mit Niederlage abgefertigt werden, auf welche nach dem aufgestellten Ämterverzeichnis Abfertigungen im Eisenbahnverkehr unter Wagenverschluß vorgenommen werden können. Begl.Reg. § 3.

3. Dies mit Rücksicht auf 47 Abs. 2 VZG.

4. Über die Versendung von Wein und Branntwein in Fässern und Gebinden und die Beigabe von Probefläschchen vgl. Bundesratsbeschl. v. 6. Mai 1872 (§ 217 der Prot.) und die sachlich mit demselben übereinstimmenden Pr. FMReskripte v. 29. April 1843 (PrZBl. S. 150), v. 10. Juli 1862 (PrZBl. S. 203), v. 30. Mai 1872 (PrZBl. S. 236).

5. Nach einer unter den Regierungen der Zollvereinsstaaten getroffenen Verständigung soll Baumöl auf Begleitschein I ohne Verschluß nur unter Verzicht auf die zollfreie Durchfuhr oder Denaturierung abgelassen werden. Vgl. Pr. FM.-Reskript v. 26. Januar 1862 (PrZBl. S. 50).

Verpflichtungen des Begleitscheinextrahenten.

§ 44. [1])

Derjenige, auf dessen Verlangen ein Begleitschein I ausgestellt wird (Extrahent des Begleitscheins), übernimmt mit der Unterzeichnung desselben die Verpflichtung, die im Begleitschein bezeichneten Waren in unveränderter Gestalt und Menge in dem bestimmten Zeitraume und an dem angegebenen Orte zur Revision und weiteren Abfertigung zu stellen, ingleichen die Verbindlichkeit, für den Betrag des Eingangszolles von diesen Waren und, wenn die Art derselben durch spezielle Revision nicht festgestellt worden, beziehungsweise wenn es sich um Gegenstände handelt, welche nach der Deklaration zollfrei sind, für den Betrag des Zolles nach dem höchsten [2]) Erhebungssatz des Tarifs zu haften.

Der Warenführer [3]) hat die Waren unverändert ihrer Bestimmung zuzuführen und dem Amte, von welchem die Schlußabfertigung zu bewirken ist, unter Vorlegung des Begleitscheins [4]) zu gestellen, [5]) auch bis dahin den etwa angelegten amtlichen Verschluß unverletzt zu erhalten.

---

1. Der Sinn des Paragraphen ist folgender:

I. Abs. 1. Der Extrahent des Begleitscheins übernimmt eine doppelte Verbindlichkeit:

a) Für den Betrag des durch spezielle Revision ermittelten Eingangszolls zu haften bzw. den höchsten Zoll zu erlegen, wenn keine spezielle Revision stattgefunden hat und weder der wirkliche Zollsatz noch die Zollfreiheit der Waren sich nachträglich ermitteln läßt. Ist solches noch möglich, so hat die Verzollung nach dem tarifmäßigen Satze zu geschehen bzw. — bei Zollfreiheit — zu unterbleiben. Vgl. des näheren Anm. 2.

Für die Bemessung der etwaigen Defraudationsstrafe ist § 44 ohne Bedeutung; diese darf immer nur nach dem wirklich ermittelten Zollsatz bestimmt werden. Anm. 9 zu § 135 VZG.

b) Die Waren rechtzeitig und ordnungsmäßig bei dem im Begleitschein bestimmten Amte zu gestellen. Handelt er (bzw. die im § 153 genannten Personen) dieser Verpflichtung absichtlich zuwider oder fällt ihm (bzw. den in § 153 genannten Personen) in dieser Beziehung eine schuldhafte Versäumnis zur Last, so unterliegt er den Zollstrafen bzw. jene der subsidiaren Verhaftung. (Für die Schuld des Warenführers oder sonstiger dritter Personen haftet er an sich nicht, sondern nur im Fall konkurrierender eigener Schuld.)

Zur Gestellung der Ware in unveränderter Gestalt gehört auch die Erhaltung des Verschlusses, wie sich aus § 96 VZG. ergibt, obwohl es hier nicht wie in § 44 Abs. 2 für den Warenführer, in § 64 für den Unterzeichner des Ladungsverzeichnisses hervorgehoben ist. Bei Verletzung des Verschlusses kann also von dem Begleitschein-Extrahenten nicht bloß der tarifmäßige bzw. höchste Zollsatz gefordert werden, sondern er unterliegt auch der Strafbestimmung des § 151 VZG., es sei denn, daß er einen unverschuldeten Zufall nachzuweisen vermöchte. Auch hier aber ist unverschuldet schon derjenige Zufall, an welchem der Begleitschein-Extrahent nicht schuld ist; die Schuld des Warenführers darf ihm nicht zugerechnet werden. Eine Verschlußverletzung kann daher sehr wohl für ihn ein unverschuldeter Zufall sein, während sie es für den Warenführer nicht ist; ja man wird im allgemeinen sagen müssen, daß, wenn die Ware einmal dem Warenführer ausgehändigt ist, und der Begleitschein-Extrahent nachweist, daß ihn bei Auswahl und Unterweisung des Warenführers wie bei der Wahl des Transportmittels keine Schuld trifft (culpa in eligendo), damit seine strafrechtliche Verantwortung für spätere Verschlußverletzungen entfällt.

II. Abs. 2. Neben dem Extrahenten haftet der Warenführer, d. h. jeder, welcher den Transport des Begleitscheingutes in Kenntnis von dessen Eigenschaft übernommen hat — (nicht der Adressat, RG. E. 21 S. 112, 27 S. 374, 31 S. 379) —, obwohl er persönlich in kein Verpflichtungsverhältnis zur Zollbehörde getreten ist — für die Erfüllung der unter b bezeichneten Verbindlichkeit soweit, als er dem Extrahenten bzw. dessen Vertreter gegenüber den Transport übernommen hat, insbesondere für unversehrte Erhaltung des Verschlusses. Der Warenführer hat also nicht nur den Charakter des Zollgutes als solchen zu achten, sich jeder Verletzung des Verschlusses, jeder Vernichtung oder Inverkehrsetzung des Gutes zu enthalten — dies darf auch ein dritter Unbeteiligter nicht —, sondern er hat dem Staat gegenüber die ausdrückliche Verpflichtung, seiner Privattransportverbindlichkeit soweit nachzukommen, daß nicht durch seine Schuld die ordnungsmäßige rechtzeitige Gestellung der Ware beim Abfertigungsamt verhindert werde, und außerdem für die Erhaltung des Verschlusses Sorge zu tragen. Versäumt er dies, so treffen ihn die Zollstrafen. Er hat daher nicht nur selbst sich vor jeder Verschlußverletzung zu hüten, sondern auch dafür zu sorgen, daß andere nicht den Verschluß verletzen. Er haftet für jede Verschlußverletzung, die während seiner Warenführung — außer durch unverschuldeten Zufall — entstanden ist (§ 151 VZG.). Er hat die Ware rechtzeitig dem nächsten Warenführer unter Bekanntgebung ihrer Eigenschaft als Begleitscheingut und der Bestimmungen des Begleitscheins zu überliefern bzw. als letzter Warenführer dem Abfertigungsamte zur Verzollung zu gestellen. Sein privater Frachtvertrag erhält somit zugleich einen öffentlichrechtlichen Inhalt, der ihn zwar nicht verhindert, seine privatrechtliche Verbindlichkeit in rechtmäßiger Weise wieder aufzulösen, ihn aber dadurch für die Vergangenheit seiner öffentlichrechtlichen Verpflichtung und deren Folgen nicht entkleidet. (Vgl. Anm. 3 und § 151 Anm. 4, 5).

2. Das Reichsgericht führt in seiner Entscheidung Bd. 14 S. 195 (Rechtspr. 8 S. 433) aus, § 44 beschränke die Haftbarkeit des Begleitscheinextrahenten zwar nicht auf den im Begleitschein bzw. in der Deklaration bezeichneten Zollsatz, lasse ihn aber nur für denjenigen Zollbetrag aufkommen, welcher bei der speziellen Revision der Waren durch das inländische Zollabfertigungsamt ermittelt werde. „Die Entrichtung des Zolles „nach dem höchsten Erhebungssatze des Tarifs" sei tatsächlich davon abhängig, daß effektiv bei der Zollabfertigung Gegenstände ermittelt werden, welche dem tarifmäßig höchsten Eingangszoll unterliegen. Wie verfahren werden soll, wenn die auf Begleitschein eingegangenen Waren durch Zufall oder schuldhafterweise verschwinden, darüber verfüge § 44 nichts."

Diese Auffassung wird weder dem Wortlaut des Paragraphen noch seinem Zweck gerecht und könnte dazu verleiten, wertvolle, einem hohen Zoll unterliegende Waren als zollfreie oder als niedrig tarifierte auf Begleitschein I abfertigen und unterwegs verschwinden zu lassen.

Es liegt auf der Hand, daß die Zollbehörde dann niemals ohne spezielle Revision Waren auf Begleitschein I abfertigen dürfte, d. h. das Institut der Begleitscheinversendung mit seiner ungemeinen Verkehrserleichterung tatsächlich illusorisch machen müßte. Nun besagt § 44 mit bestimmten Worten, daß der Extrahent des Begleitscheins, wenn er seiner Verbindlichkeit, die Waren in unveränderter Gestalt und Menge dem Empfangsamt zu gestellen, nicht nachkommt, für den Betrag des Zolles nach dem höchsten Erhebungssatze des Tarifs zu haften hat, nicht: daß er nur für den erst zu ermittelnden (oder von ihm deklarierten) einzustehen habe. Wäre letzteres gemeint, so erschiene der Ausdruck „für den höchsten Erhebungssatz des Tarifs" unverständlich; denn darüber, daß dieser zu entrichten ist, wenn er ermittelt wird, ist niemand im Zweifel. In dem entsprechenden Fall, wo auf Ladungsverzeichnis abgefertigt wird, hat die Eisenbahnverwaltung nach § 64 VZG. ebenfalls die Verpflichtung zu übernehmen, „die . . . Wagen binnen der . . . bestimmten Frist in vorschriftsmäßigem Zustande und mit unverletztem Verschlusse den betreffenden Abfertigungsämtern zu gestellen, widrigenfalls aber für die Entrichtung des höchsten tarifmäßigen Eingangszolles von den in dem Ladungsverzeichnis nachgewiesenen Gewichtsmengen zu haften". Die Bedeutung dieser Vorschrift für das Verständnis des § 44 schwächt das Reichsgericht dadurch ab, daß es sie nur bei einer konkurrierenden schuldhaften Verschlußverletzung anwenden will. Die Eisenbahnverwaltung soll zum höchsten Satze haften, wenn sie die Wagen mit verletztem Schloß oder mit einem losen Brett gestellt, nicht aber, wenn sie sie überhaupt nicht gestellt. Das Geringere würde verpflichten, das Mehr von der Haftung entbinden, — ein wenig befriedigendes Ergebnis. Und wenn § 96 sagt:

„bei eingetretener Verletzung des Warenverschlusses kann infolge der im Begleitschein ... von den Extrahenten übernommenen Verpflichtung für die Waren, je nachdem ihre Gattung ermittelt ist oder nicht, die Entrichtung des tarifmäßigen oder des höchsten Eingangszolles verlangt werden",

so bedeutet das nicht, wie jenes reichsgerichtliche Erkenntnis annimmt, daß die Verpflichtung des Begleitscheinextrahenten, für den höchsten Gewichtszoll aufzukommen, nur bei Verschlußverletzung eintrete, sondern daß sie sogar bei bloßer Verschlußverletzung eintritt, um so mehr, wenn die Ware gar nicht gestellt wird.

Freilich darf die Zollbehörde, wenn die Gattung der nicht (oder nicht ordnungsmäßig) gestellten Waren nachgewiesen wird, nicht den höchsten Zollsatz erheben; sie hat sich dann regelmäßig mit dem wirklichen Zollbetrage zu begnügen, wie das vom Regierungsvertreter (zu § 24) im Zollparlament besonders hervorgehoben worden ist und sich aus § 96 VZG. und dem Zweck der Verzollung ergibt. Das war offenbar der Grund, weshalb die §§ 44, 64 nur die Haftung des Extrahenten für den höchsten Zollbetrag aussprachen, nicht aber bestimmten, daß in solchen Fällen der höchste Zollbetrag zu erheben sei.

3. Warenführer ist stets eine natürliche Person, niemals eine juristische, bei Eisenbahnen und sonstigen Transportgesellschaften also derjenige Beamte, welcher in dem entscheidenden Zeitpunkte der selbständige Führer des Transportes, der selbständige tatsächliche Inhaber der Sache (§ 13) war. RG. E. 34 S. 151. Wenn an einem Transport nacheinander verschiedene Warenführer beteiligt sind, so geht die Verpflichtung, die Waren dem Bestimmungsamte unter Vorlegung des Begleitscheins vorzuführen, auf den letzten Warenführer über. Begl.Reg. § 31 Abs. 2. Vom Warenführer ist besonders der Warenempfänger (§ 23 Anm. 2 u. 3) zu unterscheiden.

Bei Verschlußverletzung haftet in solchem Falle jeder Warenführer für die Strecke, welche er zu vertreten hat, bzw. für die Zeit vom Empfang der Ware von seinem Vordermann bis zur Ablieferung an seinen Hintermann; er hat sich aber bei der Übernahme von der Unversehrtheit des Verschlusses zu überzeugen, sonst treffen ihn die Folgen, d. h. wenn bei einem Warenführer eine strafbare Verschlußverletzung festgestellt wird, so unterliegt er der Strafe des § 151, es müßte denn bewiesen werden, daß die Verschlußverletzung bereits bei dem Vordermann bestanden hatte. So auch RG. E. 12 S. 11, 18 S. 424, R. 7 S. 122. Vgl. Anm. 4 u. 5 zu § 151 VZG.

4. Anw. zur Ausf. des VZG. v. 5. Juli 1888 — Prot. des Bundesrats § 407 — Nr. 12.

Daß der Begleitschein die Ladung bis zum Bestimmungsorte begleiten müsse, ist zwar nicht vorgeschrieben (und zwar absichtlich nicht, vgl. Motive) dagegen setzen die Vorschriften in den §§ 49, 50 und 96 über das bei Transportverzögerungen und bei einer veränderten Bestimmung oder Teilung der Ladung oder bei Konstatierung von Verschlußverletzungen zu beobachtende Verfahren das Vorhandensein des Begleitscheines bei der Ladung voraus. —

Bei Verlust des Begleitscheins ist vom Ausfertigungsamt — falls keine Bedenken entgegenstehen — ein Duplikat auszufertigen. Begl.Reg. § 20.

5. Bei Waren, welche von dem Begleitschein-Ausfertigungsamt nach spe-

zieller Revision ohne Verschluß abgelassen und zur Eingangsverzollung bestimmt sind, kann der Amtsvorstand von der Vorführung und Revision der Waren absehen. Begl.Reg. § 31.

Sicherstellung des Zolles.

§ 45.

Für den Eingangszoll muß entweder durch Pfandlegung oder durch einen sicheren Bürgen,[1]) der sich als Selbstschuldner verpflichtet und den bürgschaftlichen Rechtsbehelfen entsagt, Sicherheit bestellt werden.[2])

Die Pfandlegung oder Bürgschaft muß, wenn die Warengattung ermittelt ist, auf den zu berechnenden Betrag des Eingangszolles, sonst aber auf den höchsten Zollsatz gerichtet werden.

Das Abfertigungsamt ist befugt, bekannte sichere Warenführer, sowohl In- als Ausländer, von der Sicherheitsbestellung zu entbinden.[3])

1. Bürgschaftsurkunden sind in Preußen stempelpflichtig.

2. Die demnächstige Rückzahlung der Kaution kann — gegen Entrichtung des Portos — auch beim Empfangsamte beansprucht werden. Begl.Reg. § 14.

3. Bei amtlicher Begleitung kann die Sicherheitsbestellung ebenfalls unterbleiben. Begl.Reg. § 14.

Nachweis der Erfüllung der Verpflichtungen des Begleitscheinextrahenten.

§ 46.

Die im Begleitschein I übernommenen Verpflichtungen erlöschen nur dann, wenn durch das darin bestimmte Amt bescheinigt wird, daß diesen Obliegenheiten völlig genügt sei, worauf sodann die Löschung der geleisteten Sicherheit oder Bürgschaft erfolgt.[1]) Auf den Antrag des Warendisponenten[2]) kann der Begleitschein von dem Empfangsamte[3]) auch einem andern dazu befugten Amte zur Erledigung überwiesen werden. Die Angaben des Begleitscheins hinsichtlich der Gattung und des Reingewichts der Waren können von dem Warenführer oder dem Warenempfänger[4]) am Bestimmungsorte, solange eine spezielle Revision noch nicht stattgefunden hat, ergänzt oder berichtigt werden.[5])[6])

Rücksichtlich der Haftung für die berichtigte Deklaration, sowie rücksichtlich der Folgen einer Berichtigung gelten die Bestimmungen im § 26.

1. Für das etwa einzuleitende Strafverfahren ist das Empfangsamt bzw. dessen Direktivbehörde zuständig, dagegen steht die Erledigung des Gefällepunktes (außer im Fall des § 48 VZG., vgl. daselbst) dem Ausfertigungsamte bzw. dessen Direktivbehörde und, wenn eine Überweisung stattgefunden hat, dem Überweisungsamt bzw. dessen Direktivbehörde zu.

War spezielle Revision vorhergegangen, oder wird der höchste Zollsatz angeboten, so bedarf es der Entscheidung der Direktivbehörde nicht. Begl.Reg. §§ 45, 46.

2. Warendisponent ist derjenige, welchem die Verfügung über die Ware zusteht. Hierbei ist zu beachten, daß bei Überweisung des Begleitscheins nicht sowohl

über das Eigentum bzw. die zivilrechtliche Verfügungsbefugnis für die Waren entschieden werden soll, sondern darüber, ob ohne Schädigung des Zollinteresses die Verpflichtung des Begleitscheinextrahenten geändert und auf einen anderen übertragen werden kann. Eine allzu ängstliche Prüfung des Rechts des Antragstellers an den Waren wäre nicht am Platze und nur eine Schädigung des raschen Verkehrs; es genügt, wenn der Antragsteller die gesetzlichen Garantien bietet, sich durch den Besitz der Ware und des Begleitscheins ausweist und nicht offenbar durch eine strafbare Handlung diesen Besitz erlangt hat. Warendisponent im Sinne dieses Paragraphen ist also nicht bloß der Extrahent selbst oder der Adressat bez. dessen Zessionar, sondern im allgemeinen jeder, welcher die Waren vorführt und den Begleitschein vorlegt, vgl. §§ 24, 25 Begl.Reg., § 24 Eis.Z.Reg.

3. Auch schon unterwegs vom nächsten Zoll- oder Steueramt vgl. § 50 VZG. §§ 24, 25 Begl.Reg., § 24 Eis.Z.Reg.

4. Über die Bedeutung dieses Ausdrucks vgl. Anm. 2 zu § 23.

5. Anw. zur Ausf. des VZG. v. 5. Juli 1888 — Prot. des Bundesrats § 407 — Nr. 13.

Die Ergänzung und Berichtigung muß nach den Benennungen und Maßstäben des Tarifs erfolgen. ---

6. Ein Antrag auf spezielle amtliche Revision nach Maßgabe des § 27 ist nicht mehr zulässig.

Zollpflichtiges Gewicht.

§ 47.

Das beim Eingange ermittelte und im Begleitschein angegebene Gewicht [1]) der Waren wird in der Regel der Verzollung oder weiteren Abfertigung zugrunde gelegt, unbeschadet der näheren Untersuchung, welche wegen etwa vorgekommener Irrtümer in der Abfertigung oder wegen versuchter Zolldefraudation einzuleiten ist, wenn sich bei der am Bestimmungsorte veranlaßten abermaligen Verwiegung Abweichungen von dem beim Eingange ermittelten Gewicht ergeben.

Es wird indes von dem Mindergewicht, welches sich bei den unter amtlichem Verschluß [2]) oder unter Begleitung abgelassenen Waren am Bestimmungsorte gegen das beim Eingange ermittelte Gewicht herausstellt, kein Eingangszoll erhoben, vielmehr bildet das vorgefundene Gewicht die Grundlage der Verzollung oder weiteren Abfertigung, sofern der amtliche Verschluß unverletzt befunden wird und anzunehmen ist, daß das Mindergewicht lediglich durch natürliche Einflüsse herbeigeführt worden sei, namentlich kein Grund zu dem Verdachte vorliegt, daß ein Teil der Ware heimlich entfernt worden.

Unter den gleichen Voraussetzungen wird auch von der Erhebung des Eingangszolles für das Mindergewicht abgesehen, welches sich etwa bei den zum Durchgange abgefertigten Waren beim Ausgangsamte gegen das im Begleitschein angegebene Gewicht herausstellt.

Ist beim Eingangsamte nur eine probeweise Verwiegung erfolgt (§ 41), so gilt rücksichtlich der nicht verwogenen Kolli das deklarierte Gewicht als das ermittelte.

Hat beim Eingangsamte überhaupt keine Verwiegung stattgefunden

(§ 41), so bildet das am Bestimmungsorte festgestellte Gewicht die Grundlage der Verzollung oder weiteren Abfertigung, sofern der Verschluß unverletzt befunden und nicht durch Umstände der Verdacht begründet wird, daß eine heimliche Entfernung von Waren stattgefunden habe. In diesem Falle kann, nach dem Ergebnis der anzustellenden Erörterungen, das deklarierte Gewicht der Verzollung oder weiteren Abfertigung zugrunde gelegt werden.

---

1. Vgl. Anm. 8 zu § 41 und Anm. 3 zu § 66 VZG.
2. Pr. FMReskript v. 2. Juni 1889: PrZBl. S. 208.

Behufs einer gleichmäßigen zollamtlichen Behandlung der in Eisenbahnwagenladungen ohne amtlichen Verschluß durch das Zollgebiet transitierenden, auf der Zentesimalwage verwogenen Massengütern wird Folgendes angeordnet:

Bei den auf Ladungsverzeichnis und Begleitzettel ohne amtlichen Verschluß zur Durchfuhr abgelassenen Waren, welche nach § 9 Eisenbahnzollregulativ bzw. Ziffer 11 der Anw. zur Ausf. des VZG. auf der Zentesimalwage verwogen worden sind, kann künftig allgemein von der Verzollung des von den Ausgangsämtern festgestellten Mindergewichts mit Genehmigung des Amtsvorstandes Abstand genommen werden, sofern dasselbe zwei Prozent des beim Eingang ermittelten Gewichts nicht übersteigt und nach vorheriger gründlicher Prüfung der obwaltenden Umstände die Überzeugung gewonnen wird, daß die Gewichtsdifferenz auf Witterungsverhältnisse, Verdunstung oder andere derartige zufällige Ereignisse zurückzuführen ist. Besteht die Überzeugung nicht oder liegt der Verdacht einer Beraubung vor, so ist ein etwaiges Mindergewicht — ohne Rücksicht auf sein Verhältnis zum Gesamtgewicht — unbedingt zu verzollen.

Dagegen ist bei den auf Begleitschein I ohne amtlichen Verschluß abgefertigten Waren das beim Ausgangsamte festgestellte Mindergewicht gegen das beim Eingang ermittelte Gewicht gemäß § 47 des VZG. stets auch dann zur Verzollung zu ziehen, wenn die Gewichtsermittlung auf der Zentesimalwage stattgefunden hat. —

Zollerlaß für die auf dem Transport[1]) zugrunde gegangenen oder in verdorbenem oder zerbrochenem Zustande ankommenden Waren.

§ 48.

Wenn auf Begleitschein I abgefertigte Waren erweislich auf dem Transporte durch Zufall zugrunde gegangen sind, so tritt ein Zollerlaß[2]) [3]) ein.

Ferner bleibt, sofern der angelegte amtliche Verschluß unverletzt befunden wird, oder amtliche Begleitung stattgefunden hat, der Eingangszoll unerhoben, wenn die Gegenstände, welche unter amtlichem Verschluß oder amtlicher Begleitung abgefertigt worden sind, am Bestimmungsorte in verdorbenem oder in zerbrochenem Zustande ankommen.[2]) Die in verdorbenem Zustande ankommenden Gegenstände müssen unter amtlicher Aufsicht vernichtet werden. Die zerbrochen ankommenden Gegenstände sind unter Aufsicht der Zollbehörde nötigenfalls so zu zerstören, daß sie völlig unbrauchbar werden.

---

1. Das VZG. enthält nur Vorschriften über Beschädigungen, welche die Ware während des Transports auf Begleitschein (§ 48), Ladungsverzeichnis (§ 67) oder

in der Niederlage (§ 103) erlitten hat, aber nichts über solche Beschädigungen, von denen sie vorher betroffen worden ist (außer Gewichtsvermehrung durch eingedrungenes Wasser, § 29 Abs. 5).

Wie ist es, wenn Südfrüchte schon auf dem Seetransport verfault sind, Wild in Verwesung übergegangen, Wein zu Essig geworden ist? wenn Glaswaren im Auslande oder auf dem Wege von der Grenze zum Zollamt zerbrechen? In den meisten Fällen wird hier der Grundsatz helfen, daß die Ware nur in der Art zu verzollen ist, wie sie sich den Abfertigungsbeamten darstellt (§ 32 VZG.). Verfaulte Südfrüchte sind überhaupt keine Südfrüchte, Essig ist als Essig zu verzollen, mag er früher auch Wein gewesen sein, Scherben sind keine Glaswaren, wirklich ungenießbar gewordenes Fleisch, welches fortgeworfen und vernichtet werden muß, ist kein Fleisch und nicht zu verzollen. Dagegen kommen Beschädigungen, die den Charakter der Ware als solcher nicht verändern, nicht in Betracht und sollten (vgl. Rede des Reg.Kommissars zu § 48) nicht in Betracht kommen, weil sie Anlaß zu mannigfachen Streitigkeiten über Umfang und Bedeutung der Beschädigung und Anregung zu Zollhinterziehungen geben. Ebenso ist eine absichtliche Zerstörung unverdorbener Waren, um den Zoll nicht zu entrichten, bedeutungslos (§ 36 VZG.).

Dagegen bleiben nach § 7 des Zolltarifgesetzes verdorbene Waren zollfrei, wenn sie unter amtlicher Aufsicht vernichtet werden, und sollen — entsprechend der obigen Ausführung — zerbrochene und abgenutzte Gegenstände nur als Rohstoffe verzollt werden, wenn sie nur als solche noch verwendbar sind.

2. Anw. zur Ausf. des VZG. v. 5. Juli 1888 — Prot. des Bundesrats § 407 — Nr. 14.

Der Zollerlaß für die auf dem Transporte zugrunde gegangenen oder im verdorbenen oder zerbrochenen Zustande ankommenden Waren kann von dem Hauptamt, welches den Begleitschein oder das Ladungsverzeichnis zu erledigen hat, beziehungsweise von dem dem Erledigungsamte vorgesetzten Hauptamt selbständig zugestanden werden.

Die Bewilligung darf jedoch nur nach vorheriger protokollarischer Feststellung der obwaltenden Umstände und unter Zustimmung sämtlicher Hauptamtsmitglieder erfolgen. Der auf dem Abfertigungspapier zu erteilenden Genehmigung sind die gepflogenen Verhandlungen beizufügen.

Die gleiche Befugnis steht auch dem Niederlageamt bezüglich der auf der Niederlage zugrunde gegangenen oder verdorbenen oder zerbrochenen Waren zu.

Diese Ermächtigung findet nicht allein auf Begleitscheingüter oder mittels Ladungsverzeichnisses beförderte Waren, sondern auch auf alle diejenigen Güter, welche im Schiffsansageverkehr oder im Verkehr mit den Staatsposten eingehen, entsprechende Anwendung.

Vgl. noch §§ 41—44 Begl.Reg.

3. Vorstehende Anweisung bezieht sich auch auf die **Übergangsabgaben**, Bundesratsbeschl. v. 7. Nov. 1874, § 459 der Prot., vgl. Pr. FMReskript v. 8. Dez. 1874 (PrZBl. 1875 S. 27) und v. 23. Febr. 1876 (PrZBl. S. 681), wonach die Hauptämter zur Bewilligung dieses Abgabenerlasses befugt sind.

Verzögerung des Transportes.

§ 49.

Sollten Naturereignisse oder Unglücksfälle bei dem Transporte innerhalb des Vereinsgebiets den Warenführer verhindern, seine Reise fortzusetzen und den Bestimmungsort in dem durch den Begleitschein festgesetzten Zeitraume zu erreichen, so ist er verpflichtet, dem nächsten Zoll- oder Steueramte Anzeige davon zu machen, welches entweder den Aufenthalt auf dem Begleitscheine bezeugen, oder, wenn die Fortsetzung der Reise ganz unterbleibt, die Waren unter Aufsicht nehmen muß.*)

*) Im Fall des § 49 (Unglücksfälle, Naturereignisse) ist jedes Amt zur Ausstellung der Bescheinigungen, zur Ergreifung der erforderlichen Kontrollmaßregeln, insbes. zur Beaufsichtigung der Umladung, zur Anlegung eines neuen Verschlusses befugt, — im Fall des § 50 nur die zum Ausstellen von Begleitscheinen zuständigen Ämter.

Veränderte Bestimmung oder Teilung der Ladung.

§ 50.

Wenn eine Warenladung, über welche ein Begleitschein erteilt worden ist, eine andere Bestimmung erhält, so hat der Warenführer den Begleitschein bei dem nächsten Zoll- oder Steueramte abzugeben, welches den Begleitschein mit dem erforderlichen Vermerk über den veränderten Bestimmungsort und Empfänger versieht.

Soll eine auf Begleitschein I abgefertigte Ladung unterwegs geteilt werden, so sind die Waren dem nächsten Hauptzoll- oder Hauptsteueramte oder einem zur Ausstellung von Begleitscheinen befugten Zoll- oder Steueramt vorzuführen, welches auf diesfälligen Antrag neue Begleitscheine ausfertigt, nachdem die Teilung der Ladung unter amtlicher Aufsicht erfolgt ist.*)

Die Teilung darf sich auch auf den Inhalt einzelner Kolli erstrecken.

*) Über das Nähere vgl. § 23 ff. Begl.Reg. Bei veränderter Bestimmung hat der Antragssteller die Verpflichtungen aus § 44 für die neue Strecke zu übernehmen. Gleicherweise, wenn die Ware von dem ursprünglichen Empfangsamt auf ein anderes weiter überwiesen werden soll. In unbedenklichen Fällen kann von Vorführung und Revision der Waren bei Überweisung des Begleitscheins, nicht bei Teilung oder Umladung Abstand genommen werden.

Begleitscheine II.

§ 51.

Soll nach dem Antrage des Deklaranten die Erhebung des durch spezielle Revision ermittelten Eingangszolles bei einem anderen dazu befugten Amte erfolgen, so geschieht dies durch Erteilung eines Begleitscheins II, welcher die Menge und Gattung der Waren nach den Ergebnissen der Revision, den Namen und Wohnort des Warenempfängers,[1])[2]) den Betrag des gestundeten Eingangszolles, wo derselbe zu entrichten, ob und welche Sicherheit geleistet, was wegen Vorlegung des Begleitscheins zu erfüllen ist, sowie den Zeitraum enthält, innerhalb dessen der Beweis der erfolgten Zollentrichtung geführt werden muß.[3])[4])

Begleitscheine II werden jedoch nur dann ausgestellt, wenn der Eingangszoll von den Waren, für welche der Begleitschein begehrt wird, fünfzehn Mark oder mehr beträgt.

---

1. Begleitscheine II dürfen nur auf dasjenige Amt gezogen werden, in dessen Bezirk der Bestimmungsort der Ware liegt. § 21 Begl.Reg. Gewöhnlich wird das der Wohnort des Empfängers sein. Wer einen Begleitschein II auf ein unzuständiges Amt d. h. auf ein Amt, in dessen Bezirk der Bestimmungsort der Ware nicht liegt, zieht, macht sich nach § 152 VZG. strafbar. RG. E. 25 S. 432.

2. Um dem Mißbrauch entgegenzutreten, daß Begleitscheine II nur zur Stundung der Zollgefälle benutzt werden und die Ware gar nicht dem angeblichen „Empfänger" übersandt wird, schreibt das Begleitscheinregulativ vor, daß a) die Vorführung der Ware beim Empfangsamt im Begleitschein angeordnet werden (§ 48 Begl.Reg.), b) das Ausfertigungsamt die Vorlegung der Frachtbriefe über die Versendung der Ware an den Empfänger verlangen kann.

Außerdem wird einem Mißbrauch durch möglichste Beschränkung der Transportfrist, sowie dadurch zu begegnen sein, daß die Anschreibungen auf Zollkredit nur bei solchen Personen stattfinden, welche als Warenempfänger, Spediteure usw. zu den auf Begleitschein II abgelassenen Sendungen in Beziehung stehen (vgl. Pr. FM.-Reskript v. 4. August 1872 und 8. Juli 1874; PrZBl. 1874 S. 173, 174).

3. Bei verspätet abgegebenem Begleitschein II soll eine Kreditierung der Zollbeträge nicht eintreten. Bundesratsbeschl. v. 13. Oktober 1875.

4. Ist die Zahlungsfrist abgelaufen, so ist der Betrag zunächst zur Hinterlegung zu vereinnahmen und endgültig erst zu buchen, wenn feststeht, daß er von dem Ausfertigungsamte nicht eingezogen ist. Pr. FMReskript v. 29. April 1872; PrZBl. S. 170.

Ansageverfahren.

§ 52.

Mit Genehmigung der obersten Landesfinanzbehörde kann auf solchen Strecken, wo es im Bedürfnis des Verkehrs liegt und amtliche Begleitung zulässig erscheint, die Ablassung der Waren von dem Grenzzollamte auf ein zur weiteren zollamtlichen Abfertigung befugtes Amt im Innern im Wege des Ansageverfahrens erfolgen. Die Abfertigung findet in diesem Fall nach Maßgabe der Bestimmung im § 38 statt.

B. Unmittelbare Durchfuhr.

a) Von ausgangszollpflichtigen Waren.

§ 53.

Werden Waren, welche mit einem Ausgangszolle belegt sind, zur unmittelbaren Durchfuhr deklariert, so unterbleibt, sofern dieselben beim Eingang speziell revidiert werden, die Begleitscheinausfertigung.

Statt derselben wird in dem Duplikat der Deklaration angegeben, daß und wie die Waren unter Verschluß gesetzt worden sind und innerhalb welcher Frist und über welches Zollamt der Wiederausgang derselben erfolgen dürfe.

b) Auf kurzen Straßenstrecken.

§ 54.

Auf kurzen, durch das Vereinsgebiet führenden Straßen können nach Maßgabe der von der obersten Landesfinanzbehörde zu treffenden Anordnungen bei der Abfertigung Erleichterungen eintreten.

C. Waren-Ausgang.

Behandlung der ausgangszollpflichtigen Waren.

§ 55.

Sollen Waren zur Ausfuhr gelangen, welche mit einem Ausgangszoll belegt sind, so müssen dieselben nach den Bestimmungen im § 22 speziell angemeldet werden. Es erfolgt sodann spezielle Revision und die Erhebung des Ausgangszolles.

Über die Zollentrichtung wird Quittung erteilt.

Ist der Ausgangszoll bei einem Amte im Innern entrichtet, so wird auf Grund der Angaben des Warenführers in der Quittung zugleich bemerkt, binnen welcher Frist und auf welcher Straße die Ausfuhr erfolgen muß.

Der Ausgang darf, sofern nicht nach § 21 eine Ausnahme zugestanden ist, nur über ein Grenzzollamt stattfinden, bei welchem die Quittung vorgezeigt werden muß.*)

*) Anw. zur Ausf. des VZG. v. 5. Juli 1888 — § 407 der Bundesratsprot. — Nr. 15.

Die bei den Grenzzöllämtern vorgezeigten Quittungen über entrichteten Ausgangszoll sind zur Verhütung nochmaligen Gebrauchs abzustempeln.

Behandlung der Waren, deren Ausfuhr nachgewiesen werden muß.

§ 56.

Waren, bei denen es auf den Beweis der erfolgten Ausfuhr ankommt,[1]) müssen von dem Warenführer bei demjenigen Grenzzollamte angemeldet und gestellt werden,[2]) über welches die Ausfuhr nach Inhalt der empfangenen Bezettelungen geschehen soll. Dieses Amt bewirkt die Abfertigung, nachdem es sich durch Revision der Ware die Überzeugung verschafft hat, daß diejenigen Gegenstände vorhanden sind, auf welche die Bezettelung lautet. Bei Waren, welche unter amtlichem Verschluß zum Ausgange abgefertigt sind, beschränkt sich die Ausgangsabfertigung in der Regel auf die Prüfung und Lösung des Verschlusses.

Ist die Gestellung der Ware bei dem Grenzausgangsamte unterblieben, so hängt es von dem Ermessen der Zollbehörde ab, ob der Ausgang in bezug auf die Ansprüche der Zollverwaltung als erwiesen anzunehmen sei.

1. Insbesondere Waren, die (auf Begleitschein I oder Ladungsverzeichnis, vgl. § 71 Abs. 2 VZG.) zur Durchfuhr abgefertigt sind, Deklarationsscheingüter (§ 111),

Waren des Meß- und Marktverkehrs (§ 112), des Veredelungsverkehrs (§ 115), Retourwaren (§§ 113, 114), Waren des Übergangsscheinverkehrs; ferner alle Waren, bei welchen eine Ausfuhrvergütung der inneren Steuer beansprucht wird, z. B. Salz (Ges. v. 12. Oktober 1867), Bier (Ges. v. 31. Mai 1872), Tabak (Ges. v. 16. Juli 1879), Branntwein (Ges. v. 24. Juni 1887 und 17. Juni 1895), Zucker (Ges. v. 27. Mai 1896).

2. Anw. zur Ausf. des VZG. v. 5. Juli 1888 — § 407 der Bundesratsprot. — Nr. 16.

Die Entscheidung darüber, ob ungeachtet der Nichtgestellung der Ware bei dem Grenzausgangsamt der Ausgang in bezug auf die Ansprüche der Zollverwaltung als erwiesen anzunehmen sei, kann in unzweifelhaften Fällen, z. B. wenn der erfolgte Eingang der Ware von der ausländischen Zollbehörde bescheinigt ist, dem betreffenden Hauptamt überlassen werden. In anderen Fällen ist die Entscheidung von der Direktivbehörde zu treffen.

D. Waren-Ein- und Durchfuhr auf Flüssen, auf welche besondere Staatsverträge Anwendung finden.

§ 57.

Bei der Waren-Einfuhr und Durchfuhr auf Flüssen, auf welche besondere Staatsverträge Anwendung finden, tritt das darin zur Sicherung des Zollinteresses vereinbarte Verfahren an die Stelle des gewöhnlichen Abfertigungsverfahrens. [1] [2] [3] [4]

---

1. Anw. zur Ausf. des VZG. v. 5. Juli 1888 — § 407 der Bundesratsprot. — Nr. 17.

Rücksichtlich der zum direkten Transit auf dem Rhein bestimmten Schiffsladungen finden die Vorschriften im Artikel 9 der revidierten Rheinschiffahrtsakte v. 17. Oktober 1868 Anwendung.

Für die Abfertigung derjenigen Waren, welche auf dem Rhein mit der Bestimmung eingehen, im Lande zu bleiben, sowie für die zur Ausfuhr bestimmten und die nach vorgängiger Umladung oder Lagerung in Freihäfen oder in anderen Niederlagen auf dem Rhein durchgehenden Waren treten die Bestimmungen des Vereinszollgesetzes in Kraft, insoweit dieselben weitergehende Erleichterungen gewähren, als die Vereinbarung wegen Behandlung des Gütertransportes usw. auf dem innerhalb des Zollvereinsgebiets gelegenen Teil des Rheins usw. v. 8. Mai 1841.

2. Revidierte Rheinschiffahrtsakte v. 17. Oktober 1868 (Pr. GS. 1869 S. 798) bestimmt:

Art. 9. Will ein Schiffer direkt und ohne Veränderung seiner Ladung durch das Gebiet eines Uferstaates oder mehrerer zu einem Zollsystem gehöriger Staaten (jetzt also Deutschlands) durchfahren, so ist ihm die Fortsetzung der Reise ohne vorgängige spezielle Revision der Ladung unter der Bedingung zu gestatten, daß er sich der amtlichen Verschließung der Laderäume oder der amtlichen Begleitung, oder beiden Maßregeln zugleich, nach dem Ermessen der Zollbehörde zu unterwerfen hat, und daß er derselben ein nach dem beiliegenden Formular A ausgestelltes Manifest in doppelter Ausfertigung übergibt.

Beim Ausgange hat er sodann an dem letzten Grenzzollamte, behufs Untersuchung und Abnahme des angelegten amtlichen Verschlusses, beziehungsweise der Zurückziehung der amtlichen Begleiter, anzuhalten.

Im übrigen darf er auf seiner Fahrt aus Rücksicht auf das Zollinteresse, den Fall einer Zolldefraudation ausgenommen (Art. 12), nicht angehalten werden. Die amtlichen Schiffsbegleiter . . . haben von dem Schiffsführer unentgeltlich Teilnahme an der Kost der Schiffsmannschaft, sowie das nötige Feuer und Licht, sonst aber keine Vergütung zu fordern oder anzunehmen.

Tritt unterwegs, infolge von Naturereignissen oder anderen unvermeidlichen Zufällen, die Notwendigkeit ein, eine Veränderung der Ladung vorzunehmen und zu diesem Zweck den Verschluß zu lösen, so hat der Schiffsführer sich deshalb vorher an die nächsten Zollbeamten zu wenden und deren Ankunft abzuwarten. Ist die Gefahr so dringend, daß ihm dazu genügende Zeit nicht übrig bleibt, so muß er die nächste Ortsobrigkeit benachrichtigen, welche sodann die Abnahme des Verschlusses bewirken und den Tatbestand zu Protokoll feststellen wird.

Hat der Schiffer eigenmächtig Vorkehrungen getroffen, ohne das Einschreiten der Zollbeamten oder der Ortsbehörde zu beantragen oder abzuwarten, so hat er in glaubhafter Weise darzutun, daß davon die Rettung des Schiffes oder der Ladung oder die Abwendung einer dringenden Gefahr abgehangen habe.

Er muß in einem solchen Falle unverzüglich nach Beseitigung der Gefahr bei den nächsten Zollbeamten oder, wenn diese nicht zu erreichen sind, bei der nächsten Ortsobrigkeit Anzeige machen und die Feststellung des Tatbestandes veranlassen.

Art. 12. Werden von den Grenzzollämtern Abweichungen der Ladung von dem Manifeste entdeckt, so finden die bestehenden Landesgesetze in bezug auf die Bestrafung wegen unrichtiger Deklaration Anwendung.

3. Über den zoll- und steueramtlichen Verschluß von Schiffen, welche den Rhein und seine konventionellen Nebenflüsse befahren, vgl. das Regulativ des Bundesrats v. 5. Dezember 1889 (§ 543 der Prot.; PrZBl. 1890 S. 7; RZBl. 1889 S. 590).

4. Für den Kaiser Wilhelm-Kanal gilt die Zollordnung v. 12. Februar 1903 (RZBl. 1903 S. 73 u. 1905 S. 79); für die Unterelbe und Unterweser bestehen besondere Zollregulative; vgl. zur Überschrift von Abschnitt VIII.

E. Begleitschein-Regulativ.

§ 58.

Über das bei der Ausfertigung und Erledigung der Begleitscheine I. und II. zu beobachtende Verfahren wird ein besonderes Regulativ*) erlassen.

*) Begl.Reg. v. 8. Juli 1888, RZBl. S. 501, abgeändert in RZBl. 1895 S. 265, 1897 S. 317, 1898 S. 312 u. 340.

VII. Bestimmungen über die Waren-Einfuhr, Ausfuhr und Durchfuhr auf den Eisenbahnen.[1])

A. Allgemeine Verpflichtungen der Eisenbahnverwaltungen:

1) Bezüglich der für die Abfertigung und die einstweilige Niederlegung der nicht sofort zur Abfertigung gelangenden Gegenstände erforderlichen Räume.

§ 59.

Die Eisenbahnverwaltung hat auf den für die Zollabfertigung bestimmten Stationsplätzen die für die zollamtliche Abfertigung und

für die einstweilige Niederlegung der nicht sofort zur Abfertigung gelangenden Gegenstände erforderlichen Räume [2]) zu stellen, beziehungsweise die nach der Anordnung der Zollbehörde hierfür nötigen baulichen Einrichtungen zu treffen.

---

1. Hierzu ist ergangen das Eisenbahn-Zoll-Regulativ v. 5. Juli 1888 (RZBl. S. 573 und 755) mit den Vorschriften des Reichskanzlers über die zollsichere Einrichtung der Eisenbahnwagen im internationalen Verkehr v. 12. März 1887 (RZBl. 1888 S. 589). Das Eis.Z.Reg. ist abgeändert durch die Beschlüsse des Bundesrats v. 30. Juni 1892 (RZBl. S. 472), 1. Februar 1894 (RZBl. S. 52), 14. Juni 1895 (RZBl. S. 265), 10. Juni 1898 (RZBl. S. 340) und 6. Dezember 1900 (RZBl. S. 635).

Besondere, aber nicht abweichende Bestimmungen über die Zollabfertigung des internationalen Verkehrs auf den Eisenbahnen enthält die Anlage D zum Deutsch-Belgischen Handels- und Zollvertrage v. 22. Juni 1904.

2. Die Ausstattung der hergegebenen Räume, ihre Erwärmung und Erleuchtung liegt der Zollbehörde ob. Eis.Z.Reg. v. 5. Juli 1888 § 5.

2) Gegenüber den Zollbeamten.

§ 60.

Diejenigen Oberbeamten der Zollverwaltung, welche mit der Kontrolle des Verkehrs auf den Eisenbahnen und der die Abfertigung desselben bewirkenden Zollstellen besonders beauftragt sind und sich darüber gegen die Angestellten der Eisenbahn ausweisen, [1]) sind befugt, zum Zwecke dienstlicher Revisionen oder Nachforschungen, die Wagenzüge an den Stationsplätzen und Haltestellen so lange zurückzuhalten, als die von ihnen für nötig erachtete und möglichst zu beschleunigende Amtsverrichtung solches erfordert.

Die bei den Wagenzügen oder auf den Stationsplätzen oder Haltestellen anwesenden Angestellten der Eisenbahnverwaltungen sind in solchen Fällen verpflichtet, auf die von Seite der Zollbeamten an sie ergehende Aufforderung bereitwillig Auskunft zu erteilen und Hilfe zu leisten, auch den Zollbeamten die Einsicht der Frachtbriefe und der auf den Güterverkehr bezüglichen Bücher zu gestatten.

Nicht minder sind die bezeichneten Zollbeamten befugt, innerhalb der gesetzlichen Tageszeit alle auf den Stationsplätzen und Haltestellen vorhandenen Gebäude und Lokalien, soweit solche zu Zwecken des Eisenbahndienstes und nicht bloß zu Wohnungen benutzt werden, ohne die Beachtung weiterer Förmlichkeiten zu betreten und darin die von ihnen für nötig erachteten Nachforschungen vorzunehmen. Dieselbe Befugnis steht ihnen auf solchen Stationsplätzen und Haltestellen, welche von Nachtzügen berührt werden, auch zur Nachtzeit zu.

Jeder mit der Kontrolle des Eisenbahnverkehrs besonders beauftragte [2]) Oberbeamte muß innerhalb der von der betreffenden Zoll-Direktivbehörde bezeichneten Strecke der Eisenbahn in beiderlei Richtungen in einem Personenwagen II. Klasse unentgeltlich befördert werden.

Ebenso hat, wo die Zollverwaltung eine Begleitung der Wagenzüge durch Zollbeamte eintreten läßt, die Beförderung der Begleitungsbeamten unentgeltlich zu erfolgen und ist denselben ein Sitzplatz auf einem Wagen nach ihrer Wahl, sofern sie von der Begleitung zurückkehren aber ein Platz in einem Personenwagen mittlerer Klasse einzuräumen.

1. Durch eine von der Direktivbehörde ausgestellte Legitimationskarte. Eis.-Z.-Reg. § 12.

2. Und mit einer Legitimationskarte versehene. Eis.Z.Reg. § 12.

B. Waren-Eingang.

1) Zollamtliche Behandlung der Güter, die in Eisenbahnwagen die Grenze überschreiten.

§ 61.

Bei Überschreitung der Grenze dürfen in den Personenwagen oder sonst anderswo als in den Güterwagen sich keine Gegenstände befinden, welche zollpflichtig sind oder deren Einfuhr verboten ist. Eine Ausnahme findet nur hinsichtlich der unter dem Handgepäck der Reisenden befindlichen zollpflichtigen Kleinigkeiten, sowie des Gepäcks statt, welches sich auf den mittels der Eisenbahn beförderten Wagen von Reisenden befindet.

Auf den Lokomotiven und in den dazu gehörigen Tendern dürfen nur Gegenstände vorhanden sein, welche die Angestellten oder Arbeiter der Eisenbahnverwaltung auf der Fahrt selbst zu eigenem Gebrauch oder zu dienstlichen Zwecken nötig haben. Auch dürfen weder in den Eisenbahnwagen, noch in den Lokomotiven und Tendern geheime oder schwer zu entdeckende, zur Aufnahme von Gütern oder Effekten geeignete Räume*) vorhanden sein.

*) Einrichtungen zur Erwärmung des Fußbodens sind hierdurch nicht ausgeschlossen. Eis.Z.Reg. § 6. Wie die Eisenbahngüterwagen beschaffen sein müssen, besagen die Vorschriften des Reichskanzlers v. 12. März 1888 (RZBl. S. 589).

§ 62.

Sämtliche Frachtgüter und Effekten, deren Abfertigung nach Maßgabe der folgenden Bestimmungen stattfinden soll, müssen in der Regel schon im Auslande in leicht und sicher verschließbare Güterwagen (Koulissenwagen, Wagen mit Schutzdecken) oder in abhebbare Behälter, nach den von der Zollbehörde zu erteilenden näheren Vorschriften, [1]) verladen sein. [2])

1. Diese Vorschriften sind enthalten in § 7 und Anlage A zum Eis.Z.Regulativ.

2. Ausnahmsweise können zum Transport der zur Abfertigung mit Ladungsverzeichnis bestimmten ausländischen Güter, wenn es sich um Kolli handelt, welche 25 kg oder mehr wiegen, offene Wagen mit anderen Schutzdecken als den im § 7

bezeichneten oder offene Wagen ohne Schutzdecken verwendet werden. Insbesondere sollen von der Abfertigung mit Ladungsverzeichnis nicht ausgeschlossen sein solche in offene Wagen verladene Güter, deren Verladung in Koulissenwagen oder in die im § 7 bezeichneten Schutzdeckenwagen wegen ihres Umfanges (wie große Maschinen, Maschinenteile, Dampfkessel) oder wegen ihrer Beschaffenheit (wie Holz, Kohlen, Koaks, Sand, Steine, Erze, Roh- und Brucheisen aller Art, Stabeisen, Vieh, Heringe, Tran, Petroleum usw.) nicht angängig erscheint.

Dem Ermessen des Abfertigungsamtes bleibt es überlassen, ob zur Sicherung gegen Entfernungen oder Vertauschungen Deckenverschluß anzubringen ist, oder Erkennungsbleie anzulegen oder andere Maßregeln zu treffen sind, oder ob ausnahmsweise von einem Verschluß oder anderen Maßregeln zur Festhaltung der Identität ganz abzusehen sein möchte.

Auch darf amtliche Begleitung eintreten. Eis.Z.Reg. § 9.

Generelle Deklaration. Ladungsverzeichnis.

§ 63.

Unmittelbar nach Ankunft des Zuges auf dem Bahnhofe des Grenzzollamtes hat der Zugführer oder der sonstige Bevollmächtigte der Eisenbahnverwaltung dem Amte vollständige Ladungsverzeichnisse über die Frachtgüter in zweifacher Ausfertigung zu übergeben.[1]) Der einen Ausfertigung müssen die Frachtbriefe über die darin verzeichneten Güter beigefügt sein.

Die Ladungsverzeichnisse[2]) [3]) müssen die verladenen Kolli nach Inhalt,[4]) Verpackungsart, Zeichen, Nummer und Brutto-Gewicht nachweisen, die Gesamtzahl derselben angeben und dasjenige Amt bezeichnen, bei welchem die weitere Abfertigung verlangt wird. Ferner muß darin die Angabe der Wagen oder Wagenabteilungen oder der abhebbaren Behälter, in welche die Kolli verladen sind, nach Zeichen, Nummer oder Buchstaben enthalten sein.

Ein jedes Ladungsverzeichnis darf in der Regel nur solche Güter enthalten, welche nach einem und demselben Abfertigungsorte bestimmt sind.

---

1. Statt der Ladungsverzeichnisse können gleich spezielle Deklarationen gemäß §§ 22, 24 VZG. abgegeben werden, in welchen Fällen die gewöhnliche Abfertigung nach § 39 ff. geschieht. Zollfreie Massenartikel dürfen mit Genehmigung der Direktivbehörde auf Grund der Frachtbriefe sofort in freien Verkehr gesetzt werden. § 17 Eis.Z.Reg.

2. Fehlen im Ladungsverzeichnis Kolli mit zollpflichtigem Inhalt, so tritt die Strafe der Defraudation ein, vgl. § 136 Nr. 1d. Bei anderweitigen Fehlern, z. B. unrichtiger Angabe der Zeichen und Nummern, des Gewichts, der Verpackungsart findet eine Ordnungsstrafe nach § 152 Anwendung, wenn sich nicht aus den Umständen die Absicht der Defraude ergibt.

3. Das Ladungsverzeichnis ist hinsichtlich der Zahl und Art der Kolli eine verbindliche Deklaration (vgl. § 66), ebenso wie der Begleitschein. Es wird dadurch die Abgabe einer Generaldeklaration am Bestimmungsorte erspart und die dortige Ausladung der Waren noch vor Abgabe der speziellen Deklaration ermög-

licht; auch die durch § 65 eingeführten Erleichterungen sind eine Folge jenes Grundsatzes (vgl. Motive).

4. Ladungsverzeichnisse, welche eine Inhaltsangabe nicht enthalten, sind zurückzuweisen. Dies gereicht der Eisenbahnverwaltung selbst zum Vorteil, indem es nur hierdurch ermöglicht wird, zollfreie Gegenstände sofort auf Grund des Ladungsverzeichnisses abzulassen (§ 66 Abs. 3).

Abfertigung der weitergehenden Wagen.

§ 64.

Demnächst werden die Wagen unter amtlichen Verschluß [1]) gesetzt. (§§ 94—96.) [2])

Der Zugführer oder sonstige Vertreter der Eisenbahnverwaltung übernimmt durch Unterzeichnung des Ladungsverzeichnisses in Vollmacht der Eisenbahnverwaltung die Verpflichtung, die in diesen Verzeichnissen genannten Wagen usw. binnen der darin bestimmten Frist in vorschriftsmäßigem Zustande und mit unverletztem Verschlusse den betreffenden Abfertigungsämtern zu gestellen, widrigenfalls aber für die Entrichtung des höchsten [3]) tarifmäßigen Eingangszolles von den in dem Ladungsverzeichnisse nachgewiesenen Gewichtsmengen zu haften. [4])

Es werden sodann sowohl die Ladungsverzeichnisse [5]) mit den dazu gehörigen Frachtbriefen, als auch die Schlüssel zu den zum Verschlusse der Wagen verwendeten Schlössern, amtlich verschlossen an die betreffenden Abfertigungsstellen adressiert und nebst den vom Grenzzollamte auszufertigenden Begleitzetteln dem Zugführer oder sonstigen Bevollmächtigten der Eisenbahnverwaltung zur Abgabe an die Abfertigungsstellen übergeben. Die unterbliebene Ablieferung der Schlüssel oder die Verletzung des Verschlusses, unter welchem sich dieselben befinden, zieht für die Eisenbahnverwaltung und ihren Bevollmächtigten die nämlichen rechtlichen Folgen nach sich, wie die unmittelbare Verletzung des Verschlusses derjenigen Wagen usw., zu welchem die Schlüssel gehören.

---

1. Vgl. Anm. 2 zu § 62 (§ 9 des Eis.Z.Reg.).

2. Vgl. § 10 Eis.Z.Reg. — Im internationalen Eisenbahnverkehr zwischen Deutschland und Belgien, ebenso zwischen Deutschland und Österreich findet, wenn die Wagen in verschlußsicherem Zustande mit ordnungsmäßigem Zollverschluß und vollständigen Ladungsverzeichnissen eingehen, keine neue Ausfertigung von Ladungsverzeichnissen und Begleitzetteln, sondern nur Verschlußanlage durch Kunstschlösser oder Bleie statt. Vgl. Anlage D zum deutsch-belgischen Handelsvertrag v. 6. Dezember 1891 und 22. Juni 1904 und Artikel 18 des deutsch-österr. Vertrages v. 6. Dezember 1891 und 25. Januar 1905.

3. Vgl. Anm. 2 zu § 44 VZG.

4. Vgl. § 44 VZG. und Anmerkungen dazu.

5. Die Duplikate verbleiben bei der Grenzabfertigungsstelle. Eis.Z.Reg. § 17. Die Unikate gehen mit dem Begleitzettel an das Empfangsamt und werden hier zurückbehalten, während der Begleitzettel mit dem entsprechenden Vermerk über den Revisionsbefund an das Grenzabfertigungsamt zu remittieren ist. § 32 Eis.Z.Reg.

Umladungen und Ausladungen.

§ 65.

Auf den Antrag der Eisenbahnverwaltung kann unterwegs eine Umladung oder teilweise Ausladung von Frachtgütern bei einem dazu befugten Zoll- oder Steueramte unter amtlicher Aufsicht [1]) und unter den von der Zollbehörde näher vorzuschreibenden Bedingungen stattfinden. [2])

An Hafenplätzen, wo die Eisenbahn bis an eine schiffbare Wasserstraße reicht, kann gleichfalls die Umladung der Güter von den Eisenbahnwagen in verschlußfähige Schiffe und umgekehrt unter den vorbezeichneten Bedingungen vorgenommen werden.

Die Abnahme des Verschlusses, die erfolgte Umladung oder Ausladung, ferner die Wieder-Anlegung des Verschlusses ist auf dem Begleitzettel zu bescheinigen.

---

1. Regelmäßig wird dazu ein Beamter, welcher Hauptamtsassistent sein muß, genügen. Pr. FMReskript v. 14. Nov. 1890; PrZBl. S. 205.

2. Bei Umladungen in andere Eisenbahnwagen oder in Schiffe, bz. umgekehrt, muß der neue Wagenführer bz. Schiffer in die Verpflichtung des früheren ausdrücklich eintreten. Zur Vornahme von Umladungen bz. Verschlußänderungen ist bei Unglücksfällen jedes Amt, sonst nur dasjenige befugt, welchem ein solches Recht beigelegt worden ist. §§ 25, 26 Eis.Z.Reg., § 50 VZG.

Abfertigung am Bestimmungsorte — spezielle Deklaration, Revision und weitere Abfertigung.

§ 66.

Gleich nach Ankunft des Wagenzuges am Bestimmungsorte sind die Wagen und die abhebbaren Behälter der Abfertigungsstelle vorzuführen, welche dieselben in Beziehung auf ihren Verschluß und ihre äußere Beschaffenheit revidiert.

Sodann ist binnen einer von der Zollbehörde örtlich zu bestimmenden Frist die Gattung und Menge der eingegangenen Waren mit der Angabe, welche Abfertigungsweise begehrt wird, nach den Bestimmungen in den §§ 22 ff. speziell zu deklarieren, sofern nicht nach § 27 der Antrag auf amtliche Revision gestellt wird.

Zollfreie Gegenstände können auf Grund des Ladungsverzeichnisses ohne spezielle Deklaration abgefertigt werden.

Der Bevollmächtigte der Eisenbahnverwaltung, welcher das Ladungsverzeichnis unterzeichnet hat, haftet für die Richtigkeit der in demselben enthaltenen Angaben hinsichtlich der Zahl und Art der geladenen Kolli. [1]) Abweichungen, welche sich bei der Revision von dem in den speziellen Deklarationen angegebenen Gewicht herausstellen, bleiben innerhalb der im § 39 bezeichneten Grenzen straffrei. [2])

Hinsichtlich des der Verzollung oder weiteren Abfertigung zugrunde zu legenden Gewichts [3]) finden die Bestimmungen im Schlußsatze des § 47 Anwendung. [4])

Auf den Antrag der Eisenbahnverwaltung können die Ladungsverzeichnisse auch einem anderen dazu befugten Amte zur Erledigung überwiesen werden.[5])

---

1. Für Abweichungen des ermittelten Gewichts von dem im Ladungsverzeichnis angegebenen wird nicht gehaftet. Unter Art der geladenen Kolli sind nach § 22 VZG. die Verpackungsart, die Zeichen und Nummern der Kolli, soweit solche vorhanden sind, zu verstehen. Wegen Abweichungen in Zeichen und Nummern soll jedoch nach der Pr. FMVerfügung v. 3. Mai 1893 (PrZBl. S. 176) das Strafverfahren nur bei Absicht oder Fahrlässigkeit des schuldigen Beamten eingeleitet werden.

2. Ist statt der speziellen Deklaration die Erklärung nebst Antrag aus § 27 abgegeben, so ist eine Abweichung des Revisionsgewichtes von dem in der speziellen Deklaration angegebenen ohne Bedeutung (vgl. Anm. 4 zu § 27).

3. Bei Massengütern, d. h. solchen, für welche der Eingangszoll nicht über fünf Mark per 100 kg beträgt, sowie bei Petroleum, Bier und lebendem Vieh einschließlich des Federviehs, kann die Verwiegung — mit Genehmigung des Amtsvorstandes — auf der Gleiswage (Zentesimalwage) erfolgen; für höher tarifierte Waren nur dann, wenn ihre Verwiegung auf gewöhnlichen Wagen unverhältnismäßige Schwierigkeiten bietet.

Über das Nähere vgl. Anm. 8 zu § 41 VZG.

4. Über die Verzollung des Mindergewichts bei den auf Ladungsverzeichnis und Begleitzettel ohne amtlichen Verschluß zur Durchfuhr abgelassenen Waren, welche auf der Zentesimalwage verwogen sind, vgl. Anm. 2 zu § 47.

5. Hierfür gelten ähnliche Bestimmungen, wie bei Umschreibung von Begleitscheinen I, vgl. § 24 Eis.Z.Reg.

§ 67.

Rücksichtlich der auf dem Transporte zugrunde gegangenen oder in verdorbenem oder zerbrochenem Zustande ankommenden Gegenstände gelten die Bestimmungen des § 48.

§ 68.

Bei der Revision und weiteren Abfertigung kommen die Bestimmungen in den §§ 39—51 zur Anwendung.

2) Zollamtliche Behandlung der Güter, welche im gewöhnlichen Landfracht- oder Schiffsverkehr einem Grenzzollamte behufs Weiterbeförderung mittels der Eisenbahn zugeführt werden.[1])

§ 69.

Die aus dem Auslande eingegangenen Waren, für welche das im Eisenbahnverkehr zulässige erleichterte Abfertigungsverfahren in Anspruch genommen wird, sind von dem Warenführer unter Übergabe der Ladungspapiere dem Grenzzollamte vorzuführen, welches die Waren unter amtliche Aufsicht und Kontrolle stellt. Vor der Verladung in die Eisenbahn-

wagen hat der Bevollmächtigte der Eisenbahnverwaltung das im § 63 vorgeschriebene Ladungsverzeichnis zu übergeben.

Die Verladung geschieht unter amtlicher Aufsicht und unter Vergleichung der einzuladenden Güter mit dem Ladungsverzeichnis. [2])

Hinsichtlich des weiteren Verfahrens gelten die Bestimmungen in den §§ 64—68.

---

1. Vgl. § 40 Eis.Z.Reg.

2. Die Beiladung von Begleitscheingütern, welche unter Kolloverschluß gesetzt sind, in denselben Wagen bz. dieselbe Wagenabteilung ist gestattet, wenn beiderlei Güter auf das nämliche Empfangsamt abgelassen werden, eine Notiz des Zugführers über die Beiladung in das Ladungsverzeichnis aufgenommen, die Zahl der Begleitscheine im Ladungsverzeichnis vermerkt wird und die Begleitscheine zugleich mit letzterem amtlich verschlossen werden (Pr. FMReskript v. 24. April 1870; PrZBl. S. 254; Bad. Reskript v. 24. April 1870; Thüring. Reskript v. 30. April 1870; Mecklenb. Reskript v. 9. August 1870).

C. Waren-Durchgang.

§ 70.

Die zum unmittelbaren Durchgange auf den Eisenbahnen bestimmten Güter werden mit Begleitzetteln und Ladungsverzeichnissen und unter amtlichem Verschluß (§§ 63 u. 64) zur Durchfuhr abgefertigt. [1]) Die Zollabfertigung beim Grenzausgangsamte beschränkt sich in der Regel auf die Prüfung und Lösung des Verschlusses und die Bescheinigung des Ausganges über die Grenze. Enden die Eisenbahnen bei dem Grenzausgangsamte, so hat das letztere eine Vergleichung der auszuladenden Güter mit dem Ladungsverzeichnis vorzunehmen.

Für den Durchfuhrverkehr auf Eisenbahnen, welche das Vereinsgebiet auf kurzen Strecken durchschneiden, können von der obersten Landesfinanzbehörde weitere Erleichterungen zugestanden werden.

---

1. Für das Passagiergepäck der Eisenbahnreisenden, welches zur unmittelbaren Durchfuhr bestimmt ist, sind erleichternde Abfertigungsvorschriften im RZBl. 1892 S. 472 und RZBl. 1904 S. 38 gegeben. Danach erhalten die Gepäckstücke nur eine Zollmarke und erfolgt die Abfertigung auf Grund der Gepäckkarten des Zugführers.

D. Waren-Ausgang.

§ 71.

Ausgangszollpflichtige Güter dürfen zur Beförderung nach dem Auslande nicht verladen werden, bevor nicht der Ausgangszoll bei einer zu dessen Erhebung befugten Zoll- oder Steuerstelle entrichtet oder sichergestellt worden ist. Die Güter werden, wenn der Ausgangs-Zoll bei einem Amte im Innern entrichtet ist, unter Kollo- oder Wagenverschluß unmittelbar nach dem Auslande abgefertigt. Bei dem Grenzausgangsamte findet alsdann nur die Prüfung und Lösung des Verschlusses statt.

Rücksichtlich der Güter, deren Ausfuhr nachgewiesen werden muß, kommen die Bestimmungen im § 56 zur Anwendung.

§ 72.*)

Wenn die Abfertigung bei dem Grenzzollamte nach Maßgabe der vorstehenden Bestimmungen nicht in Anspruch genommen wird, so erfolgt die Abfertigung nach den in den §§ 39 bis 51 enthaltenen Bestimmungen.

---

*) Anw. zur Ausf. des VZG. Bundesratsbeschluß v. 5. Juli 1888, § 407 der Prot. Nr. 18.

Der § 72, welcher bestimmt, daß die Abfertigung des Eisenbahnverkehrs nach den in den §§ 39 bis 51 enthaltenen allgemeinen Vorschriften zu erfolgen habe, wenn solche nicht nach Maßgabe der unmittelbar vorangegangenen besonderen Bestimmungen für den Eisenbahnverkehr in Anspruch genommen wird, soll nicht bloß, wie vielleicht aus der Stellung des gedachten Paragraphen gefolgert werden könnte, auf den Waren-Ausgang mit der Eisenbahn, sondern überhaupt eintretendenfalls auf den ganzen von der Zollkontrolle betroffenen Verkehr mittels der Eisenbahn Anwendung finden.

E. Regulativ über die Behandlung des Eisenbahntransportes.

§ 73.

Die näheren Bestimmungen über die zollamtliche Behandlung des Güter- und Effektentransports auf den Eisenbahnen werden durch ein zu erlassendes Regulativ getroffen.*)

---

*) Es ist dies das vom Bundesrat am 5. Juli 1888 erlassene Eisenbahn-Zollregulativ (RZBl. S. 573, 860; PrZBl. 1888 S. 595). Über seine späteren Änderungen vgl. Anm. 1 zur Überschrift dieses Abschnitts VII.

VIII. Bestimmungen über die Waren-Einfuhr und Ausfuhr seewärts.[1])

A. Waren-Eingang.

Anmeldung beim Ansageposten.

§ 74.

Wo für den Eingang seewärts[2]) Ansageposten errichtet sind, haben sich die Schiffsführer bei diesen zu melden und sämtliche über ihre Ladung sprechenden Papiere abzugeben. Der Schiffsführer ist zugleich verpflichtet, dem Ansageposten eine von ihm unterzeichnete Deklaration der Zugänge zum Schiffsraum und etwaiger geheimer Behältnisse[3]) zu übergeben, auch dem Beamten diese Zugänge und Behältnisse an Ort und Stelle zu zeigen.

Die Ladungspapiere werden demnächst von dem Ansageposten in

Gegenwart des Schiffsführers eingesiegelt, an das betreffende Grenzzollamt adressiert und, falls nach dem Ermessen des Ansagepostens Begleitung eintritt,[4]) dem begleitenden Beamten, anderenfalls dem Schiffsführer zur Aushändigung an das Grenzzollamt zugestellt.[5])

---

1. Besondere Zollordnungen bestehen für den Schiffsverkehr auf der Unterweser, der Unterelbe und dem Kaiser Wilhelm-Kanal, nämlich

a) das Zollregulativ für die Unterelbe v. 28. Juni 1888 (RZBl. S. 435), abgeändert durch die Beschlüsse des Bundesrats v. 27. Juni 1895 u. 26. März 1903 (RZBl. S. 291 bzw. 162). Dazu Bundesratsbeschluß v. 28. Juni 1888 (RZBl. S. 430).

b) Das Zollregulativ für die Unterweser v. 28. Juli/26. Sept. 1888 (RZBl. S. 861 u. 920), abgeändert durch Beschluß des Bundesrats v. 6. Juli 1903 (RZBl. S. 447).

c) Die Zollordnung für den Kaiser Wilhelm-Kanal v. 12. Februar 1903 (RZBl. S. 73), geändert RZBl. 1905 S. 79.

2. Für die zollamtliche Behandlung fremdherrlicher Kriegsschiffe gelten nach Beschluß des Bundesrats v. 12. Oktober 1878 (§ 475 der Prot.; RZBl. S. 623; PrZBl. S. 271) folgende Vorschriften:

1. Eine zollamtliche Revision der fremdherrlichen Kriegsschiffe, sowie überhaupt das Betreten derselben im Zollinteresse findet nicht statt.

2. Alle aus diesen Schiffen an das Land gebrachten Gegenstände (Waren, Mund- und Materialienvorräte, Inventarienstücke) unterliegen der zollamtlichen Behandlung nach den dieserhalb bestehenden Vorschriften, und sind zu dem Behufe, bevor sie in den freien Verkehr treten, dem Zollamte des Hafenortes anzumelden und — falls zollpflichtig — zu verzollen.

3. Der Transport von Gegenständen und Waren von Land an Bord unterliegt keiner zollamtlichen Kontrolle, es sei denn, daß dieselben mit dem Anspruch auf Steuervergütung ausgeführt worden oder unter Zollanspruch stehen. In diesen Fällen sind die hierfür bestehenden Vorschriften maßgebend: insbesondere muß den Zollbeamten die Überzeugung geschafft werden, daß solche Gegenstände und Waren wirklich an Bord der fremdherrlichen Kriegsschiffe gelangen.

Die zollamtliche Behandlung der deutschen Kriegsfahrzeuge ist in den Bestimmungen des Bundesrats v. 25. Juni 1872 (RZBl. S. 305) geregelt.

3. Diese Deklaration heißt Lukendeklaration. Ihr Formular findet sich in den Normativbestimmungen für die Hafenregulative (RZBl. 1888 S. 761).

Periodisch den Hafen anlaufenden Schiffen kann die Abgabe einer ein für allemal gültigen Lukendeklaration gestattet werden, die den Beamten vorzuweisen und nur bei eintretenden Veränderungen zu erneuern ist. Unbeladenen Schiffen kann die Abgabe einer Lukendeklaration wie des Manifestes erlassen werden.

4. Es wird dies die Regel bilden, — andernfalls muß ein sichernder Schiffsverschluß angelegt und müssen die nicht zu verschließenden Waren aufgezeichnet werden. Nur ganz ausnahmsweise wird auch hiervon abgesehen werden dürfen.

5. Über das Verfahren im einzelnen vgl. die Nr. 5—13 der Normativbestimmungen zu den Hafenregulativen, bzw. das für den speziellen Hafen besonders erlassene Hafenregulativ. Siehe Anm. zu § 90 VZG.

Verfahren beim Grenzzollamte. — Generelle Deklaration (Manifest).

§ 75.

Soll die Ladung bei dem Grenzzollamte zur Entlöschung gelangen, so hat der Schiffsführer dem Amte binnen spätestens 24 Stunden [1]) nach der Ankunft eine generelle Deklaration (Manifest) in einfacher Ausfertigung zu übergeben, [2]) welche den Namen des Schiffes und des Schiffsführers, die Nationalität und die Tragfähigkeit des Schiffes, den Hafen oder die Häfen, wo die Ladung eingenommen ist, die Namen der Warenempfänger, die Gattung der geladenen Waren — bei verpackten Waren auch die Zahl und Verpackungsart der Kolli, deren Zeichen und Nummer, — ferner die besondere Bezeichnung der Kolli oder der unverpackt geladenen Waren, welche sich außerhalb des Schiffsraumes befinden, endlich die Versicherung, daß die Angaben richtig sind, und die Unterschrift des Schiffsführers oder seines Bevollmächtigten enthalten muß. [3]) [4])

---

1. Die Frist kann auf Antrag vom Zollamt verlängert werden. Nr. 19 Norm.Best. Anm. zu § 90 VZG.

2. Statt der generellen Deklaration darf sofort die spezielle abgegeben werden, welche alsdann auch auf die für erstere vorgeschriebenen besonderen Angaben zu erstrecken ist. Nr. 19 Norm.Best. Zollfreie Gegenstände, welche in den freien Verkehr treten sollen, dürfen gleich in der generellen Deklaration speziell deklariert werden, wobei die generelle Deklaration durch Angabe der Menge und — soweit nötig — genauere Bezeichnung der Gattung dieser Waren zu ergänzen ist. Nr. 25 a. a. O.

Sollte der Schiffsführer nicht imstande sein, ein ordnungsmäßiges Manifest, insbesondere bezüglich der Gattung der Waren, aufzumachen, so hat er es in betreff der übrigen ihm bekannten Angaben, also bez. des Schiffsführers, des Schiffes, der Ladehäfen, des Empfängers, anzufertigen und gleich die Erklärung nebst Antrag aus § 27 VZG. abzugeben.

3. Kommt das Schiff aus einem inländischen Hafen, ohne unterwegs einen auswärtigen angelaufen und dort Beiladungen eingenommen zu haben, so bedarf es weder einer Lukendeklaration noch eines Manifestes oder einer speziellen Deklaration. Sie werden durch die Schiffsausgangsdeklarationen und sonstigen amtlichen Bezettelungen vertreten. Nr. 47 der Norm.Best. zu den Hafenregulativen.

4. Schiffe, die nur die Reede anlaufen, brauchen die Ladung nicht zu deklarieren. Schiffen, die zwar den Hafen anlaufen, aber nicht löschen wollen, kann die Abgabe des Manifestes erlassen und nur amtliche Bewachung angeordnet werden. Soll ein Teil der Ladung entlöscht werden, so ist der andere nur in die generelle Deklaration mit aufzunehmen; soll die Löschung der ganzen oder teilweisen Ladung nur eine vorübergehende sein, so kann das Amt — statt einer speziellen Deklaration — sich mit amtlicher Bewachung bzw. vorübergehender Lagerung in der Niederlage begnügen. Norm.Best. zu dem Hafenreg. Nr. 49—52.

§ 76.

Der Schiffsführer haftet für die Richtigkeit der Angaben hinsichtlich der Zahl und Art der geladenen Kolli, sowie dafür, daß keine unverpackt geladene Ware in der Deklaration verschwiegen ist.*)

Die Gattung der geladenen Waren hat der Schiffsführer nach bestem Wissen anzugeben. Ist ihm der Inhalt einzelner Kolli unbekannt, so hat er dies in der generellen Deklaration zu bemerken.

*) Und zwar wird Defraude angenommen, wenn er zollpflichtige Kolli überhaupt nicht deklariert hat. § 136 I d VZG. Anders, wenn in die generelle Deklaration ausdrücklich Erklärung und Antrag aus § 27 aufgenommen worden sind.

Deklaration der Eingänge zum Schiffsraum und der geheimen Behältnisse.

§ 77.

Zugleich mit der generellen Deklaration muß der Schiffsführer eine Deklaration über die Zugänge zum Schiffsraum und etwaige geheime Behältnisse übergeben, sofern nicht eine solche bereits bei dem Ansageposten (§ 74) abgegeben ist.

Schiffsprovisionsliste.

§ 78.

Es ist ferner der generellen Deklaration eine Deklaration über die am Bord befindlichen, für den Gebrauch der Schiffsmannschaft und des Schiffs bestimmten Mund- und anderen Vorräte, die Effekten der Schiffsmannschaft und die Schiffsinventarienstücke (Schiffsprovisionsliste) [1]) beizufügen. [2]) Das Gewicht der vorhandenen Vorräte braucht nur annähernd angegeben zu werden.

Bei Schiffen, welche von ihrer Ankunft im Hafen bis zu ihrem Wiederausgange unter amtlicher Bewachung stehen, bedarf es der Abgabe einer Schiffsprovisionsliste nicht.

1. In doppelter Ausfertigung.

2. Über das Nähere vgl. Nr. 19ff. Norm.Best. Bleibt das Schiff unter amtlicher Bewachung, so bedarf es einer Schiffsprovisionsliste nicht. Wird über die Mundvorräte und Inventarienstücke genau Buch geführt, so genügt die Vorlegung dieser Bücher.

Verbot des Verkehrs mit dem Lande oder mit anderen Schiffen.

§ 79.

Bevor die vorläufige Revision des Schiffes (§ 80) seitens der Zollbehörde stattgefunden hat, darf dasselbe ohne Erlaubnis der Zollbehörde weder am Ufer anlegen, noch irgend einen Verkehr mit dem Lande oder mit anderen Schiffen unterhalten. [1])

Die Zollbehörde ist befugt, das Schiff sofort nach der Ankunft durch ihre Beamten besetzen zu lassen. [2])

1. Geschieht dies doch, so treten die Zollstrafen — insbes. § 152 — in Kraft.

2. Was namentlich bei nicht verschlußfähigen Schiffen geschehen wird. Auch

kann vorgeschrieben werden, daß die Schiffe bis zur Beendigung der vorläufigen Revision an üblicher Stelle zu flaggen haben. Nr. 16 Norm.Best. zu den Hafenregulativen. Vgl. Anm. zu § 90 VZG.

Vorläufige Revision des Schiffes.

§ 80.

Nachdem die generelle Deklaration, sowie die Deklaration der Zugänge zum Schiffsraum und die Schiffsprovisionsliste übergeben ist, erfolgt die vorläufige Revision des Schiffes.[1]) Zugleich findet die spezielle Revision des Proviants, der Schiffsvorräte, der Utensilien und Inventarienstücke, ferner der Effekten der Schiffsmannschaft und des Reisegepäcks der Passagiere statt, sofern nicht etwa für das letztere Abfertigung unter Begleitscheinkontrolle beantragt wird.

Demnächst werden die Warenräume des Schiffes und die etwa die Verdeck- oder Kajütfracht bildenden Waren unter amtlichen Verschluß gesetzt (§§ 94—96), oder das Schiff bleibt unter amtlicher Bewachung.

Der Schiffsproviant wird insoweit zollfrei und außer weiterer Kontrolle gelassen, als derselbe den mutmaßlichen Bedarf der Schiffsmannschaft während der Dauer des Aufenthalts des Schiffes im Lande nicht übersteigt.[2]) Dagegen werden die diesen Bedarf übersteigenden Mengen zur Verzollung gezogen oder auf den Antrag des Schiffsführers unter amtlichen Verschluß gesetzt.[3])

---

1. Über das Nähere vgl. Nr. 18, 21 ff. Norm.Best. zu den Haf.Reg. Hervorzuheben ist: Das Reisegepäck der Passagiere ist vorweg und mit tunlichster Beschleunigung abzufertigen. Die Passagiere dürfen dann das Schiff verlassen. — Die Führer inländischer Schiffe müssen amtlich beglaubigte Inventarienverzeichnisse nach vorgeschriebenem Muster bei sich führen. — Der Schiffsführer und die Schiffsmannschaft haben den dienstlichen Anordnungen der Zollbeamten Folge zu leisten; der Schiffsführer hat alle zur Revision erforderlichen Hilfsleistungen auf eigene Gefahr und Kosten zu stellen. Den Beamten ist anständige Unterkunft auf dem Schiff und im Fall amtlicher Begleitung unentgeltliche Teilnahme an den üblichen Mahlzeiten zu gewähren. Nr. 79, 80 b. c.

Die zu entrichtenden Gebühren sind nie an die betreffenden Beamten, sondern allein an das vorgesetzte Amt zu zahlen. § 82 ibid.

2. Die Höhe des erforderlichen Proviants ist von den Revisionsbeamten nach billigem Ermessen unter Berücksichtigung aller Umstände, namentlich der Jahreszeit und der Lebensgewohnheiten der verschiedenen Nationalitäten zu bestimmen. Derselbe darf seiner Bestimmung nicht entzogen werden, kann aber zur Bewirtung von Gästen auf dem Schiffe Verwendung finden.

3. Bei längerem Aufenthalt im Hafen kann ein weiterer Teil zollfrei abgelassen werden. § 22 Norm.Best.

Spezielle Deklaration, Revision und weitere Abfertigung.

§ 81.

Binnen einer von der Zollbehörde örtlich zu bestimmenden Frist hat demnächst der Warenführer oder der Warenempfänger die eingegangenen Waren dem Grenzzollamte speziell (§§ 22 ff.) zu deklarieren,[1]) sofern nicht nach § 27 der Antrag auf Vornahme der amtlichen Revision gestellt wird.

Hinsichtlich der Deklaration, Revision und weiteren Abfertigung der Waren kommen die Bestimmungen der §§ 29 und 39—51 zur Anwendung.

Abweichungen von dem deklarierten[2]) Gewicht können nach den von der obersten Landesfinanzbehörde zu treffenden näheren Anordnungen bis zu 20 Prozent[3]) von dem deklarierten Gewicht der einzelnen Kolli oder einer zusammen abgefertigten gleichnamigen Warenpost straffrei gelassen werden.[4])

---

1. Die Entlöschung des Schiffes darf — Fälle dringenden Bedürfnisses ausgenommen — erst nach Übergabe der speziellen Deklaration geschehen. Bei der Abfertigung von Dampfern ist auf tunlichste Beschleunigung Bedacht zu nehmen. §§ 20, 27, 28 der Norm.Best.

2. Deklariert ist das Gewicht nur, wenn keine Erklärung nebst Antrag aus § 27 abgegeben ist; denn in letzterem Fall soll die Gewichtsangabe nur einen Anhaltspunkt für die wahrscheinliche Dauer der Revision bieten, nicht den Schiffsführer verpflichten; es sei denn, daß die Erklärung usw. ausdrücklich auf einzelne Posten beschränkt wäre.

Anders, wenn der Schiffsführer zwar im Manifest den Antrag aus § 27 gestellt hat, der Warenempfänger aber seinerseits eine spezielle Deklaration einreicht, und dies ist das Regelmäßige. In solchem Fall ist der Warenempfänger aus seiner Deklaration verhaftet; denn er ist befugt, unabhängig vom Warenführer und aus eigenem Recht zu deklarieren, wird also durch dessen Antrag aus § 27 nicht entlastet.

3. Abweichend von § 39, weil „bei dem Transport zur See leicht durch Leckage, Beschädigungen, Havarie usw. ein erheblicher Gewichtsverlust, andererseits durch Anziehen von Feuchtigkeit, Eindringen von Seewasser usw. ein beträchtliches Mehrgewicht entstehen" kann (Motive).

4. Pr. Ausf.Reskr. v. 23. Dezember 1869 Nr. 5.

Abweichungen, welche sich beim Eingange seewärts von dem deklarierten Gewichte ergeben, können bei Waren, welche keiner höheren Eingangsabgabe als 1,50 Mark unterliegen, bis zu 15% und bei den übrigen Waren bis zu 10% von den Hauptämtern, größere Gewichtsabweichungen bis zu 20% von den Direktivbehörden straffrei gelassen werden.

Beschädigte Strandgüter.

§ 82.

Für beschädigte Güter, welche aus den an den Küsten von Zollvereinsstaaten gestrandeten Schiffen geborgen sind[1]) und im Wege öffentlichen Ausgebots zum Verkauf gelangen, ist auf den Antrag der Beteiligten ein Eingangszoll von 10 Prozent des Brutto-Ertrags des Auktionserlöses zu erheben, wenn sowohl die Behörde, welche die Auktion abhält, als die Zollbehörde die stattgehabte Beschädigung der Ware bescheinigt. [2]) [3])

---

1. Anw. zur Ausf. des VZG. vom 5. Juli 1888 — § 407 der Bundesratsprot. — Nr. 19.

In den Fällen, wo der Verkauf von Strandgütern nach Lage der bezüglichen Landesgesetze nicht durch eine Behörde erfolgt, genügt an Stelle der nach § 82 von letzterer abzugebenden Bescheinigung über die Beschädigung jener Güter eine solche der Zollbehörde allein.

Als Strandgüter im Sinne des § 82 können nicht bloß beschädigte Güter behandelt werden, welche aus den an den Küsten des deutschen Zollgebiets gestrandeten Schiffen geborgen werden, § 82 bezieht sich vielmehr auch auf andere, durch Seeunglück beschädigte Güter, z. B. auf solche Gegenstände, welche an den Küsten des deutschen Zollgebiets antreiben, oder die auf den Watten oder auf der See aufgefischt, oder die aus auf offener See beschädigten Schiffen gerettet werden. Der § 82 kann aber nicht auch Anwendung finden auf solche beschäigten Güter, welche, nachdem ein Schiff durch Seeunglück beschädigt, aber nicht gestrandet und zur Bergung der Ladung in einen vereinsländischen Hafen gebracht worden ist, daselbst entlöscht werden.

2. Pr. Ausf.Reskr. v. 23. Dezember 1869 Nr. 6; PrZBl. 1870 S. 14.

Für Strandungsfälle bewendet es im allgemeinen bei den bestehenden Vorschriften. Rücksichtlich der beschädigten Strandgüter, für welche die im Gesetz zugestandene Zollermäßigung beansprucht wird, finden folgende Bestimmungen Anwendung:

a) Die Verzollung der Auktionserlöse ist von den Strandungsinteressenten, (Eigentümern, Versicherern usw.), bei dem Hauptzollamte, in dessen Bezirk die Bergung stattgefunden hat, spätestens drei Tage vor der Auktion schriftlich zu beantragen unter Einreichung eines zweifachen Verzeichnisses der zum Verkauf bestimmten Waren und mit der Anzeige, wann, wo und von wem die Auktion abgehalten werden soll.

b) Vor dem Verkaufstermine erfolgt die zollamtliche Revision der beschädigten Güter unter Zuziehung der Beteiligten. Als beschädigt sind nur diejenigen aus gestrandeten Schiffen geborgenen Güter anzusehen, welche infolge der erlittenen Havarie die Eigenschaft als markgängige Handelsware verloren haben.

Die hiernach nicht zur Verzollung nach dem Auktionserlöse geeignet befundenen Waren werden ausgeschieden, in betreff der übrigen wird unter beiden Exemplaren des Verzeichnisses der beschädigte Zustand von dem Zollamte bescheinigt. Ein Exemplar erhalten die Beteiligten zurück.

Die Auktion der beschädigten Güter darf, sofern sie nicht von einem Gerichte abgehalten wird, nur in Gegenwart eines von dem Hauptamte dazu beauftragten Zollbeamten, welcher das Auktionsprotokoll mit zu vollziehen hat, vorgenommen werden.

c) Nach beendigter Auktion hat die Behörde, beziehungsweise die Person, welche die Auktion abgehalten hat, dem Hauptamte einen beglaubigten Auszug aus dem Auktionsprotokolle zuzustellen, welcher von ihr und dem Zollbeamten mit einer Bescheinigung über den beschädigten Zustand der verkauften Waren zu versehen ist. Auf Grund dieses Auszuges geschieht die Feststellung und Erhebung des Eingangszolles.

d) Der Eingangszoll ist von den Käufern oder von den Strandungsinteressenten vor der Herausgabe der Waren zu zahlen und sicher zu stellen.

Die Strandungs-Interessenten sind zur Erstattung der Kosten verpflichtet, welche der Zollverwaltung bei Auktionen an anderen Orten, als am Sitze einer Zollstelle, an Diäten- und Reisekosten für die abzusendenden Beamten erwachsen.

3. Nummer 54 der Norm.Best. besagt:

In Strandungsfällen hat das Grenzzollamt sofort nach erhaltener Anzeige die — erforderlichen Anordnungen zur Bergung der Waren, Schiffsvorräte und Inventarienstücke, sowie zur Sicherung des Zollinteresses . . . zu treffen.

Vgl. noch Strandungsordnung v. 17. Mai 1874 (RGBl. S. 73), bes. §§ 12—16, 18, 23, 26, 28, 46.

Ansageverfahren.

§ 83.

Auf den Antrag des Schiffsführers können die Schiffe von dem Grenzzollamte im Ansageverfahren nach dem Bestimmungsorte abgelassen werden. Zu diesem Ende hat der Schiffsführer sogleich nach seinem Eintreffen, falls es nicht bereits bei einem Ansageposten geschehen ist, dem Grenzzollamte sämtliche über seine Ladung sprechenden Papiere zu übergeben.

Das Schiff wird in der Regel [1]) mit zwei Beamten besetzt, welche dasselbe zu beaufsichtigen und nach dem Bestimmungsorte zu begleiten haben. Die Ladungspapiere werden amtlich abgestempelt, versiegelt und mit einem über das Schiff ausgefertigten Ansagezettel den Begleitungsbeamten zur Ablieferung an das Amt am Bestimmungsorte übergeben. [2])

---

1. D. h. es ist auch Besetzung durch einen Beamten gestattet; ein Ansageverfahren nach dem Binnenlande ohne amtliche Besetzung gibt es nicht.

2. Über das Nähere vgl. Nr. 33—40 Norm.Best.

Umladung in Leichterschiffe.

§ 84.

Die Ablassung im Ansageverfahren kann auch stattfinden, nachdem ein Teil der Ladung bei dem Grenzzollamte entlöscht oder die Ladung ganz oder teilweise in Leichterschiffe übergeladen worden ist.*) Es muß jedoch, wenn das Schiff seine Ladung ganz an Leichterfahrzeuge abgegeben hat und im Eingangshafen zurückbleibt, der Schiffsführer für die Berichtigung des Deklarationspunktes am Bestimmungsorte (§ 86) persönlich oder durch einen Bevollmächtigten Sorge tragen. Die zollamtliche Abfertigung der beim Grenzeingangsamte entlöschten Waren erfolgt nach Maßgabe der Bestimmungen in den §§ 39—51.

---

*) Für jedes Leichterschiff ist in der Regel ein Leichterladeschein zu erwirken. Das Nähere in §§ 41—45 der Norm.Best. Anm. zu § 90 VZG.

Verpflichtungen des Schiffsführers auf der Fahrt zum Bestimmungsorte.

§ 85.

Die Schiffsführer müssen ihre Fahrt zum Bestimmungsorte unverweilt und ohne weiteren Aufenthalt, als durch natürliche Hindernisse unvermeidlich wird, fortsetzen, auch während derselben die Ladung unberührt lassen. Die Schiffe dürfen ohne Erlaubnis der Zollbehörde auf der Fahrt weder am Ufer anlegen, noch mit dem Ufer oder mit anderen Schiffen Verkehr treiben.

Abfertigung am Bestimmungsorte.

§ 86.

Hinsichtlich der Deklaration, Revision und weiteren Abfertigung am Bestimmungsorte gelten die Bestimmungen der §§ 75—81.

Sollen die Waren unverzollt auf einer Eisenbahn weiter versendet werden, so kann die Abfertigung mittels Ladungsverzeichnisses nach Maßgabe der Bestimmungen in dem § 69 erfolgen.

§ 87.

Soll die Ladung des Schiffes von dem Grenzzollamte unter Begleitscheinkontrolle abgelassen werden, so kommen die Vorschriften in den §§ 41—51 zur Anwendung.

B. Waren-Ausgang.

§ 88.

Über die zur Ausfuhr seewärts bestimmten Güter, welche ausgangszollpflichtig sind oder deren Ausfuhr nachgewiesen werden muß, hat der Schiffsführer der Zoll- oder Steuerstelle am Orte der Einladung eine Ausgangsdeklaration zu übergeben, welche den Namen des Schiffes und des Schiffsführers, die Nationalität und Tragfähigkeit des Schiffes, die Zahl, Verpackungsart, Zeichen und Nummern der Kolli, die Gattung der Waren, die Namen der Versender und den Bestimmungsort, sowie die Bezeichnung der über die geladenen Waren erteilten amtlichen Bezettelungen enthalten muß.

Einer Anmeldung der zur Ausfuhr seewärts bestimmten Güter des freien Verkehrs, welche keinem Ausgangszoll unterliegen, bedarf es nicht.

Die Verladung erfolgt unter amtlicher Aufsicht. Ausgangszollpflichtige Gegenstände müssen vor der Verladung vorschriftsmäßig angemeldet und verzollt sein.*)

*) Über das Nähere vgl. Nr. 55—78 der Norm.Best. zu den Hafenregulativen.

C. Lösch- und Ladeplätze.

§ 89.

Die Löschung, sowie die Einnahme von Ladungen darf nur an den von der Zollbehörde dazu bestimmten Stellen erfolgen.*)

*) Die Zulassung zur Entlöschung geschieht in der durch die Übergabe der speziellen Deklarationen bedingten Reihenfolge. Unter sonst gleichen Voraussetzungen

entscheidet hierbei die Zeit der Ankunft der Schiffe im Hafen. Bei Dampfbooten ist auf tunlichste Beschleunigung Bedacht zu nehmen; bei beschädigten Schiffen oder sonstigem dringenden Bedürfnis kann die Entlöschung (mit Genehmigung des Amtes) sofort geschehen. — Der Schiffsführer hat für schleunigste Entlöschung Sorge zu tragen, widrigenfalls die Zollbehörde sie auf seine Gefahr und Kosten bewirken kann. Nr. 26—29 Norm. Best.

D. Hafenregulative.

§ 90.

Die näheren Bestimmungen über das beim Eingange und Ausgange seewärts zu beobachtende Verfahren enthalten die unter Berücksichtigung der örtlichen Verhältnisse zu erlassenden Hafenregulative.*)

*) Für jeden Hafen existiert ein besonderes Regulativ. Sämtliche Regulative sind nach den vom Bundesrat v. 12. Juli 1888 genehmigten Normativbestimmungen (RZBl. S. 761), aus- bez. umgearbeitet. Im Zweifel entscheiden letztere (Anw. zur Ausf. des VZG. v. 5. Juli 1888 Nr. 20). RZBl. S. 761. Sie sind ergänzt durch die Beschlüsse des Bundesrats v. 6. Juli 1889 (RZBl. S. 483), 11. Dezember 1890 (RZBl. 1891 S. 1), 11. Juni 1891 (RZBl. S. 161), 3. März 1892 (RZBl. S. 153), 2. Juni 1892 (RZBl. S. 468), 17. Mai 1893 (RZBl. S. 167), 10. Juni 1898 (RZBl. S. 340), 17. Dezember 1903 (RZBl. S. 20) und 15. März 1905 (RZBl. S. 61). Vgl. außerdem die zur Überschrift dieses Abschnitts § 74 Anm. 1 aufgeführten Zollregulative für die Unterelbe, die Unterweser, den Kaiser Wilhelm-Kanal.

IX. Behandlung des Verkehrs mit den Staatsposten.[1] [2]

§ 91.

Die mittels der Posten eingehenden zollpflichtigen[3] Waren müssen mit einer Inhaltserklärung[4] [5] in deutscher oder französischer Sprache versehen sein; den oberen Zollbehörden bleibt vorbehalten, auf einzelnen Grenzstrecken im Falle des Bedürfnisses auch Inhaltserklärungen in anderen Sprachen zuzulassen. Die Waren werden von der Zollstelle an der Grenze entweder schließlich abgefertigt[6] oder an eine andere Zoll- oder Steuerstelle zur weiteren zollamtlichen Behandlung beziehungsweise zur Ausgangsabfertigung abgelassen.[7]

Die Entrichtung des Eingangszolles von den zum Verbleib im Vereinsgebiet bestimmten Postgütern erfolgt im Wohnorte des Empfängers,[8] [9] oder, wenn keine Zoll- oder Steuerstelle daselbst vorhanden ist, bei einer geeignet gelegenen Hebestelle, deren Wahl der Postbehörde überlassen bleibt.

Bei den durchgehenden Poststücken findet seitens des Grenzausgangsamtes eine Vergleichung mit den Inhaltserklärungen und, wenn es für nötig erachtet wird, den Postkarten oder den Begleitbriefen statt. Nach dem Ermessen der Zollbehörde kann die Durchführung der Poststücke durch das Vereinsgebiet auch unter Gesamtverschluß oder statt dessen unter amtlicher Begleitung erfolgen.

Sollen Gegenstände mit der Post nach dem Auslande versendet werden, welche einem Ausgangszolle unterliegen, so muß dieser vorher entrichtet werden.

Die näheren Bestimmungen wegen der Behandlung des Verkehrs mit den Posten sind in einem besonderen Regulativ [10]) enthalten.

---

1. Hierzu ist ergangen das Post-Zollregulativ v. 5. Juli 1888 (RZBl. S. 605) mit der Ausführungsanweisung (S. 611). Es ist abgeändert und ergänzt durch die Beschlüsse des Bundesrats v. 14. Oktober 1896, 24. Juni 1897, 16. Januar 1899 (RZBl. 1896 S. 505, 1897 S. 240, 1899 S. 19).

2. Pr. FMReskr. v. 12. März 1869, PrZBl. S. 221.

Die Oberinspektoren und Oberkontrolleure sollen gelegentlich auf ihren Bezirksbereisungen von Zeit zu Zeit im Postdienstlokal die Postkarten und, wo diese nicht das erforderliche Material enthalten, die Lagerregister, oder die nach den örtlichen Verhältnissen an deren Stelle tretenden Verzeichnisse, sowie die von den Zoll- oder Steuerstellen über die ihnen zugewiesenen Pakete erteilten Empfangsbescheinigungen einsehen, um sich daraus die das Zollinteresse berührenden Päckereien zu notieren und diese Notizen mit den Registern der Steuerstellen zu vergleichen. Die Postanstalten des Norddeutschen Bundesgebietes sind angewiesen worden, den Oberinspektoren und Oberkontrolleuren die Einsicht der Lagerregister usw. zu verstatten.

3. Postsendungen von 250 g Bruttogewicht und weniger sind zollfrei (Zolltarifgesetz v. 25. Dezember 1902 § 5). Ausgenommen hiervon sind:

a) diejenigen Warensendungen im Einzelgewicht von br. 50 g und darüber, deren Einfuhr mit der Post über die Grenzen gegen Österreich-Ungarn oder die Zollausschlüsse erfolgt, soweit diese Sendungen einem Zollsatz von mindestens 100 Mk. per 100 kg unterliegen; zollfrei aber sind die mit der Post aus den Freihafenbezirken in Hamburg und Bremen eingehenden Proben von Arrak, Rum, Kognak im Einzelgewicht bis 250 g (RZBl. 1897 S. 366).

b) die über die Grenzen gegen Österreich-Ungarn und die Zollausschlüsse, sowie gegen die Schweiz, Frankreich, Belgien und die Niederlande mit der Post eingehenden Warensendungen, soweit dieselben Taschenuhren, Werke und Gehäuse zu solchen enthalten.

Die zu a) und b) bezeichneten Sendungen unterliegen der Inhaltserklärung und der zollamtlichen Behandlung nach § 4 des Postzollregulativs.

Wegen der Ausnahmebestimmungen für Postsendungen mit Proben oder Mustern von Kaffee, Kakao, Zucker, Rohtabak oder getrockneten Früchten im Rohgewichte bis zu 350 g vgl. § 6 Nr. 10 Zolltarifgesetz v. 25. Dezember 1902.

4. Enthaltend: Name des Adressaten, Bestimmungsort, Zahl der Kolli, ihre Zeichen und Nummern, Gattung der in jedem befindlichen Waren nach handelsüblicher oder sprachgebräuchlicher Benennung (vgl. Anm. zu § 42), Ort und Tag der Ausstellung, Name des Versenders (§ 1 Postzollreg.).

5. § 17 des Postzollregulativs bestimmt:

Wenn der Inhalt eines Poststücks bei der Eröffnung und Untersuchung durch die Zollbeamten nicht mit der ausgestellten Inhaltserklärung (§ 1) übereinstimmend befunden wird und nach den obwaltenden Umständen der Verdacht einer beabsichtigten Defraudation begründet erscheint, so wird nach den wegen unrichtiger Deklaration im Vereinszollgesetz enthaltenen Vorschriften weiter verfahren.

Der Schlußpassus „so wird nach den wegen unrichtiger Deklaration im VZG. enthaltenen Vorschriften weiter verfahren" ist ungenau und keine Verbesserung der ursprünglichen Fassung (§ 12 der Bestimmungen vom 27. Sept. 1825), welche lautete „so . . . werden (die Waren) nach Beschaffenheit der Umstände . . . in Beschlag genommen, und es wird nach den wegen der Kontraventionen in der Zollordnung gegebenen Vorschriften weiter verfahren". In der Tat sind nämlich jene Inhaltserklärungen keine Deklarationen und stehen denselben nicht gleich: Wäre bei Poststücken eine Deklaration notwendig, so müßte diese von der Postverwaltung abgegeben werden; denn jede Deklaration liegt dem Warenführer ob, nicht dem Absender. Und dies ist nicht etwas Zufälliges und Gleichgültiges, sondern etwas Notwendiges, weil die Deklaration (abgesehen von einer gewissen Erleichterung für die Revisionsbeamten) den Zweck hat, von der Revision teilweise absehen zu lassen, sie jedenfalls schneller und einfacher zu gestalten, bei der Abfertigung als Gegenkontrolle zu dienen und für den bezettelten Transport im Inlande dem Versprechen des Deklaranten, den Zoll zu entrichten, eine sichernde Grundlage zu gewähren. Alles dies erfordert, daß die Deklaration von einer Person, welche sich im Inlande, im Bereich der Zollbehörden befindet, abgegeben wird, nicht vom ausländischen Absender: umgekehrt aber auch, daß eine unrichtige Deklaration mit scharfen Strafen getroffen werde — § 136 Nr. 1 VZG. Dieser Paragraph kann auf jene Inhaltserklärungen bei Poststücken nicht übertragen werden und soll es trotz der unglücklichen Fassung des § 17 Postzollreg. nicht; denn im Fall des § 136 bedarf es keines Beweises der Defraudationsabsicht, den doch § 17 Postzollreg. voraussetzt. § 17 will nichts anderes sagen, als § 12 des Reg. v. 27. Sept. 1825, nämlich, daß in dem Einbringen von Waren durch die Post unter falscher Inhaltserklärung ein Unternehmen, den Eingangszoll zu hinterziehen, eine Defraudation gefunden werden kann, und daß eine falsche Inhaltserklärung — als den § 91 VZG., § 1 Postzollreg. verletzend —, auch wenn eine Defraudationsabsicht nicht anzunehmen ist, der Ordnungsstrafe des § 152 VZG. unterliegt.

6. Nämlich wenn der Absender es beantragt, oder wenn sie auf dem Wege zum Bestimmungsort kein weiteres Zollamt berühren; sonst erfolgt am Grenzeingangsamt nur eine s. g. Vorabfertigung und Überweisung zur endgültigen Abfertigung an eine Zoll- oder Steuerstelle im Innern.

Die Vorabfertigung beschränkt sich auf eine äußerliche Vergleichung der Poststücke mit den Begleitpapieren, Visierung derselben, Ersatz fehlender Inhaltserklärungen durch Revisionsnoten und Aufkleben einer roten Marke „Zollstück" auf das weitergehende Poststück. §§ 4 und 5 Postzollreg.

Beim Empfangsamte ist das Poststück der Zollbehörde auszuhändigen. Hier wird es, wenn der Adressat am Orte wohnt, unter seiner Zuziehung und gegen Zahlung des Zolles durch ihn, — wenn er nicht am Orte wohnt, unter Zuziehung eines Postbeamten und Entrichtung des Zolles durch die Post — revidiert und abgefertigt. Vgl. das Nähere §§ 6—10 Postzollreg.

7. Pr. FMReskript v. 7. September 1870, PrZBl. S. 364.

Um eine wirksame Kontrolle zu ermöglichen, sind die Postanstalten des Norddeutschen Bundes von dem Herrn Bundeskanzler angewiesen worden. künftig bei Eintragung der vom Zollvereinsauslande eingegangenen, — bestimmungsmäßig der Deklarationspflicht unterliegenden — Sendungen in die Lagerregister usw. in der Rubrik „Ort woher" ein großes A mit gewöhnlicher Tinte auf in die Augen fallende Weise zu vermerken und außerdem in der Rubrik „Bemerkungen" ersichtlich zu machen, ob die vom Zollauslande eingegangenen

Postsendungen an der Grenze als zollfrei (zllfr.), oder durch Verzollung in freien Verkehr gesetzt (vzllt.), oder noch mit den Zollanspruch behaftet (z. v.) sind. Auch haben die Postanstalten, in deren Orten die Verzollung von Paketen für darauf folgende Orte stattzufinden hat, Anweisung erhalten, die betreffende Sendung auch in ihre Lagerregister aufzunehmen.

8. So lange das Poststück noch nicht aus der Hand der Post oder Steuerbehörde gelangt ist, steht es dem Adressaten frei, seine Annahme abzulehnen. Wird die Annahme abgelehnt oder ist der Adressat nicht zu ermitteln, so findet der Rücktransport des Poststücks ins Ausland statt, nachdem es vorher der Steuerbehörde vorgelegt oder nach geschehener Abfertigung nochmals vorgelegt und von dieser der Zoll an die Postbehörde zurückerstattet worden ist. § 12 Postzollreg.

9. Bundesratsbeschl. v. 6. Febr. 1876.

In bezug auf verdorben oder zerbrochen ankommende oder auf dem Transport zugrunde gegangene Gegenstände wird nach § 48 des Vereinszollgesetzes und den Ausführungsbestimmungen dazu, Nr. 12, Anw. v. 23. Dez. 1879 verfahren.

10. Pr. FMReskript v. 10. März 1872, PrZBl. S. 153.

Werden vom Auslande eingegangene Poststücke der Steuerstelle nicht gestellt, so entscheidet die Provinzialbehörde über den Gefällepunkt selbständig.

X. Behandlung der Reisenden.

§ 92.

Die vom Auslande eingehenden Reisenden,[1] welche zollpflichtige[2] Waren bei sich führen, brauchen dieselben, wenn sie nicht zum Handel bestimmt sind,[3] nur mündlich anzumelden. Auch steht es solchen Reisenden frei, statt einer bestimmten Antwort auf die Frage der Zollbeamten nach verbotenen oder zollpflichtigen Waren, sich sogleich der Revision zu unterwerfen.[4] In diesem Falle sind sie nur für die Waren verantwortlich, welche sie durch die getroffenen Anstalten zu verheimlichen bemüht gewesen sind.

Einer Anmeldung bei dem Ansageposten (§ 38) bedarf es nicht. Der Ansageposten kann, wenn er es für nötig erachtet, die Reisenden bis zum Grenzzollamte begleiten lassen.

Die Effekten der Reisenden werden in der Regel sogleich beim Grenzeingangsamte schließlich abgefertigt.[5][6][7] Beim Ausgange sind dieselben nur aus besonderen Verdachtsgründen einer Revision unterworfen.

---

1. Über diesen Begriff vgl. Anm. 5 zu § 21.

2. Eine Deklaration zollpflichtiger Waren als Reisebedarf zieht die Defraudationsstrafe nach sich, wenn der Deklarant nicht die Absicht hat, sie als solchen zu gebrauchen, dies auch in Wirklichkeit nicht tut. Erk. des Pr. OTrib. v. 12. Nov. 1877, PrZBl. S. 266. Umgekehrt begeht man dadurch, daß man zollpflichtige Waren, die als Reisebedarf deklariert waren, nachträglich zu anderen Zwecken verwendet, keine Defraudation, wenn man bei der Deklaration die Absicht hatte, sie als Reisebedarf zu verwenden. RG. E. 24 S. 33 u. Anm. 1 zu § 135.

Der Reisebedarf ist nach § 6 Nr. 7 des Zolltarifgesetzes zollfrei, und zwar nicht bloß für eigentliche Reisende, sondern auch für Fuhrleute, Schiffer, Schiffsmannschaften, überhaupt für Führer und Begleiter von Beförderungsmitteln.

3. Zum Handel bestimmte müssen speziell deklariert werden, und zwar — je nachdem der Zoll über oder unter 9 Mk. beträgt — schriftlich oder mündlich (§ 22 VZG.). Die durch Unterlassung der speziellen Deklaration begangene Zolldefraude ist vollendet, sobald das Gepäck ohne Deklaration und Verzollung aus dem Gewahrsam der Zollbehörde mit Wissen des zur Deklaration Verpflichteten entfernt worden ist. Erk. des Pr. OTrib. v. 19. Juni 1879, PrZBl. 1880 S. 505. RG. E. 31 S. 272.

4. Der Reisende ist also verpflichtet, sich zur Revision anzumelden, sonst ev. Strafe aus §§ 134, 135. Erst nachdem er dies getan, steht ihm die Wahl frei, mündlich zu deklarieren oder statt dessen sich der Revision zu unterwerfen. Erk. des Pr. OTrib. in Goltd. Arch. 24 S. 775, PrZBl. 1877 S. 50.

5. Reisende müssen zu jeder Zeit — auch außerhalb der Dienststunden — abgefertigt werden. §§ 133, 21 VZG.

6. Über den Passagierverkehr auf Eisenbahnen vgl. § 19 Eis.Z.Reg. und § 70 VZG. Anm. 1.

7. Bez. Fürstlichkeiten vgl. Anm. 3 B zu § 4.

XI. Behandlung der einem Wertzolle unterliegenden Gegenstände.

§ 93.

Die in dem Vereinszolltarif festgesetzten Wertzölle sollen nach dem Werte am Orte des Ursprungs oder der Fabrikation des eingeführten Gegenstandes, mit Hinzurechnung der bis zum Orte der Eingangsabfertigung erforderlichen Transport-, Versicherungs- und Kommissionskosten berechnet werden.

Wer einen solchen Gegenstand einführt, hat dessen Wert schriftlich zu deklarieren.

Wenn die Zollbehörde den deklarierten Wert für unzulänglich erachtet, so soll sie berechtigt sein, die Waren zu behalten, gegen Zahlung des deklarierten Wertes mit einem Zuschlage von fünf vom Hundert an denjenigen, welcher dieselben eingeführt hat.

Diese Zahlung muß innerhalb der auf die Deklaration folgenden vierzehn Tage erfolgen, und es müssen die etwa erhobenen Zölle gleichzeitig erstattet werden.

Wenn die Zollbehörde das Vorkaufsrecht ausüben will, so kann derjenige, gegen welchen dasselbe ausgeübt werden soll, sofern er es vorzieht, die Abschätzung der Ware durch Sachverständige verlangen. Dieselbe Befugnis steht der Zollbehörde zu, wenn sie es nicht für angemessen erachtet, sofort von dem Vorkaufsrechte Gebrauch zu machen.

Wenn die Schätzung durch Sachverständige ergibt, daß der Wert der Ware den bei der Einfuhr deklarierten nicht um fünf vom Hundert übersteigt, so soll der Zoll nach dem in der Deklaration angegebenen Betrage erhoben werden.

Wenn der Wert den deklarierten um fünf vom Hundert übersteigt, so kann die Zollbehörde nach ihrer Wahl das Vorkaufsrecht ausüben oder den Zoll nach dem durch die Sachverständigen ermittelten Wert erheben.

Dieser Zoll soll zur Strafe um die Hälfte seines Betrages erhöht werden, wenn der von den Sachverständigen ermittelte Wert um zehn vom Hundert höher ist, als der deklarierte.

Die Kosten der Untersuchung sind von dem Deklaranten zu tragen, wenn der durch die schiedsrichterliche Entscheidung ermittelte Wert den deklarierten Wert um fünf vom Hundert übersteigt; im entgegengesetzten Falle sind dieselben von der Zollbehörde zu tragen.

Im Falle einer Abschätzung der Ware wird der eine der beiden sachverständigen Schiedsrichter von dem Deklaranten, der andere von dem Vorstande der Lokalzollbehörden ernannt. Bei einer Meinungsverschiedenheit oder, wenn der Deklarant es verlangt, schon bei der Niedersetzung des Schiedsgerichts, wird ein Obmann von den Sachverständigen gewählt oder, sofern sich die letzteren über die Wahl nicht verständigen, von dem Präsidenten des zuständigen Handelsgerichts oder, wo ein solches nicht vorhanden ist, von dem Vorsitzenden des Zivilgerichts erster Instanz ernannt.

Die schiedsrichterliche Entscheidung muß innerhalb der auf die Niedersetzung des Schiedsgerichts folgenden vierzehn Tage abgegeben werden.

XII. Warenverschluß.

§ 94.

Der zollamtliche Verschluß erfolgt durch Kunstschlösser, Bleie oder Siegel.[1])

Das abfertigende Amt hat zu bestimmen, ob Verschluß eintreten, welche Art desselben angewendet [2])[3]) und welche Zahl von Schlössern, Bleien usw. angelegt werden soll. Es kann verlangen, daß derjenige, welcher die Abfertigung begehrt, die Vorrichtungen treffe, welche es für nötig hält, um den Verschluß anzubringen.

---

1. Kunstschlösser, Bleie und Siegel sind öffentliche Urkunden, ihre Verletzung und Fälschung bez. Verfälschung fällt unter die §§ 267 ff., 274 StrGB. Auch widerrechtlicher Ersatz einer (verlorenen) Plombe an einem zollpflichtigen Kollo durch eine andere, an sich echte, ist Fälschung einer öffentlichen Urkunde (RG. E. 13 S. 193; 15 S. 214; R. 9 S. 105; PrZBl. 1886 S. 79, 1887 S. 115); denn nicht die Plombe als solche, sondern die Plombe, das Kunstschloß oder Siegel in Verbindung mit der zu sichernden Ware ist die öffentliche Urkunde, beweisend, daß diese Ware von der Zollbehörde unter Verschluß genommen ist. In solchem Fall ist die Strafe wegen Urkundenfälschung noch neben der wegen Zolldefraudation auszusprechen. § 159 VZG.

2. Anw. zur Ausf. des VZG. Bek. des Bundesrats v. 5. Juli 1888 — § 407 der Prot. — Nr. 21.

Wie die Verpackung beschaffen und vorgerichtet sein muß, um als verschlußfähig anerkannt zu werden, darüber bewendet es bei der bisher erteilten Anleitung.

3. Diese Anleitung ist im Pr. FMReskript v. 7. Juni 1830 enthalten, welches lautet:

Da den Frachtführern zur Ergänzung dieser Mängel oft die nötige praktische Erfahrung abgeht, so werden sie genötigt, zur Umpackung oder Nachbringung der Vorrichtung, sich fremder Personen mit neuen Kosten zu bedienen, welche sie ersparen können, wenn sie nur gehörig emballierte und zur Verbleiung völlig vorgerichtete Güter zur Verladung annehmen; denn die Vorrichtung der Verpackung zur Plombage liegt den Zollbeamten nicht ob, welche vielmehr die Kolli nur bezüglich ihrer plombagefähigen Verpackung zu prüfen, die Plombageschnur und die Bleie anzulegen und auszuprägen haben.

Darüber, wie die Verpackung beschaffen und vorgerichtet sein muß, um als plombagefähig erkannt zu werden, wird für diejenigen Verpackungsarten, welche am häufigsten vorzukommen pflegen, hier das Erforderliche mitgeteilt und dabei vorangeschickt, daß in nachfolgender Darstellung unter Kordel immer diejenige verstanden wird, welche zur Verpackung selbst dient, unter Schnur aber diejenige, welche dazu bestimmt ist, die Verknotung der Verpackungskordel damit zu verknüpfen und festzuhalten und das anzulegende Blei selbst darauf aufzuziehen. Die Schnur wird von den Zollämtern geliefert, während die Kordel entweder an der Verpackung schon vorhanden sein, oder auf Kosten des Warenführers durch ihn selbst oder von ihm angenommene Arbeiter angelegt werden muß. Die Beamten des Zollamts haben sich mit Anlegung derselben nicht zu befassen. Die Kordel muß von fester Beschaffenheit und von solcher Stärke sein, daß sie die Verpackung zusammenzuhalten vermag, ihre Sprengung oder Zerreibung aber nicht zu besorgen ist. Die Kordel muß so straff angezogen sein, als es die Verpackungsart irgend zuläßt; für jedes Blei, welches angelegt werden soll, müssen die beiden Enden der Kordel sich in einer tüchtigen Verknotung vereinigen, und von beiden Enden noch etwa eine Länge von $^1/_2$ Fuß bei dünner, und von 1 Fuß bei starker Kordel übrig bleiben, welche Enden dazu dienen sollen, die Verknotung, falls das Zollamt es für angemessen hält, noch mehr, als bereits geschehen ist, zu verstärken. Für jedes anzulegende Blei muß die Kordel aus einem Faden, ohne Zusammenknüpfung oder Knoten bestehen.

Säcke müssen aus ungeflicktem Material, mit einer inwendig genähten Naht bestehen, der Kropf muß fest zugezogen sein, und die Kordel nicht bloß umgebunden, sondern vermittels einer Packnadel mehrere Male durch die Mündungsenden des Sackes gezogen und dann erst der Kropf, mittels Zuziehung der Kordel, fester Umbindung und Verknotung, gebildet sein.

An Ballen, in welchen Kaffee, Reis, Pfeffer usw. versendet zu werden pflegt, müssen die Nähte mit der Kordel in Zwischenräumen von 1 Zoll schlangenförmig durchgezogen sein. Um die Kordel wirtlich zu verwenden, kann dabei abwärts das Durchziehen in Zwischenräumen von 2 Zoll geschehen, und wieder aufwärts, um beide Enden der Kordel zu verbinden, die Mitte des Zwischenraums von 2 Zoll zu 2 Zoll durchgezogen werden.

Twistballen, mit eisernen Reifen versehen, werden mit einer Kordel kreuzweise so umzogen, daß die Kordel um jeden Reif viermal, und zwar auf jeder Seite des Ballens einmal, geschlungen, oder noch besser, durch ein im Reifen anzubringendes Loch gezogen wird.

Ballen und Pakete, in Leinwand, Wachsleinwand und ähnliches Material geschlagen, werden kreuzweise so umzogen, daß bei jedem Zusammentreffen der Kordel ein fester Knoten gebildet wird, und die Nähte, welche das Material zusammenhalten, schlangenförmig durchzogen. Sind solche Ballen von besonderer Größe, so kann das Durchziehen mittels mehrerer Kordeln geschehen, doch muß eine jede Kordel für sich plombiert werden, und die Kordeln müssen so gebraucht sein, daß sie keine Zwischenräume lassen.

Ballen von solchem Material, welches keine Nähte hat, müssen so oft mit einer oder mehreren Kordeln umzogen werden, daß durch Anlegung der Bleie die unveränderte Erhaltung des Inhalts des so plombierten Ballens gesichert ist, und gilt dies als allgemeine Regel für alle diejenigen Verpackungsweisen, deren nicht besonders erwähnt ist.

An Kisten von Holz müssen die Zusammenfügungen der einzelnen Teile in den Kanten verzahnt sein, wenn solche nicht in Leinwand eingeschlagen sind. Sie werden demnächst mit der Kordel kreuzweise umzogen, und es muß diese, damit sie sich nicht durchscheuert, in einer jeden der acht Kanten in einer darin angebrachten Kerbe liegen. Insofern die Kistenwände aus mehr als einem Holzstücke bestehen, muß über jedes der letzteren, der Länge nach, die Kordel gehen.

Bei Kisten, in Leinwand eingeschlagen, müssen die Nähte schlangenförmig durchzogen werden. Hat das Material, worin die Kiste eingeschlagen ist, keine Nähte, so müssen die Enden des Materials mit der unteren Hülle, auf welcher sie ruhen, durchzogen worden sein.

Koffer werden mit einer Kordel kreuzweise umzogen, und wenn sie in Leinewand eingeschlagen sind, werden deren Nähte schlangenförmig durchzogen. Die bloße Verbindung der Krampe mit dem Haken vermittels einer Kordel genügt nicht.

Fässer, worin *trockene* Güter verpackt sind, müssen aus *ganzen* Dauben und Bodenstücken bestehen, so daß jede Daube in einem einzigen Stücke die ganze Länge des Fasses ausfüllt und jedes einzelne Bodenstück von der einen Faßdaube zur anderen reicht. Fässer, deren Bodenstücke und Dauben der Länge nach aus mehr als einem Stücke bestehen, oder welche sonstige Einsatzstücke oder Öffnungen haben, sind nicht verschlußfähig. Die zu verbleienden Fässer werden zu beiden Seiten da, wo der Boden eingesetzt ist, in allen einzelnen dort vorstehenden Dauben durchbohrt; eine Kordel wird durch die Löcher und kreuzweise über den Boden gezogen, und zwar in folgender Art: Man zieht die Kordel, indem man ein vom Rande bis über die Mitte des Faßbodens reichendes Ende derselben freiläßt, von innen nach außen durch eins der Bohrlöcher, führt sie außerhalb durch das nächste Bohrloch wieder nach innen, und so wechselnd und jedes Bohrloch fassend, bis zu dem Loche, das demjenigen, welches zuerst durchzogen wurde, im Durchmesser des Faßbodens gegenübersteht, läßt von hier aus die Kordel den Faßboden im Durchmesser durchlaufen, führt sie nach der, der ersten Durchziehung entgegengesetzten Richtung durch die Bohrlöcher bis dahin, wo die dann über den Boden hinweg zu führende Kordel den zuerst gezogenen Durchmesser senkrecht durchschneidet, zieht sie, am entgegengesetzten Ende angekommen, durch die beiden nächsten Löcher wieder nach außen und innen, läßt sie parallel mit der eben über den Boden gezogenen Leitungen wieder zurücklaufen, vollendet auf dem noch übrigen Viertel des Umfangs die Durchziehung der Bohrlöcher und legt dann, parallel mit dem zuerst gezogenen Durchmesser, das durch Abschneiden zu bildende Ende der Kordel so bis über die Mitte des Faßbodens, daß dasselbe mit dem beim Beginn der Durchziehung freigelassenen Kordelende verknüpft werden kann. Diese Verknüpfung wird demnächst mit der Plombageschnur durchzogen und an diese das Blei angelegt. Ebenso wird an dem anderen Boden des Fasses verfahren.

Sind die Böden nicht in die Dauben eingefalzt, sondern nur durch an der inneren Seite der Dauben eingelegte Reife festgehalten, so werden bei der Durchziehung der Dauben vermittels der Kordel diese Reife so oft mit von derselben durchzogen, daß sie durch die Kordel vollständig sicher an den Dauben und über dem Boden befestigt bleiben, und dadurch die Wegnahme der Böden oder einzelner Stücke derselben gehindert wird.

Fässer mit Flüssigkeiten werden nicht plombiert, sondern am Spunde und am Zapfen versiegelt; sie dürfen keine verborgene oder sichtbare, wiederum verschlossene Bohrlöcher haben. Wären solche dennoch vorhanden, so müssen sie ausdrücklich angezeigt werden, um sie unter Siegel legen zu können. Würden sich da, wo die Waren ihres Verschlusses wegen nachzusehen sind, unversiegelte Bohrlöcher vorfinden, so würde angenommen werden müssen, daß sie nach geschehener Abfertigung in unterschleiflicher Absicht angebracht worden sind.

Fässer mit Flüssigkeiten, deren Versiegelung besorglich sein könnte (Spiritus), müssen entweder in Leinewand eingeschlagen, oder mit Überfässern versehen sein.

Bei Fässern, in Leinewand eingeschlagen, dürfen bloß die Nähte schlangenförmig umzogen sein. Überfässer müssen so vorgerichtet sein, wie für Fässer mit trockenen Waren angegeben ist.

Wagen werden, an Stelle der einzelnen Kolli, in der Regel nicht plombiert. Da, wo Ausnahmen verstattet sind, haben die Warenführer wegen der Beschaffenheit der Wagen, der Plane und der sonstigen Vorrichtungen bei den betreffenden Zollämtern Erkundigungen einzuziehen.

Wie Schiffe oder einzelne Räume derselben beschaffen sein müssen, um unter Plombage gelegt werden zu können, wird eintretendenfalls besonders bestimmt werden.

§ 95.

Das erforderliche Material an Blei, Lack, Licht und Versicherungsschnur, sowie die fortan erforderlichen Schlösser beschafft die Zollverwaltung, vorbehaltlich des Anspruches auf Ersatz der Kosten für verloren gegangene oder beschädigte Schlösser gegen diejenigen, welche die Schuld des Verlustes oder der Beschädigung trifft. Eisenbahnverwaltungen haben in dieser Beziehung für ihre Angestellten zu haften.

Das übrige zu der Verschlußvorrichtung nötige Material muß von den Beteiligten besorgt werden.

§ 96.

Bei eingetretener Verletzung des Warenverschlusses kann infolge der im Begleitschein usw. von den Extrahenten übernommenen Verpflichtung für die Waren, je nachdem ihre Gattung ermittelt ist oder nicht, die Entrichtung des tarifmäßigen oder des höchsten Eingangszolles verlangt werden.[1][2]

Wird der Verschluß nur durch zufällige Umstände verletzt, so kann der Inhaber der Waren bei dem nächsten zur Verschlußanlegung befugten Zoll- oder Steueramte auf genaue Untersuchung des Tatbestandes, Revision der Waren und neuen Verschluß antragen. Er läßt sich die darüber aufgenommenen Verhandlungen aushändigen und gibt sie an dasjenige Amt, welchem die Waren zu stellen sind, ab. Der Zollbehörde bleibt die Entscheidung überlassen, ob nach den obwaltenden Umständen von den oben angegebenen Folgen der Verschlußverletzung abgesehen werden kann.[3]

---

1. Die Defraudationsstrafe wird aber nicht nach dem höchsten Eingangszoll, sondern nach dem wirklich ermittelten, und wenn keiner ermittelt ist, überhaupt nicht berechnet. RG. R. 8 S. 433; E. 14 S. 195. Anm. 9 zu § 135, Anm. 1 und 2 zu § 44 VZG.

2. Die Verletzung des Verschlusses ist strafbar, wenn nicht nachgewiesen wird, daß sie durch einen unverschuldeten Zufall herbeigeführt worden ist. Vgl. § 151 VZG., Anm. 3 zu § 44.

3. Ist anzunehmen, daß keine Veränderung der Ware stattgefunden hat, so ist nur der tarifmäßige Zoll zu erheben.

XIII. Von den Niederlagen [1] [2] unverzollter Waren.

A. Öffentliche Niederlagen.

§ 97.

Zur Beförderung des mittelbaren Durchfuhrhandels und des innern Verkehrs werden in den wichtigeren Handelsplätzen des Vereinsgebiets, sowie bei den Hauptzollämtern an der Grenze, wo ein Bedürfnis dazu sich zeigt, unter amtlicher Aufsicht stehende öffentliche Niederlagen eingerichtet, in welchen Waren bis zu ihrer weiteren Bestimmung unverzollt gelagert werden können.

Die öffentlichen Niederlagen sind entweder:

allgemeine Niederlagen (Packhöfe, Hallen, Lagerhäuser, Freihäfen, §§ 98—104), oder

beschränkte Niederlagen (§ 105), oder

freie Niederlagen (Freiläger § 107).

An Orten, wo keine dem Staate gehörigen Gebäude, welche als Niederlage benutzt werden können, oder dergleichen Gebäude nicht in dem nötigen Umfange vorhanden sind, ist es Sache der Kaufmannschaft oder der Kommune, welche eine solche Anlage oder deren Erweiterung wünschen, den erforderlichen sicheren Raum zur Benutzung des Staates zu stellen. [3])

---

1. Zu dieser Materie sind ergangen:

a) das Niederlage=Regulativ v. 8. Juli 1888 (RGBl. S. 551 und 755), abgeändert durch die Beschlüsse des Bundesrats v. 13. April 1893 (RZBl. S. 120), 10. Juni 1898 (RZBl. S. 340), 22. Oktober 1904 (RZBl. S. 393) u. RZBl. 1906 S. 407.

b) Das Privatlager=Regulativ v. 8. Juni 1887 und 21. Juni 1888 (RZBl. 1888 S. 234), abgeändert durch die Beschlüsse des Bundesrats v. 3. Juli 1890 (RZBl. S. 263), 12. Februar 1891 (RZBl. S. 47), 17. Dezember 1891 (RZBl. 1892 S. 5), 28. Januar 1892 (RZBl. S. 91), 1. Dezember 1892 (RZBl. S. 713), 6. Mai 1897 (RZBl. S. 123), 26. Mai 1898 (RZBl. S. 278), 10. Juni 1898 (RZBl. S. 340), 30. April 1903 (RZBl. S. 164) und RZBl. 1906 S. 408.

c) Die in den Anmerkungen zu § 109 VZG. genannten besonderen Regulative.

d) Das Konten=Regulativ v. 8. Juni und 15. Dezember 1887 (RZBl. S. 585), — abgeändert durch die Beschlüsse des Bundesrats v. 28. Januar 1892 (RZBl. S. 91), 15. März 1894 (RZBl. S. 92), 10. Juni 1898 (RZBl. S. 340).

2. Die Niederlagen sind teils öffentliche, teils private (Privatläger). Erstere sind unter amtlicher Aufsicht und zwar im Eigentum oder doch in der Verwaltung des Staates stehende Lagerstätten, letztere sind Privataufbewahrungsräume, bisweilen unter Mitverschluß der Zollbehörde.

Die öffentlichen Niederlagen zerfallen in 1) die allgemeinen und die beschränkten Niederlagen, 2) die freien Niederlagen. Die freien Niederlagen sind von der Zollgrenze rechtlich ausgeschlossene Teile deutschen Gebietes, welche als Zollausland angesehen werden: beim Einführen in die freien Niederlagen sind die Waren keiner Zollkontrolle unterworfen, lagern dort ohne Aufsicht der Zollbehörde, mögen sie aus dem Auslande oder dem freien Verkehr des Inlandes stammen, können ohne Umstände wieder ins Zollausland ausgeführt werden, unterliegen aber der regelmäßigen Zollbehandlung, wenn sie über die Zollgrenze ins Inland eingehen. — Die allgemeinen und beschränkten Niederlagen gelten nicht als Zollausland, sondern im Gegenteil als amtliche Verwahrung der inländischen Zollbehörde. Die in sie einzubringenden Waren befanden sich bereits in der Hand der Zollbehörde, sie waren tatsächlich und rechtlich ins Zollgebiet eingeführt, deklariert und revidiert und zwar regelmäßig speziell revidiert, der auf ihnen haftende Zoll ist vorläufig festgestellt. Aber er wird erst erhoben (bzw. auf Kreditkonto überschrieben), wenn die Waren aus dieser amtlichen Verwahrung in den freien Verkehr übertreten, was bei den allgemeinen Niederlagen erst nach fünf Jahren, bei den beschränkten nach sechs Monaten geschehen muß. Dem Wareninhaber wird also durch die Niederlage ein entsprechender Zollkredit gewährt, und seine Verpflichtung zur Verzollung erlischt, wenn die Ware innerhalb jener Frist wieder ins Ausland zurückgeführt wird oder auf der Niederlage zugrunde geht. Es ist ihm gestattet, die Ware auf der Niederlage umzupacken, zu teilen, zur Besichtigung auszulegen und Proben zu entnehmen, kurz alles mit derselben vorzunehmen, was mit den Zwecken der Niederlage vereinbar ist. Tritt auf der Niederlage ein Schwinden der Ware durch natürliche Einflüsse, Eintrocknen, Verdunsten, Leckage usw. ein, oder schlägt die Ware in eine schlechtere Qualität um, z. B. Wein in Essig, so ist der Zoll nur von dem Auslagerungsgewicht bzw. der geringeren Qualität zu entrichten. Die Direktivbehörde darf sogar gestatten, Güter des freien Verkehrs unter gewissen Vorsichtsmaßregeln den Niederlagegütern beizupacken, ohne daß sie bei demnächstiger Entnahme von der Niederlage verzollt zu werden brauchen.

Im allgemeinen nehmen jedoch alle auf die öffentlichen Niederlagen gebrachten Waren die Eigenschaft fremder unverzollter Waren an, so daß jeder Abgang von der Niederlage verzollt oder auf Kredit angeschrieben werden muß.

Die Privatläger stimmen mit den allgemeinen und beschränkten Niederlagen darin überein, daß sie für Waren, auf denen ein Zollanspruch haftet, bestimmt sind; sie unterscheiden sich von ihnen dadurch, daß sie Privaträume sind, welche allerdings — bald mehr, bald weniger — der Kontrolle, teilweise sogar dem Mitverschluß der Zollbehörde unterliegen. Sie haben den Zweck, der Steuerverwaltung eine größere oder geringere Sicherheit für das Eingehen des Zolls bzw. die Wiederausfuhr der Waren zu verschaffen und so eine Stundung der Eingangsabgaben zu ermöglichen. Über die verschiedenen Arten der Privatläger vgl. Anm. 2 zu § 108.

3. Über die hierbei maßgebenden Grundsätze vgl. Pr. FMReskript v. 17. Januar 1842 (PrZBl. S. 136).

1) Allgemeine Niederlagen.

Niederlagsrecht — Lagerfrist.

§ 98.

Das Niederlagerecht [1]) wird der Regel nach nur für solche Waren bewilligt, auf denen noch ein Zollanspruch haftet, [2]) und welche nicht durch die besonderen Niederlageregulative (§ 106) von der Lagerung ausgeschlossen sind. [3]—[7])

Die Lagerfrist soll in der Regel [8]) einen Zeitraum von fünf Jahren nicht überschreiten.

---

1. Die Niederlage darf in der Regel nur von Personen, welche am Orte wohnen, benutzt werden; Auswärtige müssen einen am Orte wohnhaften Vertreter bestellen. Doch dürfen auswärtige Warenführer, wenn der Warenempfänger nicht zu ermitteln ist oder die Annahme verweigert, die Waren auf ihren Namen zur Niederlage deklarieren; macht der Warenführer von diesem Rechte keinen Gebrauch, so kann das Zollamt einen Spediteur veranlassen, dies namens des Empfängers zu tun. — § 2 Nied.Reg. Bez. Österreichisch-Ungarischer Warenführer vgl. Schlußprotokoll zu Artikel 7 des Deutsch-Österr. Hand.Vertrages v. 6. Dezember 1891 und 25. Januar 1905.

2. Gegenstände des freien Verkehrs nehmen mit der Aufnahme in die Niederlage die Eigenschaft unverzollter ausländischer Waren an. Ausnahmsweise darf — ebenso bei Gegenständen der Übergangs-Steuerkontrolle — mit Genehmigung der Direktivbehörde hiervon abgesehen werden. § 3 Nied.Reg.

3. Dahin gehören namentlich der Verpestung verdächtige Sachen, Explosivstoffe, Gegenstände, welche zur Selbstentzündung neigen oder deren Aufbewahrung den nahe lagernden Waren nachteilig ist, Waren, die bald in Fäulnis übergehen. § 4 Nied.Reg.

4. Die Anmeldung zur Niederlage hat mittels doppelter Deklaration nach Schema zu erfolgen. Die Revision ist eine spezielle, es sei denn, daß eine solche schon vorher bei den unter amtlichem Verschluß eingehenden Waren stattgefunden hätte oder daß sich der Einlagerer event. der Entrichtung des höchsten Zollsatzes und — wenn es sich um für die Niederlage verbotene Waren handelt — einer Vertragsstrafe von 1500 M. unterwirft (Nied.Reg. §§ 6 ff.), in welchen Fällen eine allgemeine Revision genügt.

5. Ist die Revision beendet, so hat der Niederleger die Waren auf eigene Kosten an denjenigen Platz zu schaffen, welcher für die Lagerung angewiesen wird. Soweit es Gattung der Waren und Raum gestatten und nicht andere Umstände entgegenstehen, sind die Waren eines jeden Niederlegers auf dessen Antrag beisammen zu lagern und die später für ihn hinzukommenden den früher gelagerten anzuschließen. § 11 Nied.Reg.

6. Über die Niederlegung wird dem Niederleger ein sog. N i e d e r l a g e s c h e i n erteilt. Dieser N.Sch. ist ein L e g i t i m a t i o n s p a p i e r, d. h. die Zollverwaltung ist befugt, denjenigen, welcher ihr den Niederlageschein vorlegt, als berechtigt zur Verfügung über die darin bezeichneten Waren anzusehen, und zu einer näheren Prüfung, ob er berechtigter Besitzer ist, nicht verpflichtet. Der Eigentümer kann sich gegen diese Gefahr durch rechtzeitige Anmeldung des Verlustes seines Niederlagescheins zum Niederlageregister und demnächstige gerichtliche Kraftloserklärung schützen. Auf Antrag darf der Niederlageschein vom Zollamt auf einen anderen Namen umgeschrieben werden. §§ 12—14 Nied.Reg.

7. Die von Niederlagegütern ausgesonderten U n r e i n i g k e i t e n oder v e r d o r b e n e n Waren können unter Zollkontrolle wieder ausgeführt oder unter amtlicher Aufsicht (mit Genehmigung des Amtsvorstandes) vernichtet werden. § 26 Nied.Reg.

8. Ausnahmen können von der Direktivbehörde bewilligt werden. § 29 Nied.Reg.

Lagergeld.

§ 99.

Wo Lagergeld erhoben wird,*) soll dasselbe für jede Niederlage nach dem örtlichen Bedarf zur Deckung der Kosten festgestellt werden, jedoch, sofern die Niederlagen für Rechnung des Staates verwaltet werden, die folgenden Sätze nicht überschreiten:

für das Lagern monatlich

a) von trockenen Waren vom Zentner $1/_{36}$ Taler (3 Kreuzer),

b) von flüssigen Waren vom Zentner $1/_{24}$ Taler ($4^1/_2$ Kreuzer).

---

*) Wo Lagergeld erhoben wird, ist dasselbe von dem bei der Einlagerung der Waren angeschriebenen und im Fall einer Umpackung von dem dabei ermittelten Bruttogewicht zu erheben. Nied.Reg. § 39.

Haftung der lagernden Waren.

§ 100.

Die in der Niederlage befindliche Ware haftet unbedingt für den darauf ruhenden Zoll.

Wird die Verabfolgung der Waren aus der Niederlage vom Niederleger oder einer dritten Person verlangt, so ist diesem Verlangen nur unter den im § 14 enthaltenen Beschränkungen zu willfahren.

Gestattung der Umpackung.

§ 101.

Den Eigentümern und Disponenten der lagernden Güter steht es frei, in der Niederlage, unter Aufsicht der Beamten, die Waren behufs der Teilung, Sortierung, Reinigung, Erhaltung und sonstiger mit dem Zweck der Niederlage zu vereinbarenden Behandlung umzupacken,[1]) sofern geeignete Räumlichkeiten dazu vorhanden sind.[2])

Zur Ergänzung, Auffüllung ꝛc. der lagernden Waren können Waren aus dem freien Verkehr in die Niederlage eingebracht werden. Dieselben nehmen damit die Eigenschaft fremder unverzollter Waren an.

---

1. Jede Umpackung ist dem Amt vorher schriftlich anzumelden und geschieht unter amtlicher Aufsicht. Die bei der Umpackung frei gewordenen Umschließungen sind bei der Entnahme von der Niederlage besonders zu verzollen. §§ 21—24 Nied.Reg.

2. Die Entnahme von Proben (unter amtlicher Aufsicht und Verzollung) ist zulässig; ebenso vorübergehende Auslegung der Waren zur Besichtigung, nicht aber zum Verkauf. §§ 19, 20 Nied.Reg. Für die Entnahme von Tabakproben enthält die Bekanntmachung von 27. August 1888 (RGBl. S. 832) Erleichterungen.

Verpflichtungen der Niederlageverwaltung rücksichtlich der lagernden Waren.

§ 102.

Die Niederlageverwaltung muß für die wirtschaftliche Erhaltung der Niederlageräume in Dach und Fach, für sicheren Verschluß derselben, für Aufrechterhaltung der Ruhe und Ordnung unter den in der Niederlage beschäftigten Personen, sowie für Abwendung von Feuersgefahr im Innern des Gebäudes und dem dazu gehörigen umschlossenen Raum sorgen und haftet für Beschädigungen der lagernden Waren, welche aus einer ihr zur Last fallenden Unterlassung oder Vernachlässigung dieser Fürsorge entstehen.[1]) Diese Verpflichtung tritt erst ein, nachdem die Ware in die Niederlage aufgenommen und die amtliche Bescheinigung hierüber erteilt worden ist.

Andere Beschädigungen der lagernden Waren und Unglücksfälle,[2]) welche dieselben treffen, hat die Niederlageverwaltung nicht zu vertreten.

---

1. Übrigens hat sich der Niederleger selbst um die gute Lagerung und Unversehrtheit seiner Waren zu kümmern und der Niederlageverwaltung rechtzeitig von jeder Gefahr Mitteilung zu machen. § 17 Nied.Reg.

2. Z. B. durch Überschwemmungen, Blitzschlag.

Abmeldung von der Niederlage.

§ 103.

Die Verzollung oder weitere Abfertigung der von den Niederlagen abgemeldeten Waren erfolgt nach Maßgabe der bei der Einlagerung festgestellten Menge und Beschaffenheit derselben.[1]) [2])

In Fällen, in welchen das Gewicht der Waren während der Lagerung durch Umpacken (§ 101) oder durch zufällige Ereignisse eine Verminderung erfahren hat, oder in denen anzunehmen ist, daß eine bei der Abmeldung wahrgenommene Gewichtsverminderung lediglich durch Eintrocknen, Einzehren, Verstauben, Verdunsten oder gewöhnliche Leckage entstanden ist, bildet das Auslagerungsgewicht der Waren die Grundlage der Abfertigung, sofern nicht von den Beteiligten die Verzollung oder Abfertigung nach dem Einlagerungsgewicht verlangt wird. Liegt der Verdacht vor, daß ein Teil der Waren heimlich aus der Niederlage entfernt worden, so ist stets das Einlagerungsgewicht der Verzollung zugrunde zu legen.

Das Gewicht der etwa von den Waren entnommenen Proben wird besonders zur Verzollung gezogen.

Von den auf der Niederlage gänzlich verdorbenen und unbrauchbar gewordenen Waren wird, nachdem dieselben unter amtlicher Aufsicht vernichtet worden sind, ein Zoll nicht erhoben.

---

1. Daher bedarf es im allgemeinen keiner neuen speziellen Revision und Gewichtsermittelung, wenn die zu entnehmende Ware sofort in den freien Verkehr tritt, es sei denn, daß ein besonderer Antrag von den Beteiligten auf Ermittelung und Verzollung des Auslagerungsgewichts gestellt wird. Anders nur, wenn eine im ganzen verwogene Post in Teilposten entnommen wird; hier findet stets Feststellung und Verzollung des Auslagerungsgewichts statt, doch wird Abs. 2 bei Entnahme der letzten Teilpost berücksichtigt. Tritt die Ware nicht sofort in den freien Verkehr, sondern geht auf Begleitschein I weiter, so wird in der Regel das Auslagerungsgewicht ermittelt, es sei denn, daß die Ware unter amtlichem Verschluß oder

erst drei Monate in der Niederlage gelagert hätte oder von solcher Art wäre, daß eine Gewichtsveränderung nicht anzunehmen ist, wie bei Metallen, Glas, Porzellan rc., vgl. §§ 30—35 Nied.Reg.

2. Die Waren sind binnen 24 Stunden nach Erlangung der Zollquittung bzw. der betreffenden Abfertigungspapiere aus der Niederlage zu entfernen. § 38 Nied.Reg.

Verfahren mit Waren:

a) deren Eigentümer unbekannt ist.

§ 104.

Sind Güter, deren Eigentümer und Disponenten unbekannt sind, ein Jahr in der Niederlage geblieben, so soll dies unter genauer Bezeichnung derselben zu zwei verschiedenen Malen mit einem Zwischenraume von mindestens vier Wochen durch öffentliche Blätter bekannt gemacht werden, und wenn sich hierauf binnen sechs Monaten nach der letzten Bekanntmachung niemand meldet, die Niederlageverwaltung berechtigt sein, die Güter öffentlich meistbietend zu verkaufen. [1] [2]) Der Erlös bleibt nach Abzug der Bekanntmachungs- und Verkaufskosten, der Abgaben, sowie der etwa auf die Erhaltung der Waren verwandten Kosten und des Lagergeldes sechs Monate hindurch aufbewahrt und fällt, wenn er bis zu deren Ablauf von niemand in Anspruch genommen wird der Staatskasse anheim.

Sind dergleichen Waren einem schnellen Verderben ausgesetzt, so kann ein früherer Verkauf mit Genehmigung der dem Hauptamte vorgesetzten Behörde in der Art geschehen, daß der Lizitationstermin im Orte zu zwei verschiedenen Malen innerhalb acht Tagen öffentlich bekannt gemacht wird.

b) welche binnen fünf Jahren aus der Niederlage nicht abgeholt werden.

Haben Güter, deren Eigentümer oder Disponent bekannt ist, länger als fünf Jahre gelagert, so ist derselbe, sofern nicht auf seinen Antrag ausnahmsweise eine längere Lagerung bewilligt ist, aufzufordern, die Güter binnen einer Frist, welche vier Wochen nicht überschreiten darf, von der Niederlage zu nehmen. Genügt er dieser Aufforderung nicht, so wird zum öffentlichen Verkauf der Waren geschritten und der Erlös nach Abzug der Kosten und Abgaben dem Eigentümer oder Disponenten zugestellt. [1])

---

1. Anw. zur Ausf. des VZG. Bek. des Bundesrats v. 5. Juli 1888 Nr. 22 (§ 407 der Prot.), § 40 Nied.Reg.

Bleibt beim öffentlichen Verkauf der Waren das Meistgebot nach Abzug der Kosten hinter dem Betrage des Eingangszolles zurück, so ist in der Regel der Zuschlag zu versagen. Ausnahmen hiervon können von der Direktivbehörde nur dann zugelassen werden, wenn der Ausfall an Zollgefällen 10 Prozent nicht übersteigt.

2. Kann hiernach die Ware nicht verkauft werden, so ist sie amtlich zu vernichten (§ 40 Nied.Reg.). In diesem Fall ist der Wert der Ware, welcher nach dem

abgegebenen Höchstgebot zu bemessen sein wird, dem nachträglich bekannt werdenden Eigentümer bzw. Disponenten auf den zu entrichtenden Zoll, Lagergeld rc. anzurechnen. Der Einlagerer bleibt nach wie vor für diese Ansprüche verhaftet; die gegenteilige Ausführung Labands (Staatsrecht Bd. II S. 943) beruht auf seiner zu § 13 VZG. behandelten Ansicht der Zollpflicht als eines dinglichen Rechts an der Ware, nicht eines persönlichen Rechts des Staates gegen den Einbringer.

2) Beschränkte Niederlagen.[1])

§ 105.

Bei den Ämtern an solchen Orten, welche nicht im Genuß des Niederlagerechts sind, können, wo sich ein Bedürfnis dazu ergibt und geeignete Räume vorhanden sind, Waren unverzollt mit der Maßgabe niedergelegt werden, daß die Lagerfrist in der Regel [2]) nicht über sechs Monate [3]) dauern darf. Nach Ablauf derselben treten die im § 104 enthaltenen Bestimmungen ein.

Wegen des Lagergeldes, der Gestattung von Umpackungen und der Behandlung des während der Lagerung entstandenen Mindergewichts kommen die Bestimmungen für allgemeine Niederlagen in den §§ 99, 101 und 103 in Anwendung.

1. Die beschränkten Niederlagen sind an Stelle der Zollager der alten Zollordnung (§ 68 ff.) getreten.

2. Ausnahmen bestimmt die Direktivbehörde.

3. Diese Frist bezieht sich nur auf die einzelne Niederlage, so daß die Ware nach Ablauf derselben in eine neue Niederlage gebracht werden darf, um dort weitere echs Monate zu lagern.

3) Regulative für die Niederlagen.

§ 106.

Die näheren Bedingungen für die Benutzung der einzelnen Niederlagen, sowie die speziellen Vorschriften über die Abfertigung der zu denselben gelangenden und aus ihnen zu entnehmenden Waren enthalten die zu erlassenden Regulative.*)

*) Vgl. Anm. 1 zur Überschrift dieses Abschnittes XIII.

4) Freie Niederlagen.

§ 107.

In den wichtigeren Seeplätzen des Vereinsgebiets können örtlich mit dem Hafen in Verbindung stehende freie Niederlageanstalten (Freiläger) errichtet werden.

Derartige Niederlagen werden mit den Maßgaben, welche die für die einzelnen Niederlagen zu erlassenden Regulative enthalten, zollgesetzlich als Ausland behandelt. Die zur Ein- und Ausladung, sowie zur

Lagerung bestimmten Räume sind durch sichernde Umschließung von dem umgebenden Gebiete abzuschließen.

---

1. Freie Niederlagen existieren in Lübeck, Harburg, Emden, Leer, Brake, Hamburg, Bremen, Stettin, Neufahrwasser.

2. Die Lagerungsfrist in den freien Niederlagen ist unbeschränkt. Übrigens vgl. Anm. 2 zu § 97.

B. Privatläger.[1] [2]

§ 108.

Waren, auf denen ein Zollanspruch haftet, können auch in Privaträumen unter oder ohne Mitverschluß der Zollbehörden niedergelegt werden.[3] [4] Sind die Waren zum Absatz im Vereinsgebiete bestimmt und nur zur Sicherung des darauf ruhenden, aber kreditierten Eingangszolles niedergelegt (Privatkreditläger), so darf die Lagerungsfrist sich der Regel nach nicht über sechs Monate und — bei längerer Lagerung — wenigstens nicht über das Kalenderjahr des Eingangs hinaus erstrecken.

Sind die zu lagernden Waren zugleich oder ausschließlich zum Absatz nach dem Auslande bestimmt (Privattransitläger), so finden auf diese Läger, wenn sie unter amtlichem Mitverschluß stehen, die Bestimmungen in den §§ 101 und 103 Anwendung.[5] Dagegen haftet der Inhaber eines Privattransitlagers, welches sich nicht unter amtlichem Mitverschluß befindet,[6] unbedingt für die Entrichtung des Eingangszolles von den zum Privatlager verabfolgten Waren nach Maßgabe des bei der Verabfolgung festgestellten Gewichts, insofern er nicht die Entrichtung der Abgaben an anderen Orten oder die Ausfuhr der Waren in vorgeschriebener Art nachweist.

Für die Bewachung der unter amtlichem Mitverschluß stehenden Privattransitläger während ihrer Öffnung bleibt der Zollverwaltung vorbehalten, die Entrichtung von Gebühren[7] zu fordern.

---

1. Vgl. Anm. 1 zur Überschrift dieses Abschnitts.

2. „Privatläger".

Die Privatläger zerfallen in drei Klassen: 1. Privattransitläger, wenn die Identität der einzelnen Kolli der Regel nach festgehalten wird und die Waren, wenigstens teilweise, zur Durchfuhr bestimmt sind; 2. Privatteilungsläger, wenn die Identität der einzelnen Kolli nicht festgehalten wird, mögen die Waren auch teilweise zur Durchfuhr bestimmt sein; 3. Privatkreditläger, wenn die Waren zum Absatz im Zollgebiet bestimmt und nur zur Sicherung des darauf ruhenden, aber gestundeten Eingangszolls niedergelegt sind.

Die Privatkreditläger beschränken ihren Inhaber am wenigsten: er kann ihnen Waren jeder Art zuführen, doch müssen diese wie bei allen anderen öffentlichen und Privatniederlagen angemeldet werden; Umpackungen, Teilungen, Bearbeitungen sind zwar nur im selben Umfange zulässig wie bei anderen Privatlägern ohne amtlichen

Mitverschluß, die Ware darf also dadurch keine Veränderung erleiden, welche eine andere Benennung oder einen anderen Tarifsatz zur Folge haben würde, doch sind alle diese Handlungen von jeder Anmeldung befreit. Dafür ist der Zoll unbedingt nach dem Einlagerungsgewicht zu zahlen, und gibt das Privatkreditlager nur Anspruch auf sechsmonatlichen Kredit. Die Privatteilungs- und -Transitläger gewähren einen Zollkredit von 5 Jahren. Sie unterscheiden sich untereinander eigentlich nur durch den Namen; denn auch aus den Teilungslägern kann zur Durchfuhr abgefertigt werden, und bei den Transitlägern bedarf es einer Verwirklichung der Durchfuhr nicht, und wenn auch bei den Transitlägern unter amtlichem Verschluß grundsätzlich die Identität der Waren festgehalten werden soll, so kann davon doch mit Genehmigung der Direktivbehörde für bestimmte Warenmengen oder -Gattungen abgesehen werden, und die Umpackung, Teilung, Bearbeitung der Waren erfolgt dann überall im wesentlichen nach gleichen Grundsätzen, d. h. vollkommen frei, nur daß die Benennung der Ware und der Tarifsatz gewahrt bleiben müssen. Beide Arten von Privatlägern können unter amtlichen Mitverschluß genommen werden, — und unterliegen dann den Bestimmungen der öffentlichen Niederlagen mit deren Vorteilen und Beschränkungen; es wird also das Auslagerungsgewicht (auf Antrag) zur Verzollung gezogen, ein Schwinden der Ware durch natürliche Einflüsse gut geschrieben, ein Umschlagen derselben in eine schlechtere Qualität (Wein in Essig) wird berücksichtigt, von ausgesonderten Unreinigkeiten und verdorbenen Waren wird — bei gehöriger Vernichtung — kein Zoll erhoben rc.; andererseits dürfen die Niederlageräume nur unter amtlicher Aufsicht betreten werden. Gegenüber den öffentlichen Niederlagen bieten diese Privatteilungs- bzw. -Transitläger unter amtlichem Mitverschluß sogar den Vorteil, daß die Umpackung, Teilung, Bearbeitung der Waren zwar unter amtlicher Aufsicht geschehen muß, eine Anmeldung aber nicht notwendig ist, — wogegen der Staat natürlich für Erhaltung unter Dach und Fach und ordnungsmäßige Aufbewahrung der Waren nicht haftet. Vgl. Privatlagerregulativ v. 21. Juni 1888 (§ 407 Bundesratsprot.; PrZBl. 1888 S. 205; RZBl. S. 233) mit Änderungen vgl. Anm. 1 zur Überschrift des Abschnitts.

3. In der Regel sollen Privatläger nur am Sitze einer mit zwei Beamten besetzten Zoll- und Steuerstelle bestehen; sie dürfen nur Gewerbetreibenden, welche kaufmännische Bücher ordnungsmäßig führen, am Orte wohnen oder vertreten sind und das Vertrauen der Verwaltung genießen, bewilligt werden; die Bewilligung ist widerruflich; sie erlischt durch den Tod oder Konkurs des Inhabers, kann jedoch und soll regelmäßig auf die Erben und die Konkursmasse übertragen werden. Im Fall des Widerrufs oder des Erlöschens der Bewilligung ist das ganze Privatlager sofort zu verzollen, falls die Direktivbehörde nicht Aufschub gewährt. Privatlager-Reg. §§ 2, 3, 11.

4. Der Zollverwaltung steht jederzeit die Revision der Privatläger frei, welcher der Lagerinhaber in Person oder durch einen Vertreter beizuwohnen und bei welcher er die nötigen Hilfsleistungen zu gewähren hat. Namentlich müssen für das Lager ausreichende geeichte Wagen und Gewichte zur Verfügung stehen.

Den Anträgen auf Öffnung unter amtlichem Verschluß befindlicher Privatläger ist nach Maßgabe der verfügbaren Beamtenkräfte tunlichst bald zu entsprechen. Für die amtliche Bewachung der Lager während ihrer Öffnung kann eine Gebühr gefordert werden, welche 3 Mk. pro Tag und Beamten nicht übersteigen darf. § 9 Privatlager-Nied.Reg.

5. Diese Fassung beruht auf Gesetz v. 18. April 1889 (RGBl. S. 53).

6. Transitläger ohne amtlichen Mitverschluß sind nur zulässig für Waren, welche einem Eingangszoll bis zu 3 Mk. für 100 kg (mit Genehmigung der obersten Landesfinanzbehörde bis zu 6 Mk. für 100 kg) unterliegen oder in dem Verzeichnis RZBl. 1906 S. 411 aufgeführt sind. Dort sind besonders genannt: Obst und Südfrüchte, auch kandierte; Kaffee, Tee, Kakao, Pfeffer, Ingwer, Zimmt, Vanille, Nelken und andere Gewürze; Käse, Eigelb, Reismehl, Reisgries, Sago, Tapioka; Oliven-, Rizinus-, Sesam-, Lorbeeröl in Fässern, flüssige (ätherische) Öle, mineralische Schmieröle; feste Seife, gebrauchte Petroleumfässer, Schieferplatten, eiserne Röhren.

Außerdem hat aber der Bundesrat auf Grund der §§ 109, 118 VZG. und des § 11 des Zolltarifgesetzes für eine Reihe wichtiger Warengattungen Transitläger ohne amtlichen Mitverschluß gestattet und dafür besondere Regulative erlassen. Vgl. die Anmerkungen zu den §§ 109, 115 VZG.

7. Vgl. Anm. 2 zu § 10.

§ 109.

Die näheren Bestimmungen darüber, für welche Gegenstände und unter welchen Bedingungen Privatläger zu bewilligen sind, wird der Bundesrat des Zollvereins treffen.*)

---

*) Besondere Vorschriften gelten für verschiedene Warengattungen, z. B. Wein, Spirituosen, Salz, Getreide, Holz, Tabak, Zucker und sind im Einzelfall zu vergleichen. Hervorzuheben sind:

a) Die Getreidelagerzollordnung vom 11. Januar 1906 (RZBl. 1906 S. 252). Sie bezieht sich auf die unter Nr. 1—9, 11 des Zolltarifs genannten Getreidearten und Hülsenfrüchte sowie auf zollpflichtige Ölfrüchte und gestattet reine und gemischte Privattransitläger ohne amtlichen Mitverschluß, je nachdem die Waren ausschließlich zum Absatz im Auslande oder auch zum Absatz im Inlande bestimmt sind.

b) Die Holzlagerzollordnung vom 11. Januar 1906 (RZBl. S. 103). Sie bezieht sich auf Bau- und Nutzholz der in den Nr. 74—76, 78—85 des Zolltarifs genannten Holzarten. Auch sie gestattet reine und gemischte Privattransitläger ohne amtlichen Mitverschluß, je nachdem das Holz ausschließlich znm Absatz im Auslande bezw. zum Schiffbau oder auch zum Absatze im Inlande bestimmt ist.

c) Weinlager-Regulativ vom 21. Juni 1888 (RZBl. S. 253), abgeändert RZBl. 1890 S. 263, 1892 S. 690, 1894 S. 334.

d) Branntwein-Niederlage-Regulativ (RZBl. 1887 S. 441), abgeändert RZBl. 1897 S. 47.

e) Zucker-Niederlage-Regulativ vom 28. Juni 1888 (RZBl. S. 312).

f) Bestimmungen über die Bewilligung von Teilungslagern an die Kaiserlichen Marine-Verpflegungsämter vom 4. Juni 1889 (RZBl. S. 410), abgeändert RZBl. 1897 S. 252, 1898 S. 340, 1899 S. 393, 1901 S. 393 und 1906 S. 410.

C. Fortlaufende Konten.

§ 110.

Zur Erleichterung des Vertriebes ausländischer Waren nach dem Auslande können an Großhandlungen [1]) unverzollte fremde Waren [2]) unter Eintragung in ein fortlaufendes Konto mit der Maßgabe verabfolgt werden, daß die Wiederausfuhr derselben nach dem Auslande nachgewiesen oder die Verzollung zum Eingange bewirkt werden muß.[3])

Die Bedingungen, unter denen derartige Konten zu bewilligen sind, und die Verpflichtungen [4]) der Konteninhaber werden durch ein besonderes Regulativ [5]) bestimmt.[6])

---

1. Die Erlaubnis, ein fortlaufendes Konto zu halten, wird nur Großhandlungen erteilt, welche im Rufe der Zuverlässigkeit und kaufmännischen Solidität stehen, einen erheblichen Handel mit ausländischen Waren nach dem Auslande betreiben, kaufmännische Bücher führen, die erforderliche Sicherheit zu stellen imstande sind und eine — im Regulativ fixierte — bestimmte Quantität ausländischer Waren alljährlich importieren und exportieren. §§ 1, 2 Kont.Reg.

2. Die Bewilligung eines fortlaufenden Kontos kann sich auf folgende Waren erstrecken: baumwollene Waren; Waren aus Wolle und anderen Tierhaaren; Leinenwaren; seidene und halbseidene Waren; Kleider, Leibwäsche und Putzwaren; Gewebe aller Art mit Kautschuck überzogen, getränkt usw.; kurze Waren; lederne Handschuhe; Hüte; Hemlock- und Valdivialeder; Ledertuch; Wachstuch mit Ausnahme des groben unbedruckten, Wachsmusselin und Wachstafft; Fußdecken aus Kamptulikon, Linoleum usw.; gefüttertes Pelzwerk; feine Waren aus weichem Kautschuck; feine Eisenwaren.

Außerdem gibt es besondere Vorschriften für Ölmühlenfabrikate und für Mineralöle in der Ölmühlenzollordnung (RZBl. 1906 S. 372) und der Mineralölzollordnung (RZBl. 1906 S. 394).

3. Die wieder ausgeführten oder auf eine Niederlage gebrachten kontierten Waren werden vom Konto abgeschrieben, der Bestand am Jahresschluß auf das neue Konto vorgetragen und nur das Manko verzollt. Es ist nicht verboten, neben den kontierten inländische oder verzollte ausländische Waren auf Lager zu halten, doch muß solches angezeigt werden.

4. Die Bewilligung solcher fortlaufender Konten erfordert Anmeldung der Aufbewahrungsräume, der zu kontierenden ausländischen Waren, bestimmte Buchung derselben in den Handelsbüchern, jederzeitige Offenlegung der letzteren zur Revision durch höhere Zollbeamte.

5. Kontenregulativ v. 15. Dezember 1887 (§ 659 der Bundesratsprot.; PrZBl. 1888 S. 58ff.; RZBl. 1887 S. 585 und 1906 S. 409).

6. Die allgemeinen Grundsätze über die Stundung von Zollgefällen — im allgemeinen drei Monate auf bestimmte Sicherheit, jedoch nicht für Getreide, Müllereierzeugnisse, Rapsöl, Rüböl u. dgl. — enthält die Zollstundungsordnung v. 11. Januar 1906 (RZBl. S. 128).

XIV. Verkehrserleichternngen und Befreiungen.

1) Versendungen aus dem Vereinsgebiete durch das Ausland nach dem Vereinsgebiet.[1] [2]

§ 111.

Bei Versendungen der im freien Verkehr[3] [4]) stehenden Gegenstände aus dem Vereinsgebiete durch das Ausland nach dem Vereinsgebiete ist dem Ausgangszollamte oder einem zu dieser Abfertigung befugten Amte im Innern eine Deklaration vorzulegen, worin die Art und Menge der zu versendenden Waren mit ihrer sprachgebräuchlichen oder handelsüblichen Benennung und deren Bestimmungsort anzugeben ist. Einer Angabe des Nettogewichts der in einem Kollo zusammen verpackten, verschieden tarifierten Waren bedarf es nicht.

Es tritt sodann die Revision und, der Regel nach, der amtliche Verschluß der Waren ein. Dem Abfertigungsamte bleibt es überlassen, auch andere Maßregeln zur Sicherung gegen eine Vertauschung der Waren zu treffen. Bei Versendung von Wein können Proben entnommen werden, welche verschlossen der Sendung beizufügen sind.

Der Absender erhält demnächst die hiernach bescheinigte Deklaration zurück, auf welcher zugleich die zum Eintreffen beim Wiedereingangsamte verstattete Frist bemerkt wird.

Hat die Ausgangsabfertigung bereits bei einem Amte im Innern stattgefunden, so bedarf es bei dem Grenzausgangsamte nur der Rekognition des Verschlusses.

Bei derartigen Versendungen von ausgangszollpflichtigen Waren kann Sicherstellung des Ausgangszolles verlangt werden.

Bei dem Wiedereingangsamte werden die Gegenstände auf den Grund der zu übergebenden Deklaration revidiert und nach richtigem Befund ohne Zollerhebung abgelassen.[5] [6] [7]) Sind die Waren unter Kollo-, beziehungsweise Wagen- oder Schiffsverschluß abgefertigt, so beschränkt sich die Revision beim Wiedereingangsamte in der Regel auf die Prüfung und Lösung des angelegten Verschlusses. Auf den Antrag des Warenführers können auch die Waren von dem Grenzzollamte unter Belassung des amtlichen Verschlusses auf ein Amt im Innern zur schließlichen Abfertigung abgelassen werden.

Wird bei dem Transport von Waren, welche unter Zollkontrolle stehen, zwischenliegendes Ausland berührt, so muß die Ware dem Ausgangs- und dem Wiedereingangsamte zur Revision gestellt und der richtige Ausgang, beziehungsweise der Wiedereingang auf der die Sendung begleitenden Bezettelung bescheinigt werden.

Nach örtlichem Bedürfnisse können von der obersten Landesfinanzbehörde für den Verkehr aus dem Vereinsgebiete durch das Ausland nach dem Vereinsgebiete Erleichterungen zugestanden werden.

---

1. Anw. zur Ausf. des VZG., Bek. des Bundesr. v. 5. Juli 1888 — § 407 der Prot. — Nr. 23.

Die näheren Bestimmungen über den Verkehr vom Zollgebiet durch das Ausland nach dem Zollgebiet enthält das vom Bundesrat beschlossene Deklarationsscheinregulativ. Wo es im Bedürfnis des Verkehrs liegt, kann für bestimmte Strecken mit Genehmigung der Direktivbehörde von der Bezeichnung des Wiedereingangsamts in dem zu erteilenden Deklarationsschein abgesehen werden. Auch bleibt der obersten Landesfinanzbehörde vorbehalten, nach örtlichem Bedürfnis weitere Erleichterungen eintreten zu lassen. Sollen Waren von dem Grenzzollamt unter Belassung des amtlichen Verschlusses auf ein Amt im Innern zur schließlichen Abfertigung abgelassen werden, so erfolgt die Ablassung unter Begleitscheinkontrolle.

2. Das Regulativ — die zollamtliche Behandlung von Warensendungen aus dem Inlande durch das Ausland nach dem Inlande betreffend — ist vom Bundesrat am 25. März 1878 (§ 198 der Prot.) erlassen (RZBl. 1878 S. 211; PrZBl. 1878 S. 101).

3. Die Versendungen aus dem freien Verkehr des Inlandes durch das Ausland nach dem Inland geschehen — entweder durch die Post oder auf Deklarationsschein.

Bei Postsendungen bedarf es keiner Bezettelung oder Inhaltserklärung die Kolli werden beim Ausgang von der Zollbehörde unter Verschluß genommen oder amtlich begleitet und der Verschluß auf den Postkarten vermerkt; beim Wiedereingang nimmt die Zollbehörde den Verschluß ab und setzt die Gegenstände in freien Verkehr. Auf kurzen, das Ausland durchschneidenden Straßenstrecken kann mit Genehmigung der Direktivbehörde von Verschluß oder amtlicher Begleitung Abstand genommen werden. Postzollreg. § 16.

Alle übrigen Versendungen aus dem freien Verkehr müssen — soweit nicht örtliche Erleichterungen bestehen — auf Deklarationsschein geschehen. Der Deklarationsschein erfordert eine Anmeldung (Deklaration) in doppelter Ausfertigung. Diese muß enthalten: Zahl, Verpackungsart und Bezeichnung der Kolli, Gattung der Gegenstände nach dem Tarif oder ihrer sprachgebräuchlichen und handelsüblichen Benennung; Menge bzw. Bruttogewicht der Kolli, wobei für eine nach Inhalt und Verpackung gleichartige Warenpost summarische Gewichtsangabe genügt; Bezeichnung des Ausgangs- und Wiedereingangsamts und des Bestimmungsortes; Datum und Unterschrift des Deklaranten. Für diese Deklarationsscheine bestehen besondere Formulare.

Die Waren werden vom Abfertigungsamte (im Innern) revidiert, regelmäßig unter Verschluß genommen und der Abfertigungsvermerk auf den Deklarationsschein gesetzt. So sind die Waren dem Ausgangsamt vorzuführen, welches sie äußerlich revidiert und die Frist für den Wiedereingang auf dem Deklarationsschein vermerkt. Wenn sie rechtzeitig dem Wiedereingangsamt gestellt sind, so revidiert dieses, nimmt den Verschluß ab und setzt die Waren in den freien Verkehr oder überweist sie (nach Antrag) auf Begleitschein I einem Amt im Innern zur Schlußabfertigung. Über das Nähere vgl. das angezogene Regulativ.

4. Waren, welche unter Begleitschein, Übergangsschein, Bonifikationsanmeldung oder sonstiger Zoll- und Steuerkontrolle gehen, bedürfen beim Passieren des Auslandes eines besonderen Deklarationsscheins nicht. Sie werden beim Ausgang revidiert, — wenn noch nötig, unter Verschluß gesetzt, die Wiedereingangsfrist wird auf dem Begleitpapier vermerkt, § 14 des zit. Reg.

Bei Versendung mit Ladungsverzeichnis auf der Eisenbahn finden die gewöhnlichen Grundsätze für solche Versendungen im Inlande auch beim Passieren des Auslandes Anwendung. §§ 7 ff. Reg. v. 25. März 1878 in Anm. 2. Für den Seeschiffsverkehr bleiben die Hafenregulative maßgebend, ibid. § 8.

5. Wenn beim Eingang von Deklarationsscheingütern sich kleinere Versehen oder Mängel ergeben, z. B. die Waren werden einem unrichtigen Eingangsamt vorgeführt, der Deklarationsschein ist unterwegs verloren gegangen, der Verschluß ist durch Zufall verletzt, die Transportfrist ist um nicht mehr als das Doppelte, bzw. nicht mehr als vier Wochen überschritten, und wenn über die Identität der Ware kein Zweifel oder sonstiges Bedenken besteht, so kann das Eingangsamt bzw. das ihm vorgesetzte Hauptamt von der Verzollung absehen. Bei erheblicheren Mängeln entscheidet die Direktivbehörde. § 16 Regulativ.

6. Die Direktivbehörde ist ermächtigt, falls bei Versendungen aus dem Inland durch das Ausland nach dem Inlande die Zollabfertigung versehentlich unterblieben ist, Zollerlaß aus Billigkeitsrücksichten zu gewähren.

Anw. zur Ausf. des VZG., Beschl. des Bundesr. v. 5. Juli 1888 — § 407 der Prot. — Nr. 32 III 2d.

7. Das Pr. OTrib. hatte früher (Opp. Rechtspr. III S. 350, V. S. 118) erkannt, daß verzollte oder inländische Waren, welche vom Inlande durch das Ausland ins Inland transitieren, zollfrei sind, auch wenn die vorgeschriebenen Kontrollmaßregeln nicht angewendet seien. Die Nichtgestellung solcher Waren enthalte nur eine Ordnungswidrigkeit, keine Defraude. — Diese Ansicht ist gegenüber der jetzigen Fassung des sechsten Absatzes dieses Paragraphen, wonach die Ware nur bei richtigem Befunde ohne Zollerhebung abgelassen werden soll, also bei unrichtigem Befunde, und erst recht bei Nichtgestellung zollpflichtig ist, und gegenüber dem § 4 VZG. jedenfalls nicht haltbar; sie war aber schon nach damaligem Recht unzutreffend; denn jede Ware, welche ins Inland eingeführt wird, unterliegt dem tarifmäßigem Zoll, mag sie aus dem Auslande oder dem Inlande stammen. Sie wird von dieser Verzollung nur bei Erfüllung besonderer Bedingungen z. B. einer richtigen Deklarationsbezettelung und gehöriger Vorführung freigelassen.

2) Meß- und Marktverkehr.[1][2]

§ 112.

Zur Erleichterung des Besuchs auswärtiger Messen und Märkte kann die zollfreie Rückbringung der unverkauft gebliebenen, aus dem freien Verkehr des Zollvereins stammenden Ware verstattet werden.

Nicht minder wird den fremden Handel- und Gewerbetreibenden, welche vereinsländische Messen und Märkte besuchen, von ihren unverkauften Waren[3]) Erlaß des Eingangszolles bei der Wiederausfuhr gewährt.[4])

---

1. Anw. zur Ausf. des VZG., Bek. des Bundesr. v. 5. Juli 1888 — § 407 der Prot. — Nr. 24.

Hinsichtlich der Bedingungen und Kontrollen, unter denen die in den §§ 112—117 erwähnten Erleichterungen und Befreiungen eintreten, bleiben die bisherigen Vorschriften in Wirksamkeit. Ebenso bewendet es bei den bisherigen Bestimmungen darüber, in welchen Fällen die Bewilligung der in Rede stehenden Erleichterungen von der Entscheidung der obersten Landesfinanzbehörde abhängig ist oder seitens der Zolldirektivbehörde, beziehungsweise der Zollstellen erfolgen kann. Insbesondere gelten in dieser Beziehung die Bestimmungen unter Nr. 25—33.

Diese Vorschriften und Bestimmungen sind enthalten in den §§ 78, 79, 80 der Zollordnung v. 23. Januar 1838 und lauten:

§ 78. Inländische Handwerker, welche die Städte in benachbarten Orten des Auslandes mit ihren Waren besuchen, können den unverkauften Teil derselben unter folgenden Bedingungen zollfrei wiedereinführen:

a) Die Aus- und Wiedereinfuhr muß über dieselbe Zollstelle und zwar über ein Hauptzollamt oder ein Nebenzollamt I. Klasse stattfinden;
b) über die Gegenstände der Ausfuhr muß dem Ausgangsamte eine vollständige schriftliche Anmeldung übergeben werden,
c) sie müssen demselben zur Besichtigung vorgezeigt und auf Kosten des Inhabers, soweit sie bezeichnungsfähig sind, bezeichnet werden;
d) die Wiedereinfuhr des unverkauften Teiles muß in einer von dem Amte zu bestimmenden kurzen Frist erfolgen und die zurückgeführten Gegenstände müssen demselben Amte wieder zur Besichtigung vorgelegt werden.

§ 79. Inländer, welche Vieh auf ausländische Märkte bringen, können das unverkauft gebliebene Vieh zollfrei wieder einführen, wenn sie die Vorschriften des § 78 — soweit sie anwendbar sind — erfüllen.

§ 80. Wenn ausländische Handel- und Gewerbetreibende inländische Messen und Märkte beziehen und für den unverkauften Teil ihrer Waren den Erlaß des Eingangszolles bei der Wiederausfuhr in Anspruch nehmen, so kommen mit den sich von selbst ergebenden Abweichungen dieselben Bestimmungen zur Anwendung, welche in § 78 für den umgekehrten Fall erteilt sind.

Der Betrag des Eingangszolles von den eingeführten Waren wird durch Pfandbestellung oder durch die Ausfertigung von Begleitscheinen sichergestellt.

2. Pr. Ausf.Reskr. v. 23. Dezember 1869 Nr. 9.

Hinsichtlich der Gewährung von Zollerleichterungen und Befreiungen für den Mess- und Marktverkehr, für Retourwaren, für den Veredelungsverkehr oder für den kleinen Grenzverkehr, sowie hinsichtlich sonstiger Zollerlasse aus Billigkeitsrücksichten bewendet es für jetzt bei den den Direktivbehörden beziehungsweise den Hauptämtern beigelegten Befugnissen. Die Direktivbehörden werden jedoch ermächtigt, für Gegenstände, welche vom Auslande zur Verarbeitung oder zur Vervollkommnung mit der Bestimmung zur Wiederausfuhr eingehen, unter Anordnung geeigneter Maßregeln zur Festhaltung der Identität und unter der Bedingung der Wiederausfuhr binnen einer jedesmal zu bestimmenden angemessenen Frist künftig die Zollfreiheit ohne vorherige Einholung der ministeriellen Genehmigung zuzugestehen.

Zur Gewährung von Zollbefreiungen für Gegenstände, welche zur Verarbeitung oder Vervollkommnung nach dem Auslande gehen und in vervollkommneten Zustande zurückkommen, ist zwar in der Regel auch ferner die ministerielle Genehmigung erforderlich. Es kann indes im Fall die Verarbeitung oder Vervollkommnung innerhalb der vom Zollvereinsgebiet ausgeschlossenen Vereinsstaaten, beziehungsweise Gebiete erfolgen soll, ebenso wie bei dem Verkehr mit denjenigen Staaten, mit denen in dieser Beziehung vertragsmäßige Abreden bestehen, die zollfreie Wiedereinlassung selbständig von den Hauptämtern unter den zur Sicherung der Identität der Ware erforderlichen Kontrollen zugestanden werden, ohne daß es einer Erörterung darüber bedarf, inwieweit etwa durch eine derartige Bewilligung der inländische Gewerbebetrieb beeinträchtigt wird. Die Direktivbehörden werden ferner ermächtigt, in allen Fällen, in denen sie nach den bestehenden Vorschriften zu einem Erlaß des Zolles befugt gewesen wären, auch die Rückzahlung des bereits definitiv vereinnahmten Zollbetrages ohne vorherige Anfrage anzuordnen.

3. Insbes. auch Vieh (XIII. Zollkonferenz).

4. Für das Verhältnis zu Österreich-Ungarn und der Schweiz vgl. Artikel 5 des Deutsch-Österreichischen Handelsvertrages v. 25. Januar 1905 nebst Schlußprotokoll und des Schweizerischen Handelsvertrages v. 12. November 1904.

3) Retourwaren.[1])[2])

§ 113.

Vereinsländische Erzeugnisse oder Fabrikate, welche, außer dem Meß- und Marktverkehr, auf Bestellung, zum Kommissionsverkauf, zur Ansicht, zu öffentlichen Ausstellungen[3]) oder zum vorübergehenden Gebrauch nach dem Auslande gesandt sind und von dort zurückkommen, können vom Eingangszolle freigelassen werden, sofern kein Zweifel dawider besteht, daß dieselben Waren wieder eingehen, welche ausgegangen sind.[4])

---

1. Anw. zur Ausf. des VZG., Bek. des Bundesr. v. 5. Juli 1888 — § 407 der Prot. — Nr. 25.

Retourwaren, welche gegen Gewährung einer Abgabevergütung in das Ausland gesendet worden sind, können beim Wiedereingang gegen Erstattung der gewährten Abgabevergütung zollfrei gelassen werden.

Waren ausländischen Ursprungs, welche im Zollinlande unter zollvormerklicher Behandlung eine Veredelung erfahren haben, können als Retourwaren (§ 113) unter Wiederbelastung mit dem beim Eingang zur Veredelung vorgemerkten Zollanspruch zum Wiedereingang abgelassen werden.

2. Pr. FMReskript v. 6. Juli 1870, PrZBl. S. 327.

Die Direktivbehörden werden ermächtigt, denjenigen Hauptämtern ihres Verwaltungsbezirkes, bei denen ein Bedürfnis hierzu vorliegt, die Befugnis zu erteilen, vereinsländische Erzeugnisse und Fabrikate, welche, außer dem Meß- und Marktverkehr, auf Bestellung, zum Kommissionsverkauf, zur Ansicht oder zum vorübergehenden Gebrauch nach dem Auslande gesandt sind und von dort zurückkommen, sofern kein Zweifel dawider besteht, daß dieselben Waren wieder eingehen, welche ausgegangen sind, selbständig vom Eingangszoll — oder von der Übergangsabgabe (Pr. FMReskript v. 20. Oktober 1872, PrZBl. 1873 S. 1) — frei zu lassen, wenn der auf der Sendung ruhende Eingangszoll den Betrag von 300 Mk. (Pr. FMReskript v. 5. Febr. 1880 III 794) nicht übersteigt.

Der inländische Ursprung der Waren und ihre Identität ist einer sorgfältigen Prüfung auf Grund der Fabrik- und Handlungsbücher, des Briefwechsels, der Beschaffenheit der Waren mit Berücksichtigung der Fabrikationsweise, der Fabrikzeichen usw., sowie sonstiger geeigneter Beweisstücke zu unterwerfen und es darf die Zollfreiheit überhaupt nur dann zugestanden werden, wenn nach der übereinstimmenden Ansicht sämtlicher Hauptamtsmitglieder die angestellten Erörterungen die unzweifelhafte Überzeugung von dem inländischen Ursprunge und der Identität der Waren begründen.

Die Direktivbehörden können ferner solche Hauptämter ihres Verwaltungsbereichs, bei denen sich ein Bedürfnis dazu geltend macht, — und zwar ohne Beschränkung auf einen gewissen Zollbetrag — ermächtigen, Gegenstände ohne Rücksicht darauf, ob sie vereinsländischen oder ausländischen Ursprungs sind, welche aus dem freien Verkehr des Zollvereins irrtümlich in das Ausland befördert worden oder sonst in das Ausland versandt, aber nicht in die Hände des Adressaten gelangt sind, selbständig zollfrei wieder einzulassen, wenn die Gegenstände im Auslande im Verwahrsam der Post-, Zoll- oder Eisenbahnverwaltung verblieben sind. Die gleiche Ermächtigung kann auch für den Fall erteilt werden, daß die aus dem freien Verkehr nach dem Auslande versandten Gegenstände dort stets im Gewahrsam einer Polizei- oder Gerichtsbehörde gewesen sind. Neben der beizubringenden diesfälligen Bescheinigung der betreffenden Post-, Zoll- usw. Behörde ist jedoch in allen Fällen durch Einsicht der Begleitpapiere, Frachtbriefe usw. zu prüfen, ob sich gegen die Abstammung der Gegenstände aus dem freien Verkehr des Zollvereins Bedenken ergeben. Vgl. S. 106 Anm. 1 sub III.

Den Direktivbehörden ist überlassen, in geeigneter Weise davon Überzeugung zu nehmen, daß die Erörterungen über den inländischen Ursprung der Waren mit Gründlichkeit und Sorgfalt angestellt werden. Es wird sich empfehlen, daß die mit entsprechender Ermächtigung versehenen Zollämter über die gemachten Bewilligungen Verzeichnisse führen, welchen die gepflogenen Verhandlungen und die Beläge über den inländischen Ursprung der Waren, soweit nicht deren Rückgabe an die Beteiligten erfolgt, beizufügen und welche von Zeit zu Zeit den Direktivbehörden zur Prüfung einzureichen sind.

Übrigens steht die Befugnis der Zollbefreiung aus § 113 in Preußen den Direktivbehörden zu (FMReskript v. 19. Februar 1870).

3. Zur Erleichterung des Besuchs von ausländischen landwirtschaftl., Gewerbe- oder Kunstausstellungen ist auf der 15. Generalkonferenz verabredet worden, daß den Ausstellern künftig die Zollfreiheit für die heimkehrenden Ausstellungsgegenstände unter folgenden Bedingungen soll bewilligt werden:

a) Für diejenigen Gegenstände, welche von dem Hauptamte des Versendungsortes auf Grund spezieller Revision und Verzeichnung und, soweit tunlich, unter Anlegung eines Bleies oder Siegels zum Ausgange abgefertigt worden sind, wird bei dem Wiedereingange über dasselbe Hauptamt die Zollfreiheit zugestanden, sofern sich gegen die Identität der Gegenstände kein begründeter Zweifel herausstellt. Dieselbe Begünstigung findet auch bei dem zur Ausstellung bestimmten Vieh statt, von welchem bei der Ausgangsabfertigung zur Festhaltung der Identität eine genaue Beschreibung aufzunehmen ist. Landwirtschaftliche Produkte, wie Sämereien usw. (welche einem ganz geringen Eingangszoll unterliegen und die Festhaltung der Identität nicht zulassen) sind von der Begünstigung ausgeschlossen.

b) Ausgangszollpflichtige Gegenstände sind zollfrei zum Ausgange zu verstatten, ohne daß dabei die Wiedereinfuhr zur Bedingung gemacht würde, sofern ihre Bestimmung für die Ausstellung glaubhaft nachgewiesen wird.

c) bei diesen Abfertigungen tritt jede sonst zulässige Erleichterung ein.

4. Poststücke, welche aus dem freien Verkehr des Zollvereins irrtümlich in das Ausland befördert oder sonst dahin versandt sind, sind, wenn sonst die Bedingungen der Zollfreiheit zutreffen, bereits bei der Eingangszollstelle, welche bisher nur die Vorabfertigung bewirkte, in den freien Verkehr zu setzen. Pr. FM.-Reskript v. 20. August 1880 (PrZBl. S. 486) und v. 3. Oktober 1880 (PrZBl. S. 511).

§ 114.

Die Freilassung vom Eingangszolle kann auch erfolgen, wenn Gegenstände aus dem Auslande zu öffentlichen Ausstellungen [1]) oder zum vorübergehenden Gebrauche [2])[3]) eingehen und demnächst wieder ausgeführt werden.

---

1. Zur Erleichterung des Besuchs inländischer landwirtschaftlicher, Gewerbe- oder Kunstausstellungen hat die XV. Generalkonferenz im § 98 ausführliche Bestimmungen getroffen, welche durch Vereinbarung der Zollvereinsstaaten im Jahre 1866 erheblich erweitert sind. Vgl. § 98 S. 104ff. der XV. Generalkonferenz, Pr. FMReskript v. 18. Januar 1866 (PrZBl. 1866 S. 152), Bayrisches Reskript v. 6. April 1866, Württemb. v. 3. Februar 1866, Badisches v. 15. Juni 1866, Großherz.-Hessisches v. 10. Februar 1866, Thüring. v. 3. März 1866. Die Bewilligung derartiger Zollbefreiungen steht in Preußen der Direktivbehörde zu (FM.-Reskript v. 31. Januar 1870).

2. Die Bestimmung im § 114, wonach Gegenstände, die zum vorübergehenden Gebrauch eingehen und demnächst wieder ausgeführt werden, zollfrei gelassen werden können, ist auf Fässer, Säcke und andere Emballage, welche leer eingehen, um gefüllt wieder ausgeführt zu werden, nicht in Anwendung zu bringen, vielmehr die Zollfreiheit für derartige Emballage zu versagen, soweit sie nicht nach § 6 Ziff. 9 des Zolltarifgesetzes gerechtfertigt erscheint.

Pr. FMReskript v. 7. Dezember 1883 (PrZBl. S. 263).

3. Hierher gehören auch Waren, die als Muster und Modelle für vervielfältigende Nachahmung dienen sollen. RZBl. 1895 S. 296.

4) Veredelungsverkehr.[1])

§ 115.

Gegenstände, welche zur Verarbeitung, zur Vervollkommnung oder zur Reparatur [2]) mit der Bestimmung zur Wiederausfuhr eingehen, können vom Eingangszolle befreit [3]) werden.[4])[5])[6])[7])[11])

In besonderen Fällen kann dies auch geschehen,[8]) wenn Gegenstände [9]) zu einem der bezeichneten Zwecke nach dem Auslande gehen und in vervollkommnetem Zustande zurückkommen.[10])[11])

---

1. Vgl. Anm. 2 zu § 112.

2. Ob die Erneuerung einzelner Teile unter den Begriff der Reparatur fällt ist nach Lage des Falls zu entscheiden.

3. Die Wiederausfuhr braucht weder über dasselbe Amt noch überhaupt nach dem Lande der Herkunft zu geschehen. — In Preußen werden jene Befreiungen von den Direktivbehörden, in Fällen von längerer Dauer und erheblicherem Umfange von dem Minister bewilligt. Pr. FMReskript v. 28. Febr. 1873 und 5. Juni 1883 (PrZBl. 1873 S. 82 und 1883 S. 147).

4. Anw. zur Ausf. des VZG., Bek. des Bundesr. v. 5. Juli 1888 — § 407 Prot. — Nr. 27.

Wenn in den Fällen des Veredelungsverkehrs die Wiederausfuhr der eingeführten Waren innerhalb der bestimmten Frist nicht stattfindet, so hat die Verzollung nach demjenigen Tarifsatze, welcher zur Zeit der für die Eingangsabfertigung abgegebenen Anmeldung in Geltung stand, zu erfolgen. Dasselbe gilt bei den für den Schiffbau eingegangenen Materialien, wenn die Verwendung derselben zu dem Schiffbau nicht nachgewiesen ist.

5. Besondere Vorschriften für den Veredelungsverkehr — und zwar sowohl für den von der Schweiz, wie für den nach der Schweiz — enthält Artikel 6 des Deutsch-Schweizerischen Handelsvertrages v. 10. Dezbr. 1891 und 12. Novbr. 1904.

6. Für einzelne Warenkategorien gibt es besondere Erleichterungen:

I. Für Getreide vgl. Regulativ für Getreidemühlen und Mälzereien v. 15. März 00 (RZBl. S. 131), berichtigt RZBl. 04 S. 248, ergänzt RZBl. 04 S. 117 und 451; dazu Anweisung RZBl. 1900 S. 168 und für Gerste RZBl. 1906 S. 12.

Für ungeschälten Reis vgl. Regulativ für Reisschälmühlen v. 28. Juli und 26. September 1888 (RZBl. S. 832 und 920), abgeändert RZBl. 1894 S. 326, 1898 S. 425, 1903 S. 195.

Für geschälten Reis, Tapioka und Arrowroot: (RZBl. 05 S. 182.

Für Reis zur Stärkefabrikation vgl. Zollregulativ für Reisstärkefabriken v. 2. Juli 91 (RZBl. S. 180, 226), abgeändert RZBl. 1895 S. 58, 1896 S. 576.

Für Kakao vgl. RGes. v. 22. April 1892 (RGBl. S. 61) mit Ausführungsbestimmungen v. 18. Juni 03 (RZBl. S. 429) und Bundesratsbeschluß v. 25. Juni 96 (RZBl. S. 229).

Für Bienenwachs, Japanwachs, Paraffin, Karnaubawachs vgl. RZBl. 1895 S. 376, 1899 S. 366.

Für Tabakstengel, unbearbeitete Tabakblätter und Abfälle zur Herstellung von Tabakslauge vgl. RZBl. 1896 S. 637 und Regulativ dazu S. 638.

Für Gewürze, Mandeln, Rohkaffee, gerösteten Kaffee, Feigen zum Vermahlen und Zerkleinern vgl. RZBl. 1902 S. 247 und 1903 S. 279.

Für ungeschälte Erdnüsse vgl. RZBl. 1894 S. 480.

Für ostindische Bastroben zum Waschen: Bundesratsbeschluß v. 10. April 1885 — § 256 Prot. —

Für Seidenzwirn zur Wirkerei rc.: RZBl. 1896 S. 627.

Für seidene und halbseidene Lazets: RZBl. 1901 S. 228.

Für rohe Strohbänder zum Waschen, Färben rc. RZBl. 1899 S. 366.

II. Für Eisen. a) Roheisen und altes Brucheisen, welches für Eisengießereien, Hammerwerke und Walzwerke zur Verarbeitung mit der Bestimmung eingeht, die daraus gefertigten Waren in das Ausland auszuführen oder für den Bau von Seeschiffen zu verwenden, — kann unter den in Anlage A zum Zollvereinigungsvertrage v. 8. Juli 1867 näher bezeichneten Bedingungen und Kontrollen auf Vereinsrechnung zollfrei abgelassen werden (Schlußprotokoll Nr. 2 zu dem zitierten Vertrage; Bundesgesetzbl. S. 107). Wegen verschiedener Kontrollerleichterungen hierfür vgl. Bundesratsbeschl. v. 5. Juli 1888 (§ 379 der Prot.), v. 19. Dezember 1885 (§ 576 der Prot.), v. 24. Februar 1887 (§ 105 der Prot.); RZBl. 1885 S. 11, 1887 S. 72). — Gleiches gilt für alten Bruchstahl (Bundesratsbeschl. v. 11. Juni 1868).

Die Vergünstigungen für den Schiffbau enthält die Schiffbau-Zollordnung des Bundesrats (RZBl. 1906 S. 265).

b) Anw. zur Ausf. des VZG., Bek. des Bundesrats v. 5. Juli 1888 — § 407 der Prot. — Nr. 29.

Die Direktivbehörden werden ermächtigt, von dem amtlichen Mitverschlusse der auf Grund der Ziffer 2 der Anlage A des Schlußprotokolls zum Zollvereinsvertrage vom 8. Juli 1867 bewilligten Privatniederlagen für ausländisches Roh- und Brucheisen abzusehen.

c) Anw. zur Ausf. des VZG., Bek. des Bundesrats v. 5. Juli 1888 — § 407 der Prot. — Nr. 30.

Die obersten Landesfinanzbehörden werden ermächtigt:

a) sowohl von ausländischem Roheisen, welches Eisen- und Stahlwerke mit der Bestimmung, die daraus gefertigten Waren in das Ausland auszuführen, zollfrei einführen, als auch von dergleichen inländischem Eisen, welches diese Werke mit ausländischem zusammen behufs Ausfuhr der Fabrikate verarbeiten und zu diesem Zweck vorher auf ihre Privatniederlage gebracht haben, den bei der Verarbeitung entstehenden, für jedes einzelne Werk jeweilig durchschnittlich zu ermittelnden Abbrand zollfrei abschreiben zu lassen; (auf Brucheisen bezieht sich diese Ermächtigung nicht. D. Verf.)

b) in Abweichung von der Vorschrift in Ziffer 6 der Anlage A Nr. 2 des Schlußprotokolls zum Zollvereinsvertrage vom 8. Juli 1867 eine Verlängerung der Ausfuhrfrist zu gestatten, wenn die in einem Quartale von der Niederlage abgemeldete Menge Roh- und Brucheisen infolge Eintritts außerordentlicher unverschuldeter Umstände in dem darauf folgenden Quartale nicht hat ausgeführt werden können;

c) zuverlässigen Fabrikanten die Begünstigung der Ziffer 2 des Schlußprotokolls zum Zollvereinsvertrage vom 8. Juli 1867 ausnahmsweise unter den folgenden Bedingungen zu gewähren:

1. Die Fabrikverwaltung ist verpflichtet, alles von ihr zu verarbeitende Eisen, das ausländische sowohl wie das inländische, auf ihre Privatniederlage zu nehmen und darin das inländische Eisen getrennt vom ausländischen zu lagern. Das inländische Eisen behält dabei trotz seiner Aufnahme in die Privatniederlage seine Eigenschaft als inländische Ware. Die Anschreibung des ausländischen Eisens erfolgt auf Grund der zollamtlichen Abfertigungspapiere, die des inländischen auf Grund einer von der Fabrikverwaltung unter Beifügung der Fakturen und Frachtbriefe vorzulegenden Anmeldung. Insoweit die Fabrik altes Brucheisen in kleineren Mengen aufkauft, bedarf es einer Anmeldung erst dann, wenn das angekaufte Eisen eine bestimmte Menge erreicht hat, wobei dann das Ankaufsbuch vorzulegen ist.

2. Vor jedem Gußakte hat die Fabrikverwaltung der Steuerbehörde das Gewicht des zur Verarbeitung gelangenden in- und ausländischen Eisens anzumelden. Die Gewichtsangaben werden, ehe das Eisen zum Schmelzofen gebracht wird, amtlich geprüft, worauf die abgemeldeten Mengen im Niederlagekonto abgeschrieben werden. Die zur Ausfuhr angemeldeten Waren werden amtlich verwogen.

3. Der am Schluß eines jeden Vierteljahres vorzunehmenden Abrechnung wird die Annahme zugrunde gelegt, daß zu den im Laufe des Vierteljahres in das Ausland ausgeführten Fabrikaten ein solcher Prozentsatz von ausländischem Eisen Verwendung gefunden habe, als dem Verhältnis des im Vorjahre im ganzen in der Fabrik verarbeiteten ausländischen Eisens zu dem während der nämlichen Zeit in derselben verarbeiteten inländischen Eisen entspricht.

Der Prozentsatz von ausländischem Eisen wird auf Grund der abgegebenen Deklarationen und der sonstigen zollamtlichen Anschreibungen festgestellt.

4. Die Herstellung von besonderen, überwiegend aus inländischem Eisen gefertigten Gußwaren wird unter der Bedingung zugelassen, daß die betreffende Gußakte amtlich überwacht und die Fabrikate identifiziert werden. Für diese Gegenstände hat eine abgesonderte Berechnung stattzufinden.

d) Anw. zur Ausf. des VZG., Bek. des Bundesrats v. 5. Juli 1888 — § 407 der Prot. — Nr. 31.

1. Den „öffentlichen Niederlagen" im Sinne der Ziffern 3 und 5 der Anlage A des Schlußprotokolls zu dem Zollvereinsvertrage vom 8. Juli 1867 sind die „Privattransitlager unter amtlichem Mitverschluß" gleichzustellen.

2. In Ergänzung der Vorschriften der Ziffern 5 und 6 a. a. O. darf die Abschreibung des verabfolgten Roh- und Brucheisens vom Niederlagekonto auf Höhe des Gewichts der daraus gefertigten Gegenstände geeignetenfalls unter Berücksichtigung des Abbrands auch dann gestattet werden, wenn die Abfertigung dieser Gegenstände zur weiteren Verarbeitung beziehungsweise Vervollkommnung mit der Bestimmung der Wiederausfuhr (§ 115) oder zur zollfreien Verwendung bei dem Bau, der Reparatur oder zur Ausrüstung von See- und Flußschiffen (§ 6 Ziffer 12 des Zolltarifgesetzes) bescheinigt worden ist.

e) Bei Gießereien und anderen der genannten Werke, welche viele Bestellungen von kleineren und mannigfach verschiedenen Gegenständen in kurzer Frist auszuführen haben, kann von der vorherigen Anmeldung der zu fertigenden Waren (nach Ermessen der Direktivbehörde) widerruflich abgesehen und gestattet werden, größere Quantitäten Roheisen aus der Privatniederlage unter der Bedingung zu entnehmen, daß sie die Anmeldung der daraus für das Ausland gefertigten Gegenstände nach Beendigung des Gusses bewirken.

(Bundesratsbeschl. v. 11. Juni 1868), Pr. FMReskript v. 17. Juli 1868 (PrZBl. S. 341); Bayer. Reskript v. 13. August 1868; Sächs. Reskript v. 16. August

1868; Württemb. Reskript v. 10. Juli 1868; Badisch. Reskript v. 15. Juli 1868; Großh.-Hess. Reskript v. 24. Juli 1868.

f) Anw. z. Ausf. des VZG., Bek. des Bundesrats v. 5. Juli 1888 — § 407 der Prot. — Nr. 28.

Die obersten Landesfinanzbehörden werden ermächtigt, vorbehaltlich jederzeitigen Widerrufs und unter Anordnung geeigneter Kontrollen

a) das zur Herstellung von Hufnägeln erforderliche ausländische schmiedbare Eisen in Stäben, soweit es ohne Mitverwendung von inländischem Eisen zur Anfertigung von Hufnägeln dient, welche für das Ausland bestimmt sind, bei dem Nachweis der Ausfuhr der daraus gefertigten Nägel zollfrei zu lassen;

b) das zur Herstellung von Telegraphendraht erforderliche ausländische Luppeneisen, soweit es zur Anfertigung von Telegraphendraht für das Ausland dient, bei dem Nachweis der Ausfuhr des hergestellten Drahtes zollfrei zu lassen.

III. Die obersten Landesfinanzbehörden sind ermächtigt: Mineralöl (§ 29 des Zolltarifs), welches für die Reinigung, Raffinierung oder Destillierung einschließlich der Fabrikation von Vaselinöl und Vaselin in inländischen Betriebsanstalten bestimmt ist, mit der Maßgabe vom Eingangszoll frei zu lassen, daß von den daraus gewonnenen Produkten: Benzin, Ligroin und Petroleumäther, soweit dieselben nicht zu Schmier- oder Beleuchtungszwecken Verwendung finden, unter Kontrolle der Verwendung auf Erlaubnisschein zollfrei bleiben, die übrigen aber wie ausländische zu behandeln sind — Bundesratsbeschl. v. 25. Juni 1891 (§ 377 der Protokolle), welcher auch die näheren Bedingungen, unter welchen die Vergünstigung zu gewähren ist, bestimmt. RZBl. 1891 S. 211; PrZBl. S. 209. Überhaupt darf Mineralöl zu Raffinations- und anderen gewerblichen Zwecken von den obersten Landesfinanzbehörden zollfrei gelassen werden. Regulativ v. 3. Dez. 1896 (RZBl. S. 597, geändert RZBl. 1902 S. 203).

7. Bundesratsbeschl. v. 12. Dezember 1889 (§ 577 der Prot.); RZBl. 1890 S. 1; PrZBl. 1890 S. 14.

Die mit Waren des Veredelungsverkehrs aus dem Auslande eingeführten, an sich zollpflichtigen Umschließungen, welche im Inlande verbleiben, während die darin eingeführten Waren wieder in das Ausland zurückgehen, sind als selbständige Waren zu behandeln und deshalb nach Maßgabe ihrer Beschaffenheit in Verzollung zu nehmen.

Dasselbe gilt von den im Inlande verbleibenden Umschließungen, in welchen Waren zum inländischen Schiffsbau nach Maßgabe des Schiffsbauregulativs zollfrei eingehen.

8. In Preußen durch die Direktivbehörden bzw. Hauptämter. Vgl. FMReskript v. 17. Oktober 1880.

9. Anw. zur Ausf. des VZG., Bek. des Bundesrats v. 5. Juli 1888 — § 407 der Prot. — Nr. 26.

Auf Grund des § 115 können nicht bloß Gegenstände vereinsländischen Ursprungs, sondern auch verzollte ausländische Gegenstände, welche zur Verarbeitung, zur Vervollkommnung oder zur Reparatur mit der Bestimmung der Wiedereinfuhr nach dem Auslande gehen und im vervollkommneten Zustande zurückkommen, vom Eingangszoll befreit werden.

10. Bei Gegenständen, welche zur Verarbeitung, zur Vervollkommnung oder zur Reparatur nach dem Auslande gehen und im vervollkommneten Zustande zurückkommen, ist das Gewicht des Materialzusatzes, welches die wieder eingehende Ware im Auslande erhalten hat, als das der Verzollung unterliegende Mehrgewicht anzusehen, ohne daß es hierbei einen Unterschied macht, ob das Gesamtgewicht der wieder eingehenden Ware durch die Verarbeitung im Auslande eine Veränderung erlitten hat oder nicht. Was

dagegen den Tarifsatz betrifft, welcher bei der Verzollung des Materialzusatzes in Anwendung zu bringen ist, so ist hierbei in der Regel diejenige Beschaffenheit maßgebend, in welcher der Materialzusatz mit in vervollkommneten Zustande wieder eingehenden Waren in Verbindung gebracht ist, und nur dann, wenn für den ganzen Gegenstand ein geringerer Tarifsatz gilt als für den Materialzusatz, ist dieser geringere Tarifsatz für letzteren in Anwendung zu bringen.

Pr. FMReskript v. 27. November 1874 (PrZBl. 1875 S. 4) und v. 3. April 1875 (PrZBl. S. 107).

11. Auf der XIII. Generalkonferenz ist beschlossen worden (vgl. Pr. FMReskript v. 7. Mai 1859; PrZBl. S. 130).

2. Wenn bei Geweben, welche zum Waschen, Bleichen, Walken, Appretieren, Bedrucken oder Färben vom Auslande mit der Bestimmung zur Wiederausfuhr in verarbeitetem Zustande eingegangen, oder welche zu einer derartigen Verarbeitung mit der Bestimmung zur Wiedereinfuhr nach dem Auslande gesandt sind, bei der Wiederausgangs-, beziehungsweise Wiedereingangsabfertigung sich Gewichtsdifferenzen ergeben, so sollen dieselben eine Abgabenerhebung nicht zur Folge haben, sofern dieselbe Stückzahl vorhanden ist und bei den einzelnen Stücken die bei der Eingangs- beziehungsweise Ausgangsabfertigung an beiden Enden anzubringende Identitätsbezeichnung vorgefunden worden.

3. Bei sonstigen zur Reparatur, Bearbeitung oder Veredelung vom Auslande eingehenden oder nach dem Auslande ausgeführten Gegenständen sollen Gewichtsdifferenzen, welche durch die Reparaturen usw. entstehen, in billiger Weise berücksichtigt werden und geringere Differenzen eine Abgabenerhebung nicht zur Folge haben. In dieser Beziehung ist jedoch zu beobachten, daß bei Gegenständen, die zur Reparatur usw. vom Auslande eingehen, um demnächst wieder ausgeführt zu werden, von einer Zollerhebung für das Mindergewicht, welches sich bei der Wiederausgangsabfertigung gegen das beim Eingange festgestellte Gewicht ergibt, nur dann abgesehen werden darf, wenn das Mindergewicht lediglich durch die Bearbeitung entstanden ist und von der Ware im Lande nichts zurückbleibt, oder die zurückbleibenden Abfälle tarifmäßig eingangszollfrei sind. Unterliegen dagegen die Abfälle, wie z. B. der Abfall von der Bearbeitung von Eisenplatten oder Blechen zu Dampfkesseln usw. nach dem Tarife einem Eingangszolle, so muß nach Maßgabe der Beschaffenheit dieses Abfalls der tarifmäßige Eingangszoll zur Erhebung kommen. Gegenstände, welche im Auslande repariert usw. worden sind, können auch dann zollfrei wieder eingelassen werden, wenn dieselben in unwesentlichen Teilen ergänzt oder erneuert sind. Findet dagegen eine Erneuerung in wesentlichen Bestandteilen statt, oder erhält die Ware Zutaten im Auslande, so unterliegen die neuen Bestandteile beziehungsweise die Zutaten auf Grund einer Abschätzung der Verzollung; der Eingangszoll ist jedoch nach Maßgabe des Materials zu erheben, aus welchem die neuen Bestandteile, beziehungsweise die Zutaten bestehen.

4. Man hat sich dahin verständigt, daß eine Zollerleichterung für die zur Reparatur usw. vom Auslande eingehenden Gegenstände auch dann eintreten kann, wenn sich die Identität der Gegenstände durch eine amtliche Bezeichnung nicht festhalten läßt. Als Mittel zur Festhaltung der Identität, sofern eine amtliche Bezeichnung nicht ausführbar, können insbesondere in Anwendung gebracht werden: die Ermittelung des Nettogewichts vor und nach der Verarbeitung, eine genaue Beschreibung des Gegenstandes, beziehungsweise des Materials unter Angabe der Dimensionen und, soweit tunlich, Hinterlegung von Mustern, besondere Ueberwachung der Arbeit durch Zollbeamte. Es bleibt dem Ermessen der Direktivbehörde vorbehalten, ob in dem einzelnen Falle die sämtlichen angedeuteten Kontrollmaßregeln oder welche von ihnen in Anwendung zu bringen sind. Übrigens hat man sich darüber einverstanden erklärt, daß eine Zollerleichterung für die eben bezeichneten Gegenstände nur dann bewilligt werden dürfe, wenn dieselben durch die

Bearbeitung nicht dergestalt umgewandelt werden, daß sie bei der Ausfuhr als die eingegangenen Gegenstände nicht wieder erkannt werden können.

5) Grenzverkehr.

§ 116.

In bezug auf den kleinen Grenzverkehr [1]) können nach Maßgabe des örtlichen Bedürfnisses besondere Erleichterungen [2]) [3]) angeordnet werden.

---

1. Nach dem Pr. FMReskript v. 13. Oktober 1852, III 23 413 sind zu dem kleinen Grenzverkehr folgende Fälle zu rechnen:

A. — Bezüglich derjenigen Gegenstände, welche aus dem Auslande eingeführt werden, um solche im Inlande verarbeiten, verändern oder ausbessern zu lassen und demnächst in das Ausland wieder auszuführen:

1. wenn von Ausländern neue Gegenstände in geringeren Mengen eingeführt werden, um solche zum eigenen Bedarf von inländischen Handwerkern verarbeiten oder vervollkommnen zu lassen, als: Zeuge zu Kleidungsstücken, Leder zu Fußbekleidungen, Eisen zu Schmiedearbeit, leinenes und wollenes Garn zum Weben, dergleichen Garne und leinene und wollene Zeuge zum Färben oder Bedrucken, leinenes Garn und Leinewand zum Bleichen, Mahlgut, welches inländischen Müllern behufs der Mehlbereitung vom Auslande zugeführt wird;

2. wenn gebrauchte Gegenstände des gewöhnlichen, persönlichen und landwirtschaftlichen Gebrauchs vom Auslande eingeführt werden, um solche durch inländische Handwerker ausbessern oder in Stand setzen zu lassen;

3. wenn Vieh in einzelnen Stücken vom Auslande zur Weide, zum Belegen oder Schneiden oder (krankes) Vieh zur ärztlichen Behandlung im Imlande einbracht wird; ingleichen wenn ausländische Pferde zu inländischen Pferderennen eingeführt werden.

Was diesen Verkehr (zu 1. 2. 3.) selbst betrifft, so kann die Erlaubnis dazu ohne diesseitige Genehmigung unter folgenden Maßgaben erteilt werden:

a) die Erlaubnis ist nur zu erteilen, insofern die bei dem Verkehr beteiligten Inländer (zu 1 u. 2 Handwerker oder zu 3 auch andere Personen) als zuverlässig bekannt und des Schleichhandels nicht verdächtig sind;

b) eine Abgabeentrichtung ist nicht zu verlangen, sondern der fragliche Verkehr zollfrei zu erstatten, dagegen aber

c) die erforderliche Kontrolle anzuordnen, um die richtige Wiederausfuhr der eingebrachten Gegenstände im verarbeiteten, vervollkommneten, ausgebesserten usw. Zustande sicherzustellen und die Überzeugung zu gewinnen, daß kein Mißbrauch stattfinde.

Als Grundzüge einer solchen Kontrolle werden zu betrachten sein: Ein- und Wiederausgang über die nämliche Zollstätte, Revision beim Ein- und Wiederausgang, Bestimmung einer angemessenen Frist für die Wiederausfuhr, Sicherstellung des Eingangszolles und Einziehung desselben, falls die Wiederausfuhr nicht innerhalb der bestimmten Frist erfolgt; Führung eines Notizregisters über diesen Verkehr seitens derjenigen Zollstätte, wo ein solcher stattfindet.

d) In den Fällen zu 1. ist die Erlaubnis auf den Antrag des betreffenden Hauptamts von der Direktivbehörde, in den Fällen zu 2. und 3. kann die Erlaubnis von den Hauptämtern selbständig erteilt werden.

B. Bezüglich derjenigen Gegenstände, welche aus dem Inlande ausgeführt werden, um solche im Auslande verarbeiten, verändern oder ausbessern zu lassen und demnächst in das Inland wieder zurückzubringen.

Zu diesem Verkehr (in dem unter A. 1. 2. und 3. bezeichneten Umfange) ist die Erlaubnis nur dann zu erteilen, wenn nachgewiesen wird, daß das Bedürfnis im Inlande gar nicht oder nur mit Schwierigkeiten und unverhältnismäßigen Kosten zu befriedigen sei. — Die Bewilligung bleibt, mit Ausschließung der Hauptämter, den Direktivbehörden vorbehalten und ist in jedem einzelnen Fall zu bestimmen, was bei der Wiedereinbringung an Abgaben zu erheben ist, wofür die nachstehenden Vorschriften gelten:

a) Hat die wiedereingehende Ware nur das nämliche oder ein geringeres Gewicht, als das früher ausgeführte Material, so ist von derselben, wenn das Material tarifmäßig einer höheren Eingangsabgabe unterliegt, in der Regel die allgemeine Eingangsabgabe und, wo in besonderen Fällen die Zulassung einer Kontrollgebühr gerechtfertigt erscheint, diese mindestens im Betrage von 5 Sgr. für den Ztr. zu erheben. Unterliegt das Material tarifmäßig nur der allgemeinen oder einer noch geringeren oder gar keiner Eingangsabgabe, so kann die Kontrollgebühr auf einen entsprechenden geringeren Betrag normiert werden oder auch ganz erlassen werden ....

b) Hat die wiedereingehende Ware im Auslande einen Materialzusatz erhalten, so ist von letzterem auf Grund vorzunehmender Abschätzungen der tarifmäßige Eingangszoll zu erheben, mit dem übrigen Teile der Ware aber wie zu a) zu verfahren."

Über den Grenzverkehr mit Österreich-Ungarn siehe die Anl. C „Erleichterungen im Grenzverkehr" zum Deutsch-Österreichischen Handelsvertrage und Art. 9, 10 des Viehseuchenübereinkommens v. 25. Januar 05 S. 381 u. 194.

Über den Grenzverkehr mit der Schweiz siehe Anl. C zum Deutsch-Schweizerischen Handelsvertrage v. 12. November 04 S. 396.

Im Verhältnis zu den Niederlanden besteht noch die Vereinbarung über den grenzüberspringenden Fabrikverkehr (Färben, Bleichen, Bedrucken) v. 5. Juni 01 (RGBl. 02 S. 55), im Verhältnis zu Belgien die v. 7. April 00, RGBl. S. 781 (Spinnen, Walken, Färben).

2. Arzneien, welche für einen benannten Kranken in einer nahebelegenen Apotheke des Auslandes bereitet, mit Etiketten versehen, in gewöhnlicher Menge eingebracht werden, — sind von Zollentrichtung und Zollkontrolle befreit. Pr. FM-Reskript v. 16. Juni 1841 (PrZBl. S. 149); Sächs. Reskript v. 21. August 1841; Badisches Reskript v. 13. August 1841. Vgl. noch Anm. 5 Nr. 9.

3. Über die zollfreie Einbringung von Vieh unter Kontrolle zur Weide oder Waldmast (nicht Stallfütterung) zum Schneiden, Belegen, zur Kur oder Tötung durch den Abdecker vgl. die Pr. FMReskripte v. 15. Septbr. 1828, 26. August 1829, 2. September 1834, 27. Mai 1836, 17. Oktober 1836, 31. Juli 1848 und RZBl. 1881 S. 443.

6) Strandgüter.

§ 117.

Inländische Strandgüter [1]) von Schiffen, welche nach dem Auslaufen verunglücken, bleiben, wenn die Tatsache vollständig nachgewiesen ist,[2]) frei vom Eingangszolle.

---

1. Pr. Ausf.Reskript v. 23. Dezember 1869 Nr. 10.

Unter inländischen Strandgütern sind nur die an inländischen Küsten geborgenen Güter inländischen Ursprungs zu verstehen.

2. Anw. zur Ausf. des VZG. Bek. des Bundesrats v. 5. Juli 1888 — § 407 der Prot. — Nr. 33.

Die Zollfreiheit inländischer Strandgüter kann von den Hauptämtern selbständig bewilligt werden, wenn sämtliche Mitglieder übereinstimmen; anderenfalls entscheidet die Direktivbehörde.

7) Bedingungen der vorstehenden Erleichterungen. — Anderweite Zollerlasse aus Billigkeitsrücksichten.

§ 118.

Die allgemeinen Bedingungen und Kontrollen, unter denen die in den §§ 111—117 erwähnten Erleichterungen und Befreiungen eintreten, werden von dem Bundesrate des Zollvereins vorgeschrieben werden.

Der Bundesrat wird ferner darüber Bestimmung treffen, ob und unter welchen Bedingungen auch in anderen als den oben erwähnten Fällen für die aus dem freien Verkehr des Zollvereins nach dem Auslande gesandten Gegenstände beim Wiedereingange, oder für die vom Auslande eingegangenen Gegenstände beim Wiederausgange aus Billigkeitsrücksichten ein Zollerlaß gewährt werden darf.[1–7])

---

1. Anw. zur Ausf. des VZG. Bek. des Bundesrats v. 5. Juli 1888 — § 407 der Prot. — Nr. 32.

I. Die obersten Landes-Finanzbehörden werden ermächtigt, auch in anderen als den in den §§ 111—117 vorgesehenen Fällen

für die aus dem freien Verkehr des Zollgebiets nach dem Auslande gesandten Gegenstände beim Wiedereingange oder für die vom Auslande eingegangenen Gegenstände beim Wiederausgange beziehungsweise bei der Aufnahme in eine öffentliche Niederlage oder ein Privattransitlager

bei nachgewiesener Identität aus überwiegenden Gründen der Billigkeit Zollerlaß auf gemeinschaftliche Rechnung zu bewilligen und zwar bezüglich der ersteren eventuell gegen Erstattung etwa gezahlter Ausfuhrvergütung.

Die obersten Landes-Finanzbehörden werden ferner ermächtigt, in folgenden Fällen aus Billigkeitsrücksichten auf gemeinschaftliche Rechnung Zollerlaß zu bewilligen:

a) wenn Wäsche, Kleidungsstücke, Hausgeräte oder sonstige Naturalunterstützungen für durch Brand oder andere Elementarereignisse Beschädigte eingehen;

b) wenn unbestellbare zollpflichtige Postsendungen nicht wieder ausgeführt sind, sondern deren Inhalt als verdorben von der Postbehörde versehentlich ohne Zollaufsicht, aber doch unter postamtlicher Aufsicht und Beobachtung der postordnungsmäßig vorgeschriebenen Formen vernichtet worden ist.

c) wenn gebrauchte Gegenstände, wie Betten, Hausgeräte und Handwerkzeug, nachweislich für Unbemittelte zur eigenen Benutzung als Geschenk aus dem Auslande eingehen (RZBl. 00 S. 635). Gebrauchte Kleidungsstücke, Wäsche, die nicht zum Verkauf oder zur gewerblichen Verwendung eingehen, sind nach § 6 Nr. 3 des Zolltarifgesetzes überhaupt zollfrei.

II. In betreff des einzuhaltenden Verfahrens wird bestimmt:

1. daß in dem von der Direktivbehörde an die oberste Landes-Finanzbehörde über die Bewilligung eines solchen Zollnachlasses zu erstattenden Bericht jedesmal anzugeben ist, ob der bei derselben fungierende Reichsbevollmächtigte sich mit dem Erlaß auf gemeinschaftliche Rechnung einverstanden erklärt hat;

2. daß alljährlich ein bei der Direktivbehörde aufzustellendes, von dem Reichsbevollmächtigten mit zu beurkundendes Verzeichnis über sämtliche in dem abgelaufenen Kalenderjahr bewilligten Nachlässe der bezeichneten Art von der obersten Landes-Finanzbehörde dem Reichskanzler behufs Vorlage an den Bundesrat mitzuteilen ist.

III. 1. Für den unter I Absatz 2b aufgeführten Fall, sowie für nachstehende Fälle:

a) wenn Gegenstände wieder eingeführt werden, welche aus dem freien Verkehr des Zollgebiets irrtümlich in das Ausland befördert oder sonst in das Ausland versandt, aber nicht in die Hände des Adressaten gelangt, vielmehr im Auslande im Gewahrsam der Post-, Zoll- oder Eisenbahnverwaltung beziehungsweise einer Polizei- oder Gerichtsbehörde geblieben sind;

b) wenn Gegenstände, welche infolge strafbarer Handlungen (Diebstahl, Raub usw.) aus dem freien Verkehr des Inlandes in das Ausland gebracht sind, von dort im strafrechtlichen Verfahren zurückgeliefert werden;

c) wenn Gegenstände eines strafrechtlichen Verfahrens an eine inländische Staatsanwaltschaft oder eine inländische Gerichts- oder Polizeibehörde ein- und, ohne aus dem Gewahrsam einer dieser Behörden zu kommen, wieder ausgehen;

d) wenn Inventarienstücke von inländischen Schiffen, welche im Auslande verunglückt sind, wieder eingehen,

darf nach der Bestimmung der obersten Landes-Finanzbehörde denjenigen Hauptämtern, bei denen ein Bedürfnis hierzu vorliegt, die Befugnis beigelegt werden, die betreffenden Gegenstände selbständig aus Billigkeitsrücksichten vom Eingangszoll frei zu lassen. Doch ist von diesen die Zollfreiheit nur dann zuzugestehen, wenn nach der übereinstimmenden Ansicht sämtlicher Hauptamtsmitglieder die angestellten Erörterungen die Gewährung derselben begründen. Die mit entsprechender Ermächtigung versehenen Hauptämter haben über die ausgesprochenen Bewilligungen Verzeichnisse zu führen, welche mit den gepflogenen Verhandlungen und Belägen, soweit nicht deren Rückgabe an die Beteiligten erfolgt, in regelmäßigen Zeiträumen der Direktivbehörde zur Prüfung vorzulegen sind.

2. Außer den vorstehend unter 1 aufgeführten darf für die folgenden Fälle:

a) wenn in den zu 1a gedachten Fällen die aus dem freien Verkehr des Zollgebiets in das Ausland versandten Gegenstände daselbst nicht im Gewahrsam der Post-, Zoll-, Eisenbahn-, Gerichts- oder Polizeibehörde verblieben, aber auch nicht an den Adressaten ausgehändigt, sondern im Gewahrsam einer dritten Person gewesen sind,

b) wenn ausländische Waren irrtümlich verzollt oder auf Begleitschein II abgefertigt worden sind, während sie nachweislich hierzu nicht bestimmt waren,

c) wenn im Inlande gestohlene etc. und sodann in das Ausland ausgeführte Gegenstände wieder an den rechtmäßigen inländischen Besitzer eingeführt werden,

d) wenn Gegenstände aus dem freien Verkehr des Inlandes durch das Ausland nach dem Inlande gesandt worden und die im § 111 vorgeschriebene Zollabfertigung versehentlich unterblieben ist,

den Direktivbehörden die Befugnis übertragen werden, Zollerlaß aus Billigkeitsrücksichten zu gewähren.

3. Die von den Hauptämtern beziehungsweise von den Direktivbehörden hiernach bewilligten Zollerlasse bedürfen der Aufnahme in das zur Mitteilung an den Bundesrat bestimmte, alljährlich aufzustellende Verzeichnis nicht.

IV. Nach der Bestimmung der obersten Landes-Finanzbehörde darf auch solchen anderen Zollstellen als Hauptämtern, bei denen ein Bedürfnis hierzu vorhanden ist, die Befugnis beigelegt werden, diejenigen Poststücke, welche aus dem freien Verkehr des Zollgebiets irrtümlich in das Ausland befördert oder sonst in das Ausland versandt, aber nicht in die Hände des Adressaten gelangt, vielmehr im Auslande im Gewahrsam der Post-, Zoll- oder Eisenbahnverwaltung geblieben sind, beim Wiedereingang in dem Falle selbständig aus Billigkeitsrücksichten vom Eingangszoll frei zu lassen, wenn diesen Poststücken eine postamtliche Bescheinigung dahin lautend beigegeben wird, daß sie während ihrer Beförderung sich ununterbrochen im Gewahrsam der Post-, Zoll- oder Eisenbahnverwaltung befunden haben. Die mit entsprechender Ermächtigung versehenen Zollstellen haben über die ausgesprochenen Bewilligungen Verzeichnisse zu führen, welche mit den gepflogenen Verhandlungen und Belegen, soweit nicht deren Rückgabe an die Beteiligten erfolgt, in regelmäßigen

Zeiträumen durch Vermittelung der vorgesetzten Hauptämter der Direktivbehörde zur Prüfung vorzulegen sind.

2. Zollerlasse aus Billigkeitsrücksichten in anderen als den Fällen der §§ 112—117 dürfen nur zugestanden werden, wenn beim Eingange der vereinsländische Ursprung der Ware unzweifelhaft festgestellt worden, beziehungsweise wenn beim Wiederausgange ausländischer Waren gegen die Identität keine Bedenken bestehen.

(Beschl. des Bundesrats 11. Sitzung v. 1869.)

3. Die Direktivbehörden werden ermächtigt, den Hauptämtern ihres Verwaltungsbereichs, bei denen sich das Bedürfnis geltend macht, die Befugnis zu erteilen, vom Auslande zurückkommende Koffer, Reisetaschen und ähnliches Reisegerät ohne vorherige Anfrage zollfrei zu lassen, sofern nach den anzustellenden Erörterungen gegen den inländischen Ursprung keine Zweifel bestehen.

(Pr. FMReskript v. 7. Jan. 1870; PrZBl. S. 170.)

4. Von der Erhebung des Zolls für Pferde, welche unter vormerklicher Behandlung zur Kur in das Zollgebiet eingeführt werden und vor der Wiederausfuhr krepieren, ist Abstand zu nehmen, sofern die betreffenden Kadaver vom Eingangsamte als zweifellos identisch erkannt und entweder demnächst unter amtlicher Kontrolle ausgeführt oder nachweislich zum menschlichen Genuß nicht verwendet werden.

(Bundesratsbeschluß v. 8. November 1881; § 485 der Protokolle; PrZBl. S. 439.)

5. Wenn inländische Eisenbahnwagen im Auslande beschädigt werden und die Ersatzstücke aus dem Inlande nachgesandt werden, so werden letztere regelmäßig beim Wiedereingang zollfrei gelassen; ebenso umgekehrt, wenn ausländische Eisenbahnwagen im Inlande Schaden erleiden und ausländische Ersatzteile ihnen nachgesandt werden, vorausgesetzt, daß letztere mit den Wagen wieder ausgehen.

6. Weitgehende Zollvergünstigungen sind für die zum Schiffbau eingehenden (metallenen und nicht metallenen) Materialien gewährt. Schiffbau-Zollordnung des Bundesrats, RZBl. 1906 S. 265.

7. **Zollfreiheit für Musterstücke.**

A. Für inländische Handlungsreisende.

a) Pr. FMReskript v. 8. April 1834.

Muster, welche nicht bloß Abschnitte sind, sondern aus Stücken bestehen, wovon jedes für sich als verkäufliche Ware betrachtet werden kann — Muster in Abschnitten usw. nach § 5 Nr. 7 Zolltarifgesetz zollfrei —, sollen nur dann frei eingehen, wenn sie aus dem freien Verkehr des Zollvereins für inländische Fabriken und Handelshäuser ausgeführt und mit einem von den Hauptämtern (vgl. jedoch RZBl. 1883 S. 40) nach folgendem Muster auszufertigenden Freipasse zurückkehren (Bundesratsbeschl. v. 19. Mai 1869, § 57 der Prot., PrZBl. S. 373.)

„Eingangspaß [7a])
über Musterstücke aus der Handlung von N. N.

Die Hauptzollämter und Nebenzollämter I im deutschen Zollverein werden ersucht, auf diesen für ein Jahr [7b]), vom Datum der Ausfertigung an, gültigen Freipaß die in dem beigehefteten, mit dem Siegel und der Unterschrift des Hauptzollamts zu N. versehenen Verzeichnisse aufgeführten Warenmuster aus der Handlung N. zu N., welche Musterstücke auf die in dem Verzeichnisse gleichfalls bemerkte Weise mit dem Kontrollsiegel des gedachten Hauptzollamtes bezeichnet sind, frei von Eingangsabgaben zu belassen, sofern solche über Hauptzollämter und Nebenzollämter I. Klasse in die Lande des Zollverbandes wieder zurückgeführt werden.

N., den ten 18

Hauptzollamt
(L. S.) Unterschrift“.

b) Pr. FMReskript v. 22. August 1865, PrZBl. S. 372.

Die Erteilung von Freipässen soll — nach Übereinkunft der Vereinsstaaten — auch auf den Fall ausgedehnt werden, wenn die Musterstücke nicht persönlich durch Handlungsreisende ein- und ausgeführt, sondern mit der Post oder auf der Eisenbahn befördert werden. Die Abfertigung der zu versendenden Muster ist in der Regel durch ein Hauptamt zu bewirken, weil dieses den Freipaß auszustellen hat. Wenn sich indessen wegen Entfernung des Wohnsitzes des Fabrikanten von dem Sitze des Hauptamtes das Bedürfnis dazu herausstellt, kann, wie bisher, auch Untersteuerämtern oder Nebenzollämtern I. Klasse die Abfertigung übertragen werden.

Die Abfertigung zum Wiedereingange erfolgt, wenn die Musterstücke mit der Post zurückkommen, ebenso wie die Abfertigung der Poststücke überhaupt. Die auf der Eisenbahn zurückbeförderten Muster dagegen können nach der Wahl der Beteiligten beim Grenzzollamte — einem Hauptzollamte oder Nebenzollamte I — abgefertigt oder zu diesem Zweck im Ansageverfahren oder unter Begleitscheinkontrolle auf das Amt des Versendungsortes abgelassen werden. Letzteres muß stets geschehen, wenn sich beim Grenzzollamte irgendwie Bedenken gegen die zollfreie Wiedereinlassung herausstellen.

Übrigens ist jedesmal den Beteiligten zu eröffnen, daß ihnen bei der Versendung von Musterstücken mit der Post oder auf der Eisenbahn die zollfreie Zulassung derselben in Frankreich und in Österreich nicht zugesichert werden könne.[7c])

7a. Diese Freipässe sind in Preußen mit 1,50 Mk. zu verstempeln. FMReskript v. 19. März 1876. PrZBl. S. 122.

7b. Die Hauptzollämter können diese Frist im Bedürfnisfall angemessen verlängern. Der Nachweis der Ausfuhr ist nicht mehr erforderlich (Bundesratsbeschl. v. 13. Oktober 1875 § 337 der Prot.; RZBl. S. 687; Pr. FMReskript v. 12. Nov. 1875; PrZBl. 1876 S. 10), erforderlich jedoch für Taschenuhren; (RZBl. 1888 S. 429) und für künstliche Zähne (RZBl. 1895 S. 10).

7c. Der Deutsch-Österr. Handelsvertrag sichert nämlich Zollfreiheit nur den von den Reisenden persönlich eingebrachten Mustern zu (Art. 5). Anders der Deutsch-Schweizerische, Art. 5 Nr. 1 und Schlußprotokoll dazu.

B. Für ausländische Handlungsreisende.

Pr. FMReskript v. 25. Mai 1865, III. 10304, PrZBl. S. 208.

Nach dem Artikel 27 des (formell allerdings aufgehobenen) Handelsvertrages mit Frankreich v. 2. August 1862 sollen eingangszollpflichtige Gegenstände, welche als Muster dienen, und in den Zollverein von französischen Handlungsreisenden oder in Frankreich von Handlungsreisenden, die einem Zollvereinsstaate angehören, eingeführt werden, beiderseits unter den zur Sicherstellung ihrer Wiederausfuhr oder Niederlegung in einem Packhofe erforderlichen Zollförmlichkeiten, zeitweise zollfrei gelassen werden.

Nach Maßgabe der wegen Ausführung dieser Verabredung vereinbarten näheren Bestimmungen wird folgende Anweisung erteilt:

1. Zur Abfertigung eingangszollpflichtiger Gegenstände, welche, um als Muster zu dienen, von Handlungsreisenden eingeführt werden, sind bei der Ein- und Ausfuhr die Hauptämter an der Grenze und diejenigen Hauptämter im Innern befugt, denen die Abfertigung von Eisenbahngütern nach Maßgabe des allgemeinen Regulativs übertragen ist, ferner, soweit es auf Niederlegung ankommt, alle Hauptämter mit Niederlage. Die Ausfuhr darf auch über ein anderes Amt als dasjenige, über welches die Einfuhr bewirkt ist, erfolgen.

2. Bei der Einfuhr sind die zu 1 gedachten Gegenstände durch Ausfüllung der Spalte 1 und 2 des nach dem anliegenden Schema I[7d]) aufzustellenden und in doppelter Ausfertigung vorzulegenden Verzeichnisses anzumelden. Es erfolgt darauf die Revision und die Ermittelung des

tarifmäßigen Eingangszolles, welcher bei dem abfertigenden Amte entweder bar niederzulegen oder vollständig sicherzustellen ist.

3. Zum Zweck der Identität sind die einzelnen Musterstücke (zu 1), soweit es angeht, durch aufgedrückte Stempel oder durch angehängte Siegel oder Bleie zu bezeichnen; soweit diese Bezeichnung aber nicht ausführbar ist, solche Merkmale anzugeben, die zur Feststellung der Identität geeignet sind. Für die Stempel, Siegel oder Bleie werden keine Gebühren erhoben.

4. Jeder der beiden Ausfertigungen des Verzeichnisses (zu 2) wird, nachdem das Ergebnis der Revision und die Bezeichnung oder die Angabe der Merkmale zur Feststellung der Identität (zu 3) auf denselben vermerkt worden ist, ein nach dem anliegenden Schema II auszufertigender Eingangspaß angeheftet. In letzterem, welcher hiernach zweifach auszufertigen ist, wird die Frist bestimmt, bis zu welcher die Wiederausfuhr der Musterstücke oder deren Niederlegung in einem Packhofe erfolgen muß. Nach Ablauf derselben hat das abfertigende Amt, wenn der Nachweis der Ausfuhr oder Niederlegung nicht geführt wird, den Eingangszoll zu verrechnen, beziehungsweise aus der gestellten Sicherheit einzuziehen.

5. Die Musterstücke sind, nach bewirkter Eingangsabfertigung, mit dem Unikatexemplar des Eingangspasses und des dazu gehörigen Verzeichnisses abzulassen. Werden vor Ablauf der im Eingangspaß gestellten Frist (zu 4) die Musterstücke unter Vorlegung des Eingangspasses einem zur Erteilung der Abfertigung befugten Amte (zu 1) zum Zwecke der Widerausfuhr oder der Niederlegung in einem Packhofe vorgeführt, so hat dieses Amt sich durch die vorzunehmende Prüfung davon zu überzeugen, ob ihm dieselben Gegenstände vorgeführt worden sind, welche bei der Eingangsabfertigung vorgelegen haben. Soweit in dieser Beziehung keine Bedenken entstehen, bescheinigt das Amt die Ausfuhr oder Niederlegung auf dem Eingangspasse und erstattet den bei der Einbringung niedergelegten Eingangszoll oder trifft wegen Freigabe der bestellten Sicherheit die erforderliche Einleitung. Werden die als Muster eingeführten zollpflichtigen Gegenstände nicht sämtlich wieder ausgeführt oder niedergelegt, so hat das Erledigungsamt von den im Inland verbliebenen den Zoll einzuziehen und zu verrechnen, dies auf dem Eingangspasse zu bescheinigen und erst demnächst die Rückgabe der beim Eingange der Muster bestellten Sicherheit zu veranlassen.

6. Das mit der Bescheinigung der Ausfuhr, der Niederlegung, beziehungsweise der Verzollung versehene Unikat des Eingangspasses dient als Belag für das Register des Ausfertigungsamtes und ist daher, wenn nicht das erledigende Amt zugleich das Ausfertigungsamt ist, dem letzteren zuzusenden. In diesem Falle hat das Ausfertigungsamt dem Erledigungsamte demnächst das Duplikat des Eingangspasses, nachdem solches mit einer beglaubigten Abschrift der Erledigungsbescheinigung versehen ist, zum Registerbelage zu übersenden, auch alsbald den vom Erledigungsamte zurückgezahlten Eingangszoll zu erstatten oder die bestellte Sicherheit freizugeben. Erfolgt die Wiederausgangsabfertigung der Muster bei demselben Amte, welches den Eingangspaß erteilt hat, so ist in gleicher Weise das Unikat des Passes zum Belag des Ausfertigungs-, das Duplikat zum Belag des Erledigungsregisters zu nehmen.

7. Über die Ausfertigung und Erledigung der Eingangspässe für ausländische Muster (zu 1) haben die Ämter zwei besondere Register nach dem anliegenden Schema III und IV zu führen. Die Formulare zu den Registern (Titel und Einlagen), Eingangspässen und Verzeichnissen sind vom Hauptstempelmagazin zu beziehen.

8. In betreff der zollfreien Zurückführung von Musterstücken, welche nach dem Auslande gehen, verbleibt es bei den bestehenden Vorschriften.

Pr. FMReskript v. 11. Febr. 1866 III. 1859, PrZBl. S. 82.

Beträge, welche zur Sicherstellung des auf den Warenmustern haftenden Eingangszolles bar niedergelegt werden, sind von dem Eingangsamte sofort als Eingangsabgabe in Einnahme zu stellen und die Musterpässe mit einem Vermerke darüber, daß dies geschehen, sowie über die Nummer des Heberegisters zu versehen, wogegen das Ausgangs- oder Niederlageamt den Zollbetrag, soweit er infolge der Wiederausfuhr oder Niederlegung zu erstatten ist, als Restitution zu verausgaben und weiter zu behandeln hat.

Außer dem vorgedachten Vermerke, welcher auf die Vorderseite des Musterpasses zu setzen ist, ist auch in die Bemerkungsspalte des Ausfertigungs- und Erledigungsregisters und in die Erledigungsbescheinigung auf der Rückseite des Musterpasses eine nachrichtliche Angabe darüber aufzunehmen, daß, beziehungsweise inwieweit der niedergelegte Betrag als Eingangszoll in Einnahme gestellt, beziehungsweise erstattet worden ist.

Für den Fall, daß der Eingangszoll von dem Handelsreisenden nicht durch bare Niederlegung, sondern auf andere Weise sichergestellt worden ist, bleibt es unverändert bei den Bestimmungen der Verfügung v. 25. Mai v. J.

— Für Taschenuhren vgl. Bundesratsbeschluß v. 5. Juli 1888 — § 413 der Prot. —, wonach auf Musterpaß eingebrachte ausländische Taschenuhren auf Deklarationsschein ins Ausland geschafft und wieder eingebracht werden dürfen. — RGBl. S. 429.

Gleiche Vergünstigung wie im obigen Handelsvertrag, dessen Anweisung noch in praktischer Geltung ist, genießen:

a) Handlungsreisende aus den in den Zollverein nicht eingeschlossenen Gebietsteilen der Vereinsstaaten. Pr. FMReskript v. 10. Juni 1869; PrZBl. S. 318.

b) die Belgischen (Art. 9 des Deutsch-Belgischen Handelsvertrages v. 6. Dez. 1891);

c) die Groß-Britannischen. Pr. FMReskript v. 13. April 1869; PrZBl. S. 228.

d) die Italienischen (Art. 5 des Deutsch-Ital. Hand.-Vertr. v. 6. Dezbr. 1891);

e) die Österreichischen (Art. 5, 19 des Deutsch-Österr. Hand.-Vertr. v. 6. Dez. 1891 und Schlußprotokoll dazu);

f) die Schweizer (Art. 8 des Deutsch-Schweiz. Hand.-Vertr. v. 10. Dezbr. 1891);

g) die Türkischen (Art. 11 des Hand.-Vertr. v. 26. Aug. 1890; RGBl. 1891 S. 117 ff.).

7d. Bei Musterpässen über ausländische Waren ist für die Stempelpflichtigkeit deren Zollwert maßgebend. Pr. FMReskript v. 19. März 1876; PrZBl. S. 122.

XV. Kontrollen im Grenzbezirke.

Transportkontrolle.

§ 119.

Innerhalb des Grenzbezirks [1]) unterliegen, nach Maßgabe der von der obersten Landesfinanzbehörde zu treffenden Anordnungen,[2]) solche Waren, bei welchen es nach den örtlichen Verhältnissen zur Sicherung gegen heimliche Einfuhr oder Ausfuhr notwendig erscheint, einer Transportkontrolle. Zu diesem Zweck hat jeder, welcher Waren dieser Art im Grenzbezirke transportiert,[3]) sich durch eine amtliche Bescheinigung (Legitimationsschein [4])[5]) darüber auszuweisen, daß er zum Transporte der gehörig bezeichneten Waren, in einer gewissen Frist und auf den vorgeschriebenen Wegen befugt sei.[6])

Beim Eingange aus dem Auslande und in der Richtung von der

Grenze nach der Zollstelle bedarf es auf der Zollstraße keines Transportausweises. Von der Zollstelle bis zur Binnenlinie haben sich diese Transporte durch die bei ersterer erhaltene Bezettelung zu legitimieren.

---

1. Über den Begriff des „Grenzbezirks" vgl. § 16 Abs. 3.

2. Die Anordnungen müssen von der obersten Finanzbehörde, die Veröffentlichung darf unter Bezugnahme darauf durch die Provinzialbehörde geschehen. Es genügt auch deren Ermächtigung durch das Ministerium. RG. E. 26 S. 128 und im Arch. f. Strafrecht 39 S. 344.

3. Der Legitimationsschein schützt nur denjenigen, auf dessen Namen er lautet, nicht einen Dritten, welchem der Transport von jenem aufgetragen ist, wenn dessen Name nicht im Legitimationsschein erwähnt ist. RG. E. 15 S. 156. Freilich wird in solchem Fall — gemäß § 137 VZG. — nur auf eine Ordnungsstrafe (§ 152), nicht auf die Defraudationsstrafe des § 136 Nr. 5 d zu erkennen sein.

Es muß natürlich ein wirklicher Transport vorliegen. Wird das Vieh aus den Stallungen direkt auf die Weide gelassen, auf welchen die Stallungen sich befinden, so bedarf es keiner Transportkontrolle. RG. E. 27 S. 15. Ebenso nicht für den Verkehr innerhalb derselben Ortschaft § 120a und c VZG.

4. Der Legitimationsschein darf nur erteilt werden, nachdem der Aussteller sich Überzeugung von dem zollredlichen Besitz des zu transportierenden Gegenstandes verschafft hat; daher muß er von der nächsten Expeditionsstelle ausgefertigt werden (§ 123c).

Der Transport auf Legitimationsschein hat innerhalb der vorgeschriebenen Zeit und auf dem vorgeschriebenen Wege zu geschehen; auch der Anfangspunkt muß innegehalten werden, der Transport darf z. B. nicht in der Mitte des Weges beginnen, weil sonst die vorgeschriebene Transportzeit kein Kontrollmittel sein würde. Event. Strafe aus § 136 Nr. 5b; RG. E. 18 S. 92; R. 10 S. 509; PrZBl. 1889 S. 5. Dagegen ist es nicht erforderlich, daß der vorgeschriebene Weg bis zu Ende verfolgt wird.

5. Legitimationsscheine, welche nicht von einem Zoll- oder Steueramt, sondern von einer Ortsbehörde oder einer dazu bestellten Privatperson ausgefertigt werden, heißen Versendungsscheine (vgl. § 123 Nr. d).

Jeder Legitimationsschein ist unfraglich eine öffentliche Urkunde. Zweifelhaft aber ist, ob seine Fälschung nach § 267 RStGB. oder nur nach § 363 RStGB. strafbar ist. Das Reichsgericht hat sich für ersteres im Arch. f. Strafr. 37 S. 436 und für letzteres im Arch. f. Strafr. 52 S. 49 ausgesprochen. Die zweite Entscheidung dürfte den Vorzug verdienen, weil in der Tat mit der Fälschung nicht die Verletzung eines fremden Rechtes beabsichtigt, sondern nur bezweckt wird, dem eigenen Erwerbe günstigere Bedingungen zu verschaffen.

6. Anw. zur Ausf. des VZG. — Bek. des Bundesr. v. 5. Juli 1888 — § 407 der Prot. Nr. 34.

Als Transportausweise im Grenzbezirke und im Binnenlande, soweit überhaupt solche angeordnet sind (§§ 119 bis 125), können Begleitscheine dienen.

Allgemeine Befreiung von der Legitimationsscheinpflichtigkeit.

§ 120.

Von der Verpflichtung zur Legitimation im Grenzbezirke sind allgemein befreit:

a) rohe Erzeugnisse des Bodens und der Viehzucht eines inländischen Landguts für den Verkehr innerhalb des Gutsbezirks. Wird das Landgut von der Grenzlinie durchschnitten, so sind nach der Örtlichkeit besondere Aufsichtsmaßregeln [1]) vorzuschreiben;

b) der Transport auf den dem öffentlichen Verkehr dienenden Eisenbahnen aus dem Binnenlande in den Grenzbezirk;

c) Gegenstände, die innerhalb einer Stadt, eines Dorfes oder einer geschlossenen Ortschaft des Grenzbezirks von Haus zu Haus [2]) gesendet werden, [3]) vorbehaltlich der auch über solche Transporte, sofern dieselben die im Eingange des § 119 gedachten Waren zum Gegenstande haben, auf Verlangen der Zollbeamten zu liefernden Nachweisung der Verzollung oder zollfreien Abstammung der letzteren;

d) der Gütertransport mit den Posten. Die Postanstalten im Grenzbezirke dürfen jedoch, wenn es für nötig erachtet und ihnen bekannt gemacht wird, entweder allgemein oder von gewissen Personen Päckereien zur Beförderung landeinwärts nur gegen eine, für jeden einzelnen Fall zu erteilende schriftliche Erlaubnis des betreffenden Zollamts annehmen, welche dann das Poststück zum Bestimmungsorte begleitet.

---

1. Welcher Art diese Aufsichtsmaßregeln sein sollen, besagt das Gesetz nicht, doch dürfen sie nach dem ganzen Zweck des Paragraphen nicht härter sein als die Legitimationsscheinkontrolle. Das Urteil des OLGerichts Celle v. 1. Novbr. 1890 (Goltd. Arch. 39 S. 195) entnimmt aus der Überschrift des Paragraphen und seinem Zusammenhange mit der „Transportkontrolle", daß „unter den vorzuschreibenden Aufsichtsmaßregeln nur solche zu verstehen seien, welche den Transport selbst betreffen, ihn z. B. nur innerhalb der in § 21 VZG. bezeichneten Tageszeit gestatten", nicht aber die Führung eines Lagerbuchs nach Analogie des § 124. Das OLGericht hat hiermit sicherlich im wesentlichen das Richtige getroffen, wenngleich es in der Auswahl seiner Beispiele etwas eng greift. Den Transport selbst betrifft nicht bloß eine Beschränkung auf bestimmte Wege und Stunden — dies wird häufig sogar unzweckmäßig und undurchführbar sein —, sondern auch seine vorherige Anmeldung bei dem Gemeindevorsteher bzw. nächsten Aufsichtsposten, seine Eintragung in ein Notizregister usw. Nur die Führung eines Lagerbuchs über alle anderen Eingänge als die zu kontrollierenden Gutstransporte, eine genaue Buchung des gesamten Bestandes und Abgangs, also die Führung eines förmlichen Handelsbuches kann billigerweise allein von Handel- und Gewerbetreibenden, nicht von Privatpersonen gefordert werden, und dies dürfte auch nach dem Inhalt der §§ 124, bes. 125 die Meinung des VZG. gewesen sein.

2. Die Worte „von Haus zu Haus" bedeuten genau das, was sie besagen, und sind nicht im figürlichen Sinne „von Haushalt zu Haushalt" gemeint, was für die Gesetzessprache auch von vornherein unmöglich erscheint. Sie nehmen sämtliche Sendungen, welche in der geschlossenen Ortschaft beginnen und endigen, von der Transportkontrolle aus. Diese klare Vorschrift — mit RG. E. 10 S. 413 — auf Sendungen zur Post oder zum Bahnhof nicht beziehen zu wollen, auch wenn Post und Bahnhof in der geschlossenen Ortschaft liegen, weil solche Sendungen wegen ihrer späteren Weiterbeförderung eigentlich Sendungen „zur Stadt hinaus" seien, ist ebenso sprachwidrig wie gesetzwidrig. Letzteres auch deshalb, weil das VZG. überall Post- und Bahntransporte mit Recht als völlig selbständige

Transporte ansieht und unter eigene Vorschriften stellt, weil ferner diese Weiterbeförderung durch Post oder Bahn nicht legitimationsscheinpflichtig ist (§ 120b, d), also unmöglich die Sendung zur Post oder Bahn legitimationsscheinpflichtig machen kann, und weil endlich sonst der letzte Satz des § 120 VZG. überflüssig und unverständlich wäre. Obenein stände solche ausnahmsweise und schwere Verkehrsbelästigung, der alle Paketsendungen gerade zur Post und Bahn und natürlich auch von der Post und Bahn, denn das sind dann Transporte zur Stadt hinein, unterliegen würden, im schärfsten Gegensatz zu dem allgemeinen Bestreben des VZG., den Post- und Bahnverkehr möglichst von allen unnötigen Kontrollen und Erschwerungen zu befreien, nicht ihn damit zu belasten. Jene Entscheidung ist unfraglich verfehlt, wie sie auch in der Praxis ohne Nachfolge geblieben sein dürfte.

3. Daß der innerhalb einer geschlossenen Ortschaft von den Beamten betroffene Transport ein Lokaltransport ist, von der Legitimationsscheinkontrolle also befreit, hat der Transportführer zu beweisen, indem es ein besonderer Ausnahmefall ist, auf den er sich beruft. Und zwar hat er den Zollbeamten gegenüber diesen Nachweis sofort zu erbringen, andernfalls diese befugt sind, die Waren zu beschlagnahmen und zum Ortsvorsteher bzw. nächsten Zollamt zu führen (§ 129 Abs. 5). Selbstverständlich wird eine derartige Maßregel — zur Vermeidung von Chikanen gegen den ordnungsmäßigen Verkehr von Haus zu Haus — nur ergriffen werden, wenn wirklicher Verdacht vorhanden ist.

Warentransport auf Gewässern.

§ 121.

An den Ufern der Gewässer im Grenzbezirke und auf den in diesen Gewässern gelegenen Inseln dürfen zollfreie Gegenstände im verpackten Zustande oder zollpflichtige Gegenstände ohne besondere Erlaubnis nur an solchen Stellen aus- und eingeladen werden, welche zu Landungsplätzen (§ 17) bestimmt und als solche bezeichnet sind.

Für Gewässer, welche längs der Zollgrenze sich erstrecken, bleibt es der obersten Landes-Finanzbehörde überlassen, nach dem örtlichen Bedürfnis eine Entfernung zu bestimmen, bis auf welche beladene Fahrzeuge ohne Erlaubnis des nächsten Zollamtes sich dem Ufer nur nähern dürfen. Unverdeckte Nachen, welche zollfreie Gegenstände geladen haben, unterliegen dieser Beschränkung nicht.

Beschränkung des Transports in bezug auf die Zeit.

§ 122.

Der Transport der der Legitimationsscheinkontrolle unterliegenden Waren im Grenzbezirke ist nur innerhalb der im § 21 bezeichneten Tageszeit gestattet, sofern nicht der Transport auf den dem öffentlichen Verkehr dienenden Eisenbahnen stattfindet oder in besonderen Fällen von dem zuständigen Haupt- oder Nebenzollamte vor dem Beginne des Transportes eine Ausnahme nachgelassen ist.*)

*) Dieser § bezieht sich auch auf die § 120 ad a), c), d) genannten Fälle, wie sich daraus ergibt, daß der Fall ad b) ausdrücklich ausgenommen ist. Dagegen

nicht auf den in Abs. 2 des § 119 erwähnten Transport, weil dieser einer Legitimationsscheinkontrolle nicht unterliegt, hier treten die etwas abweichenden Grundsätze des § 21 VZG. ein. Reisende dürfen daher zur Nachtzeit die Zollstraße mit Legitimationsscheingütern passieren. Vgl. § 21f cit.

Ausstellung des Transportausweises.*)

§ 123.

Der zum Transport erforderliche Ausweis wird ausgestellt:

a) beim Eingange aus dem Auslande von demjenigen Grenzzollamte, bei welchem die Anmeldung und Abfertigung geschieht;

b) beim Übergange aus dem Binnenlande in den Grenzbezirk von denjenigen Ämtern und Expeditionsstellen in der Nähe der Binnenlinie, welche zur Ausfertigung von Legitimationsscheinen ermächtigt sind;

c) bei Versendungen aus Orten des Grenzbezirks von der nächsten Zoll- oder Expeditionsstelle;

d) auch können Ortsbehörden oder andere dazu geeignete Personen zur Ausstellung von Versendungsscheinen ausnahmsweise ermächtigt werden.

---

*) Der Legitimationsschein darf nur von dem mit der Ausstellung betrauten Beamten bzw. seinem von der Steuerbehörde bestellten Vertreter ausgefertigt werden; vorher hat sich der Beamte von der Gattung der Waren durch Besichtigung, von ihrer inländischen Abstammung oder Verzollung in sonst geeigneter Weise Überzeugung zu verschaffen. Eine Verwiegung kann und wird bei Zweifel stattfinden; im allgemeinen genügt aber die ungefähre Gewichtsangabe durch den Antragsteller, falls sie mit dem erfahrungsmäßigen Überschlag nicht in Widerspruch tritt; es ist dann der Gewichtsbezeichnung auf dem Legitimationsschein der Vermerk „nach Angabe" beizufügen.

Im übrigen muß der Legitimationsschein enthalten:

a) Ort, Tag, Stunde der Ausstellung und Zeit seiner Gültigkeit;

b) Namen des Versenders und event. des Führers und Empfängers;

c) Abgangs-, Bestimmungsort und Weg; auch Angabe der ersten Amtsstelle, welcher der Legitimationsschein vorzulegen und die Ware zur Revision zu gestellen ist;

d) Gattung und Menge der Waren.

Fehler bei Ausfertigung der Legitimationsscheine können mit Disziplinarstrafen von 1—30 Mk. geahndet werden; ist die Legitimationsscheinausfertigung einem Gemeindebeamten anvertraut, so hat die Festsetzung dieser Disziplinarstrafe durch dessen im Disziplinarwege vorgesetzte Behörde (im Geltungsbereich der Pr. Kreisordnung also durch den Landrat) auf Antrag der Steuerbehörde (in Preußen: Direktivbehörde) zu geschehen. Pr. FMReskript v. 22. Januar und 10. Februar 1835.

Kontrolle der Gewerbetreibenden.

§ 124.

Hausiergewerbe, zu welchen auch das Halten von Wanderlagern gehört, dürfen im Grenzbezirke nur mit besonderer Erlaubnis und unter den zum Zwecke des Zollschutzes erforderlichen, von der obersten Landes-Finanzbehörde anzuordnenden [1]) Beschränkungen betrieben werden.

Auf Material- und Spezereiwaren, auf Wein, Branntwein und Liköre, sowie auf Zeuge, ganz oder teilweise aus Baumwolle, Wolle oder Seide, soll sich der Regel nach die Erlaubnis nicht erstrecken. Es können indes von der obersten Landes-Finanzbehörde für einzelne Grenzstrecken in bezug auf solche Waren, welche dort keinen Gegenstand des Schleichhandels bilden, Ausnahmen zugelassen werden. [2])

Soweit es zur Sicherung des Zollinteresses für nötig erachtet wird, ist auch der Marktbesuch, sowie der stehende Gewerbebetrieb im Grenzbezirke den nach den örtlichen Verhältnissen von der obersten Landes-Finanzbehörde vorzuschreibenden Kontrollen unterworfen. Insbesondere hat jeder, welcher mit Waren einen Handel treibt, auf die sich die angeordnete spezielle Kontrolle erstreckt, ein Buch zu führen, worin rücksichtlich der unmittelbar aus dem Auslande bezogenen Waren beim Empfang [3]) derselben der Tag und Ort, an und in welchem die Verzollung stattgefunden hat, bemerkt und rücksichtlich der aus dem Inlande empfangenen Waren der Nachweis [4]) hierüber enthalten sein muß. [5])

---

1. Vgl. Anmerkung 2 zu § 119 VZG.

2. In dieser Beziehung ist seit der Gew.Ordnung nicht mehr das Bedürfnis des Verkehrs, sondern allein die Zollsicherheit maßgebend. Vgl. Pr. FMReskripte v. 19. Dezember 1869 und 18. Juni 1879 (PrZBl. 1869 S. 323; 1879 S. 227).

3. Empfang bedeutet hier „Erwerb", also nicht das Erlangen der körperlichen Innehabung im Grenzbezirk, sondern den kaufmännischen Erwerb allgemein, auch außerhalb des Grenzbezirks, z. B. in Berlin, wenn nur die Handelsniederlassung, für die die Ware bestimmt ist, sich im Grenzbezirk befindet. Für Geschäfte im Grenzbezirk ist jeder Erwerb ausländischer Waren eintragepflichtig, auch wenn sie nicht zollpflichtig sind. Doch kann in letzterem Fall nur eine Ordnungsstrafe aus § 152, nicht die Strafe der Konterbande oder Defraudation aus den §§ 134 ff. VZG. verhängt werden. Geschieht die Erwerbung nicht unmittelbar am Orte der Niederlassung, so kann die Eintragung freilich erst erfolgen, wenn die Nachricht an den Ort der Niederlassung gelangt ist. RG. E. 16 S. 254; R. 9 S. 528.

4. Die zur Prüfung dieses Nachweises bei den Gewerbetreibenden abzuhaltenden Revisionen durch die Zollbeamten sind nicht „Haussuchungen", nicht den für Haussuchungen geltenden Förmlichkeiten und Beschränkungen unterworfen; sie können auch auf Wohnräume (nicht bloß Warenniederlagen) ausgedehnt werden. § 126 Abs. 2 VZG.; Opp. Rechtspr. OTrib. 14 S. 43.

5. Nichtbeobachtung dieser Vorschrift zieht die Strafe wegen Defraudation oder Konterbande gemäß § 136 Nr. 7, event. die Übertretungsstrafe nach § 152 nach sich.

XVI. Kontrollen im Binnenlande.[1])

§ 125.

Über den Grenzbezirk hinaus sind im Innern des Vereinsgebiets nach Maßgabe der von der obersten Landes-Finanzbehörde nach den ört-

lichen Verhältnissen zu treffenden Anordnungen nur solche Waren, welche einen Gegenstand des Schleichhandels bilden und nur insoweit einer Kontrolle unterworfen, daß

1. die aus dem Auslande oder aus dem Grenzbezirk in das Innere des Landes übergehenden Waren mit den im Grenzbezirke empfangenen Bezettelungen bis zum Bestimmungsorte begleitet sein müssen, und
2. von den Handeltreibenden, welche dergleichen Waren unmittelbar [2]) aus dem Auslande beziehen, über den Handel mit denselben Buch zu führen und darin der Tag und der Ort der Verzollung jedesmal beim Empfang der Ware anzumerken ist.

1. Folgen der Verletzung dieser Vorschriften vgl. § 138 VZG.

2. Wie RG. E. 9 S. 218 hervorhebt, ist darunter nur der Fall verstanden, wo die Waren z. B. des Bezuges sich im Auslande befunden haben, nicht der, wo sie bereits in die Hände eines inländischen Zwischenhändlers gelangt waren und von diesem bezogen werden.

XVII. Haussuchungen und körperliche Visitationen.

§ 126.

Sind Gründe vorhanden, zu vermuten,[1]) daß irgend jemand im Grenzbezirke [2]) sich einer Übertretung der Zollgesetze schuldig gemacht habe, oder zu einer solchen Übertretung durch Bergung verbotener oder zollpflichtiger Waren mitwirke, so können zur Ermittelung derartiger Kontraventionen Nachsuchungen nach solchen Vorräten unter Erforderung des Ausweises über die geschehene Verzollung oder den inländischen Ursprung der vorgefundenen Waren, auch Haussuchungen von Zollbeamten unter Leitung eines Oberkontrolleurs oder eines anderen Beamten gleichen oder höheren Ranges vorgenommen werden.[3])[4]) Haussuchungen dürfen jedoch nur unter Beachtung der nach den Landesgesetzen für Haussuchungen im allgemeinen vorgeschriebenen Förmlichkeiten [5]) stattfinden. Der Beobachtung dieser Förmlichkeiten bedarf es nicht, wenn auf der Tat betroffene, von den Zollbeamten verfolgte Schleichhändler [6]) in Häusern, Scheunen 2c. einen Zufluchtsort suchen. In solchen Fällen müssen die verdächtigen Räume den verfolgenden Zollbeamten [7]) auf Verlangen sofort und zu jeder Zeit geöffnet, und es dürfen letztere in Ausübung ihrer Dienstpflicht gegen die Flüchtigen[8])[9]) auf keine Weise gehindert werden.

Auch sind unter den vorgedachten Nachsuchungen die Revisionen bei den auf den Grund des § 124 dieses Gesetzes unter Kontrolle stehenden Gewerbtreibenden nicht begriffen.[10])

Haussuchungen außerhalb des Grenzbezirks zum Zwecke der Verfolgung einer Übertretung der Zollgesetze können nur von den zur Untersuchung solcher Übertretungen kompetenten Behörden angeordnet und unter deren Leitung vorgenommen werden.[11])

1. Ob solche Gründe vorhanden sind, ist in das pflichtmäßige Ermessen des tätig werdenden Zollbeamten gestellt. War er von ihrem Vorhandensein überzeugt, so war seine Haussuchung berechtigt und Widerstand strafbar, auch wenn nachträglich erhellt, daß der Beamte sich tatsächlich geirrt hat. RG. E. 6 S. 400; 24 S. 218.

2. „Im Grenzbezirke" gehört zu „jemand", nicht zum folgenden. Der Betreffende, gegen welchen die Nachsuchung bzw. Haussuchung gerichtet ist, muß sich im Grenzbezirke befinden, bzw. dort wohnen, und die Haussuchung muß im Grenzbezirke stattfinden (vgl. Abs. 3); es ist nicht erforderlich, daß die Defraudation oder Konterbande selbst im Grenzbezirk ausgeführt ist.

3. Die in Satz 1 gemeinten „Haussuchungen" und „Nachsuchungen nach verbotenen oder zollpflichtigen Waren" sind nur „im Grenzbezirke" (Anm. 2) und nur gegen den, „welcher sich einer Übertretung der Zollgesetze vermutlich schuldig gemacht", sowie gegen den, „welcher zu einer solcher Übertretung durch Bergung verbotener oder zollpflichtiger Waren vermutlich mitgewirkt hat" d. h. nur gegen den Täter bzw. Teilnehmer und den Hehler zulässig, keineswegs — (so Bonnenberg, Strafverfahren in Zoll- und Steuersachen II S. 101 im Gegensatz zu I S. 54) gegen jeden beliebigen Dritten. Die ausführliche Detaillierung in der ersten Satzhälfte wäre unerklärlich, wenn sie nicht zugleich die Personen angeben sollte, gegen welche sich die Nachsuchungen und Haussuchungen zu richten haben. Auch ist nicht anzunehmen, daß die Reichsgesetzgebung hier einem Verwaltungsbeamten unbeschränkte Haussuchungen gegen jedermann auf bloße Vermutungen hin und wegen der geringfügigsten Zollübertretungen hätte gestatten wollen, während sie in der StPO. dieses Recht sogar dem Gerichte nur gewährte, wenn bestimmte Tatsachen vorliegen, aus denen zu schließen ist, daß die gesuchte Person, Spur oder Sache sich in den zu durchsuchenden Räumen befinden.

Die Haussuchungen und die Nachsuchungen des § 126 Satz 1 müssen unter persönlicher Leitung eines Oberkontrolleurs oder eines anderen Beamten von mindestens gleichem Range ausgeführt werden. Die Haussuchung kann — abgesehen von der Beschlagnahme verbotener oder zollpflichtiger Waren — die Ergreifung des Schuldigen und die Beschlagnahme von Beweismitteln bezwecken.

4. Die gefundenen konterbandierten oder defraudierten Gegenstände sind zu beschlagnahmen. § 28 Preuß. Ges. v. 23. Januar 1838; RG. E. 31 S. 47.

5. Diese Förmlichkeiten sind in den §§ 104, 105 (außer Abs. 1) 106 bis 110 StPO. enthalten. Die Durchsicht der Papiere des von der Durchsuchung Betroffenen darf gegen seinen Willen nur durch den Richter, nicht durch die Zollbeamten oder die Zollbehörde erfolgen (§ 110), und es ist ihm auf Verlangen nach Beendigung der Durchsuchung eine schriftliche Mitteilung über ihren Grund und ein Verzeichnis der beschlagnahmten Gegenstände auszuhändigen.

Unter den Begriff „Förmlichkeiten" fällt auch die Zeit, wie sich aus dem vierten Satz dieses Paragraphen ergibt. Zu berücksichtigen ist also § 104 StPO., welcher lautet:

Zur Nachtzeit dürfen die Wohnung, die Geschäftsräume und das befriedete Besitztum nur bei Verfolgung auf frischer Tat oder bei Gefahr im Verzug oder dann durchsucht werden, wenn es sich um die Wiederergreifung eines entwichenen Gefangenen handelt.

Diese Beschränkung findet keine Anwendung auf Wohnungen von Personen, welche unter Polizeiaufsicht stehen, sowie auf Räume, welche zur Nachtzeit jedermann zugänglich oder welche der Polizei als Herbergen oder Versammlungsorte bestrafter Personen, als Niederlagen von Sachen, welche mittels strafbarer Handlungen erlangt sind, oder als Schlupfwinkel des Glücksspiels oder gewerbsmäßiger Unzucht bekannt sind.

Die Nachtzeit umfaßt in dem Zeitraum vom ersten April bis dreißigsten September die Stunden von neun Uhr abends bis vier Uhr morgens und in dem Zeitraum vom ersten Oktober bis einunddreißigsten März die Stunden von neun Uhr abends bis sechs Uhr morgens.

6. Ob sie wirklich Schleichhändler waren oder die Beamten sie nur dafür gehalten haben, ist ohne Belang. Vgl. Anm. 1 u. § 161 Anm. 2.

7. Ein Oberkontrolleur braucht nicht zugegen zu sein.

8. Flüchtige bedeutet nicht, daß die fraglichen Personen wirklich geflohen seien. Das Wort soll nur ein anderer Ausdruck sein für „die (nach der Ansicht des betr. Zollbeamten) auf der Tat betroffenen und durch das Betreten von Häusern usw. der weiteren Verfolgung ausweichenden Schleichhändler." RG. E. 24 S. 218.

9. Die Dienstpflicht d. h. die Durchsuchung der verfolgenden Beamten darf sich jedoch nur gegen die Flüchtigen und deren Sachen, nicht darüber hinaus gegen den Inhaber der Wohnung richten. Letzterer braucht nur die „Ausübung der Dienstpflicht gegen die Flüchtigen", nicht gegen sich selbst zu dulden. Hierin liegt ein wichtiger Unterschied von den nach Satz 1 zulässigen Durchsuchungen und ein Ausgleich für die Loslösung von den Förmlichkeiten und Einschränkungen, denen jene unterworfen sind.

10. Diese können von den Zollbeamten jederzeit revidiert werden.

11. §§ 102 ff. StPO. In Preußen sind es nach dem Verwaltungs-Strafgesetz auch die Hauptämter, sofern die Sache nicht an die Gerichte abgegeben ist.

§ 127.

Personen, gegen welche der Augenschein den Verdacht erregt, daß sie Waren unter den Kleidern verborgen haben,[1]) und welche der Aufforderung der Zollbeamten, sich dieser Gegenstände freiwillig zu entledigen, nicht sogleich vollständig genügen, können der körperlichen Visitation unterworfen werden.[2]) Sie müssen jedoch, wenn sie die Visitation nicht bei der nächsten Zollstelle oder Ortsbehörde wollen geschehen lassen, deshalb vor die zur Untersuchung der Zollstraffälle kompetente Behörde[3]) geführt werden.[4])

1. Hierüber hat der revidierende Zollbeamte zu entscheiden, nicht nachträglich das erkennende Gericht, es sei denn, daß der Zollbeamte offenbar gegen besseres Wissen gehandelt hätte. Frauen dürfen nach allen Geschäftsanweisungen nur durch Frauen untersucht werden. Die Gebühren dieser sog. Visitierfrauen trägt der Staat, nicht die Untersuchte. PrZBl. 1876 S. 202.

2. Unter den gleichen Bedingungen kann auch derjenige, welcher eine öffentliche Niederlage (§ 97) verläßt, der körperlichen Untersuchung unterworfen werden. § 1 Nied.Reg. v. 5. Juli 1888 (RZBl. S. 551).

3. d. h. Gerichte oder Hauptzoll- und Steuerämter (vgl. § 28 Zollstrafgesetz v. 23. Januar 1838; § 1 Pr. Verordnung v. 29. Juli 1867. Preuß. Verwaltungsstrafgesetz v. 26. Juli 1897 §§ 1, 2.

4. Der nächste Weg ist zu nehmen und nicht etwa chikanös zu wechseln. RG. E. 28 S. 1.

XVIII. Von den Dienststellen und Beamten [1]) und deren amtlichen Befugnissen.

A. Im Grenzbezirk.

§ 128.

Jede Erhebungs- oder Abfertigungsstelle im Grenzbezirke soll durch ein Schild mit einer Inschrift bezeichnet werden, aus welcher hervorgeht, welche Behörde daselbst ihren Sitz hat. Die Zollämter sind entweder Hauptzollämter oder Nebenzollämter erster oder zweiter Klasse.

Bei den Hauptzollämtern ist jede Zollentrichtung und jede durch dieses Gesetz vorgeschriebene Abfertigung ohne Einschränkung, sowohl bei der Einfuhr, als bei der Ausfuhr und Durchfuhr zulässig.

Bei Nebenzollämtern erster Klasse können Gegenstände, von welchen die Gefälle nicht über zehn Taler vom Zentner (60 Mk. für 100 kg) betragen, oder welche nach der Stückzahl zu verzollen sind, in unbeschränkter Menge eingehen.

Höher belegte oder nach dem Wert zu verzollende Gegenstände dürfen nur dann über solche Ämter eingeführt werden, wenn die Gefälle von dergleichen auf einmal eingehenden Waren den Betrag von einhundert Talern (300 Mk.) nicht übersteigen.

Zur Abfertigung der auf den Eisenbahnen eingehenden Waren mit Ladungsverzeichnis (§§ 63 u. 69) sind Nebenzollämter erster Klasse ohne Einschränkung befugt.

Über Nebenzollämter zweiter Klasse können Waren, welche nicht höher als mit fünf Talern für den Zentner (30 Mk. für 100 kg) belegt sind, oder welche nach der Stückzahl oder nach dem Werte zu verzollen sind, in Mengen eingeführt werden, von welchen die Gefälle für die ganze Warenladung den Betrag von fünfundzwanzig Talern (75 Mk.) nicht übersteigen. Der Eingang von höher belegten Gegenständen ist nur in Mengen von höchstens fünfzig Pfund (25 kg) zulässig. Vieh kann über Nebenzollämter zweiter Klasse in unbeschränkter Menge eingehen.

Den Ausgangszoll können Nebenzollämter erster und zweiter Klasse in unbeschränktem Betrage erheben.

Dieselben sind ferner zur Abfertigung der mit der Post eingehenden Gegenstände ohne Einschränkung befugt.

Innerhalb der vorstehend bezeichneten Befugnisse können Nebenzollämter erster und zweiter Klasse Waren, welche mit Berührung des Auslandes aus einem Teile des Vereinsgebiets in den anderen versendet werden (§ 111), bei dem Aus- und Wiedereingange abfertigen.

Insoweit das Bedürfnis des Verkehrs es erfordert, werden einzelne Nebenzollämter von der obersten Landesfinanzbehörde mit erweiterter Abfertigungsbefugnis, auch mit der Ermächtigung zur Ausstellung und Erledigung von Begleitscheinen I versehen werden.

---

1. Vgl. §§ 19, 20 VZG. und die Anmerkungen dazu.

§ 129.[1])

Die Führer von Fuhrwerk oder Schiffen, sowie alle Personen, welche Waren transportieren, sind verpflichtet, den Anordnungen[2]) der Grenzaufsichtsbeamten Folge zu leisten und dasjenige zu unterlassen, wodurch dieselben in Ausübung ihres Amtes gehindert werden würden.[3])

Kiepen-, Korb- und Packträger, Fuhrwerke und beladene Lasttiere, welche nicht verpackte[4]) Waren führen, sowie als leer angegebenes Fuhrwerk können[5]) von den Grenzaufsehern auf der Stelle revidiert werden.

Verpackte Waren können die Grenzaufseher, wenn sie nicht durch äußere Besichtigung davon Überzeugung erlangen, daß solche keiner Transportkontrolle im Grenzbezirke unterworfen sind, in der Richtung, in welcher sich die Transporte bewegen, zur nächsten Dienststelle begleiten oder solche zur Obrigkeit des nächsten Ortes führen, um mit dieser eine Nachsuchung vorzunehmen. Bei Personen, gegen welche der Augenschein den Verdacht erregt, daß sie Waren unter den Kleidern verborgen haben, ist nach § 127 zu verfahren.

Führer von Schiffsgefäßen von weniger als fünf Lasten Tragfähigkeit müssen auf den Anruf der Grenzaufseher so bald wie möglich anhalten und, je nachdem es verlangt wird, entweder dem Ufer zusteuern und dort an schicklichen Stellen anlegen oder die Ankunft der Grenzaufseher abwarten.[6])

Wer Gegenstände führt, welche zwar im allgemeinen der Legitimationsscheins-Kontrolle unterliegen, aber unter gewissen Umständen von dem Transport-Ausweise befreit sind (§ 120), ist verbunden, den Grenzaufsehern zur Stelle die nötige Auskunft zu geben, um sie zu überzeugen, daß die transportierten Gegenstände eines Ausweises nicht bedürfen. Kann dies nicht sofort genügend geschehen, so sind die Grenzaufseher befugt, den Transport dahin zu führen, wo die verlangte Auskunft mit Sicherheit zu erlangen ist.

Reisende, welche sich auf einer Zollstraße in der unbezweifelten Richtung nach dem Grenzzollamte befinden, dürfen von den Grenzaufsehern nicht angehalten werden.

---

1. Vgl. §§ 19, 20 und die Anmerkungen dazu.

2. Diese Anordnungen müssen sich in den Grenzen des Gesetzes und der Dienstanweisungen, frei von Chikane halten. Im übrigen sind sie auf das in den folgenden Paragraphen Bestimmte nicht beschränkt. Sie umfassen alles, was nach pflichtmäßigem Ermessen des Beamten zur Durchführung der Revision und Sicherung der Verzollung nötig ist. RG. E. 34 S. 104.

3. Sonst können sie mit Gewalt zum Gehorsam gezwungen werden und verfallen den Strafen des § 161 VZG. bzw. § 113 StGB.

4. Über verpackte Waren siehe Anm. 2 zu § 21.

5. Das soll aber auch für gewöhnlich geschehen. Der Beamte hat — besondere Fälle ausgenommen — nicht das Recht, statt selbst zu revidieren, die genannten Personen zur Zollstelle zu führen, damit sie dort untersucht werden. Das wäre Chikane, es sei denn, daß bei der Revision der Verdacht der Zollhinterziehung hervortrete oder sich wirklich verpackte Waren vorfinden. RG. E. 28 S. 1.

6. Schiffe, welche außerhalb der Zollstraße mit Waren betroffen werden, unterliegen der Beschlagnahme, wenn nicht einer der Ausnahmefälle des § 21 obwaltet.

§ 130.

Die im § 20 bezeichneten Beamten haben, um der ihnen dort auferlegten Verpflichtung genügen zu können, bei vorhandenem Verdachte, daß eine Verletzung der Zollgesetze beabsichtigt werde, die Befugnis, Personen und Waren soweit anzuhalten, als solches den Grenzaufsehern selbst verstattet ist.*)

*) Also auch die konterbandierten oder defraudierten Waren zu beschlagnahmen. Vgl. Anm. 2 zu § 126.

B. Im Innern des Vereinsgebiets.

§ 131.

Im Innern des Vereinsgebiets bestehen zur Erhebung der Eingangs- und Ausgangszölle Hauptzoll- oder Hauptsteuerämter und Zoll- oder Steuerämter.

Hauptzoll- und Hauptsteuerämter, mit denen eine Niederlage für Waren verbunden ist, auf denen noch ein Zollanspruch haftet (§ 97), sind zu jeder Zollerhebung oder sonstigen zollamtlichen Abfertigung, soweit sie nach dem Gesetze im Innern stattfinden darf, ermächtigt.

Hauptsteuerämter ohne Niederlage können die ihnen durch Begleitschein II überwiesenen Zollbeträge erheben. Zur Erteilung von Begleitscheinen I sind dieselben, soweit es sich nicht um Ausstellung neuer Begleitscheine infolge der Teilung von Warentransporten (§ 50) handelt, nur auf Grund besonderer Genehmigung befugt. Der obersten Landes-Finanzbehörde bleibt es vorbehalten, ausnahmsweise diese Ämter auch zur Erledigung von Begleitscheinen I zu ermächtigen.

Den Eingangszoll von den mit der Post eingehenden Gegenständen dürfen alle Zoll- und Steuerämter ohne Unterschied erheben. Welche Zoll- und Steuerämter im Innern zur Erhebung des Ausgangszolles befugt sind (§ 34), ferner welche Ämter Abfertigungen nach Maßgabe des § 111 vornehmen, auf welche Ämter Abfertigungen nach Maßgabe der §§ 63 und 66 bis 71, und bei welchen Aus- und Umladungen der auf den Eisenbahnen unter Wagenverschluß beförderten Güter (§ 65) stattfinden können, bestimmt die oberste Landes-Finanzbehörde. Der letzteren bleibt es auch vorbehalten, nach Bedürfnis einzelnen Zoll- oder Steuerämtern im Innern die Befugnis zur Erteilung und zur Erledigung von Begleitscheinen beizulegen.

§ 132.

Steueraufseher und andere Beamte im Innern, welche mit der Handhabung der Warenkontrolle im Binnenlande (§ 125) beauftragt sind, müssen, wenn sie sich in Dienstausübung befinden, entweder in Uniform gekleidet oder mit einer vom Oberinspektor des Bezirks oder dessen vorgesetzter Behörde ausgestellten und untersiegelten Legitimationskarte versehen sein.

Sie sind befugt, Fuhrwerke und Packenträger, welche dem Anscheine nach kontrollpflichtige Waren führen und aus dem Grenzbezirke kommen, während des Transports anzuhalten und die Warenführer zur Auskunft über die geladenen Waren, sowie in geeigneten Fällen zur Vorzeigung der im Grenzbezirke erhaltenen Bezettelungen aufzufordern und durch äußere Besichtigung der Ladung, wobei eine Veränderung in der Lage der geladenen Kolli und eine Eröffnung der Verpackung nicht stattfinden darf, sich von der Übereinstimmung der Ladung mit der erhaltenen Auskunft zu unterrichten.

Findet sich hierbei, daß über eine kontrollpflichtige Ladung die erforderliche Bezettelung fehlt, oder ergibt sich ein Verdacht, daß andere als die angegebenen Waren geladen sind, oder daß die Ladung in der Menge von der vorgezeigten Bezettelung erheblich abweicht, so müssen die Aufsichtsbeamten die Ladung zu der auf dem Wege zum Bestimmungsorte zunächst gelegenen Steuerstelle oder, wenn solche über eine halbe Meile von dem Orte entfernt liegt, wo der verdächtige Transport angetroffen worden, zu der nächsten in dieser Richtung vorhandenen Polizeibehörde begleiten, um daselbst die nähere Untersuchung der Ladung vorzunehmen.

In Städten, wo zur Erhebung und Beaufsichtigung innerer Steuern besondere Beamte an den Toren stationiert sind, haben auch diese die Befugnis zur Nachfrage über die geladenen aus dem Grenzbezirke kommenden Gegenstände und, sofern sich darunter kontrollpflichtige Artikel befinden, zur Besichtigung der Ladung.

XIX. Geschäftsstunden bei den Zoll- und Steuerstellen.

§ 133.

Bei sämtlichen Grenzzollämtern und sonstigen im Grenzbezirke vorhandenen Abfertigungsstellen sollen, soweit nicht unter Berücksichtigung der örtlichen Verhältnisse eine andere Regelung stattgefunden hat, an den Wochentagen in folgenden Stunden die Geschäftslokale geöffnet und die Beamten zur Abfertigung der Zollpflichtigen daselbst gegenwärtig sein,[1] [2]) nämlich:

in den Monaten Oktober bis Februar einschließlich:
vormittags von 7 ½ bis 12 Uhr nachmittags von 1 bis 5 ½ Uhr;
in den übrigen Monaten:
vormittags von 7 bis 12 Uhr und nachmittags von 2 bis 8 Uhr.

Bei den Hauptzoll- und Hauptsteuerämtern im Innern sollen die Dienststunden folgende sein:

in den Monaten Oktober bis einschließlich Februar:
vormittags von 8 bis 12 Uhr und nachmittags von 1 bis 5 Uhr;

in den übrigen Monaten:

von 7 bis 12 Uhr und von 2 bis 5 Uhr.

Die Abfertigung der Reisenden, welche keine zum Handel bestimmten Waren mit sich führen, bei den Grenzzollämtern muß zu jeder Zeit ohne Ausnahme geschehen. Die Effekten der auf Eisenbahnen eingehenden Passagiere, sowie die auf den Eisenbahnen ankommenden, sofort unter Wagenverschluß weitergehenden Frachtgüter (§ 63) sind sowohl bei den Grenzämtern, als bei Ämtern im Innern zu jeder Zeit, auch an Sonn- und Festtagen, abzufertigen.

Wo es außerdem das Bedürfnis des Verkehrs erfordert, werden auch andere Abfertigungen zu anderen, als den oben festgesetzten Stunden, sowie an Sonn- und Festtagen, außerhalb der Zeit des Gottesdienstes, erteilt werden. Es werden in dieser Beziehung die näheren Vorschriften von den Zolldirektivbehörden getroffen werden.

---

1. Anw. zur Ausf. des VZG., Bek. des Bundesr. v. 5. Juli 1888 — § 407 der Prot. — Nr. 35.

Am Eingange jeder Zoll- und Steuerstelle ist eine Bekanntmachung, aus welcher die ordentlichen Geschäftsstunden ersichtlich sind, anzuschlagen.

2. Im Zollverkehr dürfen für Amtshandlungen, die an den Amtsstellen, in den öffentlichen Niederlagen, an den allgemein, wenn auch nur für bestimmte Waren zollamtlich erlaubten Lösch- und Ladeplätzen innerhalb der vorgeschriebenen Dienststunden ausgeführt werden, ingleichen für Warenbegleitungen von der Grenze zum Eingangsamt und umgekehrt oder zwischen Amtsstellen desselben Ortes, für Schiffsbegleitungen auf dem Rhein, der Unterweser, der Unterelbe in der Regel keine Gebühren erhoben, auch den Beamten keine besonderen Vergütungen gezahlt werden. Gebühren sind nur zu erheben für einen besonderen Aufwand an Beamtenkräften, der durch die Verabsäumung einer den Beteiligten obliegenden Verpflichtung oder durch die Gestattung einer Ausnahme von den Vorschriften des VZG., insbesondere durch Gewährung von Erleichterungen oder Vergünstigungen in der Zollbehandlung, verursacht wird. Über das Nähere Zollgebührenordnung v. 1. August 1905 (RZBl. S. 170).

XX. Strafbestimmungen.[1–6])

---

1. Die folgenden Strafbestimmungen sind besondere Vorschriften der Zollgesetzgebung im Sinne des § 2 Einf.Ges. z. StGB. und haben neben letzterem ihre Gültigkeit bewahrt; aber auch nur neben ihm, so daß alle Bestimmungen des StGB., welche mit ihnen nicht in Widerspruch stehen, auf Zollvergehen ebenso Anwendung finden wie auf andere Straftaten, mag auch im VZG. nicht (wie in § 149) ausdrücklich auf sie verwiesen sein.

Eine strafrechtliche Verfolgung von Kindern unter 12 Jahren ist daher nach § 55 StGB. ausgeschlossen; bei Personen von 12—18 Jahren, welche die zur Erkenntnis der Strafbarkeit erforderliche Einsicht besitzen, ist die Strafe zwischen dem Mindestbetrag der angedrohten Strafart — bei Vergehen 3 Mk., bei Übertretungen 1 Mk. — und der Hälfte der nach den §§ 134, 135 ff. zu ermittelnden Strafe, also dem einfachen Wert der konterbandierten Gegenstände bzw. dem doppelten Zoll zu bemessen und kann in besonders leichten Fällen auf Verweis erkannt werden (§ 57 Nr. 3, 4 StGB.); RG. E. 1 S. 336. Der Verwaltungsstrafbescheid darf nur auf Geldstrafe und Einziehung, nie auf Verweis lauten. Soll letzterer erkannt werden, so muß die Entscheidung dem Gericht überlassen werden. § 459 Strafprozeßordnung.

2. Das VZG. kennt als Zollvergehen a) die Konterbande § 134, b) die Defraudation § 135, c) die Ordnungswidrigkeit §§ 151, 152, d) die Bestechung § 160, e) die Widersetzlichkeit § 161.

Ergänzend bestimmt § 361 Nr. 9 StGB.:

Wer Kinder oder andere unter seiner Gewalt stehende Personen, welche seiner Aufsicht untergeben sind und zu seiner Hausgenossenschaft gehören, von der Begehung strafbarer Verletzungen der Zoll- und Steuergesetze abzuhalten unterläßt, — wird mit Haft bestraft.

Außerdem enthält noch das Zolltarifgesetz in den §§ 11—14 Strafbestimmungen.

3. Für die Zuständigkeit der Gerichte ist nicht die Ausdrucksweise des VZG., sondern die des StGB. (§ 1) und des GVG. (§§ 27, 73) maßgebend, so daß eine Konterbande oder Defraudation, welche mit Geldstrafe unter 150 Mk. zu ahnden wäre, sich als Übertretung darstellt, und jede Konterbande oder Defraudation, welche mit Geldbuße unter 600 Mk. zu bestrafen ist, nach § 27 Nr. 2 GVG. zur Zuständigkeit der Schöffengerichte gehört.

4. Eine Konterbande oder Defraudation, welche nach voriger Anmerkung eine Übertretung ist, unterliegt den Vorschriften für Übertretungen, nicht denen für Vergehen: an die Stelle der Geldstrafe tritt Haft bis zu sechs Wochen (§ 28 StGB.), bei mehreren Übertretungen bis höchstens drei Monaten (§ 78 Abs. 2 StGB.), wobei der Betrag von Einer bis zu fünfzehn Mark einer eintägigen Freiheitsstrafe gleich zu achten ist; Beihilfe und Begünstigung bleiben straflos. Dagegen beträgt die Verjährungsfrist nach § 164 VZG. drei Jahre, nicht wie nach § 67 StGB. drei Monate. RG. E. 13 S. 223; R. 8 S. 14.

5. Für Verletzung der Österreichischen Zollgesetze sind maßgebend die Deutsch-Österreichischen Handelsverträge v. 6. Dezember 1891 und 25. Januar 1905 nebst Zollkartell §§ 13, 14 und das Reichsgesetz v. 9. Juni 1895 S. 192. Für die Hamburgischen und Bremischen Zollausschlüsse gilt das Gesetz vom 1. Juli 1869 S. 181.

6. In Preußen wird die Veräußerung der Einziehungsgegenstände (Konfiskate) ohne Unterschied, ob die Entscheidung im Verwaltungswege oder im gerichtlichen Verfahren erfolgt ist, von den Hauptämtern nach den Vorschriften über das Verwaltungszwangsverfahren bewirkt. § 55 Ges. v. 26. Juli 1897. Die Konfiskate sind also — wenn sie veräußert werden sollen — von den Gerichten bzw. Staatsanwaltschaften an die Hauptämter abzuliefern.

Bei der Veräußerung sind die zur Wahrung des Zoll- und Steuereinkommens getroffenen Anordnungen zu berücksichtigen, insbesondere Nr. 36 der Anw. zur Ausf. des VZG., wonach Konfiskate aus Zollprozessen (für die der Eingangszoll nicht bereits gezahlt oder sichergestellt ist) nur dann in den freien Verkehr gesetzt werden dürfen, wenn durch ihren Verkauf der volle tarifmäßige Eingangszoll zur Verrechnung gelangt. Vgl. Anm. 2 zur Überschrift bei § 154 VZG.

Begriff und Strafe der Konterbande.[1–3])

§ 134.

Wer es unternimmt, Gegenstände, deren Ein-, Aus- oder Durchfuhr[4])[5])[6]) verboten ist, diesem Verbote zuwider ein-, aus- oder durchzuführen, macht sich einer Konterbande schuldig und hat die Konfiskation[7])[8]) der Gegenstände, in bezug auf welche das Vergehen verübt worden ist, und, insofern nicht in besonderen Gesetzen[9]) eine höhere Strafe festgesetzt ist, zugleich eine Geldbuße verwirkt, welche dem doppelten Werte[10]) jener Gegenstände, und wenn solcher nicht dreißig Mark beträgt, dieser Summe gleichkommen soll.[11])

---

1. Idealkonkurrenz zwischen Konterbande und Defraudation; Verhältnis beider. — Die Konterbande behandelt Gegenstände, deren Ein-, Durch- oder Ausfuhr verboten ist, die Defraudation solche, deren Ein- oder Ausfuhr gestattet, aber an eine Zollerhebung geknüpft ist. Beides kann für denselben Gegenstand nicht zusammentreffen, weshalb eine Idealkonkurrenz zwischen Konterbande und Defraudation für denselben Gegenstand ausgeschlossen ist, selbst wenn das Einfuhrverbot — wie regelmäßig (vgl. § 2 VZG.) — nur vorübergehende Geltung hat und einen bisher zollpflichtigen Gegenstand betrifft, dessen Zollpflichtigkeit nach dem Verschwinden des Verbotsgesetzes wieder auflebt. Für die Zeit des Verbots ist eben die Zollpflichtigkeit beseitigt. So auch die gleichmäßige Rechtsprechung des Pr. OTrib. (Opp. Rechtspr. 4 S. 359, 5 S. 135) und des RG. (E. 2 S. 370, 35 S. 239; R. 2 S. 368). Soweit durch dieselbe Handlung (Transport) verbotene und zollpflichtige Gegenstände eingebracht werden, ist natürlich Idealkonkurrenz zwischen Konterbande und Defraudation möglich.

Bei dieser Verschiedenheit des gesetzlichen Tatbestandes von Konterbande und Defraudation darf auch nicht alternativ auf Konterbande oder Defraudation erkannt werden; kann einer von beiden Tatbeständen nicht festgestellt werden, so muß Freisprechung erfolgen. RG. E. 22 S. 213.

Nicht im Widerspruch hjermit steht das Pr. FMReskript v. 4. April 1883 (PrZBl. S. 100), welches nur technische Vorschriften für die Behandlung konterbandierter Gegenstände durch die Zollverwaltung gibt und lautet:

Für Vieh, welches einem zeitweiligen Einfuhrverbot zuwider in das Zollgebiet eingeführt ist, bleibt die Zollpflichtigkeit nach Maßgabe des Zolltarifs bestehen, sofern es weder amtlich vernichtet, noch in das Ausland zurückgeschafft wird, sondern in den inländischen Konsum übergeht.

Hiernach ist insbesondere in denjenigen Fällen zu verfahren, wo im Grenzbezirk herrenlos betroffenes Vieh wegen Verdachts geschehener Einschwärzung mit Beschlag belegt und, nachdem die Polizeibehörde die Veräußerung gestattet hat, von der Zollverwaltung verkauft wird.

Läßt das Verbotsgesetz Ausnahmen zu, gestattet es unter gewissen Bedingungen, z. B. auf Erlaubnisschein, bestimmten Stücken jener Warengattung den Eintritt, so ist an diesen keine Konterbande möglich, sie unterliegen nach wie vor dem Zoll und sind in der bisherigen Weise als zollpflichtige Waren zu behandeln. Selbst wenn eine solche Einfuhrerlaubnis durch Vorspiegelung falscher Tatsachen von den Behörden erschlichen wird, ist das auf Grund der erteilten Erlaubnis eingeführte Vieh nicht konterbandiert. RG. E. 1 S. 353; R. 1 S. 582; E. 24 S. 33. Dagegen ist die Benutzung eines Erlaubnisscheins durch eine falsche

Person oder für falsche Stücke als Konterbande bzw. Defraudation strafbar. RG. E. 10 S. 219; R. 8 S. 697; PrZBl. 1887 S. 84. — Ob die bloße Beschränkung der Einfuhr über gewisse Ämter oder Wege, auf gewisse Verpackungsarten oder Begleitpapiere unter den Begriff eines Verbotsgesetzes fällt, ihre Verletzung also als Konterbande strafbar ist, oder ob die Defraudationsstrafe Anwendung findet, darüber vgl. Anm. 5.

Wie eine Idealkonkurrenz zwischen Konterbande und Defraudation, so ist auch eine Idealkonkurrenz zwischen Konterbande und einer Zuwiderhandlung gegen das Reichsgesetz betr. die Statistik des Warenverkehrs v. 7. Februar 1906 (RGBl. S. 109) durch unterlassene Anmeldung ausgeschlossen. RG E. 31 S. 141. Die Strafbestimmung dieses Gesetzes lautet:

§ 17. Zuwiderhandlungen gegen die Vorschriften dieses Gesetzes sowie der infolge derselben erlassenen und öffentlich bekannt gemachten Ausführungsbestimmungen von seiten der Warenführer und inländischen Empfänger, Versender oder Absender sind, unbeschadet der Vorschriften in §§ 275 und 276 des Strafgesetzbuchs, mit einer Ordnungsstrafe bis zu 100 Mark zu bestrafen. Handel- und Gewerbetreibende, Eisenbahnverwaltungen und Dampfschiffahrtsgesellschaften sowie andere nicht zur handel- und gewerbetreibenden Klasse gehörende Personen haften bezüglich der von Dritten begangenen Verletzungen der gesetzlichen und Ausführungsvorschriften nach Maßgabe des § 153 des Vereinszollgesetzes.

In betreff der Feststellung, Untersuchung, Entscheidung und Verjährung der Zuwiderhandlungen gegen die Vorschriften dieses Gesetzes und der dazu erlassenen Ausführungsbestimmungen sowie in betreff der Strafmilderung und des Erlasses der Strafen im Gnadenwege kommen die Vorschriften zur Anwendung, nach welchen sich das Verfahren wegen Zuwiderhandlungen gegen die Zollgesetze bestimmt.

Die auf Grund dieses Gesetzes erkannten Geldstrafen fallen der Staatskasse desjenigen Bundesstaates zu, von dessen Behörden die Strafentscheidung erlassen ist.

2. Begriff der Konterbande. Die Konterbande (bzw. Defraudation) setzt voraus:

1. daß das Einbringen der Ware über die Grenze (zu irgend welchem Zweck) ein vorsätzliches war („wer es unternimmt");
2. daß der Täter das Bewußtsein hatte, das Einbringen der Ware sei verboten oder könne verboten sein, bzw. bei der Defraudation, es sei geknüpft oder könne geknüpft sein an eine Zollentrichtung, welche er nicht zu leisten gedenkt.

Aus dem ersten Satz folgt, daß Konterbande wie Defraudation vorsätzliche Handlungen verlangen, während eine Ordnungswidrigkeit (§§ 151, 152 VZG.) schon bei fahrlässigem, zur Schuld anzurechnendem Handeln strafbar ist. Wer mit verbotenen Waren die Grenze überschreitet, ohne zu wissen, daß es die Grenze ist, kann nicht wegen Konterbande bestraft werden, weil er nicht vorsätzlich die Grenze überschritten hat, sondern nur wegen Ordnungswidrigkeit, und auch dies nicht, wenn ihn ausnahmsweise bei jenem Irrtum ein Vorwurf nicht trifft, ihn z. B. der Grenzbeamte über den Zug der Grenze falsch unterwiesen hätte. Ähnlich wenn ein Dritter ihm heimlich zollpflichtige Gegenstände in den Reisekoffer gepackt hat.

Der zweite Satz, welcher von der Rechtsprechung des Preuß. Obertribunals stets in Abrede gestellt worden war (Opp. Rechtspr. 13 S. 508; 20 S. 20; PrZBl. 1876 S. 231, 1878 S. 216, 1880 S. 594, Arch. f. Strafr. 20 S. 425, 27 S. 114), ist nunmehr für die Defraudation wie für die Konterbande allgemein anerkannt (RG. E. 19 S. 307, 28 S. 114, 31 S. 272 u. 415; Arch. f. Strafr. 43 S. 235; Stenglein, Strafrechtl. Nebengesetz. III. Anm. 1 zu § 134 VZG.), so daß es nur eine wissentliche, keine fahrlässige Konterbande oder Defraudation gibt. Das Verbotsgesetz insbesondere muß gerade in der in Betracht kommenden Bestimmung dem Täter bewußt gewesen sein.

3. Begriff der Konterbande, Fortsetzung; Vollendung derselben. Die Konterbande (Defraudation) kulminiert in dem verbotswidrigen Überschreiten der Grenze mit den konterbandierten Gegenständen, sie ist aber nicht dergestalt in diesem Moment beschlossen, daß alles Vorhergehende vorbereitende Handlung, alles Nachfolgende Begünstigung wäre, — vielmehr ist die Gesamttätigkeit, welche die verbotswidrige Einführung der Waren ins Inland von dem Transport zur Grenze bis zur Erreichung des Bestimmungsortes oder, wenn die Waren vorher der Zollbehörde vorgeführt und von ihr irrtümlich freigegeben waren, bis zu dieser Freigabe bezweckt, in dem Begriff der Konterbande (Defraudation) beschlossen und jeder dabei Mitwirkende, auch Ausländer, wegen Konterbande (Defraudation) strafbar (RG. E. 2 S. 260, 13 S. 228, R. 2 S. 24, 6 S. 378, 9 S. 33, E. 35 S. 13.

Während der Einfuhr müssen die begrifflichen Voraussetzungen der Defraudation und der Konterbande, insbesondere die bewußte Verletzung des Einfuhrverbotes vorhanden sein. Wird während der Einfuhr nicht gegen ein Einfuhrverbot oder ein Zollgesetz verstoßen, sondern erst nach ihrer Vollendung, d. h. erst nachdem die Ware an ihren Bestimmungsort gelangt oder von der Zollbehörde freigegeben ist, wird z. B. das der Ansteckung verdächtige Vieh zu früh verkauft oder die als „Reisebedarf" eingebrachte Sache später veräußert, so liegt darin keine Konterbande oder Defraudation, auch kein Vergehen gegen das Reichsges. v. 21. Mai 1878, wohl aber im ersten Fall ein nach § 328 StGB. strafbarer Verstoß gegen Anordnungen zur Verhütung von Viehseuchen. RG. E. 24 S. 33 und Anm. 1 zu § 135 VZG.

Andererseits ist aber das Unternehmen, der Tatbestand der Konterbande bzw. Defraudation erst erfüllt, wenn die Grenze überschritten ist; vorher kann von einem „verbotenen" oder „zollpflichtigen" Gegenstand nicht gesprochen werden, so daß, wenn es beim Transport zur Grenze verbleibt, hierin keine Konterbande (Defraudation) zu finden ist (anders Entsch. des Pr. OTrib. v. 24. Juni 1879; Arch. f. Strafr. 27 S. 562; PrZBl. 1880 S. 609); wenn es aber zum Überschreiten der Grenze kommt, auch das Vorhergehende mit eingerechnet wird und die nur dabei Beteiligten gleichfalls als Täter oder Gehilfen zu strafen sind (RG. E. 19 S. 192; R. 7 S. 445, 9 S. 33; vgl. noch E. 20 S. 169). Auch in letzterem Fall ist aber Bandenkonterbande nur anzunehmen, wenn das komplotmäßige Zusammenwirken der mehreren auf inländischem Grund und Boden stattgefunden oder in seiner Wirkung (z. B. durch Schießen) auf inländischen Grund und Boden sich bezogen hat. Überhaupt ist die Einheit der Handlung bei der Konterbande (Defraudation) dergestalt in dem Transport über die Grenze und im Inlande beschlossen, daß, wenn eine größere Warenpost zur Grenze geschafft und von hier in einzelnen Teilen eingeschwärzt wird, die bei den verschiedenen Teiltransporten Beteiligten nicht als Teilnehmer untereinander gelten können, es sei denn, daß die einzelnen Transporte sich gegenseitig unterstützten, — wohl aber die, welche einen einzelnen Teil einschwärzen, mit denjenigen, welche die ganze Warenpost in dieser Absicht zur Grenze geschafft haben.

Eine Ausnahme von dem Satz, daß die Konterbande (Defraudation) erst mit Überschreitung der Grenze erfüllt sei, findet statt, wenn das inländische Zollamt auf ausländischem Gebiet liegt und dort durch unrichtige Deklaration (§ 136 Nr. 1) oder sonstwie das Vergehen verübt wird; denn mit Verlegung des Zollamtes auf fremdes Gebiet ist durch Reichs- oder Landesgesetz bzw. völkerrechtlichen Vertrag des Reichs oder eines Einzelstaates die Zollgrenze dorthin vorgeschoben (RG. E. 13 S. 410, 18 S. 241, 19 S. 192, 21 S. 325, R. 8 S. 194, 10 S. 669; PrZBl. 1886 S. 246; Erk. des RG. v. 17. April 1891, PrZBl. 1891 S. 276).

Eine weitere Ausnahme tritt ein, wenn es sich um Verletzung eines (z. B. nicht bestehenden) Ausfuhrverbotes handelt. Hier müssen die erforderlichen Maßnahmen sich regelmäßig im Inlande abspielen; das Unternehmen ist im Gange, sobald der Transport zur Grenze begonnen hat; selbst freiwilliger Rücktritt während des Transports macht nicht mehr straflos. Es muß sich aber auch hier nicht bloß um einen vorbereitenden Transport (wie bei Opp. Rechtspr. 12 S. 650: Transport nach Köln), sondern um den eigentlichen Transport zur Grenze handeln (§ 134 Nr. 4 VZG.). Jenes wäre straflose Vorbereitungshandlung. Ausfuhrverbote zulässig, vgl. § 2 VZG. Anm. 3b.

Ob diejenigen, welche die Konterbande oder Defraudation veranlaßt, aber persönlich nicht mit ausgeführt haben, als Anstifter oder als Selbsttäter anzusehen sind, hängt davon ab, ob die von ihnen zum Transport Bestimmten gewußt haben, daß sie ein Zollvergehen begehen, oder nicht. Haben sie es gewußt, so sind sie Täter, die Veranlasser Anstifter. Haben sie es nicht gewußt, so ist der, welcher sie als unwissende Werkzeuge zum Einschmuggeln der Waren benützt hat, selbst der Täter. Stenglein (Strafrechtliche Nebengesetze des Reichs III Anm. 3 zu § 134 VZG.) will den intellektuellen Urheber auch im ersten Fall als Selbsttäter ansehen, weil er „Unternehmer" sei. Allein es ist bedenklich, von dem, welcher sich an der Einführung der Waren selbst überhaupt nicht beteiligt, zu sagen, er habe es unternommen, sie einzuführen. Auch sprachgebräuchlich wird man richtiger sagen, die Transporteure haben es unternommen, die Waren einzuführen, jener habe sie zu zu ihrem Unternehmen nur angestiftet, und man wird sich dann in Übereinstimmung mit den allgemeinen Grundsätzen des Strafrechts befinden. Das RG. schwankt, vgl. E. 2 S. 260, 17 S. 1, 25 S. 8 (12).

4. Über Einfuhrverbote vgl. § 2 VZG. und Anm. dazu.

5. Enthalten Beschränkungen der Einfuhr, z. B. die Einfuhr ist nur über gewisse Ämter, auf bestimmten Wegen, mit vorgeschriebener Verpackung, Begleitpapieren und Bescheinigungen gestattet, ein Einfuhrverbot für Waren, welche jenen Erfordernissen nicht genügen, so daß ein Einbringen solcher Waren mit Umgehung dieser Kontrollvorschriften als Konterbande zu strafen ist, oder erfordert § 134 daß die Ein-, Aus- und Durchfuhr eines Gegenstandes seiner Art nach gänzlich verboten sei?

Die Frage kann nicht ohne weiteres im letzteren Sinne bejaht werden, wie das OTribunal in seinen Entscheidungen v. 3. März 1865, 19. Dez. 1877 (Opp. Rechtspr. 5 S. 54, 18 S. 799; PrZBl. 1878 S. 207) und das Reichsgericht E. 28 S. 195 getan haben, was sich schon daraus ergibt, daß Einfuhrverbote für einzelne Teile der Grenze bestehen können, und daß selbst ganz allgemeine und zweifellose Einfuhrverbote Ausnahmen im einzelnen Fall (auf persönlichen Erlaubnisschein) zulassen, ohne daß sie dadurch — auch nach Ansicht des Obertribunals und des Reichsgerichts E. 31 S. 126, 35 S. 426 — ihren Charakter als Verbotsgesetze verlören, Zuwiderhandlungen gegen dieselben nicht als Konterbande zu strafen wären. Entscheidend ist vielmehr, ob das betreffende Gesetz im ganzen sich als ein **Zollgesetz**, oder als ein **Einfuhrverbot** darstellt. Wenn jene Beschränkungen, wie

Passieren gewisser Zollämter oder Wege, Beifügung gewisser Begleitpapiere, nur zur Sicherung der Zollerhebung dienen sollen, weil ohnedem eine genügende Kontrolle der Grenze oder eine sachgemäße Prüfung der Tarifnummer, z. B. von Garnen und Geweben (§ 4 des Tarifgesetzes), nicht durchführbar erscheint, — so enthält ein Einschwärzen solcher Waren zweifellos eine Defraudation, keine Konterbande. Ist dagegen die Einfuhrt aus gesundheitlichen oder sonstigen polizeilichen Rücksichten verboten und nur unter gewissen Bedingungen (Vorführung bei bestimmten Ämtern, vorschriftsmäßige Verpackung, Beifügung von Attesten auswärtiger Behörden ꝛc.) gestattet, so stellt die Einschwärzung solcher Waren regelmäßig eine Konterbande dar; denn das Gesetz will nicht eine Zollerhebung sichern, sondern das Inland gegen das Einbringen solcher die Gefahr der Ansteckung mit sich führenden Sachen schützen; und mit dem Einbringen beabsichtigt man nicht, einen Zoll zu umgehen, sondern jenem Verbotsgesetz sich nicht zu fügen. RG. E. 31 S. 126, 35 S. 426.

Dabei ist es grundsätzlich ohne Belang, ob das Gesetz oder die Verordnung sich selbst als Einfuhrverbot oder als Einfuhrbeschränkung bezeichnet. Beide Worte haben nicht notwendig verschiedenen Sinn. Unter Beschränkung versteht die Sprache auch teilweise Verbote. Keinenfalls erfordert der Begriff des Verbots, daß die Einfuhr der Warengattung an sich z. B. von Rindvieh schlechthin verboten sei. Ob das Gesetz eine oder mehrere Warengattungen oder nur Teile von ihnen verbieten will, ist für den Begriff des Verbotes unerheblich. Auch wenn die Einfuhr von Vieh aus einem bestimmten Lande oder, wie in § 6 des Reichsges. v. 28. Juni 1880, die Einfuhr lediglich von verseuchtem Vieh untersagt oder wenn die Einfuhr nur auf bestimmte Ursprungszeugnisse und vorschriftsmäßige Viehpässe, unter Vorführung bei bestimmten Ämtern zur Untersuchung gestattet ist, liegt darin für dasjenige Vieh, welches zu jenen besonderen Kategorien gehört oder diesen Bedingungen nicht genügt, unzweifelhaft ein Einfuhrverbot, keine bloße Einfuhrbeschränkung. Ebenso Stenglein Strafrechtl. Nebengesetze des Reichs 3 S. 421 Anm. 2. In den reichsgerichtlichen Urteilen wird dieser Punkt nicht immer mit Bestimmtheit hervorgehoben. Die Unterscheidung, welche die Reichsgesetze über Rinderpest und Viehseuchen zwischen „Verbot" und „Beschränkung" machen, hat, soweit sie abgrenzbar ist, jedenfalls den Begriff der Konterbande nicht im Auge. Sie soll vornehmlich bestimmen, ob die gegen die Anordnung eingebrachten Tiere und Sachen sofort zu töten, zu verscharren, zu desinfizieren sind oder nicht. — Beschränkungen des allgemeinen Verkehrs, insbesondere des Transports, des Weidegangs, des Marktverkehrs durch die sog. Viehkontrolle im Grenzbezirk (§ 2 Nr. 1 Ges. vom 7. April 1867; §§ 8, 20 ff. Ges. v. 23. Juni 1880) durch Beibringung von Ursprungszeugnissen für Viehmärkte usw. sind selbstverständlich keine Einfuhrverbote, wenngleich sie für ausländisches Vieh ebenso gelten wie für inländisches. RG. E. 1 S. 213, 9 S. 191.

6. Hieran schließt sich die weitere Frage: Begreift das Verbot der Einfuhr das der Durchfuhr in sich? Auch hier ist die Antwort nicht schematisch zu geben, sondern es kommt auf den Sinn des betreffenden Gesetzes an. Ist das Einfuhrverbot ein schutzzöllnerisches, so wird es die Durchfuhr nicht mit umfassen, wie schon aus dem Wortlaut des § 134 („Ein-, Aus- oder Durchfuhr") folgt. Bezweckt es dagegen den Schutz gegen ansteckende Krankheiten, so wird das Verbot der Einfuhr im Zweifel das der Durchfuhr in sich bergen, wie solches ausdrücklich für das Gesetz v. 7. April 1869 gegen die Rinderpest und v. 23. Juni 1880 gegen Viehseuchen ausgesprochen ist (vgl. Rev. Instruktion v. 9. Juni 1873 § 5; Motive

zum Gesetz v. 21. Mai 1878 S. 10 und v. 23 Juni 1880 S. 25). — Das Sprengstoffgesetz verbietet die Durchfuhr nicht.

7. Die Konfiskation ist auch gegen den Gehilfen zu verhängen, weil die Strafermäßigung des § 49 StrGB. sich auf die Konfiskation nicht bezieht. Das gleiche gilt für vorher versprochene Begünstigung, § 257 Abs. 3 StrGB.; RG. R. 6 S. 651. Kann die Konfiskation nicht vollzogen werden, so ist nach § 155 VZG. auf Erlegung des Werts zu erkennen. Immer aber darf nur entweder auf Konfiskation der defraudierten (konterbandierten) Gegenstände oder im Fall des § 155 VZG. auf Erlegung ihres Wertes bzw. die dort festgesetzte Ersatzstrafe erkannt werden, nicht auf Einziehung desjenigen Betrages, gegen dessen Hinterlegung die Zollbehörde die beschlagnahmten defraudierten Gegenstände dem Eigentümer oder einem Dritten herausgegeben hat. Diese Hinterlegung geht den Strafrichter nichts an, sie tritt für ihn nicht an Stelle des defraudierten Gegenstandes oder der Vorschriften des § 155 und hat nur die Bedeutung, den Fiskus für seine etwaigen Ansprüche auf den Zoll oder nach dem Strafurteil auf Konfiskation usw. zu sichern.

8. Kann die Konfiskation selbständig — unabhängig von einem Strafverfahren gegen einen bestimmten Täter — ausgesprochen werden?

Das sog. objektive Strafverfahren der §§ 477 ff. StrPO. ist bezüglich der Konfiskation konterbandierter oder defraudierter Gegenstände nach RG. E. 31 S. 431 nicht zulässig, wenn auch die Gegenstände dem Täter gehört haben und die Konterbande bzw. Defraudation sich als Vergehen (Strafe über 150 Mk.) charakterisiert hätte (§ 40 StrGB.; RG. E. 31 S. 431) Die konterbandierten oder defraudierten Gegenstände seien nicht zur Begehung eines vorsätzlichen Vergehens gebraucht oder bestimmt gewesen (§ 40 StrGB.) Die §§ 153, 154 VZG. ändern hieran nichts, weil § 153 nur Geldbuße, Zollgefälle und Prozeßkosten betrifft, § 154 die strafrechtliche Verurteilung des Täters zur Voraussetzung hat. Nun bestimmt zwar § 157 VZG., daß zollpflichtige Gegenstände, welche im Grenzbezirk gefunden werden, der Beschlagnahme unterliegen — indessen bezieht sich diese Vorschrift

1. nicht auf konterbandierte Gegenstände, 2. können unter „gefundenen" Gegenständen nicht Waren verstanden werden, welche unbekannten Paschern mit mehr oder weniger Gewalt abgenommen werden, 3. behält diese Vorschrift, wie das Wort „Beschlagnahme" und ein Vergleich mit § 104 zeigt, gerade dem Eigentümer seine Ansprüche vor. Das Gesetz versagt also z. B., wenn unbekannte Pascher zum Fortwerfen oder Verlassen ihrer Waren durch die Grenzbeamten gezwungen werden oder wenn die Ware einem bekannten ausländischen Händler gehört und dessen (unbekannte) Leute — ohne daß ihm Anstiftung oder Beihilfe nachzuweisen wäre — die Einschwärzung versucht haben. Während der bekannte ausländische Händler nach § 153 VZG. sogar für die Geldbuße haften würde, er müßte denn sein Nichtwissen beweisen, kann auf Konfiskation gegen ihn nicht erkannt werden, obwohl diese nach § 154 jederzeit den Eigentümer treffen soll und ohne weiteres gegen ihn mit verhängt werden würde, wenn einer der Täter ermittelt wäre. Nun vermag zwar die Zollbehörde sich im tatsächlichen Besitz des Konfiskats zu halten, indem sie das Strafverfahren nicht einstellt, — mit der Verjährung der Straftat hat aber auch diese Möglichkeit ein Ende, und der Eigentümer ist alsdann befugt, das Konfiskat bzw. seinen Wert von der Zollbehörde zurückzufordern. Für Preußen greift indessen der § 16 des Ges. betr. das Verwaltungsstrafverfahren v. 26. Juli 1897 (GS. S. 237) ergänzend ein, welcher lautet:

Sind die in Beschlag genommenen der Eiuziehung unterliegenden Gegenstände von einem Unbekannten, welcher auf der Zuwiderhandlung betroffen, aber entkommen ist, zurückgelassen worden, so verfallen sie oder ihre Erlöse ohne weiteren Ausspruch der Staatskasse, wenn sich innerhalb einer Frist von drei Monaten nach der Beschlagnahme der Betroffene oder der Eigentümer nicht gemeldet hat. Die Veräußerung der Gegenstände kann von dem Hauptamte nach Ablauf einer Woche, von der Beschlagnahme an gerechnet, auch dann angeordnet werden, wenn der Fall des § 15 (schwierige Aufbewahrung, leichte Verderblichkeit) nicht vorliegt.

9. Unter „besonderen Gesetzen" sind nicht alle Strafgesetze, welche mit der Konterbande ideal zusammentreffen können, z. B. Diebstahl, Unterschlagung, Arrestbruch, Pfandentziehung, Urkundenfälschung zu verstehen (so Oppenhoff, Komm. § 73 Nr. 9), sondern nur solche, welche sich im Verhältnis zu § 134 als „besondere" Gesetze darstellen, d. h. ein besonderes Einfuhrverbot enthalten und mit Strafe bedrohen (vgl. Anm. 11). Hierher gehören:

1. § 327 StrGB. (Einfuhrverbote gegen menschliche ansteckende Krankheiten; wissentliche Verletzung);
2. § 328 StrGB. (Einfuhrverbote gegen Viehseuchen; wissentliche Verletzung);
3. Reichsges., betr. die Rinderpest, v. 7. April 1869 (RGBl. S. 105) nebst Instruktion v. 9. Juni 1873 (RGBl. S. 147) und in Ergänzung das Reichsges. v. 21. Mai 1878 (RGBl. S. 95) betr. Zuwiderhandlungen gegen die zur Abwehr der Rinderpest erlassenen Vieheinfuhrverbote, welches Gesetz in den §§ 1 und 2 verschärfte Strafbestimmungen gegen vorsätzliche Verletzungen gibt, sich aber nur auf die Einfuhr lebender Wiederkäuer (nicht von Häuten, Haaren, Futter, Stallgeräten) bezieht. Zuständig zum Erlaß der Verbote sind in Preußen die Regierungen, in den übrigen Staaten die Ministerien;
4. Reichsges. v. 6. Juli 1904, betr. die Bekämpfung der Reblaus § 10 Nr. 2 (RGBl. S. 261 ff.);
5. Reichsges. v. 9. Juni 1884 gegen den verbrecherischen und gemeingefährlichen Gebrauch von Sprengstoffen (Einfuhr ohne polizeiliche Erlaubnis verboten);
6. Reichsges. v. 10. Mai 1903, welches die Einfuhr von Zündwaren mit weißem oder gelbem Phosphor verbietet und vorsätzliche Verletzung in § 2 Abs. 1 straft.

Die beiden letzten Gesetze regeln übrigens selbst im § 11 bzw. § 2 Abs. 3 die Einziehung, so daß für ihren Geltungsbereich § 134 VZG. ganz ausscheidet; denn sie gehen als Sondergesetz dem § 134 VZG. vor.

Zu den „besonderen Gesetzen" des § 134 VZG. gehören dagegen nicht diejenigen Strafgesetze, welche die fahrlässige Verletzung eines Einfuhrverbotes mit Strafen bedrohen. Fahrlässige Verletzung eines Einfuhrverbotes ist niemals Konterbande. Solche Gesetze behandeln Tatbestände, welche dem § 134 VZG. fremd sind, ihn geradezu ausschließen. Sie können darum mit ihm auch nicht ideell konkurrieren. Hierhier gehören namentlich:

a) Reichsges. gegen die Abwehr und Unterdrückungen von Viehseuchen (Seuchen der Haustiere außer Rinderpest) v. 23. Juni 1880 und 1. Mai 1894 (RGBl. S. 405) nebst Instruktion v. 12. Februar 1881 (RZBl. S. 36), welches in seinen §§ 65 ff. ungeachtet ihrer allgemeinen Fassung ausschließlich die fahrlässige Verletzung seiner Einfuhrverbote unter Strafe stellt. RG. E. 6 S. 159, 12 S. 19, 27 S. 357, 30 S. 415. Einfuhrverbote in Preußen von den Regierungs-Präsidenten, in den übrigen Staaten durch die Ministerien zu erlassen. Diese Einfuhrverbote sind Ausführungsbestimmungen eines Reichsgesetzes, keine landesrechtlichen Polizei-Strafverordnungen und daher den Formvorschriften der letzteren nicht unterworfen. RG. E. 22 S. 190;

b) § 3 des Reichsges., betr. die Rinderpest, v. 21. Mai 1878;

c) § 11 des Reichsges., betr. die Bekämpfung der Reblaus, v. 6. Juli 1904 gegen fahrlässige Verletzungen der Ein- und Ausfuhrverbote;

d) § 2 Abs. 2 des Reichsges. v. 16. Mai 1903, betr. Phosphorzündwaren, welcher die fahrlässige Verletzung des Einfuhrverbotes unter Strafe stellt.

10. Wert ist der inländische Verkaufswert der Ware an dem Orte bzw. in der Gegend, wo die Konterbande verübt ist, nicht der ausländische Einkaufspreis. RG. R. 10 S. 3.

11. Strafe der Konterbande. Idealkonkurrenz mit anderen Vergehen.

Die Strafe der Konterbande besteht

1. in Konfiskation der konterbandierten Gegenstände;
2. insofern nicht in besonderen Gesetzen eine höhere Strafe festgesetzt ist, in einer Geldbuße, welche dem doppelten Wert jener Gegenstände und, wenn solcher nicht 30 Mark beträgt, dieser Summe gleichkommen soll.

Unter „besonderen Gesetzen" sind nur die in Anm. 9 als solche aufgeführten zu verstehen.

Verletzt eine Handlung zugleich den § 134 und eins dieser „besonderen" Gesetze, so ist 1. allemal auf Konfiskation und sodann 2. entweder auf die Geldstrafe aus § 134 oder auf die Strafe aus jenem „besonderen" Gesetze zu erkennen, je nachdem die eine oder die andere die härtere ist. Wenn das Reichsgericht (E. 18 S. 174, R. 10 S. 619, vgl. R. 6 S. 679) auf dies Zusammentreffen des § 134 mit „besonderen" Gesetzen den Gesichtspunkt der Idealkonkurrenz (§ 73 StrGB.) anwendet und ausführt, daß durch jene Vorschrift des § 134 der Grundsatz des § 158 VZG., wonach bei Idealkonkurrenz Strafhäufung eintreten solle, alteriert werde, — so kann dem nicht beigepflichtet werden. Es handelt sich hier nicht um Idealkonkurrenz, kaum um Gesetzeskonkurrenz, sondern um ein einheitliches Strafgesetz, weil die Strafsanktion des § 134 die jener „besonderen" Gesetze ausdrücklich in sich aufnimmt und durch sie erst vollständig wird, und weil der Tatbestand des § 134 seinen sachlichen Inhalt erst durch das Einfuhrverbot jener besonderen Gesetze empfängt. § 134 ist ein Blankettgesetz. Der § 134 verletzt daher den § 158 VZG. nicht, indem letzterer sich auf eigentliche Ideal- und Realkonkurrenz bezieht, also ein anderes Verhältnis im Auge hat. — Hieraus ergeben sich wichtige Folgerungen. Zunächst die, daß der § 158 VZG. bei wirklicher Idealkonkurrenz zwischen Konterbande und anderen Vergehen, z. B. Diebstahl, Urkundenfälschung, — Geltung behält und dann die Diebstahlsstrafe und die volle Strafe der Konterbande aus § 134 (bzw. einem jener „besonderen", Gesetze) nach sich zieht (anders Oppenhoff, Komm. § 73 Note 9). Sodann die, daß wenn in jenen „besonderen" Gesetzen eine härtere Höchststrafe, aber mit geringerem Mindestmaß angedroht ist, nicht auf dieses Mindestmaß (wie bei eigentlicher Idealkonkurrenz. Pl.Beschl. des RGerichts: E. 6 S. 180, R. 4 S. 337) herabgegangen werden darf, sondern immer wenigstens eine Geldstrafe von doppeltem Wert bzw.

von 30 Mk. ausgesprochen werden muß; denn § 134 VZG. sagt nicht wie § 73 StrGB., daß das härtere Strafgesetz (schlechthin) anzuwenden sei — dies ist nicht möglich, weil § 134 und die „besonderen" Gesetze, wie oben ausgeführt, nur ein einheitliches Strafgesetz bilden —, sondern, daß die höhere Strafe zu erkennen sei. Nun ist allerdings jede Freiheitsstrafe härter als jede Geldstrafe, so daß bei Verletzung der §§ 328 StrGB., 134 VZG. auf einen Tag Gefängnis herunter gegangen werden darf, wenngleich dies praktisch nicht zu billigen wäre, — es kann aber z. B. bei Verletzung der § 12 RGes. v. 3. Juli 1883, § 134 VZG. (d. h. wenn wissentlich zur Verhütung der Reblauskrankheit erlassene Einfuhrverbote verletzt werden) nicht auf Geldstrafe unter 30 Mk. erkannt werden, obwohl jenes Gesetz v. 21. Juni 1880 für den einzelnen Fall eine höhere Maximalstrafe zuläßt und auf eine Geldstrafe von 10 Mk. heruntergeht.

Bei Bandenkonterbande ist die in § 146 bestimmte Zusatzstrafe noch neben der aus den „besonderen" Gesetzen (und selbstverständlich auch bei wirklicher Ideal- oder Realkonkurrenz) auszusprechen, ebenso die Zusatzstrafen der §§ 147, 148 VZG.; wogegen die Rückfallstrafen der §§ 140, 141, sowie die Strafschärfungen der §§ 144, 145 denselben Bedingungen folgen, wie die Geldstrafe des § 134, d. h. mit den Strafen der „besonderen" Gesetze elektiv konkurrieren.

Bei wirklicher Ideal- oder bei Realkonkurrenz findet, wie oben dargelegt, die Strafhäufung des § 158 bei der Konterbande ebenso Anwendung wie bei der Defraudation (§ 158 VZG.).

Begriff [1] und Strafe der Defraudation.

§ 135.

Wer [2] es unternimmt, [3] [4] die Ein- oder Ausgangsabgaben [5] [6] (§§ 3 und 5) zu hinterziehen, macht sich einer Defraudation schuldig und hat die Konfiskation [7] der Gegenstände, in bezug auf welche das Vergehen verübt worden ist, und zugleich eine dem vierfachen Betrage der vorenthaltenen Abgaben [8] [9] [10] [11] gleichkommende Geldbuße verwirkt. Diese Abgaben sind außerdem zu entrichten. [12]

---

1. Über Begriff der Defraudation, Ideal- und Realkonkurrenz mit anderen Vergehen vgl. die Anm. 1, 2, 3, 11 zu § 134, bzw. 158 VZG.

Voraussetzung der Defraudation ist, wie schon zu § 21 und § 134 Anm. 1 bemerkt, die Zollpflichtigkeit der Ware. Nichtzollpflichtige Waren können dadurch, daß sie heimlich über die Grenze gebracht werden, nicht defraudiert werden, mag auch der Kontrolle wegen ihre Vorführung beim Zollamt vorgeschrieben sein. Wohl tritt unter Umständen, z. B. wenn sie so verpackt sind, daß ihre Beschaffenheit nicht sogleich erkannt werden kann (§ 21 VZG. und Anm. 2 dazu), eine Ordnungsstrafe aus § 152 VZG. oder wegen Nichtanmeldung zur Statistik eine Strafe aus § 17 des Reichsges. v. 20. Juli 1879 ein, nicht aber die Defraudationsstrafe. RG. E. 23 S. 328, 26 S. 22. Zollfrei sind nun nicht bloß solche Waren, die ihrer Gattung nach zollfrei sind, sondern auch solche, die aus besonderen Gründen gesetzlich Zollfreiheit genießen, z. B. die in § 5a und b, § 6 Nr. 1—3, 6—8 des Zolltarifgesetzes oder die in den Anmerkungen zu Nr. 109 des Zolltarifs (Bedürfnisse der Grenzbewohner, RG. E. 25 S. 29) aufgeführten. Wohl zu unterscheiden davon sind diejenigen Waren, welche auf „besondere Erlaubnis" zollfrei sind (vgl. Zolltarifgesetz § 6 Nr. 4, 5). Deren heimliche Einbringung ohne Erlaubnis unterliegt der Defraudationsstrafe. Haben sie aber die Erlaubnis, so stehen sie der ersten Kategorie gleich. Endlich gibt es Waren, die von der Zollpflicht nur befreit sind bei Festhaltung und Nachweis ihrer Identität, z. B. die von dem Inland durch das Ausland nach dem Inland transitierenden (ihrer Gattung nach zollpflichtigen) Waren. Diese sind zollfrei nur, wenn sie beim Eingang ihre Identität gehörig nachweisen, heimliches Einbringen zieht die Defraudationsstrafe nach sich. Anm. 7 zu § 111 VZG.

Waren, die nur aus bestimmten Gründen zollfrei sind, verlieren durch späteren Wegfall dieser Gründe jene Eigenschaft nicht, wenn eine Täuschung beim Eingange nicht stattgefunden, hat z. B. wird Reisebedarf (Zolltarifgesetz § 6 Nr. 6 und 7) dadurch nicht zollpflichtig, daß er tatsächlich nicht verzehrt oder nicht weiter gebraucht, sondern — auf Grund neuen Entschlusses im Inlande veräußert wird. RG. E. 24 S. 33 und München Bd. 8 S. 69. Eine Ausnahme hiervon machen Fahrzeuge und Zugtiere, die nach § 6 Nr. 8 Zolltarifgesetz zollfrei eingelassen werden, aber nach Abs. 4 zollpflichtig werden, wenn sie dauernd im Inlande verbleiben.

Anders ist es auch, wenn Zollfreiheit oder ein niedrigerer Zollsatz nur unter gewissen Bedingungen d. h. zu bestimmten Verwendungen oder zur Durchfuhr gewährt und die Ware dann unter Verletzung dieser Bedingungen anderweit verwendet wird. Hier liegt Zolldefraudation vor, und zwar vermutete, § 136 Nr. 9 VZG. Vgl. RG. E. 18 S. 231, 20 S. 306 (308).

2. Verüben mehrere eine Defraudation gemeinschaftlich, so ist jeder in den vierfachen Betrag des gemeinsam hinterzogenen Zolles zu verurteilen, mag er auch nur einen Teil der eingeschwärzten Waren oder gar nichts getragen haben, § 149 VZG., § 47 StrGB.

3. Das „Unternehmen" kann sich in die verschiedensten Formen kleiden: Lieferung eines untauglichen Denaturierungsmittels; Verleitung der Beamten (durch unrichtige Deklaration), ein falsches Denaturierungsmittel anzuwenden (RG. E. 21 S. 325); fälschliche Bezeichnung als Grenzbewohner, um Zollfreiheit zu genießen; Behauptung, daß Pferd und Wagen als Reisegefährt dienen sollen, während sie zum Verkauf bestimmt sind ꝛc.

Das zu liefernde Denaturierungsmittel muß die Ware zum Genuß für Menschen dergestalt unbrauchbar machen, daß seine Ausscheidung nur unter Anwendung unverhältnismäßiger, d. h. den Zollbetrag übersteigender Kosten möglich ist (RG. E. 11 S. 336; R. 7 S. 37). Natürlich muß es auch in der Tat das im Tarifgesetz (Warenverzeichnis) zugelassene sein, weil ein anderes Denaturierungsmittel überhaupt keine Zollfreiheit begründet (RG. E. 21 S. 325). Ebenso zieht die Deklaration zollpflichtiger Waren „als Reisebedarf" die Defraudationsstrafe nach sich, wenn der Deklarant nicht die Absicht hat, sie auf der Reise zu gebrauchen. RG. E. 16 S. 224. PrZBl. 1887 S. 506. Ob die Ware nachträglich doch noch als Reisebedarf verwandt wird, worauf jenes Erkenntnis Gewicht zu legen scheint, kann nicht von Bedeutung sein, weil das „Unternehmen" durch die wissentlich falsche Angabe bereits vollendet ist und nicht wieder aus der Welt geschafft werden kann.

4. Eine Zolldefraudation soll nach RG. E. 19 S. 361 vorliegen, wenn jemand eine an sich zollpflichtige Menge — um die Entrichtung des Zolls zu umgehen — in Teilbeträgen bezieht, welche an sich nicht zollpflichtig sind, z. B., weniger

als 5 Pf. Zoll zu entrichten haben, vorausgesetzt, daß diese verschiedenen Transporte aus demselben Entschluß entspringen, die Waren die gleiche Bestimmung haben, das Ganze sich somit als „einheitliches" Unternehmen, als „einheitliche" Tat darstellt.

Gegen diese Entscheidung ist einzuwenden:

a) Es muß jedermann unverwehrt sein, die Bestimmungen des Tarifgesetzes so wie sie seinen Zwecken am dienlichsten sind, zu benutzen, seine Waren umzupacken, umzuformen, wie es ihm beliebt, um dadurch einen niedrigeren Zollsatz oder Zollfreiheit zu erlangen, z. B. eine zollpflichtige Mischung zu zerlegen und in ihren — zollfreien — einzelnen Bestandteilen einzuführen. Aus demselben Grunde muß es gestattet sein, seine Ware in zollfreien Teilbeträgen einzuführen, wenn man Mühe und Kosten nicht scheut, z. B. in Postkollis unter 250 g Gewicht — wie es gestattet ist, statt eines Postkollos von 10 kg zwei à 5 kg zu versenden, um das höhere Porto zu vermeiden. Wenn das Mißbrauch genannt wird, so ist dieser Mißbrauch doch ein gesetzlicher und der Richter nicht berufen, ihn zu strafen; nur dem Bundesrat ist durch das Zolltarifgesetz die Befugnis übertragen, in solchen Fällen örtliche Beschränkungen eintreten zu lassen.

b) Nicht im einheitlichen Erwerb der Waren, im einheitlichen Zweck ihrer Einführung, sondern im Transport liegt die Einheit der Handlung bei der Zolldefraudation (vgl. Anm. 3 zu § 134). Sind es mehrere Transporte, so sind es mehrere Defraudationen, mögen die Schmuggelwaren auch einheitlich erworben und mag ihre (gleichzeitige oder allmähliche) Einführung zum selben Zweck auch von vornherein geplant sein, auf demselben Entschluß beruhen. Umgekehrt können mehrere — an sich selbständige — Transporte nicht durch jene Gesichtspunkte zu einer einheitlichen Tat zusammengefaßt werden, so daß sie — im einzelnen zollfrei — in ihrer Gesamtheit zollpflichtig würden. Wenn die Grenzbewohner sich ein für allemal vorgenommen haben, ihren Fleischbedarf aus dem Auslande zu beziehen, so ist dies auch ein einheitlicher Entschluß in jenem Sinne, — und doch wird niemand darin eine Defraudation finden. Wenn dagegen jemand eine zollpflichtige Quantität über die Grenze schafft und in zollfreien Teilbeträgen unter seine Mitreisende verteilt, so liegt allerdings eine Defraudation vor, selbst wenn die Verteilung jenseits der Grenze geschehen war und bis zur Erreichung des Bestimmungsortes aufrecht erhalten wird, — aber nur, weil sämtliche Teilbeträge dauernd in unmittelbarer Verfügungsgewalt des Eigentümers verbleiben, die Mitreisenden nur seine Gehilfen und Handlanger sind und das Ganze sich zweifellos als einheitlicher Transport darstellt. Vgl. RG. E. 23 S. 302.

5. Ausgangsabgaben bestehen z. Z. nicht; die Eingangsabgaben enthält der Zolltarif.

Über Zollfreiheit von Postsendungen: Anm. 3 zu § 91.

Über Zollfreiheit im kleinen Grenzverkehr: Anm. zu § 116.

Waren in Mengen unter 50 g unterliegen einem Gewichtszoll nicht; Zollbeträge unter 5 Pf. werden nicht erhoben (§ 5 Zolltarifgesetz).

6. Hierher gehören nicht die sog. „Übergangsabgaben" (vgl. § 7 VZG.), wie sich aus der Anziehung der §§ 3, 5 und, weil die Übergangsabgaben innere Steuern sind, ergibt. Für deren Erhebung und Hinterziehung kommen die auf den älteren Zollvereinsverträgen beruhenden landesgesetzlichen Bestimmungen der damals vereinbarten Zollgesetze, Zollordnungen, Zollstrafgesetze (Art. 3 § 7 Zollvereinigungsvertrag v. 8. Juli 1867) mit den durch das Bundesgesetz v. 18. Mai 1868 (BGBl.

S. 225) gegebenen Abänderungen zur Anwendung. RG. E. 7 S. 328. Motive zum VZG. §§ 134—165 am Ende, Denkschrift Nr. 4, Punkt 75, Abs. 4, S. 82; vgl. noch Delbrück: „Art. 40 der Reichsverfassung" S. 33, 34.

Die Strafbestimmung für Preußen ist in § 2 des Preuß. Zollstrafgesetzes v. 23. Januar 1838 enthalten, welcher lautet:

Wer es unternimmt, dem Staat die an der Grenze eines Zollvereinsstaates zu erhebenden Ausgleichungsabgaben zu entziehen, hat die Konfiskation der Gegenstände, in bezug auf welche das Vergehen verübt worden ist, und zugleich eine dem vierfachen Betrage der vorenthaltenen Abgaben gleichkommende Geldbuße, welche jedoch niemals uuter einem Taler (3 Mark) betragen soll, verwirkt. Diese Abgaben sind außerdem nach dem Zolltarif zu entrichten.

7. vgl. Anm. 7, 8 zu § 134.

8. Die Zollpflichtigkeit und die Unterstellung der defraudierten Ware unter die Nummern des Zolltarifs, sowie die Höhe der vorenthaltenen Abgaben ist von den Gerichten selbständig zu prüfen; die Vorentscheidung bzw. gutachtliche Äußerung der Zollbehörden und die für letztere geltenden reglementarischen Anordnungen sind für die Gerichte nicht bindend, wohl aber nach § 12 VZG. das amtliche Warenverzeichnis mit seinen Vormerkungen und Anmerkungen. Gegenteilige Vorschriften der Landesgesetze haben keine Geltung. § 6 Einf.G., § 260 StrPO.; RG. E. 13 S. 1, 17 S. 21, 25 S. 8, 26 S. 86; R. 7 S. 57.

9. Kann die eingeschwärzte Ware ihrer Qualität nach nicht festgestellt werden, ist aber Zollpflichtigkeit anzunehmen, so ist auf Konfiskation bzw. Werterſatz, sowie auf die Strafschärfungen der §§ 146, 147, 148 VZG., nicht aber auf eine Geldbuße (insbesondere nicht nach dem höchsten Tarifsatz) zu erkennen (RG. E. 14 S. 195, 22 S. 213; R. 8 S. 433, PrZBl. 1887 S. 76). Die Beschlüsse der I. Generalkonferenz v. 24. Aug. 1836 (§ 17) hatten für diesen Fall eine Geldstrafe von 10 bis 100 Tlr. vorgesehen. Sind Gattung und Gewicht annähernd festzustellen, so ist die Strafe nach dem niedrigsten Satz der ermittelten Tarifnummer bzw. Tarifnummern und dem mindestens festzustellenden Gewicht zu bestimmen.

10. Betragen die hinterzogenen Gefälle weniger als 25 Pfg., so ist die Geldbuße doch nur auf das Vierfache, nicht auf 1 Mk. festzusetzen, obwohl § 27 StrGB. den Mindestbetrag der Geldstrafe auf 1 Mk. feststellt. Nach RG. E. 16 S. 159; R. 9 S. 369 kann in solchem Fall eine Haftstrafe nicht substituiert werden, weil § 162 Abs. 2 VZG. für das Verhältnis, nach welchem die substituierte Freiheitsstrafe abzumessen ist auf die Landesgesetze — jetzt das StrGB. — verweist, dies aber in § 29 bestimmt:

Bei Umwandlung . . . . einer wegen einer Übertretung erkannten Geldstrafe (ist) der Betrag von Einer bis zu fünfzehn Mark einer eintägigen Freiheitsstrafe gleich zu achten

und in Abs. 2 geringere Freiheitsstrafen als einen Tag verbietet. Diese unbedenklich richtige Entscheidung — unbedenklich auch deshalb, weil die Begrenzung des Mindestmaßes in § 27 StrGB. kein bloß ungenauer Ausdruck ist, sondern allgemein einen zu niedrigen Maßstab für Bemessung der Freiheitsstrafe ausschließen soll, — entspricht übrigens auch den Beschlüssen der ersten Generalkonferenz v. 24. August 1836 und war schon in der Fassung des dortigen § 15 Abs. 1 zum Ausdruck gelangt.

11. Ist die Einfuhr von Waren zum tarifmäßigen Zollbetrage nur über gewisse Ämter gestattet, die Einfuhr über andere aber gegen Erlegung des höchsten Tarifsatzes nachgelassen (z. B § 4 Zolltarifgesetz v. 25. Dezember 1902), so ist im Defraudationsfall nur der tarifmäßige Satz der Strafe zugrunde zu legen,

weil die Einbringung gegen Erlegung des höchsten Zollsatzes nur ein (eigentlich selbstverständliches) Recht des Einbringers ist. Es soll jedoch in solchem Fall die angehaltene Ware oder eine Probe derselben einem mit jener Abfertigungsbefugnis versehenen Amte zur Revision und Festsetzung des Zolles übersandt werden. PrFMReskript. v. 15. Sept. 1881; PrZBl. S. 383.

12. Über die Entrichtung des Zolls haben niemals die Gerichte, sondern die Verwaltungsbehörden zu befinden. Die strafrichterlichen Urteile haben sich jeder Anordnung für Nachzahlung der hinterzogenen Abgaben zu enthalten, obwohl deren Höhe zur Berechnung der Defraudationsstrafe von ihnen selbständig zu prüfen ist. Auch die Strafbescheide der Verwaltungsbehörden vermeiden besser eine Berührung dieses Punktes, weil er nicht hinein gehört und mit dem Strafbescheid weder anfechtbar noch rechtskräftig wird (vgl. Opp. Rechtspr. OTrib. 12 S. 579). Für Preußen ist letzteres vorgeschrieben (Verw.-Strafges. v. 26. Juli 1897).

Tatbestand der Konterbande und der Defraudation.[1]

§ 136.[2]

Die Konterbande, beziehungsweise Zolldefraudation, wird insbesondere dann als vollbracht angenommen:[3])

1. a) wenn verbotene Gegenstände von Frachtführern,[4]) Spediteuren[5]) oder anderen Gewerbetreibenden[6]) — von letzteren, insofern die Gegenstände zu ihrem Gewerbe in Bezug stehen — unrichtig[8]) oder gar nicht[7]) deklariert,[9]) oder

b) von anderen Personen wider besseres Wissen unrichtig deklariert[9]) oder bei der Revision verheimlicht[10]) werden;[11])

c) wenn in Fällen der speziellen Deklaration (§§ 39, 41, 55, 66, 81, 88) zollpflichtige Gegenstände von den unter a) bezeichneten Personen gar nicht oder in zu geringer Menge oder in einer Beschaffenheit, welche eine geringere Abgabe würde begründet haben, deklariert[9]) werden;

d) wenn in anderen Fällen (§§ 63, 69, 75, 78) von den unter a) bezeichneten Personen Kolli, welche zollpflichtige Gegenstände enthalten, oder dergleichen unverpackte Gegenstände überhaupt nicht deklariert[9]) werden;

e) wenn von anderen als den unter a) bezeichneten Personen wider besseres Wissen zollpflichtige Gegenstände unrichtig deklariert[9]) oder bei der Revision verschwiegen werden.[11])

Inwieweit Abweichungen, welche sich gegen das deklarierte Gewicht herausstellen, straffrei zu lassen sind, bestimmen die §§ 39, 66 u. 81;

2. wenn bei einer Revision ohne vorherige Deklaration[9]) verbotene oder zollpflichtige Gegenstände

a) im Falle des § 27 nicht zur Revision gestellt,[12]) oder

b) im Falle des § 92 durch getroffene Anstalten verheimlicht werden;

3. wenn beim Eingange mittels der Eisenbahn (§ 61)

a) verbotene oder zollpflichtige Gegenstände vorbehaltlich der im § 61 bestimmten Ausnahmen in den Personenwagen oder sonst anderswo als in den Güterwagen, oder

b) andere zollpflichtige Gegenstände, als solche, welche die Angestellten [12a]) oder Arbeiter der Eisenbahnverwaltung auf der Fahrt selbst zum eigenen Gebrauch oder zu dienstlichen Zwecken nötig haben, auf den Lokomotiven oder in den dazu gehörigen Tendern sich befinden,

c) verbotene oder zollpflichtige Gegenstände vor der Ankunft des Zuges am Grenzzollamte ausgeladen oder ausgeworfen werden;

4. wenn ausgangszollpflichtige Gegenstände ohne vorherige Anmeldung und Entrichtung oder Sicherstellung des Ausgangszolles entgegen den Bestimmungen in den §§ 71 und 88 zur Beförderung nach dem Auslande verladen worden sind;

5. wenn beim Transport verbotener oder zollpflichtiger Gegenstände im Grenzbezirke

a) die Zollstätte, bei welcher dieselben bei dem Ein- oder Ausgange hätten angemeldet oder gestellt werden sollen, ohne solche Anmeldung überschritten oder umgangen,

b) die vorgeschriebene Zollstraße oder der im Zollausweis (§§ 21 und 119) bezeichnete Weg [13]) nicht innegehalten,

c) der Transport ohne Erlaubnis der Behörde außer der gesetzlichen Tageszeit (§ 21) bewirkt wird, oder

d) Gegenstände ohne den vorschriftsmäßigen Zollausweis [14]) (§ 119) betroffen [15]) werden, oder mit diesem nicht übereinstimmen; [16])

6.[17]) wenn über verbotene oder zollpflichtige Gegenstände, welche aus dem Auslande eingehen, vor der Anmeldung und Revision bei der Zollstätte, oder wenn über derartige zur Durchfuhr oder zur Versendung nach einer öffentlichen Niederlage deklarierte oder sonst unter Zollkontrolle befindliche [18]) [19]) Gegenstände auf dem Transport eigenmächtig verfügt [20]) [21]) [22]) wird;

7.[23]) wenn Gewerbtreibende im Grenzbezirke [24]) sich nicht in Gemäßheit der nach § 124 [25]) getroffenen Anordnungen über die erfolgte Verzollung oder die zollfreie Abstammung [26]) der bezogenen [27]) Gegenstände ausweisen [28]) können; [29])

8. wenn unverzollte Waren aus einer Niederlage [30]) ohne vorschriftsmäßige Deklaration (Abmeldung) entfernt werden;

9. wenn Gewerbtreibende, denen zur Beförderung ihres Gewerbes und unter der Bedingung der Verwendung zu diesem Zwecke der Bezug zollpflichtiger Gegenstände ganz frei oder gegen eine geringere Abgabe verwilligt wurde, dieselben ohne vorherige Nachzahlung der vollen Abgabe anderweit verwenden oder veräußern; oder wenn Personen, denen Waren von der Zollverwaltung unverzollt anvertraut wurden, über dieselben zur Verkürzung der Zollgefälle gegen die Zollgesetze oder Verordnungen verfügen.[31])

---

1. Die Überschrift (im amtlichen Texte: Marginal) ist ungenau; der Tatbestand der Konterbande und Defraudation ist in den §§ 134, 135 enthalten.

2. Die §§ 136, 137 finden auf die Verletzung österreichischer Zollgesetze keine Anwendung. RGes. v. 9. Juni 1895 (RGBl. S. 253). RG. R. 9 S. 12; PrZBl. 1888 S. 107.

3. „Die Konterbande bezw. Zolldefraudation wird insbesondere dann als vollbracht angenommen.“ Wie aus diesen Worten sich ergiebt, will § 136 nur diejenigen Formen, in welche sich erfahrungsmäßig Konterbande und Defraudation am häufigsten kleiden, bzw. in welchen sie sich der Beobachtung gewöhnlich darbieten, hervorheben und an das Hervortreten dieser Formen die gesetzliche Vermutung knüpfen, daß sich hinter ihnen im Einzelfall eine wirkliche Konterbande oder Defraudation verbirgt, — eine Vermutung, welche allerdings (für die meisten Fälle) von dem Täter durch den bestimmten, aber nicht formellen (137 VZG. Anm. 1) Nachweis, daß eine Konterbande oder Defraudation nicht dahinter steckt, oder — wie das Gesetz sich ausdrückt — daß der Täter eine solche nicht habe verüben können oder wollen, widerlegt werden darf, wo dann nur eine Ordnungsstrafe Platz greift. RG. E. 26 S. 24, 28 S. 114, 35 S. 241.

Die Nummern des § 136 erschöpfen also weder die möglichen Arten der Konterbande und Defraudation, noch bilden sie neben den §§ 134, 135 ein selbständiges formales Vergehen (wie das Pr.OTribunal in Opp.Rechtspr. 16 S. 435, Arch. f. Strafr. 23 S. 138 und sonst annahm). Sie enthalten nur die Vorschrift, daß, wenn die in ihnen erwähnten Tatsachen festgestellt sind, damit genügender Beweis für das Vorhandensein einer Konterbande oder Defraudation erbracht ist und entsprechende Verurteilung einzutreten hat. Hieraus ergibt sich, daß die verschiedenen Nummern des § 136 nicht real untereinander konkurrieren, bei demselben Transport nicht mehrfache Bestrafung begründen, — sie erbringen dann doppelten oder dreifachen Beweis für dieselbe Einschwärzung, aber sie beweisen nicht zwei oder drei selbständige Vergehen, es müßte denn nach der besonderen Lage des Falles anzunehmen sein, daß in der Tat wiederholte selbständige Versuche, dieselbe Sache einzuschwärzen, stattgefunden haben.

Ebensowenig können sie für denselben Transport mit §§ 134, 135 real konkurrieren: wird z. B. neben dem Transport im Grenzbezirk ohne Zollausweis (§ 136 Nr. 5d) durch weitere Umstände nachgewiesen, daß die Ware heimlich, bei Nacht und Nebel über die Grenze gepascht ist, — so liegt auch hier nur doppelter Beweis für dieselbe Einschwärzung vor, die Vermutung tritt hinter der Wirklichkeit zurück und die §§ 134, 135 kommen unmittelbar, aber nur einfach, zur Anwendung. Wie in Anm. 3 zu § 134 hervorgehoben, umfaßt die Konterbande bzw. Defraudation eben die Gesamttätigkeit, welche die verbotswidrige Einführung der Gegenstände ins Inland vom Transport zur Grenze bis zur Erreichung des Bestimmungsortes bezweckt, und es liegt auf der Hand, daß diese Gesamttätigkeit in ihren verschiedenen Abschnitten mehr oder weniger zur Aufdeckung gelangen, gegen mehr oder weniger Kontrollvorschriften oder Verbote verstoßen kann und doch immer dieselbe Tat bleibt. RG. E. 10 S. 406, 35 S. 242; R. 6 S. 352. Aus demselben Grunde darf nicht mehr aus § 136 VZG. verurteilt werden, wenn bereits festgestellt ist, daß Konterbande oder Defraudation nicht vorliegt. Es darf dann nur nach § 137 Abs. 2 VZG. auf eine Ordnungsstrafe erkannt werden. RG. E. 35 S. 238.

Weil § 136 nicht selbständige formale Vergehen, sondern die gesetzliche Vermutung schafft, daß mit der Absicht, d. h. dem Bewußtsein der Zollhinterziehung bzw. Konterbande gehandelt worden ist, — so folgt weiter, daß, wenn einer der Täter nachweist, er habe diese Absicht nicht gehabt, solches dem Anstifter oder Gehilfen nicht zum Vorteil gereicht, gegen diesen vielmehr — wie gegen alle anderen Beteiligten — die Vermutung, daß sie mit der Absicht der Zollhinterziehung gehandelt haben, bestehen bleibt. Hat beispielsweise der Absender den guten Glauben des Frachtführers zu unrichtiger spezieller Deklaration benutzt, so ist er selbst aus § 136 Nr. 1c strafbar, obwohl gegen den Frachtführer nur eine Ordnungsstrafe ausgesprochen wird; denn er selbst hat es „unternommen, die Eingangsabgaben zu hinterziehen", indem er wissentlich eine falsche Deklaration veranlaßte. Er ist als Selbsttäter — nicht, wie RG. E. 17 S. 1, 25 S. 12 annimmt, als Anstifter — zu bestrafen; denn er hat sich des im guten Glauben handelnden Frachtführers als „Werkzeug" bedient (vgl. RG. E. 1 S. 146, 3 S. 96, 4 S. 256; R. 2 S. 151 und sonst); als Anstifter wäre er nur anzusehen, wenn der Haupttäter selbst sich des Vergehens schuldig gemacht hätte, oder wenn für diesen nur ein persönlicher Strafausschließungsgrund, z. B. jugendliches Alter, gegeben wäre. Mangelnde Absicht aber ist kein persönlicher Strafausschließungsgrund. Ebenso Stenglein Strafr. Nebengef. III. Anm. 3 zu § 134 VZG. und RG. E. 2 S. 260.

Weil § 136 keine selbständigen formalen Vergehen schafft, so muß, wenn bei einem Transport mehrfache Verstöße gegen § 136 oder neben solchen der Tatbestand der §§ 134, 135 unmittelbar bewiesen werden, bei dieser gesamten Tätigkeit die schwerere Form der Teilnahme die leichtere absorbieren (RG. E. 10 S. 406; R. 6 S. 352). Die Formen der Teilnahme folgen sich als Mittäterschaft, Anstiftung, Beihilfe. Wird erwiesen, daß A. beim Hinüberschaffen über die Grenze oder bei § 136 Nr. 5d als Mittäter, bei § 136 Nr. 1 als Gehilfe beteiligt war, so ist er als Täter zu strafen, nicht als Gehilfe. Festzuhalten ist aber, daß alle Teile jener Gesamttätigkeit an sich nur Teile und gleichwertig sind, und daß das unmittelbare Hinüberschaffen über die Grenze nicht mehr Defraudation ist als der Transport im Grenzgebiet oder die Deklaration. Wenn daher jemand in einem dieser Abschnitte als Haupttäter beteiligt war, so war er es bei der ganzen Handlung, mag er in den übrigen Abschnitten auch scheinbare Hilfshandlungen oder gar nichts geleistet haben. Aus dem Umstande, daß er beim eigentlichen Hinüberschaffen (scheinbar) als Gehilfe tätig gewesen, folgt also an sich nicht, daß seine Tätigkeit bei § 136 Nr. 5d und damit der Gesamtcharakter seiner Handlung nur als Beihilfe aufzufassen wäre, wogegen allerdings nicht ausgeschlossen ist, aus seiner sonstigen Beteiligung an den übrigen Abschnitten der Einschmärzung und seinen persönlichen Beziehungen zu ihrem Zweck und den übrigen Paschern zu entnehmen, daß seine Tätigkeit bei dem Transport im Grenzbezirk sich nur als Beihilfe dargestellt habe, obwohl er dabei äußerlich dasselbe verrichtet hat wie die andern. Immerhin wird es hierzu besonderer und durchschlagender Gründe bedürfen, da jedenfalls im Zweifel daran festzuhalten ist, daß jeder, welcher sich an der Ausführung eines Vergehens unmittelbar beteiligt, Täter und nicht Gehilfe ist (vgl. RG. R. 8 S. 58).

Andererseits sind die einzelnen Nummern des § 136 doch formell so selbständige Tatbestände, daß, wenn die Anklage aus § 135 oder 134 erhoben ist, eine Verurteilung aus § 136 nur erfolgen darf, wenn der Angeklagte gemäß § 269 StrPO. vorher auf die Veränderung des rechtlichen Gesichtspunkts hingewiesen worden ist. RG. E. 28 S. 114. Der Hinweis ist auch erforderlich, wenn die Verurteilung aus einer anderen Nummer des § 136 geschehen soll, als im Eröffnungsbeschuß gesagt war. —

Die Nummern 1b und e, 2 und 9 sind obigen Grundsätzen gleichfalls unterworfen. In ihrem rechtlichen Wesen gleichen sie den übrigen Nummern des § 136 vollkommen. Auch sie enthalten nur die Beweisvermutung, daß mit dem Bewußtsein der Konterbande oder Defraudation gehandelt ist. Von den übrigen Nummern unterscheiden sie sich dadurch, daß bei ihrem Tatbestand jene gesetzliche Beweisvermutung nicht durch Gegenbeweis widerlegt werden kann (§ 137 VZG.), und zwar deshalb nicht, weil bei den Nummern 1b und e, 2 und 9 (zweite Hälfte) schon der gesetzliche Tatbestand sich darauf beschränkt, nur Handlungen, die unzweifelhaft mit dem Bewußtsein der Konterbande oder Defraudation begangen sind, unter Strafe zu stellen und dies durch die Worte „wider besseres Wissen" (Nr. 1b und e) „verheimlicht" (Nr. 2b) „zur Verkürzung der Zollgefälle" (Nr. 9) entweder selbst zum Ausdruck bringt oder (bei 2a) durch Bezugnahme auf § 27 VZG. deutlich macht. Für Nr. 9 war noch entscheidend, daß zum mindesten schwerer Vertrauensmißbrauch vorliegt. Die Motive (Drucksachen des deutschen Zollparlaments 1869 III Nr. 4 S. 82) sagen denn auch, daß alle jene Fälle solche seien, „in denen die Verheimlichung oder die unrichtige Deklaration einer verbotenen oder zollpflichtigen Ware wider besseres Wissen erfolgt ist oder es sich um den Mißbrauch einer besonderen Vergünstigung handelt."

4. Frachtführer ist hier im technischen Sinne zu verstehen, bezeichnet also nicht jeden Warenführer (§ 23), sondern denjenigen, welcher gewerbsmäßig Frachtgeschäfte zu Wasser oder zu Land betreibt, d. h. den Frachtführer und Schiffer im Sinne der §§ 425, 511 HGB. (Opp. Rechtspr. OTrib. 3 S. 434, 17 S. 46). Gleichzeitig umfaßt der Ausdruck die Handlungsgehilfen solcher Personen, und Frachtführer und Handlungsgehilfen nicht bloß bei eigentlichen Erwerbshandlungen, sondern allgemein; denn der Grund für ihre Ausnahmestellung gegenüber den „anderen Personen" der Nr. b und e oder den „anderen Gewerbetreibenden" der Nr. a ist nicht ihr Gewerbe, sondern die aus demselben fließende und zu vermutende Kenntnis der Zollvorschriften. — Bei Eisenbahnfrachten hat die Eisenbahnverwaltung denjenigen Beamten zu benennen, welcher der Zollverwaltung als Frachtführer persönlich verhaftet ist.

5. Spediteur ist derjenige, welcher für fremde Rechnung, aber in eigenem Namen gewerbsmäßig Güterversendungen besorgt (§ 407 HGB.). Im übrigen gilt das zu Anm. 4 Bemerkte.

6. Unter diesen Begriff fallen — wie bei Frachtführern und Spediteuren — nicht nur die selbständigen Gewerbetreibenden, sondern auch deren Gewerbsgehilfen; der Ausdruck soll, wie bei § 153 Nr. 1 und 3, die handel- und gewerbetreibende Klasse bezeichnen. RG. E. 13 S. 241; R. 2 S. 91, 9 S. 333.

7. Dem Zollamt gestellt müssen die Waren sein, sonst findet die Nr. 1 nicht Anwendung und es treten die Nr. 5a und d, event. §§ 134, 135 ein.

8. Daß der Gewerbetreibende wissentlich unrichtig deklariert habe, braucht nicht nachgewiesen zu werden (anders bei Nr. b und e); wird aber das Gegenteil bewiesen, so entfällt die Absicht der Defraudation, und es tritt nach § 137 Ordnungsstrafe ein. RG. E. 8 S. 22; R. 5 S. 68.

9. Über Begriff und Erfordernisse der Deklaration vgl. §§ 22ff. und Anmerkungen dazu. Postalische Inhaltserklärungen sind keine Deklarationen, vgl. Anm. 4 zu § 91.

Die Worte „deklariert", „Deklaration" sind hier — wie überall in § 136 — im technischen Sinne zu verstehen und umfassen nur das, was gesetzlich in die Deklaration gehört, z. B. nicht das vom Schiffer irrtümlich in die Deklaration aufgenommene, ihm nicht zum Transport anvertraute Passagiergepäck (§ 23) oder die Effekten der Schiffsmannschaft (§ 78 VZG.), Arch. f. Strafr. 23 S. 136; Opp. Rechtspr. OTrib. Bd. 12 S. 393, Bd. 16 S. 21; RG. E. 31 S. 272; bei § 136 Nr. 1c sogar nur das dort besonders Aufgeführte, also nur Zahl der Kolli, Gattung und Menge der Waren, nicht z. B. Zeichen und Nummer der Kolli. Ferner gehören hierher nur falsche Bezeichnungen der Ware selbst, durch welche ihre verbotswidrige Einführung oder ihre niedrigere Tarifierung bezweckt sein kann, und zwar solche, durch welche dieser Zweck unmittelbar zu erreichen ist. Es scheiden daher einerseits aus: Name und Nummer des Schiffes, Name und Wohnort des Warenempfängers, kurz Angaben, die sich nicht unmittelbar auf die Ware beziehen, — andererseits solche, welche eine höhere Tarifierung zur Folge haben würden, endlich die auf der Deklaration zu übernehmende Verpflichtung, die Ware ordnungsmäßig an ihren Bestimmungsort zur Revision oder Verzollung zu stellen oder nur zu bestimmten Zwecken über sie zu verfügen, z. B. zum Reisebedarf, zum Schiffsbau, zur Ausstellung, zum Marktverkehr. Während in den Fällen zu hoher Tarifierung höchstens eine Ordnungsstrafe zu verhängen wäre, weil die Absicht der Defraudation dabei nicht obwalten kann, kommt beim Bruch der übernommenen Verpflichtung § 136 Nr. 6 und 9, oder, wenn er von vornherein beabsichtigt war, § 135 zur Anwendung. Vgl. RG. R. 2 S. 91.

10. Verheimlichen ist mehr als verschweigen; es setzt bestimmte Maßnahmen irgend welcher Art voraus, die Ware den Blicken der Zollbeamten zu entziehen. Opp. Rechtspr. OTrib. 8 S. 671.

11. Der Beweis der Absichtslosigkeit ist ausgeschlossen, d. h. die Strafe tritt auch ein, wenn der Deklarant nachweisen kann, daß er die Waren in der Tat für zollfrei erachtet und die falsche Deklaration oder die Verheimlichung nur vorgenommen hat, um sich z. B. den Umständlichkeiten der Abfertigung zu entziehen.

12. Natürlich wissentlich. Anm. 3 am Schluß. Gemeint ist der Fall, wo der Warenführer erklärt, eine zuverlässige Deklaration nicht abgeben zu können, und amtliche Revision beantragt. Er hat dann die besondere Pflicht, alle Teile der Ladung zur Revision zu gestellen. Verletzt er wissentlich diese Pflicht hinsichtlich verbotener oder zollpflichtiger Gegenstände, so wird unter Ausschluß des Gegenbeweises angenommen, daß er an diesen zurückgestellten Waren eine Konterbande bzw. Defraudation habe begehen wollen.

12a. Vgl. darüber § 153 VZG. Anm. 8.

13. Auch der vorgeschriebene Anfangspunkt des Weges muß inne gehalten werden. Vgl. Anm. 4 zu § 119.

14. Zollausweis, d. h. entweder Zollquittung oder (zollamtliche bzw. zollamtlich anerkannte) Bezettelung (Begleitschein, Begleitzettel, Deklarationsschein usw.; Legitimations- bzw. Versendeschein). Legitimations- und Versendungsscheine (§§ 119, 123d) sichern den gewöhnlichen Transport inländischer Gegenstände im Grenzbezirk. Waren, die vom Auslande kommen, bedürfen auf der Zollstraße bis zur Zollstelle keines „Zollausweises"; von der Zollstelle ab werden sie durch die dort empfangene Bezettelung (Zollquittung, Begleitschein, Begleitzettel) legitimiert.

15. Daß die Waren auf dem Transport ohne vorschriftsmäßigen Zollausweis von den Beamten betroffen werden, ist nicht erforderlich; der Paragraph will nur sagen: „wenn beim Transport verbotener oder zollpflichtiger Waren im Grenzbezirk Gegenstände mit dem vorschriftsmäßigen Zollausweis nicht versehen sind." RG. E. 5 S. 72, 19 S. 407, 12 S. 106; R. 3 S. 634, 5 S. 668; Opp. Rechtspr. OTrib. 16 S. 91.

16. Der Legitimations- und Versendungsschein schützt nur den in ihm genannten

Warenführer, nicht z. B. dessen Knecht (vgl. darüber Anm. 3 zu § 119), wenn letzterer den Transport selbständig führt.

17. Gegenstände, welche ordnungsmäßig die Grenze passiert haben und sich auf dem Wege zum Zollamt befinden, dürfen auf diesem Wege keine Veränderung leiden (§ 36 VZG.), insbesondere nicht vernichtet oder in den freien Verkehr gesetzt werden; und Gegenstände, welche unter Zollkontrolle z. B. Begleitschein, Ladungsverzeichnis, weiter gesendet und einer anderen Zollstelle überwiesen sind, müssen dieser unverändert zugeführt, dürfen also weder in ihren Bestandteilen, ihrer Verpackungsart, ihrer Bezeichnung, ihrem Verschluß verändert oder gar vernichtet, vertauscht oder bei Seite geschafft werden (§§ 44, 68, 70, 83, 87 VZG.). Die Durchführung dieser Bestimmungen zu sichern, ist der Zweck der Nr. 6.

18. Unter Zollkontrolle befinden sich nicht Güter, welche auf Begleitschein II abgefertigt sind (§ 51), mag auch ausnahmweise die Vorführung der Ware beim Empfangsamt (Anm. 2 zu § 51) vorgeschrieben sein. Denn hierdurch soll nicht die Ware selbst kontrolliert werden, sondern nur einem Mißbrauch dieser Einrichtung zur Stundung der Eingangsabgaben vorgebeugt werden. Ordnungsstrafe aus § 152 ist zulässig.

19. Der Inhaber eines gemischten Privattransitlagers für Getreide, welcher ausländisches Getreide vom Lager zur Versendung mit Begleitschein I an einen im Genuß eines Zollkontos (§ 11 Nr. 3 Zolltarifgesetz, § 110 VZG.) befindlichen Mühleninhaber abmeldet, dasselbe aber unverzollt in den freien Verkehr bringt und dem Mühleninhaber inländisches Getreide verabfolgt, macht sich einer gemäß § 136 Nr. 6 und 9, § 144 Nr. 2 VZG. mit dem sechsfachen Betrage der vorenthaltenen Abgabe zu ahndenden Zolldefraudation schuldig. RG. Entsch. v. 29. Oktober 1888, PrZBl. 1889 S. 109. E. 18 S. 231.

20. Hierher gehört auch, wenn der letzte Warenführer die Ware, anstatt sie dem Zollamt auszuhändigen, dem Empfänger ausantwortet. Opp. Rechtspr. OTrib. Bd. 5 S. 52.

Über die Beteiligung verschiedener Warenführer am Transport vgl. Anm. 3 zu § 44.

21. Ob die Absicht hierzu bereits im Auslande bestanden hat, die ganze Deklaration also wissentlich falsch war, oder ob sie erst während des Transports hervorgetreten ist, — ist gleichgültig (RG. R. 2 S. 91); doch werden im ersten Falle regelmäßig die §§ 134, 135 unmittelbar erwiesen sein.

22. Werden Gegenstände, welche unter Zollkontrolle gehen, auf dem Transport vertauscht oder in ihren Bestandteilen verändert oder findet dabei eine Abnahme, Verletzung oder sonstige Unbrauchbarmachung des amtlichen Verschlusses statt, so tritt die Strafschärfung des § 144 Nr. 2, 3 VZG. ein.

23. Diese Nummer bezieht sich nicht bloß auf defraudierte, sondern — wie die in § 124 Abs. 3 geordnete Buchkontrolle — auch auf verbotene Waren. RG. E. 16 S. 258; R. 9 S. 528; PrZBl. 1888 S. 94. Der Gewerbetreibende hat selbständig zu prüfen, ob die von ihm erworbenen Waren der Buchkontrolle unterliegen, und darf sich nicht auf ihre Benennung durch den Absender verlassen. Opp. Rechtspr. OTrib. 16 S. 269.

24. Die Worte „im Grenzbezirk“ gehören zu Gewerbetreibende, nicht zum folgenden. „Gewerbetreibende im Grenzbezirk“ sind solche Gewerbe-

treibende, welche im Grenzbezirk eine Handelsniederlassung besitzen, ein stehendes Gewerbe (keinen bloßen Hausierhandel) betreiben (§ 124 Abs. 3). Ob sie ihre Geschäfte noch über den Grenzbezirk ausdehnen, ist gleichgültig; gleichgültig auch, ob die von ihnen erworbenen (bezogenen) Waren bei Gelegenheit solcher im Inlande geschlossenen Geschäfte erworben und gar nicht in den Grenzbezirk eingebracht sind; sie müssen sie doch eintragen, und zwar sobald sie die Nachricht vom Erwerbe erlangt haben und in der Lage sind, die Eintragung vorzunehmen; denn die Buchkontrolle umfaßt den gesamten Verkehr des Gewerbetreibenden. RG. E. 16 S. 258; R. 9 S. 528; PrZBl. 1888 S. 94. Freilich wird in solchem Fall regelmäßig die Absicht der Zollhinterziehung entfallen und nur auf eine Ordnungsstrafe zu erkennen sein. Ebenso versteht sich von selbst, daß, wenn der Gewerbetreibende noch eine zweite Handelsniederlassung im Inlande besitzt, die für diese bestimmten Waren nicht in die Buchkontrolle gehören.

25. Im Bundesgesetzblatt von 1869 steht nach „§ 119" — ein Druckfehler, welcher im BGBl. 1870 S. 516 berichtigt ist.

26. Hierunter fallen nicht bloß Waren, welche inländischen Ursprungs sind und nie die Grenze überschritten haben, sondern auch aus dem Auslande stammende, aber schon vor der Zeit des Erwerbes inländische d. h. zollfrei gewordene. Der Ausdruck ist mit dem in § 124 gebrauchten „aus dem Inlande empfangene Waren" gleichbedeutend.

27. Bezogenen, gleich: erworbenen, nicht empfangenen, vgl. Anm. 24.

28. Der Tatbestand des Vergehens soll nach RG. E. 6 S. 190, 16 S. 258; R. 4 S. 378, 9 S. 528 nicht in dem Beziehen, sondern in dem sich „Nicht ausweisen können" gemäß § 124 bestehen; für jede Revision liege daher nur Ein Vergehen vor, wenn jener Ausweis fehlt, mag er noch so verschiedene, zu verschiedenen Zeiten bezogene Posten betreffen. Diese Ausführung enthält doch wieder einen Rückfall in die unrichtige alte Theorie des Preuß. OTribunals von dem „formalen Vergehen". Sie kann daher grundsätzlich nicht gebilligt werden, obwohl man tatsächlich häufig zum selben Ergebnis gelangen wird. Auch bei § 136 Nr. 7 handelt es sich nur um die gesetzliche Vermutung, daß diejenigen Waren, für welche der Ausweis fehlt, defraudiert bzw. konterbandiert sind. Sonst würde auch jeder Maßstab für die Strafe fehlen. Daß sie alle auf Ein Mal eingeschwärzt seien, — dafür besteht keine Vermutung im Gesetz; man wird es freilich in Ermangelung eines Gegenbeweises zugunsten des Angeschuldigten annehmen, — es ist aber nicht ausgeschlossen, daß durch aufgefundene Fakturen auswärtiger Absender oder durch Zeugen mehrfache Transporte unterschieden werden können, wo dann mehrfache Defraudationen bzw. Konterbanden für erwiesen zu gelten haben wie es sich — umgekehrt — trotz mehrerer Revisionen und mehrfachen „Sich nicht ausweisen können" nur um eine Defraudation handeln kann. Ähnlich Stenglein, strafr. Nebengesetze des Reichs § 136 VZG. Anm. 9.

29. Der Ausweis ist kein bloß formeller. Die Eintragungen müssen auch sachlich richtig sein, und dies muß durch Frachtbriefe, Fakturen oder in sonstiger Weise vom Gewerbetreibenden bewiesen werden. RG. E. 8 S. 58; R. 5 S. 110.

30. Vgl. Abschnitt 16 dieses Gesetzes.

31. Vgl. Anm. 3 am Schluß, Anm. 19 und wegen der notwendigen Strafschärfung § 145.

§ 137.

Das Dasein der in Rede stehenden Vergehen und die Anwendung der Strafe derselben wird in den im § 136 angeführten Fällen lediglich durch die daselbst bezeichneten Tatsachen begründet.

Kann jedoch in den im § 136 unter 1 a, c und d, 3, 4, 5, 6, 7 und 8 angeführten Fällen der Angeschuldigte nachweisen,[1]) daß er eine Konterbande oder Defraudation nicht habe verüben können, oder eine solche nicht beabsichtigt gewesen sei,[2]) so findet nur eine Ordnungsstrafe nach Vorschrift des § 152 statt.[3])

---

1. Hiermit ist gemeint, daß, wenn der Tatbestand des § 136 erwiesen ist, — dies an sich zur Verurteilung genügt, das richterliche Urteil sich also darüber, ob der Angeklagte eine Konterbande oder Defraudation nicht habe verüben können oder nicht beabsichtigt habe, nur dann besonders auszusprechen hat, wenn dieser Einwand vom Angeklagten erhoben worden ist (Arch. f. Strafr. 23 S. 449). Keineswegs hat aber dem Angeklagten die prozessuale Pflicht aufgebürdet werden sollen, seinerseits jenen Nachweis zu erbringen. Vielmehr bleibt es auch hier nach den Grundsätzen der Strafprozeßordnung Pflicht des Richters und natürlich auch der entscheidenden Verwaltungsbehörde, diesen Beweis selbst, von Amts wegen aus der Gesamtheit der vorliegenden irgendwie bekannt gewordenen Tatsachen zu entnehmen, ohne daß es dazu eines Antrages oder einer Anregung des Angeklagten bedürfte. Ebenso wenig ist dabei an einen formellen oder besonders gearteten Beweis gedacht. Wie bei allen anderen Beweisen gilt auch hier die freie Beweiswürdigung des Richters, der unter Umständen selbst den alleinigen Versicherungen des Angeklagten glauben darf. RG. R. 3 S. 663, 9 S. 468; E. 23 S. 332, 35 S. 238.

Weshalb bei § 136 Nr. 1 b und e, 2 und 9 der Gegenbeweis ausgeschlossen ist, darüber vgl. Anm. 3 zu § 136 am Schluß.

2. d. h. vom Angeklagten nicht beabsichtigt gewesen sei. Der Nachweis, daß eine Defraudation auch von keinem anderen beabsichtigt worden, z. B. keinem der Vordermänner im Transport, dem Absender oder Empfänger, kann — weil unmöglich — nicht verlangt werden. RG. E. 8 S. 22; R. 5 S. 68, 574, 7 S. 324, 8 S. 194, 199, 614, E. 12 S. 212, 13 S. 410, 38 S. 114.

Ebenso ist selbstverständlich, daß der Entlastungsbeweis nur dem, auf welchen er sich bezieht, nicht anderen Mitangeklagten zugute kommt (vgl. RG. R. 5 S. 574). Diese — z. B. Warenempfänger, Warenabsender — können mit der vollen Defraudationsstrafe unter Konfiskation des Gegenstandes bestraft werden, während der in gutem Glauben handelnde Frachtführer nur in eine Ordnungsstrafe genommen wird (ebenda und Anm. 3 zu § 136). — Endlich genügt zur Entlastung des Angeklagten im allgemeinen nicht, daß die Ware sich schon längere Zeit vor dem Transport in seinem Besitz befunden hat, es muß vielmehr nachgewiesen werden — denn hiergegen richtet sich gerade die Vermutung des § 136 — daß sein Besitz nicht auf einer Einschwärzung beruht. RG. R. 9 S. 209, 468.

3. Vermag der Angeklagte nachzuweisen, daß er die Einfuhr für erlaubt, bzw. — bei der Zolldefraudation — die Ware für zollfrei gehalten habe, so ist damit im allgemeinen der Beweis der Absichtslosigkeit erbracht; nur darf er auch nicht an die Möglichkeit eines Einfuhrverbotes bzw. der Zollpflichtigkeit gedacht haben.

Die gegenteiligen Ausführungen des Pr. OTrib., Opp. Rechtspr. Bd. 20 S. 19 sind unrichtig. Vgl. Anm. 1—3 zu § 134. RG. E. 28 S. 198.

Anders, wenn der Beschuldigte die Waren für Retourwaren gehalten, auch gewußt hat, daß deren (zollfreie) Wiedereinbringung an die Erlaubnis der Zollbehörde und die von dieser anzuordnenden Kontrollmaßregeln geknüpft ist, aber gemeint hat, sich — wegen der Umständlichkeiten — darüber hinwegsetzen zu können. Hier kann schon deshalb von fehlender Defraudationsabsicht nicht die Rede sein, weil er gewußt hat, daß Retourwaren ohne jene Kontrollmaßregeln nicht zollfrei eingehen dürfen. (RG. E. 13 S. 42.)

§ 138.

Wenn in den im § 125 bezeichneten Fällen der zollordnungsmäßige Ausweis über die im Binnenlande transportierten Waren nicht zur Stelle erteilt werden kann, oder der dort vorgeschriebene Vermerk in den Handelsbüchern fehlt, so wird zwar hierdurch die Vermutung einer begangenen Defraudation*) und dem Befinden nach die vorläufige Beschlagnahme der ohne die vorgeschriebene Bezettelung oder Vermerkung in den Handelsbüchern vorgefundenen Waren begründet. Widerlegt sich aber diese Vermutung bei näherer Untersuchung, so tritt nur eine Ordnungsstrafe nach § 152 ein.

*) Und zwar von dem betreffenden Warenführer bzw. Warenempfänger, so daß, wenn dieser nachweist, daß er an der Defraudation nicht mit schuldig ist, gegen ihn weder eine Defraudationsstrafe noch eine Konfiskation, sondern nur eine Ordnungsstrafe verhängt werden darf. RG. E. 9 S. 53.

§ 139.

Werden Gegenstände, deren Ein-, Durch- oder Ausfuhr verboten ist,

1. bei dem Grenzzollamte von Gewerbtreibenden ausdrücklich angezeigt, oder von anderen Personen vorschriftsmäßig zur Revision gestellt,[1]) oder
2. kommen solche Gegenstände mit der Post an, und kann derjenige, an welchen sie gesendet sind, einer beabsichtigten Konterbande nicht überführt werden,

so findet keine Strafe, sondern nur die Zurückschaffung der Gegenstände statt.

Im ersten Falle geschieht die Zurückschaffung auf Kosten desjenigen, welcher die verbotenen Gegenstände bei sich geführt hat, im zweiten Falle haften für die etwa dem Staate verursachten Kosten die Gegenstände selbst.

1. Ungeachtet offener Einfuhr liegt Konterbande vor, wenn die Einfuhr nur auf persönlichen Erlaubnisschein gestattet ist und der Einführende den Zollbeamten über den rechtmäßigen Besitz eines solchen Erlaubnisscheins täuscht. RG. E. 9 S. 219, 24 S. 33.

Strafe des ersten Rückfalls.

§ 140.

Im Wiederholungsfalle der Konterbande oder Defraudation, nach vorhergegangener rechtskräftiger Verurteilung,[1]) wird außer der Konfiskation der Gegenstände des Vergehens die nach §§ 134 und 135 eintretende Geldbuße verdoppelt.[2])

---

1. Der rechtskräftigen Verurteilung steht nach § 142 Abs. 4 die freiwillige Unterwerfung im sog. Submissionsverfahren gleich, vorausgesetzt, daß letzteres auf Gesetz, nicht auf bloßer Verwaltungsvorschrift beruht. Vgl. Anm. 4 zu § 142. Auf Verbüßung der Strafe kommt nichts an. Konterbande und Defraudation sind im Sinne dieses Paragraphen gleichartig (§ 142 Abs. 2).

2. Bei Konterbande also das Vierfache des Werts, mindestens 60 Mk.; bei Defraudation das Achtfache des Zolls. Die Straferhöhung tritt aber nur ein, wenn seit Erlaß, Verbüßung, Verjährung der früheren Strafe noch nicht drei Jahre verflossen sind. § 142 Abs. 3 VZG.

Strafe des ferneren Rückfalls.

§ 141.

Jeder fernere[1]) Rückfall zieht neben der Konfiskation der Gegenstände des Vergehens in der Regel eine Freiheitsstrafe nach sich, welche nach dem Doppelten der im § 140 bestimmten Geldbuße zu bemessen ist (§ 162), jedoch zwei Jahre nicht überschreiten darf.

Doch kann ausnahmsweise nach richterlichem Ermessen mit Berücksichtigung aller Umstände des vorliegenden Vergehens und der vorausgegangenen Fälle auf das Doppelte der im § 140 bestimmten Geldbuße erkannt werden, wenn der Angeklagte das Konterbandieren oder Defraudieren nicht gewerbsmäßig[2]) betreibt.

---

1. Der Angeklagte muß bereits wegen Rückfalls d. h. unter den Voraussetzungen der §§ 140, 142 verurteilt sein, und es müssen außerdem seit Erlaß oder Verbüßung dieser Rückfallsstrafe nicht drei Jahre verflossen sein. § 142 Abs. 3; RG. E. 7 S. 138; R. 4 S. 730. Dem Erlaß und der Verbüßung steht die Verjährung gleich.

2. Die Gewerbsmäßigkeit erfordert die Absicht, durch fortgesetzten Betrieb des Schmuggels sich einen Erwerb zu verschaffen (nicht gerade den Haupterwerb). Aus der bloßen Verübung mehrerer Zollvergehen hintereinander folgt sie nicht notwendig, wie sie andererseits, wenn jene Absicht erhellt, bereits beim ersten angenommen werden kann. (Vgl. RG. E. 4 S. 390, 12 S. 388; R. 9 S. 715 u. a.)

Zur Anwendung des Abs. 2 § 141 bedarf es nicht der Feststellung bestimmter Tatsachen, um die Gewerbsmäßigkeit auszuschließen —; aus der ganzen Art des Falles und der Vorstrafen kann sie entnommen werden. Entsch. des RGerichts im Arch. f. Strafr. Bd. 37 S. 289.

§ 142.

Die Strafen des Rückfalls (§§ 140 und 141) treten ein ohne Rücksicht darauf, ob die frühere Verurteilung in demselben Zollvereinsstaate, in welchem das neue Vergehen begangen ist, oder in einem anderen Vereinsstaate erfolgt ist.

Bei Beurteilung der Frage, ob ein Rückfall vorliegt, sind die Konterbande und die Defraudation als gleichartige Vergehen zu betrachten.

Die Straferhöhung wegen Rückfalls findet jedoch nicht statt, wenn seit dem Zeitpunkte, in welchem die Freiheitsstrafe oder Geldbuße des zuletzt begangenen [1]) früheren Vergehens abgebüßt oder erlassen worden ist,[2]) drei Jahre verflossen sind.[3])

Der rechtskräftigen Verurteilung wird die Erledigung des Straffalles durch freiwillige Unterwerfung gleichgestellt.[4])

---

1. Es kommt nur auf das zuletzt begangene Vergehen und dessen Strafe, nicht auf die zuletzt verbüßte Strafe überhaupt an. Wenn nach der drei Jahre zurückliegenden Verbüßung der Strafe für das letzte Zollvergehen noch eine Strafe für ein älteres Zollvergehen verbüßt worden ist, so ist das ohne Bedeutung, die Rückfallstrafe bleibt ausgeschlossen. RG. E. 27 S. 171.

2. Bis zur Verübung der neuen Tat, nicht bis zur Verurteilung, RG. E. 2 S. 138. Der Verbüßung steht der Erlaß und die Verjährung gleich.

3. Zur Verurteilung wegen „ferneren Rückfalles“ gehört also, daß auch die vorige Tat von der vorhergehenden Verbüßung durch nicht mehr als drei Jahre getrennt war, somit Rückfall vorgelegen hatte. RG. E. 7 S. 138; R. 4 S. 730.

4. Dies jedoch nur, wenn das sog. Unterwerfungs- (Submissions-) Verfahren gesetzlich, nicht bloß durch Verwaltungsverordnungen, eingeführt ist, wie solches für Preußen durch das Verwaltungsgesetz vom 26. Juli 1897 § 20 geschehen ist. Nur landesgesetzliche Bestimmungen werden durch § 6 des Einf.Ges. z. StrPO. gestattet. Ein Submissionsverfahren, welches nicht auf Gesetz beruht, ist strafrechtlich ohne Bedeutung, schließt anderweite gerichtliche Verfolgung wegen derselben Tat nicht aus, begründet aber auch keinen Rückfall. RG. E. 26 S. 319, 28 S. 180.

§ 143.

Wenn ein Frachtführer oder Spediteur nach Vorschrift des § 136 Nr. 1. Litt. c und d wegen unrichtiger Deklaration verurteilt, derselbe jedoch durch die ihm von dem Befrachter mitgegebenen Deklarationen, Frachtbriefe oder anderen schriftlichen Notizen über den Inhalt der Kolli zu der unrichtigen Deklaration veranlaßt worden,*) oder wenn in den § 136 Nr. 7 angeführten Fällen die Verurteilung lediglich auf den Grund der daselbst bezeichneten Tatsachen erfolgt ist, ohne daß die Defraudation selbst weiter nachgewiesen worden, so findet im Wiederholungsfalle die Strafe des Rückfalls nicht statt; auch soll eine solche Verurteilung diese Strafe bei einem nachfolgenden Zollvergehen nicht begründen.

*) Die erste Hälfte dieses Paragraphen ist versehentlich aus dem Preuß. Zoll-Strafgesetz v. 23. Januar 1838 § 9 übernommen. Dieses ließ für § 136 Nr. c und d den Entlastungsbeweis des § 137 nicht zu und bedurfte einer Bestimmung, um allzu große Härten von dem Frachtführer, der nach jener gesetzlichen Vermutung die Schuld des Befrachters eigentlich immer auf seine Schultern zu nehmen hatte, abzuwehren. Seitdem das Gesetz dem Frachtführer das Tor des § 137 geöffnet hat, ist der § 143 in seiner ersten Hälfte entbehrlich geworden. Vermag nämlich der Frachtführer nachzuweisen, daß er durch Täuschung seitens des Befrachters zu der unrichtigen Deklaration gekommen ist, so entfällt seine Defraudationsabsicht und mit ihr die Defraudationsstrafe.

Konterbande oder Zolldefraudation unter erschwerenden Umständen.

§ 144.

Die Strafe der Konterbande oder Defraudation wird um die Hälfte geschärft:

1. wenn die Gegenstände beim Transport[1]) in geheimen Behältnissen[2]) oder sonst auf künstliche oder schwer zu entdeckende Art verborgen,
2. wenn unter Zollkontrolle gehende Gegenstände auf dem Transporte vertauscht oder in ihren Bestandteilen verändert worden sind,
3. wenn die Konterbande oder Defraudation mittels Abnahme, Verletzung oder sonstiger Unbrauchbarmachung eines amtlichen Warenverschlusses[3]) verübt wird,

wobei jedoch das im § 162 festgesetzte höchste Maß der Freiheitsstrafe nicht überschritten werden darf.

1. Auf dem Transport müssen die Gegenstände (absichtlich) versteckt, vertauscht, in ihren Bestandteilen verändert sein, nicht in den Niederlagen. RG. E. 18 S. 231.

2. Geheime Behältnisse sind nicht die gewöhnlichen Verpackungsmittel, wie Koffer, Handtaschen, auch nicht das gewöhnliche Beisichführen, sondern z. B. ein doppelter Kofferboden, Vernähen in Kleidungsstücken. Geheim können die Behältnisse sein, obwohl sie einzelnen Zollbeamten bekannt sind. RG. E. 27 S. 326.

3. Amtlicher Warenverschluß ist jeder von einem dazu befugten Beamten angelegte Verschluß; der Täter muß gewußt haben, daß es sich um einen solchen handelt (RG. E. 3 S. 286). Überhaupt verlangt § 144 durchweg vorsätzliche und bewußte Handlungen.

Liegt neben der Verletzung noch eine Fälschung des amtlichen Warenverschlusses vor, so findet § 159 Anwendung.

§ 145.

Diese Strafverschärfung tritt in den Fällen des § 136 Ziffer 9 gleichfalls ein. Außerdem gehen die Schuldigen der ihnen gewährten Begünstigung verlustig.[1])

1. Im Strafurteil und Strafbescheid wird hierauf nicht erkannt. Es handelt sich nicht um eine Strafe, sondern um eine gesetzliche Folge.

§ 146.

Wenn drei oder mehrere Personen zur gemeinschaftlichen Ausübung [1]) [2]) einer Konterbande oder Defraudation sich verbunden haben, so wird die Strafe für die gemeinschaftlich ausgeführten Vergehen gegen den Anführer [2a]) durch eine drei- bis sechsmonatliche, gegen jeden der übrigen Teilnehmer aber durch ein- bis dreimonatliche Freiheitsstrafe geschärft.[3])

Werden drei oder mehrere Personen zusammen in Ausübung [4]) eines Vergehens betroffen,[5]) so wird angenommen, daß sie sich zur gemeinschaftlichen Ausübung verbunden haben, wenn sie nicht nachweisen können oder aus den Umständen hervorgeht, daß ihr Zusammentreffen nur ein zufälliges gewesen sei.

Wird das Vergehen [6]) nach vorhergegangener rechtskräftiger Verurteilung wiederholt, oder ist eine derartige Verbindung für die Dauer eingegangen [7]) worden, so trifft den Anführer ein- bis zweijährige, die übrigen Teilnehmer sechsmonatliche bis einjährige Freiheitsstrafe,[3]) neben der verwirkten Defraudations- oder Konterbandestrafe.

---

1. „Gemeinschaftliche Ausübung", — hierunter wird die bandenmäßige Einschwärzung verstanden. Sie erfordert mehr als die bloße Teilnahme im Sinne des § 47 RStrGB., nämlich das „örtlich und zeitlich verbundene Auftreten einer Mehrzahl bewußt zusammenwirkender Genossen, welches die Bekämpfung des Schmuggels durch die exekutiven Zollbeamten erschwert, die Konflikte verschärft, die Gefährlichkeit des verbrecherischen Treibens erhöht". Einer vorausgegangenen Verabredung bedarf es nicht, nur eines gemeinschaftlichen Zusammenwirkens an Ort und Stelle. Letzteres wird als gewollt angenommen (vorbehaltlich des Gegenbeweises), wenn mehrere zusammen in Ausübung einer Defraudation betroffen werden. Die äußere Verbindung der Genossen bei der Ausführung kann daher nach Zeit und Ort eine mehr oder weniger lose sein, bei einzelnen sich sogar in bloßer Gegenwart äußern, aber ganz fehlen darf sie nicht. Und immer muß der einzelne Genosse sich handelnd an der Verwirklichung des Zollvergehens beteiligen, eine bloße Duldung genügt nicht. Zollbeamte, die ein Zollvergehen wissentlich dulden, können als Teilnehmer oder Gehilfen bestraft werden, aber sie sind nicht Mittäter eines bandenmäßigen Zollvergehens nach § 146. RG. E. 23 S. 330. Wer bloß angestiftet hat oder nur Rat erteilt, übrigens sich hinter den Kulissen hält und beim Einschwärzen selbst nicht zugegen ist, fällt nicht unter diesen Paragraphen, wogegen auch der Gehilfe von ihm umfaßt wird, vorausgesetzt, daß er örtlich und zeitlich aktiv mitgewirkt hat, und vorausgesetzt, daß bei ihm und den übrigen Genossen ein gegenseitiges bewußtes Zusammenwirken stattgefunden hat (RG. E. 9 S. 42; R. 5 S. 486, 10 S. 6). War die Beihilfe nur eine einseitige des Gehilfen, ohne daß der oder die Täter bewußt mit ihm zusammengewirkt haben, so kommt gegen den Gehilfen nicht § 146 VZG., sondern § 49 StGB. in Verbindung mit §§ 134, 135 oder — wenn er einer bandenmäßigen Einschwärzung geholfen — in Verbindung mit § 146 VZG. zur Anwendung (RG. R. 9 S. 33). Ebenso ist es möglich, daß jemand als Mittäter bei einer (bandenmäßigen) Konterbande aus § 47 RStrGB. bestraft wird und nicht dem § 146 unterliegt, wenn nämlich seine Mittäterschaft sich nicht in einem örtlich und zeitlich verbundenen aktiven Mitwirken (im Inlande) geäußert hat, sondern

z. B. im Einkauf der Waren, Transport zur Grenze, Ratschlägen, Abnahme am Bestimmungsort aufgegangen ist (RG. R. 10 S. 7).

Ob von den mehreren an Ort und Stelle Zusammenwirkenden einzelne aus persönlichen Gründen, z. B. wegen Alters unter zwölf Jahren, straffrei sind, ist gleichgültig; für den Begriff der „mehreren" zählen sie mit. RG. E. 19 S. 192.

2. Auch bei den vermuteten Zollvergehen des § 136 VZG. ist eine bandenmäßige Konterbande bzw. Defraudation möglich und § 146 anwendbar; nur muß auch hier das örtliche und zeitliche Zusammenwirken der Genossen bewiesen werden oder sich aus der Vermutung des § 146 Abs. 2 ergeben; denn § 136 enthält zwar die Rechtsvermutung, daß ein Zollvergehen verübt ist, nicht aber, daß es in bandenmäßiger Art verübt ist, insbesondere nicht, daß die mehreren haben zusammenwirken wollen und zusammen gewirkt haben. Aus diesem Grunde wird, wenn die einzelnen Genossen verschiedene Tatbestände des § 136 verwirklicht haben, ein komplottmäßiges Zusammenwirken sehr selten anzunehmen sein, obwohl es doch nicht völlig ausgeschlossen sein möchte, z. B. A deklariert falsch (§ 136 Nr. 1a), B und C suchen die Waren bei Deklaration und Revision zu verheimlichen (§ 136 Nr. 1b). Weiter sind einzelne Nummern des § 136, z. B. Nr. 7, Nr. 9, aus natürlichen Gründen dem Zusammenfluß mit § 146 entzogen, wogegen er bei anderen (Nr. 5bcd) ein weites Gebiet der Anwendung findet, vorausgesetzt immer, daß das gewollte und bewußte örtliche und zeitliche Zusammenwirken der Täter bewiesen wird.

Dieser von der Zollverwaltung stets festgehaltenen Auffassung ist das Reichsgericht in verschiedenen Entscheidungen entgegengetreten. Namentlich in den Urteilen E. 17 S. 388 (R. 10 S. 328), E. 21 S. 86, 23 S. 330, 24 S. 116 hat es mehr oder weniger bestimmt den Grundsatz ausgesprochen, § 146 VZG. dürfe lediglich bei den §§ 134, 135, nicht bei § 136 VZG. zur Anwendung gelangen. Bei der Beweisführung scheint nicht genügend berücksichtigt, daß auch bei § 136 die Tat, um deretwillen der Angeklagte verurteilt wird, nicht das in den einzelnen Nummern des § 136 Genannte, nicht die unrichtige oder unterlassene Deklaration (§ 136 Nr. 1acde), die Verheimlichung bei der Revision (§ 136 Nr. 1be, 2b), das Auswerfen der Waren vor dem Grenzzollamt (§ 136 Nr. 3c), der Transport im Grenzbezirk ohne Zollausweis (§ 136 Nr. 5d) usw. ist, sondern das Einführen verbotener oder zollpflichtiger Waren über die Grenze, und daß, nur weil es sich so verhält, der Angeklagte nicht wegen unrichtiger Deklaration, Auswerfens von Waren, Transportes ohne Zollausweis im Grenzbezirk, sondern wegen Defraudation oder Konterbande bestraft wird. Jenes ist nur Beweismoment für diese. Wegen des in den Nummern des § 136 Genannten oder, wie das Reichsgericht sagt, wegen des Tatbestandes dieser Nummern findet eine Verurteilung nur statt, wenn der Entlastungsbeweis des § 137 erbracht, d. h. wenn eine Einschwärzung verbotener oder zollpflichtiger Waren nicht anzunehmen ist. Dann und nur dann wird wegen der übrigbleibenden Ordnungswidrigkeit, der unrichtigen oder unterlassenen Deklaration, des Auswerfens der Ware, des Transportes ohne Zollausweis im Grenzbezirk aus § 152 VZG. gestraft. Das Reichsgericht fügt allerdings E. 24 S. 117 hinzu: „Freilich steht rechtlich nichts entgegen, aus jenen Merkmalen des § 136, im vorliegenden Falle aus der Tatsache, daß die Angeklagten beim Transport zollpflichtiger Gegenstände im Grenzbezirke ohne den vorschriftsmäßigen Zollausweis betroffen worden, insbesondere wenn noch andere Indizien hinzutreten, im Wege tatsächlicher

Beweiswürdigung die Folgerung zu ziehen, daß die Angeklagten es unternommen haben, die Eingangsabgaben zu hinterziehen (§ 135 VZG.)". Damit wird tatsächlich in den meisten Fällen dasselbe Ergebnis erreicht. Immerhin ist nicht einzusehen, wie es dem Richter gestattet sein soll, in den Fällen des § 136, vorausgesetzt, daß der Entlastungsbeweis des § 137 versagt, tatsächlich noch in Zweifel zu ziehen, daß die Angeklagten es unternommen haben, die Eingangsabgaben zu hinterziehen, da doch das Gesetz (§ 136 Satz 1 und § 137 Abs. 1) ihm ausdrücklich vorschreibt, in diesen Fällen eine Defraudation anzunehmen, d. h. anzunehmen, daß die Angeklagten es unternommen haben, die Eingangsabgaben zu hinterziehen. Jene Auffassung führt zu einem inneren Widerspruch, welcher besonders in dem praktisch wichtigsten Falle des § 136, dem Transport zollpflichtiger oder verbotener Waren im Grenzbezirk ohne Zollausweis (E. 24 S. 116), hervortritt. Wird ein solcher Transport von drei oder mehr Personen in offensichtlichem zeitlichen und örtlichen Zusammenwirken durch den Grenzbezirk geführt und ist der Verdacht, daß der Transport aus dem Auslande stammt, nicht erschüttert, so sollen die Täter nach der Ansicht des Reichsgerichts gemäß § 136 Nr. 5d VZG. (in Verbindung mit § 135 VZG., § 47 StrGB.) zwar wegen gemeinschaftlicher Zolldefraudation, d. h. weil sie es gemeinschaftlich unternommen haben, die Zollgefälle für diesen Transport zu hinterziehen, bestraft werden, der Richter soll aber doch erklären dürfen, er halte es nicht für erwiesen, daß der Transport die Grenze überschritten habe und daß die Angeklagten in Ausübung einer Zolldefraudation betroffen worden wären; der § 146 VZG. könne dann nicht angewendet werden, obwohl das zeitliche und örtliche Zusammenwirken nicht zweifelhaft sei. Nach diesseitigem Dafürhalten darf für dieselbe Tat nicht gleichzeitig gesagt werden, sie sei Defraudation und sie sei nicht Defraudation, d. h. der Transport sei über die Grenze gebracht und er sei nicht über die Grenze gebracht. Das wäre ein Widerspruch im selben Urteil, der dem Willen des Gesetzes nicht entsprechen kann. Wenn letzteres verlangt, daß bei § 136 Konterbande und Defraudation angenommen werde, so muß diese Vorschrift auch für alle Qualifikationen, insbesondere für § 146, d. h. wenn mehr als zwei Personen sich zur gemeinschaftlichen Ausübung verbunden haben, festgehalten werden.

2a. Anführer ist derjenige, dessen Befehl sich die anderen für die Ausführung des Unternehmens untergeordnet haben. Der Begriff ist ein rein tatsächlicher und weder mit dem des Anstifters noch mit dem des intellektuellen Urhebers gleichbedeutend. Sehr häufig ist gar kein Anführer vorhanden.

3. Die Strafschärfungen des § 146 Abs. 1 und 3 sind unabhängig von der Rückfallsstrafe des § 141 VZG., d. h. sie treten für denjenigen Angeklagten, welcher sich außerdem im Rückfall nach § 141 befindet, noch neben die Strafe aus § 141. Die Freiheitsstrafe ist Gefängnis, nicht Haft, weil die Tat sich wegen ihrer Strafhöhe nach § 1 StrGB. als Vergehen darstellt und Haft nur bei Übertretungen eintritt (§ 18 StrGB.). Zur Aburteilung aus § 146, ebenso aus §§ 147 und 148 VZG. sind daher allein die Gerichte befugt.

4. In Ausübung, — d. h. die Täter müssen in Ausführung desselben Zollvergehens begriffen sein; — es genügt nicht, daß jeder für sich ein Zollvergehen, wenn auch zur selben Zeit, am selben Orte versucht (vgl. Motive, RG. E. 21 S. 88).

5. Daß die mehreren bei Ausübung des Zollvergehens von den Beamten be-

troffen worden sind, ist trotz des Wortlauts nicht erforderlich; es genügt — wie bei § 136 Nr. 5d — der Nachweis, daß sie bei Ausübung des Vergehens beisammen gewesen sind. RG. E. 5 S. 72, 12 S. 106; R. 3 S. 634, 10 S. 331.

6. Das Vergehen — d. h. eine Banden-Konterbande oder Defraudation. Daß die übrigen Teilnehmer wieder dieselben sind, ist nicht erforderlich. RG. E. 13 S. 362, 21 S. 146; R. 8 S. 130; PrZBl. 1886 S. 233.

Weitere Voraussetzung ist, daß seit Verbüßung der letzten Strafe nicht drei Jahre verflossen sind; denn § 142 VZG. findet auf § 146 Anwendung. RG. E. 21 S. 137. Deshalb wird auch zwischen Konterbande und Defraudation nicht unterschieden.

7. Das sog. Bandenkomplott. Darunter wird eine Verbindung für die Zukunft verstanden, und zwar mit der Absicht, eine Reihe in ihrer Individualität noch unbestimmter Bandenkonterbanden oder Bandenzolldefraudationen zu unternehmen. Eine Verabredung für mehrere in ihrer Eigenart bereits wesentlich bestimmte bandenmäßige Einschwärzungen fällt nicht unter § 146 Abs. 3. Gewerbsmäßigkeit ist begriffliche Voraussetzung nicht, wird aber tatsächlich wohl niemals fehlen.

§ 147.

a) Wer Konterbande oder Defraudation unter dem Schutze einer Versicherung [1]) verübt, verfällt neben der auf das Vergehen selbst gesetzten Strafe in eine zwei- bis dreimonatliche Freiheitsstrafe. [2])

b) Wird die Konterbande oder Defraudation von drei oder mehreren zu diesem Zwecke verbundenen [3]) Personen unter dem Schutze einer Versicherung [1]) verübt, so ist die nach § 146 verwirkte Strafe gegen den Anführer [4]) mit achtmonatlicher bis einjähriger und gegen die übrigen Teilnehmer mit vier- bis sechsmonatlicher Freiheitsstrafe [2]) zu schärfen.

c) Der Versichernde, [5]) sowie der Vorsteher einer Versicherungsgesellschaft [6]) verfällt in den Fällen a und b in eine Freiheitsstrafe [2]) von Ein und einhalb bis zwei Jahren, der Rechnungsführer der Versicherungsgesellschaft [6]) in eine solche von sechs Monaten bis zu zwei Jahren, jedes der übrigen Mitglieder der Gesellschaft [6]) in eine solche von sechs Monaten bis zu Einem Jahre.

Außerdem unterliegen die zum Zwecke der Versicherung angelegten Fonds der Versicherungsgesellschaft [6]) der Konfiskation. Kann die Konfiskation nicht vollstreckt werden, so ist an deren Stelle auf Erlegung einer Geldsumme von fünfzehnhundert bis fünfzehntausend Mark zu erkennen, für welche sämtliche Teilnehmer solidarisch verhaftet sind.

---

1. d. h. einer Versicherung, die in Kenntnis der strafbaren Handlung, ihres Charakters als Konterbande oder Defraudation für den Fall ihres Mißlingens geschlossen ist.

2. Freiheitsstrafe ist Gefängnisstrafe, nicht Haft. Zur Aburteilung aus § 147 sind daher nur die Gerichte zuständig. Vgl. Anm. 3 zu § 146.

3. d. h. für die Dauer verbundenen Personen. Der Ausdruck wiederholt kurz den § 146 Abs. 3 aufgestellten Begriff des Bandenkomplotts. Vgl. dort Anm. 7.

4. Anführer vgl. Anm. 2a zu § 146.

5. Der Versichernde ist derjenige, welcher wissend, daß es sich um eine Konterbande oder Zolldefraudation handelt, die Versicherung des Unternehmens gegen Mißlingen auf eigene Rechnung übernimmt.

6. „Versicherungsgesellschaft" d. h. eine VG., welche sich gebildet hat, um gegen Gefahren der Einschwärzung zu versichern, nicht jede Versicherungsgesellschaft, welche sonst erlaubte Zwecke, z. B. Transportversicherung verfolgt, aber im Einzelfall, wenn auch wissentlich, eine solche verbotene Versicherung abgeschlossen hat. Diese wird von dem Ausdruck „der Versichernde" umfaßt, und es haftet nur derjenige, welcher persönlich beim Abschluß des verbotenen Geschäfts beteiligt war (vgl. Motive, Verhandlungen des Zollparlaments zu diesem §).

§ 148.

Wer bei Verübung einer Konterbande oder Defraudation Waffen zum Widerstande gegen die zur Wahrnehmung des Zollinteresses verpflichteten Beamten [1]) mit sich führt [2]), hat neben der ordentlichen Strafe des Vergehens sechsmonatliche bis einjährige Freiheitsstrafe [3]) verwirkt.

Gegen denjenigen, welcher im Grenzbezirk auf Nebenwegen [4]) oder zur Nachtzeit [5]) bei einer Konterbande oder Defraudation mit Waffen betroffen wird, wird angenommen, daß er die Waffen zum Widerstande [6]) gegen die Beamten mit sich geführt habe, sofern nicht aus den Umständen hervorgeht oder der Beweis geführt wird, daß der Zweck der Führung der Waffen mit dem Vergehen in keinem Zusammehange stehe.

Hat der Angeschuldigte sich der Waffen zum Widerstande gegen die Beamten wirklich bedient, so treten die nach den Landesgesetzen [7]) verwirkten Strafen [8]) ein.

Den Waffen stehen andere gleich gefährliche Werkzeuge [9]) gleich.

---

1. Damit sind nur inländische Zollbeamte gemeint, es sei denn, daß ein Zollkartell mit dem Auslande (Österreich) bestünde. RG. R. 9 S. 33. Aber auch die in den §§ 20, 130 VZG. genannten Staats- und Kommunalbeamten.

2. Das Mitsichführen bedeutet, daß die Waffen als Waffen d. h. mehr oder weniger zum Gebrauch fertig, nicht etwa als Waren mitgeführt werden. § 148 will den bewaffneten Schmuggel treffen.

Das bloße Mitsichführen der Waffen oder gleichgefährlicher Werkzeuge bei einer Konterbande oder Defraudation reicht für den Tatbestand des ersten Absatzes nicht aus. Es muß bewiesen werden, daß die Waffen und gleichgefährlichen Werkzeuge mitgeführt sind, um sie gegen die zur Wahrnehmung des Zollinteresses verpflichteten Beamten zu gebrauchen, nicht um sie einzuschmuggeln oder sich damit gegen sonstige Angriffe zu schützen. Dieser Beweis wird wegen der Höhe der Zusatzstrafe namentlich bei den gleichgefährlichen Werkzeugen bestimmt zu führen sein.

Nur wenn die Konterbande oder Defraudation im Grenzbezirk auf Nebenwegen oder zur Nachtzeit geschieht, tritt die Vermutung des zweiten Absatzes, vorbehaltlich des Gegenbeweises (Anm. 1 zu § 137), ein.

3. Freiheitsstrafe d. h. Gefängnis. Die Aburteilung gehört zur Zuständigkeit der Gerichte. Anm. 3 zu § 146 VZG.

4. Nebenwege d. h. Nicht-Zollstraßen, § 17 und § 21 Abs. 4 VZG.

5. Nachtzeit — vgl. § 21 VZG.

6. Auch den bloßen Versicherungen der Angeklagten darf geglaubt werden. Anm. 1 zu § 137 und RG. E. 9 S. 468.

7. Jetzt StrGB. §§ 113, 223a ff., 211, 212, 216.

8. Ist im Fall des dritten Absatzes neben der Strafe des Strafgesetzbuchs auf die Zusatzstrafe aus dem ersten Absatz des § 148 zu erkennen? Das Reichsgericht, E. 38 S. 119, hat die Frage bejaht. Die Strafbestimmungen des VZG. beruhten durchweg auf dem Grundsatze der Strafenhäufung. Das zeigten die §§ 134, 135, 140, 141, 144, 146, 147a, b, 148 Abs. 1 und am durchgreifendsten § 158 VZG. Auf § 158 besonders hinzuweisen, könne allein die Absicht des § 148 Abs. 3 sein. — Diese Begründung erscheint bedenklich. Die §§ 134, 135, 140, 141, 144, 146, 147a, b, 148 Abs. 1 VZG. enthalten nicht den Grundsatz der Strafenhäufung. Dieser findet sich allein in § 158. Er beherrscht nicht durchweg das VZG., das beweisen die §§ 160, 161 Abs. 2. Zweifellos war es auch nicht die Absicht des § 148 Abs. 3, auf den § 158 VZG. hinzuweisen. Er verweist ausschließlich auf die Landesgesetze, jetzt das Reichsstrafgesetzbuch, und bei seiner Redigierung ist des § 158 mit keinem Worte gedacht; solch Hinweis wäre obenein, wie das Reichsgericht anerkennt, mehr wie überflüssig. — Der § 148 VZG. ist vielmehr aus dem § 15 des Preuß. Zollstrafgesetzes v. 23. Januar 1838 entstanden. Hier waren bereits die beiden Fälle, daß Schmuggler „im Grenzbezirk auf Nebenwegen oder zur Nachtzeit bei einer Konterbande oder Defraudation mit Waffen oder anderen dergleichen Werkzeugen betroffen werden," und daß sie „sich der Waffen zum Widerstande gegen die Zollbeamten bedient haben" bestimmt unterschieden. Der erste wurde wie bei § 148 Abs. 1 und 2 mit einer Zusatzstrafe belegt, der zweite sollte wie bei § 148 Abs. 3 „nach den allgemeinen Strafgesetzen geahndet werden," nur daß noch eine ziemlich hohe Mindeststrafe vorgesehen war. Eine Strafhäufung war bei seiner Fassung ausgeschlossen.

Bei der Redaktion des VZG. hat man die Mindeststrafe beseitigt, und zwar nach den Drucksachen des Zollparlaments 1869 III Nr. 4 S. 32 absichtlich. An ihren Ersatz durch eine Mindeststrafe aus Abs. 1 oder eine Häufung mit dieser Strafe ist nach den Motiven und Verhandlungen nicht gedacht worden. Man hat in Abs. 3 noch das Wörtchen „wirklich" eingeschoben, anscheinend aber nur, um den Gegensatz zu den vorhergehenden Absätzen mehr hervorzukehren. Die entscheidende Änderung lag darin, daß, während im Preußischen Zollstrafgesetz beide Straftaten unzweifelhafte Zollvergehen waren, im Grenzbezirk auf Nebenwegen oder zur Nachtzeit geschehen mußten, nunmehr der wirkliche bewaffnete Widerstand aus der Reihe der Zollvergehen ausgeschieden und ohne Vorbehalt den allgemeinen Strafgesetzen zugewiesen wurde, ebenso wie es die §§ 160, 161 mit der Bestechung, der Beleidigung, dem sonstigen tätlichen Widerstande tun. Demnach besteht jetzt zwischen den Absätzen 1 und 2 des § 148 VZG. einerseits und dem dritten Absatz andererseits nicht mehr, wie früher, Gesetzeskonkurrenz zwischen zwei Zollvergehen, worauf § 158 VZG. keine Anwendung findet, sondern Idealkonkurrenz zwischen einem Zollvergehen und einem gemeinen Vergehen oder Verbrechen. Auf solche Idealkonkurrenz aber bezieht sich § 158 VZG. und Strafhäufung hat einzutreten.

9. Ein Hund ist kein gefährliches Werkzeug. RG. E. 8 S. 315.

Strafe der Teilnahme.

§ 149.

In betreff der Bestrafung der Miturheber,[1]) Gehilfen und Begünstiger[2])[3]) einer Konterbande oder Defraudation[4]) sind, soweit nicht die besonderen Vorschriften der §§ 146 und 147 Anwendung finden, die allgemeinen Vorschriften der Landesstrafgesetze[5]) maßgebend.

Die für den Rückfall bestimmte Strafe trifft nur diejenigen Teilnehmer einer Konterbande oder Defraudation, welche sich selbst eines Rückfalls schuldig gemacht haben.

---

1. „Miturheber" — Teilnehmer im Sinne des RStrGB., also Anstifter und Mittäter umfassend; der Ausdruck stammt aus dem Pr. StrGB. RG. E. 17 S. 7.

2. Die Begünstigung wird nach § 257 RStrGB. bestraft (RG. E. 18 S. 191; R. 10 S. 567).

Gehilfe und Begünstiger nur strafbar bei Verbrechen und Vergehen (§ 257 RStrGB.), nicht wenn die Defraude oder Konterbande sich im Sinne des Strafgesetzbuchs (§ 1) oder nach den dem Gehilfen bzw. Begünstiger bekannten tatsächlichen Umständen als Übertretung darstellt. RG. E. 5 S. 23, 13 S. 224; R. 3 S. 536, 8 S. 14.

3. Der Transport zollpflichtiger Waren, deren Zoll defraudiert worden war, vom einem Punkte des Zollinlands, wo die Ware augenblicklich niedergelegt worden war, an ihren eigentlichen Bestimmungsort kann je nach den tatsächlichen Umständen als Mittäterschaft oder als Begünstigung der Defraudation beurteilt werden. (RG. R. 6 S. 377.) Entscheidend ist, ob die heimliche Einschwärzung, d. h. die auf Täuschung der Zollbeamten gerichtete Tätigkeit der Pascher bereits abgeschlossen war oder nicht.

4. Ebenso einer Ordnungswidrigkeit (§§ 151, 152). Vgl. Anmerkungen 1, 4, zur Überschrift des XX. Abschnitts.

5. Jetzt Strafgesetzbuch §§ 47 ff., 257.

Art der Vollstreckung der Freiheitsstrafe und deren Folgen.

§ 150.

Rücksichtlich der zu erkennenden Art der Freiheitsstrafe und deren Vollstreckung, sowie rücksichtlich der Folgen, welche außerdem die Verurteilung nach sich zieht, kommen die Landesgesetze[1]) zur Anwendung.

---

1. Jetzt das Reichsstrafgesetzbuch.

Ordnungsstrafen.

§ 151.

Die Verletzung[1]) des amtlichen Warenverschlusses[2]) ohne Beabsichtigung einer Gefälleentziehung wird, wenn nicht nachgewiesen werden kann, daß dieselbe durch einen unverschuldeten Zufall entstanden ist, mit einer Geldbuße bis zu neunhundert[3]) Mark geahndet.[4])[5])[6])

---

1. Über Fälschung des Warenverschlusses vgl. § 159 und Anm. 1 zu § 94 VZG.

2. Hiermit ist ein Verschluß im Interesse der Zollbehörde gemeint, nicht ein Zollverschluß im Interesse des Warenführers z. B. zur Identifizierung der Waren behufs zollfreier Wiedereinbringung. Einen solchen Verschluß zu lösen steht dem Warenführer jederzeit frei (Opp. Rechtspr. OTrib. 3 S. 416), er verliert dadurch nur die durch ihn bedingte Vergünstigung.

3. Die Straftat ist ein Vergehen, zu dessen Aburteilung das Schöffengericht nur im Fall der Überweisung zuständig ist (§ 75 Nr. 14 GVG.).

4. § 151 trifft a) die zur Erhaltung des Verschlusses Verpflichteten, also den Unterzeichner des Begleitscheines oder des Ladungsverzeichnisses und den Warenführer, vgl. § 44 Anm. 1, § 64; b) jeden Dritten, letzteren, wozu auch der Warenempfänger gehört, aber nur, wenn er selbst die Verletzung des Verschlusses vorsätzlich oder fahrlässig bewirkt hat, erstere schon dann, wenn in der Zeit ihrer Verantwortung eine Verletzung des Verschlusses — auf irgend welche Art — stattgefunden hat, es sei denn, daß ein unverschuldeter Zufall bewiesen wird. (Vgl. RG. E. 21. S. 112.)

5. Unverschuldeter Zufall bedeutet nicht höhere Gewalt, sondern, wie zu § 44 Anm. 1 dargelegt, einen Zufall, an welchem der in Anspruch zu Nehmende nicht schuld ist. Dieselbe Verschlußverletzung kann für den Unterzeichner des Begleitscheines oder des Ladungsverzeichnisses ein unverschuldeter Zufall sein, während sie es für den Warenführer nicht ist. Regelmäßig werden sich sogar die ersteren von jeder strafrechtlichen Haftung für Verschlußverletzungen, welche die Waren in der Hand des Warenführers treffen, durch den Nachweis befreien, daß sie bei Auswahl und Anweisung des Warenführers und bei der Wahl des Transportmittels mit der gehörigen Sorgfalt zu Werke gegangen sind. Auch hier besteht keine Abweichung von den materiellen Strafrechtsgrundsätzen. Nur § 153 tritt mit der subsidiären Haftpflicht ergänzend ein, so daß für die Schuld des Zugführers die Eisenbahnverwaltung haftet, nicht der Beamte, welcher das Ladungsverzeichnis unterzeichnet hat. Die Beweispflicht des Angeklagten ist ferner hier so wenig wie bei § 137 VZG. (vgl. dort Anm. 1) eine formelle; der Richter hat hier wie dort von Amts wegen aus den Umständen zu entnehmen, ob ein unverschuldeter Zufall vorliegt oder nicht Er braucht dieser Prüfung im Urteil nur nicht zu erwähnen, wenn der Angeklagte seine Unschuld nicht behauptet hat.

6. Regelmäßig ist derjenige Warenführer zu verurteilen, bei welchem die Verschlußverletzung entdeckt ist, es müßte denn der Beweis erbracht sein, daß er die Ware mit verletztem Verschluß empfangen hat, in welchem Fall sein Vordermann haftet. Es ist selbstverständliche Pflicht jedes Warenführers, sich bei Übernahme des Transports von der Unversehrtheit des zollamtlichen Verschlusses zu überzeugen; begnügt er sich mit einer oberflächlichen Prüfung, so hat er die Folgen zu tragen. Vgl. Anm. 1 zu § 44, RG. E. 12 S. 11, 22 S. 38; R. 7 S. 122. Selbst der Befehl seines Auftraggebers (bei Eisenbahnbeamten ihre Dienstanweisung), den ihm verschlossen übergebenen Wagen, in welchem sich das zollamtlich verschlossene Kollo befindet, nicht zu öffnen, entbindet den Warenführer von seiner Verantwortlichkeit nicht, weil seine Verpflichtung eine gesetzliche ist. RG. E. 18 S. 424. Bei Eisenbahnen ist Warenführer „derjenige Bevollmächtigte der Eisenbahnverwaltung, welcher für diese in dem entscheidenden Zeitpunkte den Gewahrsam an den zollpflichtigen Gegenständen ausübte". RG. E. 18 S. 424.

§ 152.

Die Übertretung der Vorschriften dieses Gesetzes, sowie der infolge derselben [1]) öffentlich bekannt gemachten Verwaltungsvorschriften wird, sofern keine besondere [2]) Strafe angedroht ist, mit einer Ordnungsstrafe bis zu einhundertfünfzig Mark geahndet. [3])

---

1. Gemeint sind nur Verwaltungsvorschriften, die infolge des Vereinszollgesetzes erlassen sind, nicht Einfuhrverbote oder Kontrollvorschriften, welche ihren Grund in sanitären oder sonstigen polizeilichen Rücksichten haben; ebensowenig andere Zollgesetze wie das Zolltarifgesetz (RG. E. 26 S. 21) oder die auf Grund derselben ergangenen Verwaltungsvorschriften, wie die Ausführungsbestimmungen des Bundesrats zum Zolltarifgesetz. Vgl. Anm. 1 zu § 163.

2. Fällt die Tat unter eine andere Strafbestimmung des VZG. oder unter eines der von ihm (§ 134) aufgenommenen oder von ihm (z. B. §§ 160 und 161) angezogenen sonstigen Gesetze, so findet § 152 keine Anwendung, auch nicht in Idealkonkurrenz. § 152 ist ein bloßes Ergänzungsgesetz für den Fall, daß kein anderes Gesetz Platz greift. Handelt es sich z. B. um Verletzung des amtlichen Warenverschlusses, um Widersetzlichkeiten, Beleidigungen, Tätlichkeiten gegen einen Zollbeamten, so wird ausschließlich nach den §§ 151 und 161 VZG. bzw. § 185 ff., 113 StrGB., nicht nach § 152 (etwa in Verbindung mit § 129) VZG. verurteilt. Dies ist besonders wichtig für die Zuständigkeit der Behörden. RG. E. 24 S. 100, 26 S. 21.

3. Das Mindestmaß der Geldstrafe beträgt eine Mark, § 27 RStrGB. Pr. FMReskript v. 24. September und 28. November 1874. Die Ordnungsstrafe kann aber nur verhängt werden (§ 134 Anm. 2), wenn die Übertretung dem Beschuldigten zur Schuld, Vorsatz oder Fahrlässigkeit, anzurechnen ist, wobei freilich nach § 163 VZG. auf Unbekanntschaft mit dem Vereinszollgesetze und den infolge desselben gehörig bekannt gemachten Verwaltungsvorschriften keine Rücksicht genommen wird.

Subsidiarische Vertretungsverbindlichkeit [1]) [2]) [3]) dritter [4]) Personen.

§ 153.

1. Handel- und Gewerbetreibende haben für ihre Diener, Lehrlinge, Markthelfer, Gewerbsgehilfen, Ehegatten, Kinder, Gesinde, und die sonst in ihrem Dienste oder Tagelohn stehenden oder sich gewöhnlich bei der Familie aufhaltenden Personen,
2. Eisenbahnverwaltungen [5]) [6]) [7]) und Dampfschifffahrtsgesellschaften für ihre Angestellten [8]) und Bevollmächtigten,
3. andere nicht zur handel- und gewerbtreibenden Klasse gehörende Personen aber nur für ihre Ehegatten und Kinder,

rücksichtlich der Geldbußen, [9]) Zollgefälle [10]) und Prozeßkosten zu haften, in welche die solchergestalt zu vertretenden Personen wegen Verletzung der zollgesetzlichen oder Zollverwaltungsvorschriften [11]) verurteilt worden sind, die sie bei Ausführung [12]) der ihnen von den subsidiarisch Verhafteten übertragenen oder ein- für allemal überlassenen Handels-Gewerbs- und anderen Verrichtungen zu beobachten hatten.

Der Zollverwaltung bleibt in dem Falle, wenn die Geldbuße von dem Angeschuldigten nicht beigetrieben werden kann, vorbehalten, die Geldbuße von dem susidiarisch Verhafteten einzuziehen, oder statt dessen und mit Verzichtung hierauf die im Unvermögensfalle an die Stelle der Geldbuße tretende Freiheitsstrafe sogleich an dem Angeschuldigten vollstrecken zu lassen.

Weisen indessen die unter 1. und 3. bezeichneten subsidiarisch Verhafteten nach, daß das Zollvergehen ohne ihr Wissen [13]) verübt worden, so haften sie nur für die Zollgefälle.

---

1. Die Feststellung der subsidiarischen Vertretungsverbindlichkeit ist — wie sich aus dem Zusammenhang der Paragraphen und der Überschrift des 20. Abschnitts ergibt — vgl. §§ 56 ff. des Preuß. Zollstrafges. v. 23. Januar 1838 — die Festsetzung einer Strafe, daher durch Verwaltungsstrafbescheid (§ 462 StrPO.) (nicht durch einfachen Zahlungsbefehl, wie § 58 des ZStrG. noch erlaubte) bzw. durch richterliches Urteil auszusprechen. RG. E. 16 S. 109; R. 9 S. 330. Sie ist, wenn möglich, im selben Urteil wie die Hauptstrafe zu erkennen, darf allerdings auch in einem besonderen Nachtragsurteil erfolgen (RG. E. 21 S. 332). Geschieht sie im selben Urteil, so muß der subsidiarisch Verpflichtete als Mitbeschuldigter zum Strafverfahren zugezogen werden (RG. E. 22 S. 41). Arch. f. Strafr. 48 S. 126. Die subsidiarische Haftbarkeit tritt ein, auch wenn den subsidiarisch Verhafteten keine Schuld trifft. RG. E. 12 S. 11, 18 S. 424, 32 S. 383.

2. Der subsidiarisch Verpflichtete kann gegen den seine Haftung aussprechenden Strafbescheid der Verwaltungsbehörde auf gerichtliches Gehör antragen, auch wenn der eigentliche Täter sich beruhigt hat. In solchem Falle untersteht nicht bloß die subsidiare Haftpflicht, sondern die Frage nach dem Bestehen und der Art der Straftat selbst — allerdings nur mit Bezug auf die subsidiarische Verhaftung — der richterlichen Prüfung, so daß, wenn der Richter findet, es habe nur eine Ordnungswidrigkeit, nicht — wie der Strafbescheid angenommen — eine Defraude vorgelegen, eine (niedrigere) Ordnungsstrafe aus § 152 gegenüber dem subsidiarisch Verpflichteten zu berechnen und darauf seine Verhaftung zu beschränken ist. RG. E. 12 S. 212; R. 7 S. 324.

3. Die subsidiarische Haftung ist — wie in Anm. 1 hervorgehoben — keine zivilrechtliche Verpflichtung, sondern eine Strafe, allerdings eine Strafe ohne unmittelbare strafrechtliche Schuld. Deswegen gelten für sie alle Grundsätze der Strafe, mit Ausnahme derjenigen, welche sich auf die strafrechtliche Schuld beziehen. Aus letzterem Grunde kann sich der subsidiarisch Verpflichtete weder auf jugendliches Alter, noch auf Taubstummheit berufen. Die §§ 55—58 StrGB. stehen ihm an sich nicht zur Seite. Sein Gesundheitszustand oder seine Jugend darf nur als Beweismoment, daß er von dem Zollvergehen nichts gewußt habe, in Betracht gezogen werden. Zweifelhaft erscheint, ob er in diesem Wissen durch seinen Vormund, welcher die Leitung seines Handelsgeschäftes übernommen hat, vertreten wird, so daß dessen Wissen seine Haftbarkeit begründet. Die Frage ist zu verneinen, weil die Vertretung des Vormundes nur zivilrechtliche Verhältnisse umfaßt und für strafrechtliche Verantwortlichkeit seine Stellung keine andere ist als die eines anderen Bevollmächtigten. — Weiter finden die strafrechtlichen Grundsätze für Begnadigung und Verjährung auf die subsidiarische Haftbarkeit Anwendung, also sowohl § 164 VZG. für die Verjährung der Strafverfolgung wie §§ 70, 71 StrGB. für die der Strafvollstreckung, §§ 68, 72 StrGB. für Unterbrechung der Verjährung. Die Verjährung der Strafverfolgung beginnt gegen den subsidiarisch Verpflichteten mit der Haupttat;

sie wird unterbrochen durch jede richterliche Handlung, welche sich gegen den subsidiarisch Verpflichteten wendet, nicht durch eine solche, welche sich ausschließlich gegen den Haupttäter kehrt; sie kann also abgelaufen sein, während die gegen den Haupttäter (wegen rechtzeitiger Unterbrechung) noch läuft (vgl. RG. E. 6 S. 386). Die Strafvollstreckungsverjährung beginnt mit der Rechtskraft des Urteils und wird durch jede auf Vollstreckung der Subsidiarstrafe gerichtete Vollstreckungshandlung der zuständigen Behörde unterbrochen, nicht durch Maßregeln gegen den Haupttäter.

4. Nach RG. E. 1 S. 334; R. 1 S. 407; Arch. f. Strafr. 28 S. 282 soll dieser Paragraph, wie der Gegensatz seiner Überschrift zu der des § 149 ergäbe, keine Anwendung finden, wenn der subsidiarisch Verhaftete Teilnehmer der Straftat im Sinne des § 149 gewesen ist; in solchem Fall träfe ihn allein die Strafe der Teilnahme. — Daß aber Teilnahme und subsidiarische Verhaftung in verschiedenen Paragraphen mit verschiedenen Überschriften abgehandelt werden, erscheint natürlich, weil es verschiedene Materien sind, und beweist nicht, daß beide in einem Gegensatz ständen, welcher ihre Vereinigung ausschlösse. Auch der Ausdruck „Vertretungsverbindlichkeiten dritter Personen" reicht nicht aus, den Paragraphen auf Personen zu beschränken, welche an der Straftat nicht teilgenommen haben. Eben weil der Gesichtspunkt der subsidiarischen Verhaftung ein selbständiger ist und zur Anwendung kommt, mögen die ihm Unterliegenden sich an der Straftat beteiligen oder nicht, — durften sie für diese Materie und in dieser Beziehung in sprachlichen Gegensatz zu den gewöhnlichen Tätern gestellt und als „dritte Personen" bezeichnet werden. Daß dieser Ausdruck mehr besagen und das entscheidende Auslegungsmittel des Paragraphen bilden sollte, welches ihm für die wichtigsten Fälle den Boden entzöge, wird schon durch die Art, wie die Überschrift entstanden und Jahrzehnte lang in gesetzlicher Geltung gewesen ist, widerlegt. Der Paragraph stammt aus den Beschlüssen der I. Generalkonferenz (München 1836). Hier wurden nach einem von Preußen vorgelegten Entwurf gewisse „Grundsätze" festgelegt, nach welchen die Landes-Zollstrafgesetze ausgearbeitet werden sollten. § 16 dieser „Grundsätze" bildete den jetzigen § 153. Er schloß sich unmittelbar an die Ordnung der subsidiären Freiheitsstrafe an, schon hierdurch zeigend, daß er eine allgemeine Geltung beanspruche. Allerdings hatte sich die Überschrift „Vertretungsverbindlichkeit dritter Personen" im Preußischen Entwurf befunden. Diese Überschrift ging aber nicht (wenigstens nicht ausdrücklich) in die „Grundsätze" über und, was wichtiger, sie wurde von vielen der gemäß jener „Grundsätze" veröffentlichten Zollstrafgesetze entweder ganz fortgelassen (wie von dem Kurf. Hess. Zollstrafgesetz v. 28. Dezember 1837 § 181) oder gerade des Zollsatzes „dritter Personen" entkleidet. So im Bayrischen Zollstrafgesetz v. 17. November 1837 § 19; im Württembergischen v. 15. Mai 1838 Art. 18; im Badischen v. 3. August 1837 §§ 8 ff.; im Nassauischen Strafedikt v. 10. Januar 1838; im Thüringischen Zollgesetz v. 1. Mai 1838 § 20. Nach Ansicht der damaligen Zollvereinsregierungen hat jener Überschrift also nicht die mindeste Bedeutung beigewohnt, am wenigsten die einschneidende, welche ihr das Reichsgericht beimißt, und diese Auslegung des Paragraphen wäre bei vielen Zollstrafgesetzen, die denselben Gedanken verwirklichen sollten, wie das Preußische, nicht möglich gewesen. Nun ist sie freilich in das VZG. übergegangen. Aber diese Übernahme war bloße Zufälligkeit, weil der Redaktion des VZG. das Preuß. Zollstrafgesetz, welches jene Überschrift zufällig beibehalten hatte, zugrunde gelegt worden war; daß hiermit eine Abweichung von dem bisherigen Zoll-

strafrecht und der bisherigen Auffassung der verbündeten Regierungen beabsichtigt worden wäre, dafür liegt nichts vor.

Hierzu kommt, daß die praktischen Unzuträglichkeiten, welche jene Auslegung im Gefolge hat, bedenklich sind, und daß sie in zahlreichen Fällen für die subsidiär Verhafteten geradezu eine Belohnung auf unmittelbare Beteiligung an der Einschwärzung setzen würde. Als Teilnehmer träfe ihn nur die einfache Strafe, während, wenn er sich von der Straftat fern hält, die Strafe sämtlicher Genossen auf ihn fallen kann und — bei deren regelmäßiger Vermögensunzulänglichkeit — auf ihn fallen wird.

Man wird daher einen Gegensatz zwischen den §§ 149 und 153 VZG. nicht anerkennen und die subsidiäre Verhaftung bei dem Teilnehmer ebenso eintreten lassen, wie bei dem an der Straftat nicht Beteiligten. Man befindet sich dabei in Übereinstimmung mit den Grundsätzen, welche das Pr. OTribunal wie das Reichsgericht (E. 3 S. 105) für die durchaus gleichgelagerte subsidiäre Verhaftung des Branntwein- und des Brausteuergesetzes bereits angenommen haben. In neueren Entscheidungen E. 21 S. 331, 25 S. 290 ist das Reichsgericht auch von seiner früheren Ansicht zurückgetreten und hat sich der hier vertretenen zugewendet. Ebenso Stenglein, strafrechtl. Nebengesetze des Reichs III Anm. 2 zu § 153 VZG.

5. Eisenbahnverwaltungen sind natürlich nur die Eisenbahnverwaltungen selbst, nicht andere Gesellschaften, wie die Internationale Eisenbahnschlafwagengesellschaft zu Brüssel, oder Privatpersonen, Zirkusbesitzer, Bierbrauereien, fürstliche Persönlichkeiten, welche auf der Eisenbahn eigene Wagen laufen lassen, ebensowenig Bahnhofrestaurateure (RG. E. 34 S. 415).

6. Stehen mehrere Eisenbahnverwaltungen bezüglich des Transportes der Gepäckstücke in einem Kartell, so daß die Gepäckwagen auf allen Linien durch dieselben gemeinschaftlichen Angestellten bewacht und begleitet werden, so haftet diejenige Verwaltung, auf deren Strecke das Zollvergehen begangen ist. Denn nur ihr liegen für diese Strecke diejenigen Verpflichtungen der Zollbehörde gegenüber ob, zu deren Sicherung § 153 VZG. bestimmt ist.

7. Inwiefern auch die Eisenbahnstaatsverwaltung zur Haftung für Zollgefälle Geldbußen und Prozeßkosten nach § 156 VZG. verurteilt werden kann, vgl. RG. E. 27 S. 334.

8. Angestellte sind nicht bloß eigentliche Beamte, sondern alle, die „im Auftrage der Eisenbahnverwaltung eine bestimmte Art von Dienstverrichtungen dauernd oder zeitweise versehen und zwar Dienstverrichtungen, welche zum eigentlichen Betriebe der Bahn gehören.“ Bloße Arbeiter fallen somit nicht darunter, wohl aber Heizer. RG. E. 27 S. 331, 31 S. 38. Unerheblich ist es, ob die Anstellung schriftlich oder mündlich erfolgt ist, ob der Angestellte gerade von derjenigen Bahnverwaltung, in deren Dienst er tätig ist, beauftragt worden ist, oder ob diese Bahnverwaltung die An- und Aufstellung einem Dritten, einer anderen Bahnverwaltung, überlassen hat, wer die Disziplinargewalt über den Angestellten ausübt und von welcher Seite die Besoldung erfolgt.

9. Geldbuße, d. h. die eigentliche Geldstrafe, nicht der nach §§ 154 und 155 auszusprechende Wertersatz. Für letzteren haftet der subsidiarisch Verpflichtete niemals. Auch er trägt zwar den Charakter einer Strafe, kann aber nicht „Geldbuße“ genannt werden und wird so auch nicht vom VZG. bezeichnet. Wohl wirkt die Konfiskation nach § 154 VZG. zugleich gegen den subsidiarisch Verpflichteten. RG. E. 27 S. 329. Auch sie darf aber nicht gegen den subsidiarisch Verpflichteten ausgesprochen werden.

10. Zollgefälle. Das Strafurteil hat den subsidiarisch Verpflichteten bei Zolldefraudationen „rücksichtlich der Geldbußen, Zollgefälle und Prozeßkosten" für haftbar zu erklären. Auch bezüglich der Zollgefälle kann die subsidiarische Haftbarkeit also nur im Strafverfahren, nicht durch einfache Verfügung der Steuerbehörde festgesetzt werden. Insofern ist die subsidiarische Vertretungsverbindlichkeit für Gefälle nach den Branntwein, Brau- und Zuckersteuergesetzen von der nach dem Zollgesetz zu unterscheiden. Nur bei jenen geschieht, abgesehen von den in den Branntwein- und Zuckersteuergesetzen den Gerichten ausschließlich zugewiesenen Ausnahmen, die Festsetzung der Gefälle nicht im Strafverfahren, wohl aber beim Zollgesetz (RG. E. 12 S. 212, 16 S. 109, 22 S. 42, 27 S. 325). Bei den Verbrauchssteuern trennte schon das Gesetz v. 8. Juli 1867 die Vertretungspflicht für Geldstrafen und Kosten bestimmt von der für Gefälle, beide in verschiedenen Paragraphen behandelnd, und dieser Auffassung folgen die späteren Branntwein-, Brau- und Zuckersteuergesetze, indem sie beide Arten der Vertretungspflicht wenigstens unter verschiedenen Nummern abhandeln. Das VZG. dagegen scheidet sie nicht, spricht unterschiedslos von der Haftung für „Geldbußen, Zollgefälle und Prozeßkosten" und stellt diese Haftung unter die „Strafbestimmungen", damit klar andeutend, daß ihre Festsetzung nur einheitlich und nur im Strafverfahren geschehen dürfe (RG. E. 22 S. 42). Diese verschiedene äußere Behandlung ist obenein nicht zufällig, sondern innerlich begründet. Bei Branntwein-, Brau- und Zuckersteuer sind die defraudierten Gefälle stets dem Gewerbetreibenden, also dem Vertretungspflichtigen zugute gekommen, in seinem Nutzen verwendet worden; es ist fast selbstverständlich, daß der Steueranspruch des Staates sich auf ihn mit bezieht, und es entspricht diesem natürlichen Rechtsverhältnis, wenn seine Festsetzung wie bei Gefällen geschieht. Beim VZG. ist es anders. Hier vollzieht sich die Defraudation nicht im Interesse des Vertretungspflichtigen, es handelt sich weder um seine Sache noch um seinen Nutzen. So zweifellos im wichtigsten Falle, dem der Eisenbahnen- und Dampfschiffahrtsgesellschaften. Hier würde jeder natürliche Rechtsgrund fehlen, von dem Vertretunspflichtigen den Zoll zu fordern. Seine Vertretungspflicht für den Zoll kann ebenso wie für Strafe und Kosten, nur aus einem strafrechtlichen Gesichtspunkt, keinem steuerlichen Rechtsgrunde hergeleitet werden. Darum mußte, wie § 153 auch tut, ihre Feststellung dem Strafverfahren vorbehalten bleiben.

Allerdings hat das Preußische Verwaltungsstrafgesetz vom 26. Juli 1897 § 2 absichtlich oder unabsichtlich diesen Unterschied verwischt und dem Verwaltungsstrafbescheid der Preußischen Zollbehörden nur die Vertretungspflicht für Strafe und Kosten zugewiesen. Daraus folgt aber nur, daß die Preußische Steuerbehörden in Zollsachen die Vertretungspflicht für Gefälle nicht mehr aussprechen dürfen, und daß sie allen derartigen Fällen die Sache an die Staatsanwaltschaft abzugeben haben, wenn sie nicht dem subsidiarisch Verhafteten gegenüber auf die Zollgefälle verzichten wollen. Denn § 153 VZG. und das gerichtliche Prozeßverfahren werden durch das Preuß. Verwaltungsstrafgesetz v. 26. Juli 1897 nicht geändert.

11. Wozu auch die Konterbande gehört. Opp. OTrib. Rechtspr. 20 S. 20.

12. Das Zolldelikt muß bei Ausführung der ihnen übertragenen Verrichtungen von dem Angestellten 2c. begangen sein; daß es im Interesse des Prinzipals 2c. unternommen, ist ebensowenig erforderlich, als daß es in Verletzung der bei jenen Verrichtungen besonders zu beobachtenden Zollvorschriften bestehen müßte; es muß nur insofern mit diesen Verrichtungen in bestimmter Beziehung stehen, als es bei Gelegenheit derselben begangen wird, und erst durch sie ermöglicht ist. RG. E. 21 S. 331; 27 S. 332. Nach RG. E. 31 S. 315 fehlt es an dieser Beziehung zum Dienst, wenn Matrosen Waren in den ihnen zum Privatgebrauch d. h. zum Aufenthalt in dienstfreien Stunden angewiesenen Schiffsräumen einschmuggeln. Sie ist aber vorhanden, wenn der Heizer dazu die die ihm dienstlich zugänglichen Heizräume benutzt (RG. E. 3 S. 38).

13. Das „Wissen“ erfordert die Kenntnis von der Persönlichkeit des Täters als eines, für welchen man nach § 153 zu haften hat.

Bestimmungen wegen der Konfiskation.[1] [2] [3])

---

1. Vgl. die Anm. 7 und 8 zu § 134.

2. Anw. zur Ausf. des VZG. Bek. des Bundesrats v. 5. Juli 1888 — § 407 der Prot. — Nr. 36.

Konfiskate aus Zollprozessen dürfen nur dann in den freien Verkehr gesetzt werden, wenn durch den Verkauf derselben der volle tarifmäßige Eingangszoll zur Verrechnung gelangt.

Es bezieht sich das aber nicht auf Konfiskate, für welche der Zoll bereits gezahlt oder sichergestellt ist. Preuß. Min.Verf. vom 16/9 1893.

3. Werden zwei Gegenstände gleichzeitig konfisziert, von denen der eine nach obiger Vorschrift vernichtet, der andere versteigert wird, so ist der Zoll für den ersten in Abgang zu stellen, nicht auf den Erlös des zweiten zu verrechnen und für die Reichskasse in Abzug zu bringen. Pr. FMReskript v. 12. Juni 1889; PrZBl. 1889 S. 208.

§ 154.

Der infolge einer Konterbande oder Defraudation eintretende Verlust der Gegenstände des Vergehens trifft jederzeit den Eigentümer.[1]) Eine Ausnahme[2]) [3]) findet statt, wenn die Konterbande oder Defraudation von dem bekannten Frachtfuhrmann oder Schiffer, welchem der Transport allein anvertraut war, ohne Teilnahme oder Mitwissen des Eigentümers oder des in dessen Namen handelnden Befrachters[4]) verübt worden ist, und der Warenführer nicht zu denjenigen Personen gehört, für welche der Eigentümer oder der Befrachter nach Vorschrift des § 153 subsidiarisch verhaftet ist. In diesem Falle tritt statt der Konfiskation die Verpflichtung des Warenführers ein, den Wert jener Gegenstände zu entrichten.[5])

---

1. „Dieser Satz hat nicht den Sinn, daß die Konfiskation nur gegen den als Eigentümer der Gegenstände Ausgewiesenen erkannt werden dürfe, sondern seine dem Wortlaut entsprechende Bedeutung geht dahin, daß die durch die Konfiskation herbeigeführte Rechtsveränderung ihre Wirkung stets gegen den Eigentümer äußert, ohne Rücksicht auf seine unmittelbare oder mittelbare Beteiligung an der Straftat . . . . Mag aus diesem erheblichen Vermögensinteresse des Eigentümers gefolgert werden müssen, daß demselben, auch wenn er nicht zu den der Konterbande oder Defraudation Angeklagten gehört, sofern zur Durchführung der Einziehung eine gegen ihn gerichtete Vollstreckungshandlung nötig wird, durch seine Zuziehung zum Strafverfahren Gelegenheit zur Ausführung seiner Rechte zu gewähren, in allen anderen Fällen aber,

wenn er sich als solcher meldet, das Gehör nicht zu versagen sei, so ist doch hieraus keineswegs die Folgerung herzuleiten, daß die Strafe der Konfiskation gegen den Täter nur erkannt werden dürfe, wenn derselbe festgestelltermaßen Eigentümer der Gegenstände der Straftat ist. Vielmehr darf der Strafrichter diese Strafe ohne weitere Ermittelungen und Feststellungen gegen den Täter, bei einer Mehrzahl von Tätern gegen die Gesamtheit derselben, verhängen, sofern nicht . . . der im folgenden Satz vorgesehene Ausnahmefall vorliegt, in welchem an Stelle der Konfiskation eine prinzipale Wertstrafe gegen den schuldigen Warenführer tritt." RG. E. 10 S. 440; R. 6 S. 447. Arch. f. Strafr. Bd. 21 S. 641.

2. Diese Ausnahme soll nach RG. E. 21 S. 39, 37 S. 15 auf den Fall, daß die defraudierten Gegenstände dem Eigentümer gestohlen sind, nicht ausgedehnt werden dürfen. Dagegen mit Recht Stenglein, strafrechtliche Nebengesetze des Reichs III. Anm. 2 zu § 154 VZG. Ein Gesetz, welches die Konfiskation schon verbietet, wenn der mit der Einfuhr vom Eigentümer Beauftragte die Defraudation ohne Wissen des Eigentümers verübt hat, kann sie nicht zum Nachteil des Eigentümers gewollt haben, wenn die Defraudation und die Einfuhr von einem Nichtbeauftragten, einem Diebe oder Räuber, ohne Wissen und gegen den unzweifelhaften Willen des Eigentümers bewirkt worden sind.

Das Reichsgericht glaubt den zweiten Satz des § 154 VZG. als Ausnahme auf seinen Wortlaut beschränken zu müssen. Für alle übrigen Fälle solle nach dem ersten Satz der Verlust der Gegenstände den Eigentümer treffen, die Konfiskation daher auszusprechen sein. Allein das Reichsgericht dehnt selbst den zweiten Satz in E. 19 S. 436, 37 S. 15 auf einen Fall, Diebstahl aus einer Niederlage, aus, der mit dem Wortlaut unvereinbar ist und sogar eine vermutete Zolldefraudation (§ 136 Nr. 8 VZG.) enthält. In beiden Fällen handelt es sich um das Eingreifen fremder Straftaten, an das der Gesetzgeber bei § 154 nicht gedacht hat. Er hatte hier wie sonst nur den ehrlichen Verkehr im Auge. Daß der zweite Satz nicht die einzige Ausnahme bilden sollte, darauf deutet schon die Streichung des Wörtchens „nur", welches ihn im alten Zollstrafgesetz § 20 einleitete. Sogar der erste Satz ist nicht ausschließlich. Er findet beispielsweise keine Anwendung, wenn die defraudierten Sachen von einem redlichen Dritten erworben sind. Überhaupt enthält § 154 nicht die für den Strafrichter maßgebende Vorschrift dafür, ob auf Konfiskation oder Werterſatz zu erkennen ist. Er ist nicht strafrechtlicher Natur und spricht selbst im dritten Satz nur von einer Verpflichtung des Warenführers (ähnlich wie die §§ 44, 64 VZG.). Die strafrechtlichen Vorschriften sind die §§ 134, 135 ff. und § 155 VZG. § 155 sagt nun, daß in allen Fällen, in denen die Konfiskation selbst nicht vollzogen werden kann, auf Wertersatz zu erkennen ist; und daß hierher auch die Fälle gehören, in welchen die Konfiskation aus Rechtsgründen nicht vollziehbar ist, wie beim redlichen Erwerb eines Dritten, bei § 154 Satz 2 und wenn die Waren der Zollbehörde abhanden gekommen sind, ist nicht fraglich. Nach der Auffassung des Reichsgerichts müßte das Zollgesetz gewollt haben, daß der Fiskus sich gestohlene, unterschlagene, geraubte Sachen in Kenntnis der Sachlage zum Nachteil des Eigentümers lediglich deshalb aneigne, weil der Dieb usw. sie noch zu einem Zollvergehen benutzt hat oder benutzen läßt, und tatsächlich nehmen jene Urteile diese Absicht beim Zollgesetzgeber an. Daß er sie aber nicht gehabt hat, ergibt § 60 des Preuß. Zollstrafgesetzes v. 23. Januar 1838 (jetzt § 16 des Preuß. Gesetzes v. 26. Juli 1897, vgl. Anm. 8 zu § 134 VZG. Danach durften zwar, wenn unbekannte Pascher auf der Flucht verbotene oder abgabepflichtige Gegenstände zurückgelassen hatten, diese zum Vorteil der Staatskasse verkauft werden, aber nur nach dreimaligem öffentlichen Aufgebot und unter Vorbehalt der Ansprüche des Inhabers oder Eigentümers auf Erstattung des Erlöses. Ein Gesetz, welches selbst bei unbekannten Paschern dem schuldlosen Eigentümer seine Rechte an den defraudierten oder konterbandierten Gegenständen in solcher Weise vorbehält, kann sie ihm unmöglich haben nehmen wollen, wenn die Defraudanten bekannt sind. Im Gegenteil, man darf voraussetzen, daß es dann letzteres ohne weiteres für ausgeschlossen erachtet hat. Waren somit die §§ 1 ff. 20 ff. des alten Zollgesetzes nicht in diesem Sinne zu verstehen, so darf er auch nicht den entsprechenden §§ 134 ff., 154 ff. des VZG. beigelegt werden. Sonst wäre gegen den diebischen Frachtfuhrmann oder Schiffer auf Wertersatz nicht zu erkennen, wohl aber gegen den ehrlichen; jener würde milder bestraft als dieser und könnte sich geradezu auf seinen Diebstahl oder seine Unterschlagung berufen, um einen Teil der Strafe von sich auf den Geschädigten abzulenken.

3. Eine fernere Ausnahme tritt ein, wenn Waren aus einer Zollniederlage gestohlen oder sonst der Innehabung der Zollbehörde entzogen sind und unverzollt in den freien Verkehr gelangen. RG. E. 19 S. 436, 37 S. 15. OTrib. Arch. f. Strafr. 5 S. 686, 6 S. 548.

4. Ob der im Namen des Eigentümers handelnde Befrachter selbständiger Gewerbetreibender oder Handlungsgehilfe des Eigentümers ist, ist unerheblich. RG. E. 21 S. 330.

5. Stenglein, strafrechtliche Nebengesetze des Reichs III. Anm. 3 zu § 154 und Anm. 1 zu § 155 VZG. nimmt an, bei § 154 VZG. dürfe gegen den Warenführer nur auf Erlegung des Wertes, nicht aber, wenn der Wert nicht zu ermitteln sei, auf die Ersatzstrafe des § 155 erkannt werden. Allein § 154 spricht gegen den Warenführer keine Strafe, sondern nur die Verpflichtung aus, den Wert der konterbandierten oder defraudierten Gegenstände zu ersetzen. Auch gegenüber dem Warenführer hat er keinen strafrechtlichen Charakter. Die Strafbestimmung folgt erst in § 155, und zwar einheitlich für alle Fälle, in welchen die Konfiskation aus rechtlichen oder tatsächlichen Gründen zur Zeit des Urteils nicht vollzogen werden kann. Einen dieser Fälle bildet der zweite Satz des § 154; denn aus Rechtsgründen kann bei ihm die Konfiskation nicht vollzogen werden. Weshalb trotzdem auf ihn die volle Strafbestimmung des § 155 nicht Anwendung finden soll, ist nicht erkennbar, wie auch jeder sachliche Grund fehlt, einen solchen Warenführer, der hinter dem Rücken des Eigentümers defraudiert, mit der allgemeinen Ersatzstrafe zu verschonen.

§ 155.

In allen Fällen,[1]) in denen die Konfiskation selbst nicht vollzogen werden kann,[2]) ist statt derselben auf Erlegung des Werts[3]) der Gegenstände und, wenn dieser nicht zu ermitteln ist, auf Zahlung einer Geldsumme von fünfundsiebenzig bis dreitausend Mark zu erkennen.

---

1. Wie aus dem Wortlaut des Paragraphen, aus seiner Stellung im System, aus seinem Zweck sich ergibt, ist der subsidiäre Werterſatz in allen Fällen und unter den gleichen Bedingungen zu verhängen wie die Konfiskation, vorausgesetzt, daß diese nicht vollzogen werden kann. Er ist gegen jeden Täter auszu-

sprechen, mag derselbe Eigentümer gewesen sein oder nicht, gegen Anstifter, Mittäter und Gehilfen, gegen mehrere Täter nur ein Mal, aber unter solidarischer Verhaftung jedes einzelnen.

Die §§ 134 bis 153 bestimmen die Strafen der Konterbande bzw. Defraudation gegen die verschiedenen Beteiligten und subsidiär Verhafteten und setzen die Strafe der Konfiskation gegen den Täter, und zwar grundsätzlich gegen jeden Täter fest, nicht bloß gegen den Eigentümer. Der § 154 VZG., welcher sich allerdings nur auf den Eigentümer bezieht, hat mit jenen strafrechtlichen Vorschriften nichts zu tun. An sie schließt sich vielmehr § 155 an. Wenn dieser sagt: „In allen Fällen, in denen die Konfiskation selbst nicht vollzogen werden kann, ist statt derselben auf Erlegung des Werts zu erkennen," so bedeutet das also: in allen Fälleu, in denen sonst (nach §§ 134, 135) auf Konfiskation zu erkennen gewesen wäre, ist statt derselben auf Wertersatz zu erkennen, — d. h. gegen jeden Täter, mag er Eigentümer gewesen sein oder nicht. So jetzt auch RG. E. 10 S. 440, 19 S. 439, 21 S. 39; R. 6 S. 445, 9 S. 33.

2. d. h. wenn die Konfiskation zur Zeit des Urteils aus tatsächlichen oder rechtlichen Gründen unmöglich ist. Ob die Unmöglichkeit auf Schuld der Zollbeamten beruht, ob diese also die Beschlagnahme aus Nachlässigkeit verabsäumt oder aus Rechtsirrtum wieder aufgehoben haben, ist ebenso unerheblich, wie ob sie ihren Grund in dem natürlichen Untergang der Sache oder dem gutgläubigen Erwerb eines Dritten hat. Auf Wertersatz ist auch bei Satz 2 des § 154 VZG. und in den zu § 154 Anm. 2 und 3 behandelten Fällen zu erkennen. Selbst wenn die beschlagnahmten Waren den Beteiligten gegen das Versprechen des Wertersatzes von der Zollbehörde zurückgegeben sind, ist auf Wertersatz zu erkennen, wenn die Konfiskation nicht mehr vollzogen merden kann. Nur wenn die Waren während der Beschlagnahme in der Hand der Zollbehörde zugrunde gegangen oder gestohlen oder sonst in Verlust geraten sind, oder wenn die Zollbehörde sie inzwischen verkauft hat, ist nicht der Wertersatz, sondern die Konfiskation auszusprechen.

Andererseits wird man dem § 155 noch bei der Strafvollstreckung Raum verstatten und ein Nachtragsurteil entsprechend dem § 491 StrPO. auf Wertersatz zulassen, wenn die Unmöglichkeit der Konfiskation erst nach Verkündigung des Urteils eingetreten ist. Vgl. Erkenntnis des Preuß. OTrib. v. 24. Juni 1879; Archiv für Strafr. 27 S. 562.

3. Wert ist der inländische Verkaufspreis am Ort der Tot, nicht der ausländische Einkaufspreis zuzüglich des Zolles. RG. R. 10 S. 3ff. Zunächst muß versucht werden, den Wert, wenn auch in freier richterlicher Schätzung, zu ermitteln. Erst wenn das nicht gelingt, tritt die Ersatzstrafe ein, dann aber auch bei § 154. Vgl. dort Anm. 5.

§ 156.

Das Eigentum der Gegenstände, die der Konfiskation unterliegen, geht in dem Augenblick, wo dieselben in Beschlag genommen [1]) worden sind, auf den Staat über [2]) und kann nach den Grundsätzen der Zivilgesetze über die Vindikation [3]) gegen jeden dritten Besitzer [4]) verfolgt werden.

---

1. Eine besondere Form ist für die Beschlagnahme nicht vorgeschrieben. Nach § 14 genügt das Verbot des Zollbeamten, über den Gegenstand weiter zu verfügen.

2. Der Staat erwirbt durch die Beschlagnahme sofortiges Eigentum, welches rückwärts wieder aufgelöst wird (auflösende Bedingung), wenn sich herausstellt, daß ein Zollvergehen nicht vorgelegen hat oder die Beschlagnahme aus sonstigen Gründen nichts stattfinden durfte. Setzen sich die Pascher nach der Beschlagnahme eigenmächtig wieder in den Besitz des Konfiskats, so liegt eigentlich Diebstahl (§ 242 StrGB.) vor; haben sie aber um jene Wirkung der Beschlagnahme nicht gewußt, so können sie nicht aus jenem Paragraphen, weil für seine Kenntnis oder Nichtkenntnis § 163 VZG. nicht maßgebend ist, wohl aber aus § 137 RStrGB. (Entziehung aus der Verstrickung) gestraft werden, weil die übrigen Wirkungen der Beschlagnahme neben der staatlichen Erwerbung des Eigentums fortdauern, ja noch über dasselbe hinaus, so daß auch nach Freisprechung der Täter und richterlicher Ablehnung der Konfiskation die Beschuldigen sich nicht eigenmächtig in den Besitz der beschlagnahmten Gegenstände setzen dürfen. RG. E. 14 S. 112; R. 3 S. 174, 8 S. 339; PrZBl. 1887 S. 44.

3. Exkutivisch darf es dem dritten Besitzer nicht fortgenommen werden.

4. Derselbe kann sich selbstverständlich auf die Grundsätze des redlichen Erwerbes berufen. Vgl. Arch. für Strafr. 21 S. 641; PrFMReskript v. 15. Februar 1858, PrZBl. S. 151. RG. E. 30 S. 413.

§ 157. [1])

Zollpflichtige Gegenstände, welche im Grenzbezirke gefunden werden, unterliegen, sofern deren Eigentum von niemand in Anspruch genommen und der Nachweis ihrer Verzollung oder ihrer Herkunft aus dem freien Verkehr des Zollvereins nicht erbracht wird, der Beschlagnahme durch die Zollverwaltung.

Mit den hiernach in Beschlag genommenen Gegenständen ist weiter nach den Bestimmungen im Absatz 1 und 2 des § 104 zu verfahren. [2])

1. Vgl. Anm. 8 zu § 134.

2. Der Zuschlag bei der öffentlichen Auktion soll in der Regel versagt werden, wenn das Meistgebot nach Abzug der Kosten hinter dem Betrage des Eingangszolls zurückbleibt. Eine Ausnahme kann von der Direktivbehörde zugestanden werden, wenn der Ausfall 10% nicht übersteigt.

Beschluß des Bundesrats (§ 326 der Prot.) v. 5. Juli 1882, RZBl. S. 341, PrZBl. 1882 S. 282.

Zusammentreffen mit anderen strafbaren Handlungen.

§ 158.

Treffen mit einer Konterbande oder Defraudation andere strafbare Handlungen zusammen, so kommt die für erstere bestimmte Strafe zugleich mit der für letztere vorgeschriebenen zur Anwendung. [1]) [2])

1. Der Paragraph umfaßt die Real- wie die Idealkonkurrenz, so daß in beiden Fällen die Zollstrafen — und zwar sämtliche Zollstrafen, auch die Rückfallsstrafen, die Strafschärfungen der §§ 144, 145, die Zusatzstrafen der §§ 146, 147, 148 — gesondert auszusprechen sind und die §§ 73, 74 ff. StrGB. keine Anwendung finden. RG. E. 11 S. 330, 16 S. 58, 18 S. 74; R. 6 S. 838, 9 S. 296.

Er berührt aber nur das Zusammentreffen mit anderen strafbaren Handlungen (um nämlich das Zollinteresse bei deren anderweiten Gesichtspunkten mit zur Geltung zu bringen), nicht das Zusammentreffen mehrerer Zollvergehen — Konterbande, Defraudation, Ordnungswidrigkeit — unter sich. Hier treten die §§ 74, 77 ff. StrGB. wieder in ihr Recht.

Der Paragraph bezieht sich weiter nicht auf das Zusammentreffen der Konterbande mit den in § 134 erwähnten „besonderen Gesetzen", wie in Anm. 11 zu § 134 des näheren dargelegt ist; bei solchem Zusammentreffen konkurriert die Geldstrafe des § 134 und deren Strafschärfung in den §§ 140 bis 145 mit der Strafe jener „besonderen Gesetze" elektiv, je nachdem die eine oder die andere die härtere ist, wogegen auf die Konfiskation und die Zusatzstrafen der §§ 146 bis 148 VZG. jederzeit erkannt werden muß.

Endlich umfaßt § 158 nicht die sog. Gesetzeskonkurrenz, namentlich nicht die von Defraudation und Betrug; hier findet nur die Defraudationsstrafe und die Würdigung der Tat als Defraudation (wie bei allen Steuerdefraudationen) statt; der Gesichtspunkt des Betruges und des versuchten Betruges scheidet aus. RG. E. 2 S. 403, 4 S. 50, 14 S. 293, bes. 20 S. 305, 34 S. 259.

2. Der prozessuale Satz ne bis in idem wird durch § 158 nicht berührt. Ist die Tat z. B. als Unterschlagung abgeurteilt, so darf keine neue Anklage wegen Zolldefraudation erhoben werden. RG. Erkenntnis v. 7. Novbr. 1884; PrZBl. 1885 S. 228.

§ 159.

Wird eine Konterbande oder Defraudation mittels Fälschung eines amtlichen Warenverschlusses verübt, so tritt neben der Strafe des verübten Zollvergehens die durch die Landesgesetze für die Fälschung öffentlicher Urkunden*) festgesetzte Strafe ein.

*) Kunstschlösser, Bleie, Siegel sind öffentliche Urkunden, vgl. Anm. 1 zu § 94.

Strafe der Bestechung.

§ 160.

Wer einem zur Wahrnehmung des Zollinteresses verpflichteten Beamten oder den Angehörigen [1]) desselben wegen einer zu dessen amtlichem Wirkungskreise gehörigen Handlung oder Unterlassung einer solchen Geschenke oder andere Vorteile anbietet, verspricht oder gewährt, wird, wenn solches den gesetzlichen Charakter der Bestechung hat, mit der Strafe der Bestechung, andernfalls mit einer Ordnungsstrafe [2]) bis zu sechzig Mark belegt.

1. Angehörige wie im § 52 RStrGB.

2. Die Ordnungsstrafe tritt ein, wenn die Handlung, für welche das Dargebotene gewährt wird, keine Pflichtverletzung enthält; enthält sie eine solche, so greift die Strafe des § 333 StrGB. Platz (Gefängnis, event. Verlust der bürgerlichen Ehrenrechte; bei mildernden Umständen Geldstrafe bis 1500 Mk.; Einziehung des Empfangenen oder seines Wertes).

Strafe der Widersetzlichkeit.

§ 161.

Wer sich Handlungen oder Unterlassungen zuschulden kommen läßt, wodurch ein solcher Beamter in [1]) der rechtmäßigen Ausübung seines Amtes [2]) verhindert wird, hat, insofern [3]) damit keine Beleidigung oder tätliche Widersetzlichkeit gegen die Person des Beamten verbunden ist, eine Geldbuße bis zu einhundertfünfzig Mark verwirkt.

Beleidigungen und tätliche Widersetzungen gegen einen zur Wahrnehmung des Zollinteresses verpflichteten Beamten bei rechtmäßiger Ausübung seines Amtes werden, sofern sie nicht unter die im § 148 Absatz 1 vorgesehenen gehören, [4]) nach den Landesgesetzen [5]) bestraft.

---

1. Nicht „an" — es genügt jede erhebliche Erschwerung der Amtsausübung; eine gänzliche, auch nur zeitweise Verhinderung ist nicht erforderlich. RG. R. 7 S. 92; PrZBl. 1885 S. 349. Es genügt z. B. Verschließen der Tür, Weigerung, Platz zu machen, die Sache herauszugeben, Nichtreinigung der Wage, Nichtfortschaffen der revidierten Waren, wodurch der Beamte an ordnungsmäßiger Fortsetzung seines Dienstes gehindert wird, Nichtanhalten beim Anruf 2c. Vgl. Opp. Rechtspr. OTrib. Bd. 3 S. 240.

2. Der Beamte muß „in der rechtmäßigen Ausübung seines Amtes" gehandelt haben. Seine Handlungsweise muß zunächst dem Gesetze entsprechen; er darf sich nicht in einem Rechtsirrtum über seine Befugnisse, über das anzuwendende Recht befunden haben. RG. R. 10 S. 40; E. 4 S. 605, 35 S. 214. Befolgt er einen Befehl seiner vorgesetzten Behörde, der (aus besonderen Gründen) ungesetzlich war, so befindet sich der ausführende Beamte doch in rechtmäßiger Ausübung seines Amtes, wenn die vorgesetzte Behörde an sich zur Erteilung derartiger Befehle zuständig (RG. E. 29 S. 200) und der ausführende Beamte verpflichtet war, ihre auf diesem Gebiet liegenden Anordnungen zur Ausführung zu bringen. RG. R. 2 S. 424 und 559; E. 2 S. 411. Arch. f. Strafr. 35 S. 55. Liegt der Irrtum des Beamten nicht auf rechtlichem, sondern auf tatsächlichem Gebiet, so muß er das pflichtmäßige Ermessen walten lassen. Indem das Gesetz die Vornahme einer Amtshandlung, und das bildet für Verwaltungsbeamte die Regel, von dem Vorhandensein gewisser tatsächlicher Voraussetzungen abhängig macht, verlangt es für den Einzelfall die Prüfung, daß jene Voraussetzungen gegeben sind. Nimmt der Beamte diese Prüfung pflichtmäßig vor, so handelt er „in rechtmäßiger Ausübung des Amtes", auch wenn er sich tatsächlich irrt, seine Handlungsweise in Wahrheit also dem Rechte nicht entsprach. Dies aber nur bei pflichtmäßiger Prüfung. Entschlägt er sich pflichtwidrig der Prüfung, obwohl sie nach den Verhältnissen möglich war, oder mußte er bei ausreichender Prüfung, wie sie nach Lage des Falles von ihm gefordert werden konnte, seinen Irrtum erkennen, oder war er sich gar bewußt, daß keine genügende Veranlassung zu seiner Amtshandlung vorlag, so befand er sich nicht in rechtmäßiger Ausübung seines Amtes. RG. E. 26 S. 26, 27.

3. Der § 161 Abs. 1 findet also nur Anwendung, wenn es nicht zu tätlicher Widersetzlichkeit gegen die Person des Beamten gekommen ist, sei es durch Gewalt, sei es durch Bedrohung mit Gewalt. Er scheidet aus, sobald der Tatbestand des § 113 StGB. vorliegt, und es greift auch keine Strafenhäufung aus § 158 VZG. zwischen ihnen Platz.

4. Werden also von Schmugglern, welche Waffen zum Widerstande gegen die Zollbeamten mit sich führen, Beleidigungen oder tätliche Widersetzlichkeiten gegen die Beamten verübt, so sollen die hierfür bestimmten Strafen des Reichsstrafgesetzbuchs **neben** der Strafe des § 148 Abs. 1 VZG. erkannt werden. Dies entspricht dem § 158 VZG., mußte aber durch die Einschiebung besonders hervorgehoben werden, weil ohnedem die Fassung des zweiten Absatzes den § 158 VZG. und seine Strafhäufung hätten ausschließen können.

5. § 113, §§ 185 ff. StrGB.

Umwandlung der Geldstrafe in Freiheitsstrafe.

§ 162.

Im Falle die Geldstrafe [1]) nicht beigetrieben werden kann, tritt statt derselben verhältnismäßige Freiheitsstrafe [2]) ein, welche im ersten Falle der Konterbande oder Defraudation die Dauer von einem halben Jahre, beim ersten Rückfall in eines dieser Vergehen die Dauer von Einem und bei jedem ferneren Rückfall die Dauer von zwei Jahren nicht übersteigen soll. [3])

Das Verhältnis, nach welchem die Freiheitsstrafe abzumessen (§ 141) oder die Geldbuße in Freiheitsstrafe umzuwandeln ist, wird durch die Landesgesetze [4]) bestimmt. [5])

---

1. Bei der subsidiären Verhaftung aus § 153 und der Strafe des Wertersatzes aus § 155 findet eine Umwandlung nicht statt.

2. Bei Vergehen ein Tag Gefängnis auf 3—15 Mk., bei Übertretungen ein Tag Haft auf 1—15 Mk. Doch darf auch bei Vergehen eine Geldstrafe bis 600 Mk. in Haft umgewandelt werden. § 28 Abs. 2 StrGB. — Geldstrafen unter 1 Mark sind nicht umwandlungsfähig, vgl. Anm. 10 zu § 135. Ist ein Teil der Geldstrafe bezahlt, so kommt ein entsprechender Teil der substituierten Freiheitsstrafe in Fortfall, auch wenn z. B. dahin erkannt ist: „Verurteilung zu 20000 Mk. Geldstrafe, pro 15 Mk. 1 Tag Gefängnis, doch nicht über 6 Monate." Wird in solchem Fall die Hälfte der Geldstrafe bezahlt, der Rest nicht, so können nur noch 3 Monate Gefängnisstrafe vollstreckt werden. RG. R. 10 S. 3; E. 9 S. 132.

3. Die Höchstbeträge dieses Absatzes beziehen sich nur auf Defraudationen und Konterbanden, welche sich als „Vergehen", nicht auf solche, welche sich als Übertretungen" darstellen, also mit Geldstrafe nicht über 150 Mk. bedroht sind. Weil nämlich § 162 über die Art der Freiheitsstrafe nichts bestimmt, besteht diese nach § 28 StrGB. für Übertretungen **in Haft**; die Haftstrafe ist aber nach § 29 Abs. 2 StrGB. an die Dauer von 6 Wochen gebunden, eine längere Haftstrafe ist dem StrGB. für Einzelübertretungen unbekannt (vgl. § 28 Abs. 2). Daher darf die subsidiäre Freiheitsstrafe bei Zollvergehen — auch im ersten oder zweiten Rückfall — nicht mehr als 6 Wochen Haft betragen, wenn die Geldstrafe 150 Mk. nicht übersteigt bzw. (bei § 41) nicht übersteigen würde. Übersteigt sie diesen Betrag, so ist das Höchstmaß der zu substituierenden Gefängnisstrafe nicht nach § 29 Abs. 2 StrGB. (1 Jahr), sondern nach § 162 VZG. zu bestimmen, beträgt also sechs Monate, im ersten Rückfall ein Jahr, im zweiten Rückfall zwei Jahre. —

Bei **Realkonkurrenz** treten wieder die Grundsätze des StrGB. und zwar ausschließlich ein, weil das VZG. hierfür keine Bestimmungen enthält, — der Höchstbetrag der zu substituierenden Freiheitsstrafen ist also nach § 78 Abs. 2 StrGB. für Übertretungen 3 Monate Haft, für Vergehen (auch im zweiten Rückfall) zwei Jahre Gefängnis, ein Ergebnis, welches allerdings mit der Vorschrift des Abs. 1 § 162 in einen gewissen Widerspruch tritt; RG. E. 31 S. 43, Arch. f. Strafr. 23 S. 450; Opp. Rechtspr. OTrib. 16 S. 329.

4. Jetzt Strafgesetzbuch § 29.

5. Die Umwandlung der von den Verwaltungsbehörden festgesetzten Geldstrafen in Freiheitsstrafen erfolgt durch die Gerichte, § 463 StrPO.; die Umwandlung einer gerichtlichen Geldstrafe in Freiheitsstrafe kann noch in der Vollstreckungsinstanz geschehen, § 491 StrPO.

Unbekanntschaft mit den Zollgesetzen.

§ 163.

Unbekanntschaft mit den Vorschriften dieses Gesetzes und der infolge derselben gehörig bekannt gemachten Verwaltungsvorschriften [1]) soll niemand, auch nicht den Ausländern, zur Entschuldigung gereichen. [2])

---

1. Nach dem klaren Wortlaut des Paragraphen soll allein die Unbekanntschaft mit den Vorschriften des Vereinszollgesetzes und der infolge dieser Vorschriften gehörig bekannt gemachten Verwaltungsvorschriften niemandem zur Entschuldigung dienen. Schon § 27 des Preußischen Zollstrafgesetzes v. 23. Januar 1838 sprach sich in gleich bestimmter Weise aus („des Zollgesetzes, der Zollordnung und des Zollstrafgesetzes", die im VZG. zusammengefaßt sind). Eine Ausdehnung der Vorschrift auf andere Gesetze wie das Zolltarifgesetz oder auf die in Anm. 9 zu § 134 VZG. erwähnten Einfuhrverbote, welche von den Landesbehörden in Gemäßheit der Reichsgesetze über Viehseuchen oder Rinderpest erlassen werden, ist danach ausgeschlossen. Dennoch hat das Reichsgericht in E. 31 S. 418 letzteres angenommen und den § 162 VZG. auf die bezeichneten Einfuhrverbote angewendet, allerdings nur für die Übertretungsstrafe des § 152 VZG. Die Gesetze über Viehseuchen oder Rinderpest seien aus der Zuständigkeit des Reiches für das Zollwesen geflossen und die zu ihrer Ausführung von den Landesbehörden erlassenen Einfuhrverbote müßten dem § 2 VZG. entsprechen. Keins von beiden kann aber zugestanden werden. Jene Gesetze sind, wie die Motive hervorheben, Ausflüsse der Reichsgesetzgebung über die Medizinal- und Veterinärpolizei (Art. 4 Nr. 15 der Reichsverfassung) und von den hierfür maßgebenden Organen, nicht von den Zollbehörden vorbereitet und vertreten worden. Die auf Grund dieser Gesetze ergehenden Einfuhrverbote müssen auch nur ihnen selbst genügen, nicht dem § 2 VZG., welcher als einfaches älteres Reichsgesetz für sie ohne jede Bedeutung ist (Anm. 1 zu § 2 VZG). Sie sind nicht infolge des VZG., sondern infolge jener neueren Reichsgesetze erlassen. Hätten sie infolge des VZG. erlassen werden können, so hätte es für sie dieser späteren Gesetze nicht bedurft. Daß auf sie § 163 nicht Anwendung finden soll, zeigen auch deutlich die Motive und § 3 Abs. 2 des Gesetzes über die Rinderpest. Vgl. des näheren den Aufsatz des Verfassers in der Deutschen Juristenzeitung 1906. Gleicher Ansicht Stenglein, strafrechtl. Nebenges. d. Reichs III. Anm. 1 zu § 134 VZG.

2. D. h. nur gegenüber den Zollstrafgesetzen, nicht gegenüber anderen Strafgesetzen, z. B. dem Reichsstrafgesetzbuch. Sollen dessen Strafbestimmungen zur

Anwendung kommen, so tritt § 59 RStrGB. bei Unbekanntschaft mit Zollvorschriften ebenso in Wirksamkeit wie bei Unbekanntschaft mit anderen Nichtstrafgesetzen. Hat also der Täter bei Wegnahme beschlagnahmter konterbandierter Gegenstände nicht gewußt, daß diese nach § 156 VZG. in das Eigentum des Staates übergegangen sind, so kann ihm dieser Umstand nicht angerechnet werden und Strafe wegen Diebstahls nicht eintreten (sondern nur aus § 137 RStrGB.).

Verjährung der Zollvergehen.

§ 164.

Die Vergehen [1]) der Konterbande und der Defraudation (§§ 134 und 135) verjähren in drei Jahren, Ordnungswidrigkeiten (§§ 151 und 152) in Einem Jahre, von dem Tage an gerechnet, an welchem sie begangen sind. [2]) [3])

Der Anspruch auf Nachzahlung defraudierter Gefälle verjährt in fünf Jahren.

---

1. Hierunter fallen alle Arten der Konterbande bzw. Defraudation und ihrer Qualifikationen, auch wenn sie sich im Sinne des RStrGB. § 1 nur als Übertretungen kennzeichnen. RG. E. 13 S. 223; R. 8 S. 14; PrZBl. 1886 S. 248.

2. Wie die Zitate zeigen, bezieht sich § 164 nicht auf die Verjährung der in §§ 160, 161 bedrohten Straftaten; sie verjähren nach § 67 Abs. 3 RStrGB. in drei Monaten. RG. E. 13 S. 223.

3. Die Unterbrechung der Verjährung bestimmt sich nach § 68 StrGB. und § 459 Abs. 3 StrPO., das Ruhen nach § 69 StrGB., die Verjährung der Strafvollstreckung nach §§ 70, 71, 72 StrGB.

Strafverfahren.

§ 165.

Hinsichtlich des Strafverfahrens verbleibt es bei den Bestimmungen der Landesgesetze.

XXI. Schlußbestimmungen.

§ 166.

Dieses Gesetz tritt vom 1. Januar 1870 an in Kraft, und sind von diesem Zeitpunkte ab alle entgegenstehenden Bestimmungen aufgehoben.

§ 167.

Bei Verkündung des Gesetzes können solche Änderungen des Wortlautes vorgenommen werden, welche nach den bestehenden Gesetzen in den einzelnen Vereinsstaaten in der Bezeichnung der Behörden, Beamten, Übertretungen oder des Münzfußes nötig sind.

Die zur Ausführung des Gesetzes erforderlichen Regulative und sonstigen Bestimmungen werden von dem Bundesrate des Zollvereins festgestellt.

Urkundlich unter Unserer Höchsteigenhändigen Unterschrift und beigedrucktem Bundes-Insiegel.

Gegeben Schloß Babelsberg, den 1. Juli 1869.

Wilhelm.

(L. S.) Gr. v. Bismarck-Schönhausen.

B.

Zollvereinigungsvertrag vom 8. Juli 1867.

(BGBl. S. 81.)

(Auszug, betr. Besteuerung der inneren Erzeugnisse und die Übergangsabgaben.)

Artikel 5.

Die vertragenden Teile werden ihr Bestreben darauf richten, eine Übereinstimmung der Gesetzgebung über die Besteuerung der in ihren Gebieten teils bei der Hervorbringung oder Zubereitung, teils unmittelbar bei dem Verbrauche mit einer inneren Steuer belegten, nicht unter die §§ 3 und 4 des Art. 3 fallenden Erzeugnisse im Wege des Vertrages herbeizuführen. Bis dahin, wo dieses Ziel erreicht worden, sollen hinsichtlich der vorbemerkten Steuern und des Verkehrs mit den davon betroffenen Gegenständen unter den Vereinsstaaten, zur Vermeidung der Nachteile, welche aus einer Verschiedenartigkeit der inneren Steuersysteme überhaupt, und namentlich aus der Ungleichheit der Steuersätze, sowohl für die Produzenten, als für die Steuereinnahme der einzelnen Vereinsstaaten erwachsen könnten, folgende Grundsätze in Anwendung kommen.

I. Hinsichtlich der ausländischen Erzeugnisse.

Von allen bei der Einfuhr mit mehr als 15 Gr. (1,50 ℳ) vom Zentner belegten Erzeugnissen, von welchen entweder auf die in der Zollordnung*) vorgeschriebene Weise dargetan wird, daß sie als ausländisches Ein- oder Durchgangsgut die zollamtliche Behandlung bei einer Erhebungsbehörde des Vereins bereits bestanden haben oder derselben noch unterliegen, darf keine weitere Abgabe irgend einer Art, sei es für Rechnung des Staates oder für Rechnung von Kommunen und Korporationen, erhoben werden, jedoch — was das Eingangsgut betrifft — mit Vorbehalt derjenigen inneren Steuern, welche in einem Vereinsstaate auf die weitere Verarbeitung oder auf anderweite Bereitungen aus solchen Erzeugnissen, ohne Unterschied des ausländischen, inländischen oder vereinsländischen Ursprungs, allgemein gelegt sind.

---

*) Jetzt Vereinszollgesetz.

Unter diesen Steuern sind für jetzt die Steuern von der Fabrikation des Branntweins, Bieres und Essigs, ingleichen die Mahl- und Schlachtsteuer zu verstehen, welchen daher das ausländische Getreide, Malz und Vieh im gleichen Maße, wie das inländische und vereinsländische, unterliegt.[1])

In denjenigen Staaten, in welchen die inneren Steuern von Getränken so angelegt sind, daß sie bei der Einlage der letzteren erhoben oder den Steuerpflichtigen zur Last gestellt werden, findet der Grundsatz der Freilassung verzollter ausländischer Erzeugnisse von inneren Abgaben in der Art Anwendung, daß die erste Einlage verzollter ausländischer Getränke, d. h. diejenige, welche dem direkten Bezuge aus dem Auslande oder dem Bezuge aus öffentlichen Niederlagen oder Privatlägern unmittelbar folgt, von jeder inneren Steuer befreit bleibt.

Diese Bestimmung gilt auch da, wo die Erhebung einer inneren Getränkesteuer für Rechnung von Kommunen oder Korporationen stattfindet.

Ausländische Erzeugnisse, welche beim Eingange zollfrei, oder mit einer Abgabe von nicht mehr als 15 Gr. (3 ℳ für 100 kg) belegt sind, unterliegen den nachstehend unter Nr. II. getroffenen Bestimmungen.

---

1. Nach dem Reichsges. v. 27. Mai 1885 (RGBl. S. 109) findet die Ziffer I des Art. 5 auch auf Mehl und andere Mühlenfabrikate, auf Backwaren, Fleisch, Fleischwaren, Fett und, soweit es sich um die Besteuerung für Rechnung von Kommunen und Korporationen handelt, auf Bier und Branntwein keine Anwendung.

Indessen dürfen nach § 13 des Zolltarifges. v. 25. Dezember 1902 für Rechnung von Kommunen und Korporationen Abgaben auf Getreide, Hülsenfrüchte, Meh. und andere Mühlenfabrikate, auf Backwaren, Vieh, Fleischwaren und Fett vom 1. April 1910 ab nicht mehr erhoben werden.

II. Hinsichtlich der inländischen und vereinsländischen Erzeugnisse.

§ 1. Von den innerhalb des Vereins erzeugten Gegenständen, welche nur durch einen Vereinsstaat transitieren, um entweder in einen anderen Vereinsstaat oder nach dem Auslande geführt zu werden, dürfen innere Steuern weder für Rechnung des Staats, noch für Rechnung von Kommunen oder Korporationen erhoben werden.

§ 2. Jedem der vertragenden Teile bleibt es zwar freigestellt, die auf der Hervorbringung, der Zubereitung oder dem Verbrauche von Erzeugnissen ruhenden inneren Steuern beizubehalten, zu verändern oder aufzuheben, sowie neue Steuern dieser Art einzuführen, jedoch sollen dergleichen Abgaben für jetzt nur auf folgende inländische und gleichnamige vereinsländische Erzeugnisse, als: Branntwein, Bier, Essig, Malz, Wein, Most, Cider (Obstwein), Mehl und andere Mühlenfabrikate, desgleichen Backwaren, Fleisch, Fleischwaren und Fett gelegt werden dürfen.

Für Branntwein, Bier und Wein sollen die folgenden Sätze als das höchste Maß betrachtet werden, bis zu welchem in den Vereinsstaaten eine Besteuerung der genannten Erzeugnisse für Rechnung des Staates soll stattfinden können, nämlich:

a) für Branntwein 10 Tlr. (30 ℳ) von der Ohm zu 120 Quart Preußisch und bei einer Alkoholstärke von 50 Proz. nach Tralles;

b) für Bier 1 Tlr. 15 Gr. (4,50 ℳ) von der Ohm zu 120 Quart Preußisch;

c) für Wein, und zwar:

aa) wenn die Abgabe nach dem Werte des Weines erhoben wird, $1\frac{1}{2}$ Tlr. (4,50 ℳ) vom Zollzentner (5 Tlr. [15 ℳ] von der Ohm zu 120 Quart Preußisch);

bb) wenn die Abgabe ohne Rücksicht auf den Wert des Weines erhoben wird, 25 Gr. (2,50 ℳ) vom Zollzentner (2 Tlr. $23\frac{1}{3}$ Gr. [8,33 ℳ] von der Ohm zu 120 Quart Preuß.);

cc) wenn die Abgabe nach einer Klassifikation der Weinberge erhoben wird, ist die Beschränkung derselben auf ein Maximum nicht für erforderlich erachtet worden.

Auch für die anderen, einer inneren Steuer unterworfenen Erzeugnisse werden, so weit nötig, bestimmte Sätze festgesetzt werden, deren Betrag bei Abmessung der Steuer nicht überschritten werden soll.

§ 3. Bei allen Abgaben, welche in dem Bereiche der Vereinsländer nach der Bestimmung im § 2 zur Erhebung kommen, wird eine gegenseitige Gleichmäßigkeit der Behandlung dergestalt stattfinden, daß das Erzeugnis eines anderen Vereinsstaates unter keinem Vorwande höher oder in einer lästigeren Weise, als das inländische oder als das Erzeugnis der übrigen Vereinsstaaten, besteuert werden darf. In Gemäßheit dieses Grundsatzes wird folgendes festgesetzt:

a) Vereinsstaaten, welche von einem inländischen Erzeugnisse keine innere Steuer erheben, dürfen auch das gleiche vereinsländische Erzeugnis nicht besteuern;

b) wo innere Steuern nach dem Werte der Ware erhoben werden, sind nicht nur die nämlichen Erhebungssätze auf das inländische, wie auf das vereinsländische Erzeugnis gleichmäßig in Anwendung zu bringen, sondern es darf auch bei Feststellung des zu besteuernden Wertes das inländische Erzeugnis nicht vor dem vereinsländischen begünstigt werden;

c) diejenigen Staaten, in welchen innere Steuern von einem Konsumtionsgegenstande bei dem Kaufe oder Verkaufe oder bei der Verzehrung desselben erhoben werden, dürfen diese Steuern von den aus anderen Vereinsstaaten herrührenden Erzeugnissen der nämlichen Gattung nur in gleicher Weise fordern;

d) diejenigen Staaten, welche innere Steuern auf die Hervorbringung oder Zubereitung eines Konsumtionsgegenstandes gelegt haben, können den gesetzlichen Betrag derselben bei der Einfuhr des Gegenstandes aus anderen Vereinsstaaten voll erheben lassen;

e) im Norddeutschen Bunde wird von dem in den übrigen Vereinsstaaten erzeugten Wein und Traubenmost eine Übergangsabgabe nicht erhoben werden.

Eine solche Abgabe wird auch von denjenigen Vereinsstaaten nicht erhoben werden, welche etwa während der Dauer dieses Vertrages die Hervorbringung von Wein einer innern Steuer unterwerfen möchten;

f) so weit zwischen mehreren Vereinsstaaten eine Vereinigung zu gleichen Steuereinrichtungen besteht, werden diese Staaten in Ansehung der Befugnis, die betreffenden Steuern gleichmäßig auch von vereinsländischen Erzeugnissen zu erheben, als ein Ganzes betrachtet.

§ 4. Diejenigen Staaten, welche eine innere Steuer auf den Kauf oder Verkauf, die Verzehrung, die Hervorbringung oder die Zubereitung eines Konsumtionsgegenstandes gelegt haben, können bei der Ausfuhr des Gegenstandes nach anderen Vereinsstaaten diese Steuer unerhoben lassen, beziehungsweise den gesetzlichen Betrag derselben ganz oder teilweise zurückerstatten.

Wegen Ausübung dieser Befugnis ist folgendes verabredet worden:

a) Eine Zurückerstattung soll überhaupt nur insoweit stattfinden dürfen, als in dem betreffenden Staate bei der Ausfuhr des nämlichen Erzeugnisses nach dem Vereinsauslande eine Steuervergütung gewährt wird, und auch nur höchstens bis zum Betrage der letzteren.

b) Die betreffenden Vereinsregierungen werden ihr besonderes Augenmerk darauf richten, daß in keinem Falle mehr, als der wirklich bezahlte Steuerbetrag erstattet werde, und diese Vergütung nicht die Natur und Wirkung einer Ausfuhrprämie erhalte.

c) Die Entlastung von der Verbindlichkeit zur Steuerzahlung soll nicht eher eintreten, beziehungsweise die Zurückerstattung der Steuer nicht eher geleistet werden, als bis der Eingang der besteuerten Erzeugnisse in dem angrenzenden Vereinsstaate, oder beziehungsweise in dem Lande des Bestimmungsortes auf die unter den betreffenden Vereinsstaaten verabredete Weise nachgewiesen worden sein wird.

d) Die innere Steuer von dem zur Essigbereitung verwendeten Branntwein wird nicht erlassen und, abgesehen von dem Falle der Ausfuhr des Essigs nach dem Auslande, nicht erstattet werden.

§ 5. Welche, dem dermaligen Stande der Gesetzgebung in den Vereinsstaaten entsprechende Beträge nach den Bestimmungen der §§ 3 und 4 zur Erhebung kommen und beziehungsweise zurückerstattet werden können, ist besonders verabredet worden. Treten späterhin irgendwo Veränderungen in den für die inneren Erzeugnisse zurzeit bestehenden Steuersätzen ein, so wird die betreffende Regierung dem Bundesrate des Zollvereins (Artikel 8) davon Mitteilung machen und hiermit den Nachweis verbinden, daß die Steuerbeträge, welche infolge der eingetretenen oder beabsichtigten Veränderung von den vereinsländischen Erzeugnissen erhoben und bei der Ausfuhr der besteuerten Gegenstände vergütet werden sollen, den vereinbarten Grundsätzen entsprechend bemessen seien.

Wo die Übergangsabgabe von Bier nach dem Gewichte erhoben wird, bleibt der Zollzentner Maßstab der Erhebung.

§ 6. Die Erhebung der inneren Steuern von den damit betroffenen vereinsländischen Gegenständen soll in der Regel in dem Lande des Bestimmungsortes stattfinden, insofern solche nicht, nach besonderen Vereinbarungen, entweder durch gemeinschaftliche Hebestellen an den Binnengrenzen, oder im Lande der Versendung für Rechnung des abgabeberechtigten Staates erfolgt. Auch sollen die zur Sicherung der Steuererhebung erforderlichen Anordnungen, soweit sie die bei der Versendung aus einem Vereinsstaate in den anderen einzuhaltenden Straßen und Kontrollen betreffen, auf eine den Verkehr möglichst wenig beschränkende Weise und nur nach gegenseitiger Verabredung, auch, dafern bei dem Transporte ein dritter Vereinsstaat berührt wird, nur unter Zustimmung des letzteren getroffen werden.

Wo innere Steuern nach dem Werte des Gegenstandes erhoben werden, wird, in Absicht der aus anderen Vereinsstaaten übergehenden Erzeugnisse, auf Kontrolleinrichtungen Bedacht genommen werden, nach welchen die Ermittelung des Wertes in der Regel erst im Bestimmungsorte mit Vermeidung zeitraubender und den Verkehr belästigender Untersuchungen an den Binnengrenzen oder auf dem Wege zwischen dem Versendungs- und Bestimmungsorte eintritt.

§ 7. Die Erhebung von Abgaben für Rechnung von Kommunen oder Korporationen,[1]) sei es durch Zuschläge zu den Staatssteuern oder für sich bestehend, soll nur für Gegenstände, die zur örtlichen Konsumtion bestimmt sind, bewilligt werden, und es soll dabei der im § 3 dieses Artikels ausgesprochene allgemeine Grundsatz wegen gegenseitiger Gleichmäßigkeit der Behandlung der Erzeugnisse anderer Vereinsstaaten, ebenso wie bei den Staatssteuern in Anwendung kommen.

Zu den zur örtlichen Konsumtion bestimmten Gegenständen, von welchen hiernach die Erhebung einer Abgabe für Rechnung von Kommunen oder Korporationen allein soll stattfinden dürfen, sind allgemein zu rechnen: Bier, Essig, Malz, Cider (Obstwein) und die der Mahl- und Schlachtsteuer unterliegenden Erzeugnisse, ferner Brennmaterialien, Marktviktualien und Fourage.

Vom Weine soll die Erhebung einer Abgabe der vorgedachten Art auch ferner nur in denjenigen Teilen des Vereins zulässig sein, welche zu den eigentlichen Weinländern gehören.

Soweit in einzelnen Orten der zum Zollvereine gehörigen Staaten die Erhebung einer Abgabe von Branntwein für Rechnung von Kommunen oder Korporationen gegenwärtig stattfindet, oder nach der bestehenden Gesetzgebung nicht versagt werden kann, wird es dabei ausnahmsweise bewenden.

Es sollen aber die für Rechnung von Kommunen oder Korporationen zur Erhebung kommenden Abgaben von Wein und Branntwein, ingleichen von Bier in Absicht ihres Betrages der Beschränkung unterliegen, daß solche beim Branntwein, mit der Staatssteuer zusammen, den im § 2 dieses Artikels festgesetzten Maximalsatz von 10 Tlr. (30 Mk.) für die Ohm, und beim Wein und Bier den Satz von 20 Prozent der für die Staatssteuern ebendaselbst verabredeten Maximalsätze nicht überschreiten dürfen. Ausnahmen hiervon sollen nur insoweit zulässig sein, als einzelne Kommunen oder Korporationen schon gegenwärtig eine höhere Abgabe erheben, welchen Falls letztere fortbestehen kann.

Sollten in einem oder dem anderen Orte auch noch von anderen, als den vorstehend genannten Gegenständen Abgaben erhoben werden, so soll die Erhebung der letzteren zwar einstweilen fortbestehen können, die betreffenden Regierungen werden es sich jedoch angelegen sein lassen, solche Abgaben bei der ersten passenden Gelegenheit zu beseitigen. Über den Erfolg der diesfälligen Bemühungen wird dem Bundesrate des Zollvereins von Zeit zu Zeit Mitteilung gemacht werden.

Abgaben für Rechnung von Kommunen oder Korporationen dürfen bei dem Übergange der besteuerten Gegenstände nach anderen Vereinsstaaten, gleich den Staatssteuern, ganz oder teilweise zurückerstattet werden, soweit eine solche Vergütung bei dem Übergange der besteuerten Gegenstände nach anderen Orten desselben Landes stattfindet.

---

1. Vgl. Anm. 1 zu Nr. I.

§ 8. Die Regierungen der Vereinsstaaten werden dem Bundesrate des Zollvereins:

a) von allen in der Folge eintretenden Veränderungen ihrer Gesetze und Verordnungen über die im § 2 dieses Artikels bezeichneten Staatssteuern,

b) hinsichtlich der Kommunal- ꝛc. Abgaben aber von den Veränderungen, welche in Beziehung auf die Hebungsberechtigten, die Orte, die Gegenstände, den Betrag und die Art und Weise der Erhebung eintreten,

vollständige Mitteilung machen.

C.

Gesetz, betreffend die Sicherung der Zollvereinsgrenze in den vom Zollgebiete ausgeschlossenen Hamburgischen Gebietsteilen, vom 1. Juli 1869.

(BGBl. S. 370.)

Dies Gesetz gilt auch für die vom Zollgebiete ausgeschlossenen Bremischen Gebietsteile. Reichsgesetz v. 28. Juni 1879 (RGBl. S. 159).

Wir Wilhelm, 2c. verordnen im Namen des Norddeutschen Bundes, nach erfolgter Zustimmung des Bundesrats des Deutschen Zollvereins und des Deutschen Zollparlaments, was folgt:

In den außerhalb der Zollgrenze des Zoll- und Handelsvereins belegenen Hamburgischen Gebietsteilen kommen vom 1. August 1869 ab die nachstehenden Vorschriften zur Anwendung.

Art. 1. Wer es unternimmt, Gegenstände, deren Ein-, Aus- oder Durchfuhr im Zollvereine verboten ist, diesem Verbote zuwider über die Zollvereinsgrenze ein-, aus- oder durchzuführen, hat die Konfiskation der Gegenstände, in bezug auf welche die Zuwiderhandlung (die Konterbande) verübt worden ist, und zugleich eine Geldbuße verwirkt, welche dem doppelten Werte jener Gegenstände und, wenn solcher weniger als zehn Taler beträgt, dieser Summe gleichkommen soll.

Art. 2. Wer es unternimmt, dem Zollvereine oder einem Mitgliede desselben die Ein-, Aus- oder Übergangsabgaben zu entziehen, hat die Konsfiskation der Gegenstände, in bezug auf welche die Zuwiderhandlung (die Zoll- oder Steuerdefraudation) verübt worden ist, und zugleich eine dem vierfachen Betrage der vorenthaltenen Abgaben gleichkommende Geldstrafe verwirkt.

Art. 3. Im Falle der Wiederholung einer Zuwiderhandlung (Artikel 1 und 2) nach vorhergegangener rechtskräftiger Verurteilung oder freiwilliger Unterwerfung unter die Strafe wird die nach Artikel 1 und 2 außer der Konfiskation der Gegenstände der Zuwiderhandlung eintretende Geldbuße bei dem ersten Rückfalle verdoppelt, bei dem zweiten und ferneren Rückfällen vervierfacht.

Konterbande und Defraudation sind bei Beurteilung der Frage, ob ein Rückfall vorliegt, als gleichartige Vergehen zu betrachten.

Die Straferhöhung wegen Rückfalles findet nicht statt, wenn seit dem Zeitpunkte, in welchem die Strafe des zuletzt begangenen früheren Vergehens abgebüßt oder erlassen worden ist, drei Jahre verflossen sind.

Art. 4. Wenn die Konterbande oder Defraudation unter erschwerenden Umständen verübt ist, finden die Bestimmungen des Vereinszollgesetzes §§ 144, 146, 147 und 148 Anwendung.

Art. 5. In allen vorbezeichneten Fällen (Artikel 2 bis 4) findet die Entrichtung der vorenthaltenen Abgabe neben der Geldstrafe statt.

Art. 6. In allen Fällen, in welchen die Konfiskation der Gegenstände, in bezug auf welche die Konterbande oder Defraudation verübt worden ist, nicht vollzogen werden kann, sei es, daß die Gegenstände der Zuwiderhandlung überhaupt nicht erreichbar sind, oder daß dieselben einem erweislich schuldlosen Dritten gehören und von diesem in Anspruch genommen werden, ist statt der Konfiskation auf Erlegung des Wertes der Gegenstände, und wenn dieser nicht zu ermitteln ist, auf Zahlung einer Geldsumme von fünfundzwanzig bis eintausend Talern zu erkennen.

Art. 7 Wer die auf Zölle oder Übergangsabgaben bezüglichen Gesetze des Zollvereins oder eines Mitgliedes desselben in anderer als der vorstehend (Artikel 1 bis 4) bezeichneten Art übertritt, hat durch diese Zuwiderhandlung eine Ordnungsstrafe bis zu fünfzig Talern verwirkt.

Art. 8. Wer in dem ausgeschlossenen Gebiete in der Nähe der Zollgrenze Warenanhäufungen oder Ablagen hält, welche nicht einem erlaubten Geschäftsbetriebe dienen, sondern den Schleichhandel zum Zwecke haben, ferner, wer zu gleichem Zwecke auf einer dem Zollvereine nicht angeschlossenen Flußstrecke ein Schiff auslegt, um dasselbe als unverzollte Warenniederlage behufs eines unerlaubten Verkehrs mit dem Zollgebiete zu benutzen, soll mit einer im Wiederholungsfalle bis zu einhundert Talern zu steigernden Geldstrafe belegt und außerdem soll jedesmal, auch wenn der Täter unbekannt ist, auf die Konfiskation der vorgefundenen Waren erkannt werden.

Wer Warenanhäufungen oder Ablagen der gedachten Art auf seinem Grund und Boden, in seiner Wohnung oder sonstigen Gebäuden oder in seinem Schiffe wissentlich gestattet, verfällt in eine im Wiederholungsfalle zu verdoppelnde Geldstrafe bis zu fünfzig Talern.

Eine Warenanhäufung oder Ablage kann unter Umständen auch dann als zum Zwecke des Schleichhandels veranstaltet angenommen werden, wenn die Person, welche sie vorgenommen hat, dabei anwesend betroffen wird.

Art. 9. Wer mit zollpflichtigen Gegenständen, von denen den obwaltenden Umständen nach anzunehmen ist, daß sie in das Zollgebiet unerlaubterweise eingeführt werden sollen, in der Nähe der Zollgrenze auf solchen in dem ausgeschlossenen Gebiete näher zu bezeichnenden Wegen betroffen wird, welche nicht zu Einem Zollamte führen, soll mit einer Ordnungsstrafe von einem bis zehn Talern belegt werden.

Außerdem können des Schleichhandels verdächtige Personen, wenn sie bei Nachtzeit, d. h. in der Zeit zwischen Sonnenuntergang und Sonnenaufgang, hart an der Zollgrenze auf erlaubten oder auf den infolge der vorstehenden Bestimmungen bezeichneten Wegen oder in Wirtshäusern, welche an letzteren belegen sind, mit zollpflichtigen Waren betroffen werden, von den Aufsichtsbeamten bis zur vorgedachten Morgenstunde angehalten und sodann, beziehungsweise unter Vorbehalt der vorbestimmten Ordnungsstrafe, auf einen nach der Zollstraße führenden Weg verwiesen werden.

Art. 10. Die Strafbarkeit von Teilnehmern, Gehilfen und Begünstigern der in den vorstehenden Bestimmungen bezeichneten Zuwiderhandlungen wird nach den allgemeinen strafrechtlichen Grundsätzen beurteilt.

Art. 11. Im Falle die Geldstrafe nicht beigetrieben werden kann, tritt statt derselben verhältnismäßige Freiheitsstrafe ein, welche jedoch die Dauer von Einem Jahre nicht übersteigen soll. Das Verhältnis, nach welchem die Geldbuße in Freiheitsstrafe umzuwandeln ist, wird durch die Landesgesetze bestimmt.

Art. 12. Treffen mit der Zuwiderhandlung gegen die Zoll- oder Steuergesetze Zuwiderhandlungen gegen andere Gesetze zusammen, so kommen die für die erstere bestimmten Strafen zugleich mit den für die letzteren vorgeschriebenen zur Anwendung.

Die Vergehen der Konterbande und der Defraudation verjähren in drei Jahren, Ordnungswidrigkeiten in Einem Jahre, von dem Tage an gerechnet, an welchem sie begangen sind. Der Anspruch auf Nachzahlung defraudierter Gefälle verjährt in fünf Jahren.

Art. 13. Die Untersuchung und Bestrafung wegen Übertretung der Vorschriften dieses Gesetzes liegt, soweit nicht eine Kompetenz anderer Gerichtshöfe begründet ist, derjenigen Gerichtsbehörde in dem ausgeschlossenen Gebiete ob, welcher der Angeschuldigte nach den in diesem Gebiete geltenden Gesetzen unterworfen ist.

Das Verfahren ist in den Formen und nach den Vorschriften zu leiten, welche für die betreffende Gerichtsbehörde maßgebend sind.

Den amtlichen Aussagen der zollvereinsländischen Behörden und Beamten ist dabei dieselbe Beweiskraft beizumessen, welche den amtlichen Angaben der in dem ausgeschlossenen Gebiete fungierenden Behörden und Beamten für Fälle gleicher Art beigelegt ist.

Wenn ein Unbekannter, welcher auf einer Übertretung der Zollgesetze betroffen worden, sich entfernt und verbotene oder abgabepflichtige Gegenstände ohne oder mit anderen Sachen zurückgelassen hat, so wird hierüber eine öffentliche Bekanntmachung von der Provinzial-Zollbehörde erlassen und dreimal von vier zu vier Wochen in die örtlichen Blätter eingerückt. Meldet sich hierauf niemand binnen vier Wochen nach der letzten Bekanntmachung, so werden die Sachen zum Vorteil der Staatskasse verkauft, dem Inhaber oder Eigentümer bleibt aber vorbehalten, seine Ansprüche auf Erstattung des Erlöses noch bis zum Ablauf eines Jahres, von der ersten Bekanntmachung an gerechnet, geltend zu machen.

Betrügt der Wert der Sachen nicht über 50 Taler, so bedarf es der öffentlichen Bekanntmachung nicht. Der Verkauf kann alsdann, wenn sich binnen vier Wochen nach der Beschlagnahme niemand gemeldet hat, verfügt werden und die einjährige Frist für den Eigentümer oder Inhaber der Sache zur Geltendmachung seiner Ansprüche auf Erstattung des Erlöses wird vom Tage der Beschlagnahme an gerechnet.

Art. 14. Aus den infolge des eingeleiteten Strafverfahrens oder aus dem Verkauf konfiszierter, oder der im Artikel 13 bezeichneten Gegenstände eingehenden Geldbeträgen sind und zwar in der nachstehend bezeichneten Reihenfolge zu decken:

1. die dem Zollvereine entzogenen Zölle und Steuern,
2. die Gerichtskosten, wenn diese Beträge von dem Verurteilten nicht beigetrieben werden können,
3. die verwirkte Geldstrafe, wenn weder deren Einziehung noch die Vollstreckung der subsidiären Gefängnisstrafe gegen den Verurteilten erfolgen kann.

Die Geldstrafen, sowie der Erlös für die vorgedachten Gegenstände, soweit nicht daraus nach Vorstehendem Zölle und Steuern oder Kosten zu berichtigen sind, fallen der Kasse desjenigen Staates zu, in welchem das Verfahren stattfand.

Art. 15. Das Begnadigungs- und Strafmilderungsrecht verbleibt dem Staate, von dessen Behörden die Strafe erkannt ist. Es ist jedoch vor der Ausübung dieses Rechtes der zuständigen Zoll- und Steuerverwaltungsbehörde Gelegenheit zu geben, sich über die eingegangenen Begnadigungsgesuche zu äußern.

Art. 16. Die Ortspolizeibehörden in dem ausgeschlossenen Gebiete, sowie die sonst zuständigen Behörden und Beamten, sind verpflichtet und von den ihnen vorgesetzten Behörden anzuweisen:

a) die in den Art. 8 und 9 mit Strafe bedrohten Handlungen, sowie Vereinigungen oder Ansammlungen von Schleichhändlern mit allen gesetzlichen Mitteln zu verhindern;

b) die den Zollvereinsstaaten angehörigen Untertanen, welche nach amtlichen Mitteilungen der Behörden des Zollvereins oder eines seiner Mitglieder wegen Verdachts des Schleichhandels unter polizeiliche Kontrolle gestellt sind, zu überwachen, gegen dieselben auf Begehren sofort einzuschreiten und dieselben, wenn sie mit den etwa speziell vorgeschriebenen Legitimationspapieren nicht versehen sind, ohne Verzug zu verhaften und der requirierenden Behörde abzuliefern;

c) den von Behörden oder Beamten des Zollvereins oder eines seiner Mitglieder an sie gerichteten Anträgen, welche die Unterdrückung des Schleichhandels zum Zwecke haben, nicht nur, soweit dies gesetzlich zulässig ist, mit Bereitwilligkeit entgegen zu kommen, sondern auch die Interessen des Zollvereins jederzeit unaufgefordert mit wahrzunehmen, beabsichtigte Zuwiderhandlungen gegen die Zoll- und Steuergesetze, welche zu ihrer Kunde kommen, durch Einschreiten, soweit es zulässig ist, sonst durch Anzeige bei ihren vorgesetzten, in eiligen Fällen unmittelbar bei den beteiligten Zollbehörden oder deren Beamten tunlichst zu verhindern und begangene Zuwiderhandlungen in derselben Weise zur Anzeige zu bringen;

d) Behufs Feststellung des Tatbestandes begangener Zuwiderhandlungen und zur Ermittelung der Schuldigen in den bei Behörden des Zollvereins oder eines seiner Mitglieder anhängigen Strafsachen auf ergangene ordnungsmäßige Requisition Zeugenverhöre und Konfrontationen vorzunehmen und erbetene Nachrichten mitzuteilen, die Zeugen, sofern sie Angehörige des requirierenden Staates sind, auf Verlangen vor dessen Gerichten zu gestellen, endlich behufs Vollstreckung der von Behörden des Zollvereins oder eines seiner Mitglieder gegen Angehörige des requirierenden Staates ergangenen Erkenntnisse die erforderliche Hilfe zu leisten.

Art. 17. Den Zoll- und Steuerbeamten des Zollvereins oder eines seiner Mitglieder steht die Befugnis zu, bei Verfolgung der Spuren begangener Zuwiderhandlungen sich in das angrenzende ausgeschlossene Gebiet zu begeben, um den dortigen Beamten Mitteilung von den Zuwiderhandlungen zu machen, desgleichen auf der Tat betroffene Kontravenienten dahin zu verfolgen und die Anhaltung derselben, sowie die Beschlagnahme der Gegenstände der Zuwiderhandlung nebst den Transportmitteln bei den dortigen zuständigen Beamten zu beantragen, auch, wenn nicht sofort deren Hilfe erwirkt werden kann, die Anhaltung und Beschlagnahme selbst vorzunehmen, in welchem Falle sie jedoch die angehaltenen Personen und Sachen an die zuständige Behörde des ausgeschlossenen Gebiets ohne Aufenthalt abzuliefern haben. In beiden Fällen aber sind die angehaltenen Personen und Sachen freizugeben, wenn nicht innerhalb 24 Stunden nach der Anhaltung von den betreffenden Steuer- und Zollbeamten ein weiterer Arrest bei der zuständigen Gerichtsbehörde beantragt worden ist.

Art. 18. Den Beamten des Zollvereins und der einzelnen Mitglieder desselben ist bei Ausübung ihrer im vorstehenden Artikel erwähnten Tätigkeit jeder gesetzlich zulässige Beistand und derselbe Schutz zu gewähren, welcher den in dem ausgeschlossenen Gebiete angestellten Staatsbeamten gebührt.

Vergehungen, welche gegen jene Beamten bei der Ausübung ihres Dienstes oder in Beziehung auf denselben verübt sind, sollen ebenso bestraft werden, als wären sie gegen einen in dem ausgeschlossenen Gebiete angestellten Staatsbeamten verübt worden.

Die Bestechung, welche gegen einen im Dienste des Zollvereins oder eines seiner Mitglieder angestellten Beamten verübt wird, um denselben zur Verletzung seiner Amtspflicht zu bestimmen, ist ebenso zu bestrafen, wie die Bestechung eines in dem ausgeschlossenen Gebiete angestellten Staatsbeamten.

Urkundlich unter Unserer Höchsteigenhändigen Unterschrift und beigedruckten Bundes-Insiegel.

Gegeben Schloß Babelsberg, den 1. Juli 1869.

(L. S.) Wilhelm.

Gr. v. Bismarck-Schönhausen.

D.

Zollkartell mit Österreich-Ungarn vom 6. Dezember 1891.

Anlage D zum Handels- und Zollvertrag mit Österreich-Ungarn vom 6. Dezbr. 1891 und 25. Januar 1905.

---

§ 1. Jeder der vertragschließenden Teile verpflichtet sich, zur Verhinderung, Entdeckung und Bestrafung von Übertretungen (§§ 13 und 14) der Zollgesetze des anderen Teiles nach Maßgabe der folgenden Bestimmungen mitzuwirken.

§ 2. Jeder der vertragschließenden Teile wird seinen Angestellten, welche zur Verhinderung oder zur Anzeige von Übertretungen seiner eigenen Zollgesetze angewiesen sind, die Verpflichtung auflegen, sobald ihnen bekannt wird, daß eine Übertretung derartiger Gesetze des anderen Teiles unternommen werden soll oder stattgefunden hat, dieselbe im ersteren Falle durch alle ihnen gesetzlich zustehenden Mittel tunlichst zu verhindern und in beiden Fällen der inländischen Zoll- oder Steuerbehörde (im Deutschen Reich: Hauptzollämter oder Hauptsteuerämter, in Österreich-Ungarn: Hauptzollämter oder Finanzwachkommissäre) schleunigst anzuzeigen.

§ 3. Die Zoll- oder Steuerbehörden des einen Teiles sollen über die zu ihrer Kenntnis gelangenden Übertretungen von Zollgesetzen des anderen Teiles den im § 2 bezeichneten Zoll- oder Steuerbehörden des letzteren sofort Mitteilung machen und denselben dabei über die einschlagenden Tatsachen, soweit sie diese zu ermitteln vermögen, jede sachdienliche Auskunft erteilen.

§ 4. Die Einhebungsämter eines jeden der vertragschließenden Teile sollen den dazu von dem anderen Teile ermächtigten oberen Zoll- oder Steuerbeamten die Einsicht der Register oder Registerabteilungen, welche den Warenverkehr aus und nach den Gebieten des letzteren und an der Grenze derselben nachweisen, nebst Belegen auf Begehren jederzeit an der Amtsstelle gestatten.

§ 5. Die Zoll- und Steuerbeamten an der Grenze zwischen den beiderseitigen Zollgebieten sollen angewiesen werden, sich zur Verhütung und Entdeckung des Schleichhandels nach beiden Seiten hin bereitwilligst zu unterstützen und nicht allein zu jenem Zweck ihre Wahrnehmungen sich gegenseitig binnen der kürzesten Frist mitzuteilen, sondern auch ein freundnachbarliches Vernehmen zu unterhalten und zur Verständigung über zweckmäßiges Zusammenwirken von Zeit zu Zeit und bei besonderen Veranlassungen sich miteinander zu beraten.

§ 6. Den Zoll- und Steuerbeamten der vertragschließenden Teile soll gestattet sein, bei Verfolgung eines Schleichhändlers oder der Gegenstände oder Spuren einer Übertretung der Zollgesetze ihres Staates sich in das Gebiet des anderen Teiles zu dem Zweck zu begeben, um bei den dortigen Ortsvorständen oder Behörden die zur Ermittelung des Tatbestandes und des Täters und die zur Sicherung des Beweises erforderlichen Maßregeln, das Sammeln aller Beweismittel bezüglich der vollbrachten oder versuchten Zollumgehung, sowie den Umständen nach die einstweilige Beschlagnahme der Waren und die Festhaltung der Täter zu beantragen.

Anträgen dieser Art sollen die Ortsvorstände und Behörden jedes der vertragschließenden Teile in derselben Weise genügen, wie ihnen dies bei vermuteten oder entdeckten Übertretungen der Zollgesetze des eigenen Staates zusteht und obliegt. Auch können die Zoll- und Steuerbeamten des einen Teiles durch Requisition ihrer vorgesetzten Behörde von seiten der zuständigen Behörde des anderen Teiles aufgefordert werden, entweder vor letzterer selbst oder vor der kompetenten Behörde ihres eigenen Landes die auf die Zollumgehung bezüglichen Umstände auszusagen.

§ 7. Keiner der vertragschließenden Teile wird in seinem Gebiete Vereinigungen zum Zweck des Schleichhandels nach dem Gebiete des anderen Teiles dulden oder Verträgen zur Sicherung gegen die möglichen Nachteile schleichhändlerischer Unternehmungen Gültigkeit zugestehen.

§ 8. Jeder der vertragschließenden Teile ist verpflichtet, zu verhindern, daß Vorräte von Waren, welche als zum Schleichhandel nach dem Gebiete des anderen Teiles bestimmt anzusehen sind, in der Nähe der Grenze des letzteren angehäuft oder ohne genügende Sicherung gegen den zu besorgenden Mißbrauch niedergelegt werden.

Innerhalb des Grenzbezirks sollen Niederlagen fremder unverzollter Waren in der Regel nur an solchen Orten, wo sich ein Zollamt befindet, gestattet und in diesem Falle unter Verschluß und Kontrolle der Zollbehörde gestellt werden.

Sollte in einzelnen Fällen der amtliche Verschluß nicht anwendbar sein, so sollen statt desselben anderweite möglichst sichernde Kontrollmaßregeln angeordnet werden. Vorräte von fremden verzollten und von inländischen Waren innerhalb des Grenzbezirkes sollen das Bedürfnis des erlaubten, d. h. nach dem örtlichen Verbrauche im eigenen Lande bemessenen Verkehres nicht überschreiten. Entsteht Verdacht, daß sich Vorräte von Waren der letztgedachten Art über das bezeichnete Bedürfnis und zum Zweck des Schleichhandels gebildet hätten, so sollen dergleichen Niederlagen, insoweit es gesetzlich zulässig ist, unter spezielle, zur Verhinderung des Schleichhandels geeignete Kontrolle der Zollbehörde gestellt werden.

§ 9. Jeder der vertragschließenden Teile ist verpflichtet:

a) Waren, deren Ein- oder Durchfuhr in dem Gebiete des anderen Teiles verboten ist, nach demselben nur beim Nachweise dortiger besonderer Erlaubnis zoll- oder steueramtlich abzufertigen;

b) Waren, welche in dem Gebiete des anderen Teiles eingangsabgabenpflichtig und dahin bestimmt sind, nach demselben
   1. nur in der Richtung nach einem dortigen mit ausreichenden Befugnissen versehenen Eingangsamte,
   2. von den Ausgangsämtern oder Legitimationsstellen nur zu solchen Tageszeiten, daß sie jenseits der Grenze zu dort erlaubter Zeit eintreffen können, und
   3. unter Verhinderung jedes vermeidlichen Aufenthalts zwischen dem Ausgangsamte oder der Legitimationsstelle und der Grenze zoll- oder steueramtlich abzufertigen, oder mit Ausweisen zu versehen.

§ 10. Auch wird jeder der vertragschließenden Teile die Erledigung der für die Wiederausfuhr unverabgabter Waren ihm geleisteten Sicherheiten, sowie die für Ausfuhren gebührenden Abgabenerlasse oder Erstattungen erst dann eintreten lassen, wenn ihm durch eine vom Eingangsamte auszustellende, die Registerpost und das Datum der Abfertigung enthaltende Bescheinigung nachgewiesen wird, daß die nach dem vorbezeichneten Nachbarlande ausgeführte Ware in dem letzteren angemeldet worden ist.

§ 11. Vor Ausführung der im § 9 unter b und im § 10 enthaltenen Bestimmungen werden die vertragschließenden Teile über die erforderliche Anzahl und die Befugnisse der zum Warenübergange an der gemeinschaftlichen Grenze bestimmten Anmelde- und Erhebungsstellen, über die denselben, soweit sie zueinander unmittelbar in Beziehung stehen, übereinstimmend vorzuschreibenden Abfertigungsstunden und über nach Bedürfnis anzuordnende amtliche Begleitungen der ausgeführten Waren bis zur jenseitigen Anmeldestelle, sowie über besondere Maßregeln für den Eisenbahnverkehr sich bereitwilligst verständigen.

§ 12. Jeder der vertragschließenden Teile hat die in den §§ 13 und 14 erwähnten Übertretungen der Zollgesetze des anderen Teiles nicht allein seinen Angehörigen, sondern auch allen denjenigen, welche in seinem Gebiete einen vorübergehenden Wohnsitz haben oder auch nur augenblicklich sich befinden, unter Androhung der zu jenen Paragraphen bezeichneten Strafen zu verbieten. Die vertragschließenden Teile verpflichten sich wechselseitig, die dem anderen vertragschließenden Teile angehörigen Untertanen, welche den Verdacht des Schleichhandels wider sich erregt haben, innerhalb ihrer Gebiete überwachen zu lassen.

Zu diesem Zweck steht jedem der vertragschließenden Teile frei, zu den im Grenzbezirke des anderen Teiles abgehaltenen Messen und Märkten, auch Viehmärkten, geeignete Organe zur Beobachtung zu entsenden, sowie durch seine oberen Zoll- und Steuerbeamten von den Viehmarktsprotokollen, soweit solche geführt werden, Einsicht nehmen zu lassen und sich Abschrift derselben zu verschaffen.

§ 13. Übertretungen von Ein-, Aus- und Durchfuhrverboten des anderen Teiles und Zoll- oder Steuerdefrauden, das heißt solche Handlungen oder gesetzwidrige Unterlassungen, durch welche dem letzteren eine ihm gesetzlich gebührende Ein- oder Ausgangsabgabe entzogen wird oder bei unentdecktem Gelingen entzogen werden würde, sind von jedem der vertragschließenden Teile nach seiner Wahl entweder mit Konfiskation des Gegenstandes der Übertretung, bezw. Erlegung des vollen Wertes, und daneben mit angemessener Geldstrafe oder mit denselben Geld- oder Vermögensstrafen zu bedrohen, welchen gleichartige oder ähnliche Übertretungen seiner eigenen Abgabengesetze unterliegen.

Im letzteren Falle ist der Strafbetrag, soweit derselbe gesetzlich nach dem entzogenen Abgabenbetrage sich richtet, nach dem Tarife des Staates zu bemessen, dessen Abgabengesetz übertreten worden ist.

§ 14. Für solche Übertretungen der Zollgesetze des anderen Teiles, durch welche erweislich ein Ein-, Aus- oder Durchfuhrverbot nicht verletzt oder eine Abgabe widerrechtlich nicht entzogen werden konnte oder sollte, sind genügende, in bestimmten Grenzen vom strafrichterlichen Ermessen abhängige Geldstrafen anzudrohen.

§ 15. Freiheits- oder Arbeitsstrafen (vorbehaltlich der nach seinen eigenen Abgabengesetzen eintretenden Abbüßung unvollstreckbarer Geldstrafen durch Haft oder Arbeit), sowie Ehrenstrafen, die Entziehung von Gewerbsberechtigungen oder, als Strafschärfung, die Bekanntmachung erfolgter Verurteilungen anzudrohen, ist auf Grund dieses Kartells keiner der vertragschließenden Teile verpflichtet.

§ 16. Dagegen darf durch die nach den §§ 12 bis 15 zu erlassenden Strafbestimmungen die gesetzmäßige Bestrafung der bei Verletzung der Zollgesetze des anderen Teiles etwa vorkommenden sonstigen Übertretungen, Vergehen und Verbrechen, als: Beleidigungen, rechtswidrige Widersetzlichkeit, Drohungen oder Gewalttätigkeiten, Fälschungen, Bestechungen oder Erpressungen und dergleichen, nicht ausgeschlossen oder beschränkt werden.

§ 17. Übertretungen der Zollgesetze des anderen Teiles hat auf Antrag [1]) einer zuständigen Behörde desselben jeder der vertragschließenden Teile von denselben Gerichten und in denselben Formen, wie Übertretungen seiner eigenen derartigen Gesetze, untersuchen und gesetzmäßig bestrafen zu lassen,

1. wenn der Angeschuldigte entweder ein Angehöriger des Staates ist, welcher ihn zur Untersuchung und Strafe ziehen soll, oder
2. wenn jener nicht allein zur Zeit der Übertretung in dem Gebiete dieses Staates einen, wenn auch nur vorübergehenden Wohnsitz hatte oder die Übertretung von diesem Gebiete aus beging, sondern auch bei oder nach dem Eingange des Antrages auf Untersuchung sich in demselben Staate betreffen läßt;

in dem unter 2 erwähnten Falle jedoch nur dann, wenn der Angeschuldigte nicht Angehöriger des Staates ist, dessen Gesetze Gegenstand der angeschuldigten Übertretung sind.

§ 18. Zu den im § 17 bezeichneten Untersuchungen sollen das Gericht, von dessen Bezirke aus die Übertretung begangen ist, und das Gericht, in dessen Bezirke der Angeschuldigte seinen Wohnsitz oder, als

---

1. Dieser Antrag ist nur ein Ersuchen von Behörde zu Behörde, kein Antrag im Sinne des § 61 StGB. RG. E. 23 S. 194.

Ausländer, seinen einstweiligen Aufenthalt hat, insofern zuständig sein, als nicht wegen derselben Übertretung gegen denselben Angeschuldigten ein Verfahren bei einem anderen Gerichte anhängig oder durch schließliche Entscheidung beendigt ist.

§ 19. Bei den im § 17 bezeichneten Untersuchungen soll den amtlichen Angaben der Behörden oder Angestellten des anderen Teiles dieselbe Beweiskraft beigelegt werden, welche den amtlichen Angaben der Behörden oder Angestellten des eigenen Staates in Fällen gleicher Art beigelegt ist.

§ 20. Die Kosten eines nach Maßgabe des § 17 eingeleiteten Strafverfahrens und der Strafvollstreckung sind nach denselben Grundsätzen zu bestimmen und aufzulegen, welche für Strafverfahren wegen gleichartiger Übertretungen der Gesetze des eigenen Staates gelten.

Für die einstweilige Bestreitung derselben hat der Staat zu sorgen, in welchem die Untersuchung geführt wird.

Diejenigen Kosten des Verfahrens und der Strafvollstreckung, welche, wenn das Verfahren wegen Übertretung der eigenen Abgabengesetze stattgefunden hätte, von jenem Staate schließlich zu tragen sein würden, hat, insoweit sie nicht vom Angeschuldigten eingezogen oder durch eingegangene Strafbeträge gedeckt werden können, der Staat zu erstatten, dessen Behörde die Untersuchung beantragte.

§ 21. Die Geldbeträge, welche infolge eines nach Maßgabe des § 17 eingeleiteten Strafverfahrens von dem Angeschuldigten oder für verkaufte Gegenstände der Übertretung eingehen, sind dergestalt zu verwenden, daß davon zunächst die rückständigen Gerichtskosten, sodann die dem anderen Teile entzogenen Abgaben und zuletzt die Strafen berichtigt werden.

Über die letzteren hat der Staat zu verfügen, in welchem das Verfahren stattfand.

§ 22. Eine nach Maßgabe des § 17 eingeleitete Untersuchung ist, solange ein rechtskräftiges Enderkenntnis noch nicht erfolgte, auf Antrag der Behörde desjenigen Staates, welcher dieselbe veranlaßt hatte, sofort einzustellen.

§ 23. Das Recht zum Erlasse und zur Milderung der Strafen, zu welchen der Angeschuldigte infolge eines nach Maßgabe des § 17 eingeleiteten Verfahrens verurteilt wurde oder sich freiwillig erboten hat, steht dem Staate zu, bei dessen Gerichte die Verurteilung oder Erbietung erfolgte.

Es soll jedoch vor derartigen Straferlassen oder Strafmilderungen der zuständigen Behörde des Staates, dessen Gesetze übertreten waren, Gelegenheit gegeben werden, sich darüber zu äußern.

§ 24. Die Gerichte jedes der vertragschließenden Teile sollen in Beziehung auf jedes in dem anderen Gebiete wegen Übertretung der Zollgesetze dieses Gebietes oder in Gemäßheit des § 17 eingeleitete Strafverfahren verpflichtet sein, auf Ersuchen des zuständigen Gerichtes:

1. Zeugen und Sachverständige, welche sich in ihrem Gerichtsbezirke aufhalten, auf Erfordern eidlich zu vernehmen und erstere zur Ablegung des Zeugnisses, soweit dasselbe nicht nach den Landesgesetzen verweigert werden darf, zum Beispiel die eigene Mitschuld

der Zeugen betrifft, oder sich auf Umstände erstrecken soll, welche mit der Anschuldigung nicht in naher Verbindung stehen, nötigenfalls anzuhalten;

2. amtliche Besichtigungen vorzunehmen und den Befund zu beglaubigen;

3. Angeschuldigten, welche sich im Bezirke des ersuchten Gerichtes aufhalten, ohne dem Staatsverbande des letzteren anzugehören, Vorladungen und Erkenntnisse behändigen zu lassen;

4. Übertreter und deren bewegliche Güter, welche im Bezirke des ersuchten Gerichtes angetroffen werden, anzuhalten und auszuliefern, oder die beschlagnahmten Gegenstände zu veräußern und den Erlös gegen Erstattung der erwachsenen Auslagen herauszugeben, insofern nicht jene Übertreter dem Staatsverbande des ersuchten Gerichtes oder einem solchen dritten Staate angehören, welcher durch Verträge verpflichtet ist, die fragliche Übertretung seinerseits gehörig untersuchen und bestrafen zu lassen.

§ 25. Es sind in diesem Kartell unter „Zollgesetzen" auch die Ein-, Aus- und Durchfuhrverbote, und unter „Gerichten" die in jedem der beiderseitigen Gebiete zur Untersuchung und Bestrafung von Übertretungen der eigenen derartigen Gesetze bestellten Behörden einverstanden.

§ 26. Durch die vorstehenden Bestimmungen werden weitergehende Zugeständnisse zwischen den vertragschließenden Teilen zum Zweck der Unterdrückung des Schleichhandels nicht aufgehoben oder geändert.

E.

Reichsgesetz, betreffend die Bestrafung der Zuwiderhandlungen gegen die österreichisch-ungarischen Zollgesetze.

(Ausführung des mit Österreich-Ungarn abgeschlossenen Zollkartells.)

Vom 9. Juni 1895.

(RGBl. S. 253; ausgegeben Berlin den 14. Juni 1895.)

Wir Wilhelm, von Gottes Gnaden, Deutscher Kaiser, König von Preußen ꝛc. verordnen im Namen des Reichs, nach erfolgter Zustimmung des Bundesrats und des Reichstags, was folgt:

§ **1.** Nach Maßgabe der §§ 12 ff. des mit Österreich-Ungarn unterm 6. Dezember 1891 abgeschlossenen Zollkartells (RGBl. 1892 S. 63) treten für die Dauer der Wirksamkeit dieses Zollkartells die nachstehenden Bestimmungen in Kraft.

§ **2.** Wer es unternimmt[1]), Gegenstände, deren Ein-, Aus- oder Durchfuhr in Österreich-Ungarn verboten ist, diesem Verbote zuwider ein-, aus- oder durchzuführen, hat die Einziehung der Gegenstände, in bezug auf welche die Konterbande verübt worden ist, und eine Geldstrafe verwirkt, welche dem doppelten Werte jener Gegenstände und, wenn solcher nicht 30 Mark beträgt, dieser Summe gleichkommt.

§ **3.** Wer es unternimmt, die österreichisch-ungarischen Ein- oder Ausgangsabgaben zu hinterziehen, hat die Einziehung der Gegenstände, in bezug auf welche die Zolldefraudation verübt worden ist, und zugleich eine dem vierfachen Betrage der vorenthaltenen Abgaben gleichkommende Geldstrafe verwirkt.

§ **4.** In allen Fällen, in denen die Einziehung selbst nicht vollzogen werden kann, ist statt derselben auf Erlegung des Wertes der Gegenstände und, wenn dieser nicht zu ermitteln ist, auf Zahlung einer Geldsumme von 75 bis 3000 Mark zu erkennen.

---

1. Eine vermutete Konterbande oder Defraudation gibt es nach diesem Gesetze nicht, überhaupt ist nicht etwa das VZG. ergänzend anzuwenden. Im übrigen vgl. die Anmerkungen zu §§ 134, 135, 152, 155 VZG.

§ 5. Wer in anderer, als der in §§ 2 und 3 erwähnten Art die österreichisch-ungarischen Zollgesetze übertritt, hat eine Ordnungsstrafe bis zum Betrage von 150 Mark verwirkt.

§ 6. Sofern die Geldstrafe nicht beigetrieben werden kann, tritt statt derselben nach Maßgabe der Bestimmungen des Strafgesetzbuchs verhältnismäßige Freiheitsstrafe ein, welche die Dauer von einem halben Jahre nicht übersteigen darf.

§ 7. Die Untersuchung und Bestrafung der vorgedachten Vergehen und Übertretungen erfolgt durch dieselben Behörden und in denselben Formen, wie die Untersuchung und Bestrafung der Zuwiderhandlungen gegen die deutschen Zollgesetze.

§ 8. Dieses Gesetz tritt mit dem Tage seiner Verkündigung in Kraft.

Urkundlich unter Unserer Höchsteigenhändigen Unterschrift und beigedrucktem Kaiserlichen Insiegel.

Gegeben Kiel, an Bord M. Y. „Hohenzollern", den 9. Juni 1895.

Wilhelm.

(L. S.) Fürst zu Hohenlohe.

F.

Viehseuchenübereinkommen mit Österreich-Ungarn v. 25. Januar 1905.

Seine Majestät der Deutsche Kaiser, König von Preußen, im Namen des Deutschen Reichs, einerseits, und Seine Majestät der Kaiser von Österreich, König von Böhmen usw. und Apostolischer König von Ungarn, andererseits, von dem Wunsche geleitet, den Verkehr mit Tieren und tierischen Rohstoffen zwischen den beiderseitigen Gebieten durch neue Vereinbarungen zu regeln, haben zu diesem Zwecke zu Bevollmächtigten ernannt:

usw.

welche unter Vorbehalt der beiderseitigen Ratifikation nachstehendes Viehseuchenübereinkommen abgeschlossen haben:

Art. 1. Der Verkehr mit Tieren, einschließlich des Geflügels, mit tierischen Rohstoffen und mit Gegenständen, welche Träger des Ansteckungsstoffes von Tierseuchen sein können, aus den Gebieten des einen der vertragschließenden Teile nach den Gebieten des anderen kann auf bestimmte Eintrittsstationen beschränkt und dort einer tierärztlichen Kontrolle von seiten jenes Staates, in welchen der Übertritt stattfindet, unterworfen werden.

Art. 2. Bei der Einfuhr der im Art. 1 bezeichneten Tiere und Gegenstände aus den Gebieten des einen in oder durch die Gebiete des anderen Teiles ist ein Ursprungszeugnis beizubringen. Dasselbe wird von der Ortsbehörde ausgestellt und ist, sofern es sich auf lebende Tiere bezieht, mit der Bescheinigung eines staatlich angestellten oder von der Staatsbehörde hierzu besonders ermächtigten Tierarztes über die Gesundheit der betreffenden Tiere zu versehen. Ist das Zeugnis nicht in deutscher Sprache ausgefertigt, so ist demselben eine amtlich beglaubigte deutsche Übersetzung beizufügen. Das Zeugnis muß von solcher Beschaffenheit sein, daß die Herkunft der Tiere und Gegenstände und der bis zur Eintrittsstation zurückgelegte Weg mit Sicherheit verfolgt werden kann; die tierärztliche Bescheinigung muß sich ferner darauf erstrecken, daß am Herkunftsort und in den Nachbargemeinden innerhalb der letzten 40 Tage vor der Absendung die Rinderpest oder eine andere Seuche, hinsichtlich deren die Anzeigepflicht besteht und die auf die betreffende Tiergattung, für welche diese Zeugnisse ausgestellt sind, übertragbar ist, nicht geherrscht hat. (Vgl. jedoch wegen der tierärztlichen Bescheinigungen bei Geflügelsendungen Absatz 4.)

Das vereinzelte Auftreten von Milzbrand, Rauschbrand, Rotlauf oder Wut in einer Nachbargemeinde steht der Ausstellung des Zeugnisses nicht entgegen, ist jedoch auf ihm ersichtlich zu machen. Dasselbe gilt bezüglich des Bläschenausschlags bei der Ausstellung von Zeugnissen für Ochsen und Wallache.

Für Pferde, Maultiere, Esel und Rindvieh sind Einzelpässe auszustellen, für Schafe, Ziegen, Schweine und Geflügel sind Gesamtpässe zulässig.

Die Gesamtpässe für Geflügelsendungen müssen mit der Bescheinigung versehen sein, daß in der Gemeinde, aus der die Tiere zur Ausfuhr gelangen, eine ansteckende Geflügelkrankheit weder herrscht noch innerhalb 14 Tagen nach dem Tage, an welchem eine solche Krankheit amtlich für erloschen erklärt worden ist, geherrscht hat. Dabei wird vorausgesetzt, daß zwischen dem letzten Krankheitsfall und dem Zeitpunkte der amtlichen Erklärung des Erlöschens der Seuche ebenfalls 14 Tage liegen.

Die Dauer der Gültigkeit der Zeugnisse beträgt acht Tage. Läuft diese Frist während des Transports ab, so muß, damit die Zeugnisse weitere acht Tage gelten, das Vieh von einem staatlich angestellten oder von der Staatsbehörde hierzu besonders ermächtigten Tierarzte neuerdings untersucht und von diesem der Befund auf dem Zeugnisse vermerkt werden.

Bei Eisenbahn- und Schifftransporten muß vor der Verladung eine besondere Untersuchung durch einen staatlich angestellten oder von der Staatsbehörde hierzu besonders ermächtigten Tierarzt vorgenommen und der Befund in das Zeugnis eingetragen werden.

Eisenbahn- und Schifftransporte von Geflügel sind jedoch vor der Verladung einer tierärztlichen Untersuchung nur dann zu unterziehen, wenn die für sie beigebrachten tierärztlichen Gesundheitsbescheinigungen vor mehr als drei Tagen ausgestellt sind.

Der Verkehr mit geschmolzenem Talg und Fett, mit fabriksmäßig gewaschener und in geschlossenen Säcken verpackter Wolle, mit in geschlossenen Kisten oder Fässern eingelegten, trockenen oder gesalzenen Därmen ist auch ohne Beibringung von Ursprungszeugnissen gestattet.

Art. 3. Sendungen, die den angeführten Bestimmungen nicht entsprechen, ferner Tiere, die vom Grenztierarzt mit einer ansteckenden Krankheit behaftet oder einer solchen verdächtig befunden werden, endlich Tiere, die mit kranken oder verdächtigen Tieren zusammen befördert oder sonst in Berührung gekommen sind, können an der Eintrittsstation zurückgewiesen werden. Den Grund der Zurückweisung hat der Grenztierarzt auf dem Zeugnis anzugeben und mit seiner Unterschrift zu bestätigen.

Die erfolgte Rückweisung und der Anlaß hierzu wird von der Grenzzollbehörde ohne Verzug der politischen Behörde des Grenzbezirkes jenes vertragschließenden Teiles, aus welchem die Ausfuhr stattfinden sollte, im kürzesten Wege angezeigt werden.

Wird eine solche Krankheit an eingeführten Tieren erst nach erfolgtem Grenzübertritt im Bestimmungslande wahrgenommen, so ist der Tatbestand unter Zuziehung eines beamteten Tierarztes (Staatstierarztes) protokollarisch festzustellen und eine Abschrift des Protokolls dem anderen vertragschließenden Teile unverweilt zuzusenden.

In allen in diesem Artikel vorgesehenen Fällen ist ein etwa namhaft gemachter Kommissar des anderen vertragschließenden Teiles (Art. 6) ohne Verzug und unmittelbar zu verständigen.

Art. 4. Wenn die Rinderpest in den Gebieten eines der vertragschließenden Teile auftritt, so steht dem anderen Teile das Recht zu, die Einfuhr von Wiederkäuern, Schweinen und tierischen Rohstoffen sowie von giftfangenden Gegenständen für die Dauer der Seuchengefahr zu verbieten oder zu beschränken.

Art. 5. Wenn aus den Gebieten eines der vertragschließenden Teile durch den Viehverkehr eine ansteckende Tierkrankheit, hinsichtlich deren die Verpflichtung zur Anzeige besteht, nach den Gebieten des anderen Teiles eingeschleppt worden ist, so steht letzterem das Recht zu, die Einfuhr von Tieren aller derjenigen Gattungen für die Dauer der Seuchengefahr zu beschränken oder zu verbieten, auf welche der Ansteckungsstoff übertragbar ist.

Ferner ist, wenn eine dieser Tierkrankheiten in den Gebieten des einen der vertragschließenden Teile in bedrohlicher Weise herrscht, der andere Teil befugt, die Einfuhr von Tieren aller derjenigen Gattungen, auf die der Ansteckungsstoff übertragbar ist, für die Dauer der Seuchengefahr zu beschränken oder zu verbieten.

Einfuhrverbote dürfen, wenn es sich um Rotz, Milzbrand, Rauschbrand, Wild- und Rinderseuche, Räude der Einhufer, Bläschenausschlag der Einhufer und des Rindviehs sowie um Krankheiten des Geflügels handelt, nur für Herkünfte aus den Ursprungsgebieten (Absatz 1) oder aus den von der Seuche betroffenen Gebieten (Absatz 2) erlassen werden. Im Falle des Absatzes 2 gilt diese Bestimmung auch bei Lungenseuche des Rindviehs.

Als Ursprungs- oder von der Seuche betroffene Gebiete im Sinne dieser Vorschrift gelten

a) hinsichtlich der Lungenseuche:
   in Österreich die in der Anlage I näher bezeichneten Sperrgebiete,
   in Ungarn die Komitate,
   im Deutschen Reiche Bundesstaaten, Regierungsbezirke oder letzteren gleichstehende Verwaltungsbezirke;
b) hinsichtlich der übrigen im Absatze 3 dieses Artikels aufgeführten Seuchen:
   in Österreich und in Ungarn die in der Anlage II näher bezeichneten Sperrgebiete,
   im Deutschen Reiche dieselben Gebiete wie zu a.

Die Vorschriften der vorstehenden Absätze gelten auch für solche tierische Rohstoffe und Gegenstände, welche Träger des Ansteckungsstoffs sein können.

Wegen der Einschleppung oder wegen des Herrschens der Tuberkulose finden Einfuhrverbote nicht statt.

Die in den Seuchengesetzgebungen der vertragschließenden Teile enthaltenen Vorschriften, welchen zufolge im Falle des Ausbruchs von ansteckenden Tierkrankheiten an oder in der Nähe der Grenze zur Abwehr und Unterdrückung derselben der Verkehr zwischen den beiderseitigen Grenzbezirken sowie der einen gefährdeten Grenzbezirk transitierende Verkehr besonderen Beschränkungen und Verboten unterworfen werden kann, werden durch das gegenwärtige Abkommen nicht berührt.

Art. 6. Die vertragschließenden Teile räumen sich gegenseitig die Befugnis ein, durch Kommissare in den Gebieten des anderen Teiles Erkundigungen über den Gesundheitszustand der Viehbestände, über die Einrichtung von Viehhöfen, Schlachthäusern, Quarantäneanstalten u. dgl. sowie über die Durchführung der bestehenden veterinärpolizeilichen Vorschriften an Ort und Stelle einziehen zu lassen. Einer vorgängigen Anmeldung der Kommissare bedarf es nicht. Die vertragschließenden Teile werden die Behörden allgemein anweisen, den Kommissaren des anderen Teiles, sobald sie sich als solche legitimieren, auf Wunsch Unterstützung zu gewähren und Auskunft zu erteilen.

Art. 7. Jeder der vertragschließenden Teile wird periodische Nachweisungen über den jeweiligen Stand der Tierseuchen erscheinen und dieselben dem anderen vertragschließenden Teile direkt zukommen lassen.

Über die Seuchenausbrüche in den Grenzverwaltungsbezirken werden sich die Behörden gegenseitig sofort direkt verständigen.

Wenn in den Gebieten eines der vertragschließenden Teile die Rinderpest ausbricht, wird den Regierungen des anderen Teiles von dem Ausbruch und der Verbreitung derselben auf telegraphischem Wege direkt Nachricht gegeben werden.

Art. 8. Eisenbahnwagen, in welchen Pferde, Maultiere, Esel, Rindvieh, Schafe, Ziegen, Schweine oder Geflügel befördert worden sind, müssen nebst den zugehörigen Gerätschaften der Eisenbahnverwaltungen nach Maßgabe der gleichzeitig mit dem Viehseuchenübereinkommen vereinbarten Bestimmungen gereinigt und desinfiziert werden.

Die vertragschließenden Teile werden die gemäß Absatz 1 im Bereich eines Teiles vorschriftsmäßig vollzogene Reinigung und Desinfektion als auch für den anderen Teil geltend anerkennen.

Art. 9. Der Weideverkehr aus den Gebieten des einen der vertragschließenden Teile nach den Gebieten des anderen ist unter nachstehenden Bedingungen gestattet:

a) Die Eigentümer der Herden werden beim Grenzübertritt ein Verzeichnis der Tiere, welche sie auf die Weide bringen wollen, mit der Angabe der Stückzahl und der charakteristischen äußeren Merkmale derselben zur Verifizierung (Prüfung und Beglaubigung) vorlegen.

b) Die Rückkehr der Tiere wird nur nach Feststellung ihrer Identität bewilligt.

Wenn jedoch während der Weidezeit eine für die betreffende Tiergattung ansteckende Krankheit unter einem Teile der Herden oder auch nur an einem weniger als 20 km von dem Weideplatz entfernten Orte oder auf jener Straße, auf welcher die Rückkehr der Herde zur Grenzstation erfolgen soll, ausbricht, so ist die Rückkehr des Viehs nach den Gebieten des anderen Teiles untersagt, sofern nicht zwingende Verhältnisse (Futtermangel, schlechte Witterung usw.) eine Ausnahme erheischen. In solchen Fällen darf die Rückkehr der von der Seuche noch nicht ergriffenen Tiere nur unter Anwendung von durch die zuständigen Behörden zur Verhinderung der Seuchenverschleppung vereinbarten Sicherungsmaßregeln erfolgen.

Art. 10. Die Bewohner von nicht mehr als 5 km von der Grenze entfernt liegenden Ortschaften können die Grenze in beiden Richtungen zu jeder Stunde mit ihren eigenen, an den Pflug oder an ein Fuhrwerk gespannten Tieren überschreiten, jedoch nur zum Zwecke landwirtschaftlicher Arbeiten oder in Ausübung ihres Gewerbes und unter Beobachtung der bestehenden Zollvorschriften.

Diese Vergünstigung kann seitens der vertragschließenden Teile von der Erfüllung folgender Bedingungen abhängig gemacht werden:

a) Jedes Gespann, welches die Grenze zu landwirtschaftlicher Arbeit oder im Gewerbebetrieb überschreitet, muß mit einem Zeugnisse des Ortsvorstandes der Gemeinde versehen sein, in welcher sich der Stall befindet. Dieses Zeugnis muß den Namen des Eigentümers oder des Führers des Gespannes, die Beschreibung der Tiere und die Angabe des Umkreises (in Kilometern) des Grenzgebiets, in welchem das Gespann zu arbeiten bestimmt ist, enthalten.

b) Überdies ist beim Austritte wie bei der Rückkehr ein Zeugnis des Ortsvorstandes derjenigen Grenzgemeinde erforderlich, aus welcher das Gespann kommt, und im Falle des Durchzugs durch das Gebiet einer anderen Gemeinde auch eine Bescheinigung der letzteren, womit bestätigt wird, daß die betreffende Gemeinde vollkommen frei von jeder Tierseuche ist und daß auch in einem Umkreise von 10 km die Rinderpest und Lungenseuche nicht vorkommen. Dieses Zeugnis muß alle 6 Tage erneuert werden.

Art. 11. Die bei dem Inkrafttreten des gegenwärtigen Übereinkommens etwa noch bestehenden, mit seinen Bestimmungen nicht vereinbarten Beschränkungen und Verbote sind außer Kraft zu setzen.

Art. 12. Das gegenwärtige Übereinkommen ist bestimmt, das Viehseuchenübereinkommen zwischen den vertragschließenden Teilen vom 6. Dezember 1891 [1]) zu ersetzen.

Es soll gleichzeitig mit dem zwischen den vertragschließenden Teilen vereinbarten Zusatzvertrage zu dem bestehenden Handels- und Zollvertrage vom 6. Dezember 1891 in Geltung treten und so lange in Wirksamkeit bleiben, als der genannte Handels- und Zollvertrag, auf Grund der im Zusatzvertrage getroffenen Bestimmung über seine fernere Dauer, fortbesteht.

Die Ratifikationen des gegenwärtigen Übereinkommens sollen gleichzeitig mit denen des Zusatzvertrags zum bestehenden Handels- und Zollvertrag ausgewechselt werden.

Zu Urkund dessen haben die beiderseitigen Bevollmächtigten das gegenwärtige Übereinkommen unterzeichnet und ihre Siegel beigedrückt.

So geschehen in doppelter Ausfertigung zu Berlin, den 25. Januar 1905.

(L. S.) (Unterschrift.)

---

[1]) Handels-Archiv 1892 I S. 114.

G.

Zolltarifgesetz und Zolltarif.

Vormerkung.

Der neueste Zolltarif v. 25. Dezember 1902 ist in Nr. 52 des Reichsgesetzblatts von 1902 S. 303 ff. veröffentlicht. Er ist durch Handels- und Zollverträge, die den Einfuhren aus den Vertragsstaaten Zollvergünstigungen gewähren, abgeändert worden.

Diese vertragsmäßigen Abmachungen — **Vertragstarife** — verfolgen entweder den Zweck, gewisse Tarifsätze zu binden, um ihrer Erhöhung vorzubeugen — s. g. Zollbindungen — oder sie ermäßigen unmittelbar gewisse Zollsätze zugunsten der Einfuhren aus jenen Ländern. Vertragstarife bestehen zurzeit — am 1. März 1906 — für **Belgien, Bulgarien, Griechenland, Italien** mit der Republik **San Marino, Österreich-Ungarn** mit **Bosnien**, der **Herzegowina** und dem Fürstentum **Lichtenstein, Rumänien, Rußland**, der **Schweiz** und **Serbien**. Mit den **Vereinigten Staaten von Nordamerika** besteht ein vertragsmäßiges Provisorium.

Neben den Zollermäßigungen oder Zollbindungen ist den Vertragsstaaten die **Meistbegünstigung** zugestanden, d. h. jede Zollermäßigung oder Zollvergünstigung, die einem anderen Staate gewährt ist oder wird, mit Ausnahme der Erleichterungen im kleinen Grenzverkehr, kommt auch ihnen zugute. In Wirklichkeit besteht somit nur Ein Vertragstarif, der sich aus den sämtlichen vertragsmäßigen Zollvergünstigungen zusammensetzt und für alle meistbegünstigten Staaten gilt. Deshalb ist bei der nachfolgenden Anfügung des Vertragstarifs an den allgemeinen Zolltarif von der Namhaftmachung des einzelnen Vertrages abgesehen, auf dem der vertragsmäßige Tarifsatz beruht.

Die Meistbegünstigung ist außer den Vertragsstaaten noch einer Reihe anderer Staaten eingeräumt, auf deren Einfuhren der Vertragstarif daher gleichfalls Anwendung findet. Diese Staaten sind:*)

1. **Abessinien** (RGBl. 1906).
2. **Ägypten** (RGBl. 1906).
3. **Argentinien** (Vertrag v. 19. September 1857, Pr. GS. 1859 S. 405).
4. **Chile** (Vertrag v. 1. Febr. 1862, Pr. GS. 1863 S. 761).

---

*) Die Zusammenstellung beruht auf der Bekanntmachung des Bundesrats im RZBl. 1892 S. 72 und ihren späteren Ergänzungen im Reichsgesetzblatt.

5. **Dänemark** (Vertrag v. 26. Mai 1846, Pr. GS. 1846 S. 327 und Bundesratsbeschluß v. 30. April 1885).

6. **Ekuador** (RGBl. 1888 S. 136).

7. **Frankreich** einschließlich der **Kolonien** und **auswärtigen Besitzungen**, des Fürstentums **Monako** und **Tunis**. (§ 11 des Frankfurter Friedensvertrages v. 10. Mai 1871, welcher Frankreich die Gleichberechtigung mit England, Belgien, der Niederlande, der Schweiz, Österreich-Ungarn und Rußland und damit das Recht der Meistbegünstigung verlieh.)

8. **Großbritannien** einschließlich der **Kolonien** und der **auswärtigen Besitzungen** mit Ausnahme von Kanada (RGBl. 1905 S. 773).

9. **Guatemala** (RGBl. 1888 S. 238).

10. **Honduras** (RGBl. 1888 S. 262).

11. **Japan** (Vertrag v. 4. April 1896 (RGBl. 1896 S. 715 u. RGBl. 1899 S. 137, 364).

12. **Kolumbien** (Vertrag v. 23. Juli 1892, RGBl. 1894, S. 471).

13. **Liberia** (BGBl. 1868 S. 197).

14. **Marokko** (RGBl. 1891 S. 378).

15. **Mexiko** (RGBl. 1883 S. 247).

16. **Nikaragua** (RGBl. 1896 S. 171).

17. **Niederlande** einschließlich der **Kolonien** und **auswärtigen Besitzungen** (Pr.GS. 1852 S. 145).

18. **Norwegen** (Pr. GS. 1827 S. 39 und Bundesratsbeschl. v. 20. Febr. 1885).

19. **Paraguay** (RGBl. 1888 S. 178).

20. **Persien** (RGBl. 1873 S. 351).

21. **Schweden** (Pr. GS. 1827 S. 39 u. Bundesratsbeschluß v. 20. Febr. 1885).

22. **Spanien** (RGBl. 1899 S. 335).

23. **Türkei** (RGBl. 1891 S. 117).

24. **Tunis** siehe Nr. 7.

25. **Uruguay** (RGBl. 1900 S. 5).

26. **Zanzibar** (RGBl. 1886 S. 361 u. vgl. Nr. 8).

Die Meistbegünstigung kommt nach den Verträgen auch den Kolonien und auswärtigen Besitzungen jener Länder zugute, nicht aber ihren Schutzgebieten.

Dagegen werden die Erzeugnisse der deutschen Zollausschlüsse, der deutschen Kolonien und der deutschen Schutzgebiete wie die Einfuhren aus meistbegünstigten Ländern behandelt (§ 1 des Zolltarifgesetzes v. 25. Dezember 1902 und Bundesratsbeschluß v. 2. Juni 1896, RZBl. S. 197).

Zolltarifgesetz vom 25. Dezember 1902.

(RGBl. S. 303.)

§ 1. Bei der Einfuhr von Waren in das deutsche Zollgebiet werden, soweit nicht für die Einfuhr aus bestimmten Ländern andere Vorschriften gelten, Zölle nach Maßgabe der dem Reichstag am 6. Oktober 1902 vorgelegten endgültigen Beschlüsse der XVI. Kommission über den Zolltarif erhoben. Jedoch werden in Abweichung von diesen Beschlüssen die Zollsätze der Nr. 808 auf 4,50 Mark, der Nr. 809 auf 7,50 Mark, der

Nr. 810 auf 12 Mark, der Nr. 816 auf 8 und 12 Mark, der Nr. 825 auf 8 Mark, der Nr. 905 auf 4 Mark und der Nr. 906 auf 15, 12, 10, 9, 7, 5,50, 4,50 und 3 Mark festgesetzt.

Die Zollsätze sollen durch vertragsmäßige Abmachungen

bei Roggen	nicht unter	5	Mark	für einen Doppelzentner
„ Weizen und Spelz	„ „	5,50	„	
„ Malzgerste	„ „	4	„	
„ Hafer	„ „	5	„	

herabgesetzt werden.

Auf die Erzeugnisse der deutschen Zollausschlüsse finden die vertragsmäßigen Zollbefreiungen und Zollermäßigungen Anwendung, soweit nicht der Bundesrat Ausnahmen vorschreibt. Die getroffenen Anordnungen sind dem Reichstage sofort oder, wenn er nicht versammelt ist, bei seinem nächsten Zusammentritte mitzuteilen. Sie sind außer Kraft zu setzen, wenn der Reichstag die Zustimmung nicht erteilt. Den Erzeugnissen der deutschen Kolonien und Schutzgebiete können die vertragsmäßigen Zollbefreiungen und Zollermäßigungen durch Beschluß des Bundesrats eingeräumt werden.

§ 2. In jedem Steuerdirektionsbezirk ist eine Behörde zu errichten, die auf Verlangen über die Zolltarifsätze Auskunft zu geben hat, zu welchen bestimmte Waren oder Gegenstände im deutschen Zollgebiete zugelassen werden.*)

*) Hierzu hat der Bundesrat in der Anleitung für die Zollabfertigung — ähnlich bereits RZBl. 1898 S. 84 — besondere Bestimmungen betr. die Erteilung amtlicher Auskunft in Zolltarifangelegenheiten erlassen.

§ 3. Die Gewichtszölle werden von dem Rohgewicht erhoben:

a) wenn der Tarif dies ausdrücklich vorschreibt,
b) bei Waren, für die der Zoll 6 Mark für den Doppelzentner nicht übersteigt.

Im übrigen wird den Gewichtszöllen das Reingewicht zugrunde gelegt. Bei der Ermittelung des Reingewichts von Flüssigkeiten wird das Gewicht der unmittelbaren Umschließungen (Fässer, Flaschen, Kruken und dergleichen) nicht in Abzug gebracht.

Der Bundesrat bestimmt den Anteil des Rohgewichts, der zur Berechnung des Reingewichts als Tara in Abzug gebracht werden kann.[1])

Beim Eingange von Waren in den freien Verkehr bleiben handelsübliche Umschließungen zollfrei. Nach Bestimmung des Bundesrats kann bei der Verzollung von Waren, die nach dem Rohgewichte zollpflichtig sind, sofern sie unverpackt oder in nicht handelsüblichen Umschließungen eingehen, dem Reingewichte der Waren und bei der Verzollung von Flüssigkeiten, sofern sie in nicht handelsüblichen unmittelbaren Umschließungen eingehen, dem Eigengewichte der Flüssigkeiten das Gewicht der handelsüblichen Umschließungen hinzugerechnet werden.

1. Dies ist geschehen in der Taraordnung und dem Taratarif.

§ 4. Der Bundesrat ist ermächtigt vorzuschreiben, daß Waren, deren zollamtliche Untersuchung mit besonderen Schwierigkeiten verbunden ist, nur bei bestimmten Zollstellen abgefertigt werden dürfen, sofern die Beteiligten nicht bereit sind, den Zoll nach dem höchsten in Frage kommenden Satze des Tarifs zu entrichten oder die Kosten für die Übersendung der Waren oder der davon zu entnehmenden Proben an eine mit der erforderlichen Abfertigungsbefugnis versehene Zollstelle zu tragen.*)

---

*) Die näheren Vorschriften hat der Bundesrat in der Anleitung zur Zollabfertigung zu diesem Paragraphen erlassen.

§ 5. Von der Verzollung befreit sind:

a) die mit der Post eingehenden Warensendungen von 250 Gramm Rohgewicht [1]) [2]) oder weniger,

b) die der Gewichtsverzollung unterliegenden Waren in Mengen unter 50 Gramm.

Inwieweit im übrigen bei der Gewichtsermittelung Bruchteile eines Kilogramm unberücksichtigt bleiben dürfen, bestimmt der Bundesrat.[3]) [4])

Zollbeträge von weniger als fünf Pfennig werden überhaupt nicht, höhere Zollbeträge nur, soweit sie durch fünf teilbar sind, unter Weglassung der überschießenden Pfennige erhoben.[5])

Der Bundesrat ist befugt, im Falle des Mißbrauchs für einzelne Warengattungen oder für einzelne Grenzstrecken Beschränkungen anzuordnen.

---

1. Die Ausnahmen siehe in Anm. 3 zu § 91 VZG.

2. Die Zollfreiheit ist für jedes Poststück von 250 g Rohgewicht oder weniger zu gewähren ohne Rücksicht auf die Zahl der für denselben Empfänger gleichzeitig eingehenden Poststücke. Das Gewicht darf aber nicht mehr als gerade 250 g betragen; jeder überschießende Betrag, auch wenn er weniger als 50 g ist, macht ungeachtet des in Anm. 5 Nr. 2 ausgesprochenen Grundsatzes zollpflichtig. Anleitung des Bundesrats für die Zollabfertigung.

Postsendungen mit Proben oder Mustern von Kaffee, Kakao, Zucker, Rohtabak oder getrockneten Früchten sind bis zum Gewicht von 350 g nach § 6 Nr. 10 zollfrei.

3. Bestimmung des Bundesrats: 1. Das Gewicht der der Gewichtsverzollung unterliegenden Waren ist genau zu ermitteln und anzuschreiben

a) bei der Verwiegung auf der Gleiswage bis auf 1 kg,

b) bei der Verwiegung mittels anderer Wagen bis auf 50 g,

oder das Vielfache dieser Gewichte. Gewichtsteile, welche die angegebenen Grenzen nicht erreichen, bleiben außer Betracht.

2. Bei der Ermittelung des Reingewichts durch Abzug der Tara nach Tarasätzen ist das Reingewicht auf 50 g oder das Vielfache dieses Gewichts nach unten abzurunden. Bei Anwendung verschiedener Tarasätze für eine der gleichen Tarifnummer und dem gleichen Zollsatz angehörende Ware hat diese Abrundung nur bei der Summe der auf Hundertteile eines Kilogramm unter Fortlassung der überschießenden Bruchteile abzurundenden Einzelgewichtsmengen für jede Verzollungsanmeldung zu erfolgen.

4. Über den Gewichtsabzug bei havarierten Waren vgl. Anm. 3 und 4 zu § 29 VZG.

5. Die Abrundung geschieht nur beim Gesamtbetrage, nicht bei jeder Einzelpost.

§ 6. Die folgenden Gegenstände [1]) bleiben vom Zolle befreit:

1. Erzeugnisse des Ackerbaues und der Viehzucht von denjenigen außerhalb der Zollgrenze gelegenen Grundstücken, welche von innerhalb der Zollgrenze befindlichen Wohn- und Wirtschaftsgebäuden aus bewirtschaftet werden; ferner Erzeugnisse der Waldwirtschaft, wenn die außerhalb der Zollgrenze gelegenen Grundstücke mindestens seit dem 15. Juli 1879 eine Zubehör des inländischen Grundstücks bilden.

2. Von deutschen Fischern und von Mannschaften deutscher Schiffe gefangene Fische, Robben, Wal- und andere Seetiere sowie die davon gewonnenen Erzeugnisse. Von der Zollfreiheit ausgeschlossen sind die in fremdländischen Küstengewässern gefangenen Schal- und Krustentiere. Die erforderlichen Überwachungsvorschriften erläßt der Bundesrat.[2])

3. Gebrauchte Kleidungsstücke und Wäsche, die nicht zum Verkauf oder zur gewerblichen Verwendung eingehen.[3])

4. Gebrauchte Gegenstände von Anziehenden zur eigenen Benutzung, gebrauchte Maschinen zur Benutzung im Gewerbe- und Landwirtschaftsbetriebe jedoch nur ausnahmsweise auf besondere Erlaubnis.[4])

Auf besondere Erlaubnis[4]) auch als Ausstattungsgegenstände, Braut- oder Hochzeitsgeschenke eingehende neue Sachen, sofern sie für Ausländer oder länger als zwei Jahre im Auslande wohnhaft gewesene Inländer bestimmt sind, die aus Anlaß der Verheiratung mit einer im Inlande wohnhaften Person ihren Wohnsitz nach dem Inlande verlegen. Von der Zollfreiheit ausgeschlossen sind Nahrungs- und Genußmittel, unverarbeitete Gespinste und Gespinstwaren sowie sonstige zur weiteren Verarbeitung bestimmte Erzeugnisse, Rohstoffe aller Art und Tiere.

Unter Zustimmung des Bundesrats kann durch Anordnung des Reichskanzlers bestimmt werden, daß für die Angehörigen eines Staates, der Gegenseitigkeit nicht gewährt, die im Abs. 1 und 2 vorgesehenen Begünstigungen ganz oder teilweise außer Anwendung bleiben sollen.

5. Gebrauchte Sachen, die erweislich als Erbschaftsgut eingehen, auf besondere Erlaubnis.[4])

6. Gebrauchsgegenstände aller Art, auch neue, welche Reisende[5]) einschließlich der Fuhrleute, Schiffer und Schiffsmannschaften zum persönlichen Gebrauch oder zur Ausübung ihres Berufs auf der Reise mit sich führen, oder die ihnen zu diesem Zwecke vorausgeschickt oder nachgesendet werden; ebenso lebende Tiere, die von reisenden Künstlern bei Ausübung ihres Berufs oder zur Schaustellung benutzt werden.

Ferner aus dem Auslande zurückkommende gebrauchte Koffer, Reisetaschen und sonstiges Reisegerät,[6]) wenn darin Gebrauchsgegenstände von Reisenden[5]) in das Ausland verbracht worden sind.

7. Die von Reisenden einschließlich der Fuhrleute zum eigenen Verbrauche während der Reise mitgeführten Verzehrungsgegenstände;[7]) ebenso der Bedarf der Schiffer und Schiffsmannschaften, für diese jedoch höchstens in einer auf zwei Tage berechneten Menge.

8. Fahrzeuge[8]) aller Art einschließlich der zugehörigen Ausrüstungsgegenstände, die bei dem Eingang über die Zollgrenze zur Beförderung von Personen oder Waren dienen und nur aus dieser Veranlassung eingeführt werden, oder die aus dem Auslande zurückkommen, nachdem sie beim Aus-

gange diesem Zwecke gedient haben; auch Fahrzeuge, wenn sie dazu bestimmt sind, Personen oder Waren in das Ausland zu verbringen.

Pferde und andere Tiere einschließlich der zugehörigen Geschirre und Decken, wenn sie als Reittiere, zur Fortbewegung von Fahrzeugen aller Art oder zum Warentragen dienen und nur aus dieser Veranlassung die Grenze überschreiten, oder wenn sie aus dem Auslande zurückkommen, nachdem sie beim Ausgang in der angegebenen Weise verwendet worden sind; auch Pferde und andere Tiere, wenn sie dazu bestimmt sind, Personen, Fahrzeuge oder Waren in das Ausland zu verbringen.

Fahrzeuge aller Art sowie Pferde und andere Tiere von Reisenden auch in dem Falle, wenn sie zur Zeit der Einfuhr nicht als Beförderungsmittel dienen, sofern sie erweislich sich schon seither im Gebrauch ihrer Besitzer befunden haben und zu deren weiterem Gebrauche bestimmt sind.

Verbleiben in den bezeichneten Fällen Fahrzeuge oder Tiere dauernd im Inlande, so tritt die Zollpflicht ein.

Futter,[9]) das zum Reiseverbrauche der in Abs. 2 und 3 bezeichneten Tiere mitgeführt wird, in einer der Zahl der Tiere und der voraussichtlichen Reisedauer, höchstens jedoch einem Zeitraume von zwei Tagen entsprechenden Menge.

Über die Zollbehandlung der Eisenbahnfahrzeuge, welche dem durchgehenden Personenverkehre dienen, sind vom Bundesrate besondere Bestimmungen zu erlassen.

9. Umschließungen sowie Schutzdecken und andere Verpackungsmittel, auch Webebäume, Holz- und Papprollen und dergleichen, die zum Zwecke der Ausfuhr von Waren eingeführt, oder, nachdem sie nachweislich dazu gedient haben, aus dem Auslande wieder zurückgebracht werden. Im ersteren Falle ist der Nachweis der Wiederausfuhr binnen einer angemessenen Frist und, nach Befinden, Sicherstellung des Zolles zu fordern; es kann hiervon abgesehen werden, wenn die Umschließungen und so weiter gebraucht sind und kein Zweifel darüber besteht, daß sie zur Ausfuhr von Waren bestimmt sind.

10. Musterkarten und Muster in Abschnitten oder Proben, die nur zum Gebrauch als solche geeignet sind, jedoch mit Ausschluß der Proben von Nahrungs- und Genußmitteln, indessen einschließlich der mit der Post eingehenden Proben und Muster von Kaffee, Kakao, Zucker, Rohtabak und getrockneten Früchten im Gewichte bis zu 350 Gramm.

11. Kunstsachen, welche zu Kunstausstellungen oder für öffentliche Kunstanstalten oder öffentliche Sammlungen, sowie andere Gegenstände, die für öffentliche Anstalten oder öffentliche Sammlungen zu Lehr- oder Anschauungszwecken eingehen.

12. Materialien, die zum Baue, zur Ausbesserung oder zur Ausrüstung von See- oder Flußschiffen verwendet werden, mit Ausnahme des Kajüts- und Küchenguts. Von der Begünstigung sind die zu Luxuszwecken bestimmten Binnensee- und Flußschiffe ausgeschlossen. Die näheren Bestimmungen erläßt der Bundesrat.[10])

13. Wappenschilder, Flaggen und andere Gegenstände, die von fremden Regierungen ihren in Deutschland bestellten Vertretungen zum dienstlichen

Gebrauche zugesendet werden, falls die betreffenden Staaten Gegenseitigkeit gewähren.[11])

14. Särge, in denen Leichen eingehen, und Urnen mit Asche verbrannter Leichen, einschließlich der Kränze und ähnlicher zur Verzierung der Särge, Urnen oder Beförderungsmittel dienenden Gegenstände.[12])

---

1. Über weitere Ausnahmen siehe die Anmerkungen zu § 4 des VZG.

2. Hierzu hat der Bundesrat eine besondere Seefischereiordnung erlassen.

3. Bestimmung des Bundesrats: Kleidungsstücke sind alle zur Bekleidung von Menschen dienenden Gegenstände, auch Umschlagetücher, Hüte, Schuhwerk, Handschuhe, Amtstrachten, Meßgewänder.

Gebrauchte Kleidungsstücke können auch, wenn sie in mehr oder weniger zertrennten Stücken eingehen, zollfrei abgelassen werden; dies gilt auch für gebrauchte Leibwäsche.

Die Verwendung als Modell oder in einem Verleihgeschäfte gilt als gewerbliche Verwendung. In der Einfuhr zur Reinigung, Ausbesserung, Umarbeitung oder zum Färben ist eine gewerbliche Verwendung nicht zu erblicken. In Zweifelsfällen kann der Nachweis der Wiederausfuhr binnen einer angemessenen Frist gefordert werden.

4. Bestimmung des Bundesrats: Diese besondere Erlaubnis erteilt diejenige Zolldirektivbehörde, in deren Bezirk der Anziehende seinen Wohnsitz nimmt oder der Erbe seinen Wohnsitz hat. Die den Zollstellen in Hamburg und Berlin übertragene Befugnis zur selbständigen zollfreien Ablassung von Nachlaßgegenständen im Auslande verstorbener Deutscher oder ehemaliger Deutscher bleibt bestehen.

Die Befreiung von der Eingangsabgabe gilt vertragsmäßig auch für solche aus der Schweiz eingehende, in allen ihren Teilen gebrauchte Maschinen, welche von bereits im Inlande Niedergelassenen aus ihren Stamm- oder Zweigbetrieben eingeführt werden. Die Bewilligung der Zollfreiheit für solche Maschinen kann nur durch die Zolldirektivbehörde erfolgen.

Zu den zollfreien Ausstattungsgegenständen sind auch diejenigen Gegenstände zu rechnen, welche der anziehende Ehegatte dem bereits im Inlande lebenden Ehegatten zu dessen persönlichem Gebrauche mitbringt, sofern diese Gegenstände dem anziehenden Ehegatten in der Tat als Ausstattung (als ein Teil des Beitrages für den gemeinschaftlichen Haushalt) mitgegeben sind. Erbschaftsgegenstände, die seitens eines Miterben bei der öffentlichen Versteigerung der Erbmasse angekauft sind, werden wie anderes Erbschaftsgut behandelt.

5. Zu den Reisenden im Sinne dieser Gesetzesvorschrift gehören auch Führer und Begleiter von Beförderungsmitteln.

6. Bestimmung des Bundesrats: Als Reisegerät können unter Umständen auch gebrauchte Betten, Krankenstühle, Kinderwagen, Photographische Apparate mit den zugehörigen Trockenplatten, Fahrräder, Tonwerkzeuge und dergleichen zollfrei eingelassen werden. Dasselbe gilt von Schaukasten, Buden, Planen, Vorrichtungen zum Aufhängen und Ausstellen von Verkaufsgegenständen oder dergleichen, welche Kaufleute oder Krämer vom Besuche ausländischer Märkte wieder zurückführen oder umgekehrt vom Auslande zur Benutzung beim Besuch inländischer Märkte einbringen, sowie von lebenden Tieren, die von reisenden Künstlern bei Ausübung ihres Berufs oder zur Schaustellung benutzt werden.

Koffer, in denen von Reisenden Handelswaren (auch Muster oder Proben) mitgeführt werden, sind von der Zollbehandlung als Reisegerät nicht ausgeschlossen.

Die Zollfreiheit kann ferner gewährt werden für Fahnen, Embleme und dergleichen, welche auf der Reise befindliche Mitglieder von Vereinen oder dergleichen, sowie für Angelgeräte, Gewehre und sonstiges Schießgerät, mit Einschluß der Patronen, welche zur Ausübung der Fischerei oder Jagd oder zu ähnlichen Zwecken in das Zollgebiet sich begebende Personen einbringen —

sofern die Patronen den voraussichtlichen Verbrauch jener Personen im Zollgebiete nicht übersteigen —, oder welche umgekehrt die zu gedachten Zwecken in das Ausland gereisten Personen wieder zurückführen. Als Reisegerät sind auch noch nicht vollendete Handarbeiten, Stickereien und dergleichen, welche Reisende in einzelnen Stücken mit sich führen, nebst den zu diesen Handarbeiten erforderlichen Gespinsten oder dergleichen anzusehen; desgleichen Theatergarderoben reisender Schauspieler.

Neue Gebrauchsgegenstände, welche von Reisenden zum persönlichen Gebrauch auf der Reise mitgeführt oder ihnen voraus- oder nachgesendet werden, sind als Reisegerät nur dann zollfrei zu belassen, wenn sie bereits im Ausland im Besitze des Empfängers sich befunden haben, dieser als noch auf der Reise begriffen zu betrachten ist und nach der Menge und Beschaffenheit der Gegenstände sich voraussetzen läßt, daß sie zum eigenen Gebrauche des Empfängers auf der Reise bestimmt sind.

Gegenstände, welche zum Gebrauche während eines längeren, wenn auch vorübergehenden Aufenthalts im Inlande, z. B. zum Zwecke des Besuchs von Schulen, eingebracht werden, sind von der Zollfreiheit als Reisegerät ausgeschlossen und können nur als Anzugsgut (Umzugsgut) zollfrei eingelassen werden, wenn sie die Eigenschaft eines solchen besitzen.

Nicht zur gewöhnlichen Schiffsausrüstung gehörige, zum Verbleib an Bord bestimmte gebrauchte Einrichtungsstücke von Wasserfahrzeugen, welche beim Eingang über die Zollgrenze dem Personen- oder Warenverkehre dienen, sind als Reisegerät zu behandeln.

Floßgerätschaften, welche von Floßschiffern zur Ausübung ihres Berufs auf der Reise mitgeführt oder ihnen bei der Rückkehr nachgesendet werden, bleiben als Reisegerät zollfrei.

7. Bestimmung des Bundesrats: Die Bemessung der zollfrei zu belassenden Mengen von Verzehrungsgegenständen ist im allgemeinen, abgesehen von dem Schiffs- und Floßverkehre, den Abfertigungsbeamten überlassen, welche dabei das Reiseziel und die für seine Erreichung erforderliche Zeitdauer zu berücksichtigen haben. Die Bestimmungen über den Schiffsproviant im § 80 Abs. 3 des Vereinszollgesetzes und in den Ziffern 22 und 47 der Normativbestimmungen zu den Hafenregulativen werden durch die Vorschrift nicht berührt.

8 Auch wenn sie wie z. B. Möbelwagen auf Eisenbahnwagen verladen sind.

9. Bestimmung des Bundesrats: Futter für Tiere, die zur unmittelbaren Durchfuhr auf der Eisenbahn bestimmt sind, kann in den der Zahl der Tiere und der voraussichtlichen Dauer der Reise entsprechenden Mengen zollfrei belassen werden, sofern das Futter mit den Tieren gleichzeitig eingeht und in den nämlichen Wagen wie die Tiere verladen ist.

10. Dies ist geschehen in der Schiffbau-Zollordnung des Bundesrats.

11. Bestimmung des Bundesrats: Dazu gehören alle diplomatischen Vertreter der fremden Staaten in Deutschland, ferner alle Konsularvertreter von Kuba, Großbritannien einschließlich aller auswärtigen Besitzungen, Haiti, Italien, Liberia, Mexiko, Norwegen, Persien, Portugal, Rumänien, Rußland, San Domingo, Schweden, der Schweiz, Spanien, Serbien, Siam, der Türkei und den Vereinigten Staaten von Amerika.

Griechenland, die Niederlande und Österreich-Ungarn gewähren den Konsularbeamten Zollfreiheit für Flaggen und Wappenschilder, Österreich-Ungarn außerdem für Formulare (Amtsdrucksorten). Belgien billigt den Deutschen Konsularvertretern Zollfreiheit für Flaggen, Siegel, Wappenschilder oder Gegenstände ähnlicher Art zu. Den Konsularvertretern dieser Staaten gebührt daher Zollfreiheit für ihre Dienstsendungen in demselben Umfange.

12. Vorausgesetzt, daß diese mit den Särgen oder Urnen zusammen eingeführt werden.

Bestimmung des Bundesrats: Außerdem sind zollfrei zu belassen Kränze und dergleichen, auch Kranzschleifen, die den inländischen Angehörigen eines im Auslande Verstorbenen als Andenken übersandt werden.

§ 7. Abfälle, welche im Tarife nicht besonders genannt sind, sowie zerbrochene und abgenutzte Gegenstände werden wie die Rohstoffe, von denen sie herstammen, behandelt, wenn sie nur zu denselben Zwecken wie die Rohstoffe verwendet werden können oder die Verwendung zu anderen Zwecken nach Anordnung der Zollbehörde durch geeignete Maßnahmen ausgeschlossen wird. Zollpflichtige Abfälle und verdorbene Waren, die zu Düngezwecken bestimmt sind, werden zollfrei gelassen, wenn ihre Verwendung zu anderen Zwecken ausgeschlossen erscheint oder nach Anordnung der Zollbehörde durch geeignete Maßnahmen ausgeschlossen wird. Andere verdorbene Waren bleiben zollfrei, wenn sie unter amtlicher Aufsicht vernichtet werden.

§ 8. Der Bundesrat wird ermächtigt, in Fällen, in welchen auf Grund staatlicher Abmachungen Eisenbahnverbindungen zwischen dem Deutschen Reiche und einem Nachbarstaate mit einer innerhalb des deutschen Zollgebiets belegenen gemeinschaftlichen Grenz- und Betriebswechselstation hergestellt sind oder künftig hergestellt werden, Zollfreiheit zu gewähren:

1. für die zur Ausführung des Baues und zur Betriebseinrichtung der Wechselstation sowie der zwischen dieser und der Zollgrenze gelegenen Anschlußstrecke erforderlichen Gegenstände, soweit ihre Anschaffung ausländischen Behörden oder ausländischen Bahnunternehmungen obliegt,

2. für die zur Besorgung des von der ausländischen Bahnunternehmung übernommenen Betriebsdienstes, einschließlich der Instandhaltung der Betriebsstation und der Anschlußstrecke, und für alle zu Dienstzwecken der ausländischen Grenzämter erforderlichen Gegenstände,

3. für die Dienstgeräte und Dienstausrüstungsstücke der innerhalb des deutschen Zollgebiets angestellten Beamten und Bediensteten der ausländischen Eisenbahnverwaltung und der außerdem beteiligten Dienstzweige der Verwaltung des Nachbarstaats.

§ 9. Bei der zollamtlichen Abfertigung einer Ware, die je nach ihrem Herstellungsland einer unterschiedlichen Zollbehandlung unterliegt, ist von dem Einbringer zu erklären und auf Erfordern nachzuweisen, in welchem Lande die Ware hergestellt worden ist.[1]) Die näheren Bestimmungen über den Inhalt und die Form der Erklärung und über die Erbringung des Nachweises erläßt der Bundesrat.

Kommt der Einbringer seinen vorstehend festgesetzten Verpflichtungen nicht nach, so tritt die für ihn ungünstigste Zollbehandlung ein, unbeschadet der etwa daneben verwirkten Strafen oder sonstigen Rechtsnachteile.

---

1. Bestimmung des Bundesrats: Werden derartige Waren zur Verzollung, zur Abfertigung auf Begleitschein II oder zur Anschreibung auf Privatkreditlager angemeldet, so hat der Verfügungsberechtigte bei der Antragstellung auf dem Abfertigungspapier schriftlich zu erklären, in welchem Lande die Ware erzeugt oder hergestellt ist, und durch seine Unterschrift die Haftung für die Richtigkeit der Erklärung nach Maßgabe des Vereinszollgesetzes zu übernehmen. — Ist die Erklärung bis zum Beginne der speziellen Revision nicht abgegeben, so tritt die für den Antragsteller ungünstigste Zollbehandlung ein. Mit Genehmigung des Amtsvorstandes darf jedoch über das Fehlen der Erklärung ausnahmsweise hinweggesehen werden, wenn die Erzeugung oder Herstellung der zur Abfertigung vorliegenden Ware in einem Lande, dessen Boden- oder Gewerbserzeugnisse auf die günstigere Zollbehandlung keinen Anspruch haben, ohne weiteres als ausgeschlossen erscheint. — Auf Erfordern der Zollstelle hat der Antragsteller die Richtigkeit der Erklärung durch behördliche, nötigenfalls in beglaubigter Übersetzung beizubringende Zeugnisse des Herstellungslandes oder in anderer Weise (Vorlegung von Frachtbriefen, Schiffspapieren, Rechnungen, kaufmännischem Schriftwechsel oder dergleichen) glaubhaft nachzuweisen. — Die bei der amtlichen Prüfung der Richtigkeit der Erklärung etwa entstehenden Kosten für Befragung von Sachverständigen, Versendung von Warenproben, Einholung technischer Gutachten und dergleichen fallen dem Antragsteller zur Last. — Für den kleinen Grenzverkehr können von den obersten Landesfinanzbehörden Erleichterungen hinsichtlich der Erklärung und des Nachweises des Herstellungslandes gewährt werden. — Für Passagiergut von Reisenden bedarf es der Erklärung des Herstellungslandes nicht. — Wird die Abgabe der Erklärung verweigert oder bei der amtlichen Prüfung die Unrichtigkeit der abgegebenen Erklärung festgestellt, so findet die Strafbestimmung in § 14 des Zolltarifgesetzes Anwendung, soweit nicht die unrichtige Erklärung sich als ein nach den §§ 135 ff. des Vereinszollgesetzes zu bestrafendes Unternehmen einer Zollhinterziehung darstellt.

§ 10. Zollpflichtige Waren, die aus Ländern herstammen, in welchen deutsche Schiffe oder deutsche Waren ungünstiger behandelt werden als diejenigen anderer Länder, können neben dem tarifmäßigen Zollsatz einem Zollzuschlage bis zum doppelten Betrage dieses Satzes oder bis zur Höhe des vollen Wertes unterworfen werden. Tarifmäßig zollfreie Waren können unter der gleichen Voraussetzung mit einem Zolle in Höhe bis zur Hälfte des Wertes belegt werden.

Auch können, soweit nicht Vertragsbestimmungen entgegenstehen, ausländische Waren denselben Zöllen und Zollabfertigungsvorschriften unterworfen werden, die im Ursprungsland auf deutsche Waren Anwendung finden.

Die hier vorgesehenen Maßnahmen werden nach erfolgter Zustimmung des Bundesrats durch Kaiserliche Verordnung in Wirksamkeit gesetzt. Die getroffenen Anordnungen sind dem Reichstage sofort oder, wenn er nicht versammelt ist, bei seinem nächsten Zusammentritte mitzuteilen. Sie sind außer Kraft zu setzen, wenn der Reichstag die Zustimmung nicht erteilt.

§ 11. 1. Bei der Ausfuhr von Roggen, Weizen, Spelz, Gerste, Hafer, Buchweizen, Hülsenfrüchten, Raps und Rübsen aus dem freien Verkehre des Zollgebiets werden, wenn die ausgeführte Menge wenigstens fünf Doppelzentner beträgt, auf Antrag des Warenführers Bescheinigungen (Einfuhrscheine) erteilt, die den Inhaber berechtigen, innerhalb einer vom Bundesrat auf längstens sechs Monate zu bemessenden Frist eine dem Zollwerte der Einfuhrscheine entsprechende Menge einer der vorgenannten Waren ohne Zollentrichtung einzuführen. Abfertigungen zur Ausfuhr mit dem Anspruch auf Erteilung von Einfuhrscheinen finden nur bei den von den obersten Landes-Finanzbehörden zu bestimmenden Zollstellen statt.

Für Waren der vorbezeichneten Art, die ausschließlich zum Absatz in das Zollausland bestimmt sind, werden Transitlager ohne amtlichen Mitverschluß, in denen die Behandlung und Umpackung der gelagerten Waren uneingeschränkt und ohne Anmeldung sowie ihre Mischung mit inländischer Ware zulässig ist, mit der Maßgabe bewilligt, daß die zur Ausfuhr abgefertigten Warenmengen, soweit sie den jeweiligen Lagerbestand an ausländischer Ware nicht überschreiten, von diesem Bestand abzuschreiben, im übrigen aber als inländische Waren zu behandeln sind (Reine Transitlager).

Für Waren der bezeichneten Art, die teils in das Zollausland, teils in das Zollgebiet abgesetzt werden sollen, können, sofern dafür ein dringendes Bedürfnis anzuerkennen ist, solche Lager mit der ferneren Maßgabe bewilligt werden, daß die aus dem Lager in den freien Verkehr des Zollgebiets abgefertigten Warenmengen, soweit sie den jeweiligen Lagerbestand an inländischer Ware nicht übersteigen, von diesem Bestande zollfrei abzuschreiben, im übrigen aber als ausländische Waren zu behandeln sind (Gemischte Transitlager). Der Bundesrat bestimmt, an welchen Orten solche Lager bewilligt werden können.

Für die vorstehend nicht erwähnten Getreidearten und zollpflichtigen Ölfrüchte werden, wenn sie ausschließlich zum Absatz in das Zollausland bestimmt sind, Transitlager ohne amtlichen Mitverschluß, in denen die Behandlung und Umpackung der gelagerten Waren uneingeschränkt und ohne Anmeldung sowie ihre Mischung mit inländischer Ware zulässig ist, mit der Maßgabe bewilligt, daß bei der Ausfuhr dieser gemischten Ware der in der Mischung enthaltene Anteil von ausländischer Ware als die zollfreie Menge der Durchfuhr anzusehen ist. Für Waren dieser Art, die teils in das Zollausland, teils in das Zollgebiet abgesetzt werden sollen, können solche Transitlager bewilligt werden.

2. Ebenso werden reine Transitlager ohne amtlichen Mitverschluß bewilligt und können gemischte Transitlager ohne amtlichen Mitverschluß bewilligt werden für nicht gehobeltes Bau- und Nutzholz. Dabei kann von der Umschließung der zur Lagerung bestimmten Räume abgesehen werden; auch ist es zulässig, die Hölzer zeitweise aus dem Lager zu entnehmen und, nachdem sie einer Behandlung unterlegen haben, durch die sie unter den Begriff des mit einem höheren Zolle belegten Bau- und Nutzholzes oder einer groben rohen Holzware fallen, in das Lager zurückzuführen. Der Bundesrat bestimmt, an welchen Orten gemischte Transitlager bewilligt werden können.

Für Abfälle, die bei der Bearbeitung von Bau- und Nutzholz in den Transitlagern entstehen, tritt, wenn die Hölzer in das Zollausland ausgeführt werden, an dem zur Last geschriebenen Zolle ein entsprechender Nachlaß ein, dessen Höhe der Bundesrat bestimmt.

3. Den Inhabern von Mühlen oder Mälzereien werden bei der Ausfuhr ihrer Erzeugnisse Einfuhrscheine*) über eine entsprechende Menge Getreide oder Hülsenfrüchte (Ziffer 1) erteilt. Über das hierbei in Rechnung zu stellende Ausbeuteverhältnis trifft der Bundesrat Bestimmung.

4. Den Inhabern von Ölmühlen wird für die Ausfuhr der von ihnen hergestellten Öle eine Erleichterung dahin gewährt, daß ihnen der Zoll für eine den ausgeführten Erzeugnissen entsprechende Menge der zur Mühle gebrachten zollpflichtigen ausländischen Ölfrüchte nachgelassen wird. Über das hierbei in Rechnung zu stellende Ausbeuteverhältnis trifft der Bundesrat Bestimmung. Die zur Mühle zollamtlich abgefertigten ausländischen sowie auch sonstige Ölfrüchte, welche in die der Zollbehörde zur Lagerung der ausländischen Ölfrüchte angemeldeten Räume eingebracht sind, dürfen

in unverarbeitetem Zustande nur mit Genehmigung der Zollbehörde veräußert werden. Zuwiderhandlungen hiergegen werden mit einer Geldstrafe bis zu eintausend Mark geahndet.

Die Bestimmungen der Ziffer 3 finden auf die Inhaber von Ölmühlen hinsichtlich der aus Raps oder Rübsen hergestellten Öle sinngemäß Anwendung.

5. Im Sinne der Bestimmungen unter Ziffer 1 bis 4 steht die Aufnahme in eine öffentliche Niederlage oder in ein Privatlager unter amtlichem Mitverschlusse der Ausfuhr gleich.*)

6. Die näheren Anordnungen, insbesondere in bezug auf die Form der Einfuhrscheine,*) auf die Beschaffenheit der mit dem Anspruch auf Erteilung von Einfuhrscheinen ausgeführten Waren und auf die an die Lagerinhaber zu stellenden Anforderungen, trifft der Bundesrat.

Dieser wird auch Vorschriften erlassen, durch welche die Verwendung der Einfuhrscheine nach Maßgabe ihres Zollwerts auch zur Begleichung von Zollgefällen für andere als die in Ziffer 1 Abs. 1 genannten Waren unter den von ihm festzusetzenden Bedingungen gestattet wird.

*) Bis zum 28. Februar 1907 richtet sich die Wertbestimmung der Einfuhrscheine nach dem RGesetz vom 12. Februar 1906 (RGBl. S. 137).

§ 12. Die Zölle können auf Antrag gegen Sicherheitsleistung für eine Frist bis zu drei Monaten nach näherer Anordnung des Bundesrats gestundet werden.

Von der Stundung ausgenommen sind die Zölle für Getreide, Hülsenfrüchte, Raps und Rübsen sowie für die daraus hergestellten Müllerei- und Mälzereierzeugnisse. Im Falle der Aufnahme dieser Waren in ein Zolllager (öffentliche Niederlage oder Privatlager mit oder ohne amtlichen Mitverschluß) sind bei der Überführung der Waren in den freien Verkehr die zu entrichtenden Zollgefälle für die Dauer der Lagerung mit vier vom Hundert nach den vom Bundesrate zu erlassenden Vorschriften zu verzinsen.

§ 13. Für Rechnung von Kommunen oder Korporationen dürfen vom 1. April 1910 ab Abgaben auf Getreide, Hülsenfrüchte, Mehl und andere Mühlenfabrikate, desgleichen auf Backwaren, Vieh, Fleisch, Fleischwaren und Fett nicht erhoben werden.

Auf die Erhebung von Abgaben von dem zur Bierbereitung bestimmten Malze seitens der Kommunen findet diese Bestimmung keine Anwendung.

Die entgegenstehenden Bestimmungen unter Ziffer I und im § 7 der Ziffer II des Artikel 5 des Zollvereinigungsvertrags v. 8. Juli 1867 (BGBl. S. 81) und des Gesetzes v. 27. Mai 1885, betreffend die Abänderung des Zollvereinigungsvertrags v. 8. Juli 1867 (RGBl. S. 109), sind aufgehoben.

§ 14. Zuwiderhandlungen gegen die Bestimmungen dieses Gesetzes oder gegen die zu seiner Ausführung erlassenen und öffentlich bekannt gemachten Vorschriften werden, sofern nicht nach § 11 Ziffer 4 Abs. 1 dieses Gesetzes oder nach den §§ 135 ff. des Vereinszollgesetzes eine höhere Strafe verwirkt ist, mit einer Ordnungsstrafe bis zu einhundertfünfzig Mark geahndet.

§ 15. Der auf den Kopf der Bevölkerung des Deutschen Reichs entfallende Nettozollertrag der nach den Tarifstellen 1, 2, 102, 103, 105, 107, 107a und 160 des Zolltarifs (§ 1) zu verzollenden Waren, welcher den nach dem Durchschnitte der Rechnungsjahre 1898 bis 1903 auf den Kopf der Bevölkerung entfallenden Nettozollertrag derselben Waren übersteigt, ist zur Erleichterung der Durchführung einer Witwen- und Waisenversorgung zu verwenden.

Über diese Versicherung ist durch ein besonderes Gesetz Bestimmung zu treffen. Bis zum Inkrafttreten dieses Gesetzes sind diese Mehrerträge für Rechnung des Reichs anzusammeln und verzinslich anzulegen.

Tritt dieses Gesetz bis zum 1. Januar 1910 nicht in Kraft, so sind von da ab die Zinsen der angesammelten Mehrerträge sowie die eingehenden Mehrerträge selbst den einzelnen Invaliden-Versicherungsanstalten nach Maßgabe der von ihnen im vorhergehenden Jahre aufgebrachten Versicherungsbeiträge zum Zwecke der Witwen- und Waisenversorgung der bei ihnen Versicherten zu überweisen.

Die Unterstützung erfolgt auf Grund eines vom Reichsversicherungsamte zu genehmigenden Statuts.

§ 16. Der Zeitpunkt, mit welchem dieses Gesetz in Kraft tritt, wird durch Kaiserliche Verordnung mit Zustimmung des Bundesrats bestimmt.

Mit demselben Zeitpunkte treten das durch die Bekanntm. v. 24. Mai 1885 (RGBl. S. 111) veröffentlichte Zolltarifgesetz nebst zugehörigem Zolltarife,

ferner die Gesetze v. 18. April 1886 (RGBl. S. 123), v. 21. Dezember 1887 (RGBl. S. 533), v. 14. April 1894 (RGBl. S. 335), v. 18. Mai 1895 (RGBl. S. 233), v 6. März 1899 (RGBl. S. 133), v. 14. Juni 1900 (RGBl. S. 298), — betreffend die Abänderung des Zolltarifgesetzes und des Zolltarifs — und § 80 des durch die Bekanntm. v. 27. Mai 1896 (RGBl. S. 117) veröffentlichten Zuckersteuergesetzes

mit der Maßgabe außer Kraft, daß die bisherigen Vorschriften über die Überweisung eines Teiles des Ertrags der Zölle und der Tabaksteuer an die Bundesstaaten (§ 8 des durch die Bekanntm. v. 24. Mai 1885 veröffentlichten Zolltarifgesetzes), abgesehen von der sich nach § 15 dieses Gesetzes ergebenden Änderung, so lange in Wirksamkeit bleiben, bis darüber durch besonderes Gesetz anderweit bestimmt wird.

Der Zeitpunkt des Inkrafttretens ist nach der Kaiserl. Verordnung vom 27. Februar 1905 (RGBl. S. 155) der 1. März 1906.

Zolltarif.

	Tarif-Nr.
1. Abschnitt. Erzeugnisse der Land- und Forstwirtschaft und andere tierische und pflanzliche Naturerzeugnisse; Nahrungs- und Genußmittel.	
A. Erzeugnisse des Acker-, Garten- und Wiesenbaues	1— 73
B. Erzeugnisse der Forstwirtschaft	74— 99

Tarif.*)

Bemerkungen: Die auf Verträgen beruhenden Bestimmungen sind in lateinischer Schrift gedruckt.

Für die Erzeugnisse meistbegünstigter Länder gelten die niedrigsten Zollsätze.

Unter die Meistbegünstigungsklausel fallen **nicht** die zwischen angrenzenden Staaten vereinbarten Erleichterungen des kleinen Grenzverkehrs.

Nr.	Benennung der Gegenstände	Allgemeiner Tarif. Zollsatz für 1 dz Mark	Vertragstarif. Zollsatz für 1 dz Mark
	1. Abschnitt. Erzeugnisse der Land- und Forstwirtschaft und andere tierische und pflanzliche Naturerzeugnisse; Nahrungs- und Genußmittel.		
	A. Erzeugnisse des Acker-, Garten- und Wiesenbaues.		
	Getreide und Reis.		
1	Roggen	7	5
2	Weizen und Spelz	7,50	5,50
3	Gerste	7	
	Malzgerste	—	4
	andere	—	{1,30 / 2}
	Anmerkung. Als andere Gerste als „Malzgerste" ist zu behandeln und zum ermäßigten (vertragsmäßigen) Zollsatze einzulassen: 1. beim Eingang über bestimmte, mit besonderer Ermächtigung versehene Zollstellen Gerste, welche in reinem, ungemischtem, grannenlosem Zustande das Gewicht von 65 kg für 1 hl nicht erreicht und zugleich nicht mehr als 30 Gewichtsprozente Körner enthält, deren Gewicht 67 kg oder mehr für 1 hl beträgt; 2. Gerste, für welche der Nachweis geführt wird, daß sie zur Bereitung von Malz ungeeignet ist, oder daß sie hierzu nicht verwendet wird. Falls die Richtigkeit der Ergebnisse der in Absatz 1 zugelassenen Ermittelung vom Wareneinbringer bestritten wird, oder falls sich infolge der besonderen Beschaffenheit der zur Zollabfertigung gestellten Sendung andere Zweifelsgründe hinsichtlich der Verwendung der Gerste ergeben, ist das Zollamt nur verpflichtet, die Ware zum ermäßigten Zollsatze zuzulassen, wenn es sie zuvor zur Bereitung von Malz ungeeignet gemacht hat. Dies kann nach Wahl des Zollamts durch Anschroten, Spitzen, Einschneiden, Brechen oder ein ähnliches Verfahren geschehen. Es besteht jedoch Einverständnis, daß die Anwendung eines solchen Verfahrens ohne Kosten für den Wareneinbringer erfolgt.		
4	Hafer	7	5
5	Buchweizen	5	

*) Zum Zolltarif ist ein besonderer **Taratarif** ergangen, der die Taraberechnungen für die einzelnen Tarifpositionen enthält.

Nr.	Benennung der Gegenstände.	Allgemeiner Tarif. Zollsatz für 1 dz Mark.	Vertragstarif. Zollsatz für 1 dz Mark.
6	Hirse (Panicum, italienische Hirse)	1,50	1,50
7	Mais und Dari	5	3
8	Andere nicht besonders genannte Getreidearten . . .	1,50	
	Anmerkung zu Nr. 1 bis 8. Für Getreide in Garben, wie es auf dem Felde unmittelbar gewonnen wird, ist die Hälfte des Zolles für Körnergetreide zu entrichten.		
9	Malz, mit Ausnahme des gebrannten und gemahlenen:	für 1 dz Rohgewicht	für 1 dz Rohgewicht
	aus Gerste	10,25	5,75
	aus anderem Getreide	11	
10	Reis, unpoliert . . .	für 1 dz 4	für 1 dz 4
	Hülsenfrüchte, trockene (reife).		
11	Speisebohnen, Erbsen, Linsen	4	
	Speisebohnen	—	2 2,50 3
	Erbsen	—	1,50
	Linsen	—	1,50
12	Futter- (Pferde- usw.) Bohnen, Lupinen, Wicken . .	2,50	1,50
	Futter- (Pferde- usw.) Bohnen	—	2
	Anmerkung zu Nr. 11 und 12. Für Hülsenfrüchte im Stroh ist die Hälfte des Zolles der betreffenden Arten zu entrichten.		
	Ölfrüchte und Sämereien.		
13	Raps und Rübsen, Dotter, Ölrettigsaat, Senf, Hederichsaat	5	2
	Raps und Rübsen	—	2
	Senf	—	2
14	Mohn, auch reife Mohnköpfe, Sonnenblumensamen, Madiasamen, Erdmandeln, Erdnüsse, Sesam, Behennüsse, Bucheckern, Kapoksamen, Lorbeeren, Nigersamen	2	
	Mohn, auch reife Mohnköpfe, Sonnenblumensamen .	—	2
	Erdmandeln, Bucheckern, Lorbeeren	—	2
15	Leinsaat, Hanfsaat	0,75	frei
16	Baumwollsamen, Elipenüsse, Sheanüsse, Butterbohnen, Stillingiasamen, Palmkerne (auch zerkleinert), Kopra, Rizinussamen	frei	
17	Andere nicht besonders genannte Ölsämereien und Ölfrüchte	2	2
18	Rotkleesaat, Weißkleesaat und andere Kleesaaten . . .	5	frei
19	Grassaat aller Art	2	frei
20	Runkelrübensamen, Zuckerrübensamen	1	
21	Andere Feldrübensamen, Möhrensamen, Zichoriensamen, Gemüsesamen, Dillsaat, Blumensamen, Tabaksamen, sowie sonstige anderweit nicht genannte Sämereien für den Landbau	frei	

Nr.	Benennung der Gegenstände.	Allgemeiner Tarif. Zollsatz für 1 dz Mark.	Vertragstarif. Zollsatz für 1 dz Mark.
	Andere Feldrübensamen, Möhrensamen, Zichoriensamen; Gemüsesamen, Blumensamen sowie sonstige anderweit nicht genannte Sämereien für den Landbau	—	frei
22	Anis, Fenchel, Koriander, Kümmel und andere Sämereien zum Genusse, frisch oder getrocknet	4	
	Anmerkung. Sämereien zur Gewinnung flüchtiger (ätherischer) Öle können auf Erlaubnisschein unter Überwachung zollfrei abgelassen werden.		
	Knollen- und Wurzelgewächse.		
23	Kartoffeln, frisch:		
	in der Zeit vom 15. Februar bis 31. Juli . . .	2,50	1
	in der Zeit vom 15. Juni bis 31. Juli	—	1
	in der Zeit vom 1. August bis 14. Februar . . .	frei	frei
24	Futterrüben, Möhren, Wasserrüben und sonstige Feldrüben:		
	frisch	frei	frei
	getrocknet (gedarrt), mit Ausnahme der als Küchengewächse dienenden	1	
25	Zuckerrüben, auch zerkleinert:		
	frisch	frei	
	getrocknet (gedarrt)	1	
26	Zichorien (Zichorienwurzeln), auch zerkleinert:		
	frisch	frei	frei
	getrocknet (gedarrt)	2	0,80 1
	Grün- und Rauhfutter.		
27	Grünfutter; Heu, auch getrockneter Klee, und anderweit nicht genannte getrocknete Futtergewächse; Stroh und Spreu (Kaff), auch Schäben; Häckerling (Häcksel) . .	1	frei
	Reisstroh und ähnliches Stroh, ungefärbt, auch Häckerling (Häcksel) hiervon	—	frei
	Handels- und Gewerbspflanzen, anderweit nicht genannt.		
28	Baumwolle, roh, auch gereinigt; Flachs, Hanf, Ramie (Chinagras, Rhea), Jute, Manilahanf, neuseeländischer Hanf, Agavefasern, Ananasfasern, Kokosfasern, Pflanzendaunen, Torfwolle, Waldwolle und alle übrigen pflanzlichen Spinnstoffe, roh, gereinigt, geröstet, gebrochen, geschwungen, entleimt	frei	
	Flachs und Hanf, roh, geröstet, gebrochen, geschwungen, entleimt	—	frei
	Anmerkung. Werg von Flachs und Hanf wird nach Nr. 28 zollfrei abgelassen.		
	Flachs, Hanf, gereinigt	—	frei
	Agavefasern (mexikanische Fiber, Glanzfiber), roh oder gereinigt	—	frei

Nr.	Benennung der Gegenstände.	Allgemeiner Tarif. Zollsatz für 1 dz Mark.	Vertragstarif. Zollsatz für 1 dz Mark.
29	Tabakblätter, unbearbeitet oder nur gegoren (fermentiert) oder über Rauch getrocknet, auch in Büscheln, Bündeln oder Puppen	85 für 1 dz Rohgewicht	für 1 dz Rohgewicht
30	Hopfen	70 für 1 dz Rohgewicht	20 für 1 dz Rohgewicht
31	Hopfenmehl (Lupulin)	100	20
32	Farbpflanzen und Teile von solchen, auch gesalzen, getrocknet, gedarrt, gebrannt, gemahlen oder sonst zerkleinert	frei	frei
	Küchengewächse (Gemüse und eßbare Kräuter, Pilze, Wurzeln und dergleichen).	für 1 dz	für 1 dz
33	Küchengewächse, frisch:		
	Rotkohl, Weißkohl, Wirsingkohl	2,50	
	Rotkohl, Weißkohl	—	2,50
	Artischocken, Melonen, Pilze, Rhabarber, Spargel, Tomaten	20	frei
	Artischocken	—	frei
	Melonen, Tomaten	—	frei
	Pilze	—	frei
	Spargel	—	frei
	andere	4	frei
	Eierfrüchte (Aubergines), Bamien (cornes grecques)	—	frei
	Blumenkohl, Zwiebeln und Brüsseler Zichorie (Witloof)	—	frei
	Bohnen, Erbsen (Schoten), frisch	—	frei
34	Paraguaytee, Lorbeerblätter, Salbeiblätter, Waldmeister und sonstige zum Würzen von Nahrungs- und Genußmitteln dienende Blätter und Kräuter, getrocknet	4	
	Lorbeerblätter, Salbeiblätter und sonstige zum Würzen von Nahrungs- und Genußmitteln dienende Blätter und Kräuter, getrocknet, nicht besonders genannt	—	4
35	Champignons, in Salzlake eingelegt oder sonst einfach zubereitet	50	10
36	Artischocken, Melonen, Pilze, Rhabarber, Spargel, Tomaten, zerkleinert, geschält, gepreßt, getrocknet, gedarrt, gebacken oder sonst einfach zubereitet	40	10
	Artischocken, Rhabarber, Spargel	—	10
	Melonen, Pilze	—	{ 8 / 10
	Tomaten	—	4
37	Küchengewächse, einschließlich der als solche dienenden Feldrüben, zerkleinert, geschält, gepreßt, getrocknet, gedarrt, gebacken oder sonst einfach zubereitet, soweit sie nicht unter Nr. 34 bis 36 fallen; unreife Speisebohnen und unreife Erbsen, getrocknet; Speisebohnen und Erbsen (reife und unreife), gebacken oder sonst einfach zubereitet: Kartoffeln, zerkleinert (ausgenommen		

Nr.	Benennung der Gegenstände.	Allgemeiner Tarif. Zollsatz für 1 dz Mark.	Vertragstarif. Zollsatz für 1 dz Mark.
	Graupen und Grieß aus solchen), gedarrt, gebacken oder sonst einfach zubereitet; auch Sämereien zum Genusse, gepulvert, gebacken oder sonst einfach zubereitet	10	
	Küchengewächse, einschließlich der als solche dienenden Feldrüben, zerkleinert, geschält, gepreßt, getrocknet, gedarrt, gebacken oder sonst einfach zubereitet, soweit sie nicht unter Nr. 34 bis 36 des allgemeinen Tarifs fallen; unreife Speisebohnen und unreife Erbsen, getrocknet; Speisebohnen und Erbsen (reife und unreife), gebacken oder sonst einfach zubereitet	—	4
	Sämereien zum Genusse, gepulvert, gebacken oder sonst einfach zubereitet	—	4
	Eierfrüchte (Aubergines), Bamien (cornes grecques), zerkleinert, geschält, gepreßt, getrocknet, gedarrt, gebacken oder sonst einfach zubereitet	—	4
	Lebende Pflanzen, Erzeugnisse der Ziergärtnerei.		
38	Bäume, Reben, Stauden, Sträucher, Schößlinge zum Verpflanzen und sonstige lebende Gewächse, ohne oder mit Erdballen, auch in Töpfen oder Kübeln; Pfropfreiser:		
	Palmen, indische Azaleen, Lorbeerbäume und Forstpflanzen	—	frei
	Palmen in Töpfen oder mit Erdballen, auch in Kübeln oder Kästen	—	frei
	Pflanzen in Töpfen	30	10
	Pflanzen ohne Erdballen	20	{ 6 { 8
	Rosen	40	12
	Zykasstämme ohne Wurzeln und Wedel	frei	frei
	andere	15	5
	mit Erdballen, auch in Kübeln oder Kästen, Pfropfreiser	—	6
39	Orchideenbulben, nicht eingewurzelt	frei	frei
40	Blumen-Zwiebeln, -Knollen und -Bulben, vorstehend nicht genannt	frei	frei
41	Blumen, Blüten, Blütenblätter und Knospen zu Binde- oder Zierzwecken, frisch	frei	frei
42	Blätter, Gräser, Zweige (auch solche mit Früchten), zu Binde- oder Zierzwecken, frisch	frei	frei
43	Zykaswedel, frisch oder getrocknet	250	
44	Blumen, Blätter (auch Palmwedel und zu Fächern zugeschnittene Palmblätter), Blüten, Blütenblätter, Gräser, Seemoos, Knospen, Zweige (auch solche mit Früchten), zu Binde- oder Zierzwecken, getrocknet, getränkt (imprägniert) oder sonst zur Erhöhung der Dauerhaftigkeit zubereitet, auch gefärbt	frei	frei

Nr.	Benennung der Gegenstände.	Allgemeiner Tarif. Zollsatz für 1 dz Mark.	Vertragstarif. Zollsatz für 1 dz Mark.
	Obst.		
45	Weintrauben (Weinbeeren):		
	frisch	20	
	Zum Tafelgenuß:		
	1. eingehend in Postsendungen von einem Gewichte bis 5 kg einschl.	—	frei
	2. auf andere Weise eingehend	—	4
	andere	—	10
	gemostet, gegoren; Weinmaische	24	
	in Fässern oder Kesselwagen eingestampfte Weinbeeren (Trauben der Weinlese), auch wenn die Gärung schon begonnen hat, sofern sie alle Teile der Frucht, also neben dem Safte auch noch die Kämme, Kerne und Schalen der Trauben enthalten	—	10
	Anmerkung. Als Weinmaische sind alle eingestampften oder eingeraspelten Weintrauben und Weinbeeren anzusehen und zu verzollen, auch wenn eine Gärung noch nicht oder nur teilweise eingetreten ist.		
46	Nüsse, unreife (grüne) und reife, auch ausgeschält, gemahlen oder sonst zerkleinert oder einfach zubereitet .	4	
	Wal- und Haselnüsse, unreife (grüne) oder reife, auch ausgeschält, gemahlen oder sonst zerkleinert oder einfach zubereitet	—	2
	(47/9) Anderes Obst:		
47	frisch:		
	in Postsendungen eingehend von einem Gewichte bis 5 kg einschließlich	—	frei
	Auf andere Weise eingehend:		
	Äpfel, Birnen, Quitten:		
	unverpackt		
	vom 25. September bis 25. November . . .	frei	frei
	vom 26. November bis 24. September . . .	2,50	2
	unverpackt (oder nur in Säcken bei mindestens 50 kg Rohgewicht:		
	vom 1. September bis 30. November .	—	frei
	vom 1. Dezember bis 31. August . .	—	2
	verpackt	10	5
	in anderer Verpackung als in Säcken bei mindestens 50 kg Rohgewicht:		
	in einfacher Umschließung	—	3,20
	in mehrfacher Umschließung	—	5
	Anmerkungen. Äpfel und Birnen, frisch, werden, wenn sie in Wagen eingehen, die mit Abteilungen versehen und mit Stroh belegt oder bedeckt oder mit Papier ausgeschlagen sind, als unverpackt behandelt, sofern jeder Wagen nicht mehr als 8 Abteilungen hat.		
	Äpfel, Birnen und Quitten, frisch, werden als un-		

Nr.	Benennung der Gegenstände.	Allgemeiner Tarif. Zollsatz für 1 dz Mark.	Vertragstarif. Zollsatz für 1 dz Mark.
	verpackt behandelt, wenn sie lose oder in Säcken von mindestes 50 kg Rohgewicht in Wagen eingehen, die mit nicht mehr als 8 Abteilungen versehen sind. In gleicher Weise sind als unverpackt zu behandeln Äpfel, Birnen und Quitten, frisch, wenn sie lose oder in Säcken von mindestens 50 kg Rohgewicht in mit Abteilungen versehenen Schiffen eingehen, sofern der Rauminhalt jeder Abteilung mindestens 6 cbm beträgt. Die Wagen- oder Schiffsabteilungen dürfen mit Stroh belegt oder bedeckt oder mit Papier oder Stroh ausgeschlagen sein und können auch durch Strohlagen hergestellt werden.		
	Aprikosen, Pfirsiche	8	
	Aprikosen	—	2 frei
	Pfirsiche	—	2
	Pflaumen aller Art, Kirschen, Weichseln, Mispeln .	6	2
	Hauszwetschgen		
	vom 1. September bis 30. November	—	frei
	vom 1. Dezember bis 31. August	—	2
	Andere Pflaumen	—	2
	Kirschen, Weichseln	—	1 2
	Kirschen, frisch, zur Branntweinbereitung, auf Erlaubnisschein unter Überwachung der Verwendung	—	frei
	Mispeln	—	frei
	Hagebutten, Schlehen, sowie anderes vorstehend nicht genanntes Kern- und Steinobst	frei	frei
	Erdbeeren	20	10
	Erdbeeren, eingehend in Postsendungen von einem Gewichte bis 5 kg einschl.	—	frei
	Himbeeren, Johannisbeeren, Stachelbeeren, Brombeeren, Heidelbeeren, Holunderbeeren, Preißelbeeren, Wacholderbeeren und sonstige Beeren zum Genusse	5	
	Himbeeren, Johannisbeeren, Stachelbeeren, Brombeeren, Heidelbeeren, Holunderbeeren, Wacholderbeeren und sonstige Beeren zum Genuß, mit Ausnahme der Preißelbeeren	—	frei
	Preißelbeeren aus dem österreichischen Grenzbezirk kommend und in den deutschen Grenzbezirk zum dortigen Verbrauch eingebracht, vorbehaltlich der Erfüllung besonderer Bedingungen	—	frei
48	getrocknet, gedarrt (auch zerschnitten und geschält):		
	Äpfel und Birnen einschließlich verwertbarer Abfälle	10	4
	Aprikosen, Pfirsiche	10	4
	Pflaumen aller Art:		
	unverpackt oder nur in Fässern oder Säcken bei mindestens 80 kg Rohgewicht.	10	5
	unverpackt oder nur in Fässern oder Säcken bei mindestens 50 kg Rohgewicht	—	4

Nr.	Benennung der Gegenstände.	Allgemeiner Tarif. Zollsatz für 1 dz Mark.	Vertragstarif. Zollsatz für 1 dz Mark.
	in anderer Verpackung (als in Fässern oder Säcken bei mindestens 50 kg Rohgewicht oder als in Kisten bei mindestens 10 kg Rohgewicht) . . .	15	10 8 6
	in Kisten bei mindestens 10 kg Rohgewicht . .	—	5
	anderes getrocknetes oder gedarrtes Obst	8	4
	Wachholderbeeren	—	4
	Kirschen, Weichseln	—	4
49	gemahlen, zerquetscht, gepulvert oder in sonstiger Weise zerkleinert, auch eingesalzen, ohne Zucker eingekocht (Mus) oder sonst einfach zubereitet; gegoren . . .	5	4 5
	Südfrüchte, auch Südfruchtschalen.		
50	Bananen, frisch, getrocknet oder einfach zubereitet . .	frei	
51	Apfelsinen, Zitronen, Zedratfrüchte, Pomeranzen, Granaten, Datteln, Feigen, auch Kaktusfeigen, Mandeln, Mangopflaumen, Pistazien und anderweit nicht genannte Südfrüchte, frisch	12	
	Apfelsinen, frisch	—	3,25
	Zitronen, frisch	—	frei
	Zedratfrüchte, Pomeranzen, Granaten, Feigen, auch Kaktusfeigen, Mandeln, Pistazien und andere nicht besonders genannte Südfrüchte, frisch	—	2
52	Feigen, getrocknet; Korinthen; Rosinen (mit Ausnahme der unter Nr. 53 fallenden)	24	
	Feigen, getrocknet	—	8
53	Datteln, getrocknet; Traubenrosinen	24	
54	Mandeln, Pomeranzen (mit Ausnahme der in Nr. 57 genannten), Granaten, Pistazien, Mahwablüten (Malvenfrüchte) und anderweit nicht genannte Südfrüchte, getrocknet	30	
	Mandeln, getrocknet (mit oder ohne Schale) . . .	—	4
	Pomeranzen (mit Ausnahme der in Nr. 57 genannten), Granaten, Pistazien und andere nicht besonders genannte Südfrüchte, getrocknet	—	10
55	Ananas, frisch, auch geschält oder ohne Zucker eingekocht; Johannisbrot (Karobben, Karuben), auch gemahlen; Kastanien, genießbare (Maronen), auch ausgeschält, gemahlen oder sonst zerkleinert; Pinienkerne (Piniolen), reife (trockene); Pinienkerne, reife und unreife, ausgeschält, gemahlen oder sonst zerkleinert	4	
	Johannisbrot (Karobben, Karuben), auch gemahlen .	—	1
	Kastanien, genießbare (Maronen), auch ausgeschält; Pinienkerne (Piniolen), reife (trockene); Pinienkerne, reife und unreife, ausgeschält	—	3
	Kastanien, genießbare, Pinienkerne, gemahlen oder sonst zerkleinert	—	4
56	Mit Meer- oder Salzwasser übergossene zerschnittene oder geschälte Zitronen	30	4

Nr.	Benennung der Gegenstände.	Allgemeiner Tarif. Zollsatz für 1 dz Mark.	Vertragstarif. Zollsatz für 1 dz Mark.
57	Pomeranzen, unreife (grün oder gelb, geschält oder ungeschält), auch in Salzwasser eingelegt; getrocknete bis Kirschgröße; Kokosnüsse	4	
	Pomeranzen, unreife (grün oder gelb, geschält oder ungeschält), auch in Salzwasser eingelegt . . .	—	2
58	Südfruchtschalen (die fleischigen Schalen der Früchte der Zitrusarten), frisch (auch in Salzwasser eingelegt), getrocknet, gemahlen; Zedratfrüchte, zerschnitten und mit Meer- oder Salzwasser übergossen	4	
	Südfruchtschalen (die fleischigen Schalen der Früchte der Zitrusarten), frisch (auch in Salzwasser eingelegt) oder getrocknet	—	1
	Südfruchtschalen (die fleischigen Schalen der Früchte der Zitrusarten), gemahlen; Zedratfrüchte, zerschnitten und mit Meer- oder Salzwasser übergossen	—	4
	Frucht- und Pflanzensäfte.		
59	Säfte von Früchten (mit Ausnahme der Weintrauben) und von Pflanzen zum Genusse, nicht äther- oder weingeisthaltig, uneingekocht oder ohne Zuckerzusatz eingekocht, auch entkeimt (sterilisiert):		
	Zitronen-, Pomeranzen- und anderer Südfruchtsaft	1	frei
	Säfte von Obst, ungegoren	6	4
	Birkenwasser, ungegoren, und andere vorstehend oder anderweit nicht genannte Säfte zum Genusse	frei	
	andere vorstehend oder anderweit nicht genannte Säfte zum Genusse	—	frei
60	Säfte von Früchten und von Pflanzen zum Gewerbe- oder Heilgebrauch, anderweit nicht genannt, nicht äther- oder weingeisthaltig, auch eingedickt	frei	frei
	Kolonialwaren und Ersatzstoffe für solche.		
61	Kaffee, auch Kaffeeschalen (Kirschschalen und Pergamenthülsen):		
	roh	40	
	gebrannt oder geröstet, auch gemahlen	60	
62	Kaffeeersatzstoffe:		
	Zichorien (Zichorienwurzeln) und andere als Kaffeeersatzstoffe geeignete Wurzeln und Wurzelteile, gebrannt (geröstet), auch gemahlen, ohne Zusatz von anderen Stoffen	10	
	Zichorien (Zichorienwurzeln), gebrannt (geröstet), auch gemahlen, ohne Zusatz von anderen Stoffen	—	4
	gebranntes und geröstetes Malz, auch gemahlen; andere Kaffeeersatzstoffe	40	
63	Kakao:		
	roh in Bohnen, auch Bruch	20	
	gebrannt oder geröstet, ungeschält	35	
64	Kakaoschalen, roh, auch gebrannt	12	

Nr.	Benennung der Gegenstände.	Allgemeiner Tarif. Zollsatz für 1 dz Mark.	Vertragstarif. Zollsatz für 1 dz Mark.
65	Tee	25	
	Anmerkung. Tee zur Gewinnung von Tein, amtlich ungenießbar gemacht (denaturiert), kann auf Erlaubnisschein unter Überwachung zollfrei abgelassen werden.		
66	Paprika (spanischer Pfeffer), frisch (grün) oder getrocknet, auch gemahlen, gepulvert oder in Salzwasser eingelegt	10	frei
67	Gewürze, anderweit nicht genannt, z. B. Galgant, Gewürznelken, Guineakörner, Ingwer, Kardamomen, Muskatblüten, Muskatnüsse, Mutternelken, Nelkenrinde, Nelkenpfeffer (Piment), Nelkenstengel, schwarzer, weißer und langer Pfeffer, Safran, Sternanis (Badian), Vanille, Zimt, echter (Kaneel) und anderer (Zimtblüte, Zimtblütenstengel, Zimtkassia, weißer Zimt, Zimtwurzel und dergleichen), auch geschält, entölt, gemahlen, gepulvert oder in Salzwasser eingelegt	50	
	Anmerkung zu Nr. 66 und 67. Gewürze zur Gewinnung flüchtiger (ätherischer) Öle sowie Muskatnüsse und deren Samenmäntel zur Gewinnung von Muskatbutter (Muskatbalsam) können auf Erlaubnisschein unter Überwachung zollfrei abgelassen werden.		
	Sonstige pflanzliche Erzeugnisse zum Gewerbe- oder Heilgebrauche.		
68	Lufa, auch gebleicht; irländisches Moos, Seetang und andere Algen (Meeralgen); Seegras, Pflanzenhaar, auch getrocknet, gefärbt oder zu Strängen zusammengedreht; Bast, auch gefärbt; Binsen, auch gefärbt, gespalten oder geschnitten; Stroh, gefärbt oder gespalten; Palmblätter, getrocknet, auch gefärbt (ausgenommen solche zu Binde- oder Zierzwecken); Piassavafasern und -Stengel; Wurzelfasern, abgeschält; Reiswurzeln; Espartogras sowie alle übrigen Pflanzenstoffe zur Herstellung von Bürsten, Flechtarbeiten usw., anderweit nicht genannt oder inbegriffen, auch zu Strängen zusammengedreht	frei	frei
	Binsen, auch gefärbt, gespalten oder geschnitten; Stroh, gefärbt oder gespalten, Reiswurzeln; Pflanzenstoffe zur Herstellung von Bürsten, Flechtarbeiten usw., weder anderweit genannt noch in anderen Nummern des allgemeinen Tarifs inbegriffen, auch zu Strängen zusammengedreht	—	frei
69	Stuhlrohr (spanisches Rohr) und anderes edleres Rohr (z. B. Bambus-, Rebhühner-, Zuckerrohr), roh, ungespalten	frei	
70	Nüsse und Schalen, nur als Schnitzstoff verwendbar, sowie anderweit nicht genannte oder inbegriffene pflanzliche Schnitzstoffe, roh; Samenkörner, durchbohrt, auch lediglich zum Zwecke der Verpackung und Versendung auf Gespinstfäden gereiht	frei	frei

Nr.	Benennung der Gegenstände.	Allgemeiner Tarif. Zollsatz für 1 dz Mark.	Vertragstarif. Zollsatz für 1 dz Mark.
71	Beeren, Blätter, Blüten, Blütenblätter, Blumen, Knospen, Kräuter, Nüsse, Rinden, Sämereien, Schalen, Wurzeln und sonstige Pflanzen und Pflanzenteile, anderweit nicht genannt, zum Gewerbegebrauch, auch eingesalzen, getrocknet, gedarrt, gebrannt, geschält, gemahlen oder sonst zerkleinert; Obstkerne, anderweit nicht genannt, ungeschält oder geschält; Baumschwämme, roh oder bloß geklopft und vom Holze gereinigt; Weberkarden (Weberdisteln); Wermut (Absinthkraut), auch getrocknet oder gemahlen	frei	frei
72	Chinarinde, auch gemahlen oder sonst zerkleinert; Feldkümmelkraut; isländisches Moos und andere Flechten (Lichenen), roh, auch gemahlen; Tamarinden und Tamarindenmark, Rohrkassia; Beeren, Blätter, Blüten, Blütenblätter, Blumen, Knospen, Kräuter, Nüsse, Rinden, Schalen, Sämereien, Wurzeln und sonstige Pflanzen und Pflanzenteile, anderweit nicht genannt, zum Heilgebrauch, auch eingesalzen, getrocknet, gedarrt, gebrannt, geschält, gemahlen oder sonst zerkleinert; Holz zum Heilgebrauch, auch zerkleinert; ferner getrocknete und gepulverte Insektenpulverblumen . .	frei	frei
	Beeren, Blätter, Blüten, Blütenblätter, Blumen, Knospen, Kräuter, Nüsse, Rinden, Schalen, Sämereien, Wurzeln und sonstige Pflanzen und Pflanzenteile, anderweit nicht genannt, zum Heilgebrauch, auch eingesalzen, getrocknet, gedarrt, gebrannt, geschält, gemahlen oder sonst zerkleinert; Holz zum Heilgebrauch, auch zerkleinert . . .	—	frei
73	Pflanzenwachs (aus Palmen, Palmblättern oder dergleichen) in natürlichem Zustande	10	
	B. Erzeugnisse der Forstwirtschaft.		
(74/6)	Bau- und Nutzholz, nachstehend nicht besonders genannt:		
74	unbearbeitet oder lediglich in der Querrichtung mit der Axt oder Säge bearbeitet, mit oder ohne Rinde:		
	hart	0,20 oder für 1 Festmeter 1,80	0,12 oder für 1 Festmeter 1,08
		für 1 dz	für 1 dz
	weich	0,20 oder für 1 Festmeter 1,20	0,12 oder für 1 Festmeter 0,72
	Anmerkung. Unbearbeitetes oder lediglich in der Querrichtung mit der Axt oder Säge bearbeitetes Bau- und Nutzholz für den häuslichen oder handwerksmäßigen Bedarf von Bewohnern des Grenzbezirkes, sofern es in Traglasten eingeht oder mit Zugtieren gefahren wird, bleibt, unter Überwachung der Ver-		

Nr.	Benennung der Gegenstände.	Allgemeiner Tarif. Zollsatz für 1 dz Mark.	Vertragstarif. Zollsatz für 1 dz Mark.
	wendung und mit Beschränkung auf 10 Festmeter (12 Festmeter) in einem Kalenderjahre für jeden Bezugsberechtigten, zollfrei (auch vertragsmäßig).		
75	in der Längsrichtung beschlagen oder anderweit mit der Axt vorgearbeitet oder zerkleinert; auch gerissene Späne und in anderer Weise als durch Reißen hergestellte Klärspäne:		
	hart	0,50 oder für 1 Festmeter 4	0,24 oder für 1 Festmeter 1,92
	weich	für 1 dz 0,50 oder für 1 Festmeter 3	für 1 dz 0,24 oder für 1 Festmeter 1,44
	Anmerkung. Die in anderer Weise als durch Reißen hergestellten Klärspäne sind von der Verzollung nach Nr. 75 auch dann nicht ausgeschlossen, wenn sie infolge ihrer Herstellung mittels des Spalthobels oder ähnlicher Werkzeuge eine gewisse Glätte zeigen und deshalb das Aussehen gehobelter Späne haben.		
76	in der Längsrichtung gesägt oder in anderer Weise vorgerichtet, nicht gehobelt:		
	hart	für 1 dz 1,25 oder für 1 Festmeter 10	für 1 dz 0,72 0,80 oder für 1 Festm. 5,76 6,40
	weich	für 1 dz 1,25 oder für 1 Festmeter 7,50	für 1 dz 0,72 0,80 oder für 1 Festmeter 4,32 4,80
	Anmerkung zu Nr. 75 und 76. Durch bloßes Sägen genutete Schindelbretter sind wie bloß gesägte Schindelbretter nach Nr. 76 zu verzollen. In der Längsrichtung beschlagene, gesägte oder in anderer Weise vorgerichtete, nicht gehobelte Kanthölzer (Balken, Bohlen und dergleichen), welche nur mit Zapfenlöchern, Zapfen, Schlitzen, Falzen oder Bohrlöchern versehen sind, werden nach den vertragsmäßigen Sätzen der Nr. 75 und 76 mit einem Zollzuschlage verzollt, welcher beträgt: im Falle der Verzollung nach Gewicht für 1 dz . . . . 0,20 Mark, im Falle der Verzollung nach Raummaß für 1 Festmeter: hartes Holz . . . . 1,60 Mark, weiches Holz . . . . 1,20 Mark.		
	Anmerkungen zu Nr. 74 bis 76. 1. Gedämpftes, getränktes (imprägniertes) oder sonst auf chemischem Wege behandeltes Bau- und Nutzholz unterliegt einem Zollzuschlage, welcher beträgt:		

Nr.	Benennung der Gegenstände.	Allgemeiner Tarif. Zollsatz für 1 dz Mark.	Vertragstarif. Zollsatz für 1 dz Mark.
	im Falle der Verzollung nach Raummaß für 1 Festmeter . . . . 2,40 Mark, im Falle der Verzollung nach Gewicht für 1 dz: hartes Holz . . . . 0,30 Mark, weiches Holz . . . . 0,40 Mark.		
	Bloß gedämpftes (nicht zugleich gefärbtes) sowie zur Erhöhung der Haltbarkeit getränktes (imprägniertes) oder nur zu diesem Zwecke auf chemischem Wege behandeltes Bau- und Nutzholz wird ohne Zollzuschlag nach den vertragsmäßigen Sätzen der Nr. 74 bis 76 verzollt. Gefärbtes oder zum Zwecke der Färbung auf chemischem Wege behandeltes Bau- und Nutzholz unterliegt einem Zollzuschlage, welcher beträgt: im Falle der Verzollung nach Raummaß für 1 Festmeter . . . . 2,40 Mark, im Falle der Verzollung nach Gewicht für 1 dz: hartes Holz . . . . 0,30 Mark, weiches Holz . . . . 0,40 Mark.		
	2. Flöße (Holzflöße) unterliegen der Verzollung als Holz.		
77	Erikaholz (Bruyereholz) und Kokosholz, unbearbeitet oder in geschnittenen Stücken	frei	
	Erikaholz (Bruyereholz) unbearbeitet oder in geschnittenen Stücken	—	frei
78	Zedernholz (auch Bleistiftholz):		
	unbearbeitet oder lediglich mit der Axt oder Säge bearbeitet, jedoch nicht in der Längsrichtung gesägt oder in anderer Weise vorgerichtet	0,10 oder für 1 Festmeter 0,60	
	in der Längsrichtung gesägt oder in anderer Weise vorgerichtet, nicht gehobelt	für 1 dz 0,25	
	Anmerkung. Zedernholzbrettchen, die an einer oder zwei Schmalseiten geglättet sind, werden nicht als gehobelt behandelt.		
79	Nutzholz von Buchsbaum, Ebenholz, Mahagoni, Polisander, Teakholz, Pockholz:		
	unbearbeitet oder lediglich in der Querrichtung mit der Axt oder Säge bearbeitet	0,20 oder für 1 Festmeter 1,80	
	in der Längsrichtung beschlagen oder anderweit mit der Axt vorgearbeitet oder zerkleinert	für 1 dz 0,50 oder für 1 Festmeter 4	
	in der Längsrichtung gesägt oder in anderer Weise vorgerichtet, nicht gehobelt	für 1 dz 1,25 oder für 1 Festmeter 10	

Nr.	Benennung der Gegenstände.	Allgemeiner Tarif. Zollsatz für 1 dz Mark.	Vertragstarif. Zollsatz für 1 dz Mark.
80	Eisenbahnschwellen, mit der Axt bearbeitet, auch auf nicht mehr als einer Längsseite gesägt, nicht gehobelt: aus hartem Holze	für 1 dz 0,40 oder für 1 Festmeter 3,20	0,24 oder für 1 Festmeter 1,92
	aus weichem Holze	für 1 dz 0,40 oder für 1 Festmeter 2,40	für 1 dz 0,24 oder für 1 Festmeter 1,44
	Anmerkung. Gedämpfte, getränkte (imprägnierte) oder sonst auf chemischem Wege behandelte Eisenbahnschwellen unterliegen einem Zollzuschlage, welcher beträgt:		
	im Falle der Verzollung nach Raummaß für 1 Festmeter . . . . 2,40 Mark,	—	für 1 Festmeter Zollzuschl. 1,20
	hartes Holz	—	ohne Zollzuschl. 1,92
	weiches Holz	—	ohne Zollzuschl. 1,44
	im Falle der Verzollung nach Gewicht für 1 dz:		
	hartes Holz . . . . 0,30 Mark,	—	für 1 dz Zollzuschl. 0,15 ohne Zollzuschl. 0,24
	weiches Holz . . . . 0,40 Mark,	—	Zollzuschl. 0,20 ohne Zollzuschl. 0,24
81	Holzpflasterklötze	1,25	1
	aus hartem Holze	—	0,72 oder für 1 Festmeter 5,76
	aus weichem Holze	—	für 1 dz 0,72 oder für 1 Festmeter 4,32
	Anmerkung. Gedämpfte, getränkte (imprägnierte) oder sonst auf chemischem Wege behandelte Holzpflasterklötze unterliegen einem Zollzuschlage von 0,40 Mark für 1 dz.		Ohne Zollzuschlag nach den vertragsmäßigen Sätzen der Nr. 81.
82	Naben, Felgen, Speichen sowie für diese Gegenstände erkennbar vorgearbeitete Hölzer	1 oder für 1 Festmeter 8	für 1 dz 0,75 oder für 1 Festmeter 6

Nr.	Benennung der Gegenstände.	Allgemeiner Tarif. Zollsatz für 1 dz Mark.	Vertragstarif. Zollsatz für 1 dz Mark.
	von hartem Holze	—	für 1 dz 0,72 oder für 1 Festmeter 5,76
	von weichem Holze	—	für 1 dz 0,72 oder für 1 Festmeter 4,32
83	Faßholz (Faßdauben und Faßbodenteile), auch zu solchem erkennbar vorgearbeitetes Holz (Stabholz), ungefärbt, nicht gehobelt:		
	von Eichenholz . . .	für 1 dz 0,30 oder für 1 Festmeter 2,40	für 1 dz 0,20 oder für 1 Festmeter 1,60
	von anderem harten Holze . .	für 1 dz 0,40 oder für 1 Festmeter 3,20	für 1 dz 0,30 oder für 1 Festmeter 2,40
	von weichem Holze	für 1 dz 0,40 oder für 1 Festmeter 2,40	für 1 dz 0,30 oder für 1 Festmeter 1,80
	Anmerkung. Die bloße Behandlung mit dem Reifmesser oder eine Glättung der Schmalseiten durch Hobelung bleibt auf die Verzollung des Faßholzes ohne Einfluß (auch vertragsmäßig).		
84	Korbweiden, auch gespalten:		
	ungeschält; auch Faschinen	für 1 dz 0,55	
	geschält	4	für 1 dz 3
85	Reifenstäbe (gespalten für Faß- und ähnliche Reifen), auch rund gebogen:		
	ungeschälte, nicht gehobelt	0,55	
	geschälte, nicht gehobelt; ungeschälte und geschälte, gehobelt oder mit den zur unmittelbaren Verwendung als Reifen erforderlichen Einschnitten, dem sogenannten Schloß, versehen	4	3
	Anmerkung zu Nr. 84 und 85. Eine Glättung der Spaltfläche, die mit der Herstellungsweise der gespaltenen Korbweiden und der Reifenstäbe mittels des Zugmessers oder dergleichen im Zusammenhange steht, gilt nicht als Behobelung (auch vertragsmäßig).		
86	Holz zur Herstellung von mechanisch bereitetem Holzstoffe (Holzmasse, Holzschliff) oder von chemisch bereitetem Holzstoffe (Zellstoff, Zellulose), nicht über 1,20 m lang und nicht über 24 cm am schwächeren Ende stark, unter Überwachung der Verwendung . .	frei	frei
87	Brennholz (Schichtholz [Klafterholz], Stockholz, Reisig [auch in Bündeln], Späne [Abfallspäne] und andere nur als Brennholz verwertbare Holzabfälle, Wurzeln);		

Nr.	Benennung der Gegenstände.	Allgemeiner Tarif. Zollsatz für 1 dz Mark.	Vertragstarif. Zollsatz für 1 dz Mark.
	Zapfen von Nadelhölzern; ausgelaugtes Gerbholz und ausgelaugte Gerbrinden (Gerblohe), auch geformt (Lohkuchen)	frei	frei
88	Holzkohlen, auch gepulvert; Holzkohlenbriketts . . .	frei	frei
89	Holzmehl und Holzwolle, auch für Heilzwecke zubereitet	0,40	0,40
90	Korkholz (Rinde der Korkeiche), unbearbeitet, auch in lediglich auseinandergeschnittenen Platten oder Stücken; auch Zierkorkholz	frei	
91	Farbhölzer in Blöcken, auch gemahlen, geraspelt oder in anderer Weise zerkleinert; angegoren (fermentiert)	frei	
92	Gerbrinden, auch gemahlen	1,50	frei
93	Quebrachoholz und anderes Gerbholz in Blöcken, auch gemahlen, geraspelt oder in anderer Weise zerkleinert	7	2
94	Algarobilla, Bablah, Dividivi, Eckerdoppern, Galläpfel, Knoppern, Myrobalanen, Sumach, Valonea sowie sonstige anderweit nicht genannte Gerbstoffe, auch gemahlen; Katechu, braunes und gelbes (Gambir), roh oder gereinigt; Kino	3	
	Algarobilla, Bablah, Dividivi, Eckerdoppern, Myrobalanen, Valonea sowie sonstige anderweit nicht genannte Gerbstoffe, auch gemahlen; Katechu, braunes und gelbes (Gambir), roh oder gereinigt; Kino	—	2
	Galläpfel, auch gemahlen	—	{ 2 frei
	Knoppern, auch gemahlen . . . , ...	—	{ 2 frei
	Sumach, auch gemahlen	—	{ 2 frei
95	Eicheln, frisch oder gedarrt, auch geschält; wilde Kastanien und sonstige Forstsämereien (mit Ausnahme der Bucheckern)	frei	frei
96	Seggen (Waldhaar), auch getrocknet, gefärbt oder zu Strängen zusammengedreht; Schilfrohr, roh, ungespalten; Torfstreu; Laub, Baumnadeln, Moos und sonstige Streu aller Art	frei	frei
97	Terpentin- und andere Hartharze, Weichharze (natürliche Balsame, auch Storax, flüssig oder fest) und Gummiharze (Schleimharze), roh oder gereinigt; Gummilack, Schellack; Akaziengummi (arabisches Gummi), Acajougummi, Kirschgummi, Tragantgummi, Kuteragummi, Bassoragummi; auch wässerige Auflösungen von Akaziengummi oder von Kirschgummi	frei	frei
98	Kautschuk, Guttapercha und Balata, roh oder gereinigt; Ölkautschuk und andere Kautschukersatzstoffe	frei	
99	Kampfer, roh oder gereinigt; Manna (Mannazucker) .	frei	
	Manna (auch Mannazucker)	—	frei

Nr.	Benennung der Gegenstände.	Allgemeiner Tarif. Zollsatz für 1 dz Mark.	Vertragstarif. Zollsatz für 1 dz Mark.
	C. Tiere und tierische Erzeugnisse.		
	Vieh, lebend.		
100	Pferde:		
	im Werte:	für 1 Stück	für 1 Stück
	bis 1000 Mark das Stück	90	72
	Pferde der als Vlamländer, Brabanter und Ardenner bezeichneten Schläge (reines Kaltblut) . . .	—	50
	Pferde des norischen Schlages (reines Kaltblut) .	—	50
	von mehr als 1000 bis 2500 Mark das Stück .	180	
	im Werte von mehr als 1000 bis 1200 Mark das Stück	—	72
	Pferde des norischen Schlages (reines Kaltblut)	—	72
	Pferde der als Vlamländer, Brabanter und Ardenner bezeichneten Schläge (reines Kaltblut)	—	75
	im Werte von mehr als 1200 bis 2500 Mark das Stück	—	120
	Pferde des norischen Schlages (reines Kaltblut) im Werte von mehr als:		
	1200 bis 1500 Mark das Stück	—	75*)
	1500 bis 2500 Mark das Stück	—	120
	Pferde der als Vlamländer, Brabanter und Ardenner bezeichneten Schläge (reines Kaltblut) im Werte von mehr als:		
	1200 bis 1500 Mark das Stück	—	75
	von mehr als 2500 Mark das Stück	360	

Anmerkung. Die zu den ermäßigten Zollsätzen zuzulassenden Pferde müssen ausschließlich dem reinen Vlamländer, Brabanter oder Ardenner Schlage oder der Kreuzung dieser Schläge untereinander angehören.

Um die ermäßigten Zollsätze zu genießen, müssen die Einbringer für jedes Pferd ein Zeugnis eines belgischen Staatsbeamten beibringen, aus dem erhellt, daß das Tier ausschließlich dem reinen Vlamländer, Brabanter oder Ardenner Schlage oder der Kreuzung dieser Schläge untereinander angehört.

Die Regierungen der beiden Teile werden sich über die Bezeichnung der mit der Ausfertigung der Zeugnisse betrauten Beamten und über das bei der Ausfertigung zu beobachtende Verfahren verständigen. In Zweifelsfällen bleibt den deutschen Behörden das Recht gewahrt, nachzuprüfen, ob das eingeführte Pferd die Merkmale und Eigenschaften besitzt, von denen die zollbegünstigte Behandlung abhängt.

In Deutschland werden bei der Entscheidung von Streitigkeiten über den Wert von Pferden folgende Grundsätze beobachtet werden:

a) Falls die Zollstelle den von dem Einbringer erklärten Wert für ungenügend erachtet, wird dem Einbringer eine Frist von fünf Tagen gewährt, um sich schlüssig zu machen, ob er die Feststellung der Zollstelle annehmen oder es auf die Entscheidung der mit dem Austrag des Streites betrauten Sachverständigen oder Behörde ankommen lassen will.

b) Der Einbringer kann seine Werterklärung vor den zuständigen Sachverständigen oder der zuständigen Behörde persönlich oder schriftlich rechtfertigen.

c) Der Einbringer unterliegt keiner Strafe, wenn infolge des größeren Wertes, der von der Zollstelle, den zuständigen Sachverständigen oder der zuständigen Behörde festgestellt worden ist, das Pferd zwar in

Nr.	Benennung der Gegenstände.	Allgemeiner Tarif. Zollsatz für 1 dz Mark.	Vertragstarif. Zollsatz für 1 dz Mark.
	eine höher belegte Wertklasse fällt, aber der Unterschied zwischen dem erklärten und dem festgestellten Werte 10 v. H. des letzteren nicht erreicht. Diese Regel findet keine Anwendung, falls nachgewiesen wird, daß der Einbringer eine ungenügende Werterklärung in der Absicht der Zollhinterziehung abgegeben hat. *) Falls Deutschland für andere Pferdeschläge weitergehende Zollermäßigungen zugestehen sollte, so werden diese für die Dauer ihrer Geltung und unter den gleichen Voraussetzungen auch auf die Pferde belgischen Ursprungs Anwendung finden, die den als Vlamländer, Brabanter und Ardenner bezeichneten Schlägen angehören. Anmerkung. Die zu den besonderen Zollsätzen von 50 und 75 Mark für 1 Stück zuzulassenden Pferde müssen ausschließlich dem reinen norischen Schlage oder der Kreuzung eines Hengstes dieses Schlages mit einer Stute eines anderen reinen Kaltblutschlages angehören. Das Vorhandensein dieser Voraussetzung hat der Einbringer durch Vorlegung eines Zeugnisses einer österreichischen oder ungarischen Amtsstelle nachzuweisen. Die Regierungen der vertragschließenden Teile werden sich über die Bezeichnung der mit der Ausfertigung der Zeugnisse betrauten Amtsstellen und über das bei der Ausfertigung zu beobachtende Verfahren verständigen. In Zweifelsfällen bleibt den deutschen Behörden das Recht gewahrt, nachzuprüfen, ob das eingeführte Pferd die Merkmale und Eigenschaften besitzt, von denen die zollbegünstigte Behandlung abhängt.		
	Anmerkung. Nach näherer Bestimmung des Bundesrats dürfen Pferde, welche zu Zuchtzwecken vom Staate oder mit staatlicher Genehmigung eingeführt werden, im Alter bis zu 2 Jahren zum Zollsatze von 10 Mark, im Alter von mehr als 2 Jahren zum Zollsatze von 20 Mark für 1 Stück abgelassen werden (auch vertragsmäßig). Pferde im Werte bis 300 Mark das Stück und mit weniger als 1,40 m Stockmaß werden zum Zollsatze von 30 Mark für 1 Stück abgelassen (auch vertragsmäßig).		
	Saugfohlen, welche der Mutter folgen	—	frei
	Abgesetzte Fohlen, welche bis zum 31. Dezember ihres Geburtsjahres eingeführt werden . . .	—	30
	Abgesetzte Fohlen, welche bis zum 31. März des auf das Kalenderjahr ihrer Geburt folgenden Jahres eingeführt werden	—	30
101	Maulesel, Maultiere	für 1 Stück 30	
	Anmerkung zu Nr. 100 bis 101. Saugfohlen, welche der Mutter folgen, bleiben zollfrei.		
102	Esel	frei	
103	Rindvieh	für 1 dz Lebendgewicht 18	für 1 dz Lebendgewicht { 8 14,40
	Anmerkungen. 1. Nach näherer Bestimmung des Bundesrats dürfen		

Nr.	Benennung der Gegenstände.	Allgemeiner Tarif. Zollsatz für 1 dz Mark.	Vertragstarif. Zollsatz für 1 dz Mark.
	Bullen von Höhenvieh, welche zu Zuchtzwecken vom Staate oder mit staatlicher Genehmigung eingeführt werden, zum Zollsatze von 9 Mark für 1 Stück abgelassen werden (auch vertragsmäßig).		
	2. Für Bewohner des Grenzbezirkes dürfen nach näherer Bestimmung des Bundesrats Zugochsen im Alter von $2\frac{1}{2}$ bis 5 Jahren zum Zollsatze von 30 Mark für 1 Stück eingelassen werden, sofern sie zum eigenen Wirtschaftsbetriebe nachweislich notwendig sind (auch vertragsmäßig).		
	Rinder von großem Höhenfleckvieh oder von Braunvieh, die in einer Höhenlage von mindestens 300 m über dem Meeresspiegel aufgezogen worden sind und alljährlich eine mindestens einmonatige Sömmerung in einer Höhenlage von mindestens 800 m über dem Meeresspiegel durchgemacht haben:		
	Bullen zur Verwendung für Zuchtzwecke in landwirtschaftlichen Betrieben	—	für 1 Stück 9
	Kühe und sonstige mehr als $1\frac{1}{2}$ Jahre alte weibliche Tiere (Kalbinnen, Färsen usw.):		
	zur Verwendung für Zuchtzweke in landwirtschaftlichen Betrieben oder für Milchkuranstalten .	—	20
	für Landwirte der bayerischen Bezirksamtsbezirke Lindau, Kempten, Sonthofen, Oberdorf, Füssen, Kaufbeuren, Schongau und Landsberg am Lech sowie der bayerischen Stadtbezirke Lindau, Kempten, Kaufbeuren und Landsberg am Lech zur Verwendung im eigenen Wirtschaftsbetriebe	—	20
	weibliches Jungvieh im Alter von 6 Wochen bis zu $1\frac{1}{2}$ Jahren:		
	zur Verwendung für Zuchtzwecke in landwirtschaftlichen Betrieben	—	12
	für Landwirte der obengenannten bayerischen Bezirksamtsbezirke und Stadtbezirke zur Verwendung im eigenen Wirtschaftsbetriebe . .	—	12
	andere weibliche Rinder im Alter von 6 Wochen und darüber	—	für 1 dz Lebendgewicht 9
	Anmerkungen. 1. Unter großem Höhenfleckvieh sind die zur Abart der Großstirnrinder gehörigen gefleckten Rinderschläge zu verstehen. Unter Braunvieh werden diejenigen Rinderschläge verstanden, welche — zur Abart der Langstirnrinder, speziell zur Rassengruppe der Alpenrinder gehörig — eine silbergraue bis dunkel- und schwarzbraune Haarfarbe mit bleifarbenem Floßmaul, schwarzen Klauen, schwarzen Hornspitzen und dunkler Schwanzquaste aufweisen. 2. Wird für Rinder von großem Höhenfleckvieh oder von Braunvieh die Zulassung zum Stückzoll beansprucht, so ist in Zweifelsfällen auf Verlangen der Zollbehörde der Nachweis, daß die Bedingungen wegen der Aufzucht und Sömmerung in der vorgeschriebenen Höhenlage erfüllt sind, durch Beibringung von behördlichen Zeugnissen oder in sonstiger geeigneter Weise zu führen. 3. Schlachtung ist nicht als eine Verwendung im landwirtschaftlichen Betriebe anzusehen. Werden Rinder		

Nr.	Benennung der Gegenstände.	Allgemeiner Tarif. Zollsatz für 1 dz Mark.	Vertragstarif. Zollsatz für 1 dz Mark.
	von großem Höhenfleckvieh oder von Braunvieh, die zum Stückzoll zugelassen worden sind, binnen eines Jahres nach erfolgter Einfuhr, abgesehen vom Falle der Not, geschlachtet, so ist der Unterschied gegenüber dem Zollbetrag, der sich bei der Verzollung zum Satze von 9 Mark für 1 Doppelzentner Lebendgewicht ergeben haben würde, nachträglich zu entrichten. Das Lebendgewicht des Viehes, für welches die Zulassung zum Stückzoll beansprucht wird, ist bei der Einfuhr festzustellen.		
104	Schafe	für 1 dz Lebendgewicht 18	für 1 dz Lebendgewicht 8 / 14,40
105	Ziegen	frei	frei
106	Schweine	für 1 dz Lebendgewicht 18	für 1 dz Lebendgewicht 9 / 14,40
107	Federvieh: Gänse	für 1 Stück 0,70 oder für 1 dz 24	frei
	Hühner aller Art und sonstiges Federvieh	6	für 1 dz 4
	Fleisch und Zubereitungen von Fleisch.		
108	Fleisch, ausschließlich des Schweinespecks, und genießbare Eingeweide von Vieh (ausgenommen Federvieh):		
	frisch, auch gefroren	45	35
	frisch, auch gekühlt, nicht gefroren	—	27
	Anmerkung. Zum Satze von 27 Mark werden auch zerlegte Schweine einschließlich des daran haftenden Schweinespecks verzollt.		
	einfach zubereitet	60	35
	zum feineren Tafelgenusse zubereitet	120	75
	Anmerkungen.		
	1. Nicht lebendes Vieh, zum Genusse verwendbar, unterliegt der Verzollung als frisches Fleisch von Vieh (auch vertragsmäßig).		
	2. Frisches und einfach zubereitetes knochenfreies Fleisch (auch Zungen, jedoch nicht genießbare Eingeweide) sowie gepökelte oder geräucherte Schweineschinken (Vorder- und Hinterschinken) unterliegen einem Zollzuschlage von 20 v. H.		Zollzuschlag 15 v. H.
	Frisches und einfach zubereitetes knochenfreies Fleisch (auch Zungen, jedoch nicht genießbare Eingeweide)	—	Zollzuschlag 10 v. H.
	Gepökelte oder geräucherte Schweineschinken (Vorder- und Hinterschinken)	—	ohne Zollzuschlag 35
109	Schweinespeck	36	
	Anmerkung zu Nr. 108 und 109. Der Bundesrat ist befugt, für bestimmte Grenzstrecken im Falle		

Nr.	Benennung der Gegenstände.	Allgemeiner Tarif. Zollsatz für 1 dz Mark.	Vertragstarif. Zollsatz für 1 dz Mark.
	eines örtlichen Bedürfnisses die zollfreie Einfuhr einzelner Stücke von frischem oder einfach zubereitetem Fleische oder von Schweinespeck in Mengen von nicht mehr als 2 kg, nicht mit der Post eingehend, für Bewohner des Grenzbezirkes zuzulassen (auch vertragsmäßig).		
	In Mengen von nicht mehr als 2 kg für Bewohner des Grenzbezirkes, nicht mit der Post eingehend:		
	Frisches oder einfach zubereitetes Schweinefleisch	—	frei
	Diese Erleichterung kann zeitweilig aufgehoben werden, sofern ausnahmsweise veterinärpolizeiliche Gründe dies erfordern.		
	Einzelne Stücke von frischem oder einfach zubereitetem Fleisch oder von Schweinespeck, unter Vorbehalt besonderer Bedingungen	—	frei
	Bei Nichterfüllung dieser Bedingungen oder bei vorgekommenen Mißbräuchen kann das Zugeständnis ganz oder teilweise außer Kraft gesetzt werden.		
	Fleisch, ausgeschlachtetes, frisches und zubereitetes, vorbehaltlich der im Falle eines Mißbrauchs örtlich anzuordnenden Aufhebung oder Beschränkung . . .	—	frei
	Diese Begünstigung kann jederzeit nach vorausgegangener sechsmonatlicher Kündigung ganz oder teilweise außer Kraft gesetzt werden.		
110	Federvieh:		
	geschlachtet, auch zerlegt, nicht zubereitet	30	{ 14 15 20
	gespickt oder sonst einfach zubereitet	35	20
	zum feineren Tafelgenusse zubereitet	75	
	Anmerkung. Nicht lebendes Federvieh, zum Genusse verwendbar, unterliegt der Verzollung als nicht zubereitetes geschlachtetes Federvieh.		
111	Haarwild:		
	nicht lebend, auch zerlegt, nicht zubereitet	30	20
	gespickt oder sonst einfach zubereitet	35	
	zum feineren Tafelgenusse zubereitet	75	
112	Federwild:		
	nicht lebend, auch zerlegt, nicht zubereitet	45	20
	gespickt oder sonst einfach zubereitet	60	20
	zum feineren Tafelgenusse zubereitet	75	
	Anmerkung zu Nr. 110 bis 112. Genießbare Eingeweide von Federvieh und Wild unterliegen den für Fleisch von Federvieh und Wild festgesetzten Zollsätzen.		

Nr.	Benennung der Gegenstände.	Allgemeiner Tarif. Zollsatz für 1 dz Mark.	Vertragstarif. Zollsatz für 1 dz Mark.
113	Fleischextrakt und Fleischbrühtafeln; Suppentafeln; flüssige und eingedickte Fleischbrühe; Fleischpepton .	30	
114	Würste aus Fleisch von Vieh, Federvieh oder Wild .	70	
	Würste aus Fleisch von Vieh	—	40
	Fische, auch eingesalzener Fischrogen.		
115	Fische, lebende und nicht lebende, frisch, auch gefroren:		
	Karpfen	15	
	Karpfen, nicht lebend	—	10
	Teichkarpfen, lebende	—	frei
	Anmerkung. Die zollfreie Zulassung lebender Teichkarpfen erfolgt gegen Beibringung von Zeugnissen, welche von zuständigen Organen ausgestellt werden und bestätigen, daß die Sendung aus Teichen stammt. Die Regierungen der vertragschließenden Teile behalten sich die Verständigung darüber vor, welche Organe zur Ausstellung dieser Zeugnisse zuständig sein sollen.		
	andere	frei	frei
116	Gesalzene Heringe, unzerteilt:	für 1 Faß (Tonne)	
	in ganzen, halben, Viertel- oder Achtel-Tonnen . .	3	
	in anderer Verpackung; auch gesalzene Heringsmilch und Heringslake	für 1 dz 2	
117	Fische, zubereitet (mit Ausnahme der unzerteilten gesalzenen Heringe):		
	getrocknet, gesalzen oder sonst ohne Essig, Öl oder Gewürze einfach zubereitet	3	
	mit Essig, Öl oder Gewürzen einfach zubereitet .	12	12
	zum feineren Tafelgenusse zubereitet	75	
118	Kaviar und Kaviarersatzstoffe (eingesalzener Fischrogen), auch gepreßt oder geräuchert; Kaviarlake	300	150
	Anmerkung. Eingesalzener Fischrogen, nicht zum Genusse bestimmt, auf Erfordern vorher amtlich ungenießbar gemacht (denaturiert), wird zollfrei abgelassen.		
	Vorstehend nicht genannte Tiere.		
119	Seemuscheln, lebend oder bloß abgekocht oder eingesalzen, auch von der Schale befreit:	für 1 dz Rohgewicht	für 1 dz Rohgewicht
	Austern	100	65
	andere	frei	
	Miesmuscheln	—	frei
	Anmerkung. Der Bundesrat ist befugt, für Austernsetzlinge Zollfreiheit zu gewähren.		
120	Schnecken aller Art, lebend oder bloß abgekocht oder eingesalzen; auch Froschkeulen, frisch, bloß abgekocht oder eingesalzen	frei	
121	Schildkröten:		
	Land-, Süßwasser- und Sumpf-Schildkröten, lebend oder geschlachtet, auch bloß abgekocht oder eingesalzen	frei	

Nr.	Benennung der Gegenstände.	Allgemeiner Tarif. Zollsatz für 1 dz Mark.	Vertragstarif. Zollsatz für 1 dz Mark.
	See-Schildkröten, lebend oder geschlachtet, auch bloß abgekocht oder eingesalzen	für 1 dz Rohgewicht 100	
122	Süßwasserkrebse:		
	lebend oder bloß abgekocht	frei	frei
	von der Kruste befreit (Krebsfleisch), auch dergleichen zubereitete jeder Art	für 1 dz 60	
123	Seekrebse, lebend oder nicht lebend, auch bloß abgekocht oder eingesalzen, auch von der Kruste befreit:	für 1 dz Rohgewicht	für 1 dz Rohgewicht
	Hummer und Langusten	100	65
	andere	24	
	Garneelen	—	24
124	Seekrebse, Seemuscheln, Schnecken und Schildkröten, auch Froschkeulen, in anderer Weise als durch bloßes Abkochen oder Einsalzen zubereitet	für 1 dz 75	
125	Lebende Tiere, anderweit nicht genannt	frei	frei
	Tierische Fette.		
126	Schmalz und schmalzartige Fette (Schmalz von Schweinen und Gänsen, Rindsmark, Oleomargarin und andere schmalzartige Fette)	12,50	für 1 dz 10
	Schmalz von Schweinen und Gänsen	—	10
127	Schweine- und Gänsefett, roh (uneingeschmolzen, unausgepreßt), mit Ausnahme des Schweinespecks und der Flomen (Fliesen, Liesen); ferner Grieben zum Genusse	5	5
128	Flomen (Fliesen, Liesen); premier jus	7	
	Flomen (Fliesen, Liesen)	—	7
	Anmerkung. Premier jus, amtlich ungenießbar gemacht (denaturiert)	2,50	
129	Talg von Rindern und Schafen, roh (Rinderfett, Schaffett) oder geschmolzen; auch Preßtalg	2,50	
	Anmerkung zu Nr. 126, 127 und 129. Tierische Fette der bezeichneten Art zur Herstellung von Seife oder Lichten auf Erlaubnisschein unter Überwachung oder vorher amtlich ungenießbar gemacht (denaturiert)	2	
130	Knochenfett; Abfallfette (Wollschweißfett, Leimfett, Wollwaschfett, Walkfett, natürliches und künstliches Gerbefett)	2	
131	Fischspeck, Robbenspeck; Fischtran, Robbentran, ungereinigt oder gereinigt, auch in Flaschen; Walfett und anderes auf gleiche Weise wie Walfett aus Tran hergestelltes Fett, auch Walknochenfett	3	
132	Tierfett, anderweit nicht genannt, roh, geschmolzen oder gepreßt	2	
	Anmerkung zu Nr. 130 und 132. Sind Abfallfette bei einem vom Bundesrate zu bestimmenden Wärmegrade ölig, so unterliegen sie der Verzollung nach Nr. 172. Dagegen wird nicht besonders genanntes Tierfett in ölartigem Zustande wie fettes Öl behandelt.		

Nr.	Benennung der Gegenstände.	Allgemeiner Tarif. Zollsatz für 1 dz Mark.	Vertragstarif. Zollsatz für 1 dz Mark.
	Erzeugnisse von landwirtschaftlichen Nutztieren, anderweit nicht genannt.		
133	Milch und Rahm, frisch, auch entkeimt (sterilisiert) oder peptonisiert; Buttermilch und Molken	frei	frei
	Milch und Rahm, entkeimt (sterilisiert) oder peptonisiert (auch in luftdicht verschlossenen Gefäßen — Schz.)	—	frei
	Buttermilch und Molken	—	frei
	Anmerkung. Geronnene Milch, aus der die Molke größtenteils ausgeschieden ist, wird wie Käse verzollt.		
134	Butter, frisch, gesalzen oder eingeschmolzen (Butterschmalz)	30	20
135	Käse	30	
	Stracchino-, Gorgonzola-, Fontina- und Parmesankäse	—	20
	Hartkäse in mühlsteinförmigen Laiben, das Stück im Gewicht von mindestens 40 kg	—	15
136	Eier von Federvieh und Federwild, roh oder nur in der Schale gekocht, auch gefärbt, bemalt oder in anderer Weise verziert	6	2
	Eier von Federvieh (Belg., Ital.)	—	3
137	Eigelb, flüssig, auch eingesalzen oder mit anderen die Haltbarkeit erhöhenden Zusätzen; Eigelb, getrocknet, auch gepulvert; eingeschlagene Eier ohne Schale (Eigelb und Eiweiß vermischt)	8	2
	Anmerkung. Eigelb zu gewerblichen Zwecken wird, amtlich ungenießbar gemacht (denaturiert) oder unter Überwachung der Verwendung, zollfrei abgelassen (auch vertragsmäßig).		
138	Eiweiß, flüssig, auch eingesalzen oder mit anderen die Haltbarkeit erhöhenden Zusätzen	frei	frei
139	Honig in Stöcken, Körben, Kästen, mit lebenden Bienen: bei einem Gewichte des Stockes usw. einschließlich des Inhalts:		
	von nicht mehr als 15 kg	frei	frei
	von mehr als 15 kg	40	
	Anmerkung. Lebende Bienen mit Honig in Stöcken, Körben, Kästen bei einem Gewichte des Stockes usw. einschließlich des Inhalts von mehr als 15 kg können zollfrei abgelassen werden, wenn sie mit den Stöcken nachweislich aus dem freien Verkehre des Inlandes zu vorübergehendem Aufenthalte in das Ausland gesendet worden sind.		
140	Honig in Waben oder ausgelassen oder in Bienenstöcken, -körben, -kästen (ohne lebende Bienen); auch künstlicher Honig	40	
141	Bienenwachs und anderes Insektenwachs in natürlichem Zustand, auch roh ausgelassen	10	

Nr.	Benennung der Gegenstände.	Allgemeiner Tarif. Zollsatz für 1 dz Mark.	Vertrags-Tarif. Zollsatz für 1 dz Mark.
	Walrat und Hausenblase.		
142	Walrat, auch gereinigt	15	
143	Hausenblase, echte und unechte	10	
	Tierische Spinnstoffe, Haare, Federn und Borsten.		
144	Schafwolle (auch Gerberwolle), roh, auch gewaschen . .	frei	frei
145	Haare des Schafkamels, des Kamels, der Hausziege, der Kämel- oder Angoraziege sowie aller anderen zum Geschlechte der Ziegen gehörigen Tiere; Hasen- (auch Seidenhasen-), Kaninchen-, Biber-, Affen-, Bisamratten- und Nutriahaare; Rindvieh-, Hirsch-, Hunde-, Schweine- und ähnliche grobe Tierhaare; alle diese auch gesotten	frei	frei
	Haare der Hausziege; Hasen- und Kaninchenhaare; Rindvieh-, Schweine und ähnliche grobe Tierhaare; alle diese auch gesotten	—	frei
146	Pferdehaare (aus der Mähne oder dem Schweife), auch gesotten	frei	frei
147	Bettfedern, auch gereinigt oder zugerichtet (geschlissen usw.)	2	frei
148	Schmuckfedern, auch gefärbt oder lediglich zum Zwecke der Verpackung und Versendung auf Gespinstfäden gereiht, nicht zugerichtet	3	2
149	Vogelbälge, Köpfe, Flügel und andere Teile von Bälgen, auch gefärbt, getrocknet oder nur zum Schutze gegen Fäulnis und Mottenfraß vorgerichtet	3	
150	Federkiele (Federspulen, Schreibfedern), auch gefärbt oder gezogen	frei	frei
151	Borsten; Borstenersatzstoffe aus Horn, Fischbein oder anderen tierischen Stoffen	frei	
	Borsten	—	frei
152	Seidengehäuse (Seidenkokons)	frei	frei
	Felle und Häute.		
153	Felle und Häute zur Lederbereitung, roh (grün, gesalzen, gekalkt, getrocknet), auch enthaart (Blößen) und gespalten; jedoch nicht weiter bearbeitet, sowie Teile von solchen Fellen und Häuten, z. B. Flanken, Wammen, Kehlen, Hals- und Kopfteile; auch Leimleder; Fisch- und Kriechtierhäute, roh	frei	frei
154	Hasen- und Kaninchenfelle, roh	frei	frei
155	Felle zur Pelzwerk- (Rauchwaren-) Bereitung (mit Ausnahme der in Nr. 154 genannten), roh	frei	frei
	Tierische Rohstoffe, anderweit nicht genannt, und Abgänge.		
156	Hörner, Geweihe, Knochen, Knochenzapfen, Hufe, Klauen, Vogelschnäbel, Zähne, roh, auch in der Querrichtung in einzelne Teile zerschnitten; gefärbte Stücke von		

Nr.	Benennung der Gegenstände.	Allgemeiner Tarif. Zollsatz für 1 dz Mark.	Vertragstarif. Zollsatz für 1 dz Mark.
	Hirschgeweihen, wie sie bei der Herstellung von Knöpfen und ähnlichen Gegenständen als Rohstoff dienen; Muschelschalen (auch mit Perlen) und Korallen, roh, auch gepulvert oder gemahlen; Kauris, Schildkrötenschalen (in ganzen Gehäusen), Tierstacheln, Walfischbarten (rohes Fischbein) sowie sonstige tierische Schnitzstoffe, roh	frei	frei
	Muschelschalen (auch mit Perlen) und Korallen, roh	—	frei
157	Därme und Magen von Vieh, frisch oder getrocknet, auch eingesalzen, nicht zum Genusse; tierische Blasen, mit Ausnahme der Hausenblase, frisch oder getrocknet; Goldschlägerhäutchen, zugeschnitten; Lab, auch eingedickt, nicht weingeisthaltig	frei	frei
158	Knochenkohle, Knochenasche	frei	frei
159	Schwämme (Meerschwämme):		
	roh oder bloß geklopft; auch Abfälle von bearbeiteten Schwämmen	frei	
	Schwämme (Meerschwämme), roh oder bloß geklopft	—	frei
	bearbeitet (gewaschen oder gebleicht), auch in Weißblech oder dergleichen gefaßt (Schreibtafelschwämme)	20	
	Schwämme (Meerschwämme), bearbeitet (gewaschen oder gebleicht)	—	frei
160	Sonstige, anderweit nicht genannte rohe tierische Stoffe, z. B. Eier, andere als von Federvieh oder Federwild (Fischeier, frisch, auch befruchtet, Seidenwurmeier und dergleichen), Tintenfischschulp (Blackfischbein), Fischschuppen, Ameiseneier, Seidenwurmschnüre, Rindergalle, Ambra, Bibergeil, Bisam (Moschus), Zibet, spanische Fliegen, Maiwürmer; auch Tierflechsen, zu Stöcken, Reitpeitschen oder dergleichen ganz grob vorgerichtet	frei	
	Sonstige, anderweit nicht genannte rohe tierische Stoffe, z. B. Eier, andere als von Federvieh oder Federwild (Fischeier, frisch, auch befruchtet, Seidenwurmeier und dergleichen), Tintenfischschulp, (Blackfischbein), Fischschuppen, Ameiseneier, Seidenwurmschnüre, Rindergalle, Ambra, Bibergeil, Bisam (Moschus), Zibet, spanische Fliegen, Maiwürmer .	—	frei
161	Blut von geschlachtetem Vieh, flüssig oder eingetrocknet; Tierflechsen, auch getrocknet; Abfälle von Fischen, auch von gesalzenen Fischen; Dünger, tierischer (Abtritt- und Stalldünger), auch getrocknet; die bei der Transiederei abfallenden, lediglich zur Düngung verwendbaren Rückstände von Dorsch- und Robbenlebern oder dergleichen (Trangrugge) sowie derartige Rückstände von Fischspeck und Robbenspeck; Grieben (Rückstände beim Ausschmelzen des Talges aus Tierfett) und Griebenkuchen; tote Tiere, zweifellos zum Genusse nicht verwendbar, auch getrocknet, und ähnliche tierische Abgänge	frei	

Nr.	Benennung der Gegenstände.	Allgemeiner Tarif. Zollsatz für 1 dz Mark.	Vertragstarif. Zollsatz für 1 dz Mark.
	Blut von geschlachtetem Vieh, flüssig oder eingetrocknet; Tierflechsen, auch getrocknet; Dünger, tierischer (Abtritt- und Stalldünger), auch getrocknet	—	frei
	D. Erzeugnisse landwirtschaftlicher Nebengewerbe.		
	Müllereierzeugnisse aus Getreide, Reis und Hülsenfrüchten.		
162	Mehl, auch gebrannt oder geröstet:		
	aus Getreide mit Ausnahme von Hafer, aus Malz (mit Ausnahme des gebrannten oder gerösteten Malzmehls), aus Reis oder Hülsenfrüchten . . .	18,75	
	Mehl aus Getreide mit Ausnahme von Hafer, auch gebrannt oder geröstet	—	10,20
	Mehl aus Malz, nicht gebrannt oder geröstet . .	—	12
	aus Hafer	18,75	
163	Reis, poliert	6	4
	Anmerkung. Polierter Reis zur Herstellung von Stärke unter Überwachung der Verwendung . . .	4	
164	Graupen, Grieß und Grütze aus Getreide; auch Reisgrieß	18,75	
165	Sonstige Müllereierzeugnisse:		
	aus Getreide (auch gemalztem) mit Ausnahme von Hafer oder aus Hülsenfrüchten; auch gewalzter Reis	18,75	
	aus Hafer, auch gemalztem	18,75	
	Anmerkung zu Nr. 162, 164 und 165. Der Bundesrat ist befugt, für bestimmte Grenzstrecken im Falle eines örtlichen Bedürfnisses die zollfreie Einfuhr von Müllereierzeugnissen — mit Ausnahme von Reisgrieß und von gewalztem Reis — in Mengen von nicht mehr als 3 kg, nicht mit der Post eingehend, für Bewohner des Grenzbezirkes nachzulassen.		
	In Mengen von nicht mehr als 3 kg für Bewohner des Grenzbezirks, nicht mit der Post eingehend:		
	Müllereierzeugnisse — mit Ausnahme von Reisgrieß und gewalztem Reis — unter Vorbehalt besonderer Bedingungen	—	frei
	Bei Nichterfüllung dieser Bedingungen oder bei vorgekommenen Mißbräuchen kann das Zugeständnis ganz oder teilweise außer Kraft gesetzt werden.		
	Mühlenfabrikate aus Getreide und Hülsenfrüchten, vorbehaltlich der im Falle eines Mißbrauches örtlich anzuordnenden Aufhebung oder Beschränkung dieser Begünstigung	—	frei
	Die Begünstigung kann jederzeit nach vorausgegangener sechsmonatlicher Kündigung ganz oder teilweise außer Kraft gesetzt werden.		

Nr.	Benennung der Gegenstände.	Allgemeiner Tarif. Zollsatz für 1 dz Mark.	Vertragstarif. Zollsatz für 1 dz Mark.
	Erzeugnisse der Ölmüllerei und der sonstigen Gewinnung fetter Öle.		
	(166/7) Fette Öle:		
166	in Fässern:		
	Rapsöl und Rüböl	12	
	Leinöl	4	
	Bucheckernöl, Erdnußöl, Mohnöl, Nigeröl, Sesamöl und Sonnenblumenöl	10	
	Anmerkung. Sesamöl, amtlich ungenießbar gemacht (denaturiert)	5	
	Baumöl (Olivenöl), rein	10	frei
	Anmerkung. Reines Baumöl, amtlich ungenießbar gemacht (denaturiert)	2	
	Lavat- und Sulfuröl	2	frei
	Baumwollsamenöl	12,50	
	Anmerkung. Baumwollsamenöl, amtlich ungenießbar gemacht (denaturiert)	5	
	Holzöl	4	
	Rizinusöl	9	2
	Anmerkung. Rizinusöl, amtlich ungenießbar gemacht (denaturiert)	2	
	anderes fettes Öl	10	9
	Anmerkung. Nicht besonders genannte fette Öle, amtlich ungenießbar gemacht (denaturiert)	4	
167	in anderen Behältnissen:		
	Baumöl (Olivenöl)	20	
	Baumöl (Olivenöl), rein	—	10
	Baumwollsamenöl, Bucheckernöl, Erdnußöl, Mohnöl, Nigeröl, Sesamöl und Sonnenblumenöl	20	
	Rizinusöl und anderes vorstehend nicht genanntes fettes Öl	20	
	Rizinusöl in Blechgefäßen, bei einem Gewichte des Blechgefäßes nebst Inhalt von mindestens 15 kg	—	2
	Anmerkung. Rizinusöl in Blechgefäßen, bei einem Gewichte des Blechgefäßes nebst Inhalt von mindestens 15 kg, amtlich ungenießbar gemacht (denaturiert)	2	
	(168/71) Pflanzliche Fette:		
168	Kakaobutter (Kakaoöl)	35	
169	Muskatbutter (Muskatbalsam); Lorbeeröl, butterartiges:		
	in Fässern	9	
	in anderen Behältnissen	20	
170	Baumwollstearin	für 1 dz Rohgewicht 12,50	
	Anmerkung. Baumwollstearin zur Herstellung von Seife oder Lichten auf Erlaubnisschein unter Überwachung oder vorher amtlich ungenießbar gemacht (denaturiert)	für 1 dz 5	

Nr.	Benennung der Gegenstände.	Allgemeiner Tarif. Zollsatz für 1 dz Mark.	Vertragstarif. Zollsatz für 1 dz Mark.
171	Palmöl, Palmkernöl, Kokosnußöl und anderer pflanzlicher Talg, z. B. Sheabutter, Vateriatalg, zum Genusse nicht geeignet	2	
	Anmerkung. Zum Genusse geeigneter pflanzlicher Talg unterliegt dem Zolle für Margarine.		
172	Ölsäure (Olein) und Öldraß	4	
	Ölsäure (Olein)	—	3
	Stärke und Stärkeerzeugnisse mit Ausnahme des wohlriechenden oder durch seine Umschließung als Schönheitsmittel (kosmetisches Mittel) sich darstellenden Puders.		
173	Stärke, grün oder trocken, auch gemahlen	16	14
174	Stärkegummi (Dextrin), geröstete Stärke (Leiogomme), Kleister (Schlichte), flüssig oder getrocknet, Tragantstoff und ähnliche stärkemehlhaltige Klebe- und Zurichte- (Appretur-) Stoffe; Kleber (Gluten), auch gekörnt, getrocknet oder durch Gärung verändert (Eiweißleim); Glutenmehl	18	
175	Pfeilwurzelmehl (Arrowroot), Sago und Sagomehl, Mandioka, Tapioka, ostindisches Mehl, Saleppulver, Sagoersatzstoffe (Graupen und Grieß aus Kartoffeln)	15	
	Zucker.		
176	Rohr-, Rüben- und sonstiger Zucker von der chemischen Zusammensetzung des Rohrzuckers (der Saccharose):		
	raffinierter	40*)	
	anderer fester und flüssiger aller Art; auch Füllmassen und Zuckerabläufe (Sirup, Melasse); Rübensaft, Ahornsaft	40*)	

*) Für die Geltungsdauer des Brüsseler Vertrages:

Rohr-, Rüben- und sonstiger Zucker von der chemischen Zusammensetzung des Rohrzuckers (der Saccharose):

a) aus Ländern, für die auf Grund des Artikels 4 des am 5. März 1902 in Brüssel zwischen dem Reich und einer Anzahl anderer Staaten abgeschlossenen Vertrages über die Behandlung des Zuckers Ausgleichzölle nicht festgesetzt sind:

	Für 1 dz Mark.
1. Verbrauchszucker (raffinierter Zucker und solcher Zucker, der dem raffinierten gleichgestellt ist)	18,80
2. anderer Zucker	18,40

b) aus Ländern, für die Ausgleichzölle festgesetzt sind:

1. Verbrauchszucker	18,80 + Ausgleichzoll.
2. anderer Zucker	18,40 + Ausgleichzoll.

Nr.	Benennung der Gegenstände.	Allgemeiner Tarif. Zollsatz für 1 dz Mark.	Vertragstarif. Zollsatz für 1 dz Mark.
177	Stärkezucker (Traubenzucker, Glykose, Dextrose, Maltose), Fruchtzucker (Lävulose) und anderweit nicht genannte gärungsfähige Zuckerarten, kristallisiert oder sirupartig; auch Dextrinsirup; gebrannter Zucker aller Art; Färbzucker (Zuckercouleur), dextrinfrei (Rumfarbe, Rumcouleur) oder dextrinhaltig (Bierfarbe, Biercouleur); Zuckerfarben	40	
	Sogenannte Kaffee-Essenz, in karamelisierter (gebrannter) Melasse ohne Zutaten bestehend . . .	—	10
	Milchzucker	80	40
	Getränke.		
	(178/9) Branntwein aller Art einschließlich des Weingeistes; Arrak, Rum, Kognak und versetzte Branntweine; Mischungen von Weingeist mit Äther und Lösungen von Äther in Weingeist:		
178	in Fässern:		
	Likör	240	
	anderer Branntwein	160	
179	in anderen Behältnissen	240	
	(180/1) Wein und frischer Most von Trauben, auch entkeimt (sterilisiert):		
180	in Fässern oder Kesselwagen:		
	mit einem Weingeistgehalte von nicht mehr als 14 Gewichtsteilen in 100	24	20
	mit einem Weingeistgehalte von mehr als 14, aber nicht mehr als 20 Gewichtsteilen in 100	30	
	mit einem Weingeistgehalte von mehr als 20 Gewichtsteilen in 100	160	
	Wein von Trauben mit einem Weingeistgehalte von nicht mehr als 20 Gewichtsteilen in 100 und frischer Most von Trauben, auch entkeimt (sterilisiert), in Fässern oder Kesselwagen:		
	roter Wein und Most zu rotem Weine, zum Verschneiden unter Kontrolle		15
	Wein zur Kognakbereitung unter Kontrolle .	—	10
	Marsalawein	—	20
	anderer Wein mit einem Weingeistgehalte von nicht mehr als 14 Gewichtsteilen in 100 .	—	20
	Anmerkung. Als Verschnittweine zu dem ermäßigten Zollsatze von 15 Mark für 100 kg sind nur solche rote Naturweine und Moste zu rotem Weine zuzulassen, welche mindestens 9,5 und höchstens 20 Gewichtsprozente Weingeist — beziehentlich im Most das entsprechende Äquivalent von Fruchtzucker — sowie im Liter Flüssigkeit bei 100 Grad Celsius mindestens 28 g trockenen Extrakt enthalten, sofern sie unter Beobachtung der vom Bundesrate festzusetzenden Kontrollen zum Verschneiden wirklich verwendet werden. Als Verschnitt ist es zu erachten, wenn der zu verschneidende weiße Wein mit Wein oder Most von der vorstehend bezeichneten Beschaffenheit in einer Menge von nicht mehr als 60 v. H. und der zu verschneidende rote Wein mit solchem Weine oder Most in einer Menge von nicht mehr als 33⅓ v. H. des ganzen Gemisches versetzt wird.		

Nr.	Benennung der Gegenstände.	Allgemeiner Tarif. Zollsatz für 1 dz Mark.	Vertragstarif. Zollsatz für 1 dz Mark.
181	in anderen Behältnissen:		
	Schaumwein	120	
	anderer Wein und frischer Most	48	
182	Most von Trauben, eingekocht, auch mit Zucker, oder sonst eingedickt (Traubensirup), auch weingeistfrei (unvergoren entkeimt [sterilisiert]); Rosinenextrakt, griechischer Sekt; Weinmost aller Art in luftdicht verschlossenen Behältnissen	80	
183	Weintrüb (flüssiges, noch als Wein verwendbares Weingeläger)	24	
184	Weine mit Heilmittelzusätzen und ähnliche zu Genußzwecken verwendbare weinhaltige Getränke; ferner alle durch Zusatz von weinigen oder wässerigen Auszügen (Essenzen oder Tinkturen), von Gewürzen und Zucker oder in ähnlicher Weise aus Wein ohne Zusatz von Branntwein künstlich bereiteten Getränke:		
	in Fässern	24	
	in anderen Behältnissen	48	
	Wermutwein, mit einem Weingeistgehalte von nicht mehr als 20 Gewichtsteilen in 100:		
	in Fässern	—	20
	in anderen Behältnissen	—	30
185	Obstwein (auch in Gärung begriffener Obstmost) und andere gegorene Getränke aus Frucht- oder Pflanzensäften sowie andere ohne Zusatz von Branntwein oder Wein künstlich bereitete Getränke; Maltonwein und Met; Milchwein (Kumys), auch Kefir-Kumys:		
	in Fässern	24	
	Obstwein (auch in Gärung begriffener Obstmost)	—	3
	in anderen Behältnissen	48	
	Anmerkung zu Nr. 184 und 185. Die zu Nr. 184 und 185 gehörigen gegorenen Getränke, welche die Eigenschaft von Schaumwein haben, werden wie dieser verzollt.		
186	Bier aller Art; Malzextrakt in dünnflüssigem Zustand, auch mit Heilmittelzusätzen	6	
	Essig und Hefe.		
187	Essig aller Art:		
	in Fässern oder Kübeln	10	
	in anderen Behältnissen	48	
	Anmerkung. Essig mit mehr als 15 Gewichtsteilen Essigsäure in 100 ist wie Essigsäure zu verzollen.		
	(188/9) Hefe:		
188	Weinhefe:		
	flüssig	24	
	zur Kognakbereitung unter Überwachung der Verwendung	—	10
	trocken oder teigartig	1,50	frei
189	andere Hefe aller Art	65	

Nr.	Benennung der Gegenstände.	Allgemeiner Tarif. Zollsatz für 1 dz Mark.	Vertragstarif. Zollsatz für 1 dz Mark.
	Wasser und Eis.		
190	Mineralwasser, natürliches und künstliches, einschließlich der Flaschen und Krüge	frei	frei
	Anmerkung. Mineralwasser in Flaschen, die einem Zolle von mehr als 3 Mark, oder in Krügen, die einem solchen von mehr als 1 Mark für 1 dz unterliegen, wird mit den Umschließungen nach deren Beschaffenheit verzollt.		
	Anmerkung. Mineralwasser, natürliches und künstliches, wird auch einschließlich von Flaschen aus gefärbtem Glas zollfrei zugelassen, wenn diese Umschließungen wegen der besonderen Beschaffenheit des Wassers handelsüblich sind. Mineralwasser in Umschließungen mit Druckvorrichtungen aus unedlen Metallen oder Legierungen unedler Metalle oder mit mechanischen Verschlußvorrichtungen wird nach Beschaffenheit dieser Umschließungen verzollt.		
191	Anderes natürliches Wasser, auch destilliert; Eis, rohes, natürliches und künstliches	frei	frei
	Abgänge von der Verarbeitung landwirtschaftlicher Erzeugnisse.		
192	Kleie, auch gepreßte Maiskleie (Maiskuchen), Reisabfälle (Abfälle beim Schälen und Polieren von Reis), ausschließlich als Viehfutter verwendbar	frei	frei
	Kleie, auch gepreßte Maiskleie (Maiskuchen), ausschließlich als Viehfutter verwendbar	—	frei
	Reisabfälle (Abfälle beim Schälen und Polieren von Reis), auch gemahlen, ausschließlich als Viehfutter verwendbar	—	frei
193	Rückstände, feste, von der Herstellung fetter Öle, auch gemahlen oder in der Form von Kuchen (Ölkuchen); auch Mandelkleie	frei	frei
194	Rückstände von der Stärkeerzeugung, ausschließlich als Viehfutter verwendbar; Branntweinspülicht (Schlempe), auch getrocknet; Melasseschlempe	frei	frei
195	Ausgelaugte Schnitzel von Zuckerrüben, auch gepreßt:		
	frisch	frei	frei
	getrocknet (gedarrt)	1	
	Anmerkung. Gedarrte Zuckerrübenschnitzel, welche für inländische, an ausländische Zuckerfabriken gelieferte Zuckerrüben an inländische Produzenten vertragsmäßig zurückgewährt werden, sind zollfrei.		
196	Weintreber	5	1
	Anmerkung. Weintreber zur Kognakbereitung (auch zur Bereitung von anderem Branntwein — Ö.-U.) werden unter Überwachung der Verwendung zollfrei abgelassen (auch vertragsmäßig).		
197	Andere Treber, auch getrocknet; Malzkeime	frei	frei

Nr.	Benennung der Gegenstände.	Allgemeiner Tarif. Zollsatz für 1 dz Mark.	Vertragstarif. Zollsatz für 1 dz Mark.
	E. Erzeugnisse der Nahrungs- und Genußmittel-Gewerbe, in den Unterabschnitten A bis D nicht inbegriffen.		
198	Gewöhnliches Backwerk (ohne Zusatz von Eiern, Fett, Gewürzen, Zucker oder dergleichen)	16	10,20
	Anmerkung. Der Bundesrat ist befugt, für bestimmte Grenzstrecken im Falle eines örtlichen Bedürfnisses die zollfreie Einfuhr von gewöhnlichem Backwerk in Mengen von nicht mehr als 3 kg, nicht mit der Post eingehend, für Bewohner des Grenzbezirkes nachzulassen.		
	In Mengen von nicht mehr als 3 kg für Bewohner des Grenzbezirks, nicht mit der Post eingehend:		
	Gewöhnliches Backwerk, unter Vorbehalt besonderer Bedingungen	—	frei
	Bei Nichterfüllung dieser Bedingungen oder bei vorgekommenen Mißbräuchen kann das Zugeständnis ganz oder teilweise außer Kraft gesetzt werden.		
	Gewöhnliches Backwerk (Brot), vorbehaltlich der im Falle des Mißbrauches örtlich anzuordnenden Authebung oder Beschränkung dieser Begünstigung	—	frei
	Die Begünstgung kann jederzeit nach vorausgegangener sechsmonatlicher Kündigung ganz oder teilweise außer Kraft gesetzt werden.		
199	Anderes Backwerk einschließlich der Kakes und des Zwiebacks; auch Oblaten aus Mehl, Grieß oder Kleber, mit Zusatz von Zucker oder Gewürz . . .	60	60
200	Teigwaren (Nudeln und gleichartige nicht gebackene Erzeugnisse aus Mehl, Grieß oder Kleber, auch Kartoffelnudeln)	25	
	Teigwaren (Nudeln und gleichartige nicht gebackene Erzeugnisse aus Mehl, Grieß oder Kleber) . . .	—	10 außer dem Zoll auf Weizen
201	Oblaten zum Genuß aus Mehl, Grieß oder Kleber, ohne Zusatz von Zucker oder Gewürz; Mehl- (Oblaten-) Kapseln; auch Siegeloblaten (Mundlack) aus Teig .	25	
	Anmerkung. Gefüllte Mehlkapseln unterliegen dem Zolle für die Füllung, falls dieser höher ist.		
202	Zuckerwerk und sonstige anderweit nicht genannte Zuckerwaren einschließlich der nicht gebackenen Waren mit Zuckerzusatz, z. B. Bassorin- und Tragantwaren, mit Zucker versetzt; Fruchtkerne, Gewürze, Kastanien, Küchengewächse, Nüsse, Obst, Sämereien, Südfruchtschalen, Südfrüchte und sonstige Pflanzen und Pflanzenteile, überzuckert (kandiert, glaciert)	70	

Nr.	Benennung der Gegenstände.	Allgemeiner Tarif. Zollsatz für 1 dz Mark.	Vertragstarif. Zollsatz für 1 dz Mark.
	Zuckerwerk und sonstige anderweit nicht genannte Zuckerwaren	—	{ 40 60
	Nicht gebackene Waren mit Zuckerzusatz, z. B. Bassorin- und Tragantwaren, mit Zucker versetzt; Fruchtkerne, Gewürze, Sämereien, überzuckert (kandiert, glaciert)	—	60
	Kastanien, Küchengewächse, Nüsse, Obst, Südfruchtschalen, Südfrüchte und sonstige Pflanzen und Pflanzenteile, vorstehend nicht genannt, überzuckert (kandiert, glaciert)	—	40
203	Kakao, gebrannter oder gerösteter, geschält, gemahlen, gepulvert, gequetscht oder sonst zerkleinert, auch in Tafeln oder Blöcke geformt (Kakaomasse); mehr oder weniger entöltes Kakaopulver und dergleichen Kakaomasse; Kakaoschalen, gemahlen	65	
204	Schokolade und Schokoladeersatzstoffe, in Tafeln oder Blöcken, auch gemahlen; Waren ganz oder teilweise aus Kakaomasse, Kakaopulver, Schokolade oder Schokoladeersatzstoffen; alle diese auch mit Zusatz von Gewürzen, Heilmittelstoffen oder dergleichen . . .	80	
	Schokolade, auch mit Zusatz von Gewürzen, Heilmittelstoffen oder dergleichen	—	50
	Anmerkungen zu den Nrn. 202 und 204. 1. Der Zoll von 40 Mark für Zuckerwerk und sonstige Zuckerwaren und von 50 Mark für Schokolade soll nur zur Anwendung kommen, wenn die Schweiz dem am 5. März 1902 zu Brüssel geschlossenen internationalen Vertrag über die Behandlung des Zuckers beigetreten ist, und solange dieser Vertrag besteht und sowohl die Schweiz als auch das Deutsche Reich ihm angehören. In Ermangelung dieser Voraussetzungen wird der Zoll für „Zuckerwerk und sonstige anderweit nicht genannte Zuckerwaren“ 50 Mark und für Schokolade, auch mit Zusatz von Gewürzen, Heilmittelstoffen oder dergleichen“ 60 Mark für einen Doppelzentner betragen. 2. Zu dem vertragsmäßigen Zoll für Schokolade werden Schokolade und Milchschokolade in jeder Form (Tafeln, Bonbons usw.) zugelassen.		
205	Margarine (der Milchbutter oder dem Butterschmalz ähnliche Zubereitungen, deren Fettgehalt nicht ausschließlich der Milch entstammt)	30	20
206	Margarinekäse (käseartige Zubereitungen, deren Fettgehalt nicht ausschließlich der Milch entstammt) . .	30	
207	Kunstspeisefett	für 1 dz Rohgewicht 12,50	
208	Milch, eingedickt (Sirupmilch), auch mit Zusatz von Zucker	für 1 dz 60	
	Milch in Blöcken von mindestens 10 kg Gewicht, auch zum Schutze gegen die Einwirkung der Luft mit Kakaobutter oder anderen pflanzlichen Fetten überzogen, zur Schokoladenfabrikation, auf Erlaubnisschein unter Überwachung der Verwendung:		

Nr.	Benennung der Gegenstände.	Allgemeiner Tarif. Zollsatz für 1 dz Mark.	Vertragstarif. Zollsatz für 1 dz Mark.
	ohne Zusatz von Zucker oder mit einem solchen Zusatz, der 40 v. H. nicht überschreitet . .	—	15
	mit einem größeren Zusatz von Zucker	—	25
209	Eigelb und Eiweiß, zum Genusse zubereitet	60	
	(210/1) Senf:		
210	gepulvert, auch entölt:		
	in kleinen für den Einzelverkauf bestimmten Aufmachungen	60	
	in anderer Verpackung	6	3
211	mit Most, Gewürzen oder anderen Zutaten zubereitet (Mostrich)	60	60
212	Auszüge (Essenzen), nicht äther- oder weingeisthaltig, zur Bereitung von Getränken (Kaffee-, Limonade- und dergleichen Essenz) sowie zum Würzen zubereiteter Speisen und Getränke (Vanille-Essenz und dergleichen); Auszug (Extrakt) von rohen Kaffeeschalen, sirupartig eingedickt; Gewürzauszüge (Gewürzextrakte); Kastanienauszug (Kastanienextrakt) von genießbaren Kastanien; Kaffeepulver, gemischt mit gebranntem Zucker; Kapseln aus mit Zucker versetzter Gelatine; Kastanienmehl von genießbaren Kastanien, geröstet oder mit Zucker, Vanille usw. zubereitet; Kindermehl, aus Weizenmehl unter Zusatz von Zucker und eingedickter Milch bereitetes (Nestlemehl) und dergleichen; Kraftmehl, mit Zucker versetzt; Kefirzeltchen; Limonadepulver . . .	60	
213	Säfte von Früchten (mit Ausnahme der Weintrauben) und von Pflanzen, nicht äther- oder weingeisthaltig, mit Zucker oder Sirup versetzt oder mit Zusatz von Zucker oder Sirup eingekocht, einschließlich des Schachtelmus (der Marmelade) und der pflanzlichen Gallerten (Gelees); Himbeeressig	60	60
214	Säfte von Früchten (mit Ausnahme der Weintrauben) und von Pflanzen, zum Genuß, äther- oder weingeisthaltig	240	
215	Früchte, mit Branntwein zubereitet oder in Branntwein eingelegt	80	
216	Früchte (soweit sie nicht unter Nr. 215 fallen), Gewürze, Hülsenfrüchte, Kastanien, Küchengewächse, Mais, Sämereien, Südfruchtschalen und sonstige Pflanzen und Pflanzenteile, für den feineren Tafelgenuß zubereitet; Pasteten; Soßen (Saucen); Anchovis-, Krebs- und Sardellenbutter; Kapern; Mostwürste; Nudeln und gleichartige nicht gebackene Erzeugnisse aus Mehl, Grieß oder Kleber (auch Kartoffelnudeln), gefüllt mit Fleisch, Parmesankäse oder dergleichen; Oliven, auch in Essig, Öl oder Salzwasser eingelegt oder mit Sardellen oder dergleichen gefüllt (farciert); Soja und andere Gegenstände des feineren Tafelgenusses, anderweit nicht genannt	75	
	Früchte (soweit sie nicht unter Nr. 215 fallen), Hülsenfrüchte, Kastanien, Küchengewächse, Säme-		

Nr.	Benennung der Gegenstände.	Allgemeiner Tarif. Zollsatz für 1 dz Mark.	Vertragstarif. Zollsatz für 1 dz Mark.
	reien, Südfruchtschalen und sonstige Pflanzen und Pflanzenteile (ausgenommen Gewürze und Mais), für den feineren Tafelgenuß zubereitet; Soßen (Saucen); Kapern	—	60
	Artischocken und Tomaten, für den feineren Tafelgenuß zubereitet; Aprikosen, Pfirsiche, Kirschen, für den feineren Tafelgenuß zubereitet, mit Zucker, ohne Alkohol	—	40
	Oliven, auch in Essig, Öl oder Salzwasser eingelegt	30	30
	In Essig eingelegte oder eingesalzene Gurken (sogenannte Znaimer Gurken) mit Zutaten von Gewürzen der Nrn. 66 und 67 oder auch mit geringen Zusätzen anderer Küchengewächse, in nicht luftdicht verschlossenen Behältnissen	—	4
217	Chemisch zubereitete Nährmittel, z. B. Plasmon, Somatose, Tropon, Pepsin	frei	
218	Nahrungs- und Genußmittel, anderweit nicht genannt, frisch, getrocknet oder zubereitet	60	
219	Nahrungs- und Genußmittel aller Art (mit Ausnahme der Getränke) in luftdicht verschlossenen Behältnissen, soweit sie nicht an sich unter höhere Zollsätze fallen	75	60
	Tomatenkonserven; Oliven, auch in Essig, Öl oder Salzwasser eingelegt	—	30
	Milch, eingedickt (Sirupmilch, unter Ausschluß der getrockneten Milch), ohne Zusatz von Zucker	—	20
	Milch und Rahm, entkeimt (sterilisiert) oder peptonisiert, in luftdicht verschlossenen Behältnissen	—	frei
	Aprikosenmus ohne Zusatz von Zucker oder Sirup, in luftdicht verschlossenen Blechgefäßen von mindestens 5 kg Gewicht	—	5
	In Essig eingelegte oder eingesalzene Gurken (sogenannte Znaimer Gurken) mit Zutaten von Gewürzen der Nrn. 66 und 67 oder auch mit geringen Zusätzen anderer Küchengewächse .	—	4
220	Tabakfabrikate:		
	Tabakblätter, bearbeitet (ganz oder teilweise entrippt, auch mit Tabakbrühe behandelt [gebeizt] usw.); Abfälle von bearbeiteten Tabakblättern	180	
	Tabakrippen und Tabakstengel, auch mit Tabakbrühe behandelt (gebeizt); Tabaklaugen, auch gemischt mit Tabakbrühe	85	
	Kau- und Schnupftabak; Karotten, Stangen und Rollen zu Schnupftabak; Rauchtabak in Rollen, geschnitten usw.; Tabakmehl, Tabakstaub und Abfälle von Tabakfabrikaten, auch gemischt mit Abfällen von Rohtabak (Scraps); Papier aus Stengeln oder Rippen von Tabakblättern	180	
	Zigarren	270	
	Zigaretten	270	

Nr.	Benennung der Gegenstände.	Allgemeiner Tarif. Zollsatz für 1 dz Mark.	Vertragstarif. Zollsatz für 1 dz Mark.
	2. Abschnitt. Mineralische und fossile Rohstoffe; Mineralöle.		
	A. Erden und Steine.		
221	Gartenerde, auch Rasenplatten; Kies, Mergel, Sand, auch naturfarbiger Streusand sowie Formersand; ungefärbte Glimmerschuppen; Schlamm, auch Scheideschlamm	frei	frei
222	Gefärbter Sand, auch gefärbter Streusand, einschließlich des Streugoldes und Streusilbers (aus Glimmer erzeugten Streusandes) und andere gefärbte Glimmerschuppen	frei	frei
223	Ton einschließlich der Porzellanerde (Kaolin) und Lehm aller Art, auch gebrannt, gemahlen oder geschlemmt; Schamotte- und Dinasmörtel	frei	frei
224	Farberden (auch Kreide), roh, sowie als rohe Farberden verwendbare Abfälle und Nebenerzeugnisse der Industrie; Graphit, roh (in Stücken), gemahlen oder geschlemmt	frei	frei
	Ocker, Bolus, Sieneser und Veroneser Erde, roh; Graphit, roh (in Stücken), gemahlen oder geschlemmt	—	frei
225	Bimsstein, Schmirgel, Polier- oder Putzkalk (Wiener Kalk), Tripel und ähnliche mineralische Schleif-, Polier- und Putzmittel, roh, gemahlen oder geschlemmt:		
	in Büchsen, Gläsern, Krügen oder ähnlichen für den Kleinverkauf bestimmten Aufmachungen . .	6	2
	in anderer Verpackung, auch zu Ziegeln geformt .	frei	frei
	Bimsstein und Tripel, roh, gemahlen oder geschlemmt, auch zu Ziegeln geformt	—	frei
226	Kieselgur (Infusorienerde), Quarz, Quarzsand; Feuersteine, roh, auch geschreckt oder gemahlen	frei	frei
227	Kalk, kohlensaurer, Magnesit, Dolomit, Witherit, Strontianit, auch gebrannt; Kalk, gebrannter, gelöscht; Kalkmörtel; Kalk, natürlicher phosphorsaurer . . .	frei	frei
	Kalk, kohlensaurer	—	frei
	Kalk, gebrannter, gelöscht; Kalk, natürlicher phosphorsaurer	—	frei
228	Gips (schwefelsaurer Kalk), auch gebrannt, gemahlen, geschlemmt; Superphosphatgips	frei	frei
	Gips (schwefelsaurer Kalk), auch gebrannt, gemahlen	—	frei
229	Wasserbindende (hydraulische) Zuschläge, z. B. Tuff, Traß, Puzzolan und Puzzolanerde, Santorin (Santorinerde), auch gemahlen oder gestampft	frei	frei
	Tuff, Puzzolan und Puzzolanerde, auch gemahlen oder gestampft	—	frei
230	Portlandzement, Romanzement, Puzzolanzement, Magnesiazement, Schlackenzement und dergleichen, mit oder		

Nr.	Benennung der Gegenstände.	Allgemeiner Tarif. Zollsatz für 1 dz Mark.	Vertragstarif. Zollsatz für 1 dz Mark.
	ohne Zusatz von Färbemitteln oder anderen Stoffen, ungemahlen (Zementklinker, Zementgrieße usw.), gemahlen, gestampft; auch gemahlener Kalk	0,50	frei
231	Meerschaum, roh, auch künstlicher Meerschaum in ungeformten Stücken; Asbest, roh, auch gemahlen; Asbestfasern, auch gereinigt; Speckstein (spanische oder Venetianer Kreide) und Talk, roh, auch gemahlen oder gebrannt; Glimmer, roh, auch in rohen Platten oder Scheiben	frei	
	Talk, roh, auch gemahlen	—	frei
232	Baryt, natürlicher schwefelsaurer (Schwerspat), und Strontian, natürlicher schwefelsaurer (Cölestin), auch gepulvert oder gemahlen; Feldspat, gemeiner, auch gepulvert oder gebrannt; Flußspat, roh, auch gemahlen; Bauxit, ungereinigt; Eisstein (Kryolith) . .	frei	
233	Schiefer:		
	rohe Schieferblöcke	0,25	frei
	rohe Schieferplatten, roher Tafelschiefer, Dachschiefer .	1,25	
	rohe Schieferplatten, roher Tafelschiefer . . .	—	1
	Dachschiefer	—	{ 0,75 / 0,65
	Anmerkung. Schieferplatten von mehr als 20 cm Stärke sind als Schieferblöcke zu behandeln (auch vertragsmäßig).		
	Anmerkungen. 1. Als Tafelschiefer sind Schieferplatten von höchstens 5 mm Stärke, rein blauer oder blaugrauer Farbe und rechteckiger Form zu behandeln, jedoch mit Ausnahme solcher, welche durch ein mindestens 2 cm vom Rande entfernt durchgeschlagenes Loch als Dachbelagplatten erkennbar und deshalb als Dachschiefer zu verzollen sind. Außerdem werden alle Schieferplatten von mehr als 5 und weniger als 10 mm Stärke sowie solche von nicht mehr als 5 mm Stärke, welche die vorstehend bezeichneten Merkmale des Tafelschiefers nicht aufweisen, insbesondere diejenigen von grünlicher oder rötlicher Färbung oder von Rautenform, als Dachschiefer behandelt. 2. Die vertragsmäßigen Zollsätze für rohen Tafelschiefer und für Dachschiefer sind auch dann anzuwenden, wenn die Kanten durch bloßes Behauen, Beschneiden oder Sägen bearbeitet sind.		
234	Steine (mit Ausnahme von Schiefer und Pflastersteinen) sowie Lava, poröse und dichte, roh oder bloß roh behauen, auch gesägt, jedoch an nicht mehr als drei Seiten, oder in nicht gespaltenen, nicht gesägten (geschnittenen) Platten; auch gemahlene Steine, vorstehend nicht genannt	frei	frei [1]
	Anmerkung. Blöcke, die mit dem Spitzhammer oder dem Spitzmeißel einfach bearbeitet sind, um überflüssige Teile zum Zweck der Versendung zu be-		

[1]) Das Zugeständnis für „Lava, poröse und dichte" bezieht sich nur auf Italien und Österreich-Ungarn und das für „gemahlene Steine, vorstehend nicht genannt" nur auf Belgien, Italien und Österreich-Ungarn.

Nr.	Benennung der Gegenstände	Allgemeiner Tarif. Zollsatz für 1 dz Mark	Vertragstarif. Zollsatz für 1 dz Mark.
	seitigen, werden als bloß roh behauene Steine angesehen. Marmor, Alabaster und Granit, roh oder bloß roh behauen, auch gesägt, jedoch an nicht mehr als drei Seiten, oder in nicht gespaltenen, nicht gesägten (geschnittenen) Platten, auch gepulvert, fallen unter Nr. 234 und sind zollfrei. Asphaltsteine und bituminöser Mergelschiefer, roh, auch gemahlen, werden gleichfalls zollfrei zugelassen.		
235	Edelsteine und Halbedelsteine, roh	frei	
236	Sonstige Erden und rohe mineralische Stoffe, anderweit nicht genannt oder inbegriffen, auch gebrannt, geschlemmt, gemahlen oder gereinigt; Kreidemasse (aus Kreide, anderen Erden, Leim und dergleichen) zu Formerarbeiten	frei	frei
	Sonstige Erden und rohe mineralische Stoffe, anderweit nicht genannt oder inbegriffen, auch gebrannt, geschlemmt, gemahlen oder gereinigt	—	frei
	B. Erze, Schlacken, Aschen.		
237	Erze, auch aufbereitet; eisen- oder manganhaltige Gasreinigungsmasse; Schlacken und Sinter aller Art zum Metallhüttenbetrieb, auch gemahlen (mit Ausschluß des Thomasphosphatmehls); Schlacken und andere Abfälle vom Metallhüttenbetrieb; sogenannte Schlackenfilze; Schlackenwolle; Aschen, mit Ausnahme der Knochenasche, auch ausgelaugt; Kalkäscher	frei	
	Erze, auch aufbereitet	—	frei
	Schlacken und Sinter aller Art zum Metallhüttenbetrieb, auch gemahlen (mit Ausschluß des Thomasphosphatmehls); Schlacken und andere Abfälle vom Metallhüttenbetrieb; sogenannte Schlackenfilze; Schlackenwolle; Aschen, mit Ausnahme der Knochenasche, auch ausgelaugt; Kalkäscher . .	—	frei
	C. Fossile Brennstoffe.		
238	Steinkohlen, Anthrazit, unbearbeitete Kännelkohle und Braunkohlen, auch gemahlen; Torf; Koks (poröse Rückstände von der trockenen Destillation der Steinkohlen und Braunkohlen), auch gemahlen; Torfkoks (Torfkohlen); koksartige Rückstände von der Destillation der Mineralöle und des Teers; Brennstoffe, künstliche (einschließlich der Preßkohlen), aus Braunkohlen, Steinkohlen, Torf, Teer oder dergleichen, auch unter Verwendung von Holz, bereitet; Kohle, formbare (plastische), aus fossilen Stoffen und Gaskohle (Retortengraphit), ungeformt; auch formbare (plastische) Pflanzenkohle in ungeformter Masse	frei	frei
	Steinkohlen, Anthrazit; Koks, auch gemahlen, und Preßkohlen aus Steinkohlen	—	frei

Nr.	Benennung der Gegenstände.	Allgemeiner Tarif. Zollsatz für 1 dz Mark.	Vertragstarif. Zollsatz für 1 dz Mark.
	D. Mineralöle und sonstige fossile Rohstoffe.		
239	Erdöl (Petroleum), flüssiger natürlicher Bergteer (Erdteer), Braunkohlenteeröl, Torföl, Schieferöl, Öl aus dem Teer der Boghead- oder Kännelkohle und sonstige anderweit nicht genannte Mineralöle, roh oder gereinigt:		
	Schmieröle: auch teerartige, paraffinhaltige und im Wasser nicht untersinkende pechartige Rückstände von der Destillation der Mineralöle; Harzöl . .	10	6
	andere	6	
	Schwerbenzin mit einem spezifischen Gewicht von mehr als 0,75 bis 0,77 einschließlich bei 15° C., zur Verwendung zum Betriebe von Motoren, in inländischen Betriebsanstalten gewonnen oder aus dem Ausland eingehend, unter Überwachung . .	—	2
	Gasöl mit einem spezifischen Gewicht von über 0,83 bis 0,88 einschließlich bei 15° C., zur Verwendung zum Betriebe von Motoren oder zur Karburierung von Wassergas, in inländischen Betriebsanstalten gewonnen oder aus dem Ausland eingehend, unter Überwachung	—	3
	Anmerkungen.		
	1. Der Bundesrat ist befugt, mineralische Öle, die für andere gewerbliche Zwecke als für die Herstellung von Schmieröl, Leuchtöl oder Leuchtgas bestimmt sind, unter Überwachung der Verwendung vom Zolle frei zu lassen.		
	2. Der Bundesrat ist befugt, mineralische Öle, die für die Bearbeitung in inländischen Betriebsanstalten bestimmt sind, unter Überwachung vom Zolle frei zu lassen. Die daraus gewonnenen Erzeugnisse sind wie ausländische zu behandeln, mit Ausnahme der leichten Öle, welche, soweit sie nicht zu Schmier- oder Beleuchtungszwecken einschließlich der Erzeugung von Leuchtgas verwendet werden, unter Überwachung der Verwendung auf Erlaubnisschein zollfrei bleiben.		
	3. Der Bundesrat ist befugt, die Verzollung von gereinigten, zu Beleuchtungszwecken geeigneten Mineralölen nach dem Raumgehalte mit der Maßgabe zuzulassen, daß dabei für 125 Liter bei einer Temperatur von 15° C. 1 Doppelzentner gerechnet wird.		
	Die Verzollung von Petroleum und anderen gereinigten, nicht besonders genannten, zu Beleuchtungszwecken geeigneten Mineralölen kann nach Wahl des Einbringers nach Gewicht unter Zugrundelegung von 1 Doppelzentner oder nach dem Raumgehalt mit der Maßgabe zugelassen werden, daß dabei für 125 Liter bei einer Temperatur von 15° C. 1 Doppelzentner Reingewicht gerechnet wird.		
240	Asphalt, fester; Asphaltmastix (Asphaltzement), Asphaltkitt (Mineralkitt), Harzzement, Holzzement	frei	frei
	Asphalt, fester	—	frei

Nr.	Benennung der Gegenstände.	Allgemeiner Tarif. Zollsatz für 1 dz Mark.	Vertragstarif. Zollsatz für 1 dz Mark.
241	Erdwachs (Ozokerit), roh, auch umgeschmolzen	frei	frei
242	Bernstein, roh; auch Bernsteinstaub und Bernsteinmasse; Jet (Gagat), unbearbeitet	frei	
243	Pech aller Art, mit Ausnahme des Steinkohlenpechs; Pechsatz (Rückstand von der Pechbereitung); pechartige Rückstände von der Destillation der Mineralöle, soweit sie im Wasser untersinken; Teer aus erdpechhaltigem Schiefer; Torfteer; Braunkohlenteer; auch Holzteer und Dagget (Daggert, Birkenteer)	frei	
	Pech aller Art, mit Ausnahme des Steinkohlenpechs; Pechsatz (Rückstand von der Pechbereitung); pechartige Rückstände von der Destillation der Mineralöle, soweit sie im Wasser untersinken; Torfteer; Holzteer und Dagget (Daggert, Birkenteer)	—	frei
	Anmerkung. Sogenannter weicher Asphalt und ähnliche halbfeste oder zähflüssige Rückstände von der Destillation der Mineralöle werden, wenn ihr spezifisches Gewicht mindestens 0,96 bei 15° C. beträgt und die Einfuhr zur Vermischung mit natürlichem Asphalt oder Teer für Asphalt- oder Teerpappen-Fabriken stattfindet, auf Erlaubnisschein unter Überwachung der Verwendung zollfrei abgelassen.		
	E. Steinkohlenteer, Steinkohlenteeröle und Steinkohlenteerstoffe.		
244	Steinkohlenteer; auch Steinkohlenpech	frei	frei
245	Steinkohlenteeröle, leichte, einschließlich der ölartigen Destillate aus Steinkohlenteerölen, z. B. Benzol, Cumol, Toluol, Xylol, und schwere, z. B. Anthrazenöl, Karbolöl, Kreosotöl; auch Asphaltnaphtha und sogenannter Kohlenwasserstoff	frei	frei
246	Naphthalin; Anthrazen; durch einfache Destillation des Steinkohlenteers hergestellte, nicht ölartige Erzeugnisse, z. B. Phenol (Karbolsäure); Anilin (Anilinöl), Anilinsalze und andere Steinkohlenteerstoffe (Anthrachinon, Nitrobenzol, Toluidin, Naphthylamin, Resorzin, Naphthol, Phthalsäure usw.)	frei	frei

3. Abschnitt. Zubereitetes Wachs, feste Fettsäuren, Paraffin, und ähnliche Kerzenstoffe, Lichte, Wachswaren, Seifen und andere unter Verwendung von Fetten, Ölen oder Wachs hergestellte Waren.

247	Bienenwachs und anderes Insektenwachs sowie Pflanzenwachs, zubereitet (gebleicht, gefärbt, in Täfelchen oder		

Nr.	Benennung der Gegenstände.	Allgemeiner Tarif. Zollsatz für 1 dz Mark.	Vertragstarif. Zollsatz für 1 dz Mark.
	Kugeln geformt usw.), auch mit anderen Stoffen versetzt; Wachsstumpfen; Baumwachs (Wachskitt) . . .	15	
248	Abfälle und Rückstände von der Zubereitung des Bienenwachses, nur geringe Mengen Wachs enthaltend . .	frei	
249	Erdwachs (Ozokerit), gereinigt, und Zeresin (aus Erdwachs hergestellt, auch mit Paraffin versetzt), in Blöcken, Täfelchen oder Kugeln; Wachsstumpfen von gereinigtem Erdwachs und von Zeresin	15	10
250	Stearinsäure (auch Stearin genannt); Palmitinsäure (auch Palmitin genannt); Margarinsäure; Paraffin, roh (Paraffinschuppen, Paraffinbutter usw.) oder gereinigt, mit Ausnahme des Weichparaffins, und ähnliche Kerzenstoffe, anderweit nicht genannt, roh oder gereinigt	10	
	Paraffin, roh (Paraffinschuppen, Paraffinbutter usw.) oder gereinigt, mit Ausnahme des Weichparaffins	—	10
251	Weichparaffin	10	8
252	Lichte (Kerzen) aller Art, aus Wachs, Zeresin, Paraffin, Stearin, Walrat, Talg oder dergleichen; auch Wachsfackeln und Nachtlichte aller Art	23	
253	Wachswaren, mit Ausnahme der Lichte, der Zündkerzchen und der Wachsperlen, auch in Verbindung mit anderen Stoffen, soweit sie nicht dadurch unter höhere Zollsätze fallen:		
	fein geformte (Wachsblumen, Wachsfiguren, Wachsfrüchte, Wachsköpfe, Wachsmasken und dergleichen)	200	
	andere	30	
	Anmerkung. Zeresinwaren werden wie Wachswaren verzollt.		
254	Schmierseife, gemeine weiche (Kaliseife, Faßseife); flüssige Wasserglasseife; Öle und flüssige Fette, mit Alkalien zu Waschmitteln zubereitet; Türkischrotöl; flüssiges Kreolin und ähnliche Desinfektions-, Reinigungs- usw. Mittel in flüssigem Zustande; Gemische von Wasser und Seife zu Zurichte- (Appretur-) oder dergleichen Zwecken; alle diese in Fässern oder anderen größeren Behältnissen	5	
	Türkischrotöl in Fässern oder anderen größeren Behältnissen	—	3
255	Feste Seife (mit Ausnahme der Zahnseife), festes Kreolin und ähnliche Desinfektions-, Reinigungs- usw. Mittel in festem Zustande, Fettlaugenmehl, sogenannte Phönixlauge; alle diese, soweit sie nicht unter Nr. 256 fallen	10	
256	Waren der in Nr. 254 und 255 genannten Art, zum unmittelbaren Gebrauche geformt (gepreßt oder in Formen gegossen) oder in Büchsen, Flaschen, Krügen, Tiegeln, Töpfen oder dergleichen; flüssige Seife, mit Ausnahme der in Nr. 254 genannten; Seifenpulver; feine weiche Seife, Seifenblätter (Seifenpapier); mit		

Nr.	Benennung der Gegenstände.	Allgemeiner Tarif. Zollsatz für 1 dz Mark.	Vertragstarif. Zollsatz für 1 dz Mark.
	zerkleinerter Seife vermengte Mandelkleie; Formerarbeit aus Seife	30	
	Anmerkung zu Nr. 254 bis 256. Seifenersatzstoffe, z. B. Erzeugnisse aus der Seifen- (Quillaja-) Rinde, unterliegen den Zollsätzen für Seife.		
257	Glyzerin, roh oder gereinigt; Unterlauge von Seifensiedereien	frei	frei
258	Paraffinsalbe, Vaselin und Vaselinsalbe (nicht wohlriechend); Lanolin und Lanolinverbindungen . . .	für 1 dz Rohgewicht 12	
	Paraffinsalbe, Vaselin und Vaselinsalbe (nicht wohlriechend)	—	für 1 dz Rohgewicht 10
259	Wagenschmiere	für 1 dz 10	für 1 dz 6
260	Andere Schmiermittel, unter Verwendung von Fetten oder Ölen hergestellt, flüssig oder fest, auch geformt .	für 1 dz Rohgewicht 12	für 1 dz Rohgewicht 7,50
261	Schuhwichse, schwarze, nicht flüssige	für 1 dz 3	
262	Schuhwichse, nicht unter Nr. 261 fallend, auch unter Verwendung von Wachs oder Zeresin hergestellt; Bohnermasse aus Wachs oder Zeresin mit Zusatz von Terpentinöl oder dergleichen	18	
263	Putzmittel, unter Verwendung von Fetten, Ölen oder Seife hergestellt (Putzfette, Putzpomaden, Putzseifen), z. B. Eisenoxyd, mit Stearinsäure und Talg versetzt; Tonerdeseife (Aluminiumpalmitat); Poliersteine (aus gebrannten, gemahlenen oder geschlemmten Erden mit Stearin, Talg usw. geformte Steine); Formerstoffe, aus mineralischen Stoffen unter Verwendung von Stearin, Palmitin, Paraffin, Wachs, auch von Harz, hergestellt	10	
264	Formerarbeit aus Stearin, Paraffin oder ähnlichen Formerstoffen, auch in Verbindung mit anderen Stoffen, soweit sie nicht dadurch unter höhere Zollsätze fällt	36	
	4. Abschnitt. Chemische und pharmazeutische Erzeugnisse, Farben und Farbwaren.		
	A. Chemische Grundstoffe, Säuren, Salze und sonstige Verbindungen chemischer Grundstoffe, anderweit nicht genannt.		
265	Quecksilber und Quecksilberlegierungen (Amalgame) . .	frei	frei
266	Alkalimetalle, andere, sonst nicht benannte Metalle . .	frei	
267	Brom	frei	
268	Jod	frei	
269	Phosphor, gewöhnlicher (kristallinischer, weißer) und roter (amorpher)	frei	

Nr.	Benennung der Gegenstände.	Allgemeiner Tarif. Zollsatz für 1 dz Mark.	Vertragstarif. Zollsatz für 1 dz Mark.
270	Schwefel, roh oder gereinigt, auch gepulvert; Spencemetall (Eisenthiat, ein Gemenge von Schwefel und Schwefelmetallen)	frei	
	Schwefel, roh oder gereinigt, auch gepulvert	—	frei
	Anmerkung. Hierunter fällt Schwefelblüte.		
271	Ammoniakwasser (Gaswasser), Salmiakgeist	frei	frei
272	Salzsäure	frei	frei
273	Schwefelsäure und Schwefelsäureanhydrid	frei	frei
274	Salpetersäure	frei	frei
275	Borsäure und Borax (borsaures Natron, Natriumborat)	frei	frei
276	Oxalsäure und oxalsaures Kali (Kaliumoxalat, Kleesalz)	8	
277	Essigsäure, auch kristallisiert (Eisessig), und Essigsäureanhydrid:		
	bei einem Gewicht der unmittelbaren Umschließung nebst Inhalt von mindestens 20 kg	12	
	bei einem Gewicht der unmittelbaren Umschließung nebst Inhalt von weniger als 20 kg	48	
278	Milchsäure und Milchsäuresalze (Laktate)	frei	
279	Weinsäure (Weinsteinsäure), Zitronensäure	8	
	Weinsäure (Weinsteinsäure)	—	4
	Zitronensäure	—	frei
280	Salz (Chlornatrium [Siede-, Stein-, Seesalz]) sowie alle Stoffe, aus denen Salz ausgeschieden zu werden pflegt; ferner Mutterlauge, Pfannenstein und Steinsalzwaren, auch Abraumsalze, neben der inneren Abgabe	für 1 dz Reingewicht 0,80	
281	Dornstein (Rückstand bei der Gradierung der Salzsole)	frei	
282	Quellsalze, natürliche und künstliche; auch Moorsalze	für 1 dz 3	frei
283	Chlorbaryum (Baryumchlorid)	frei	frei
284	Jodkalium (Kaliumjodid), Jodnatrium (Natriumjodid), Jodammonium (Ammoniumjodid)	frei	
285	Bromkalium (Kaliumbromid), Bromnatrium (Natriumbromid), Bromammonium (Ammoniumbromid), Bromeisen	frei	
286	Kohlensaures Ammoniak (Ammoniumkarbonat, Hirschhornsalz)	5	
287	Soda, natürliche und künstliche:		
	roh, auch kristallisiert	0,90	
	kalziniert, auch auf andere Weise entwässert oder gereinigt	1,50	
288	Doppeltkohlensaures Natron (Natriumbikarbonat)	1,50	
289	Ätznatron, fest (Natriumhydroxyd) oder flüssig (Natronlauge); Ätzkali, fest (Kaliumhydroxyd) oder flüssig (Kalilauge)	3,50	3,50
290	Pottasche aller Art; auch Schafschweißasche	2	1,50
291	Schlempekohle	frei	frei
292	Chlorkalk und Bleichlaugen; Baryumsuperoxyd, Wasserstoffsuperoxyd	1	
	Wasserstoffsuperoxyd	—	1
293	Chlorsaures Kali (Kaliumchlorat), nicht in Hülsen oder Kapseln eingehend	frei	frei

Nr.	Benennung der Gegenstände.	Allgemeiner Tarif. Zollsatz für 1 dz Mark.	Vertragstarif. Zollsatz für 1 dz Mark.
294	Schwefelsaures Natron (Glaubersalz, Natriumsulfat) und saures schwefelsaures Natron (doppeltschwefelsaures Natron, Natriumbisulfat)	0,25	{ frei 0,25
295	Schwefelsaures Kali (Kaliumsulfat) und phosphorsaures Kali (Kaliumphosphat)	frei	frei
296	Kupfervitriol (blauer Vitriol, Kupfersulfat), auch gemischter Kupfer- und Eisenvitriol	2	frei
297	Eisenvitriol (grüner Vitriol, Eisensulfat), Zinkvitriol (weißer Vitriol, Zinksulfat)	frei	frei
298	Ammoniak-, Kali- und Natronalaun, schwefelsaure Tonerde (Aluminiumsulfat), Tonerdealaun, Tonerdenatron (Natriumaluminat), Chloraluminium (Aluminiumchlorid), essigsaure Tonerde (Aluminiumazetat); Tonerde, künstliche; auch gereinigter Bauxit	3	
299	Chrom-, Eisen- und Kupferalaun	frei	
300	Bleioxyd (Bleiglätte, gelbe [Silberglätte] und rote [Goldglätte]) in Brocken, Schuppen oder Pulver	frei	frei
301	Zinnoxyd	6	2
302	Salpetersaures Ammoniak (Ammoniaksalpeter, Ammoniumnitrat), nicht in Hülsen oder Kapseln eingehend, salpetersaures Blei (Bleinitrat)	3	
303	Salpetersaures Natron (Natronsalpeter, Chilesalpeter, Natriumnitrat)	frei	
304	Salpetersaures Kali (Kalisalpeter, Kaliumnitrat), salpetersaurer Baryt (Baryumnitrat)	frei	
305	Chromsaures Natron (Natriumchromat) und saures chromsaures Natron (Natriumbichromat), chromsaures Kali (Kaliumchromat) und saures chromsaures Kali (Kaliumbichromat); Chromoxyd, Chromhydroxyd . .	frei	frei
306	Mangansaures Kali (Kaliummanganat) und übermangansaures Kali (Kaliumpermanganat)	frei	frei
307	Wasserglas (Kalium- und Natrium-Silikat)	1	
308	Kali-Blutlaugensalz (Ferrocyankalium [Kaliumeisencyanür] und Ferricyankalium [Kaliumeisencyanid]), Natron-Blutlaugensalz (Ferrocyannatrium [Natriumeisencyanür] und Ferricyannatrium [Natriumeisencyanid]), Cyankalium (Kaliumcyanid)	8	8
309	Essigsäuresalze (Azetate), anderweit nicht genannt, sowie Azetonöl	1	
	Kalziumazetat (essigsaurer und holzessigsaurer Kalk) .	—	1
	Andere Azetate, anderweit nicht genannt, sowie Azetonöl	—	frei
310	Bleizucker, Bleiessig	1	
311	Weinstein:		
	roh	frei	frei
	gereinigt (raffiniert); auch Natronweinstein	8	
	Weinstein, gereinigt (raffiniert)	—	4
	Anmerkung. Halbgereinigter Weinstein wird wie roher Weinstein behandelt.		
312	Brechweinstein und andere Antimonpräparate	8	4
313	Kohlensaure Magnesia, künstliche (Magnesiumkarbonat) .	frei	frei

Nr.	Benennung der Gegenstände.	Allgemeiner Tarif. Zollsatz für 1 dz Mark.	Vertragstarif. Zollsatz für 1 dz Mark.
314	Kohlensaurer Strontian, künstlicher (Strontiumkarbonat), salzsaurer Strontian (Strontiumchlorid); Strontiumoxyd, Strontiumhydroxyd	2	
315	Zinksalze, anderweit nicht genannt; Chlorzink (Zinkchlorid), fest oder flüssig	frei	frei
316	Kalziumkarbid, Aluminiumkarbid, Siliziumkarbid (Karborund) und anderweit nicht genannte Metallkarbide	4	
	Kalziumkarbid	—	frei 3 4
317	Vorstehend und anderweit nicht genannte Metalloide, Säuren, Salze und Verbindungen von Metalloiden untereinander oder mit Metallen	frei	
	Zitronensaurer Kalk	—	frei
	Tannin, fest, und Gallussäure	—	frei
	Ferrosilizium, mit einem Siliziumgehalt von 25 v. H. oder darüber	—	frei
	Ammoniak, schwefelsaures (Ammoniumsulfat); Chlorkalium; Natron, schwefligsaures (Natriumsulfit); Schwefelkalium (Kaliumsulfid); Schwefelnatrium (Natriumsulfid); Arsensäure, arsenige Säure, Salze dieser Säuren und sonstige Arsenverbindungen, soweit sie nicht zu den Farben, zubereiteten Arzneiwaren oder Schönheitsmitteln gehören	—	frei
	B. Farben und Farbwaren.		
318	Tierische Farbstoffe, z. B. Cochenille, wilde, zahme und unechte (tierischer Kermes), auch gemahlen oder in Teigform; Cochenillenkarmin; Sepia	frei	
319	Anilin- und andere nicht besonders genannte Teerfarbstoffe	frei	frei
320	Alizarinfarbstoffe, trocken oder in Teigform	frei	
321	Indigo, natürlicher und künstlicher, auch Indigokarmin, rein oder versetzt mit mineralischen Stoffen oder Stärke, trocken oder in Teigform	frei	
322	Berliner Blau, rein oder versetzt mit mineralischen Stoffen oder Stärke, trocken oder in Teigform	10	
323	Ultramarin, rein oder versetzt mit mineralischen Stoffen oder Stärke, trocken oder in Teigform	15	
324	Bleimennige, Bleiweiß	1	
	Bleiweiß	—	frei
325	Barytweiß (Permanentweiß)	3	
326	Zinkoxyd (Zinkweiß und Zinkgrau), Zinksulfidweiß (Lithopon)	2	frei
327	Zinnober, (roter rotes Quecksilbersulfid)	10	
328	Farbholzauszüge (Farbholzextrakte); auch Auszüge aus anderen pflanzlichen Farbstoffen:		
	flüssig	2	2
	fest	4	4
	Anmerkung. Flüssige Farbholzauszüge und flüssige		

Nr.	Benennung der Gegenstände.	Allgemeiner Tarif. Zollsatz für 1 dz Mark.	Vertragstarif. Zollsatz für 1 dz Mark.
	Auszüge aus anderen pflanzlichen Farbstoffen von mehr als 28° Bé. werden wie feste verzollt.		
329	Erdfarben:		
	Kreide, geschlemmt; auch gestäubte oder in anderer Weise fein gepulverte Kreide	0,40	0,30 0,40
	andere Erdfarben (gebrannte, gemahlene oder geschlemmte Farberden und als solche verwendbare Abfälle und Nebenerzeugnisse der Industrie, auch als Farberden gemahlene Erze), trocken oder in Teigform, auch geschönt	0,50	0,20
	Umbra, Sieneser Erde, gebrannt, gemahlen oder geschlemmt, trocken oder in Teigform, nicht mit anderen Farben gemischt	—	0,25
	Ocker, gebrannt, gemahlen oder geschlemmt, trocken oder in Teigform, nicht gemischt mit anderen Farben	—	0,25
	Eisenoxyd, natürliches und künstliches (Kolkothar, caput mortuum)	—	frei
330	Ruß; Buchdruckschwärze, trocken, nicht zubereitet; auch dergleichen Kupferdruckschwärze	5	
331	Bronzefarben	frei	
332	Pigmentfarben und Farblacke (Lackfarben), anderweit nicht genannt, rein oder versetzt mit mineralischen Stoffen oder Stärke, trocken oder in Teigform . .	frei	
333	Andere nicht zubereitete Farben	frei	
334	Papierdruckfarbe, aus Ruß oder Kupferdruckschwärze hergestellt	10	
335	Bleiweiß, Zinkweiß, Lithoponweiß, Eisenoxyd, Eisenmennig, mit Öl angerieben, nicht in Blechbüchsen oder in Aufmachungen für den Kleinverkauf	3	
336	Die in Nr. 335 genannten zubereiteten Farben in Blechbüchsen oder in Aufmachungen für den Kleinverkauf; andere zubereitete Farben (mit Öl, Ölfirnis, Glyzerin, Leim, Mineralöl oder einem anderen Bindemittel oder mit Weingeist versetzt oder angerieben; nicht zubereitete Farben in Bläschen, Kapseln, Muscheln, Pasten, Tuben, Töpfchen, Täfelchen oder dergleichen; Farben in Farben- und Tuschkasten	20	
337	Tinte und Tintenpulver	5	
338	Graphit:		
	geformt (in Tafeln, Blöcken oder dergleichen) . . .	4	2
	in Aufmachungen für den Kleinverkauf	6	3
339	Speckstein, geschnitten oder geformt zum Zeichnen (Schneiderkreide), auch in Holz gefaßt	6	
340	Blei-, Farben- und Kohlenstifte (zum Zeichnen oder Schreiben); Kreide, geschnitten oder geformt:		
	ungefaßt oder nur mit Papier bezogen	20	
	mit Fassung aus gemeinem Holze zum handwerksmäßigen Gebrauche (Zimmermannsstifte) . . .	25	
	andere, soweit sie nicht wegen ihrer Verbindung mit anderen Stoffen unter höhere Zollsätze fallen	40	

Nr.	Benennung der Gegenstände.	Allgemeiner Tarif. Zollsatz für 1 dz Mark.	Vertragstarif. Zollsatz für 1 dz Mark.
	C. Firnisse, Lacke, Kitte.		
341	Ölfirnisse, auch mit Zusatz von Trockenmitteln; Firnissatz; Standöl; Vogelleim aus eingedicktem Leinöl .	7	
342	Weingeistfirnisse (Auflösungen von Harzen in Weingeist, auch in Holzgeist) mit oder ohne Zusatz von Farbstoffen; Schellackkitt (in heißem Weingeiste zur Sirupdicke aufgelöster Schellack)	30	
343	Lackfirnisse, Lacke, ohne Verwendung von Weingeist hergestellt (Auflösungen von Harzen in Terpentinöl, Mineralöl, Harzöl, Ölfirnis, Azeton, Alkalien oder anderen Lösungsmitteln), auch mit Farbstoffen versetzt; Asphaltlack (Auflösungen von Asphalt oder asphaltähnlicher Masse in Mineral- oder Terpentinöl, sowie Auflösungen von Asphalt oder Steinkohlenpech in Steinkohlenteeröl oder Holzteeröl); Kutscherlack (Auflösung von Farbstoff und Wachs); Zaponlack (Auflösung von Kollodiumwolle in Amylazetat) . .	25	
344	Siegellack (auch Siegelabdrücke in Siegellack); Flaschenlack	3	
345	Ölkitte (Firniskitte), Harzkitte, Kautschuk- und Guttaperchakitte, Leim-, Eiweiß- und andere Kitte, mit Ausnahme von Asbestkitt, Mineralkitt (Asphaltkitt), Schellackkitt und Wachskitt (Baumwachs)	3	
346	Asbestanstrichmasse (flüssiger Asbest), auch mit einem Zusatz von Farbe (Asbestfarben); Asbestkitt	frei	
	D. Äther; Alkohole, anderweit nicht genannt oder inbegriffen; flüchtige (ätherische) Öle, künstliche Riechstoffe, Riech- und Schönheitsmittel (Parfümerien und kosmetische Mittel).		
347	Äther aller Art, einfache und zusammengesetzte; auch Kognaköl (Weinbeeröl):		
	in Fässern	160	
	in anderen Behältnissen	240	
348	Fuselöle; auch Amyl-, Butyl- und Propylalkohol . .	20	
	Anmerkung. Fuselöle mit einem Weingeistgehalte von 8 Gewichtsteilen oder darüber in 100 sind wie Branntwein zu verzollen.		
349	Holzgeist (Methylalkohol), roh; Azeton, roh	5	frei
	Anmerkung. Hierunter fällt Holzgeist, dessen Stärke, bei 15° C. mit einem Alkoholometer nach Gewichtsteilen in Hundert für Branntwein festgestellt, nicht mehr als 95 Gewichtsteile beträgt.		
350	Holzgeist, gereinigt; Azeton, gereinigt; Formaldehyd in wässeriger Lösung	20	
351	Azetaldehyd, Paraldehyd	40	
352	Holzteeröl (Wachholderteeröl usw.), auch gereinigt; Kautschuköl; Tieröl, roh (Hirschhornöl) oder gereinigt (Dippelsöl)	frei	

Nr.	Benennung der Gegenstände.	Allgemeiner Tarif. Zollsatz für 1 dz Mark.	Vertragstarif. Zollsatz für 1 dz Mark.
353	Flüchtige (ätherische) Öle:		
	Terpentinöl, Fichtennadelöl, Harzgeist (Harzessenz), Kampferöl (flüssiger Kampfer)	frei	
	Terpentinöl, Fichtennadelöl, Harzgeist (Harzessenz)	—	frei
	andere flüchtige (ätherische) Öle; ferner Menthol (Menthakampfer), auch in Umschließungen aus Holz (Migränestifte)	30	
	Flüchtige (ätherische) Öle aus Früchten der Citrusarten (Orangen-, Zitronen-, Bergamott-, Mandarinen- usw. Öl)	—	20
	Anisöl	—	20
354	Künstliche Riechstoffe (Vanillin, Kumarin, Heliotropin und ähnliche zur Bereitung von Riechmitteln dienende Stoffe)	80	
355	Wohlriechende Fette, Salben und Pomaden sowie wohlriechende fette und mineralische Öle:		
	bei einem Gewicht der unmittelbaren Umschließung nebst Inhalt von mindestens 5 kg	20	
	bei einem Gewicht der unmittelbaren Umschließung nebst Inhalt von weniger als 5 kg	100	
356	Äther- oder weingeisthaltige Riechmittel (Parfümerien) und Schönheitsmittel (kosmetische Mittel, z. B. Haarfärbemittel sowie Haut- und andere Verschönerungsmittel); äther- oder weingeisthaltige Kopf-, Mund- und Zahnwässer; wohlriechende oder zur Verbreitung von Wohlgeruch dienende äther- oder weingeisthaltige Auszüge (Essenzen, Extrakte, Tinkturen) und Wässer; wohlriechender Essig	300	
357	Wässer, wohlriechende, nicht äther- oder weingeisthaltig:		
	bei einem Gewicht der unmittelbaren Umschließung nebst Inhalt von mindestens 5 kg	20	
	bei einem Gewicht der unmittelbaren Umschließung nebst Inhalt von weniger als 5 kg	100	
358	Puder, Schminken, Zahnpulver, wohlriechend; Zahnseife, Räucherpapier, Schminkpapier und alle anderweit nicht genannten Riech- und Schönheitsmittel (Parfümerien und kosmetische Mittel)	100	
	Anmerkung. Puder, Schminken, Zahnpulver, nicht wohlriechend, unterliegen ebenfalls der Verzollung nach Nr. 358, falls sie sich durch ihre Umschließungen als Schönheitsmittel (kosmetische Mittel) darstellen.		
	E. Künstliche Düngemittel.		
359	Guano, künstlicher (Fisch-, Fleisch-, Blut-, Garneelen- usw. Guano); auch natürlicher Guano; Tiermehl, Flechsenmehl, gemahlener tierischer Dünger (Poudrette) . .	frei	
360	Knochenmehl	frei	frei
361	Thomasphosphatmehl	frei	
362	Mit Säuren behandelte phosphorhaltige Düngemittel (Superphosphate), auch mit anderen Stoffen vermischt	frei	frei
	Anmerkung zu E. Vorstehend nicht genannte, an sich zollpflichtige Stoffe, welche zu Düngezwecken		

Nr.	Benennung der Gegenstände.	Allgemeiner Tarif. Zollsatz für 1 dz Mark.	Vertragstarif. Zollsatz für 1 dz Mark.
	bestimmt sind, können auf besondere Erlaubnis und erforderlichenfalls unter Überwachung der Verwendung zollfrei abgelassen werden.		
	F. Sprengstoffe, Schießbedarf und Zündwaren.		
363	Schießbaumwolle, Kollodiumwolle	3	
364	Schießpulver, Sprengpulver und andere vorstehend nicht genannte Sprengmittel:		
	nicht in Hülsen oder Kapseln	frei	
	in Hülsen oder Kapseln, nicht unter Nr. 365 oder 366 fallend	3	
365	Zündpillen, Zündspiegel; gefüllte Zündhütchen und Sprengzündhütchen; gefüllte Geschoßzündungen, Schlagröhren und Zündschrauben; Kugelzündhütchen und Schrotzündhütchen (Flobertmunition)	30	
366	Gefüllte Patronen:		
	mit Kupfer- oder Messinghülsen	30	
	mit Papier- oder Papphülsen	12	
	mit Hülsen aus Papier oder Pappe in Verbindung mit anderen Stoffen	24	
367	Zündhölzer; Zündstäbchen aus Pappe	10	
368	Zündkerzchen aus Stearin, Wachs oder ähnlichen Stoffen	10	10
369	Feuerwerk aller Art (Feuerwerksatz und Feuerwerkskörper); Antimon-, Magnesium-, Zinkfackeln . . .	30	
370	Pechfackeln, Schwefelfaden, Zunderpapier, zubereiteter Feuerschwamm, Zündschnüre jeder Art, Zündblättchen für Kinderpistolen, Zündbänder für Grubenlampen und für Feuerzeuge sowie sonstige anderweit nicht genannte Zündstoffe und Zündwaren	5	
	G. Chemische und pharmazeutische Erzeugnisse, anderweit nicht genannt.		
371	Glühstrümpfe (Glühkörper für Beleuchtungszwecke), ausgeglüht, auch mit Kollodium, Gelatine, Leim, Schellack oder dergleichen getränkt oder in Verbindung mit unedlen Metallen oder Legierungen unedler Metalle . .	120	
372	Eiweiß und Eiweißstoffe, tierische und pflanzliche, nicht unter andere Nummern des Tarifs fallend	frei	frei
373	Käsestoff (Kasein), Käsestoffgummi und ähnliche Zubereitungen, soweit sie nicht unter Nr. 206 fallen .	10	6
	Käsestoff (Kasein)	—	8
374	Rohleim (entkalkte Knochen)	3	3
375	Leim aller Art (mit Ausnahme des Eiweißleims), fest oder flüssig; Gelatine, auch gefärbt	5	3
	Leim aller Art (mit Ausnahme des Eiweißleims), fest (oder flüssig)	—	3
	Gelatine, auch gefärbt	—	{ 3 { 4

Nr.	Benennung der Gegenstände.	Allgemeiner Tarif. Zollsatz für 1 dz Mark.	Vertragstarif. Zollsatz für 1 dz Mark.
376	Blätter, Flittern, Kapseln (leere und gefüllte), Oblaten und andere geformte Gegenstände aus nicht mit Zucker versetzter Gelatine	30	
	Anmerkung. Gefüllte Gelatinekapseln unterliegen dem Zolle für die Füllung, falls dieser höher ist.		
377	Elastischer Leim zur Herstellung von Buchdruckwalzen oder dergleichen sowie Druckplatten für Hektographen und ähnliche Vervielfältigungsvorrichtungen	10	
378	Holzteer und Torfteerkreosot	frei	frei
379	Verdichtete Gase, einschließlich der als Umschließung dienenden Stahlflaschen	6	
380	Alkaloide (organische Basen des Pflanzenreichs), Alkaloidsalze und Alkaloidverbindungen	frei	
381	Kollodium und Zelloidin	24	
382	Chloroform und Chloralhydrat	20	
383	Bromoform und Jodoform	frei	
384	Gerbstoffauszüge (Gerbstoffextrakte), anderweit nicht genannt:		
	flüssig	14	4
	fest	28	8
	Anmerkung. Flüssige Gerbstoffauszüge von mehr als 28° Bé. werden wie feste verzollt (auch vertragsmäßig).		
	Eichenholz-, Fichtenholz- und Kastanienholzauszug:		
	flüssig	—	2
	fest	—	4
	Anmerkung. Für Eichenholz-, Fichtenholz- und Kastanienholzauszug wird die Zollermäßigung unter der Bedingung gewährt, daß jede Sendung von einem Zeugnis über den Untersuchungsbefund begleitet ist, aus dem erhellt, daß es sich um reine Auszüge von einem oder mehreren der genannten Gerbhölzer handelt, die weder mit anderen Gerbstoffauszügen gemischt, noch aus einem Gemische von Eichenholz, Fichtenholz oder Kastanienholz mit anderen rohen Gerbstoffen hergestellt sind. Diese Zeugnisse, die von den im Einvernehmen der vertragschließenden Teile bestimmten wissenschaftlichen oder Fachanstalten in Österreich und in Ungarn auszustellen sind, werden in Deutschland anerkannt, indem die betreffenden Sendungen keiner neuen Untersuchung unterworfen werden, vorausgesetzt, daß nach Ausweis dieser Zeugnisse die Untersuchung unter Beobachtung der im Einvernehmen der vertragschließenden Teile zu erlassenden Vorschriften vorgenommen worden ist. Hierdurch wird das Recht der deutschen Behörden nicht berührt, bei Auszügen der bezeichneten Art, die gestützt auf solche Zeugnisse eingeführt werden, in Zweifelsfällen eine Nachprüfung des Untersuchungsbefundes vorzunehmen.		
	Galläpfelauszug und Sumachauszug, rein, nicht mit anderen Stoffen gemischt, flüssig	—	frei
	Anmerkung. Für flüssigen Galläpfelauszug und Sumachauszug (Italien: für Sumachauszug) wird die Zollfreiheit unter der Bedingung gewährt, daß jede Sendung von einem Zeugnis über den Untersuchungs-		

Nr.	Benennung der Gegenstände.	Allgemeiner Tarif. Zollsatz für 1 dz Mark.	Vertragstarif. Zollsatz für 1 dz Mark.
	befund begleitet ist, aus dem erhellt, daß es sich um reinen Galläpfel- oder Sumachauszug (Italien: reinen Sumachauszug) handelt, der weder mit anderen Gerbstoffauszügen gemischt, noch aus einem Gemische von Galläpfeln oder Sumach einerseits und sonstigen rohen Gerbstoffen anderseits (Italien: Gemisch von Sumach und anderen rohen Gerbstoffen) hergestellt ist. Diese Zeugnisse, die von den im Einvernehmen beider Regierungen bestimmten wissenschaftlichen Anstalten in der Schweiz (in Italien) anzustellen sind, werden in Deutschland anerkannt, indem die betreffenden Sendungen keiner neuen Untersuchung unterworfen werden, vorausgesetzt, daß nach Ausweis dieser Zeugnisse die Untersuchung unter Beobachtung der im Einvernehmen beider Regierungen zu erlassenden Vorschriften vorgenommen worden ist. Hierdurch wird das Recht der deutschen Behörden nicht berührt, bei Auszügen, die gestützt auf solche Zeugnisse eingeführt werden, in Zweifelsfällen eine Nachprüfung des Untersuchungsbefundes vorzunehmen. Von der Beibringung von Zeugnissen der genannten Art kann abgesehen werden, wenn die Einfuhr nachweisbar zur Verwendung in Färbereien erfolgt.		
385	Süßholzsaft, mit Zucker, Honig, Anisöl, Salmiak oder sonstigen Geschmackszutaten oder Heilmitteln versetzt, oder in Aufmachungen für den Kleinverkauf; auch Brustkuchen, Brustteig	60	
	Süßholzsaft:		
	mit Zucker, Honig, Anisöl, Salmiak oder sonstigen Geschmackszutaten oder Heilmitteln versetzt, oder in Aufmachungen für den Kleinverkauf . . .	—	60
	anderer Süßholzsaft, roh oder gereinigt	frei	
	auch in einfach in Kisten (oder in andere unmittelbar zum Versand dienende größere Umschließungen) verpackten Stangen	—	frei
386	Balsame, künstliche; Auszüge (Essenzen, Extrakte, Tinkturen), Wässer und dergleichen, nicht wohlriechend, zum Gewerbe- oder Heilgebrauche (mit Ausnahme der Farbholz- und Gerbstoff-Auszüge):		
	nicht äther- oder weingeisthaltig	40	
	äther- oder weingeisthaltig	60	
387	Säfte von Früchten (mit Ausnahme von Weintrauben) und von Pflanzen, zum Gewerbe- oder Heilgebrauch, äther- oder weingeisthaltig	60	
388	Zubereitete Arzneiwaren und sonstige pharmazeutische Erzeugnisse, anderweit nicht genannt oder inbegriffen	40	
	Anmerkung zu Nr. 386 bis 388. Äther- oder weingeisthaltige pharmazeutische Erzeugnisse unterliegen der Verzollung als Branntwein, falls zur Herstellung der gleichartigen Waren im Inlande nicht ungenießbar gemachter (undenaturierter) Branntwein steuerfrei nicht verwendet werden darf.		
389	Geheimmittel	500	
390	Chemische Erzeugnisse, anderweit nicht genannt oder inbegriffen	frei	

Nr.	Benennung der Gegenstände.	Allgemeiner Tarif. Zollsatz für 1 dz Mark.	Vertragstarif. Zollsatz für 1 dz Mark.
	5. Abschnitt. Tierische und pflanzliche Spinnstoffe und Waren daraus; Menschenhaare; zugerichtete Schmuckfedern; Fächer und Hüte.		
	A. Seide.		
	Rohseide, künstliche Seide, Florettseide und Seidengespinste.		
	(391/3) Rohseide; auch Steckmuschelseide:		
391	ungefärbt:		
	ungezwirnt oder einmal gezwirnt	frei	frei
	zweimal gezwirnt	200	120
392	gefärbt (auch weiß gefärbt):		
	ungezwirnt oder einmal gezwirnt	36	
	weiß gefärbt	—	frei
	anders als weiß gefärbt	—	36
	zweimal gezwirnt	250	
	weiß gefärbt	—	120
	anders als weiß gefärbt	—	140
	Anmerkung zu Nr. 391 und 392. Zweimal gezwirnte Seide, ohne Verbindung mit anderen Spinnstoffen oder Gespinsten, zur Weberei, Wirkerei, Stickerei oder zur Herstellung von Knopfmacherwaren, Posamenten oder Spitzen bestimmt, auf Erlaubnisschein unter Überwachung der Verwendung:		
	a) ungefärbt	frei	frei
	b) gefärbt (auch weiß gefärbt)	36	36
	Anmerkung zu **Nr. 391 und 392.** Organzine (Kettenseide) wird wie einmal gezwirnte Rohseide behandelt.		
393	in Verbindung mit anderen Gespinsten, ungefärbt oder gefärbt	36	
	(394/5) Künstliche Seide:		
394	ungezwirnt oder einmal gezwirnt:		
	ungefärbt	30	30
	gefärbt (auch weiß gefärbt)	60	60
395	zweimal gezwirnt, ungefärbt oder gefärbt	90	
	(396/7) Florettseide (Abfallseide):		
396	ungekämmt	frei	frei
397	gekämmt:		
	ungefärbt	frei	frei
	gefärbt (auch weiß gefärbt)	12	
	Anmerkung zu **Nr. 396 und 397.** Abfälle von gefärbter Seide sind zollfrei.		
398	Florettseidengespinste, ein- oder mehrfach, auch gezwirnt:		
	ungefärbt	frei	frei
	gefärbt (auch weiß gefärbt)	36	

Nr.	Benennung der Gegenstände.	Allgemeiner Tarif. Zollsatz für 1 dz Mark.	Vertragstarif. Zollsatz für 1 dz Mark.
	weiß gefärbt	—	frei
	anders gefärbt	—	36
	Anmerkung. Sogenannte Violettgarne, auch gezwirnt, ohne Verbindung mit anderen Spinnstoffen oder Gespinsten, an Seidenfärbereien zum Schwarzfärben eingehend, auf Erlaubnisschein unter Überwachung der Verwendung	—	frei
	in Verbindung mit anderen Spinnstoffen oder Gespinsten, ungefärbt oder gefärbt	36	
399	Seidenzwirn aller Art, auch gemischt mit anderen Spinnstoffen oder Gespinsten, ungefärbt oder gefärbt, in Aufmachungen für den Einzelverkauf:		
	aus Rohseide oder künstlicher Seide	300	140
	aus Florettseide	75	50
400	Rohseide, künstliche Seide und Florettseidengespinste, auch mit anderen Spinnstoffen oder Gespinsten gemischt, in Verbindung (jedoch nicht umsponnen) mit Metallfäden (Draht oder Lahn)	300	
	Waren ganz oder teilweise aus Seide (Rohseide, künstlicher Seide, Florettseide).		
401	Dichte, ungemusterte taftbindige Gewebe ganz aus Seide des Maulbeerspinners ohne jede Beimischung von künstlicher Seide, von Florettseide oder von Seide des Eichenspinners und beiderseitig mit festen Kanten gewebt, roh, auch abgekocht (gebleicht) und gebügelt .	300	
	(402/3) Dichte Gewebe für Möbel- und Zimmerausstattung (mit Ausnahme von Samt und Plüsch, samt- und plüschartigen Geweben):		
402	ganz aus Seide:		
	im Stücke als Meterware eingehend	900	
	abgepaßt (als Vorhänge, Bilder, Decken usw.), auch mit Besatz oder Fransen	1200	
403	teilweise aus Seide:		
	im Stücke als Meterware eingehend	500	
	abgepaßt (als Vorhänge, Bilder, Decken usw.), auch mit Besatz oder Fransen	650	
404	Samt und Plüsch, samt- und plüschartige Gewebe (aufgeschnitten oder nicht aufgeschnitten):		
	ganz aus Seide	800	{ 750 800
	teilweise aus Seide	450	450
405	Dichte Gewebe, anderweit nicht genannt:		
	ganz aus Seide	800	{ 450 800 600
	teilweise aus Seide	450	{ 350 450
	Anmerkungen. 1. Von den im Stück als Meterware eingehenden, nicht abgepaßten dichten Geweben, ganz oder teilweise aus Seide, werden nicht als Gewebe für Möbel- und		

Nr.	Benennung der Gegenstände.	Allgemeiner Tarif. Zollsatz für 1 dz Mark.	Vertragstarif. Zollsatz für 1 dz Mark.
	Zimmerausstattung der Nrn. 402 und 403 des Tarifs behandelt: a) alle schwarzen Gewebe, auch wenn sie längs der Webekanten mit je einem andersfarbigen Streifen versehen sind, dessen Breite, vom Rande des Gewebes bis zum Innenrande des Streifens gemessen, nicht mehr als 3 cm beträgt; b) alle nicht in der Fadenbindung jacquardartig gemusterten und nicht nach Art der Gobelins hergestellten Gewebe, die nicht mehr als 123 cm breit und nicht schwerer sind als 120 g auf 1 qm Gewebefläche. 2. Als undichte Gewebe der Nr. 408 sind außer Krepp nur solche Gewebe zu behandeln, bei denen der Zwischenraum zwischen den Kettenfäden ebensoviel oder mehr beträgt als die Dicke der Kettenfäden und zugleich der Zwischenraum zwischen den Schußfäden eben so groß oder größer ist als die Dicke der Schußfäden. Jedoch werden Gewebe, bei welchen derartige Zwischenräume nicht zwischen je zwei Ketten- und Schußfäden oder doch sonst in regelmäßiger Wiederkehr, sondern nur vereinzelt infolge von Fehlern oder Mängeln in der Webart vorkommen, hierdurch von der Behandlung als dichte Gewebe nicht ausgeschlossen. Wechseln in einem Gewebe regelmäßig stärkere Fäden mit schwächeren ab, so sind die schwächeren für die Beurteilung des Zwischenraumes maßgebend. Zu den undichten Geweben werden endlich auch dichte Gewebe gerechnet, in denen undicht gewebte Streifen oder Figuren vorkommen. Gewebe, bei denen die Zwischenräume durch Appretur vollständig ausgefüllt sind, werden als dichte behandelt. Als dichte Gewebe werden auch die unter dem Namen „Marceline" und „Sarsenet" bekannten glatten Taftgewebe behandelt, wenn sie mindestens 35 Schußfäden auf 1 cm aufweisen.		
406	Tüll ganz oder teilweise aus Seide:		
	ungemustert	250	
	gemustert	800	
407	Beuteltuch ganz oder teilweise aus Seide	1000	600
	Anmerkung. Sogenanntes konfektioniertes Beuteltuch, ganz oder teilweise aus Seide, ist nach dem vertragsmäßigen Zollsatze der Nr. 407 ohne Zuschlag zu verzollen.		
408	Undichte Gewebe, anderweit nicht genannt, ganz oder teilweise aus Seide (Gaze, Krepp, Flor und dergleichen):		
	im Gewichte von mehr als 20 g auf 1 qm Gewebefläche	1000	
	im Gewichte von 20 g oder weniger auf 1 qm Gewebefläche	1500	
	Anmerkung. Undichte Gewebe, anderweit nicht genannt (Gaze, Krepp, Flor und dergleichen), zum Besticken auf Erlaubnisschein unter Überwachung der Verwendung	1000	
	Anmerkung zu Nr. 403 bis 408. Gewebe aus Garnen von anderen Spinnstoffen, in welche Seide versponnen ist, ohne die Umhüllung des Fadens zu bilden oder zusammenhängend durch die ganze Länge des Fadens sich zu ziehen, werden deshalb nicht als Gewebe teilweise aus Seide behandelt.		

Nr.	Benennung der Gegenstände.	Allgemeiner Tarif. Zollsatz für 1 dz Mark.	Vertragstarif. Zollsatz für 1 dz Mark.
409	Wirk- (Trikot-) und Netzstoffe, Wirk- (Trikot-) und Netzwaren:		
	ganz aus Seide	800	{ 500 800
	teilweise aus Seide	550	{ 400 450
410	Spitzenstoffe und Spitzen aller Art einschließlich der Einsatzspitzen, Kanten und abgepaßten Waren aus Spitzen oder Spitzenstoffen, auch ohne wellenförmig gestalteten oder ausgezackten Rand, ganz oder teilweise aus Seide:		
	gestickte	800	600
	gewebte	800	
	andere	800	
411	Stickereien auf Grundstoffen ganz oder teilweise aus Seide:		
	auf undichten Geweben der Nr. 408	1300	
	auf anderen Grundstoffen	900	
	Anmerkung. Bei Verwendung von Metallfäden (Draht oder Lahn) zum Besticken erhöht sich der Zollsatz um 50 v. H.		
	Stickereien auf Grundstoffen ganz oder teilweise aus Seide, ausgenommen Stickereien für kirchliche Paramente und für Fahnen:		
	auf undichten Geweben der Nr. 408 . . .	—	800
	auf Geweben der Nrn. 405 und 406 . . .	—	600
	Anmerkung. Sind bei den vorstehend aufgeführten Stickereien Metallfäden (Draht oder Lahn) zum Besticken verwendet, so wird hierfür kein Zollzuschlag erhoben.		
412	Posamentierwaren (Besätze, Bänder, Kordeln Litzen, Schnüre und dergleichen) sowie Knopfmacherwaren, auch mit Unterlagen oder Einlagen von Holz, Bein, Horn, Leder, Metall oder dergleichen; ferner nach Art der sogenannten Baumwollensparterie hergestellte Waren:		
	ganz aus Seide	800	
	teilweise aus Seide	450	
	Nach Art der sogenannten Baumwollensparterie hergestellte Waren, ganz oder teilweise aus Seide, sowie Geflechte aus solchen Waren	—	80
	Anmerkung. Lacets (Litzen), ganz oder teilweise aus Seide, zur Herstellung von Posamenten, auf Erlaubnisschein unter Überwachung der Verwendung . .	36	
	B. Wolle und andere Tierhaare (mit Ausnahme der Pferdehaare aus der Mähne und dem Schweife).		
	Wolle und andere Tierhaare, bearbeitet.		
413	Schafwolle (auch Gerberwolle); Haare des Schafkamels, des Kamels, der Hausziege, der Kämel- oder Angoraziege, sowie aller anderen zum Geschlechte der Ziegen		

Nr.	Benennung der Gegenstände.	Allgemeiner Tarif. Zollsatz für 1 dz Mark.	Vertrags-Tarif. Zollsatz für 1 dz Mark.
	gehörigen Tiere; Hasen- (auch Seidenhasen-), Kaninchen-, Biber-, Affen-, Bisamratten- und Nutriahaare; Rindvieh-, Hirsch-, Hunde-, Schweine- und ähnliche grobe Tierhaare; alle diese gehechelt, gebleicht, gefärbt, auch in Lockenform gelegt oder gemahlen . .	frei	
	Schafwolle (auch Gerberwolle); Haare der Hausziege; Hasen-, Rindvieh-, Schweine- und ähnliche grobe Tierhaare; alle diese gehechelt, gebleicht, gefärbt, auch in Lockenform gelegt	—	frei
	Dieselben, gemahlen	—	frei
	Kaninchenhaare, gehechelt, gebleicht, gefärbt, auch in Lockenform gelegt	—	frei
	Hundehaare, gehechelt, gebleicht, gefärbt, auch in Lockenform gelegt oder gemahlen	—	frei
414	Kunstwolle, ungefärbt oder gefärbt	frei	frei
415	Krollhaare aus Rindvieh-, Schweine- oder anderen groben Tierhaaren, auch mit anderen Tierhaaren oder mit pflanzlichen Faserstoffen gemischt	5	
416	Wolle und andere Tierhaare, gekrempelt (gestrichen) oder gekämmt (Kammzug), mit Ausnahme der in Nr. 415 genannten Krollhaare.	2	
	Gespinste aus Wolle oder anderen Tierhaaren.		
417	Garn aus Rindvieh-, Hirsch-, Hunde-, Schweine- oder ähnlichen groben Tierhaaren, auch mit anderen tierischen oder mit pflanzlichen Spinnstoffen oder Gespinsten, ausschließlich Seide und Baumwolle, gemischt, ein- oder zweidrähtig:		
	roh	3	
	gebleicht, gefärbt, bedruckt	5	
	(418/9) Genappes-, Mohair- und Alpakagarn, auch mit anderen tierischen oder mit pflanzlichen Spinnstoffen oder Gespinsten, ausschließlich Seide und Baumwolle, gemischt:		
418	roh:		
	eindrähtig	2	
	zwei- oder dreidrähtig	2	
	vier- oder mehrdrähtig	20	
419	gebleicht, gefärbt, bedruckt:		
	eindrähtig	2	
	zwei- oder dreidrähtig	6	
	vier- oder mehrdrähtig	20	
	(420/1) Hartes Kammgarn aus Glanzwolle über 20 cm Länge, auch gemischt mit anderen Tierhaaren, wenn das Garn nicht dadurch die Eigenschaften des harten Kammgarns verloren hat:		
420	roh:		
	eindrähtig	3,50	
	zwei- oder dreidrähtig	4	
	vier- oder mehrdrähtig	24	

Nr.	Benennung der Gegenstände.	Allgemeiner Tarif. Zollsatz für 1 dz Mark.	Vertragstarif. Zollsatz für 1 dz Mark.
421	gebleicht, gefärbt, bedruckt:		
	eindrähtig	6	
	zwei= oder dreidrähtig	14	
	vier= und mehrdrähtig	24	
	(422/5) Garn aus Wolle oder anderen Tierhaaren, auch mit pflanzlichen Spinnstoffen oder Gespinsten, ausschließlich Baumwolle, gemischt, nicht unter Nr. 417 bis 421 fallend:		
422	Kammgarn, roh:		
	eindrähtig	8	8
	zwei= oder dreidrähtig	10	10
	vier= oder mehrdrähtig	24	24
423	Kammgarn, gebleicht, gefärbt, bedruckt:		
	eindrähtig	12	12
	zwei= oder dreidrähtig	18	18
	vier= oder mehrdrähtig	24	24
424	Streichgarn, roh:		
	eindrähtig	9	8
	Anmerkung. Grisaillegarn (Garn aus Kunstwolle), eindrähtig, ist nicht als gefärbt, sondern als roh zu behandeln. Das als Grisaillegarn bezeichnete Garn besteht ganz oder teilweise aus mehrfarbigen oder mißfarbigen Abfällen, die dem Garn eine trübe oder unbestimmte Färbung geben, welche seine Verwendung ohne neues Färben, sei es im Strang oder im Stück, unmöglich macht. Grisaillegarn, welches eine Beimischung von Baumwolle im Höchstbetrage von 5 vH. enthält, wird als ungemischtes Grisaillegarn behandelt.		
	zwei= oder dreidrähtig	12	
	vier= oder mehrdrähtig	24	
425	Streichgarn, gebleicht, gefärbt, bedruckt:		
	eindrähtig	13	
	zwei= oder dreidrähtig	21	
	vier= oder mehrdrähtig	27	
426	Garn aller Art aus Wolle oder anderen Tierhaaren, auch mit pflanzlichen Spinnstoffen oder Gespinsten, ausschließlich Baumwolle, gemischt, in Aufmachungen für den Einzelverkauf	36	30
	Waren aus Gespinsten von Wolle oder anderen Tierhaaren, auch mit pflanzlichen Spinnstoffen oder Gespinsten gemischt.		
	(427/8) Fußbodenteppiche, im Stücke als Meterware eingehend oder abgepaßt (ohne Näharbeit), auch bedruckt:		
427	aus ungefärbten oder gefärbten Garnen von Rindvieh=, Hirsch=, Hunde=, Schweine= oder ähnlichen groben Tierhaaren, auch gemischt mit Jute, Manilahanf, Agavefasern, Ananasfasern oder Kokosfasern, ohne Rücksicht auf das Mischungsverhältnis, desgleichen mit Beimischung von anderen pflanzlichen Spinnstoffen,		

Nr.	Benennung der Gegenstände.	Allgemeiner Tarif. Zollsatz für 1 dz Mark.	Vertragstarif. Zollsatz für 1 dz Mark.
	falls die Garne aus Rindvieh- usw. Haaren vorherrschen; auch aus Tuchenden geflochtene Fußbodenteppiche	24	
428	andere:		
	geknüpft	200	150
	gewebt	100	100
	(429/30) Dichte Gewebe für Möbel- und Zimmerausstattung (mit Ausnahme von Samt und Plüsch, samt- und plüschartigen Geweben), gefärbt, bedruckt oder bunt gewebt:		
429	im Stück als Meterware eingehend:		
	im Gewicht von mehr als 200 g auf 1 qm Gewebefläche	135	
	im Gewicht von 200 g oder weniger auf 1 qm Gewebefläche	220	
430	abgepaßt (als Vorhänge, Bilder, Decken usw.), auch mit Besatz oder Fransen:		
	im Gewicht von mehr als 200 g auf 1 qm Gewebefläche	165	
	im Gewicht von 200 g oder weniger auf 1 qm Gewebefläche	250	
431	Samt und Plüsch, samt- und plüschartige Gewebe (aufgeschnitten oder nicht aufgeschnitten), ungemustert oder gemustert	150	
432	Gewebe, nicht unter Nr. 427 bis 431 fallend:		
	im Gewicht von mehr als 700 g auf 1 qm Gewebefläche	135	135
	im Gewicht von mehr als 200 bis 700 g auf 1 qm Gewebefläche	175	150
	im Gewicht von 200 g oder weniger auf 1 qm Gewebefläche	220	220
	Gewebe mit derartiger Beimischung von Pferdehaaren (aus Mähne oder Schweif), daß sie, obwohl weder die ganze Kette noch der ganze Einschlag aus Pferdehaaren besteht, doch als Steifstoffe von der Art der anläßlich der Unterzeichnung des Vertrages hinterlegten Muster sich darstellen	—	45
	Filztücher, endlos gewebt, roh, zur Holzstoff-, Zellstoff-, Strohstoff- oder Papierfabrikation	—	80
	Preßtücher, Gurte, Scheiben und Tafeln aus Garnen von Ziegenhaaren oder groben Tierhaaren zum Pressen von Öl oder Fetten	—	15
433	Wirk- (Trikot-) und Netzstoffe	100	100
	(434/5) Wirk- (Trikot-) und Netzwaren:		
434	Unterkleider:		
	geschnitten	100	100
	abgepaßt gearbeitet (regulär)	140	100
435	andere geschnittene oder abgepaßt gearbeitete (reguläre) Wirk- und Netzwaren	140	
436	Spitzenstoffe und Spitzen aller Art einschließlich der Einsatzspitzen, Kanten und abgepaßten Waren aus		

Nr.	Benennung der Gegenstände.	Allgemeiner Tarif. Zollsatz für 1 dz Mark.	Vertrags-tarif. Zollsatz für 1 dz Mark.
	Spitzen oder Spitzenstoffen, auch ohne wellenförmig gestalteten oder ausgezackten Rand; Tüll	350	300
437	Posamentierwaren (Besätze, Bänder, Kordeln, Litzen, Schnüre und dergleichen) sowie Knopfmacherwaren, auch mit Unterlagen oder Einlagen von Holz, Bein, Horn, Leder, Metall oder dergleichen	200	
	Anmerkungen zu B. 1. Stickereien auf Grundstoff von Wolle oder anderen Tierhaaren werden wie Stickereien auf baumwollenem Grundstoffe verzollt (auch vertragsmäßig). 2. Treibriemen, gewebt oder gewirkt, aus Wolle oder anderen Tierhaaren werden wie dergleichen Treibriemen aus Baumwolle verzollt (auch vertragsmäßig).		
	C. Baumwolle.		
	Baumwolle, bearbeitet.		
438	Baumwolle:		
	gefärbt, gekrempelt (gestrichen), gekämmt, auch gemahlen	frei	
	gebleicht; auch gebleichte Abfälle von der Baumwollspinnerei	frei	
	Gespinste aus Baumwolle, auch mit anderen pflanzlichen oder mit tierischen Spinnstoffen oder Gespinsten, ausschließlich Seide, gemischt.		
439	Vorgespinst, ungedreht oder gedreht, roh, gebleicht, gefärbt, bedruckt:		
	ein- oder zweifach	5	
	drei- oder mehrfach; auch Dochte, nicht gewebt, nicht geflochten	10	
	(440/3) Garn:		
440	eindrähtig, roh:		
	bis Nr. 11 englisch	6	
	über Nr. 11 bis Nr. 17 englisch	8	
	über Nr. 17 bis Nr. 22 englisch	11	
	über Nr. 22 bis Nr. 32 englisch	14	
	über Nr. 32 bis Nr. 47 englisch	18	18
	über Nr. 47 bis Nr. 63 englisch	22	22
	über Nr. 63 bis Nr. 83 englisch	28	25
	über Nr. 83 bis Nr. 102 englisch	34	28
	über Nr. 102 englisch	40	
441	eindrähtig, gebleicht, gefärbt, bedruckt	Zoll des eindrähtigen rohen Garnes + 9 Mark	
442	zwei- oder mehrdrähtig, einmal gezwirnt:		
	roh	Zoll des eindrähtigen rohen Garnes + 3 Mark	Zoll des eindrähtigen rohen Garnes + 3 Mark

Nr.	Benennung der Gegenstände.	Allgemeiner Tarif. Zollsatz für 1 dz Mark.	Vertragstarif. Zollsatz für 1 dz Mark.
	gebleicht, gefärbt, bedruckt	Zoll des eindrähtigen rohen Garnes + 11 Mark	
443	zwei- oder mehrdrähtig, wiederholt gezwirnt:		
	roh	40	
	gebleicht, gefärbt, bedruckt	48	
	Anmerkung zu Nr. 440 bis 443. Zugerichtete (appretierte) und gedämpfte Gespinste unterliegen der Verzollung als rohe (auch vertragsmäßig).		
444	Baumwollenzwirn aller Art in Aufmachungen für den Einzelverkauf	70	
	Waren aus Baumwollengespinsten, auch gemischt mit anderen pflanzlichen Spinnstoffen oder Gespinsten oder mit Pferdehaaren, jedoch ohne Beimischung von Seide, Wolle oder anderen Tierhaaren.		
445	Dichte Gewebe für Möbel- und Zimmerausstattung (mit Ausnahme von Samt und Plüsch, samt- und plüschartigen Geweben), gefärbt, bedruckt, gemustert, bunt gewebt:		
	im Stück als Meterware eingehend	180	
	abgepaßt (als Vorhänge, Bilder, Decken usw.), auch mit Besatz oder Fransen.	220	
	(446/8) Samt und Plüsch, samt- und plüschartige Gewebe:		
446	nicht aufgeschnitten:		
	roh	60	
	gebleicht, gefärbt, bedruckt, bunt gewebt	80	
447	aufgeschnitten, Flor aus dem Einschlage gebildet (Velvet):		
	roh	90	
	gebleicht, gefärbt, bedruckt, bunt gewebt	120	
448	aufgeschnitten, Flor aus der Kette gebildet (Samt):		
	roh	120	
	gebleicht, gefärbt, bedruckt, bunt gewebt	150	130
449	Baumwollenfilze (gewebte filzartige Zeugstoffe), auch gerauht:		
	roh	65	
	Filztücher, endlos gewebt, roh, zur Holzstoff-, Zellstoff-, Strohstoff- oder Papierfabrikation . . .	—	65
	gebleicht, gefärbt, bedruckt	100	
	(450/1) Undichte Gewebe zu Vorhängen, auch mit benähten Bogen oder Zacken verziert:		
450	im Stück als Meterware eingehend:		
	roh, auch zugerichtet (appretiert)	180	
	gebleicht, gefärbt, bedruckt, bunt gewebt	220	
	mit Band eingefaßt	260	
451	abgepaßt, auch mit Band eingefaßt	260	

Nr.	Benennung der Gegenstände.	Allgemeiner Tarif. Zollsatz für 1 dz Mark.	Vertragstarif. Zollsatz für 1 dz Mark.
452	Tüll:		
	roh, auch zugerichtet (appretiert), ungemustert . . .	60	
	roh, auch zugerichtet (appretiert), gemustert	120	
	gebleicht, gefärbt, bedruckt	200	
	(453/7) Gewebe, nicht unter Nr. 445 bis 452 fallend:		
453	roh, im Gewicht von 80 g oder darüber auf 1 qm:		
	in der Kette und dem Schuß zusammen auf 5 mm im Geviert:		
	mit 35 Fäden oder weniger	50	
	Baumwollene Bettdecken im Gewicht von 80 g oder darüber auf 1 qm, in der Kette und dem Schuß zusammen auf 5 mm im Geviert 35 Fäden oder weniger enthaltend, auch abgepaßt, gerauht, gesäumt oder mit angewebten Fransen, roh . .	—	50
	mit mehr als 35 bis 44 Fäden	70	
	mit mehr als 44 Fäden	90	
454	roh, im Gewicht von 40 g oder darüber, jedoch weniger als 80 g auf 1 qm:		
	in der Kette und dem Schuß zusammen auf 5 mm im Geviert:		
	mit 35 Fäden oder weniger	90	80
	mit mehr als 35 bis 44 Fäden	120	100
	mit mehr als 44 Fäden	150	120
455	roh, im Gewicht von weniger als 40 g auf 1 qm:		
	in der Kette und dem Schuß zusammen auf 5 mm im Geviert:		
	mit 35 Fäden oder weniger	120	100
	mit mehr als 35 bis 44 Fäden	150	125
	mit mehr als 44 Fäden	170	150
	(**aus 453/5**) Plattstichgewebe, roh	—	120
	(**aus 453/5**) Grobe baumwollene Gewebe, roh, in Stücken nicht über 65 cm lang und breit, sogenannte Putzlappen, deren Schuß ausschließlich aus Baumwollabfällen besteht, auch gerauht, gesäumt und in Verbindung mit anderen Spinnstoffen oder einzelnen gefärbten Gespinstfäden	—	7,50
456	zugerichtet (appretiert), gebleicht	Zoll der rohen Gewebe + 20 Mark	Zoll der rohen Gewebe + 20 Mark
	Plattstichgewebe	—	150
	Baumwollene Bettdecken im Gewicht von 80 g oder darüber auf 1 qm, in der Kette und dem Schuß zusammen auf 5 mm im Geviert 35 Fäden oder weniger enthaltend, auch abgepaßt, gerauht, gesäumt oder mit angewebten Fransen	—	60
457	gefärbt, bedruckt oder bunt gewebt	Zoll der rohen Gewebe + 50 Mark	Zoll der rohen Gewebe + 50 Mark

Nr.	Benennung der Gegenstände	Allgemeiner Tarif. Zollsatz für 1 dz Mark	Vertragstarif. Zollsatz für 1 dz Mark.
	Plattstichgewebe	—	150
	Baumwollene Bettdecken im Gewicht von 80 g oder darüber auf 1 qm, in der Kette und dem Schuß zusammen auf 5 mm im Geviert 35 Fäden oder weniger enthaltend, auch abgepaßt, gerauht, gesäumt oder mit angewebten Fransen	—	80
	(**aus 453/7**) Gewebe, nicht unter Nr. 445 bis 452 des allgemeinen Tarifs fallend: roh, zugerichtet (appretiert), gebleicht oder gefärbt, mit derartiger Beimischung von Pferdehaaren (aus Mähne oder Schweif), daß die Gewebe, obwohl weder die ganze Kette noch der ganze Einschlag aus Pferdehaaren besteht, doch als Steifstoffe von der Art der anläßlich der Unterzeichnung des Vertrages hinterlegten Muster sich darstellen	—	45
	Anmerkungen zu den Nrn. 453 bis 457. 1. Für die Verzollung von Geweben, bei denen undicht gewebte Stellen mit dicht gewebten abwechseln, ist die durchschnittliche Fadenzahl maßgebend, welche durch Zählung der Kettenfäden und der Schußfäden zwischen je zwei bei Kette und Schuß im Gewebemuster regelmäßig wiederkehrenden Punkten, durch Umrechnung dieser Fadenzahlen nach dem Verhältnis der Breite des Musters zu 5 mm und durch Zusammenzählung der Ergebnisse für Kette und Schuß gefunden wird. Bei Geweben mit Doppelfäden oder Zwirn sind die Einzelfäden zu zählen. Überschießende Bruchteile bleiben bei der Feststellung des Gesamtergebnisses der Umrechnung außer Betracht. 2. Als Plattstichgewebe sind diejenigen broschierten Baumwollengewebe zu behandeln, bei denen die Figurschußfäden innerhalb der Grenzen der eingewebten Figuren oder Figurteile mindestens auf einer Seite vollständig und alsdann auf der anderen Seite teilweise flott liegen, und die Breite der Figuren, zwischen zwei aufeinanderfolgenden Umkehrstellen des Figurschußfadens gemessen, 18 mm nicht überschreitet. Gewebe dieser Art werden zu der Verzollung als rohe Plattstichgewebe zum Satze von 120 Mark auch dann zugelassen, wenn lediglich die zum Broschieren verwendeten baumwollenen Gespinste gebleicht oder gefärbt sind, oder wenn in das Grundgewebe vereinzelte gebleichte baumwollene Ketten- oder Schußfäden eingewebt sind. In Zweifelsfällen gelten gebleichte Fäden letzterer Art dann nicht mehr als vereinzelt eingewebt, wenn ihre Zahl 10 vH. der rohen Ketten- und Schußfäden des Grundgewebes übersteigt; hierbei sind bei Doppelfäden und Zwirn die Einzelfäden zu zählen. Ziffer 5 der allgemeinen Anmerkungen zum fünften Abschnitt findet auf Plattstichgewebe keine Anwendung.		
458	Wirk- (Trikot-) und Netzstoffe	80	
	(459/63) Wirk- (Trikot-) und Netzwaren:		
459	Handschuhe, Haarnetze	160	
460	Strümpfe, Socken, Unterkleider:		
	geschnitten	80	
	Unterkleider	—	80
	abgepaßt gearbeitet (regulär)	120	

Nr.	Benennung der Gegenstände.	Allgemeiner Tarif. Zollsatz für 1 dz Mark.	Vertragstarif. Zollsatz für 1 dz Mark.
	Unterkleider	—	80
	Gipsschienen (mit Gipsstaub ausgefüllte und mit Einlagen von gesteiften Jutegeweben versehene Schläuche aus entfettetem baumwollenen Wirkstoff, zu Gipsverbänden dienend) in luftdicht verschlossenen Blechbüchsen	—	6
461	Fischernetze	3	
462	Vogel-, Jagd-, Pferde-, Trag- und ähnliche Netze	100	
463	geschnittene oder abgepaßt gearbeitete (reguläre) Wirk- und Netzwaren, anderweit nicht genannt; Glühstrümpfe (Glühkörper für Beleuchtungszwecke), nicht ausgeglüht (mit Lösungen von Salzen gewisser Erdmetalle [Thorium, Cerium usw.] getränkte baumwollene Wirkwaren), auch in Verbindung mit unedlen Metallen	100	
464	Spitzenstoffe und Spitzen aller Art einschließlich der Einsatzspitzen, Kanten und abgepaßten Waren aus Spitzen oder Spitzenstoffen, auch ohne wellenförmig gestalteten oder ausgezackten Rand:		
	gestickt	450	300
	gewebt	350	
	andere	350	
	handgeklöppelt	—	350
465	Stickereien auf baumwollenem Grundstoffe:		
	Plattstichstickereien	400	275
	Kettenstichstickereien	450	300
	andere	400	300
	Anmerkung. Bei Verwendung von Seide, künstlicher Seide, Florettseide oder Metallfäden (Draht oder Lahn) zum Besticken erhöhen sich die Zollsätze um 20 vH.		Ohne Zollerhöhung
466	Taue, Seile, Stricke; Bindfaden aus Baumwollengespinsten im Durchmesser von mehr als 1 mm, auch in Aufmachungen für den Einzelverkauf	40	
	Anmerkung. Bindfaden im Durchmesser von 1 mm oder darunter ist nach seiner Beschaffenheit als gezwirntes Garn zu verzollen.		
467	Schläuche (Spritzen- und andere grobe Schläuche), auch in Verbindung mit unedlen Metallen; grobe Gurte und Treibriemen, gewebt oder gewirkt	50	
	Treibriemen, gewebt oder gewirkt	—	50
	Anmerkung. Auf die Verzollung ist es ohne Einfluß, ob die Treibriemen mit Öl oder anderen fetthaltigen Stoffen, auch unter Beimengung von Farbstoffen, getränkt sind.		
468	Dochte, gewebt oder geflochten	80	
469	Posamentierwaren (Besätze, Bänder, Kordeln, Litzen, Schnüre und dergleichen) sowie Knopfmacherwaren, auch mit Unterlagen oder Einlagen von Holz, Bein,		

Nr.	Benennung der Gegenstände.	Allgemeiner Tarif. Zollsatz für 1 dz Mark.	Vertragstarif. Zollsatz für 1 dz Mark.
	Horn, Leder, Metall, oder dergleichen; auch sogenannte Baumwollensparterie	150	
	Sogenannte Baumwollensparterie, sowie Geflechte daraus	—	80
	D. Andere pflanzliche Spinnstoffe.		
	Andere pflanzliche Spinnstoffe, bearbeitet.		
470	Flachs, Hanf, Ramie, Jute, Manilahanf, neuseeländischer Hanf, Agavefasern, Ananasfasern, Kokosfasern, Pflanzendaunen, Torfwolle, Waldwolle und alle übrigen pflanzlichen Spinnstoffe, gehechelt, gekrempelt, gekämmt, gebleicht, gefärbt, nicht unter Nr. 471 fallend	frei	
	Flachs und Hanf, gekämmt	—	frei
	Agavefasern (mexikanische Fiber, Glanzfiber), gehechelt, gekrempelt, gekämmt, gebleicht oder gefärbt, mit Ausnahme der zu Krollhaarersatz verarbeiteten	—	frei
471	Krollhaarersatzstoffe aus Kokos-, Manilahanf-, Agave- oder ähnlichen Fasern, auch gemischt mit Tierhaaren	5	
	Gespinste.		
	(472/4) Leinengarn (Garn aus Flachs oder Flachswerg), auch gemischt mit Jute, jedoch ohne Beimischung von anderen Spinnstoffen:		
472	eindrähtig, roh:		
	bis Nr. 8 englisch	6	5,50
	über Nr. 8 bis Nr. 14 englisch	7	6
	über Nr. 14 bis Nr. 20 englisch	7,50	6,50
	über Nr. 20 bis Nr. 35 englisch	10	9,50
	über Nr. 35 bis Nr. 75 englisch	13	12
	über Nr. 75 englisch	frei	frei
473	eindrähtig, gebleicht, gefärbt, bedruckt:		
	bis Nr. 20 englisch	13	13
	eindrähtig gebleicht	—	12
	über Nr. 20 bis Nr. 35 englisch	16	16
	über Nr. 35 bis Nr. 75 englisch	21	21
	über Nr. 75 englisch	8	
474	zwei- und mehrdrähtig (gezwirnt), roh, gebleicht, gefärbt, bedruckt	36	36
	(475/7) Hanfgarn und Hanfwerggarn sowie Garn aus Manilahanf, neuseeländischem Hanf, Agavefasern, Ananasfasern, Kokosfasern oder anderweit nicht genannten pflanzlichen Spinnstoffen, diese Garne sämtlich auch gemischt mit sonstigen zum Unterabschnitte D gehörigen Spinnstoffen, jedoch ohne Beimischung von Baumwolle oder tierischen Spinnstoffen:		
475	eindrähtig, roh:		
	bis Nr. 6 englisch	8	6
	Hanf- und Hanfwerggarn	—	6

Nr.	Benennung der Gegenstände.	Allgemeiner Tarif. Zollsatz für 1 dz Mark.	Vertragstarif. Zollsatz für 1 dz Mark.
	über Nr. 6 bis Nr. 10 englisch	9	
	über Nr. 6 bis Nr. 8 englisch	—	6,50
	über Nr. 8 bis Nr. 10 englisch	—	7
	Hanf- und Hanfwerggarn über Nr. 6 bis Nr. 10 englisch	—	7
	über Nr. 10 englisch	10	
	Hanf- und Hanfwerggarn	—	8
476	eindrähtig, gebleicht, gefärbt, bedruckt:		
	bis Nr. 6 englisch	13	13
	über Nr. 6 bis Nr. 10 englisch	14	14
	über Nr. 10 englisch	16	16
477	zwei- oder mehrdrähtig (gezwirnt), roh, gebleicht, gefärbt, bedruckt	36	36
	Anmerkung zu Nr. 475 und 477. Kokosfasern, zu Strängen zusammengedreht oder gesponnen (Kokosgarn), ein- oder zweidrähtig, roh	frei	
	(478/80) Ramiegarn, auch gemischt mit Flachs oder Jute, jedoch ohne Beimischung von anderen Spinnstoffen:		
478	eindrähtig, roh:		
	bis Nr. 11 englisch	6	
	über Nr. 11 bis Nr. 22 englisch	10	
	über Nr. 22 bis Nr. 33 englisch	15	
	über Nr. 33 englisch	20	
479	eindrähtig, gebleicht, gefärbt, bedruckt:		
	bis Nr. 11 englisch	8	
	über Nr. 11 bis Nr. 22 englisch	14	
	über Nr. 22 bis Nr. 33 englisch	20	
	über Nr. 33 englisch	26	
480	zwei- oder mehrdrähtig (gezwirnt), roh, gebleicht, gefärbt, bedruckt	36	
	(481/2) Jutegarn ohne Beimischung von anderen Spinnstoffen, ein- oder mehrdrähtig:		
481	roh:		4
	bis Nr. 8 englisch	5	5
			5
	über Nr. 8 bis Nr. 14 englisch	6	6
	über Nr. 14 englisch	7	7
482	gebleicht, gefärbt, bedruckt:		
	bis Nr. 14 englisch	12	12
	über Nr. 14 englisch	13	13
483	Garn aus Spinnstoffen des Unterabschnitts D ohne Beimischung von Baumwolle oder tierischen Spinnstoffen, in Aufmachungen für den Einzelverkauf:		
	eindrähtig	36	36
			60
	zwei- oder mehrdrähtig (gezwirnt)	70	70
	Anmerkung. Die Aufmachung in Strähnen, deren Abteilung nicht über die Fitzung mit lose durchlaufenden oder die Gebinde nur einmal umschließenden, nicht geknoteten Fitzfäden hinausgeht, ist nicht als Aufmachung für den Einzelverkauf anzusehen		

Nr.	Benennung der Gegenstände.	Allgemeiner Tarif. Zollsatz für 1 dz Mark.	Vertragstarif. Zollsatz für 1 dz Mark.
	a) bei Leinenzwirn und Hanfzwirn insoweit, als die im Strähn enthaltene ununterbrochene Fadenlänge 2500 m oder mehr beträgt,		
	b) bei nicht gezwirnten Garnen aus Spinnstoffen des Abschnitts 5 D und bei anderen als den unter a) genannten Zwirnen aus solchen Spinnstoffen ohne Rücksicht auf die im Strähn enthaltene Fadenlänge.		
	Als Aufmachung für den Einzelverkauf ist ferner nicht anzusehen die Aufmachung in Cops oder in Kreuzspulen.		
	Waren aus Gespinsten von Spinnstoffen des Unterabschnitts D.		
	(484/5) Seilerwaren aus Spinnstoffen des Unterabschnitts D ohne Beimischung von Baumwolle oder tierischen Spinnstoffen:		
484	Taue, Seile, Stricke, Bindfaden (lediglich durch Zusammendrehen von Seilfäden [starken eindrähtigen Seilergarnen] hergestellte, nicht schnurartige Seilerwaren):		
	im Durchmesser von 5 mm oder darüber . . .	10	10
	im Durchmesser von mehr als 1, aber weniger als 5 mm, auch in Aufmachungen für den Einzelverkauf	24	22 24
	Anmerkung. Seilerwaren der vorbezeichneten Art im Durchmesser von 1 mm oder darunter werden wie zwei- oder mehrdrähtiges Garn verzollt.		
485	Eimer, Gurte, Hängematten, Netze, Schläuche, Sohlen, Strickleitern, Tragbänder, Treibriemen und andere vorstehend nicht genannte Seilerwaren, auch in Verbindung mit anderen Stoffen, soweit sie nicht dadurch unter höhere Zollsätze fallen	36	
	(486/7) Fußbodenteppiche, im Stück als Meterware eingehend oder abgepaßt (ohne Näharbeit), aus losen, gedrehten oder versponnenen Jute-, Manilahanf-, Agave-, Ananas- oder Kokosfasern, auch gemischt mit anderen pflanzlichen Spinnstoffen oder Gespinsten oder mit Rindvieh-, Hirsch-, Hunde-, Schweine- oder ähnlichen groben Tierhaaren oder Gespinsten daraus, soweit sie nicht unter Nr. 427 fallen:		
486	geknüpft	60	
487	gewebt:		
	gefärbt, bedruckt, bunt gewebt, gemustert	30	24
	andere; auch Decken aus geteertem Tauwerk, geteerte Fußbodenteppiche	12	12
	Anmerkung. Velour-Fußbodenteppiche aus Jute sowie Fußbodenteppiche aus Jutechenille, auch mit Kette aus Gespinsten von Baumwolle, sind von der Behandlung als Fußbodenteppiche der Nr. 487 auch dann nicht ausgeschlossen, wenn sie doppelseitig gewebt sind oder eine größere oder geringere Biegsamkeit aufweisen.		
	(488/9) Taschentücher aus Leinengarn, im Stück als Meterware eingehend oder abgepaßt, unge-		

Nr.	Benennung der Gegenstände.	Allgemeiner Tarif. Zollsatz für 1 dz Mark.	Vertragstarif. Zollsatz für 1 dz Mark.
	mustert oder gemustert, auch mit ungefärbten oder gefärbten baumwollenen Fäden in den Kanten oder Borden, ohne Rücksicht auf die Anordnung oder Anzahl dieser Fäden:		
488	roh:		
	in der Kette und dem Schuß zusammen auf 2 Zentimeter im Geviert:		
	bis 120 Fäden	80	45
	mit mehr als 120 Fäden	105	70
489	gebleicht, gefärbt, bedruckt, bunt gewebt:		
	in der Kette und dem Schuß zusammen auf 2 Zentimeter im Geviert:		
	bis 120 Fäden	120	75
	mit mehr als 120 Fäden	145	120
490	Dichte Gewebe für Möbel- und Zimmerausstattung (mit Ausschluß von Samt und Plüsch, samt- und plüschartigen Geweben) aus Jute ohne Beimischung von anderen Spinnstoffen, gefärbt, bedruckt, bunt gewebt, gemustert	80	
491	Samt und Plüsch, samt- und plüschartige Gewebe (aufgeschnitten oder nicht aufgeschnitten), aus Gespinsten von Spinnstoffen des Unterabschnitts D ohne Beimischung von tierischen Spinnstoffen oder von Baumwolle:		
	roh	80	
	gebleicht, gefärbt, bedruckt, bunt gewebt	110	
	(492/7) Dichte Gewebe aus Gespinsten von Spinnstoffen des Unterabschnitts D, auch gemischt mit Pferdehaaren, jedoch ohne Beimischung von anderen tierischen Spinnstoffen oder Baumwolle, nicht unter Nr. 486 bis 491 fallend, ungemustert:		
	(492/3) aus Flachs, Flachswerg oder Ramie, auch gemischt mit anderen Spinnstoffen des Unterabschnitts D:		
492	roh:		
	in der Kette und dem Schuß zusammen auf 2 Zentimeter im Geviert:		
	bis 40 Fäden	14	12
	mit 41 bis 80 Fäden	28	24
	mit 81 bis 120 Fäden	40	36
	mit mehr als 120 Fäden	65	60
493	gebleicht, gefärbt, bedruckt, bunt gewebt:		
	in der Kette und dem Schuß zusammen auf 2 Zentimeter im Geviert:		
	bis 120 Fäden	65	60
	mit mehr als 120 Fäden	120	120
	(494/5) aus Hanf, Hanfwerg, Manilahanf, neuseeländischem Hanf, Agavefasern, Ananasfasern, Kokosfasern oder anderweit nicht genannten pflanzlichen Spinnstoffen, auch gemischt mit		

Nr.	Benennung der Gegenstände.	Allgemeiner Tarif. Zollsatz für 1 dz Mark.	Vertragstarif. Zollsatz für 1 dz Mark.
	Jute, jedoch ohne Beimischung von Flachs oder Ramie:		
494	roh:		
	in der Kette und dem Schuß zusammen auf 2 Zentimeter im Geviert:		
	bis 40 Fäden	16	
	mit 41 bis 80 Fäden	30	
	mit mehr als 80 Fäden	44	
495	gebleicht, gefärbt, bedruckt, bunt gewebt	65	
	(496/7) aus Jute, ohne Beimischung von anderen Spinnstoffen des Unterabschnitts D:		
496	roh:		
	in der Kette und dem Schuß zusammen auf 2 Zentimeter im Geviert:		
	bis 40 Fäden	12	12
	Packleinwand	—	10
	mit 41 bis 80 Fäden	24	24
	mit mehr als 80 Fäden	36	36
497	gebleicht, gefärbt, bedruckt, bunt gewebt	60	60
498	Dichte Gewebe aus Gespinsten von Spinnstoffen des Unterabschnitts D, auch gemischt mit Pferdehaaren, jedoch ohne Beimischung von anderen tierischen Spinnstoffen oder Baumwolle, nicht unter Nr. 486 bis 491 fallend, gemustert (roh, gebleicht, gefärbt, bedruckt, bunt gewebt)	150	Zollsätze der Nrn. 492 und 493 + 10 Mark
	Damaste	—	150
499	Gaze, Tüll und ähnliche undichte Gewebe	300	
	Undichte taftbindige Gewebe aus Gespinsten von Spinnstoffen des Unterabschnitts D mit derartiger Beimischung von Pferdehaaren (aus Mähne oder Schweif), daß die Gewebe, obwohl weder die ganze Kette noch der ganze Einschlag aus Pferdehaaren besteht, doch als Steifstoffe von der Art der anläßlich der Unterzeichnung des Vertrags hinterlegten Muster sich darstellen	—	45
500	Wirk- (Trikot-) und Netzstoffe sowie Wirkwaren (Trikotwaren) und anderweit nicht genannte Netzwaren . .	100	
501	Spitzenstoffe und Spitzen aller Art, einschließlich der Einsatzspitzen, Kanten und abgepaßten Waren aus Spitzen oder Spitzenstoffen, auch ohne wellenförmig gestalteten oder ausgezackten Rand	600	
	geklöppelt, ohne Beimischung von tierischen Spinnstoffen oder Baumwolle	—	300
502	Posamentierwaren (Besätze, Bänder, Kordeln, Litzen, Schnüre und dergleichen) sowie Knopfmacherwaren, auch mit Unterlagen oder Einlagen von Holz, Bein, Horn, Leder, Metall oder dergleichen; Dochte, gewebt oder gewirkt; ferner nach Art der sogenannten Baumwollensparterie hergestellte Waren	150	

Nr.	Benennung der Gegenstände.	Allgemeiner Tarif. Zollsatz für 1 dz Mark.	Vertragstarif. Zollsatz für 1 dz Mark.
	Nach Art der sogenannten Baumwollensparterie hergestellte Waren aus Gespinsten von anderen pflanzlichen Spinnstoffen als Baumwolle, sowie Geflechte aus solchen Waren	—	80
	Anmerkung zu D. Stickereien auf Grundstoff aus Gespinsten des Unterabschnitts D sind wie Stickereien auf baumwollenem Grundstoffe zu verzollen (auch vertragsmäßig).		
	Nicht durch Nähen weiterverarbeitete dichte, ungemusterte Leinengewebe der Nummern 492 und 493, welche zu Damenhemden oder Unterjacken zugeschnitten und nur am Halsausschnitt derart bestickt sind, daß das Stickereimuster an keiner Stelle über eine Entfernung von 15 cm vom Rande des Halsausschnitts hinausgeht, werden nicht wie Stickereien auf baumwollenem Grundstoff sondern zum Satze von 150 Mark für 1 Doppelzentner verzollt.		
	E. Buchbinderzeugstoffe, Pausleinwand, wasserdichte Gewebe, Gewebe mit aufgetragenen Schleif- oder Poliermitteln; Linoleum und ähnliche Stoffe.		
503	Buchbinderzeugstoffe, glatt oder gepreßt	60	
	Pausleinwand	135	
	(504/6) Wasserdichte Gewebe (mit Ausnahme von Kautschuk- und Guttaperchageweben):		
504	Wachstuch:		
	grobes, mit rauher Oberfläche, unbedruckt, ohne Musterpressung (Packtuch); Packfilz, ungefärbt	12	
	grobes, mit glatter Oberfläche oder bedruckt oder mit Musterpressung; Ledertuch; Packtuch, mit Papier unterklebt; anderes als grobes Wachstuch, mit Ausnahme von Wachsmusselin und Wachstaft; Packfilz, gefärbt	30	30
	Wachsmusselin und Wachstaft	50	50
505	Gewebe durch Überstreichen oder Tränken mit Ölfirnis oder mit Stoffen metallischen Ursprunges, durch Teeren oder sonst eine Behandlung mit anderen Stoffen als Kautschuk, Guttapercha oder Zellhorn wasserdicht gemacht:		
	grobe, auch Schiefertuch	12	
	andere als grobe	30	30
506	Gewebe, mit Zellhorn (Zelluloid) oder ähnlichen Stoffen überstrichen	90	
	Anmerkung zu Nr. 503 bis 506. Bestickte Gewebe der Nr. 503 bis 506 werden wie genähte Gegenstände aus solchen verzollt.		
507	Schmirgeltuch, Bimssteintuch, Feuerstein-, Glas- und Sandleinen	6	
	(508/9) Fußbodenbelag aus Linoleum oder ähnlichen Stoffen, im Stück als Meterware ein-		

Nr.	Benennung der Gegenstände.	Allgemeiner Tarif. Zollsatz für 1 dz Mark.	Vertragstarif. Zollsatz für 1 dz Mark.
	gehend oder abgepaßt, auch mit Unterlagen von groben Gespinstwaren oder anderen Stoffen:		
508	in der Masse einfarbig:		
	unbedruckt	10	
	bedruckt	12	
509	in der Masse mehrfarbig (z. B. eingelegtes [Mosaik-, Granit-] Linoleum), auch bedruckt	18	
510	Tapeten, Linkrusta und dergleichen aus Linoleum oder ähnlichen Stoffen	40	
	Anmerkung zu Nr. 508 bis 510. In Nr. 508 bis 510 nicht genannte Waren aus Linoleum oder ähnlichen Stoffen, auch in Verbindung mit anderen Stoffen, soweit sie nicht dadurch unter höhere Zollsätze fallen, sind wie Fußbodenbelag zu verzollen.		
	F. Watte, Filze und nicht genähte Filzwaren.		
	(511/2) Watte:		
511	zu Heilzwecken zubereitet:		
	in Aufmachungen von mehr als 1 kg	24	
	in Aufmachungen von 1 kg oder darunter	20	
512	andere, auch mit Kleister, Leim oder Gummilösung überzogen; ferner als Dichtungsmittel dienende Rollen aus Watte:		
	aus Seide oder Seidenabfällen	24	
	aus anderen Spinnstoffen	4	4
	(513/4) Filze, abgepaßte Fußbodenteppiche aus Filz und sonstige nicht genähte Filzwaren (mit Ausnahme der Hüte):		
513	aus Rindvieh-, Hirsch-, Hunde-, Schweine- oder ähnlichen groben Tierhaaren, auch in Verbindung mit pflanzlichen Spinnstoffen, jedoch ohne Beimischung von Seide, Wolle oder anderen Tierhaaren:		
	Filze; auch Dachfilz und andere mit Asphalt, Teer, Harzen oder dergleichen getränkte Filze	3	
	Filzschuhe, auch genäht, ohne Sohlen aus anderen Stoffen	30	
	abgepaßte Fußbodenteppiche aus Filz und andere Filzwaren	15	
514	aus Wolle oder anderen als den vorstehend genannten Tierhaaren, auch in Verbindung mit pflanzlichen Spinnstoffen oder mit Beimischung von Seide	100	100
	Anmerkung zu Nr. 513 und 514. Bestickte Filze und Filzwaren werden wie genähte Gegenstände aus Filzen verzollt.		
	G. Pferdehaare (aus der Mähne oder dem Schweife) und Waren daraus.		
515	Pferdehaare (aus der Mähne oder dem Schweife), bearbeitet:		

Nr.	Benennung der Gegenstände.	Allgemeiner Tarif. Zollsatz für 1 dz Mark.	Vertragstarif. Zollsatz für 1 dz Mark.
	gehechelt, gezogen, gebleicht, gefärbt	frei	frei
	Krollhaare aus Pferdehaaren, auch gemischt mit anderen Tierhaaren oder mit pflanzlichen Faserstoffen	5	5
516	Waren aus Pferdehaaren, anderweit nicht genannt:		
	Preßtücher, Gurte, Scheiben und Tafeln, zum Pressen von Öl oder Fetten, auch in Verbindung mit Werg	20	15
	Taue, Seile, Stricke; Weberlitzen, auch durch Verflechten, Verknüpfen oder Verstricken zu einem sogenannten Litzenkamme vereinigt; Gewebe, auch mit anderen tierischen oder mit pflanzlichen Spinnstoffen oder Gespinsten, ausschließlich Seide, gemischt, sofern die ganze Kette oder der ganze Einschlag aus Pferdehaaren besteht; Bänder, Ketten, Siebböden und ähnliche Geflechte	50	
	Bänder, Ketten und ähnliche Geflechte	—	48
	Gewebe, auch mit anderen tierischen oder mit pflanzlichen Spinnstoffen oder Gespinsten, ausschließlich Seide, gemischt, sofern die ganze Kette oder der ganze Einschlag aus Pferdehaaren besteht; Siebböden	—	{ 45 48
	Anmerkung. Siebböden aus Pferdehaaren sind von der Verzollung zum Satze von 45 Mark für 1 Doppelzentner auch dann nicht ausgeschlossen, wenn Gespinstfäden aus anderen tierischen Spinnstoffen, ausgenommen Seide, oder aus pflanzlichen Spinnstoffen in geringer Anzahl eingeflochten sind.		
	künstliche Blumen; Spitzen	120	
	H. Kleider, Putzwaren und sonstige genähte Gegenstände aus Gespinstwaren oder Filzen, anderweit nicht genannt.		
517	Aus Seide:		
	aus undichten Geweben, Spitzen oder Stickereien, ganz oder teilweise aus Seide	1500	
	Aus Spitzen oder Stickereien, ganz oder teilweise aus Seide	—	1200
	aus anderen Gespinstwaren ganz aus Seide . . .	1200	
	Unterkleider (Leibwäsche) aus Gesundheitskrepp .	—	1000
	Mit Ausputz versehene Wirk- (Trikot-) und Netzwaren	—	625
	aus anderen Gespinstwaren oder aus Filzen, teilweise aus Seide	700	
	Unterkleider (Leibwäsche) aus Gesundheitskrepp . .	—	500
	Mit Ausputz versehene Wirk- (Trikot-) und Netzwaren	—	500
	Gestickte Spitzenstoffe und gestickte Spitzen der Nr. 410 des allgemeinen Tarifs sowie Stickereien auf Grundstoffen der Nrn. 405, 406 und 408 des allgemeinen Tarifs (ausgenommen Stickereien für kirchliche Paramente und für Fahnen), mit Näharbeit, jedoch dadurch weder zu Kleidern oder zu sonstigen ge-		

Nr.	Benennung der Gegenstände.	Allgemeiner Tarif. Zollsatz für 1 dz Mark.	Vertragstarif. Zollsatz für 1 dz Mark.
	brauchsfertigen Gegenständen verarbeitet noch hierzu erkennbar vorgerichtet	—	800
518	Aus Gespinstwaren oder Filzen aus Wolle oder anderen Tierhaaren, auch gemischt mit pflanzlichen Spinnstoffen	350	
	Aus Gespinstwaren aus Wolle oder anderen Tierhaaren, auch gemischt mit pflanzlichen Spinnstoffen:		
	Unterkleider (Leibwäsche) aus Gesundheitskrepp	—	250
	Mit Ausputz versehene Unterkleider der in Nr. 434 des allgemeinen Tarifs genannten Art (Wirk- [Trikot-] und Netzwaren) . . .	—	150
	Spitzenstoffe und Spitzen der Nr. 436 des allgemeinen Tarifs sowie Stickereien auf Grundstoff aus Wolle oder anderen Tierhaaren, mit Näharbeit, jedoch dadurch weder zu Kleidern oder zu sonstigen gebrauchsfertigen Gegenständen verarbeitet, noch hierzu erkennbar vorgerichtet	—	300
519	Aus Baumwolle, auch gemischt mit anderen pflanzlichen Spinnstoffen	350	
	Unterkleider (Leibwäsche) aus rohem oder gebleichtem, aber weder gefärbtem noch bedrucktem oder buntgewebtem Gesundheitskrepp	—	150
	Mit Ausputz versehene Unterkleider der in Nr. 460 des allgemeinen Tarifs genannten Art (Wirk- [Trikot-] und Netzwaren)	—	120
	Gestickte Spitzenstoffe und gestickte Spitzen der Nr. 464 des allgemeinen Tarifs sowie Stickereien auf baumwollenem Grundstoffe, mit Näharbeit, jedoch dadurch weder zu Kleidern oder zu sonstigen gebrauchsfertigen Gegenständen verarbeitet noch hierzu erkennbar vorgerichtet	—	300
	Korsette aus Geweben aus Baumwolle, auch gemischt mit anderen pflanzlichen Spinnstoffen	—	300
520	Aus anderen pflanzlichen Spinnstoffen als Baumwolle	350	
	Stickereien auf Grundstoff aus Gespinsten von anderen pflanzlichen Spinnstoffen als Baumwolle, mit Näharbeit, jedoch dadurch weder zu Kleidern oder zu sonstigen gebrauchsfertigen Gegenständen verarbeitet, noch hierzu erkennbar vorgerichtet	—	300
	Korsette aus Geweben aus Flachs oder Flachswerg .	—	300
	Anmerkung zu Nr. 518 bis 520. Kleider, Putzwaren und sonstige genähte Gegenstände der Nrn. 518 bis 520 unterliegen, wenn sie aus Spitzen oder Stickereien bestehen, einem Zollzuschlage von 100, wenn sie mit Spitzen oder Stickereien einschließlich solcher ganz oder teilweise aus Seide verziert sind, einem Zollzuschlage von 50 v. H.		
	Anmerkungen zu Nr. 518 bis 520. Kleider, Putzwaren und sonstige genähte Gegenstände der Nrn. 518 bis 520 des allgemeinen Tarifs unterliegen, wenn sie aus Spitzen, mit Ausnahme solcher der Nr. 501 des		

Nr.	Benennung der Gegenstände.	Allgemeiner Tarif. Zollsatz für 1 dz Mark.	Vertragstarif. Zollsatz für 1 dz Mark.
	allgemeinen Tarifs, oder aus Stickereien bestehen, einem Zollzuschlag von 50 v. H., wenn sie mit Spitzen oder Stickereien einschließlich solcher ganz oder teilweise aus Seide verziert sind, einem Zollzuschlag von 25 v. H. Spitzenstoffe, Spitzen und Stickereien, die mit Näharbeit versehen, jedoch dadurch weder zu Kleidern oder sonstigen gebrauchsfertigen Gegenständen verarbeitet, noch hierzu erkennbar vorgerichtet sind, sind von den genannten Zuschlägen ausgenommen. Als aus Spitzen oder Stickereien bestehend sind nur solche Kleider, Putzwaren und sonstige genähte Gegenstände anzusehen, bei denen die Spitzen oder die bestickten Flächen die wesentlichen Teile bilden und die Eigenart der Ware bestimmen. Kleider, Putzwaren und sonstige genähte Gegenstände der Tarifnummern 518 bis 520, die in anderer Weise mit Spitzen oder Stickereien ausgestattet sind, werden im Sinne der Anmerkung zu Nr. 518 bis 520 des allgemeinen Tarifs als mit Spitzen oder Stickereien verziert angesehen und unterliegen an Stelle des dort vorgesehenen Zollzuschlags einem Zollzuschlage, welcher beträgt: a) bei Damenblusen 10 v. H., ohne Rücksicht darauf, aus welchen Spinnstoffen die Spitzen oder Stickereien hergestellt sind, b) bei anderen Kleidern sowie bei Putzwaren und sonstigen genähten Gegenständen 25 v. H., wenn die Verzierung in Spitzen oder Stickereien ganz oder teilweise aus Seide besteht, und 10 v. H., wenn die Verzierung in anderen Spitzen oder Stickereien besteht. Jedoch sind Bettzeug und Tischzeug, Damenhemden, Unterjacken, Unterbeinkleider, Unterröcke mit einzelnen streifenförmig an- oder eingenähten Spitzen- oder Stickereieinsätzen von nicht mehr als 4 cm Breite, ferner Damenhemden und Unterjacken aus dichten, ungemusterten Leinengeweben der Nrn. 492 und 493 mit Stickereien, die nur am Halsausschnitt angebracht sind und deren Muster an keiner Stelle über eine Entfernung von 15 cm vom Rande des Halsausschnitts hinausgeht, von den genannten Zollzuschlägen ausgenommen. **Anmerkung zu Nr. 519 und 520.** Korsette der in Nr. 519 und 520 genannten Arten unterliegen keinem Zollzuschlag, wenn sie mit Spitzen oder Stickereien, einschließlich solcher ganz oder teilweise aus Seide, verziert sind.		
521	Aus wasserdichten Geweben (ausgenommen Kautschuk- und Guttaperchagewebe):		
	aus groben wasserdichten Geweben; auch aus Schiefertuch oder Schmirgeltuch	50	
	aus Geweben mit Zellhorn (Zelluloid) oder ähnlichen Stoffen überstrichen	150	
	aus anderen wasserdichten Geweben	70	
522	Aus Gespinstwaren, auch aus Filz, mit Kautschuk überzogen oder getränkt oder durch Zwischenlagen aus Kautschuk verbunden, oder in Verbindung mit Kautschukfäden, auch aus Geweben von Kautschukfäden in Verbindung mit Gespinsten, anderweit nicht genannt:		
	wenn die Gespinstware oder das Gespinst besteht:		
	ganz oder teilweise aus Seide	220	220
	aus anderen Spinnstoffen	120	120

Nr.	Benennung der Gegenstände.	Allgemeiner Tarif. Zollsatz für 1 dz Mark.	Vertragstarif. Zollsatz für 1 dz Mark.
	J. Künstliche Blumen aus Gespinstwaren, Regen- und Sonnenschirme, Schuhe aus Gespinstwaren oder Filzen.		
523	Blumen (Blüten, Blütenblätter, Knospen), fertige, aus Gespinstwaren oder Gespinsten, auch aus Filz, allein oder in Verbindung mit anderen Stoffen, auch in fester Verbindung mit anderen Gegenständen oder unter Glas und Rahmen; Bestandteile solcher künstlichen Blumen, z. B. einzelne Blätter, Stiele, Staubfäden, Samenkapseln, Früchte usw., ohne Verbindung untereinander; auch sogenannte Stoffschläuche zu Stielen	900	
	Anmerkung. Wie künstliche Blumen werden auch sogenannte Phantasieblumen, Nachahmungen von Käfern und ähnliche Gegenstände verzollt, die zu gleichem Zwecke wie natürliche Blumen verwendet werden.		
	(524/5) Regen- und Sonnenschirme, soweit sie nicht durch ihre Verbindung mit anderen Stoffen unter höhere Zollsätze fallen:		
524	aus Spitzen, Stickereien oder Gespinstwaren mit aufgenähter Arbeit, oder damit aufgeputzt	200	200
525	andere:		
	aus Gespinstwaren ganz aus Seide	120	120
	aus Gespinstwaren teilweise aus Seide	90	90
	aus anderen Gespinstwaren	70	70
526	Schuhe, aus Tuchecken oder Tuchleisten geflochten, ohne angenähte Sohlen aus anderen Stoffen	15	
	Anmerkung. Schuhe, aus Nesteln, Litzen oder dergleichen geflochten, ohne angenähte Sohlen aus anderen Stoffen, werden wie Posamentierwaren verzollt.		
527	Schuhe aus Gespinstwaren oder Filzen mit angenähten Sohlen aus anderen Stoffen:		
	aus Gespinstwaren ganz oder teilweise aus Seide .	600	120
	Schuhe aus Gespinstwaren teilweise aus Seide . .	—	120
	aus Tuchecken, Tuchleisten oder Filzen; aus baumwollenen, wollenen oder leinenen Nesteln, Litzen oder dergleichen	50	
	Schuhe aus Filzen	—	50
	aus Kamelhaargeweben	100	80
	aus anderen Gespinstwaren, auch aus wasserdichten Geweben	70	65
	Grobe Schuhe aus dichten Geweben aus Jute, auch gemischt mit Flachs und mit einzelnen baumwollenen Gespinstfäden, mit angenähten Sohlen aus durch Nähen verbundenem Flechtwerk aus Werg von Hanf oder Jute, ungefüttert, auch in Verbindung mit unlackiertem Leder (sogenannte Espadrilles)	—	25

Nr.	Benennung der Gegenstände.	Allgemeiner Tarif. Zollsatz für 1 dz Mark.	Vertragstarif. Zollsatz für 1 dz Mark.
	K. Menschenhaare und Waren daraus, zugerichtete Schmuckfedern, Fächer und Hüte.		
528	Menschenhaare, roh, ausgekocht, gefärbt, gehechelt, gesponnen oder in Lockenform gelegt	100	
529	Haargewirre von Menschenhaaren, zu Perückenmacher- oder anderen Haararbeiten nicht verwendbar . . .	frei	
530	Perückenmacher- und andere Arbeiten aus Menschenhaaren oder Nachahmungen davon, auch in Verbindung mit anderen Stoffen, soweit sie nicht dadurch unter höhere Zollsätze fallen	200	
	Haarnetze aus Menschenhaaren oder Nachahmungen davon	—	200
531	Schmuckfedern, zugerichtet (zubereitet):		
	Straußfedern und Reiherfedern	1000	1000
	andere Federn: auch Vogelbälge, Köpfe, Flügel und andere Teile von Bälgen, zum Schmucke von Hüten oder dergleichen zugerichtet	750	750
532	Fächer (Handfächer):		
	ganz oder teilweise aus Straußfedern	600	
	ganz oder teilweise aus Seide, Spitzen, Stickereien oder anderen Schmuckfedern als Straußfedern; alle diese, soweit sie nicht durch ihre Verbindungen unter höhere Zollsätze fallen	300	200
	andere, soweit sie nicht an sich oder durch ihre Verbindungen unter höhere Zollsätze fallen	200	200
533	Männerhüte aus Gespinstwaren, ohne Rücksicht auf die Ausstattung:		
	aus Gespinstwaren ganz oder teilweise aus Seide; Hüte aller Art mit Springfedern (Klapphüte) . .	für 1 Stück 1,50	für 1 Stück 1
	aus anderen, auch mit Kautschuk überzogenen oder getränkten Gespinstwaren; lackierte Männerhüte aus Gespinstwaren aller Art, auch aus Filz	0,50	
	(534/5) Frauenhüte aus Gespinstwaren, und zwar:		
534	aus Gespinstwaren ganz oder teilweise aus Seide, aus Spitzen, Stickereien oder Gespinstwaren mit aufgenähter Arbeit	1	
535	aus anderen, auch mit Kautschuk überzogenen oder getränkten Gespinstwaren:		
	unausgerüstet (ungarniert)	0,25	
	ausgerüstet (garniert)	0,80	
536	Hüte aus wasserdichten Geweben (mit Ausnahme von Kautschukgeweben), unausgerüstet (ungarniert) oder ausgerüstet (garniert)	0,25	
	(537/8) Männerhüte aus Filz (mit Ausnahme der lackierten):		
537	aus Haarfilz:		
	unausgerüstet (ungarniert)	0,70	{ 0,50 0,40
	ausgerüstet (garniert)	1	{ 0,80 0,50

Nr.	Benennung der Gegenstände.	Allgemeiner Tarif. Zollsatz für 1 dz Mark.	Vertragstarif. Zollsatz für 1 dz Mark.
538	aus Wollfilz:	für 1 Stück	für 1 Stück
	unausgerüstet (ungarniert)	0,30	0,30
	ausgerüstet (garniert)	0,40	0,35
	Anmerkung zu Nr. 537 und 538. Filzhüte, bei welchen sich aus der Form oder der Ausrüstung nicht erkennen läßt, ob sie Männer- oder Frauenhüte sind, werden als Männerhüte nach den Nrn. 537 und 538 behandelt.		
539	Frauenhüte aus Filz aller Art:		
	unausgerüstet (ungarniert)	0,35	0,25
	ausgerüstet (garniert)	1	0,80
	bloß mit Band eingefaßt	—	0,80
	Anmerkung. Frauenhüte aus Filz aller Art, welche zur Verstärkung oder Formgebung mit einem auf oder unter der Krempe oder an deren äußerem Rande aufgenähten, auch mit Gespinsten umflochtenem Draht versehen sind, werden dadurch von der Verzollung als unausgerüstete (ungarnierte) Hüte nicht ausgeschlossen.		
540	Hutstumpen aus Filz, ganz oder unvollständig in Hutform gebracht:		
	aus Haarfilz	0,45	0,25
	aus Wollfilz	0,20	
541	Hüte aus Stroh oder anderen pflanzlichen Flechtstoffen, aus Hanf- oder Roßhaargeflechten, Fischbein, Kork, Baumschwamm, Lufa, Papier, Sparterie; anderweit nicht genannte Hüte:		
	unausgerüstet (ungarniert)	0,30	
	Hüte aus Holzspan	—	0,10
	Hüte aus Stroh	—	0,15
	Sogenannte Binsen- und Röhrchenhüte aus Stroh	—	0,15
	ausgerüstet (garniert)	0,50	
	Hüte aus Holzspan	—	0,20
542	Frauenhüte aller Art, aufgeputzt	1,50	1
	ganz aus Holzspan mit gewöhnlichem Aufputz .	—	0,35
	L. Abfälle von Gespinstwaren und dergleichen.		
543	Abfälle von Gespinstwaren aller Art (Lumpen und Schneidereiabfälle, letztere zur Schneiderei nicht mehr verwendbar); Tuchleisten; alte Netze, altes Tauwerk, alte Stricke und alte Weberlitzen aus Garn, zur ursprünglichen Bestimmung nicht mehr verwendbar . .	frei	
	Allgemeine Anmerkungen zum fünften Abschnitt.		
	Bei der Verzollung von Geweben aller Art bleiben die gewöhnlichen, aus anderen Spinnstoffen bestehenden Webekanten (Anschroten, Saumleisten, Salbänder, Lisieren) außer Betracht.		
	Die für Gewebe (im Stück oder abgepaßt) vorgesehenen Zollsätze sind auch dann anzuwenden, wenn zur Erleichterung der Zerlegung in abgepaßt ge-		

Nr.	Benennung der Gegenstände.	Allgemeiner Tarif. Zollsatz für 1 dz Mark.	Vertragstarif. Zollsatz für 1 dz Mark.
	arbeitete Stücke einzelne Fäden aus anderen Spinnstoffen eingewebt sind. Gewebe aus rohen oder gebleichten Gespinsten, in welche lediglich zu dem genannten Zwecke einzelne gefärbte Fäden des gleichen Spinnstoffes oder nicht mehr als 2 mm breite Streifen aus solchen Fäden eingewebt sind, werden nicht zu den buntgewebten oder gefärbten Geweben gerechnet.		
	Gewebe und Posamentierwaren werden, soweit nicht für gemischte Gewebe usw. besondere Zollsätze vorgesehen sind, als Gewebe oder Posamentierwaren aus dem vorherrschenden Spinnstoffe auch dann behandelt, wenn Fäden aus anderen Spinnstoffen nur an einzelnen Stellen, sei es auch in regelmäßiger Wiederkehr, eingewebt oder eingeflochten und diese Fäden von geringer Bedeutung sind. Bei Geweben gilt in Zweifelsfällen das Einweben von Fäden aus anderen Spinnstoffen dann als von geringer Bedeutung, wenn die Zahl dieser Fäden nicht mehr als 4 v. H. der Gesamtzahl der Gewebefäden beträgt.		
	Die besonderen Vorschriften der Nr. 401 werden durch die vorstehenden Bestimmungen nicht berührt.		
	1. Halbgebleichte (cremierte), mercerisierte oder mit Salpetersäure behandelte (nietrierte) Gespinste unterliegen der Verzollung als gebleichte Gespinste (auch vertragsmäßig).		
	2. Gespinste aus Wolle oder anderen Tierhaaren oder aus pflanzlichen Spinnstoffen in Verbindung mit Metallfäden (Draht oder Lahn), mit Ausnahme der mit solchen umsponnenen, werden mit einem Zuschlage von 10 v. H. verzollt. Bei Gespinsten, die nach der Feinheitsnummer verschiedenen Zollsätzen unterliegen, ist der Berechnung des Zolles nebst Zuschlag der höchste der für das Gespinst nach seiner sonstigen Beschaffenheit in Frage kommenden Zollsätze zugrunde zu legen.		
	3. Gespinste in geschlichteten oder geleimten Ketten, mit Ausnahme derjenigen aus Seide, künstlicher Seide oder Florettseide, unterliegen einem Zuschlage von 5 v. H. zu dem Zollsatze für das verwendete Gespinst.		
	4. Halbgebleichte (cremierte), mercerisierte oder mit Salpetersäure behandelte (nitrierte) Gespinstwaren unterliegen der Verzollung als gebleichte Gespinstwaren (auch vertragsmäßig).		
	5. Broschierte Gewebe unterliegen einem Zollzuschlage von 10 v. H. (auch vertragsmäßig).		
	Lanzierte Gewebe gelten nicht als broschierte Gewebe im Sinne der Ziffer 5 der Allgemeinen Anmerkungen zum fünften Abschnitt.		
	Der Zollzuschlag für broschierte Gewebe findet keine Anwendung auf leinene und baumwollene Abwischtücher und ähnliche für Wirtschaftszwecke bestimmte Tücher, in welche nur an den Ecken oder Kanten Worte oder Abbildungen, die auf den Gebrauchszweck hinweisen, einbroschiert sind.		
	6. Gehäkelte und gestrickte Gespinstwaren werden wie Wirkwaren, sogenannte Ätzstickereien (Ätzspitzen), soweit sie nicht als Gespinstwaren mit aufgenähter Arbeit (applizierte Gespinstwaren) sich darstellen, als Spitzen verzollt.		

Nr.	Benennung der Gegenstände.	Allgemeiner Tarif. Zollsatz für 1 dz Mark.	Vertragstarif. Zollsatz für 1 dz Mark.

Gehäkelte und gestrickte Gespinstwaren werden wie Wirkwaren verzollt.

7. Gespinstwaren in Verbindung mit Metallfäden (Draht oder Lahn) werden mit einem Zuschlage von 10 v. H. verzollt, soweit im Tarife nicht Ausnahmen vorgesehen sind.

Der Zollzuschlag, dem nach Ziffer 7 der Allgemeinen Anmerkungen zum fünften Abschnitt Gespinstwaren in Verbindung mit Metallfäden (Draht oder Lahn) unterworfen sind, soll 5 v. H. nicht überschreiten. Hinsichtlich der Metallfäden zum Besticken bewendet es bei den hierfür geltenden besonderen Bestimmungen.

8. Gespinstwaren mit aufgenähter Arbeit (applikierte Gespinstwaren) unterliegen nach Maßgabe des Grundstoffs der Verzollung als genähte Gegenstände. In gleicher Weise werden Filze und Filzwaren mit aufgenähter Arbeit verzollt.

Applikationsstickereien auf anderen Grundstoffen als solchen ganz oder teilweise aus Seide, bei denen der Grundstoff mit Mull oder Tüll durch Aufsticken von Mustern derart verbunden ist, daß die Muster durch Ausschneiden des auf- oder darunterliegenden Stoffes sichtbar werden, sind nicht als Gespinstwaren mit aufgenähter Arbeit zu behandeln, sondern zu dem Satze von 300 Mark für 1 dz zu verzollen.

9. Weberlitzen aus Gespinsten, durch Verflechten, Verknüpfen oder Verstricken zu einem Litzenkamme vereinigt, werden wie Posamentierwaren verzollt.

10. Gespinstwaren und Filze, die nur mit einfachen Säumen oder mit einzelnen Nähten versehen sind, werden nicht mit den Zollsätzen für genähte Gegenstände, sondern nur mit einem Zuschlage von 15 v. H. zu dem Zolle für die Gespinstwaren belegt.

Demselben Zollzuschlag unterliegen Säcke aus Geweben, genäht oder ungenäht.

Stickereien, Spitzenstoffe und Spitzen, die nur mit einfachen Säumen oder mit einzelnen Nähten versehen sind, werden deshalb weder mit den Zollsätzen für genähte Gegenstände noch mit einem Zollzuschlag belegt.

Als einfache Säume sind auch die einfachen Hohlsäume anzusehen.

Die genannten Waren gelten auch dann als nur mit einzelnen Nähten versehen, wenn zu ihrer Herstellung die gesondert gefertigten Stickerei- und Spitzenmuster oder Teile solcher Muster in der Flächenrichtung durch Naht untereinander verbunden sind.

Das Vorhandensein von Öffnungen oder Ausschnitten innerhalb des Stickerei- oder Spitzenmusters begründet nicht die Behandlung der genannten Waren als genähte Gegenstände.

Taschentücher und Umschlagetücher aller Art, ganz oder teilweise aus Seide, welche nicht zu den Stickereien oder Spitzen gehören, unterliegen, wenn sie mit einfachen Säumen oder mit einzelnen Nähten versehen sind, einem Zuschlag von 5 v. H. zu den Zollsätzen für die Gespinstwaren.

Nr.	Benennung der Gegenstände.	Allgemeiner Tarif. Zollsatz für 1 dz Mark.	Vertragstarif. Zollsatz für 1 dz Mark.
	Als Waren mit einfachen Säumen sind die vorgenannten Gespinstwaren auch dann anzusehen, wenn sie mit einfachen Hohlsäumen (Halbstäbchensäumen oder Ganzstäbchensäumen) versehen sind.		
	Taschentücher, Tischzeug, Bettzeug und Handtücherzeug aus Gespinsten von Baumwolle oder Spinnstoffen des Unterabschnitts 5D mit Säumen, welche ohne Umbiegen des Geweberandes durch bloßes Benähen desselben oder durch ein- oder mehrfaches Umbiegen des Geweberandes in größerer oder geringerer Breite und Festnähen des umgebogenen Gewebestücks hergestellt und dabei weder mit Durchbrucharbeit irgendwelcher Art (einschließlich der einfachen Hohlsäume) versehen, noch durch Ziersticke oder in anderer Weise verziert sind, werden deshalb weder mit den Zollsätzen für genähte Gegenstände noch mit einem Zollzuschlag belegt.		
	Für die vorgenannten Gespinstwaren wird an Stelle der Zollsätze für genähte Gegenstände und des im ersten Absatze der Ziffer 10 der Allgemeinen Anmerkungen zum fünften Abschnitt vorgesehenen Zollzuschlags nur ein Zollzuschlag von 10 v. H. erhoben, wenn sie entweder nur mit einfachen Hohlsäumen (Halbstäbchensäumen oder Ganzstäbchensäumen) oder nur mit einem einreihigen Durchbruch versehen sind, welcher im Innern des Gewebes mit den Geweberändern gleichläuft und in genau derselben Art wie die einfachen Hohlsäume, jedoch ohne Zusammenhang mit dem Saum durch besondere Nähfäden hergestellt ist.		
	Die vorgenannten Gespinstwaren [nämlich: Stickereien, Spitzenstoffe und Spitzen; Taschentücher und Umschlagetücher aller Art, ganz oder teilweise aus Seide, Taschentücher, Tischzeug, Bettzeug und Handtücherzeug aus Gespinsten von Baumwolle oder Spinnstoffen des Unterabschnitts 5D] gelten als mit einfachen Hohlsäumen (Halbstäbchensäumen oder Ganzstäbchensäumen) versehen, wenn sie unmittelbar neben der Säumstelle des in der Regel breiter umgelegten Randes einen Durchbruch mit nur einer Reihe von je in Form und Lage übereinstimmenden, weder von Fäden durchquerten noch durch eingeschaltete Figurengebilde unterbrochenen Öffnungen und Fadenbündeln aufweisen. Ob die Herstellung des Durchbruches in einem Arbeitsgange durch Bohrer und Nadel der Hohlsaumnähmaschine erfolgt oder durch Auslassen oder Ausziehen von Gewebefäden vorbereitet ist, macht keinen Unterschied. Die Fadenbündel entstehen bei dem einfachen Halbstäbchensaum durch gruppenweises Zusammenraffen der Gewebefäden an der Säumstelle (Saumnaht) durch die zum Befestigen des Saumes dienenden Nähfäden, bei dem einfachen Ganzstäbchensaum in seiner gewöhnlichen Form, dem sogenannten Leiterstich, dadurch, daß die Halbstäbchen außerdem noch an den gegenüberliegenden Stellen der Durchbruchstraße durch Nähen zu Stäbchen, die mit der Richtung der Gewebefäden gleichlaufen, zusammengezogen werden. Als eingeschaltete Figurengebilde sind die an den Ecken des Durchbruches etwa angebrachten, als Spinnen bezeichneten sternförmigen Fadengebilde nicht anzusehen.		
	Ein nur zur Verhinderung des Ausfransens vorgenommenes Umnähen der Ränder der durch die Spinnen ausgefüllten Gewebeöffnungen bleibt bei den vorgenannten Gespinstwaren außer Betracht.		
	Hohlsäume mit Zickzackstich sowie solche mit verzierten oder sonst von der vorstehenden Beschreibung abweichenden Durchbrüchen gelten bei den vorge-		

Nr.	Benennung der Gegenstände.	Allgemeiner Tarif. Zollsatz für 1 dz Mark.	Vertragstarif. Zollsatz für 1 dz Mark.
	nannten Gespinstwaren nicht mehr als einfache Hohlsäume. Gespinstwaren, in die nur Buchstaben, wenn auch verschlungene oder in sich selbst verzierte (Monogramme, Zierbuchstaben usw.), oder Namen, Nummern oder dergleichen eingestickt sind, werden nicht zu den Stickereien gerechnet. Bei Taschentüchern bleiben unwesentliche gestickte Verzierungen, mit denen die Buchstaben, Namen, Nummern oder dergleichen umgeben sind, wie einzelne Ranken, Arabesken usw., für die Behandlung der Ware als Stickerei gleichfalls außer Betracht. In Zweifelsfällen gilt eine Verzierung als unwesentlich, wenn die Gesamtstickerei eine Fläche von 6 cm im Geviert nicht überschreitet.		
	Soweit nicht Ausnahmen vorgesehen sind, werden abgepaßte oder zugeschnittene Gespinstwaren ohne Näharbeit wie die im Stück als Meterware eingehenden Gespinstwaren verzollt (auch vertragsmäßig).		
	Gespinstwaren mit angeknüpften Fransen oder dergleichen werden nicht wie genähte Gegenstände [sondern nach den Sätzen für derartige Gespinstwaren ohne solche Fransen und dergleichen] verzollt (auch vertragsmäßig).		
	Bei Wirk- (Trikot-) und Netzwaren bleiben Säume und Nähte sowie Einfassungen von Band und die zum Gebrauch erforderlichen gewöhnlichen Zutaten auf die Verzollung ohne Einfluß (auch vertragsmäßig). Als gewöhnliche Zutaten sind, ohne Rücksicht auf den Stoff, aus dem sie bestehen, insbesondere anzusehen: benähte Knopflöcher, Knöpfe, Knopfleisten, Schlingen, Heftel, Schnallen, Riemen, Bunde, Zugschnüre, Zugbänder, einfache Quasten.		
11.	Für Kleider, Putzwaren und sonstige genähte Gegenstände aus Gespinstwaren in Verbindung mit Metallfäden (Draht oder Lahn) erhöhen sich die Zollsätze um 15 v. H.		Zollerhöhung um höchstens $7^1/_2$ v. H.
12.	Nicht besonders genannte Gegenstände aus Gespinstwaren, die in anderer Weise als durch Nähen hergestellt sind, werden wie genähte Gegenstände verzollt. Der nämlichen Behandlung unterliegen Gespinstwaren mit oder ohne Näharbeit in Verbindung mit anderen Stoffen, soweit sie nicht besonders tarifiert sind oder durch ihre Verbindungen unter höhere Zollsätze fallen.		
	Eingewebte, eingewirkte usw. Glas-, Porzellan- oder Metallperlen, Glasgespinste, Fischbeinfasern oder dergleichen bleiben auf die Verzollung von Gespinstwaren ohne Einfluß (auch vertragsmäßig).		
	Gefüllte Betten sowie gefüllte Kissen, Matratzen, Polster usw. zu Betten, auch Strohsäcke, mit Überzügen aus Gespinstwaren, unterliegen der Verzollung als genähte Gegenstände aus den zu den Überzügen verwendeten Stoffen nur zu einem Drittel des Gewichts der Betten usw., während zwei Drittel auf die Füllung zu rechnen und dem für diese bestehenden Zollsatze zu unterwerfen oder zollfrei zu lassen sind. In gleicher		

Nr.	Benennung der Gegenstände.	Allgemeiner Tarif. Zollsatz für 1 dz Mark.	Vertragstarif. Zollsatz für 1 dz Mark.
	Weise werden andere gepolsterte oder sonst ausgefüllte Kissen ohne Gestell mit Überzügen aus Gespinstwaren im Gewicht von mehr als 2 kg behandelt.		
	13. Gespinste und Gespinstwaren aus Zellstoff (Zellulose) oder anderen Nachahmungsstoffen, mit Ausnahme der künstlichen Seide, werden wie die Gespinste und Gespinstwaren, als deren Nachahmungen sie sich darstellen, behandelt.		
	Für die Verzollung von **Kleidern, Putzwaren und sonstigen genähten Gegenständen, die aus verschiedenen Gespinstwaren zusammengesetzt sind,** ist der vorherrschende und, wenn dieser zweifelhaft ist, derjenige Bestandteil maßgebend, welcher den höchsten Zollsatz erfordert. Zum Nähen verwendete Gespinstfäden, Säume, Ausfütterungen mit Gespinstwaren, Schnüre und Gurte bleiben in allen Fällen außer Betracht. Ein Ausputz von Kleidern usw. der Nrn. 518, 519 und 520 des allgemeinen Tarifs mit Bändern, Besätzen, Schleifen oder dergleichen, ganz oder teilweise aus Seide, ist, unbeschadet der Anmerkung zu diesen Tarifnummern, auf die Verzollung ohne Einfluß, sofern nicht dieser Ausputz gegenüber dem Grundstoffe des Kleides usw. als vorherrschend anzusehen ist.		

6. Abschnitt. Leder und Lederwaren, Kürschnerwaren, Waren aus Därmen.

A. Leder.

Nr.	Benennung der Gegenstände.	Allgemeiner Tarif	Vertragstarif
544	Enthaarte halb- oder ganzgare, noch nicht gefärbte oder weiter zugerichtete Schaf- und Ziegenfelle, auch Lamm- und Zickelfelle, ungespalten oder gespalten	3	3
	(545/7) Leder, halb- oder ganzgar, auch zugerichtet, anderweit nicht genannt:		
545	bei einem Reingewicht des Stücks von mehr als 3 Kilogramm:		
	ganze Häute mit anhaftenden Köpfen, Hälsen, Bäuchen und Klauen, auch in Hälften; Kopf-, Hals-, Bauchteile und Klauen sowie Roßschilder und Schweinsleder, ohne Rücksicht auf das Gewicht des Stücks .	30	30
	Schweinsleder, ohne Rücksicht auf das Gewicht des Stücks	—	18
	Kernstücke	36	33
	Leder, einschließlich der Kernstücke, bei einem Reingewicht des Stücks von mehr als 3 kg, zur Herstellung von Treibriemen auf Erlaubnisschein unter Überwachung der Verwendung	—	22
546	bei einem Reingewicht des Stücks von 1 bis 3 kg . .	40	
	Kalbleder { naturfarbig	—	25
	Kalbleder { anderes	—	40
547	bei einem Reingewicht des Stücks von weniger als 1 kg	50	

Nr.	Benennung der Gegenstände.	Allgemeiner Tarif. Zollsatz für 1 dz Mark.	Vertragstarif. Zollsatz für 1 dz Mark.
548	Handschuhleder aller Art	36	
549	Ziegen- und Zickelleder, zugerichtet, mit Ausnahme des Handschuhleders und des lackierten Leders	80	
550	Schaf- und Lammleder, zugerichtet, mit Ausnahme des Handschuhleders und des lackierten Leders	36	
551	Pergament; auch durchscheinendes (Transparent-) Leder und Trommelleder	18	
552	Lackiertes Leder aller Art	50	
553	Bearbeitete (gefärbte, gegerbte usw.) Häute von Fischen oder Kriechtieren	50	
554	Künstliches Leder (ganz oder teilweise aus Lederabfällen zusammengesetzt)	30	
	Anmerkungen zu A. 1. Behaarte halb- oder ganzgare Kalbfelle, Rindshäute und dergleichen, die zur Verwendung als Schuhoberleder sowie zur Herstellung von Täschnerwaren usw. geeignet sind, unterliegen der Verzollung als Leder. 2. Abschnitte und Streifen von Leder, die einer weiteren Bearbeitung durch Kitten, Einpressen, Ein- oder Ausschneiden von Verzierungen, Lochen, Steppen, Nähen oder dergleichen unterworfen sind, ferner zu einem besonderen Zwecke durch Zuschneiden oder Stanzen geformte Abschnitte oder Streifen von Leder unterliegen der Verzollung als Lederwaren, ausgenommen gestanztes Trommelleder, auf welches lediglich der Zollsatz der Nr. 551 Anwendung findet.		
	B. Lederwaren.		
	(555/6) Schuhe aus Leder aller Art, auch aus behaarten Häuten oder aus Häuten von Fischen oder Kriechtieren:		
555	mit Holzsohlen	30	
556	mit anderen Sohlen:		
	das Paar im Gewicht von mehr als 1200 g . . .	85	60 85
	das Paar im Gewicht von mehr als 600 bis 1200 g; auch Schuhoberteile aus Leder aller Art mit elastischen Einsätzen, ohne Rücksicht auf das Gewicht	120	80 90 100
	das Paar im Gewicht von 600 g oder darunter . .	180	90 120 150
	Anmerkung. Ausfütterungen, Besätze, Zierate und Zutaten aller Art (Schnallen, Maschen, Quasten, Stickereien, Schnürriemen usw.) aus anderen Stoffen, einschließlich Seide, jedoch ausgenommen Pelzwerk, beiben ohne Einfluß auf die Verzollung.		
	Pantoffel und Hausschuhe, ohne Rücksicht auf das Gewicht	—	60
	Anmerkung. Als Pantoffel und Hausschuhe sind solche Schuhe anzusehen, die weder Riststellung noch Fersenstellung haben noch in anderer Weise (z. B. durch Zugschnüre, Verschlußknöpfe oder		

Nr.	Benennung der Gegenstände.	Allgemeiner Tarif. Zollsatz für 1 dz Mark.	Vertragstarif. Zollsatz für 1 dz Mark.
	elastische Einsätze) zur festen Umschließung des Fußes eingerichtet sind. Der vertragsmäßige Zollsatz ist auch auf Pantoffel und Hausschuhe mit einem Absatzfleck, jedoch nicht auf solche mit Absätzen (Stöckeln) anzuwenden.		
557	Treibriemen und Treibriemenbahnen aus Leder aller Art sowie aus rohen enthaarten Häuten, auch mit Unterlagen oder Zwischenlagen aus groben Gespinstwaren oder Filz	60	50
558	Stöcke, Reitpeitschen und dergleichen aus Tierflechsen, auch in Verbindung mit anderen Stoffen, soweit sie nicht dadurch unter höhere Zollsätze fallen:		
	unlackiert	30	
	lackiert	70	
559	Kleider aus Leder:		
	mit Futter aus Gespinstwaren	250	
	andere	80	
560	Sattler- und Täschnerwaren sowie andere nicht besonders genannte Waren aus Leder aller Art, rohen enthaarten oder behaarten Häuten, Pergament, tierischen Blasen, Goldschlägerhaut oder Häuten von Fischen oder Kriechtieren, oder damit ganz oder teilweise überzogen; auch Sattler- und Täschnerwaren aus groben Gespinstwaren von pflanzlichen Spinnstoffen oder aus Seilerarbeit der Nrn. 484 oder 485, oder damit ganz oder zum größeren Teile überzogen; alle diese, soweit sie nicht durch die Verbindung mit anderen Stoffen unter höhere Zollsätze fallen oder zu den mit Leder ganz oder teilweise überzogenen Papier- und Pappwaren der Nrn. 667 bis 669 gehören:		
	bei einem Reingewicht des Stücks von 2 kg oder darüber	65	65
	Pferdegeschirr	—	50
	bei einem Reingewicht des Stücks von weniger als 2 kg, auch Ledertapeten ohne Rücksicht auf das Gewicht des Stücks	80	80
	Pferdegeschirr	—	65
	Waren aus Leder für Spinnerei und Weberei: ohne Rücksicht auf das Gewicht des Stücks:		
	Schlagriemen	—	50
	Nähriemen	—	50
	Florteilriemen; Lederschnüre	—	50
	Bindriemen; Webervögel	—	50
	Kratzenrücken, Kratzenbänder, Blätter für Flugwalzen (Volantblätter); Streifen und Blätter für Schützentreiber; Nitschelhosen (Laufleder, Manchons):		
	bei einem Reingewicht des Stückes von 2 kg oder darüber	—	50
	bei einem Reingewicht des Stückes von weniger als 2 kg	—	65
	in Verbindung mit Beschlägen oder Verschlußvorrichtungen aus edlen Metallen ohne Rücksicht		

Nr.	Benennung der Gegenstände.	Allgemeiner Tarif. Zollsatz für 1 dz Mark.	Vertragstarif. Zollsatz für 1 dz Mark.
	auf das Gewicht des Stücks; auch Stickereien auf Leder	120	
	in Verbindung mit Beschlägen oder Verschlußvorrichtungen aus edlen Metallen, ohne Rücksicht auf das Gewicht des Stücks	—	120
	Stickereien auf Leder	-	90
	Anmerkungen: 1. Eine Verbindung mit Beschlägen oder Verschlußvorrichtungen aus vergoldeten oder versilberten unedlen Metallen oder Legierungen unedler Metalle bleibt auf die Verzollung ohne Einfluß (auch vertragsmäßig).		
	2. Täschnerwaren aus wasserdichten Geweben sind nicht nach Nr. 560, sondern je nach Beschaffenheit nach Nr. 521 oder Nr. 522 zu verzollen.		
561	Handschuhleder, zu Handschuhen zugeschnitten oder gestanzt	150	125
562	Handschuhe, ganz oder teilweise aus Leder (mit Ausnahme der mit Pelzwerk überzogenen oder mit solchem gefütterten Handschuhe und der als Sattlerware zu behandelnden ausgepolsterten Fechthandschuhe) . . .	200	125 175
	Anmerkung. Handschuhe ganz oder teilweise aus Leder mit angenähten Ärmeln aus Gespinstwaren werden wie genähte Gegenstände aus den letzteren verzollt.		
	C. Kürschnerwaren.		
563	Felle zur Pelzwerkbereitung, halb- oder ganzgar, auch gefärbt	frei	
564	Pelzwaren, nicht überzogen, nicht gefüttert: Pelze, auch Bundas, Boas, Pelzdecken, Pelzfutter, Pelzbesätze, zusammengenähte Pelze zu Pelzfutter; geschnittene Pelzstreifen zu Besätzen und dergleichen . .	6	
565	Pelzwaren, überzogen oder gefüttert; auch ungefütterte Boas, wenn sie mit Band, Knöpfen, Borten usw. versehen sind; Kissen, gepolsterte oder sonst ausgefüllte (ohne Gestell), mit Pelzwerk überzogen; Schuhe (auch mit Sohlen aus Leder oder dergleichen), Fußsäcke, Hüte, Mützen, Muffe und Handschuhe aus Pelzwerk oder mit Pelzwerk überzogen oder gefüttert . .	150	
566	Ausgestopfte Tiere und Teile davon, auch mit künstlichen Augen, natürlichen Geweihen oder dergleichen; Vogel- und andere Tierbälge, zu sogenannten Attrappen (Kästchen oder dergleichen) eingerichtet, auch in Verbindung mit anderen Stoffen, soweit sie nicht dadurch unter höhere Zollsätze fallen	70	
	Anmerkung zu C. Zur Verwendung als Pelzwerk zugerichtete Vogelbälge und Teile von solchen werden wie halb- oder ganzgare Felle zur Pelzwerkbereitung behandelt, Waren aus solchen Vogelbälgen sowie Gespinstwaren, Lederwaren und dergleichen, auf		

Nr.	Benennung der Gegenstände.	Allgemeiner Tarif. Zollsatz für 1 dz Mark.	Vertragstarif. Zollsatz für 1 dz Mark.
	denen Vogelfedern durch Weben, Nähen oder dergleichen befestigt sind, wie gefütterte Pelzwaren verzollt.		
	D. Waren aus Därmen.		
567	Darmschnüre und Darmseile	50	
568	Andere Waren aus Därmen mit Ausnahme der Darmsaiten; Stöcke, mit Darmsaiten ganz oder teilweise umflochten	70	
	E. Abfälle.		
569	Abgenutzte Lederstücke und Lederwaren sowie sonstige Lederabfälle (auch gemahlen), sofern ihre Benutzung als Leder oder zu Lederwaren nach ihrer Beschaffenheit ausgeschlossen ist	frei	
	7. Abschnitt. Kautschukwaren.		
	A. Waren aus weichem Kautschuk.		
570	Kautschuk, aufgelöst, auch mit Beimischung von Harz .	3	
571	Weichkautschukteig, auch gefärbt oder mit Asbestfasern, Graphit oder anderen Stoffen vermischt; gewalzte Platten daraus; Kautschuk-Abschnitte und -Streifen, unbearbeitet; Kautschukplatten mit eingewalztem Draht oder Drahtgeflecht; alle diese nicht vulkanisiert; Guttaperchapapier	5	
572	Geschnittene Platten (Patentplatten) aus rohem, gereinigtem, gefärbtem, auch mit Schwefel oder anderen Stoffen gemischtem Kautschuk, nicht vulkanisiert, auch in Abschnitten und Streifen, unbearbeitet	8	
573	Kautschukfäden, gezogen oder geschnitten:		
	ohne Verbindung mit Gespinsten	10	
	mit Gespinsten aus pflanzlichen oder tierischen Spinnstoffen unvollständig umsponnen oder umflochten .	20	
	mit Seide oder mit Gespinsten, in denen Seide enthalten ist, übersponnen	60	
	mit anderen Gespinsten übersponnen	40	
574	Schläuche:		
	aus Kautschuk für die Bereifung von Fahrzeugrädern	60	60
	aus Kautschuk zu Stielen für künstliche Blumen . .	80	
	andere aus Kautschuk; aus Kautschuk mit Unterlagen aus pflanzlichen Spinnstoffen; aus pflanzlichen Spinnstoffen, mit Kautschuk getränkt oder überzogen oder durch Zwischenlagen aus Kautschuk verbunden; aus Kautschuk, mit Gespinsten umflochten oder umsponnen; alle diese auch in Verbindung		

Nr.	Benennung der Gegenstände.	Allgemeiner Tarif. Zollsatz für 1 dz Mark.	Vertragstarif. Zollsatz für 1 dz Mark.
	mit unedlen Metallen oder Legierungen unedler Metalle	40	40
575	Treibriemen aus Gespinstwaren, mit Kautschuk getränkt oder überzogen, oder mit Unterlagen oder Zwischenlagen aus Kautschuk; aus Kautschuk mit Unterlagen oder Zwischenlagen aus Gespinstwaren	50	40
576	Wagendecken, bearbeitete, aus groben Gespinstwaren, mit Kautschuk getränkt oder überzogen oder durch Zwischenlagen aus Kautschuk verbunden	30	
577	Schuhe aus Kautschuk, auch in Verbindung mit Sohlen aus anderen Stoffen:		
	unlackiert	70	
	lackiert	100	
578	Reifen aus Kautschuk für Fahrzeugräder; auch Schutzdecken (Laufdecken) für die zu Fahrzeugrädern bestimmten Schläuche, aus Gespinstwaren, mit Kautschuk getränkt oder überzogen oder durch Zwischenlagen von Kautschuk verbunden	60	60
579	Anderweit nicht genannte Waren aus weichem (auch vulkanisiertem) Kautschuk oder damit ganz oder teilweise überzogen, soweit sie nicht durch die Verbindung mit anderen Stoffen unter höhere Zollsätze fallen:		
	unlackiert, ungefärbt, unbedruckt; Fußbodendecken aus derartigem Kautschuk, auch mit Unterlagen von Gespinstwaren oder Filz; Kautschukplatten mit ein- oder aufgewalzten Gespinstwaren oder mit ein- oder aufgewalztem Filz; Kolbenpackungen, Stopfbüchsenpackungen und Dichtungsschnüre aus groben Gespinstwaren, Gespinsten oder Filz in Verbindung mit Kautschuk oder mit Stearinsäure, Talk, Talg oder Asbest, sowie andere Kolbenpackungen und Dichtungsschnüre von ähnlicher Beschaffenheit	40	40
	lackiert, gefärbt, bedruckt oder mit eingepreßten Mustern versehen; Fußbodendecken aus derartigem Kautschuk, auch mit Unterlagen von Gespinstwaren oder Filz	60	60
580	Gespinstwaren, auch Filz, mit Kautschuk getränkt oder überzogen oder durch Zwischenlagen aus Kautschuk verbunden; Gespinstwaren in Verbindung mit Kautschukfäden; Gewebe aus Kautschukfäden in Verbindung mit Gespinsten; Kautschukwaren, mit Gespinstwaren überzogen oder mit Gespinsten umsponnen; alle diese, wenn die Gespinstware oder das Gespinst besteht:		
	ganz oder teilweise aus Seide	180	
	aus anderen Spinnstoffen	100	100
	Gespinstwaren in Verbindung mit Kautschukfäden; Gewebe aus Kautschukfäden in Verbindung mit Gespinsten; alle diese, wenn die Gespinstware oder das Gespinst besteht:		
	ganz oder teilweise aus Seide	—	**90**
	aus anderen Spinnstoffen	—	**90**

Nr.	Benennung der Gegenstände.	Allgemeiner Tarif. Zollsatz für 1 dz Mark.	Vertragstarif. Zollsatz für 1 dz Mark.
	Anmerkung. Bestickte Gespinstwaren der vorbezeichneten Art werden wie genähte Gegenstände aus solchen verzollt.		
581	Kautschukdrucktücher für Fabriken und Kratzentücher für Kratzenfabriken auf Erlaubnisschein unter Überwachung der Verwendung	30	
	B. Hartkautschuk und Hartkautschukwaren.		
582	Hartkautschukteig (nicht vulkanisiert)	5	
583	Hartkautschukteig für zahntechnische Zwecke, mit Farben, Metallpulver oder anderen Stoffen gemengt . . .	100	
584	Hartkautschuk (Kautschukhornmasse) in Platten, Stangen, auch zerschnitten, ohne weitere Bearbeitung; Rohpressungen aus Hartkautschuk, die zwar schon die Gestalt der Ware erkennen lassen, aber noch die Preßnähte an sich tragen und deshalb der weiteren Bearbeitung bedürfen; unbearbeitete Platten aus Hartkautschuk mit Unterlagen von Gespinstwaren oder Papier	10	
585	Röhren aus Hartkautschuk, ohne weitere Bearbeitung .	40	25
586	Andere Hartkautschukwaren, auch in Verbindung mit anderen Stoffen, soweit sie nicht dadurch unter höhere Zollsätze fallen	45	40
	Allgemeine Anmerkung zum 7. Abschnitt. Waren aus Guttapercha, Balata oder Kautschukersatzstoffen, oder damit ganz oder teilweise überzogen, werden, soweit sie nicht besonders genannt sind, wie Kautschukwaren verzollt.		
	8. Abschnitt. Geflechte und Flechtwaren aus pflanzlichen Stoffen mit Ausnahme der Gespinstfasern.		
	A. Geflechte (mit Ausnahme der Sparterie).		
587	Holzspangeflechte, auch gefärbt	2	1
	ungefärbt	—	1
	gefärbt	—	2
	Anmerkung. Unter Nr. 587 fallen auch sogenannte Holzspangewebe (gewebeartig hergestellte Geflechte aus Holzspan, hauptsächlich zur Hutfabrikation dienend), auch gefärbt, gebeizt oder gefirnißt, jedoch ohne Verbindung mit anderen Stoffen.		
588	Geflechte aus Stroh, Bast, Baumwurzeln, Binsen, Ginster, Gras, Holzwolle, Palmblatt, Seegras, Schilf oder anderen pflanzlichen Flechtstoffen:		

Nr.	Benennung der Gegenstände.	Allgemeiner Tarif. Zollsatz für 1 dz Mark.	Vertrags-Tarif. Zollsatz für 1 dz Mark.
	ungebleicht, ungefärbt	frei	
	aus Stroh	—	frei
	gebleicht, gefärbt	8	6
	aus Stroh	—	8
	B. Flechtwaren (mit Ausnahme der Hüte und der Sparteriewaren).		
589	Decken:		
	Fußdecken und Matten, grobe, roh oder gefärbt, gebeizt, gefirnißt	3	
	andere als grobe Fußdecken und Matten sowie andere Decken aller Art, auch mit Unterlagen aus Gespinstwaren oder Filz	24	
	(590/1) Korbflechterwaren und andere Flechtwaren:		
590	grobe, roh oder gefärbt, gebeizt, gefirnißt:		
	aus ungeschälten oder geschälten Ruten, aus Rohr, Peddig oder Holzspan	4	3
	aus anderen Flechtstoffen	10	{ 3 10
591	andere als grobe, insbesondere alle lackierten, polierten, bronzierten, vergoldeten, versilberten	24	24
592	Korbflechterwaren und andere Flechtwaren (mit Ausnahme der gepolsterten Korbmöbel) in Verbindung:		
	mit Gespinsten oder Gespinstwaren, ganz oder teilweise aus Seide, mit Spitzen, Stickereien, Gespinstwaren mit aufgenähter Arbeit, Samt oder Plüsch, samt- oder plüschartigen Geweben oder zugerichteten Schmuckfedern	120	120
	mit anderen Gespinsten oder Gespinstwaren oder mit anderen Stoffen, soweit sie nicht dadurch unter höhere Zollsätze fallen	24	24
	sogenannte Holzspangewebe (gewebeartig hergestellte Geflechte aus Holzspan, hauptsächlich zur Hutfabrikation dienend), auch gefärbt, gebeizt oder gefirnißt, mit Unterlagen von durch Appretur gesteiften Geweben aus Gespinsten von Baumwolle oder von Spinnstoffen des Abschnitts 5 D	—	15
	Anmerkung zu B. Eine Verbindung mit Holz bleibt auf die Verzollung ohne Einfluß.		
	C. Sparterie und Sparteriewaren.		
593	Sparterie	80	80
	Anmerkung. Unter Sparterie werden Geflechte aus Stroh oder anderen pflanzlichen Flechtstoffen (mit Ausnahme der Gespinstfasern) verstanden, die mit Pferdehaaren (aus Mähne oder Schweif) oder mit Gespinst-, Metall- oder Glasfäden durchzogen sind.		

Nr.	Benennung der Gegenstände.	Allgemeiner Tarif. Zollsatz für 1 dz Mark.	Vertragstarif. Zollsatz für 1 dz Mark.
	Waren aus Stroh oder aus anderen pflanzlichen Flechtstoffen (mit Ausnahme der Gespinstfasern), bei denen die lose nebeneinander liegenden Pflanzenfasern oder Pflanzenfaserstränge nicht untereinander verflochten, sondern durch durchgezogene oder durchgeflochtene Pferdehaare oder Gespinst-, Metall- oder Glasfäden zusammengehalten werden, sowie Gewebe (gewebeartig hergestellte Waren) aus Stroh usw., bei denen die Pferdehaare oder die Gespinst-, Metall- oder Glasfäden lediglich die Kette bilden, fallen nicht unter den Begriff der Sparterie, sondern sind als Flechtwaren nach Nr. 592 zu verzollen.		
594	Sparteriewaren (ausgenommen Hüte):		
	ohne Verbindung mit anderen Stoffen	90	
	in Verbindung mit Gespinsten oder Gespinstwaren ganz oder teilweise aus Seide mit Spitzen, Stickereien, Gespinstwaren mit aufgenähter Arbeit, Samt oder Plüsch, samt- oder plüschartigen Geweben oder zugerichteten Schmuckfedern	200	
	in Verbindung mit anderen Gespinsten oder Gespinstwaren oder mit anderen Stoffen, soweit sie nicht dadurch unter höhere Zollsätze fallen	120	
	9. Abschnitt. Besen, Bürsten, Pinsel und Siebwaren.		
595	Besen aus Reisig:		
	ohne Stock oder Stiel	frei	
	mit Stock oder Stiel aus rohem Holze oder Rohr, auch mit Handhaben aus dem zum Binden der Besen verwendeten Reisig	4	
	(596/9) Andere Besen sowie Bürsten und Pinsel:		
596	grobe, auch in Verbindung mit unlackiertem, unpoliertem Holze, Rohr oder Eisen:		
	aus pflanzlichen Stoffen oder Pflanzenfaserersatzstoffen; Dreidel (Dweidel) und ähnliche Gegenstände für Reinigungszwecke	4	
	Besen, grobe, auch in Verbindung mit unlackiertem, unpoliertem Holze, Rohr oder Eisen, aus pflanzlichen Stoffen oder Pflanzenfaserersatzstoffen; Dreidel (Dweidel) und ähnliche Gegenstände für Reinigungszwecke	—	3
	Bürsten, grobe, auch in Verbindung mit unlackiertem, unpoliertem Holze, Rohr oder Eisen, aus pflanzlichen Stoffen oder Pflanzenfaserersatzstoffen	—	4
	Pinsel, grobe, auch in Verbindung mit unlackiertem, unpoliertem Holze, Rohr oder Eisen, aus pflanzlichen Stoffen oder Pflanzenfaserersatzstoffen .	—	4

Nr.	Benennung der Gegenstände.	Allgemeiner Tarif. Zollsatz für 1 dz Mark.	Vertragstarif. Zollsatz für 1 dz Mark.
	aus Borsten oder tierischen Borstenersatzstoffen; auch Abstauber aus ungefärbten Federn	8	
	Grobe Bürsten aus Borsten oder tierischen Borstenersatzstoffen, auch in Verbindung mit unlackiertem, unpoliertem Holze, Rohr oder Eisen	—	8
597	grobe, in Verbindung mit lackiertem, poliertem Holze, Rohr oder Eisen; feine (insbesondere alle aus Haaren oder Gespinsten sowie Abstauber aus gefärbten Federn), auch in Verbindung mit Holz, Rohr oder Eisen; auch Abreib- (Frottier-) Bürsten und -Handschuhe sowie Pferdebürsten aus Borsten, Roßhaaren oder dergleichen in Verbindung mit groben Gespinstwaren; Haarbüsche aus Roß- oder Büffelhaaren; Teppichkehrer	24	24
	Besen und Bürsten, grobe, in Verbindung mit lackiertem, poliertem Holze, Rohr oder Eisen . .	—	24
598	Bürsten in Verbindung mit Bein oder Horn	100	
599	Besen, Bürsten und Pinsel in Verbindung mit anderen Stoffen, soweit sie nicht dadurch unter höhere Zollsätze fallen	24	24
600	Siebwaren:		
	grobe (Siebböden aus Holzspan, Eisendraht oder gelochtem Eisenblech), in Verbindung mit unlackiertem, unpoliertem Holze oder Eisen)	8	8
	andere, soweit sie nicht durch ihre Verbindungen unter höhere Zollsätze fallen	24	24

10. Abschnitt. Waren aus tierischen oder pflanzlichen Schnitzstoffen oder Formerstoffen.

A. Waren aus tierischen Schnitzstoffen.

Nr.	Benennung der Gegenstände.	Allgemeiner Tarif.	Vertragstarif.
601	Elfenbein und Nachahmungen davon:		
	rohe oder gebleichte nur geschnittene Platten oder Stücke	3	
	geschliffene, polierte oder zu Waren erkennbar vorgearbeitete Platten oder Stücke	30	30
602	Waren ganz oder teilweise aus Elfenbein, soweit sie nicht besonders ausgenommen sind oder durch die Verbindung mit anderen Stoffen unter höhere Zollsätze fallen	250	
	Fächer, Fächergestelle und Stockgriffe, ganz oder teilweise aus Elfenbein, soweit sie nicht durch die Verbindung mit anderen Stoffen unter höhere Zollsätze fallen	—	225
603	Schildpatt und Nachahmungen davon:		
	rohe, nur gespaltene, gestreckte, geschnittene oder anderweit zerlegte Platten oder Stücke	3	
	geschliffene oder polierte Platten oder Stücke . . .	200	

Nr.	Benennung der Gegenstände.	Allgemeiner Tarif. Zollsatz für 1 dz Mark.	Vertragstarif. Zollsatz für 1 dz Mark.
604	Waren, ganz oder teilweise aus Schildpatt, soweit sie nicht durch die Verbindung mit anderen Stoffen unter höhere Zollsätze fallen	250	225
605	Perlmutter und Nachahmungen davon:		
	rohe nur gespaltene, gestreckte, geschnittene oder anderweit zerlegte Platten oder Stücke	3	
	geschliffene, polierte oder zu Waren erkennbar vorgearbeitete Platten oder Stücke	30	30
606	Waren ganz oder teilweise aus Perlmutter, soweit sie nicht besonders ausgenommen sind oder durch die Verbindung mit anderen Stoffen unter höhere Zollsätze fallen:		
	Knöpfe	200	150
	andere Waren; Perlmutter in ganzen Schalen, geschliffen oder poliert, auch mit Perlen	250	225
607	Echte Perlen und bearbeitete (abgeriebene, geschliffene, durchbohrte) rote Korallen:		
	ungefaßt	60	
	Bearbeitete (abgeriebene, geschliffene, durchbohrte) rote Korallen, ungefaßt	—	30
	ungefaßt, zum Zwecke der Verpackung und Versendung auf Gespinstfäden oder Schnüre gereiht .	100	
	Bearbeitete (abgeriebene, geschliffene, durchbohrte) rote Korallen, ungefaßt, zum Zwecke der Verpackung und Versendung auf Gespinstfäden oder Schnüre gereiht	—	60
	gefaßt oder mit anderen Stoffen verbunden (soweit sie nicht dadurch unter höhere Zollsätze fallen), auch zur unmittelbaren Verwendung als Schmuck usw. aufgereiht oder zugerichtet	600	
608	Wachsperlen und alle sonstigen Nachahmungen echter Perlen; Nachahmungen von roten Korallen, auch in Form von Perlen; Waren, ganz oder teilweise aus nachgeahmten echten Perlen oder nachgeahmten roten Korallen, soweit sie nicht durch die Verbindung mit anderen Stoffen unter höhere Zollsätze fallen . . .	125	
609	Fischbein:		
	Fischbeinstäbe	10	
	Fischbeingeflechte, Fischbeingewebe und andere Fischbeinwaren (ausgenommen Hüte), auch in Verbindung mit anderen Stoffen, soweit sie nicht dadurch unter höhere Zollsätze fallen	30	
610	Hornstäbe aus Büffel- oder anderen Tierhörnern (Hornfischbein):		
	rauh, uneben; auch kurze geebnete, glatte Stäbe zur Anfertigung von Hornborsten	10	
	geebnet, glatt oder sonst zur Verwendung bereits vorgerichtet	60	40
611	Gepreßte, gedrehte oder gefräste Knöpfe aus Horn, Hornmasse oder Knochen, mit oder ohne Ösen	100	45

Nr.	Benennung der Gegenstände.	Allgemeiner Tarif. Zollsatz für 1 dz Mark.	Vertragstarif. Zollsatz für 1 dz Mark.
	Gepreßte Knöpfe aus Horn oder Hornmasse, mit oder ohne Ösen	—	45
612	Federkiele (Federspulen, Schreibfedern), geschnitten:		
	noch in Form ganzer Federn	6	
	in Stücken (von der Größe der Stahlfedern oder zu Zahnstochern, Pinselstielen, Mundstücken für Zigarrenspitzen oder dergleichen zugeschnitten) . .	30	30
613	Platten und Stücke, bloß gespalten, geschnitten, auch roh vorgehobelt, aus tierischen Schnitzstoffen, anderweit nicht genannt; Hornmasse in Tafeln:		
	roh, auch entfettet oder gebleicht; Hornmehl . . .	3	
	gebeizt, gefärbt, gepreßt (mit Mustern), geschliffen, poliert	10	10
614	Waren aus tierischen Schnitzstoffen, nicht unter die vorstehenden Nummern fallend:		
	ohne Verbindung mit anderen Stoffen	30	30
	in Verbindung mit Gespinsten oder Gespinstwaren ganz oder teilweise aus Seide, mit Spitzen, Stickereien, Gespinstwaren mit aufgenähter Arbeit, Samt oder Plüsch, samt- oder plüschartigen Geweben, zugerichteten Schmuckfedern, Perückenmacherarbeit, feingeformten Wachswaren oder Halbedelsteinen; Perlen und dergleichen aus tierischen Schnitzstoffen, auf Gespinstfäden, Schnüre oder Draht gereiht und ohne weiteres als Schmuck verwendbar, auch in gleicher Weise hergestellte Besatzartikel aus tierischen Schnitzstoffen	40	40
	in Verbindung mit anderen Gespinsten oder Gespinstwaren oder mit anderen Stoffen, soweit sie nicht dadurch unter höhere Zollsätze fallen	30	30
	Rosenkränze mit Perlen aus Horn, Hornmasse, Knochen oder sontigen nicht besonders genannten tierischen Schnitzstoffen, auch in Verbindung mit weder vergoldeten noch versilberten Zubehörteilen (Kettchen, Kreuzen und dergleichen) aus unedlen Metallen oder Legierungen unedler Metalle		30
	B. Holzwaren.		
615	Bau- und Nutzholz, gehobelt, gefalzt, genutet, gestemmt, gezapft, geschlitzt, soweit es nicht unter eine der nachstehenden Nummern fällt:		
	roh	6	
	rohe, durch Messerung hergestellte fournierartige Brettchen aus Pappelholz oder Erlenholz in kleinen Abmessungen	—	2
	anderes Bau- und Nutzholz usw., soweit es nicht in der Anmerkung zu Nr. 75 und 76 ausgenommen ist	—	3,25
	bearbeitet	10	10

Nr.	Benennung der Gegenstände.	Allgemeiner Tarif. Zollsatz für 1 dz Mark.	Vertragstarif. Zollsatz für 1 dz Mark.
616	Furniere, einschließlich der Holztapeten; durch Zusammenleimen von Furnieren hergestellte Platten zu Wandbekleidungen:		
	roh; auch rohe furnierte Bretter	10	
	bearbeitet	30	
	(617/8) Stab- und Täfelboden- (Parkettboden-) Teile, uneingelegt:		
617	roh:		
	unverleimt, unfurniert	6	5
	verleimt, furniert	10	
618	bearbeitet, auch verleimt oder furniert	12	
619	Stab- und Täfelboden- (Parkettboden-) Teile, eingelegt, soweit sie nicht durch die eingelegten Stoffe unter höhere Zollsätze fallen	18	
620	Holzspunde, auch gepreßt	3	3
621	Holzdraht, Holzstifte:		
	roh	4	
	bearbeitet	6	
622	Stöcke:		
	roh, auch mit Zwingen	3	3
	grobe, bearbeitet, auch mit Zwingen	10	10
	feine (mit eingelegter oder Schnitzarbeit oder mit Verzierungen, die durch Pressen oder Stanzen hergestellt sind); Stöcke in Verbindung mit anderen Stoffen, soweit sie nicht dadurch unter Nr. 568 oder unter höhere Zollsätze fallen	30	30
623	Fässer (auch gehobeltes Faßholz und andere Böttcherwaren:		
	roh	3	3
	bearbeitet; rohe und bearbeitete mit Metallreifen . .	10	10
624	Spulen, Spindeln, Weberblätter und Weberblätterzähne:		
	roh	6	
	bearbeitet	10	
	Spulen, auch gefärbt	—	5
	(625/6) Möbel und Möbelteile, grobe (nicht gepolstert), unfurniert:		
625	aus weichem Holze:		
	roh	8	{ 4,50 6
	bearbeitet	12	10
626	aus hartem Holze:		
	roh	12	{ 10 12
	bearbeitet	15	{ 12 14
	aus massiv gebogenem Holze (Bugholzmöbel) . .	—	10
	Anmerkung. Für Möbel und Möbelteile aus massiv gebogenem Holze erhöht sich der Zoll um 30 v. H.		
	Anmerkung. Bugholzmöbel und Möbelteile aus massiv gebogenem Holze werden ohne Zollzuschlag zum Satze von 10 Mark für einen Doppelzentner auch dann verzollt, wenn sie mit Holzbestandteilen		

Nr.	Benennung der Gegenstände.	Allgemeiner Tarif. Zollsatz für 1 dz Mark.	Vertragstarif. Zollsatz für 1 dz Mark.
	anderer Art, die nicht an sich unter Nr. 631 fallen, auch mit durch Zusammenleimen von Furnieren hergestellten Teilen oder mit den in der Anmerkung zu Nr. 630 genannten Stoffen verbunden sind. Ferner werden Bugholzmöbel durch die Verbindung mit Holzbestandteilen, die durch Pressen, durch Brennen mit erhitzten Preßplatten, durch Stanzen oder durch Ätzen mit Verzierungen versehen sind (z. B. mit dergleichen Sitzbrettern, Rückenlehnen und Armstützen), von der genannten Zollbegünstigung nicht ausgeschlossen.		
627	Möbel und Möbelteile, grobe (nicht gepolstert), furniert:		
	roh	15	10
	bearbeitet	20	15
	Anmerkung. Als furniert sind nur solche Möbel und Möbelteile zu behandeln, bei denen die Schauseite ganz oder in wesentlichen Bestandteilen mit aufgeleimten Furnierbrettern aus hartem Holze von nicht mehr als 2½ mm Stärke belegt ist.		
	(628/9) Tischler-, Drechsler- und Wagnerarbeiten, grobe, sowie sonstige grobe Holzwaren, vorstehend nicht genannt:		
628	roh:		
	Holzspanschachteln; Holzschuhe; Werkzeugstiele aus Hikoryholz oder Eschenholz; Holzformen für Nachtlichte	3	3
	Holzschuhe, roh, auch mit Haltern aus ungefärbtem oder bloß geschwärztem Leder	—	3
	Fensterrahmen, Türen, Treppen und Teile von solchen, profilierte Holzleisten	8	
	Fensterrahmen, Türen, Treppen und Teile von solchen	—	6
	profilierte Holzleisten	—	5
	andere	6	5
	Schriftkasten und zusammen mit den zugehörigen Schriftkasten eingehende Schriftregale, roh . .	—	3
629	bearbeitet	12	10
	Holzschuhe, mittels Rauches oder Holzessigsäure geschwärzt oder gebräunt, auch mit Haltern aus ungefärbtem oder bloß geschwärztem Leder	—	3
	Schriftkasten und zusammen mit den zugehörigen Schriftkasten eingehende Schriftregale, bearbeitet .	—	6
	Fensterrahmen, Türen, Treppen und Teile von solchen	—	11
630	Grobe Holzwaren in Verbindung mit anderen Stoffen, soweit sie nicht unter vorstehend aufgeführte Nummern oder unter höhere Zollsätze fallen	30	30
	Anmerkung. Eine Verbindung mit Bast-, Binsen-, Schilf-, Stroh-, Stuhlrohr- oder Korbgeflecht, mit ungefärbtem Leder, rohen (behaarten oder enthaarten) Häuten, groben rohen Geweben aus pflanzlichen Spinnstoffen, Seilerarbeit der Nr. 484 oder 485, groben wasserdichten Geweben aus pflanzlichen Spinnstoffen, mit Eisen, Glas, Papier, Pappe, Steinen (mit Ausnahme der Edel- und Halbedelsteine) oder Steinzeug		

Nr.	Benennung der Gegenstände.	Allgemeiner Tarif. Zollsatz für 1 dz Mark.	Vertragstarif. Zollsatz für 1 dz Mark.
	bleibt auf die Verzollung von groben Holzwaren ohne Einfluß, soweit nicht vorstehend etwas anderes bestimmt ist (auch vertragsmäßig).		
	Bei groben Möbeln bleibt außerdem eine das Aussehen der Ware nicht verfeinernde Verbindung mit einzelnen Bestandteilen aus Zink, Zinn, Kupfer oder Messing auch dann außer Betracht, wenn sie in nicht ganz unwesentlicher Ausdehnung vorhanden ist. Rohe Holzwaren der **Nummern 624 bis 628**, für welche im gegenwärtigen Vertrag Zugeständnisse gemacht sind, werden nicht wegen einer Verbindung mit den vorstehend genannten Stoffen als bearbeitet behandelt.		
631	Feine Holzwaren (ausgenommen Stöcke), auch in Verbindung mit anderen Stoffen, soweit sie nicht dadurch unter höhere Zollsätze fallen:		
	Bildhauer- und Bildschnitzerarbeiten; Holzwaren mit feiner Schnitzarbeit; feine Drechslerwaren und andere feine Holzwaren; durch Pressen, Brennen, Ätzen oder Stanzen hergestellte Nachahmungen feiner Schnitzarbeiten; Druckplatten aus Holz, geschnitten, auch mit eingeschlagenen Stiften usw. aus unedlen Metallen oder Legierungen unedler Metalle	30	30
	Bildhauer- und Bildschnitzerarbeiten; Holzwaren mit feiner Schnitzarbeit; andere feine Holzwaren, im allgemeinen Tarif nicht besonders genannt	—	30
	Möbelteile (Sitzbretter, Rückenlehnen, Armstützen und dergleichen), durch Pressen, durch Brennen mit erhitzten Preßplatten, durch Stanzen oder durch Ätzen mit Verzierungen versehen	—	10
	Holzschriften (aus Holz geschnittene Buchdruckerschriften zum Plakatdruck), auch geölt, ohne Verzierung durch Schnitzarbeit und ohne Verbindung mit anderen Stoffen	—	10
	Goldleisten ohne Bildhauer- oder Bildschnitzerarbeit	24	24
	Anmerkung. Bronzierte oder versilberte Leisten ohne Bildhauer- oder Bildschnitzerarbeit unterliegen dem Zollsatze für Goldleisten. Rahmen werden wie Leisten behandelt.		
	Holzwaren (ausgenommen Stab- und Täfelboden- [Parkettboden-] Teile) mit eingelegter Arbeit, soweit sie nicht durch die eingelegten Stoffe unter höhere Zollsätze fallen; fein bemalte, vergoldete, versilberte oder bronzierte Holzwaren (mit Ausnahme der Goldleisten ohne Bildhauer- oder Bildschnitzerarbeit); Holzmosaik	36	{ 30 36
	Rosenkränze mit Perlen aus Holz, auch in Verbindung mit weder vergoldeten noch versilberten Zubehörteilen (Ketten, Kreuzen und dergleichen) aus unedlen Metallen oder Legierungen unedler Metalle	—	30

Nr.	Benennung der Gegenstände.	Allgemeiner Tarif. Zollsatz für 1 dz Mark.	Vertragstarif. Zollsatz für 1 dz Mark.
	Anmerkung. Möbel aus Holz sind nicht lediglich deshalb als feine Holzwaren der Nr. 631 anzusehen, weil sie durch Ausbohren oder Ausstanzen von regelmäßig (auch stern- oder kreisförmig) angeordneten Löchern an Sitzbrettern und Lehnen, durch einfaches Ausschneiden einzelner Teile mit der Säge, durch Drechslerarbeit an Füßen und ähnlichen Teilen oder durch Einziehen (Eingravieren oder dergleichen) von weder vergoldeten, versilberten oder bronzierten noch in sich verschlungenen oder sonst musterbildenden Linien eine gewisse Verfeinerung erfahren haben. Das gleiche gilt von Schränken und ähnlichen größeren Kastenmöbeln, die nur an einzelnen Teilen von untergeordneter Bedeutung (z. B. kleinen Gesimsaufsätzen, Eckblättern, Rosetten, Pilastern oder Konsolen) mit feiner Schnitzarbeit versehen sind.		
	(632/3) Gepolsterte Möbel, auch mit anderen als hölzernen Gestellen, soweit sie nicht durch ihre Verbindungen unter höhere Zollsätze fallen; gepolsterte Kissen mit Gestell oder schwer ins Gewicht fallender Füllung von Sand, Blei, Gußeisen oder Stein:		
632	ohne Überzug	30	
633	mit Überzug:		
	aus Gespinstwaren ganz oder teilweise aus Seide, aus Spitzen, Stickereien, Gespinstwaren mit aufgenähter Arbeit, Samt oder Plüsch, samt- oder plüschartigen Geweben; aus Leder	60	
	Möbel	—	50
	aus anderen als den vorgenannten Gespinstwaren oder Stoffen; auch Billards und Teile von solchen . .	40	
	Billards, überzogen, und Teile von solchen . .	—	40
	Anmerkung. Bei der Einfuhr von Billards in zerlegtem Zustande werden die nicht überzogenen Platten nach Beschaffenheit des Stoffes verzollt.		
634	Holzwaren aller Art (mit Ausnahme der gepolsterten Möbel) in Verbindung mit Gespinsten oder Gespinstwaren ganz oder teilweise aus Seide, mit Spitzen, Stickereien, Gespinstwaren mit aufgenähter Arbeit, Samt oder Plüsch, samt- oder plüschartigen Geweben, zugerichteten Schmuckfedern, Perückenmacherarbeit, fein geformten Wachswaren oder Halbedelsteinen, soweit sie nicht durch die Verbindung mit anderen Stoffen unter höhere Zollsätze fallen; Perlen und dergleichen aus Holz, auf Gespinstfäden, Schnüre oder Draht gereiht und ohne weiteres als Schmuck verwendbar, auch in gleicher Weise hergestellte Besatzartikel . . .	40	40
	Geschnitzte oder mit Schnitzereien versehene Holzwaren aller Art (mit Ausnahme der gepolsterten Möbel) in Verbindung mit Gespinsten oder Gespinstwaren ganz oder teilweise aus Seide, mit Spitzen, Stickereien, Gespinstwaren mit aufgenähter Arbeit, Samt oder Plüsch, samt- oder plüschartigen Geweben, soweit sie nicht durch die Ver-		

Nr.	Benennung der Gegenstände.	Allgemeiner Tarif. Zollsatz für 1 dz Mark.	Vertragstarif. Zollsatz für 1 dz Mark.
	bindung mit anderen Stoffen unter höhere Zollsätze fallen	—	36
	Anmerkung zu den Nrn. 631 und 634. Den vertragsmäßigen Zollsätzen der Nr. 631 und der Nr. 634 unterliegen die hierher gehörigen geschnitzten oder mit Schnitzereien versehenen Holzwaren, ohne Rücksicht auf ihre sonstige Zweckbestimmung (also zum Beispiel auch dergleichen Brotteller, Federhalter, Gehäuse für physikalische und andere Instrumente, Handspiegel, Kassetten, Kleider-, Schirm- und Stockständer, Konsolen, Likörschränkchen, Nadelbüchsen, Salatbestecke, Schmuck- und Handschuhkästen, Schweizerhäuschen ohne Spielwerk, Uhrständer und Uhrenklappen).		
	Die Verbindung mit eingesetztem Spiegelglas oder mit Scharnieren oder Schlößchen aus nicht vergoldeten oder versilberten unedlen Metallen oder Legierungen unedler Metalle bleibt ohne Einfluß auf die Verzollung.		
	Anmerkungen zu B.		
	1. Platten aus künstlichem Holze (Holzstein [Xylolith], Holzpasta, Scifarin oder dergleichen) werden wie gehobelte Bretter, Waren daraus wie die gleichartigen Waren aus natürlichem Holze verzollt.		
	2. Als bearbeitet im Gegensatze zu roh sind im Sinne dieses Unterabschnitts alle gebräunten, gebeizten, gefärbten, grob bemalten, gefirnißten, lackierten, polierten sowie die geräucherten, getränkten (imprägnierten) oder anderweit auf chemischem Wege behandelten Holzwaren anzusehen. Dagegen sind mit Öl, Wachs, Pottlot, Fetten, Stearin oder ähnlichen Stoffen abgeriebene oder mit einem Teeranstrich versehene Holzwaren als rohe zu behandeln (auch vertragsmäßig).		
	C. Korkwaren.		
635	Kork, zu Stückchen oder Mehl zerkleinert	3	
636	Zugeschnittene Platten, Streifen und Würfel mit Rinde; Rindenspunde; Steine, Ziegel, Röhren und Röhrenteile aus Korkabfällen; Korkfender	10	
637	Zugeschnittene Platten, Streifen und Würfel ohne Rinde; Korkscheiben	15	
638	Korkwaren (mit Ausnahme der Hüte), auch in Verbindung mit anderen Stoffen, soweit sie nicht durch ihre Verbindungen unter höhere Zollsätze fallen . .	30	
	Anmerkungen zu C.		
	1. Waren aus Kunstkork werden wie Korkwaren behandelt.		
	2. Korkwaren in Verbindung mit den in Nr. 634 genannten Stoffen werden wie Holzwaren in derartiger Verbindung verzollt.		

Nr.	Benennung der Gegenstände.	Allgemeiner Tarif. Zollsatz für 1 dz Mark.	Vertragstarif. Zollsatz für 1 dz Mark.
	D. Waren aus anderen pflanzlichen Schnitzstoffen als Holz und Kork oder aus anderweitig nicht genannten Formerstoffen.		
639	Zellhorn (Zelluloid) und ähnliche Stoffe:		
	rohe ungeformte Stücke, rohe geschnittene oder gezogene Blätter, Blöcke, Platten, Röhren oder Stäbe	4	
	geschliffene, mattierte, polierte oder in ähnlicher Weise an der Oberfläche bearbeitete Blätter, Platten, Röhren oder Stäbe, oder für Waren erkennbar vorgearbeitete Stücke	100	100
640	Waren, ganz oder teilweise aus Zellhorn oder ähnlichen Formerstoffen, anderweit nicht genannt, soweit sie nicht durch die Verbindung mit anderen Stoffen unter höhere Zollsätze fallen oder als Nachahmungen höher belegter Waren anzusehen sind	200	200
641	Anderweit nicht genannte oder inbegriffene pflanzliche Schnitzstoffe in rohen, bloß geschnittenen Platten; auch Holundermark, geschnitten, und Schilfrohr, gespalten, zugeschnitten oder zugespitzt	3	
642	Stuhlrohr (spanisches Rohr, Rotang), Peddig, Bambus-, Rebhühner-, Zucker- und anderes edleres Rohr:		
	zum unmittelbaren Gebrauche zugeschnitten oder gespalten, roh, nicht weiter bearbeitet; auch Piassavaersatzstoff, roh	3	
	gebeizt, gefärbt; auch rohes, gerissen	6	
	gefirnißt, lackiert, poliert	10	
643	Spulen, Spindeln, Weberblätter und Weberblätterzähne aus Rohr, auch in Verbindung mit unlackiertem, unpoliertem Eisen, sowie Rohrfender:		
	roh	6	
	gebeizt, gefärbt	10	
644	Stöcke aus Rohr:		
	roh, auch mit Zwingen	12	
	gebeizt, gefirnißt, lackiert, poliert, auch mit Zwingen .	20	
	in Verbindung mit anderen Stoffen, soweit sie nicht dadurch unter Nr. 568 oder unter höhere Zollsätze fallen	36	33
645	Perlen und dergleichen aus anderen pflanzlichen Schnitzstoffen als Holz und Kork (mit Ausnahme derjenigen aus Zellhorn oder ähnlichen Formerstoffen), auf Gespinstfäden, Schnüre oder Draht gereiht und ohne weiteres als Schmuck verwendbar, auch in gleicher Weise hergestellte Besatzartikel	40	
646	Waren (mit Ausnahme der Hüte) aus anderen pflanzlichen Schnitzstoffen als Holz und Kork (einschließlich der Waren aus Samenkörnern und der Lufawaren), nicht unter eine der vorstehenden Nummern fallend, auch in Verbindung mit anderen Stoffen, soweit sie nicht dadurch unter höhere Zollsätze fallen:		
	Steinnußknöpfe	150	45

Nr.	Benennung der Gegenstände.	Allgemeiner Tarif. Zollsatz für 1 dz Mark.	Vertragstarif. Zollsatz für 1 dz Mark.
	Anmerkung. Dem vertragsmäßigen Satz für Steinnußknöpfe unterliegen auch Knöpfe aus Arcka und dergleichen.		
	Rosenkränze mit Perlen aus anderen pflanzlichen Schnitzstoffen als Holz oder Kork (mit Ausnahme von Zellhorn oder ähnlichen Formerstoffen), auch in Verbindung mit weder vergoldeten noch versilberten Zubehörteilen (Ketten, Kreuzen und dergleichen) aus unedlen Metallen oder Legierungen unedler Metalle	—	30
	Anmerkung. Waren der in Nr. 646 Abs. 2 genannten Art in Verbindung mit den in Nr. 634 genannten Stoffen werden wie Holzwaren in derartiger Verbindung verzollt.		
647	Bildhauer-, Bildschnitzer- und Formerarbeiten aus Stärke, Bassorin, Tragantgummi, Brot oder sonstigen anderweitig nicht genannten Formerstoffen (mit Ausnahme von Nachahmungen höher belegter Waren), auch in Verbindung mit anderen Stoffen, soweit sie nicht dadurch unter höhere Zollsätze fallen	40	
	Rosenkränze mit Perlen aus Stärke, Bassorin, Tragantgummi, Brot oder sonstigen nicht besonders genannten Formerstoffen (mit Ausnahme der Nachahmungen höher belegter Waren), auch in Verbindung mit weder vergoldeten noch versilberten Zubehörteilen (Ketten, Kreuzen und dergleichen) aus unedlen Metallen oder Legierungen unedler Metalle	—	30
648	Waren aus formbarer (plastischer) Kohle, (einschließlich derjenigen aus fossilen Stoffen) oder aus Gaskohle, auch in Verbindung mit anderen Stoffen, soweit sie nicht dadurch unter höhere Zollsätze fallen:		
	bei einem Reingewicht des Stücks { von 3 kg oder darüber .	3	
	bei einem Reingewicht des Stücks { von weniger als 3 kg .	30	
	Anmerkung. Bei Kohlenfäden für elektrische Beleuchtungskörper oder dergleichen bleibt eine Verbindung mit Platin auf die Verzollung ohne Einfluß.		

11. Abschnitt. Papier, Pappe und Waren daraus.

Nr.	Benennung der Gegenstände.	Allgemeiner Tarif.	Vertragstarif.
	(649/50) Halbzeug (Halbstoff zur Papier- und Pappenbereitung), breiartig oder in fester Form, auch gebleicht oder gefärbt oder mit mineralischen Stoffen, Leim usw. versetzt:		
649	aus Abfällen von Gespinstwaren oder dergleichen . .	frei	frei
650	aus Holz, Stroh, Espartogras oder anderen Pflanzenfasern:		

Nr.	Benennung der Gegenstände.	Allgemeiner Tarif. Zollsatz für 1 dz Mark.	Vertragstarif. Zollsatz für 1 dz Mark.
	Holzmasse (mechanisch bereiteter Holzstoff, Holzschliff) .	3	1,25
	chemisch bereiteter Holzstoff (Zellstoff, Zellulose); Stroh-, Esparto- und anderer Faserstoff	3	1,25
651	Pappen (Pappdeckel), geformt (geschöpft) oder gekautscht, auch aus zusammengeklebten Pappen hergestellt:		
	Glanzpappe (Preßspan) und andere hochgeglättete Pappe, Kunstlederpappe, sowie andere feine Pappen, auch in der Masse gefärbt; Vulkanfiber	6	
	Pappen aus mechanisch oder chemisch bereitetem Holzstoff, auch aus solchem von gedämpftem Holze, festgewalzt (Braunholzpappe, sogenannte Lederpappe), Stroh-, Schrenz- und Torfpappe und anderweit nicht genannte grobe Pappen, auch in der Masse gefärbt	4	1,50
	Graue Pappe, geformt (geschöpft) oder gekautscht, nicht geglättet	—	2
	Pappen mit Asphalt, Teer oder dergleichen überzogen, getränkt oder bestrichen, sowie Röhren aus solcher Pappe; Steinpappe	1,50	1,50
	Anmerkung. Gekautschte Pappen werden auch dann nach Nr. 651 verzollt, wenn die äußeren Lagen weiß oder in der Masse gefärbt (auch verschiedenfarbig) und nicht von gleicher Beschaffenheit und Farbe wie die inneren Zwischenlagen sind.		
652	Pappen aller Art, weiß oder farbig gestrichen, mit weißem oder farbigem Papier beklebt, lackiert, bronziert, mit Wollstaub oder dergleichen überzogen, durch Pressen gemustert; Malerpappe	10	
	Pappen aller Art, weiß oder farbig gestrichen, mit weißem oder farbigem Papier beklebt; Malerpappe	—	10
653	Gelbes Strohpapier; ganz grobes graues Löschpapier .	4	
	Gelbes Strohpapier	—	3
	Ganz grobes graues Löschpapier	—	2
654	Packpapier, in der Masse gefärbt, auch auf einer Seite glatt	4	3
655	Papier, nicht unter andere Nummern fallend, einschließlich des Kartonpapiers, auch liniiert, pergamentiert oder gekörnt	10	6
	Schreib- und Postpapier, nicht liniiert; Zeichenpapier; Papier für Kupfer- und Lichtdruck	—	6
	Packpapier, nicht unter Nr. 654 fallend	—	3
	Anmerkung zu Nr. 651 bis 655. Packpapier und Pappen werden auch dann nach Nr. 651 bis 655 nach Maßgabe ihrer sonstigen Beschaffenheit verzollt, wenn sie mit Gebrauchsanweisungen, Warenanpreisungen, Mustern oder dergleichen bedruckt sind.		
	Anmerkung zu Nr. 654 und 655. Packpapier wird auch dann nach Nr. 654 oder 655 nach Maßgabe seiner sonstigen Beschaffenheit verzollt, wenn es mit Gebrauchsanweisungen, Warenanpreisungen, Mustern oder dergleichen bedruckt ist. Als Packpapier werden ohne Unterschied des		

Nr.	Benennung der Gegenstände.	Allgemeiner Tarif. Zollsatz für 1 dz Mark.	Vertragstarif. Zollsatz für 1 dz Mark.
	Stoffes, aus welchem das betreffende Papier hergestellt ist, alle Papiere behandelt, welche sich zur Verwendung als Druck-, Schreib-, Lösch- oder Zeichenpapier nicht eignen, insbesondere die Gattung der Tütenpapiere sowie die als Papier zum Einwickeln, Einschlagen oder Einpacken erkennbaren, in der Regel mehr oder weniger geleimten Papiersorten. Papiere dieser Art sind zum Satze von 3 Mark für 1 dz auch dann zu verzollen, wenn sie auf beiden Seiten glatt oder geglättet, in der Masse bunt gefärbt oder mit Gebrauchsanweisungen, Warenanpreisungen, Mustern und dergleichen bedruckt sind. Mit Unterlagen von Gespinstwaren versehene Papiere gehören nicht zu den Packpapieren. Für die Unterscheidung von Packpapier und Pappe ist in Zweifelsfällen das Verhältnis der Fläche zum Gewicht in der Weise maßgebend, daß als Packpapier nur solche Papiere zu behandeln sind, von denen 1 m im Geviert weniger als 350 g wiegt. Von der Verzollung als Seidenpapier sind alle Papiere ausgenommen, deren Gewicht auf 1 m im Geviert 30 g übersteigt.		
656	Buntpapier, einschließlich des mit Kreide, Bleiweiß oder dergleichen überstrichenen oder mit Metalldruck versehenen Papiers; lackiertes Papier; mit Glimmer- oder Glasschuppen, Streupulver oder Wollstaub überzogenes Papier; Papier mit gestrichenem, aufgelegtem oder galvanoplastischem Metallüberzuge sowie mit Gold- oder Silberschnitt versehenes Papier	10	8
657	Drucke jedes Verfahrens, soweit sie nicht unter den zwölften Abschnitt fallen, auch Bilderpapier, einschließlich des Kopierverfahrens auf Papier und Pappe; auch farbig oder schwarz geränderte oder sonst auf irgend eine Weise verzierte Papiere oder Pappen:		
	einfarbig	10	6
	mehrfarbig, auch mit Pressungen oder Rändern in Farben, Gold oder anderen Metallen	10	6
658	Papier und Pappe, auch der Nr. 657, ausgestanzt, auch mit Handmalereien, gepreßten Naturblumen, Photographien oder in irgend einer anderen Weise verziert	20	
	Anmerkung zu Nr. 657 und 658. Unter Bilderpapier ist alles mit Bildern oder Figuren bedruckte Papier (Pappe) zu begreifen, das zur weiteren Verarbeitung, z. B. zur Aufmachung von Waren, zu Buchbinderarbeiten, Spielzeug, zur handschriftlichen usw. Ausfüllung oder Ergänzung, zum Aufkleben, Aufstecken oder Auflegen auf Waren oder Warenumschließungen bestimmt ist.		
659	Papier und Pappe, mit Gespinstwaren aller Art ganz oder teilweise überzogen, oder mit Unterlagen oder Zwischenlagen von Gespinstwaren aller Art oder von Drahtgeflecht	24	
660	Tapeten und Tapetenborten aller Art aus Papier . .	24	
	Tapeten und Tapetenborten aller Art aus Papier, weder vergoldet noch versilbert, noch bronziert, noch gepreßt, noch samtartig	—	12

Nr.	Benennung der Gegenstände.	Allgemeiner Tarif. Zollsatz für 1 dz Mark.	Vertragstarif. Zollsatz für 1 dz Mark.
661	Spielkarten von jeder Gestalt und Größe, neben der inneren Abgabe	für 1 dz Rohgewicht 60	
662	Schieferpapier, auch Tafeln daraus, ohne Verbindung mit anderen Stoffen; Bimsstein-, Glas-, Rost-, Sand-, Schmirgelpapier sowie anderes Schleif- und Polierpapier	für 1 dz 1	
663	Photographisches Papier	10	
664	Gelatinepapier; Pauspapier (Paraffin-, Öl-, Wachspapier und dergleichen); Blau- (Anilin- und Ultramarin-) Papier; gefettetes Indigopapier; Desinfektionspapier; Schweißpapier; Fliegen- und Mottenpapier; Ozonpapier; Reagenzpapier und anderes chemisches Papier; mit Guttaperchalösung, Leim, Gummi, Tragant, Stärke oder ähnlichen Stoffen bestrichenes oder gepudertes Papier, auch auf den so behandelten Stellen mit Harz, Öl, Wachs oder Kollodium gedecktes	12	
665	Tüten, Beutel, Säcke, Faltbeutel, Faltschachteln und dergleichen Behältnisse, auch Briefumschläge, unbedruckt oder bedruckt:		
	ohne Verbindung mit anderen Stoffen	18	12
	Anmerkung. Tüten, Beutel, Säcke, Faltbeutel, Faltschachteln und dergleichen Behältnisse werden dadurch, daß sie mit Blechklammern, Drahtklammern, Ösen, Bindfäden und ähnlichen, nur zum Zusammenhalten der Teile oder zum Verschlusse dienenden Verbindungen versehen sind, von der Verzollung zum Satze von 12 Mark für 1 dz nicht ausgeschlossen.		
	in Verbindung mit Gespinstwaren, Gelatine, Stanniol, Metallpapier oder ähnlichen Stoffen .	30	20
666	Papierwäsche, auch ganz oder teilweise mit Baumwollengeweben überzogen oder mit Unterlagen oder Zwischenlagen von Gespinstwaren aller Art	20	
667	Briefpapier, Briefkarten und Briefumschläge in Behältnissen aus Papier, Pappe oder Holz (Papierausstattung), und zwar:		
	in Behältnissen, mit Leder oder mit Gespinstwaren ganz oder teilweise aus Seide überzogen (ganz oder teilweise) oder damit ausgestattet	35	35
	in Behältnissen von anderer Beschaffenheit . . .	22	
	in Behältnissen:		
	aus Papier oder Pappe	—	12
	aus Holz	—	15
	Anmerkung. Bändchen aus Gespinsten jeder Art, mit denen Briefpapier, Briefkarten und Briefumschläge gebunden sind, sowie geringfügige Ausstattungen der Behältnisse selbst mit solchen Bändchen bleiben bei der Verzollung außer Betracht.		
668	Geschäftsbücher, Notizbücher, Einbanddecken, Mappen, Attrappen, Etuis:		
	mit Leder oder Gespinstwaren aller Art ganz oder teilweise überzogen oder damit ausgestattet, oder		

Nr.	Benennung der Gegenstände.	Allgemeiner Tarif. Zollsatz für 1 dz Mark.	Vertragstarif. Zollsatz für 1 dz Mark.
	in Verbindung mit Zellhorn (Zelluloid) oder ähnlichen Formerstoffen	30	30
	andere	15	12
669	Albums:		
	mit Leder oder Gespinstwaren aller Art ganz oder teilweise überzogen oder damit ausgestattet, oder in Verbindung mit Zellhorn (Zelluloid) oder ähnlichen Formerstoffen	8	
	andere	4	
	Anmerkungen zu Nr. 667 bis 669. 1. Abgesehen von den in Nr. 668 und 669 zugelassenen Ausnahmen werden die in Nr. 667 bis 669 bezeichneten Waren, wenn sie mit Stoffen verbunden sind, welche die Verzollung nach höheren Zollsätzen bedingen, nach den letzteren verzollt. Jedoch bleiben Gold- oder Silberschnitte, Gold- oder Silberdruck, Beschläge oder Verschlußvorrichtungen aus vergoldeten oder versilberten unedlen Metallen oder Legierungen unedler Metalle auf die Verzollung ohne Einfluß. 2. Albums, Einbanddecken, Mappen und dergleichen, in welche Bücher, zollfreie Papiere, Musiknoten, Kalender, Karten, Musikalien oder Bilder eingelegt oder eingeschoben sind, werden für sich verzollt.		
	(670/2) Waren aus Papier, Pappe, Steinpappe, Holzmasse, Zellstoff, Vulkanfiber, Steinpappmasse, soweit sie nicht unter vorstehend aufgeführte Nummern fallen, auch Hartpapierwaren:		
670	ohne Verbindung mit anderen Stoffen oder nur in Verbindung mit Holz oder Eisen:		
	aus Papier der Nummer 657 oder 658 oder damit ganz oder teilweise überzogen; Waren mit gestrichenem, aufgelegtem oder galvanoplastischem Metallüberzug oder mit Metalldruck, sowie fein bemalte Waren; gepreßte oder sonst geformte Gegenstände aus Steinpappmasse, sowie Hartpapierwaren, gefärbt, lackiert oder gefirnißt; Lampenschirme, Laternen, sowie andere feine Waren und Luxusgegenstände (mit Ausnahme der Blumen)	30	
	Blumen (Blüten, Blütenblätter, Knospen) . . .	100	
	andere Waren	15	
671	in Verbindung (auch ganz oder teilweise überzogen) mit Gespinsten oder Gespinstwaren aller Art, mit fein geformter Wachsarbeit, mit Halbedelsteinen, Perlmutter, Elfenbein, Zellhorn (Zelluloid) oder ähnlichen Formerstoffen, vergoldeten oder versilberten unedlen Metallen; Stickereien auf Papier oder Pappe . . .	70	70
672	in Verbindung mit anderen als den vorgenannten Stoffen, soweit sie nicht dadurch unter höhere Zollsätze fallen	24	24

Nr.	Benennung der Gegenstände	Allgemeiner Tarif. Zollsatz für 1 dz Mark	Vertragstarif. Zollsatz für 1 dz Mark.
673	Papierspäne (Abfälle von der Papierverarbeitung); beschriebenes und bedrucktes Papier als Altpapier (Makulatur); Papier, Pappe, Papier- und Pappwaren, lediglich zum Einstampfen verwendbar; entwertete Briefmarken	frei	
	Anmerkung zum 11. Abschnitt. Aus Papier hergestellte Nachahmungen von Leder sowie Waren aus solchen werden nicht wie Leder oder Lederwaren verzollt, sondern den nach ihrer Beschaffenheit in Betracht kommenden Nummern des 11. Abschnitts zugewiesen.		

12. Abschnitt. Bücher, Bilder, Gemälde.

Nr.	Benennung der Gegenstände	Allgemeiner Tarif	Vertragstarif
674	Bücher in allen Sprachen, gedruckt oder geschrieben, auch mit beigedruckten, beigehefteten oder beigelegten Bildern aller Art; Papier, beschriebenes; Papier, bedrucktes, mit Ausnahme des im elften Abschnitt genannten; Musiknoten; Bücher mit Schriftzeichen für Blinde; alle diese auch gebunden; Kalender, auch gebunden, mit Ausnahme der Block-, Schreib- und dergleichen Kalender	frei	frei
	Bücher in allen Sprachen, gedruckt oder geschrieben, auch mit beigedruckten, beigehefteten oder beigelegten Bildern aller Art; Papier, beschriebenes; Papier, bedrucktes, mit Ausnahme des im 11. Abschnitte genannten; Musiknoten; alle diese auch gebunden	—	frei
	Anmerkung. Schutzhüllen, Futterale und Etuis, in welche Gebetbücher oder religiöse Andachtsbücher eingelegt oder eingeschoben sind, werden nicht nach der Anmerkung 2 zu Nr. 667 bis 669 für sich verzollt, sondern mit den genannten Büchern zollfrei zugelassen.		
675	Landkarten, Seekarten und andere Karten zu wissenschaftlichen Zwecken auf Papier oder anderen Stoffen, auch eingebunden oder auf Pappe, Geweben oder dergleichen aufgezogen, sowie in Verbindung mit Leisten oder dergleichen	frei	
676	Bilder auf Papier, durch Druck oder ein anderes Vervielfältigungsverfahren hergestellt, auch eingebunden oder auf Papier, Pappe, Geweben oder dergleichen aufgezogen, mit Ausnahme des Bilderpapiers . . .	frei	
	Auf Papier gedruckte Bilder mit religiösen Darstellungen	—	frei
	Anmerkung. Kommunionbilder und ähnliche Bilder mit religiösen Darstellungen werden auch dann, wenn sie zugleich mit einem Vordruck zu handschriftlichen Eintragungen versehen sind, nicht als Bilderpapier verzollt, sondern nach Nr. 676 zollfrei eingelassen.		

Nr.	Benennung der Gegenstände.	Allgemeiner Tarif. Zollsatz für 1 dz Mark.	Vertragstarif. Zollsatz für 1 dz Mark.
677	Gemälde (gemalte Bilder) auf Geweben aus pflanzlichen Spinnstoffen, auf Holz, unedlen Metallen oder Legierungen unedler Metalle, Papier oder Stein; Zeichnungen, auch eingebunden oder auf Papier, Pappe, Geweben oder dergleichen aufgezogen . . .	frei	frei
	Anmerkung. Mit den nach Nr. 677 zollfreien Gemälden werden auch die Rahmen, in welche die Gemälde eingefaßt sind oder welche mit diesen gleichzeitig eingehen, zollfrei belassen, sofern sie unzweifelhaft zur dauernden Umrahmuug der eingeführten Gemälde bestimmt sind.		
	13. Abschnitt. Waren aus Steinen oder anderen mineralischen Stoffen (mit Ausnahme der Tonwaren) sowie aus fossilen Stoffen.		
678	Edelsteine:		
	bearbeitet (geschliffen usw.) ohne Fassung oder nur zu technischen Zwecken in Holz, Horn, Knochen oder unedlen Metallen gefaßt (Schneide- und Schreibdiamanten); auch Drahtzieheisen in Verbindung mit gebohrten Edelsteinen	60	
	in anderer Weise gefaßt; in einer zur unmittelbaren Verwendung als Schmuck oder Zierat geeigneten Form oder geschnitten (Gemmen, Kameen); vorstehend nicht genannte Waren aller Art in Verbindung mit Edelsteinen, soweit sie nicht an sich unter höhere Zollsätze fallen	600	
679	Halbedelsteine einschließlich der glasigen Lava):		
	bearbeitet (geschliffen usw.) ohne Fassung	60	
	gefaßt, geschnitten (Gemmen, Kameen) oder sonst zu Waren verarbeitet, soweit sie nicht durch die Verbindung mit anderen Stoffen unter höhere Zollsätze fallen	175	
680	Steine (mit Ausnahme von Schiefer und Pflastersteinen) sowie Lava, poröse und dichte, an mehr als drei Seiten gesägt, an den nicht gesägten Seiten roh oder bloß roh behauen	0,50	0,25
	Polierfähiger Kalkstein, an mehr als drei Seiten gesägt, an den nicht gesägten Seiten roh oder bloß roh behauen	—	0,25
	Anmerkung. Bei Steinen der bezeichneten Art werden diejenigen Seiten, welche mit dem Drahtseil geschnitten sind, nicht als gesägt, sondern als roh behandelt, soweit die Züge des Drahtseils daran erkennbar sind oder die Anwendung desselben seitens des Einbringers nachgewiesen wird.		
	Zu den in Nr. 608 bezeichneten Steinen gehören Marmor, Alabaster und Granit.		

Nr.	Benennung der Gegenstände.	Allgemeiner Tarif. Zollsatz für 1 dz Mark.	Vertragstarif. Zollsatz für 1 dz Mark.
681	Pflastersteine	0,40	0,20
	Pflastersteine aus hellem grauen Granit, in einer Höchstmenge von 350 000 Doppelzentner in einem Kalenderjahr aus Österreich-Ungarn eingehend	—	frei
	(682/3) Platten:		
682	gesägt (geschnitten) oder gespalten, weder geschliffen noch gehobelt, poliert oder mit Schmelz überzogen:		
	aus Alabaster, Marmor, Serpentinstein	3,50	2,50
	aus Marmor	—	2,50
	aus Granit, Porphyr, Syenit oder ähnlichen harten Steinen; aus polierfähigem Kalkstein; aus Lava, poröser oder dichter	3	
	aus Granit	—	2,50 3
	aus Porphyr, Syenit oder ähnlichen harten Steinen; aus Lava, poröser oder dichter	—	3
	aus anderen Steinen (mit Ausnahme von Schiefer); aus Glimmer, zugeschnitten, ungefärbt (auch dergleichen Scheiben)	2,50	
	aus anderen Steinen (mit Ausnahme von polierfähigem Kalkstein, Schiefer und Glimmer)	—	2,50
	Anmerkung. Platten von mehr als 16 cm Stärke sind (je nach ihrer Art — Vlg.) nach Nr. 680 zu verzollen (auch vertragsmäßig).		
	Jedoch werden gespaltene oder an einer oder beiden Hauptflächen gesägte (geschnittene), an den Schmalseiten rohe oder bloß roh behauene Platten aus hellem grauen Granit von mehr als 16 cm Stärke zollfrei abgelassen.		
683	geschliffen, gehobelt, poliert oder mit Schmelz überzogen:		
	aus Alabaster, Marmor, Serpentinstein	15	10
	aus Granit, Porphyr, Syenit oder ähnlichen harten Steinen; aus polierfähigem Kalkstein mit Ausnahme der Lithographiersteine (lithographische Platten) mit Zeichnungen, Stichen oder Schrift	15	
	aus Granit, Porphyr, Syenit oder ähnlichen harten Steinen	—	10
	aus Lava, poröser oder dichter	200	
	aus anderen Steinen (mit Ausnahme von Schiefer)	6	
	Lithographiersteine (lithographische Platten) mit Zeichnungen, Stichen oder Schrift	3	
684	Schieferblöcke und Schieferplatten, an einer oder mehreren schmalen Seiten (Kanten) gesägt (geschnitten), weder gehobelt noch geschliffen oder poliert	3	2,50
	(685/6) Steinmetzarbeiten, ungeschliffen, ungehobelt auch in Verbindung mit unlackiertem, unpoliertem Holze oder Eisen:		
685	von schlichter, nicht profilierter Arbeit, nicht abgedreht, nicht verziert:		
	aus Alabaster, Marmor, Serpentinstein	2,50	2,50

Nr.	Benennung der Gegenstände.	Allgemeiner Tarif. Zollsatz für 1 dz Mark.	Vertragstarif. Zollsatz für 1 dz Mark.
	aus Granit, Porphyr, Syenit oder ähnlichen harten Steinen; aus polierfähigem Kalkstein; aus Lava, poröser oder dichter	1,25	
	aus Granit, Porphyr, Syenit oder ähnlichen harten Steinen; aus Lava, poröser oder dichter . . .	—	1
	aus polierfähigem Kalkstein:		
	lediglich mit dem Spitzhammer oder dem Spitzmeißel bearbeitet	—	0,50
	andere	—	1
	Anmerkung. Als nicht verziert sind Steinmetzarbeiten der bezeichneten Art auch dann anzusehen, wenn sie entweder ganz oder teilweise schariert oder mit dem Kraushammer bearbeitet und zugleich mit einer scharierten einfachen Einfassung versehen sind. In beiden Fällen darf die Scharierung in regelmäßigen, nicht Muster bildenden Linien ausgeführt sein.		
	Stufen aus Granit, ungeschliffen, ungehobelt, von schlichter, nicht profilierter Arbeit, nicht abgedreht, nicht verziert	—	1,25
	Anmerkung. Stufen aus Granit sind auch dann nach Nr. 685 zu verzollen, wenn sie zur Vergrößerung der Auftrittbreite mit einem einfachen, nicht gegliederten Wulst versehen sind.		
	aus anderen Steinen (mit Ausnahme von Schiefer)	1,25	1
686	profiliert, ganz oder teilweise abgedreht oder verziert:		
	aus Alabaster, Marmor, Serpentinstein	3,50	3
	aus Granit, Porphyr, Syenit oder ähnlichen harten Steinen; aus polierfähigem Kalkstein; aus Lava, poröser oder dichter	3,50	
	aus Granit, Porphyr, Syenit oder ähnlichen harten Steinen; aus Lava, poröser oder dichter . . .	—	2,50
	aus anderen Steinen (mit Ausnahme von Schiefer)	2,50	2
687	Steinmetzarbeiten, geschliffen, gehobelt, poliert oder vergoldet, auch in Verbindung mit Holz oder Eisen:		
	aus Alabaster, Marmor, Serpentinstein	15	10
	aus Granit, Porphyr, Syenit oder ähnlichen harten Steinen; aus polierfähigem Kalkstein	15	
	aus Granit, Porphyr, Syenit oder ähnlichen harten Steinen	—	10
	aus Lava, poröser oder dichter	200	
	aus anderen Steinen (mit Ausnahme von Schiefer)	6	
688	Künstlich gefärbte oder verzierte Glimmerplatten; geschliffene, gehobelte, profilierte oder sonst weiter bearbeitete Schieferplatten; bearbeiteter Tafelschiefer; Schiefertafeln, auch in Rahmen aller Art; anderweit nicht genannte Waren aus Schiefer ohne Verbindung mit anderen Stoffen	10	
	Schieferplatten, geschliffen, gehobelt, profiliert oder sonst weiter bearbeitet, auch poliert	—	6
	Schieferstifte (Schiefergriffel), auch bemalt, mit Papier überzogen oder in Holz gefaßt	frei	

Nr.	Benennung der Gegenstände.	Allgemeiner Tarif. Zollsatz für 1 dz Mark.	Vertragstarif. Zollsatz für 1 dz Mark.
689	Waren ganz oder teilweise aus Lava, poröser oder dichter, soweit sie nicht durch die Verbindung mit anderen Stoffen unter höhere Zollsätze fallen . . .	200	200
690	Bildhauer- und Bildschnitzerarbeiten aus Steinen aller Art, sofern sie Kunstgegenstände sind, einschließlich der punktierten	frei	frei
	Statuen von Marmor und anderen Steinen . . .	—	frei
	(691/2) Steinwaren, nicht unter andere Nummern des Tarifs fallend:		
691	ohne Verbindung mit anderen Stoffen oder nur in Verbindung mit Holz oder Eisen, mit Ausnahme der Luxusgegenstände:		
	aus Alabaster, Marmor, Serpentinstein	15	10
	aus Granit, Porphyr, Syenit oder ähnlichen harten Steinen; aus polierfähigem Kalkstein	15	
	aus Granit, Porphyr, Syenit oder ähnlichen harten Steinen	—	10
	aus anderen Steinen	6	
692	in Verbindung mit anderen Stoffen als Holz oder Eisen, soweit sie nicht dadurch unter höhere Zollsätze fallen; Luxusgegenstände	24	
693	Mühlsteine, auch in Verbindung mit eisernen Reifen oder Metallhülsen	0,25	frei
	(694/5) Poliersteine, Schleif- und Wetzsteine, auch Probiersteine:		
694	ganz oder teilweise aus Schmirgel, Korund, Karborund, Feuerstein oder Quarz	24	
	Schleif- und Wetzsteine, ganz oder teilweise aus Karborund	—	12
695	andere, auch künstliche (mit Ausnahme der mit Stearin, Talg und dergleichen versetzten Poliersteine); ferner Feuersteine, zum Gebrauche vorgerichtet (Flintensteine), gehauen oder geschnitten:		
	ohne Verbindung mit anderen Stoffen	0,50	
	in Verbindung mit Holz oder Eisen; auch Schmirgelfeilen und Schmirgelscheiben aus Holz mit aufgeklebtem Schmirgelpulver sowie Sensenstreichen aus Holz mit aufgeklebtem Sand oder Pulver von Feuerstein, Glas oder Schmirgel	6	
	Anmerkung. Polier-, Schleif- usw. Steine der Nr. 695 in Verbindung mit anderen Stoffen als Holz oder Eisen fallen unter Nr. 692.		
696	Wärmeschutzmasse aus Kieselguhr	0,80	
697	Waren aus Asphalt (auch mit Kies oder dergleichen gemischt), Harzzement oder ähnlichen Formerstoffen:		
	Platten, auch solche aus Asphalt, Abfällen von der Seilerei, aufgedrehten Seilen und Sand bereitet	frei	
	andere Waren, auch in Verbindung mit anderen Stoffen, soweit sie nicht dadurch unter höhere Zollsätze fallen	3	

Nr.	Benennung der Gegenstände.	Allgemeiner Tarif. Zollsatz für 1 dz Mark.	Vertragstarif. Zollsatz für 1 dz Mark.
698	Waren aus Zement oder mit Zement überzogenen Steinen, auch hohl oder gelocht:		
	einfarbig, weder geschliffen noch angestrichen, profiliert oder verziert	1	
	mehrfarbig, geschliffen, angestrichen oder profiliert; mit Einlagen von Eisen oder mit Auskleidung von glasierten Tonplatten, Glas, Asphalt oder dergleichen	2	
	verziert (Bauzierate, Figuren, Vasen und dergleichen); Waren aller Art in Verbindung mit anderen Stoffen, soweit sie nicht dadurch unter höhere Zollsätze fallen	3	
	Anmerkung. Wie Zementwaren sind auch Cajalithwaren (Waren aus Magnesiazement) mit Ausnahme der Schmelztiegel, sowie Tripolithwaren (Waren aus Gips, der mit kohlensaurem Kalk, kohlensaurer Magnesia und Sand versetzt ist), ferner Waren aus Mischungen von Kalk mit Sand oder dergleichen zu verzollen.		
699	Kalksandziegel	0,15	
	(700/3) Waren aus Gips (Gipsguß), auch aus einer Mischung von Gips mit Schwefel oder mit Kreide und Leim oder mit anderen Zusätzen:		
700	Bauplatten und Bausteine, ungefärbt, auch mit Einlagen:		
	unverziert	1	
	verziert	2	
701	andere ungefärbte Waren; auch Gipsformen mit Schwefeleinsatz	3	
702	gefärbt, bronziert, lackiert, geglänzt (mit Stearin, Wachs oder dergleichen getränkt [Elfenbeinmasse, Chromopasta, Kallipasta])	6	
703	Waren aller Art in Verbindung mit anderen Stoffen, soweit sie nicht dadurch unter höhere Zollsätze fallen	6	
	Anmerkung zu Nr. 700 bis 703. Formerarbeiten aus Schwefel (auch Spencemetall), Kieselgurmasse, Kreidemasse oder Talk werden wie Gipswaren verzollt.		
704	Schlacken, zu Bau- oder Pflastersteinen geformt . . .	frei	
705	Papier und Pappe aus Asbest, in Bogen, Rollen oder Platten, auch mit Einlagen von Draht oder Drahtgeflecht aus unedlen Metallen oder Legierungen unedler Metalle:		
	ungeformt (unbeschnitten oder nur rechtwinklig beschnitten)	10	
	geformt, auch durchlocht	24	
706	Garne, Schnüre, Stränge, Stricke und Seile aus Asbest, auch in Verbindung mit anderen Spinnstoffen oder mit einer Seele aus unedlem Metalle (mit Ausnahme der Dichtungsschnüre)	24	

Nr.	Benennung der Gegenstände.	Allgemeiner Tarif. Zollsatz für 1 dz Mark.	Vertragstarif. Zollsatz für 1 dz Mark.
707	Gewebe aus Asbest, auch in Verbindung mit anderen Spinnstoffen oder mit Kette oder Einschlag von Draht aus unedlen Metallen oder Legierungen unedler Metalle	40	
708	Anderweit nicht genannte Waren aus Asbest, Asbestpapier oder Asbestgeweben (z. B. Asbestkautschukgewebe [gekautschukte Asbestwaren], Handschuhe, Kleider, Masken, Mützen, Schläuche, Schuhe aus Asbestgeweben, auch gekautschukten); alle diese Waren auch in Verbindung mit anderen Stoffen, soweit sie nicht dadurch unter höhere Zollsätze fallen	60	
709	Waren ganz oder teilweise aus Meerschaum oder Nachahmungen davon:		
	in Verbindung mit natürlichem oder künstlichem Bernstein; Zigarren- und Zigarettenspitzen aus Meerschaum, mit Vorrichtungen zur Befestigung von Mundstücken	400	200
	andere, soweit sie nicht durch die Verbindung mit anderen Stoffen unter höhere Zollsätze fallen .	200	150
710	Jet (Gagat), auch Kännelkohle und Nachahmungen von Jet:		
	rohe nur gespaltene, geschnittene oder gesägte Platten oder Stücke	3	
	geschliffene oder polierte Platten oder Stücke . .	200	200
711	Waren ganz oder teilweise aus Jet, Kännelkohle oder Nachahmungen von Jet, soweit sie nicht durch die Verbindung mit anderen Stoffen unter höhere Zollsätze fallen	200	200
712	Waren ganz oder teilweise aus Bernstein, natürlichem oder künstlichem, soweit sie nicht durch die Verbindung mit anderen Stoffen unter höhere Zollsätze fallen .	200	150

Allgemeine Anmerkungen zum 13. Abschnitte.

1. Mosaiksteine (Steinwürfel für Mosaikfußböden), aus Steinplatten hergestellt, werden wie die letzteren verzollt.
2. Platten, Steinmetzarbeiten und andere Waren aus künstlichem Marmor werden wie solche aus natürlichem Marmor verzollt.

14. Abschnitt. Tonwaren.

(713/4) Mauersteine (Mauerziegel, Backsteine) aus farbig sich brennendem Ziegelton, ungebrannt oder gebrannt, unglasiert:

713	Hohlsteine, Lochsteine, Lochplatten und Formsteine, rauh oder glatt	0,20	
	Hohlsteine, Lochsteine und Lochplatten, rauh oder glatt	—	{ 0,15 0,20
	Formsteine, rauh oder glatt	—	0,20

Nr.	Benennung der Gegenstände.	Allgemeiner Tarif. Zollsatz für 1 dz Mark.	Vertragstarif. Zollsatz für 1 dz Mark.
714	andere:		
	rauh (Hintermauerungssteine); auch Scheuerziegel (Putzsteine)	0,10	0,05
	rauh (Hintermauerungssteine)	—	0,05
	glatt (Verblendsteine)	0,10	0,05
715	Mauersteine (Mauerziegel, Backsteine) aus farbig sich brennendem Ziegelton, glasiert	1	
716	Klinker aller Art und mehr als 3 cm dicke Pflasterplatten aus Ton oder gemeinem Steinzeug, einfarbig, unglasiert oder glasiert	0,50	
	3 cm oder darüber dicke Pflasterplatten aus Ton oder gemeinem Steinzeug, einfarbig, unglasiert oder glasiert	—	0,50
	Anmerkung. Klinker und mehr als 3 cm dicke Pflasterplatten aus Ton oder gemeinem Steinzeug unterliegen, falls sie mehrfarbig sind, der Verzollung als mehrfarbige Bodenplatten (Nr. 728).		
	3 cm oder darüber dicke Pflasterplatten aus Ton oder gemeinem Steinzeug unterliegen, falls sie mehrfarbig sind, der Verzollung als mehrfarbige Bodenplatten (Nr. 728).		
	(717/8) Dachziegel aus Ton, ungebrannt oder gebrannt:		
717	unglasiert:		
	Dachziegel und Hohldachziegel	0,15	
	Dachpfannen und Falzdachziegel	0,50	
718	glasierte aller Art	1	
719	Röhren aus Ton, unglasiert oder glasiert:		
	Drainröhren	frei	frei
	andere Röhren; Röhrenformstücke	0,40	
720	Waren aus gemeinem Steinzeuge (mit Ausnahme der in Nr. 716 und 728 genannten):		
	Röhren, Röhrenformstücke, Sohlsteine, Senkkästen, Ausgüsse und dergleichen; Krippen, Viehtröge .	0,40	
	Krüge und andere Gefäße zu Wirtschaftszwecken .	1	
	Steine und Platten aller Art zu technischen Zwecken	0,40	
	Faß- und Abzugshähne, Kühlschlangen, Pumpen und sonstige vorstehend nicht genannte Gegenstände zu technischen Zwecken	1	
721	Töpfergeschirr aus farbig sich brennendem Tone, durch Freiaufdrehen oder Pressen hergestellt:		
	unglasiert	frei	frei
	glasiert, ein- oder mehrfarbig, auch durch Aufspritzen von Farbe oder in ähnlicher einfacher Weise bemalt	1,50	1
	Anmerkung. Gewöhnliches Znaimer Töpfergeschirr aus farbig oder weißlich sich brennendem Ton, glasiert, ein- oder mehrfarbig, auch durch Aufspritzen von Farbe oder in ähnlicher einfacher Weise bemalt, unterliegt ebenfalls der Verzollung nach Nr. 721 zum Satze von 1 Mark für 1 Doppelzentner, und zwar ohne Unterschied, ob es durch Freiaufdrehen oder durch Pressen oder Gießen in Formen hergestellt ist. Zu dem gewöhnlichen Töpfergeschirr		

Nr.	Benennung der Gegenstände.	Allgemeiner Tarif. Zollsatz für 1 dz Mark.	Vertragstarif. Zollsatz für 1 dz Mark.
	dieser Art werden außer Töpfen, Kannen und ähnlichen Gefäßen zum Wirtschafts- oder Gewerbegebrauch auch sonstige nicht fein geformte oder bemalte Gegenstände des gewöhnlichen Hausbedarfs (z. B. Sparbüchsen in Gestalt von Tierköpfen und dergleichen) gerechnet.		
722	Öfen (Kamine, Kochherde) und Ofenteile, unglasiert oder glasiert, glatt oder verziert:		
	einfarbig oder weiß	2	
	mehrfarbig, auch mit Lüster- oder mit Metallüberzug	3	
723	Tabakpfeifen, einfarbig oder weiß, unglasiert	3	
724	Feuerfeste Steine jeder Art (Schamottesteine, Dinas- und andere Quarzsteine, Bauxit- und Magnesiasteine, Kohlenstoffsteine für feuerfeste Ofenausmauerung), unglasiert oder glasiert:		
	rechteckige bei einem Reingewichte des Stückes von weniger als 5 Kilogramm	0,35	0,35
	rechteckige bei einem Reingewichte des Stücks von 5 Kilogramm oder darüber; andere als rechteckige ohne Rücksicht auf das Gewicht des Stückes	0,60	0,50
725	Schmelztiegel, Retorten, Muffeln, Kapseln, Röhren, Zylinder, Platten, Düsen und andere nicht als Steine zu bezeichnende geformte feuerfeste Erzeugnisse aus Ton oder toniger Masse, unglasiert oder glasiert; auch Schmelztiegel aus Magnesiazement oder Speckstein	2	1,50
726	Schmelztiegel und andere Gegenstände aus Graphitmasse	4	
727	Bauzierate (Knäufe [Kapitäle], Gesimse, Friese, Geländerteile, Bildwerke und dergleichen Verzierungen) aus Ton oder toniger Masse, unglasiert oder glasiert, auch mehrfarbig oder bemalt	1	
728	Bodenplatten aus Ton oder gefrittetem Tonzeug, einschließlich der 3 Zentimeter oder weniger dicken Pflasterplatten aus Ton oder gemeinem Steinzeug, unglasiert oder glasiert, glatt oder verziert:		
	einfarbig	2	
	mehrfarbig, auch mit Lüster- oder mit Metallüberzug	4	
	Bodenplatten aus Ton oder gefrittetem Tonzeug, einschließlich der weniger als 3 cm dicken Pflasterplatten aus Ton oder gemeinem Steinzeug, unglasiert oder glasiert, glatt oder verziert:		
	einfarbig	—	2
	mehrfarbig	—	4
	Glatte, unglasierte Bodenplatten aus Ton oder gefrittetem Tonzeug, durch Zusammenpressen verschiedenfarbiger Tonmassen mit Mustern versehen	—	3
	Anmerkung. Platten der vorstehend bezeichneten Art sind, wenn ihre Stärke mehr als $1^1/_2$ cm beträgt, stets als Bodenplatten zu behandeln und von der Verzollung als Wandbekleidungsplatten nach Nr. 729 ausgenommen.		
729	Wandbekleidungsplatten aus Ton, gefrittetem Tonzeug oder Steingut, unglasiert oder glasiert:		

Nr.	Benennung der Gegenstände.	Allgemeiner Tarif. Zollsatz für 1 dz Mark.	Vertragstarif. Zollsatz für 1 dz Mark.
	einfarbig	10	
	mehrfarbig, auch mit Lüster- oder mit Metallüberzug	16	
	(730/1) Waren aus Steingut, feinem Steinzeuge, feinem Tonzeug, anderweit nicht genannt:		
730	einfarbig	10	8
731	mehrfarbig, auch mit Lüster- oder mit Metallüberzug:		
	Ziergefäße, Figuren und ähnliche Luxusgegenstände	25	16
	andere Waren	20	16
	Anmerkung. Tongefäße, die auf der Außenseite eine andere Farbe als auf der Innenseite haben, und Gegenstände aus Ton, die außer der Naturfarbe des gebrannten Tones nur eine andere Farbe zeigen, sind deshalb noch nicht als mehrfarbig zu behandeln (auch vertragsmäßig).		
732	Tonwaren aller Art (mit Ausnahme von Porzellan und porzellanartigen Waren) in Verbindung mit anderen Stoffen, soweit sie nicht dadurch unter höhere Zollsätze fallen	25	25
	Anmerkung. Die grobe Beflechtung von Töpfergeschirr der Nr. 721 mit Weiden (ungeschälten oder geschälten), Bast, Binsen, Stroh oder Rohr bleibt auf dessen Zollbehandlung ohne Einfluß (auch vertragsmäßig); desgleichen bei den in Nr. 720 genannten Krügen und anderen Gefäßen zu Wirtschaftszwecken aus gemeinem Steinzeug.		
733	Porzellan und porzellanartige Waren (Weichporzellan [englisches und Fritten-Porzellan], unglasiertes Porzellan [Biskuit, Parian, Jaspis] usw.):		
	weiß	14	10
	Isolatoren aus weißem Porzellan zu elektrischen Zwecken	—	10
	farbig, auch mit Lüster- oder mit Metallüberzug	30	20
	in Verbindung mit anderen Stoffen, soweit sie nicht dadurch unter höhere Zollsätze fallen . .	30	25
	Anmerkung zu Nr. 733. Porzellanperlen werden wie Glasperlen verzollt (auch vertragsmäßig).		
	Anmerkung zu Nr. 731 und 733. Fabrikmarken, die keine Verzierung bewirken, haben nicht zur Folge, daß an sich einfarbige oder weiße Tonwaren als mehrfarbige oder farbige verzollt werden (auch vertragsmäßig).		
734	Scherben und Bruch von Ton- und Porzellanwaren .	frei	

Nr.	Benennung der Gegenstände.	Allgemeiner Tarif. Zollsatz für 1 dz Mark.	Vertragstarif. Zollsatz für 1 dz Mark.
	15. Abschnitt. Glas und Glaswaren.		
735	Glasmasse (auch Straß, ungeformt oder in Form roher Klumpen), Schmelzglas- (Email-) Masse, Glasurmasse, ungefärbt oder gefärbt; Glasstaub (gemahlenes Glas)	3	3
736	Rohe Stangen und Röhren aus naturfarbigem Glase: Glasröhren und Glasstängelchen, ohne Unterschied der Farbe, wie sie zur Perlenbereitung und Kunstglasbläserei einschließlich der Herstellung von Kunstglas gebraucht werden	3	3
	Glasröhren und Glasstängelchen, ohne Unterschied der Farbe, wie sie zur Perlenbereitung und Kunstglasbläserei einschließlich der Herstellung von Kunstglas gebraucht werden	—	3
	(737/40) Hohlglas:		
737	weder gepreßt noch geschliffen, poliert, abgerieben, geschnitten, geätzt oder gemustert:		
	naturfarbig	3	3
	weiß (auch halbweiß) durchsichtig, auch mit einzelnen Ringen von massivem weißen (auch halbweißen) Glase	für 1 dz Rohgewicht 8	für 1 dz Rohgewicht 8
	gefärbt oder weiß undurchsichtig, auch mit gefärbtem oder mit weißem undurchsichtigen Glase überfangen	für 1 dz 17	für 1 dz 15
	Milch-, Alabaster- und Beinglas, weiß undurchsichtig	—	10
738	bloß mit gepreßten Böden oder durch Schleifen, Pressen usw. gestalteten oder verzierten Stöpseln:		
	gefärbt oder weiß undurchsichtig, auch mit gefärbtem oder mit weißem undurchsichtigen Glase überfangen	24	15
	anderes	20	12
739	in anderer Weise gepreßt, geschliffen, poliert, abgerieben, geschnitten, geätzt oder gemustert:		
	gefärbt oder weiß undurchsichtig, auch mit gefärbtem oder mit weißem undurchsichtigen Glase überfangen	30	15
	anderes	24	12
740	bemalt, vergoldet oder versilbert, auch durch Auftragen oder Einbrennen von Farben gemustert	36	20
	sogenanntes Silberglas (gewöhnliches, weiß durchsichtiges, ungeschliffenes Hohlglas, das durch Ausschwenken des ganzen Innenraums mit Amalgam einen gleichmäßigen, spiegelnden Glanz von silberähnlicher Farbe erhalten, jedoch keinerlei Nachbearbeitung der Außenfläche erfahren hat und als Aufsteckkugeln für Gartenpfähle, als Leuchter und dergleichen verwendet wird)	—	15

Nr.	Benennung der Gegenstände.	Allgemeiner Tarif. Zollsatz für 1 dz Mark.	Vertragstarif. Zollsatz für 1 dz Mark.
	Anmerkung zu Nr. 737 bis 740. Bei Hohlglas aller Art bleibt eine geringwertige Beflechtung mit Weiden (ungeschälten oder geschälten), Bast, Binsen, Stroh oder Rohr oder eine Beklebung mit Blattmetall, Zetteln oder dergleichen auf die Verzollung ohne Einfluß; auch wird Hohlglas mit abgeschliffenen Böden oder Rändern (Rändern oder Stöpseln), mit eingeriebenen Stöpseln, mit eingepreßten Gewinden, mit eingeblasener oder eingeätzter Schrift oder Fabrikmarke oder mit eingeätzten Eichzeichen nicht als geschliffen, gepreßt, abgerieben, geätzt oder gemustert verzollt (auch vertragsmäßig).		
	(741/6) Spiegel- und Tafelglas, anderweit nicht genannt:		
	(741/2) weder geschliffen noch poliert, geschnitten, gemustert, gerippt, geschuppt, gebogen, mattiert, geätzt, überfangen, gefeldert (facettiert) oder belegt:		
741	nicht gefärbt, nicht undurchsichtig:		
	Spiegelglas, gegossenes und geblasenes; sogenanntes Rohglas (rohe gegossene Platten), mehr als 5 mm stark, auch gerippt	4	
	Spiegelglas, gegossenes und geblasenes	—	4 3
	sogenanntes Rohglas (rohe gegossene Platten), mehr als 5 mm stark, auch gerippt	—	3
	Tafelglas einschließlich des 5 mm oder weniger starken Rohglases, letzteres auch gerippt, wenn die einfache Höhe und die einfache Breite zusammen betragen:	für 1 dz Rohgewicht	für 1 dz Rohgewicht
	120 cm oder darunter	8	6
	mehr als 120 bis 200 cm	10	8
	mehr als 200 cm	12	10
742	gefärbt oder undurchsichtig; Butzenscheiben	20	
	Butzenscheiben	—	12
743	geschliffen, poliert, geschnitten, gemustert, gerippt (mit Ausnahme des gerippten Rohglases), geschuppt, gebogen (einschließlich des gebogenen Rohglases), mattiert, geätzt, überfangen, jedoch nicht gefeldert (nicht facettiert), nicht belegt	24	
	Spiegelglas, poliert, und gegossene Platten, poliert .	—	24
744	gefeldert (facettiert), jedoch nicht belegt; Kathedralglas, Antikglas (auch weiß)	24	
745	belegt:		
	nicht gefeldert	24	
	gefeldert (facettiert)	24	
746	bemalt, vergoldet oder versilbert, auch durch Auftragen oder Einbrennen von Farben gemustert	30	
747	Tafelglas aller Art, weniger als 0,5 mm stark . . .	100	
748	Opalescentglas	40	

Nr.	Benennung der Gegenstände.	Allgemeiner Tarif. Zollsatz für 1 dz Mark.	Vertragstarif. Zollsatz für 1 dz Mark.
749	Trockenplatten für photographische Zwecke mit einseitigem Überzuge von lichtempfindlicher Masse, auch mit darauf befindlichen Negativbildern (Glas-Negative)	für 1 dz Rohgewicht 24	für 1 dz Rohgewicht
750	Drahtglas:		
	roh, ungefärbt, mit ebener Fläche, auch gerippt . .	7	
	geschliffen, poliert, gefärbt, gemustert, gebogen . . .	24	
751	Dachpfannen und Dachziegel aus Rohglas, Tafelglas oder Drahtglas	15	
752	Rohes optisches Glas (auch zur Erprobung der Reinheit angeschliffen)	für 1 dz 3	für 1 dz 3
	Anmerkung. Unter Nr. 752 fällt auch rohes optisches Glas in Tafeln, die in der einfachen Höhe und der einfachen Breite zusammen nicht mehr als 40 cm messen, sowie roh vorgepreßtes optisches Glas.		
753	Rohglas in Kugeln oder Kugelkappen (Segmenten) zur Herstellung von Uhr- oder Brillengläsern, auch zugeschnitten oder gefärbt	8	
754	Uhrgläser für Taschenuhren, auch aus gefärbtem Glase:	für 1 dz Rohgewicht	
	ungeschliffen, ungepreßt	10	
	geschliffen (auch bloß mit abgeschliffenen Rändern), gepreßt	für 1 dz 60	
755	Brillengläser und andere Augengläser sowie Stereoskopengläser, auch gefärbt, jedoch ungeschliffen, ungefaßt .	15	15
756	Brillengläser, geschliffen, und andere geschliffene Augengläser (auch zum unmittelbaren Gebrauche vorgerichtet); Brenngläser; Lupen (Vergrößerungsgläser); Stereoskopengläser, geschliffen; optisches Glas, geschliffen; alle diese auch gefärbt, jedoch ungefaßt . .	60	30
	Brenngläser und Lupen (Vergrößerungsgläser), ungefaßt	—	15
757	Brillen (einschließlich der Brillen mit Gläsern aus Bergkristall, sowie der Schutzbrillen in Verbindung mit Glas oder Glimmer) und andere gefaßte Augengläser; gefaßte Brenngläser; Ferngläser aller Art (Fernrohre, Feldstecher usw.); gefaßte Lupen (Vergrößerungsgläser); Operngläser (Operngucker); photographische Apparate; Stereoskope; sonstiges optisches Glas, geschliffen und gefaßt; alle diese, soweit sie nicht durch ihre Verbindungen unter höhere Zollsätze fallen	120	
	Mikroskope	frei	
758	Glasbehänge zu Leuchtern; Glasknöpfe; alle diese auch gefärbt oder mit Ösen	18	12
	Anmerkung. Bemalte, vergoldete oder versilberte Glasknöpfe werden nach Nr. 763 verzollt (auch vertragsmäßig).		
759	Glasplättchen; Glasperlen, Glasschmelz und Glasschuppen, auch lediglich zum Zwecke der Verpackung und Versendung auf Gespinstfäden gereiht; Glastropfen (Glastränen, Springgläser); Glaskörner (Glaskügelchen, massive Glastropfen):		

Nr.	Benennung der Gegenstände.	Allgemeiner Tarif. Zollsatz für 1 dz Mark.	Vertragstarif. Zollsatz für 1 dz Mark.
	weiß, auch gefärbt	4	2
	bemalt, vergoldet oder versilbert	30	15
760	Glasflüsse (unechte Edelsteine), bleihaltig oder bleifrei, Glassteine und Glaskorallen, ohne Fassung, auch lediglich zum Zwecke der Verpackung und Versendung auf Gespinstfäden gereiht:		
	roh	30	20
	Glaskorallen, ohne Fassung, auch lediglich zum Zwecke der Verpackung und Versendung auf Gespinstfäden gereiht, roh	—	15
	bearbeitet (geschliffen usw.)	60	25
761	Glasperlen, Glasflüsse, Glassteine, Glaskorallen und dergleichen, auf Gespinstfäden, Schnüre oder Draht genäht oder gereiht und ohne weiteres als Schmuck verwendbar; auch in gleicher Weise hergestellte Besatzartikel aus Glasperlen usw.	60	60
	Glasperlen, Glasflüsse, Glassteine, Glaskorallen, auf Gespinstfäden. Schnüre oder Draht genäht oder gereiht und ohne weiteres als Schmuck verwendbar	—	60
762	Waren aus Glasflüssen, Glassteinen oder Glaskorallen, vorstehend nicht genannt, auch in Verbindung mit anderen Stoffen, soweit sie nicht dadurch unter höhere Zollsätze fallen	60	60
763	Glas, anderweit nicht genannt, auch durch Pressen oder Stanzen hergestellt oder geschliffen, poliert, abgerieben, geschnitten, geätzt, gemustert; Glasgespinst und Glaswolle:		
	nicht gefärbt, nicht undurchsichtig	18	12
	gefärbt oder undurchsichtig	24	15
	bemalt, vergoldet oder versilbert, auch durch Auftragen oder Einbrennen von Farben gemustert	30	20
	Anmerkung. Glasmuckel (kleine, halbkugelförmig gepreßte Gläser mit auf der flachen Seite eingepreßten, auch ausgemalten Verzierungen, zur Herstellung von Anhängern, Stockknöpfen, Schmucknadeln und dergleichen dienend) werden nach Nr. 763 verzollt, sofern sie aus anderweit nicht genanntem Glase bestehen und nicht mit anderen Stoffen verbunden sind.		
764	Glasmalereien, Glasmosaik, Lichtbilder aller Art von Glas, auch in Glas eingebrannt oder eingeätzt; künstliche Augen	42	
	Glasmalereien	—	{ 20 / 25
	Glasmosaik	—	25
	Lichtbilder aller Art von Glas, auch in Glas eingebrannt oder eingeätzt; künstliche Augen	—	20
765	Zähne aus Schmelz, auch aus anderweit nicht genannten Formerstoffen:		
	in Verbindung mit Stiften oder Röhrchen aus Platin	400	
	andere; auch Gebisse aus solchen Zähnen, soweit sie nicht durch die Verbindung mit anderen Stoffen unter höhere Zollsätze fallen	150	

Nr.	Benennung der Gegenstände.	Allgemeiner Tarif. Zollsatz für 1 dz Mark.	Vertragstarif. Zollsatz für 1 dz Mark.
766	Glas, ganz oder zum größeren Teile überzogen mit Gespinstwaren, Gespinsten oder Filz aller Art, soweit es nicht durch die Verbindung mit anderen Stoffen unter höhere Zollsätze fällt	60	
767	Glas- und Schmelzwaren in Verbindung mit anderen Stoffen, soweit sie nicht in anderen Nummern des Tarifs besonders genannt sind oder durch die Verbindung mit anderen Stoffen unter höhere Zollsätze fallen:		
	bemalt, vergoldet, versilbert oder durch Auftragen oder Einbrennen von Farben gemustert; auch Opalescentglas, Glasmalereien, Glasmosaik, Kunstverglasungen, Lichtbilder aller Art von Glas, auch in Glas eingebrannt oder eingeätzt . . .	48	30
	bemalt, vergoldet, versilbert oder durch Auftragen oder Einbrennen von Farben gemustert	—	24
	andere	36	24
	Rosenkränze mit Perlen aus Glas oder Porzellan, auch in Verbindung mit weder vergoldeten, noch versilberten Zubehörteilen (Ketten, Kreuzen und dergleichen) aus unedlen Metallen oder Legierungen unedler Metalle	—	30
	Anmerkung. Glasknöpfe mit unterlegten Metallplättchen, die nach der Schauseite nicht übergreifen, Glasbehänge zu Leuchtern und andere Leuchterbestandteile aus Glas mit bloß zur Verbindung dienenden Metallkapseln, -Hülsen und dergleichen, ferner Tintenfässer und ähnliche Glasgefäße mit rahmenartigen, nur zur Befestigung des Deckels angebrachten Metallscharnieren werden, wenn die genannten Metallteile aus nicht vergoldeten oder versilberten unedlen Metallen oder dergleichen Legierungen unedler Metalle bestehen und die Waren außerdem mit anderen Stoffen nicht verbunden sind, nicht nach Nr. 767, sondern ohne Rücksicht auf die Metallteile nach ihrer sonstigen Beschaffenheit verzollt. Glasarme zu Hängeleuchtern mit eingelassenen und von der Glasmasse umschlossenen Gasleitungsröhren, die zur Verdeckung der Metallfarbe und zum Schutze gegen Oxydation versilbert sind, werden hierdurch von der Verzollung nach Nr. 767 nicht ausgeschlossen.		
768	Abfälle von der Glasbereitung und von Glas, z. B. Glasbrocken, Glasbruch, Glasgalle, Glasschaum, Herdglas; Scherben von Glas und von Glaswaren . .	frei	
	Anmerkung zum 15. Abschnitt. Als gefärbtes Glas ist neben dem Filigranglase und dem irisierenden Glase alles Glas zu behandeln, welches in der Masse eine gleichmäßige oder eine durch besondere Behandlung bei der Herstellung des Glases erzeugte ungleichmäßige Färbung zeigt. Dagegen fällt unter den Begriff des bemalten Glases dasjenige Glas, auf dessen Oberfläche nach seiner Fertigstellung in der endgültigen Gestalt Muster oder Abbildungen mittels Farbe, insbesondere auch Glasfarbe, aufgetragen sind. Derartiges Glas fällt auch dann unter den Begriff des bemalten Glases, wenn es nach der Bemalung noch irisierend gemacht worden ist. Das Auflegen von andersfarbigem Glase gilt nicht als Bemalung.		

Nr.	Benennung der Gegenstände.	Allgemeiner Tarif Zollsatz für 1 dz Mark.	Vertragstarif. Zollsatz für 1 dz Mark.
	16. Abschnitt. Edle Metalle und Waren daraus.		
	A. Gold.		
769	Feingold, roh oder gegossen, gehämmert oder gewalzt, in Stangen, Blech oder Draht; legiertes Gold, roh oder gegossen; Goldmünzen	frei	
	Abfälle von der Goldverarbeitung	—	frei
770	Legiertes Gold, gehämmert oder gewalzt, auch in Form von Blech oder Draht	250	75
771	Waren ganz oder teilweise aus Gold, anderweit nicht genannt, soweit sie nicht durch die Verbindung mit anderen Stoffen unter höhere Zollsätze fallen:		
	unpoliert	300	
	poliert; Blattgold (echter Goldschaum)	600	
	Anmerkung zu A. Platin und die sogenannten Platinmetalle (Iridium, Osmium, Palladium, Rhodium, Ruthenium) sowie ganz oder teilweise daraus hergestellte Waren werden, soweit sie nicht anderweit genannt sind, nach Nr. 769 bis 771 behandelt.		
	B. Silber.		
772	Feinsilber, roh oder gegossen, gehämmert oder gewalzt, in Stangen oder Blech; legiertes Silber, roh oder gegossen; Silbermünzen	frei	
	Abfälle von der Silberverarbeitung	—	frei
773	Legiertes Silber, gehämmert oder gewalzt, auch in Form von Blech; legiertes oder unlegiertes Silber, vergoldet oder auf mechanischem Wege mit Gold belegt	100	
774	Draht, auch legiert:		
	rund	100	
	geplättet oder geformt (fassoniert)	200	
	vergoldet oder auf mechanischem Wege mit Gold belegt	250	
775	Silbergespinst (auch aus vergoldetem oder auf mechanischem Wege mit Gold belegtem Silberdraht) sowie Tressenwaren (Besätze, Bänder, Kordeln, Litzen, Schnüre), Gewebe und Knopfmacherwaren (auch mit Einlagen von Holz, Bein, Horn, Leder) aus Silbergespinst ohne Beimischung von anderen Gespinsten, wenn der Kern besteht:		
	ganz oder teilweise aus Seide, künstlicher Seide oder Florettseide	800	
	aus anderen Spinnstoffen	250	
776	Waren ganz oder teilweise aus Silber, anderweit nicht genannt, auch vergoldet oder auf mechanischem Wege		

Nr.	Benennung der Gegenstände.	Allgemeiner Tarif. Zollsatz für 1 dz Mark.	Vertragstarif. Zollsatz für 1 dz Mark.
	mit Gold belegt, soweit sie nicht durch die Verbindung mit anderen Stoffen unter höhere Zollsätze fallen; Blattsilber (echter Silberschaum)	600	
	17. Abschnitt. Unedle Metalle und Waren daraus.		
	A. Eisen und Eisenlegierungen.		
777	Roheisen und nicht schmiedbare Eisenlegierungen . .	1	
	(778/9) Röhren einschließlich der Röhrenformstücke, aus nicht schmiedbarem Guß:		
778	von mehr als 7 mm Wandstärke:		
	roh	3	2,50
	bearbeitet	4,50	
	Anmerkung. Unter Röhrenformstücken werden Bogenstücke, Kniestücke, T-Stücke, Kreuzstücke und ähnliche geformte Röhrenstücke verstanden. Als roh werden Röhren und Röhrenformstücke aus nicht schmiedbarem Guß auch dann behandelt, wenn sie mit einem Teeranstrich oder Teerüberzug versehen und an einzelnen Stellen abgefeilt sind.		
779	von 7 mm Wandstärke oder darunter:		
	roh	4	4
	bearbeitet	6	
780	Walzen aus nicht schmiedbarem Guß:		
	roh	3,50	
	bearbeitet	10	
781	Kunstguß und anderer feiner Guß, nicht schmiedbar .	24	24
	(782/3) Nicht schmiedbarer Guß, anderweit nicht genannt:		
782	roh:		
	bei einem Reingewicht des Stückes von mehr als 1 dz	2,50	2,50
	bei einem Reingewicht des Stückes von mehr als 40 kg bis 1 dz	3,50	3 3,50
	bei einem Reingewicht des Stückes von 40 kg oder darunter . .	5	3,50 5
783	bearbeitet:		
	bei einem Reingewicht des Stückes von mehr als 1 dz	4	4
	bei einem Reingewicht des Stückes von mehr als 40 kg bis 1 dz	6	6
	bei einem Reingewicht des Stückes von 40 kg oder darunter . .	9	9
	Anmerkung zu Nr. 783. Hähne, Ventile, Schieber, Wasserpfosten und ähnliche Ausrüstungsstücke für Rohrleitungen werden nach dieser Nummer verzollt, wenn sie in den wesentlichen Bestandteilen aus Gußeisen bestehen.		
784	Rohluppen; Rohschienen; Blöcke; Platinen; Knüppel; Tiegelstahl in Blöcken	1,50	
785	Schmiedbares Eisen in Stäben (gewalzt, geschmiedet oder gezogen), auch geformt (fassoniert); ferner Bandeisen:		

Nr.	Benennung der Gegenstände.	Allgemeiner Tarif. Zollsatz für 1 dz Mark.	Vertragstarif. Zollsatz für 1 dz Mark.
	nicht über 12 cm lang, zum Umschmelzen . . .	1	1
	mit eingewalzten Mustern oder Verzierungen . .	5	5
	anderes	2,50	2,50
	(786/8) Blech:		
786	roh, entzundert, gerichtet, dressiert, gefirnißt:		
	in der Stärke { von mehr als 1 mm	3	3
	in der Stärke { von 1 mm oder darunter	4,50	4,50
	Anmerkung. Unter Nr. 786 fallen auch dressierte Bleche, die durch Walzen eine gleichmäßig glatte, glänzende, etwas spiegelnde Oberfläche erhalten, jedoch keine dem Walzen nachfolgende Bearbeitung erfahren haben.		
787	abgeschliffen, lackiert, poliert, gebräunt oder sonst künstlich oxydiert, auch mit spiegelnder Oxydschicht überzogen:		
	in der Stärke { von mehr als 1 mm	5	5
	in der Stärke { von 1 mm oder darunter . . .	5,50	5,50
788	verzinnt (Weißblech) oder sonst mit anderen unedlen Metallen oder Legierungen unedler Metalle überzogen:		
	in der Stärke { von mehr als 1 mm	5	
	in der Stärke { von 1 mm oder darunter . . .	5,50	
	Anmerkung zu Nr. 786 bis 788. Für Eisenblech von geringerer Stärke als 5 mm, das anders als rechtwinklig beschnitten ist, erhöht sich der Zoll um 25 v. H.		
789	Wellblech, Dehnblech, Riffelblech, Warzenblech:		
	roh	5	
	bearbeitet	8	
790	Blech mit Ausnahme des in Nr. 789 besonders bezeichneten, gepreßt, gebuckelt, geflanscht, geschweißt, gebogen, gelocht, gebohrt:		
	in der Stärke { von mehr als 1 mm	5,50	
	in der Stärke { von 1 mm oder darunter . . .	7	
	(791/2) Draht, gewalzt oder gezogen, einschließlich des geformten (fassonierten):		
791	roh oder bearbeitet, jedoch nicht poliert, lackiert oder mit anderen unedlen Metallen oder Legierungen unedler Metalle überzogen:		
	in der Stärke { von 1,5 mm oder darüber . . .	2,50	
	in der Stärke { von weniger als 1,5 bis 0,5 mm	3	
	in der Stärke { von weniger als 0,5 mm . . .	4,50	
	in der Stärke { von weniger als 0,5 bis 0,22 mm	—	3,75
	in der Stärke { von weniger als 0,22 mm	—	4,50
	Anmerkung. Unter Nr. 791 fallen auch Drähte, die unmittelbar beim Ziehen ein blankes Aussehen erhalten haben, ferner Drähte, die nur infolge der Anwendung von Kupfersalzlösungen beim Ziehen einen dünnen Kupferanflug aufweisen.		
792	poliert, lackiert oder mit anderen unedlen Metallen oder Legierungen unedler Metalle überzogen:		
	in der Stärke { von 1,5 mm oder darüber . . .	3	
	in der Stärke { von weniger als 1,5 bis 0,5 mm	4	4
	in der Stärke { von weniger als 0,5 mm . . .	5,50	5,50

Nr.	Benennung der Gegenstände.	Allgemeiner Tarif. Zollsatz für 1 dz Mark.	Vertrags-Tarif. Zollsatz für 1 dz Mark.
793	Schlangenröhren, gewalzt oder gezogen; auch Röhrenformstücke:		
	roh	8	
	bearbeitet	15	
	(794/5) Andere Röhren, gewalzt oder gezogen:		
794	roh:		
	mit einer Wandstärke von 2 mm oder darüber .	6	5
	mit einer Wandstärke von weniger als 2 mm . .	10	10
	Anmerkung. Unter Nr. 794 fallen auch Muffenröhren und Flanschenröhren. Die Wandstärke der Muffenröhren ist nicht an der Muffe, sondern am Schafte zu messen. Das Anschneiden von Gewinden an Rohrenden, das Umbörteln der Röhren zum Halten von Flanschenringen sowie das Abschneiden unganzer Enden gilt nicht als Bearbeitung. Rohe Röhren werden nicht lediglich wegen einer Verbindung mit aufgeschobenen oder durch die Umbörtelung der Ränder festgehaltenen Flanschen als bearbeitet verzollt.		
795	bearbeitet:		
	mit einer Wandstärke von 2 mm oder darüber .	12	
	mit einer Wandstärke von weniger als 2 mm . .	20	
796	Eisenbahnschienen, auch Zahnradschienen, Plattschienen, Ausweichungsschienen, Herzstücke aus schmiedbarem Eisen, auch gelocht und am Fuße ausgeklinkt; Eisenbahnschwellen; Eisenbahnlaschen und Eisenbahnunterlagsplatten	2,50	
	Ausweichungsschienen, Herzstücke aus schmiedbarem Eisen, auch gelocht und am Fuße ausgeklinkt; Eisenbahnschwellen; Eisenbahnlaschen und Eisenbahnunterlagsplatten	—	2,50
797	Eisenbahnachsen, Eisenbahnradeisen (Naben, Radreifen, Radgestelle, Radkränze), Eisenbahnräder, Eisenbahnradsätze	3	2,50
	(798/9) Schmiedbarer Guß, Schmiedestücke und andere Waren aus schmiedbarem Eisen, anderweit nicht genannt:		
798	roh:		
	bei einem Reingewicht des Stückes von mehr als 25 kg . .	4,50	
	von mehr als 150 kg . .	—	3,50
	von mehr als 100 bis 150 kg	—	3,75
	von mehr als 25 bis 100 kg	—	4,50
	von mehr als 3 bis 25 kg	6	6
	von 3 kg oder darunter .	8	6
799	bearbeitet:		
	bei einem Reingewicht des Stückes von mehr als 25 kg . .	7	
	von mehr als 150 kg . .	—	5,50
	von mehr als 100 bis 150 kg	—	6
	von mehr als 25 bis 100 kg	—	7
	von mehr als 3 bis 25 kg	10	10
	von 3 kg oder darunter .	13	13
	Rackeln (Farbabstreicher für Walzendruckmaschinen) aus schmiedbarem Eisen	—	10

Nr.	Benennung der Gegenstände.	Allgemeiner Tarif. Zollsatz für 1 dz Mark.	Vertragstarif. Zollsatz für 1 dz Mark.
800	Eisenbauteile (Eisenkonstruktionen) aus schmiedbarem Eisen, auch mit Anstrich versehen	6	4,50
	(801/2) Dampfkessel und Dampffässer aus schmiedbarem Eisen sowie zusammengesetzte Teile von solchen, auch mit Ausrüstung (Armatur) versehen:		
801	mit mehr als 10 unter sich gleichen Röhren von einer 300 mm oder weniger betragenden lichten Weite; auch Dampfkessel aller Art aus nicht schmiedbarem Guß:		
	bei einem Reingewicht des Stückes von 50 Doppelzentner oder darunter	8	
	bei einem Reingewicht des Stückes von mehr als 50 Doppelzentner	6	
802	andere	5	
	(Zu 801/2.) Dampfkessel aus schmiedbarem Eisen, sowie zusammengesetzte Teile von solchen, auch mit Ausrüstung (Armatur) versehen, zur Verwendung beim Schiffbau	—	frei
803	Ankertonnen (Bojen), Gasbehälter, Wasser- und andere Behälter (Reservoire), Gefäße und Geräte (Apparate) für Fabriken sowie für Brauereien und Brennereien, genietet, gepreßt oder geschweißt, auch mit Ausrüstung (Armatur) versehen, und zusammengesetzte Teile von solchen Gefäßen und Geräten	6	
	(804/5) Röhrenverbindungsstücke; Hähne, Ventile, Schieber und ähnliche Ausrüstungs- (Armatur-) Stücke aus schmiedbarem Eisen für Dampfkessel, Dampffässer, Behälter (Reservoire) und ähnliche Geräte sowie für Rohrleitungen:		
804	ohne Verbindung mit anderen unedlen Metallen oder Legierungen unedler Metalle:		
	bei einem Reingewicht des Stückes von 10 kg oder darüber	7	
	bei einem Reingewicht des Stückes von weniger als 10 kg	9	
805	in Verbindung mit anderen unedlen Metallen oder Legierungen unedler Metalle:		
	bei einem Reingewicht des Stückes von 10 kg oder darüber	9	
	bei einem Reingewicht des Stückes von weniger als 10 kg	12	
806	Schraubstöcke aller Art, Ambosse, Sperrhörner, Anker, Brecheisen; Hämmer bei einem Reingewicht des Stückes von mehr als 10 kg	5	
	Ambosse, Sperrhörner	—	5 / 3
	Anker, Brecheisen; Hämmer und Schraubstöcke bei einem Reingewicht des Stückes von mehr als 10 kg	—	3
807	Kloben und Rollen zu Flaschenzügen; Winden und sonstige fortschaffbare Hebezeuge	7	
	Winden und sonstige fortschaffbare Hebezeuge . . .	—	3
	Anmerkung. Abnehmbare Ketten und Seile zu derartigen Hebezeugen sind gesondert zu verzollen (auch vertragsmäßig).		

Nr.	Benennung der Gegenstände.	Allgemeiner Tarif. Zollsatz für 1 dz Mark.	Vertragstarif. Zollsatz für 1 dz Mark.
808	Spaten, Schaufeln, Blatthacken, Küchenpfannen, Kohlenlöffel, Schmelzlöffel, Feuergeräte, Pflugscharen und Pflugstreichbretter	4,50	4,50
809	Heu-, Dünger-, Rüben-, Koks-, Steinschlag- und ähnliche große Gabeln	7,50	
810	Sensen, Sicheln; Strohmesser, geschmiedet	12	
	Sensen, Sicheln	—	10
	Anmerkung. Ganz oder teilweise gefirnißte, lackierte, bronzierte, polierte oder Anlauffarben aufweisende (irisierte) Sensen und Sicheln, ferner solche mit aufpatronierter Schrift, mit durch Schliff hergestellten Zierlinien oder mit durch Hammerschläge hervorgebrachten, auch reihenförmig oder musterbildend angeordneten Tupfen sind nach Nr. 810 zu verzollen.		
811	Handsägen und Sägeblätter:		
	Kreis-, Band- und Laubsägeblätter	20	
	andere Sägeblätter; Handsägen	15	
812	Feilen und Raspeln:		
	nicht mehr als 16 cm lang	40	
	Feilen, nicht mehr als 16 cm lang	—	28
	mehr als 16, jedoch nicht mehr als 35 cm lang	25	
	Feilen, mehr als 16, jedoch nicht mehr als 35 cm lang	—	20
	mehr als 35 cm lang	10	
813	Bohrer, anderweit nicht genannt; Zangen; Reb-, Rosen-, Hecken-, Baum-, Blech-, Schafscheren; Beitel, Stemmeisen; Hobeleisen, Rohrschneider, Bohrknarren, Rohrdichter, Maschinenmesser, Gewindeschneidzeuge, Schneidzirkel	20	
	Bohrer, anderweit nicht genannt; Gewindeschneidzeuge	—	15
	Stemmeisen, Hobeleisen	—	20
	Maschinenmesser	—	18
814	Reibahlen, Spiralbohrer, Fräser, Meßwerkzeuge (Lineale, Winkel, Zirkel [mit Ausnahme der Schneidzirkel], Lehren und dergleichen)	40	
	Reibahlen, Spiralbohrer, Fräser	—	28
815	Hämmer bei einem Reingewicht des Stückes von 10 kg oder darunter, Äxte, Beile, Hacken (mit Ausnahme der Blatthacken), Zug-, Wiege- und Hackmesser, grobe Küchen- und Gartenmesser, Hand- und Klöbschrauben, stellbare Schraubenschlüssel, Schraubzwingen, Spannwerkzeuge, Bohrwinden, sowie sonstige nicht besonders genannte Werkzeuge	15	
816	Anderweit nicht genannte Geräte für den landwirtschaftlichen, hauswirtschaftlichen oder gewerblichen Gebrauch, z. B. Pflüge, Kultivatoren, Grubber, Kartoffelgraber, Eggen, Handrechen, Pferderechen, Wagen, anderweit nicht genannt, Bügeleisen, Tierfallen, Riemenverbinder, Riemenspanner:		
	bei einem Reingewicht des Stückes von 3 kg oder darüber	8	
	bei einem Reingewicht des Stückes von weniger als 3 kg	12	

Nr.	Benennung der Gegenstände.	Allgemeiner Tarif. Zollsatz für 1 dz Mark.	Vertragstarif. Zollsatz für 1 dz Mark.
817	Kratzenbeschläge	40	40
818	Spindeln aller Art	10	
819	Webschäfte, Weberlitzen, Weberlitzenringe (Maillons), Weberblätter und Weberblätterzähne (Riete und Rietstäbe), Schützen, Spulen aller Art und ähnliche Ausrüstungsgegenstände für Spinn- und Webmaschinen	15	12
	Anmerkung. Der Zollsatz von 12 Mark findet auch auf vernickelte Gegenstände der Nr. 819 Anwendung.		
820	Eisenbahnlaschenschrauben, Schwellenschrauben, Spurstangen, Klemmplatten, Hakennägel; Schrauben und Niete von mehr als 13 mm Stiftstärke; Schraubenmuttern und Unterlegscheiben für Schrauben; Isolatorstützen; Hufeisen, Schraub- und Steckstollen:		
	roh	5	
	Eisenbahnenlaschenschrauben, Schwellenschrauben, Spurstangen, Klemmplatten, Hakennägel; Isolatorstützen, roh	—	3
	Schrauben und Niete von mehr als 13 mm Stiftstärke: Schraubenmuttern und Unterlegscheiben für Schrauben; Hufeisen, Schraub- und Steckstollen, roh	—	5
	bearbeitet	12	
821	Eisenbahnwagenbeschläge, Eisenbahnpuffer, Eisenbahnweichen- und Signalteile	10	
	Eisenbahnwagenbeschläge, Eisenbahnweichen- und Signalteile, roh	—	6
	Eisenbahnpuffer, roh	—	3
	(822 3) Achsen (mit Ausnahme der Eisenbahnachsen) und Achsenteile:		
822	Patentachsen und Halbpatentachsen	24	
823	andere:		
	roh	6	
	bearbeitet	12	
824	Wagenfedern einschließlich der Eisenbahnwagenfedern:		
	roh oder nur an den Blattenden und Seitenkanten abgeschliffen; Pufferfedern	4	
	Eisenbahnwagenfedern, roh oder nur an den Blattenden und Seitenkanten abgeschliffen; Pufferfedern	—	3
	auf der ganzen Fläche geschliffen; in anderer Weise bearbeitet	15	
825	Drahtseile, Stacheldraht, Drahtgeflechte und Drahtgewebe, Drahtbürsten, Drahtkörbe, Stiefeleisen; Schrauben und Niete von nicht mehr als 13 mm Stiftstärke; Haken, anderweit nicht genannt; Kisten- und Sarggriffe, Splinte, Krampen, Schnallen (mit Ausnahme der Schmuckschnallen); Rosettenstifte; Sprungfedern aus Draht; Häftel und Ösen; Nägel, anderweit nicht genannt, auch mit Köpfen aus anderen unedlen Metallen oder Legierungen unedler Metalle	8	8

Nr.	Benennung der Gegenstände.	Allgemeiner Tarif. Zollsatz für 1 dz Mark.	Vertragstarif. Zollsatz für 1 dz Mark.
	Schrauben von nicht mehr als 13 mm Stiftstärke	—	8
	Anmerkung. Unter Nr. 825 fallen Huthaken aus Eisendraht auch dann, wenn sie mit einzelnen unerheblichen Teilen aus anderen unedlen Metallen oder Legierungen unedler Metalle oder mit Holz verbunden sind.		
826	Drahtstifte; Klammern und Schlaufen aus Draht . .	8	
827	Geschnittene Nägel (Tacks, Semences, Aufzwickstifte):		
	in der Länge { von 20 mm oder darüber . . .	12	
	in der Länge { von weniger als 20 mm	20	
828	Ofenrohre, Ofenringe, Büchsen, Fässer, Kasten, Badewannen, Striegel, Haus- und Küchengeräte, Rolläden, Rolljalousien, Taschen- und Kofferbügel, Glocken und Geläute, alle diese aus Blech; auch Teile von solchen Gegenständen:		
	roh	6	
	bearbeitet	10	
	Haus- und Küchengeräte aus Blech, mit Schmelz belegt; auch Teile von solchen	—	7,50
829	Ketten (mit Ausnahme der Fahrradketten) und Teile von solchen:		
	roh:		
	zur Kettenschleppschiffahrt .	3	{ 1,50 3
	andere	6	{ 5 6
	bearbeitet	15	15
830	Trensen, Kandaren, Steigbügel, Sporen, Beschläge und sonstige Reit- und Fahrgeschirrteile:		
	roh	10	
	bearbeitet	15	
831	Schlittschuhe und Rollschuhe	15	
832	Bau- und Möbelbeschläge, Scharniere, Schiebetürrollen, Türfedern, Türgriffe, Türhänge, Türketten, Türknöpfe, Türriegel, Ventilatoren, Büfettgriffe, Gabelrollen (Vogelrollen), Kofferwinkel, Möbel- und Stuhlrollen, Schiebladengriffe, Schiebladenknöpfe, sämtlich aus schmiedbarem Eisen:		
	roh	6	6
	bearbeitet	12	12
833	Schlösser und Schlüssel:		
	ohne Verbindung mit anderen unedlen Metallen oder Legierungen unedler Metalle	15	
	mit Schlüsselrohren, Riegelplatten, Schlüssellochdecken und dergleichen aus anderen unedlen Metallen oder Legierungen unedler Metalle	20	
834	Geldschränke und Geldkasten (Kassetten)	20	
835	Möbel (nicht gepolstert) und Turngeräte, auch aus nicht schmiedbarem Guß	15	15
836	Feine Schneidwaren (feine Messer, feine Scheren, blanke Waffen und dergleichen); Perlen und Schmuckschnallen, soweit sie nicht unter Nr. 887 fallen; Fingerhüte,		

Nr.	Benennung der Gegenstände.	Allgemeiner Tarif. Zollsatz für 1 dz Mark	Vertragstarif. Zollsatz für 1 dz Mark.
	Korkzieher, Nußknacker, Stahlkugeln, Knöpfe (auch aus Blech), und sonstige feine Eisenwaren, anderweit nicht genannt:		
	roh	15	15
	bearbeitet	24	24
	Feine Messer und feine Scheren, bearbeitet . .	—	24
	Anmerkung. Von der Verzollung als feine Eisenwaren nach Nr. 836 bleiben die in anderen Nummern des Abschnitts A besonders genannten Eisenwaren auch dann ausgenommen, wenn sie fein bearbeitet sind.		
837	Kunstschmiedearbeiten	24	
838	Schirmgestelle und Bestandteile von solchen	24	
839	Federn, anderweit nicht genannt; auch Blankscheite (Planchetts)	20	
	Federn, anderweit nicht genannt:		
	an sich feine (Perücken-, Handschuh-, Hut- und ähnliche Federn) sowie alle polierten, vernickelten, lackierten, vernierten oder sonst weiter als durch bloßes Abschleifen bearbeiteten Federn	—	20
	andere:		
	roh	—	6
	bloß abgeschliffen	—	10
840	Schreibfedern (einschließlich der noch nicht völlig fertig gearbeiteten), auch mit vergoldeten Spitzen	90	
841	Nadeln:		
	Nähnadeln	100	
	Nähmaschinen-, Strickmaschinen-, Stickmaschinen- und Wirkmaschinennadeln	500	
	Stecknadeln, andere Nadeln sowie Angelhaken . . .	50	
842	Eisensand und Stahlspäne	1	
843	Eisenabfälle:		
	Brucheisen, Alteisen (Schrott); Dreh-, Bohr-, Hobelspäne; Eisenfeilspäne; Stabeisenenden, Eisenblechkanten und andere nur zum Einschmelzen oder Schweißen verwendbare Abfälle von Eisen . . .	1	
	Glühspan (Hammerschlag und Walzzunder); Schliff; Abfälle von verzinntem Eisenblech (Weißblech) von nicht mehr als 5 mm Stärke	frei	
	Anmerkungen zu A.		
	1. Der Begriff „Eisen" umfaßt im Sinne des Zolltarifs auch den Begriff „Stahl".		
	2. Schmiedbares Eisen in Form von Flacheisen von mehr als 25 cm Breite wird als Blech verzollt.		
	3. Als bearbeitet im Gegensatze zu roh gelten Erzeugnisse aus Eisen dann, wenn sie eine nachträgliche Bearbeitung der Oberfläche oder Veränderung der Gestalt erfahren haben, um sie für ihren Sonderzweck gebrauchsfähig zu machen, um ihr Aussehen zu heben oder um sie gegen Rost zu schützen.		
	Zu den bearbeiteten gehören hiernach insbesondere		

Nr.	Benennung der Gegenstände.	Allgemeiner Tarif. Zollsatz für 1 dz Mark.	Vertragstarif. Zollsatz für 1 dz Mark.
	alle gefeilten, gefrästen, abgedrehten, gehobelten, geschliffenen, polierten, nach der Fertigstellung geglühten, blau angelaufenen, durch Ausglühen gebläuten, durch Erhitzen mit einem Ölüberzuge gleichmäßig grau, braun oder sonst gefärbten, im Rollfaß oder in der Putztrommel gescheuerten, ferner alle angestrichenen, gefirnißten, lackierten, mit Schmelz belegten (emaillierten), oxydierten, mit anderen unedlen Metallen oder Legierungen unedler Metalle überzogenen (diese mit Ausnahme der in Anmerkung 4 behandelten), sowie alle vernieteten, verschraubten oder in ähnlicher Weise nachträglich in sich verbundenen Waren. Auch die teilweise oder gänzliche Entfernung der groben Guß-, Schmiede- oder Walzhaut hat die Behandlung der Erzeugnisse als bearbeitete zur Folge; dabei macht es keinen Unterschied, ob die Entfernung der rauhen Haut unmittelbar bei der Herstellung des Gegenstandes oder ob sie durch ein besonderes Verfahren erfolgt ist, sowie ob damit eine Änderung der Gestalt des Gegenstandes verbunden ist oder nicht.		
	Den bearbeiteten stehen gleich diejenigen Waren, welche unmittelbar bei ihrer Herstellung ein blankes Aussehen erhalten haben.		
	Dagegen wird das Anschneiden von Gewinden an Rohrenden, Schrauben und Muttern, das Vorarbeiten zum Zwecke der Prüfung der Gegenstände auf Fehlerfreiheit (Vorschruppen), das Beseitigen von Gußnähten und Ansätzen, das Ebnen von Bruchflächen sowie das Abstechen der verlorenen Köpfe, das Ausstechen von Nietlöchern und das Einbohren von Löchern mit oder ohne Schraubengewinde (soweit nicht für gelochte und gebohrte Erzeugnisse besondere Bestimmungen getroffen sind), das Blankscheuern einzelner Teile, ein rauher Ölfarben- oder Teeranstrich, sowie das Überstreichen mit Graphit nicht als Bearbeitung angesehen.		
	4. Eisen in Stäben, Draht, Blech, Röhren und andere Eisenwaren, die auf mechanischem Wege mit Kupfer, Kupferlegierungen, Nickel oder Aluminium überzogen oder auf chemischem Wege vernickelt sind, unterliegen, soweit nicht besondere Bestimmungen getroffen sind, einem Zollzuschlage von 50 v. H. Sofern für die genannten Gegenstände in poliertem oder allgemein in bearbeitetem Zustande besondere Zollsätze bestehen, werden letztere der Berechnung zugrunde gelegt (auch vertragsmäßig).		
	5. Die Verbindung von Eisenwaren mit anderen Stoffen ist, soweit nicht im Unterabschnitt A besondere Bestimmungen getroffen sind, nur dann auf ihre Verzollung von Einfluß, wenn in anderen Tarifabschnitten vorgeschrieben ist, daß Waren, auch wenn sie nur teilweise aus einem Stoffe hergestellt sind, ebenso verzollt werden sollen wie die ganz aus diesem Stoffe hergestellten Waren.		
	6. Statuen (einschließlich der Büsten, Reliefs und Tier-		

Nr.	Benennung der Gegenstände.	Allgemeiner Tarif. Zollsatz für 1 dz Mark.	Vertragstarif. Zollsatz für 1 dz Mark.
	figuren) mindestens in natürlicher Größe werden, sofern sie Kunstgegenstände sind, zollfrei abgelassen (auch vertragsmäßig).		
	B. Aluminium und Aluminiumlegierungen.		
844	Aluminium in rohem Zustand (in Blöcken, Barren, Masseln, Körnern), auch in Plattenform gegossen . .	frei	frei
845	Aluminium, geschmiedet oder gewalzt, in Stangen, Blechen, Tafeln oder dergleichen; auch Formgußstücke in unbearbeitetem Zustande	12	
	Formgußstücke aus Aluminium oder Aluminiumlegierungen in unbearbeitetem Zustande	—	12
	(846/7) Draht:		
846	rund:		
	in der Stärke von mehr als 0,5 mm	12	
	in der Stärke von 0,5 mm oder darunter . . .	50	
847	geplättet oder geformt (fassoniert), ohne Rücksicht auf die Stärke	50	
848	Aluminiumgespinst, sowie Tressenwaren (Besätze, Bänder, Kordeln, Litzen, Schnüre), Gewebe und Knopfmacherwaren (auch mit Einlagen von Holz, Bein, Horn, Leder) aus Aluminiumgespinst ohne Beimischung von anderen Gespinsten, wenn der Kern besteht:		
	ganz oder teilweise aus Seide, künstlicher Seide oder Florettseide	250	
	aus anderen Spinnstoffen	150	
849	Waren aus Aluminium, nicht unter Nr. 848 fallend, auch in Verbindung mit anderen Stoffen, soweit sie nicht zu den fein gearbeiteten Schmuckgegenständen usw. der Nr. 887 gehören oder durch die Verbindung mit anderen Stoffen unter höhere Zollsätze fallen; Blattaluminium	60	
	Anmerkung zu B. Dem Aluminium gleich behandelt werden nur die aluminiumähnlichen Legierungen von Aluminium mit anderen unedlen Metallen.		
	C. Blei und Bleilegierungen.		
850	Blei, roh (in Blöcken, Mulden und dergleichen) . . .	frei	
851	Blei, gewalzt (Blech), auch gerollt (Rollblei), roh, abgeschliffen, gefirnißt, lackiert, poliert oder mit anderen unedlen Metallen oder Legierungen unedler Metalle überzogen; Fensterblei	3	
852	Draht	6	
853	Druckplatten, gestochen oder geätzt, auch verkupfert, verstählt oder in Verbindung mit unlackiertem, unpoliertem Holze, Eisen, Zink oder Zinn; Stereotypplatten, Abklatsche und Buchdruckerschriften	3	
854	Bleiwaren, nicht unter Nr. 853 fallend:		
	grobe, auch in Verbindung mit unlackiertem, unpoliertem Holze, Eisen, Zink oder Zinn	6	

Nr.	Benennung der Gegenstände.	Allgemeiner Tarif. Zollsatz für 1 dz Mark.	Vertragstarif. Zollsatz für 1 dz Mark.
	feine, insbesondere alle bemalten, bronzierten, lackierten, mit anderen unedlen Metallen oder Legierungen unedler Metalle überzogenen; Bleiwaren in Verbindung mit anderen Stoffen, soweit sie nicht vorstehend genannt sind oder durch die Verbindung mit anderen Stoffen unter höhere Zollsätze fallen, auch nicht zu den fein gearbeiteten Schmuckgegenständen usw. der Nr. 887 gehören; Blattblei, auch verzinnt oder mit Zinn plattiert	24	
	Flaschenkapseln aus Blei oder Bleilegierungen, auch mit Zinn plattiert; Blattblei, auch verzinnt oder mit Zinn plattiert	—	24
	D. Zink und Zinklegierungen.		
855	Zink, roh (in Blöcken, Tafeln, Klumpen, Scheiben, Tropfen [Tropfzink])	frei	frei
	(856/7) Zink, gestreckt, gewalzt (Blech):		
856	roh:		
	mehr als 0,25 mm stark	3	3
	0,25 mm oder darunter stark	4,50	{ 4 { 3
857	abgeschliffen, gefirnißt, lackiert, poliert oder mit anderen unedlen Metallen oder Legierungen unedler Metalle überzogen	5	5
858	Draht	6	
859	Zinkwaren:		
	grobe, auch in Verbindung mit unlackiertem, unpoliertem Holze, Eisen, Blei oder Zinn; Druckplatten, gestochen oder geätzt	6	
	feine, insbesondere alle bemalten, bronzierten, gefirnißten, lackierten, polierten, mit anderen unedlen Metallen oder Legierungen unedler Metalle überzogenen; Zinkwaren in Verbindung mit anderen Stoffen, soweit sie nicht vorstehend genannt sind oder durch die Verbindung mit anderen Stoffen unter höhere Zollsätze fallen, auch nicht zu den fein gearbeiteten Schmuckgegenständen usw. der Nr. 887 gehören	24	24
	E. Zinn und Zinnlegierungen.		
860	Zinn, roh (in Blöcken, Stangen, aufgerollten Platten [Rollzinn])	frei	
861	Zinn, gewalzt (Blech)	3	
862	Draht	6	
863	Zinnwaren:		
	grobe, auch in Verbindung mit unlackiertem, unpoliertem Holze, Eisen, Blei oder Zink; Druckplatten, gestochen oder geätzt	6	
	Löffel, Gabeln, Teesiebe, gegossen, Kannen, Teebretter, Kapseln, Tuben, Spritzstöpsel sowie andere feine		

Nr.	Benennung der Gegenstände.	Allgemeiner Tarif. Zollsatz für 1 dz Mark.	Vertragstarif. Zollsatz für 1 dz Mark.
	Zinnwaren, insbesondere alle bemalten, bronzierten, gefirnißten, polierten, gemusterten, mit anderen unedlen Metallen oder Legierungen unedler Metalle überzogenen; Zinnwaren in Verbindung mit anderen Stoffen, soweit sie nicht vorstehend genannt sind oder durch die Verbindung mit anderen Stoffen unter höhere Zollsätze fallen, auch nicht zu den fein gearbeiteten Schmuckgegenständen usw. der Nr. 887 gehören; Blattzinn (Stanniol), auch gefärbt oder mit unechtem Blattgolde belegt	24	24
	Anmerkung zu E. Britanniametall (Legierung von Zinn und Antimon mit geringen Zusätzen von Zink, Kupfer, Nickel oder Wismut) und Waren daraus werden wie Zinn und Zinnwaren behandelt (auch vertragsmäßig).		
	F. Nickel und Nickellegierungen.		
864	Nickelmetall (Nickel), roh (in Barren oder Stücken, auch gegossen in Form von Platten oder Rosten, die nur zur Verwendung bei Vernickelungen auf elektrolytischem Wege geeignet sind); Nickelmünzen	frei	frei
865	Nickel, geschmiedet oder gewalzt, in Stangen oder Blech; Formgußstücke und Schmiedestücke in unbearbeitetem Zustande	12	12
866	Draht:		
	1 mm oder darüber stark	12	12
	weniger als 1 mm stark	15	14
867	Röhren, Hülsen, Näpfchen	30	
868	Waren aus Nickel, vorstehend nicht genannt, auch in Verbindung mit anderen Stoffen, soweit sie nicht zu den fein gearbeiteten Schmuckgegenständen usw. der Nr. 887 gehören oder durch die Verbindung mit anderen Stoffen unter höhere Zollsätze fallen; Blattnickel	60	60
	Anmerkung zu F. Dem Nickel gleich behandelt werden nur die nickelähnlichen Legierungen aus Nickel mit anderen unedlen Metallen (auch vertragsmäßig). Packfong wird nicht wegen seines Nickelgehalts als nickelähnliche Legierung angesehen.		
	G. Kupfer und Kupferlegierungen.		
869	Kupfer, roh (in Scheiben oder sogenannten Rosetten, Blöcken [Hartstücken], Barren oder Platten, in Pulverform usw.); Kupfermünzen; Kupferlegierungen, roh .	frei	
870	Stangen, Bleche, Schalen und andere Formstücke, geschmiedet oder gewalzt	12	12
	Anmerkung. Unter Nr. 870 fallen auch gekrempelte (mit umgebörtelten Rändern versehene) Kesselböden, geschmiedet, aus Kupfer und Kupferlegierungen.		

Nr.	Benennung der Gegenstände.	Allgemeiner Tarif. Zollsatz für 1 dz Mark.	Vertragstarif. Zollsatz für 1 dz Mark.
871	Draht (mit Ausnahme des zementierten Drahts); Eisendraht, mit Draht aus Kupfer oder Kupferlegierungen umsponnen, umflochten oder umwickelt	12	12
872	Zementierter Draht	15	
873	Drahtlitzen und Drahtseile, weder lackiert noch poliert oder vernickelt	15	
874	Walzen, auch solche aus Eisen mit einer mehr als 5 mm starken Haut aus Kupfer oder Kupferlegierungen, zur Zurichtung (Appretur) von Gespinstwaren oder zum Druck, einschliesslich der mit ihnen in fester Verbindung stehenden Maschinen und Maschinenteile, auch gestochen oder geätzt	18	
	Druckplatten aus Kupfer oder Kupferlegierungen, auch verstählt, mit Blei oder dergleichen hintergossen oder in Verbindung mit Holz, Eisen, Blei, Zink oder Zinn, auch gestochen oder geätzt	30	
875	Metalltuch aller Art für gewerbliche Zwecke, insbesondere für die Herstellung von Papier, endlos oder in Rollen oder Stücken, aus Draht, auch mit Gespinsteinlagen; Vorbruckwalzen (Egoutteure), glatt oder gerippt, mit oder ohne Wasserzeichen	30	30 18
876	Haus- und Küchengeräte aus Kupfer, nicht vernickelt, auch in Verbindung mit anderen Stoffen, soweit sie nicht dadurch unter höhere Zollsätze fallen:		
	unlackiert, unpoliert	18	18
	lackiert, poliert	30	30
877	Grobe Waren aus Kupfer und grobe Waren aus gegossenem Messing, vorstehend nicht genannt; gegossene, gelötete, gewalzte oder gezogene Röhren, einschließlich der Muffen- und Flanschenröhren sowie der Röhrenverbindungs- und Röhrenformstücke, auch gebogen, aus Kupfer oder Messing; alle diese weder lackiert noch poliert oder vernickelt, auch in Verbindung mit anderen Stoffen, soweit sie nicht unter Nr. 874 oder durch die Verbindung mit anderen Stoffen unter höhere Zollsätze fallen; Polsterfedern aus Kupfer oder Messingdraht, unpoliert, unlackiert	18	18
878	Andere als grobe Waren aus Kupfer oder gegossenem Messing, vorstehend nicht genannt; alle lackierten oder polierten Waren aus Kupfer (mit Ausnahme der Haus- und Küchengeräte) oder aus gegossenem Messing; Waren aus Messingblech (mit Ausnahme der Röhren); Waren aus Kupfer- oder Messingdraht, vorstehend nicht genannt; Waren aus Tombak; alle diese, soweit sie nicht unter Nr 874, 879 oder 887 oder durch die Verbindung mit anderen Stoffen unter höhere Zollsätze fallen; Blattkupfer und Blattmessing	30	30
879	Kupfer-, Tombak- und Messingwaren, verniert, gefärbt oder vernickelt, soweit sie nicht zu den fein gearbeiteten Schmuckgegenständen usw. der Nr. 887 gehören oder durch die Verbindung mit anderen Stoffen unter höhere Zollsätze fallen	60	60

Nr.	Benennung der Gegenstände.	Allgemeiner Tarif. Zollsatz für 1 dz Mark.	Vertragstarif. Zollsatz für 1 dz Mark.
	vernickelte Rahmen und Bügel aus Messingblech für Zigarrentaschen, Brieftaschen. Geldtäschchen, Handtaschen, Reisetaschen und ähnliche Täschnerwaren	—	50
880	Waren aus anderen Kupferlegierungen als Messing und Tombak, soweit sie nicht zu den fein gearbeiteten Schmuckgegenständen usw. der Nr. 887 gehören oder durch die Verbindung mit anderen Stoffen unter höhere Zollsätze fallen:		
	feine, insbesondere alle polierten, vernickelten, gefärbten, lackierten oder vernierten Waren . . .	60	60
	andere als feine, weder poliert noch vernickelt, gefärbt, lackiert oder verniert; Blattmetall . . .	30	30
	Kirchenglocken aus anderen Kupferlegierungen als Messing und Tombak	—	30
	Anmerkung. Von den vorstehend in die Nr. 880 verwiesenen Waren aus anderen Kupferlegierungen als Messing und Tombak werden außer den polierten, vernickelten, gefärbten, lackierten oder vernierten Waren insbesondere alle diejenigen als feine Waren behandelt, welche ziseliert, guillochiert, inkrustiert, tauschiert, getrieben, geätzt, nielliert, graviert oder bemalt sind. Waren mit bloß gepreßten (gestanzten, geprägten) oder bloß gegossenen (nicht ziselierten oder sonst nachträglich bearbeiteten) Verzierungen sind nicht ohne weiteres von der Verzollung zum Satze von 30 Mark für 1 dz ausgeschlossen und nur dann als feine Waren zu verzollen, wenn derartige Verzierungen in so großer Ausdehnung vorhanden sind, daß die Waren sich schon hierdurch als Schmuck-, Zier- oder Luxusgegenstände kennzeichnen.		
	Anmerkung zu Nr. 878 und 880. Auf Blattkupfer und Blattmessing sowie auf Blattmetall aus anderen Kupferlegierungen als Messing findet die in der Allgemeinen Anmerkung 1 zu Abschnitt B bis H vorgesehene Abgrenzung von Blech keine Anwendung. Vielmehr sind Bleche aus Kupfer oder Kupferlegierung von weniger als 0,25 mm Stärke nur dann als Blattkupfer, Blattmessing oder Blattmetall nach Nr. 878 oder Nr. 880 zu verzollen, wenn sie sich als sogenanntes Rauschgold (Knistergold, Flittergold) oder Rauschsilber oder sonst als papierartig dünn gewalzte oder geschlagene Blätter darstellen. Die Unterscheidung des Blattmetalls von unechtem Blattgold oder Blattsilber wird hierdurch nicht berührt.		
	Anmerkung zu G. Anderweit nicht genannte, zur Herstellung von Metallwaren geeignete unedle Metalle und Legierungen unedler Metalle sowie Waren daraus werden wie Kupfer und Kupferwaren behandelt (auch vertragsmäßig).		
	H. Waren, nicht unter die Unterabschnitte A bis G fallend, aus unedlen Metallen oder aus Legierungen unedler Metalle.		
881	Blech:		
	vergoldet	100	
	versilbert	60	

Nr.	Benennung der Gegenstände.	Allgemeiner Tarif. Zollsatz für 1 dz Mark.	Vertragstarif. Zollsatz für 1 dz Mark.
882	Draht, auch auf anderen Draht aus unedlen Metallen oder Legierungen unedler Metalle gesponnen:		
	vergoldet	150	
	versilbert	100	
883	Unechtes Gold- und Silbergespinst, auch aus vergoldeten oder versilberten tierischen Häutchen sowie Tressenwaren (Besätze, Bänder, Kordeln, Litzen, Schnüre), Gewebe und Knopfmacherwaren (auch mit Einlagen von Holz, Bein, Horn, Leder) aus unechtem Gold- oder Silbergespinst ohne Beimischung von anderen Gespinsten, wenn der Kern besteht:		
	ganz oder teilweise aus Seide, künstlicher Seide oder Florettseide	800	
	aus anderen Spinnstoffen	250	
884	Waren, ganz oder teilweise aus vergoldeten unedlen Metallen oder Legierungen unedler Metalle, soweit sie nicht besonders ausgenommen sind oder durch die Verbindung mit anderen Stoffen unter höhere Zollsätze fallen	175	175
	Schmuckgegenstände, Toilette- und Nippsachen, ganz oder teilweise aus vergoldeten unedlen Metallen oder Legierungen unedler Metalle, in einer nicht als unwesentlich zu erachtenden Verbindung mit Glas (einschließlich der Nachahmungen von Edelsteinen, Gemmen oder Kameen aus Glasflüssen)	—	100
885	Waren, ganz oder teilweise aus versilberten unedlen Metallen oder Legierungen unedler Metalle, soweit sie nicht besonders ausgenommen sind oder durch die Verbindung mit anderen Stoffen unter höhere Zollsätze fallen	120	120
	Schmuckgegenstände, Toilette- und Nippsachen, ganz oder teilweise aus versilberten unedlen Metallen oder Legierungen unedler Metalle, in einer nicht als unwesentlich zu erachtenden Verbindung mit Glas (einschließlich der Nachahmungen von Edelsteinen, Gemmen oder Kameen aus Glasflüssen)	—	100
	Rosenkränze mit Perlen		
	aus Horn, Hornmasse, Knochen oder sonstigen, nicht besonders genannten tierischen Schnitzstoffen,		
	aus Holz,		
	aus anderen pflanzlichen Schnitzstoffen als Holz oder Kork (mit Ausnahme von Zellhorn oder ähnlichen Formerstoffen),		
	aus Stärke, Bassorin. Tragantgummi, Brot oder sonstigen nicht besonders genannten Formerstoffen (mit Ausnahme der Nachahmungen höher belegter Waren),		
	oder aus Glas oder Porzellan,		
	in Verbindung mit versilberten Zubehörteilen (Ketten, Kreuzen und dergleichen) aus unedlen Metallen oder Legierungen unedler Metalle .	—	45

Nr.	Benennung der Gegenstände.	Allgemeiner Tarif. Zollsatz für 1 dz Mark.	Vertragstarif. Zollsatz für 1 dz Mark.
	Anmerkung zu Nr. 881 bis 885. Mit Gold oder Silber belegte (plattierte) Waren werden wie vergoldete oder versilberte verzollt (auch vertragsmäßig).		
886	Unechtes Blattgold und unechtes Blattsilber (unechter Gold- und Silberschaum)	120	
887	Schmuck-, Zier- und sonstige Luxusgegenstände, ganz oder teilweise aus unedlen Metallen oder aus Legierungen unedler Metalle, fein gearbeitet und entweder verniert oder vernickelt oder in Verbindung mit Alabaster, Marmor, Serpentinstein, Schmelz, Halbedelsteinen, nachgeahmten Edelsteinen, Gemmen oder Kameen aus Halbedelsteinen oder nachgeahmten Edelsteinen, Pasten oder dergleichen; Zellenschmelzarbeiten (sogenannte Cloisonneewaren); Perlen aus unedlen Metallen oder aus Legierungen unedler Metalle, vernickelt oder verniert; Waren aus unedlen Metallen oder aus Legierungen unedler Metalle in derartiger Verbindung mit Gespinstfäden, daß sie ohne weiteres als Schmuck getragen werden können	175	
	Schmuck-, Zier- und sonstige Luxusgegenstände, einschließlich der Toilette- und Nippsachen, ganz oder teilweise aus unedlen Metallen oder aus Legierungen unedler Metalle fein gearbeitet und entweder verniert oder vernickelt oder in einer nicht als unwesentlich zu erachtenden Verbindung mit Alabaster, Marmor, Serpentinstein, Schmelz, Nachahmungen von Edelsteinen, Gemmen oder Kameen aus Glasflüssen, Pasten oder dergleichen	—	100
	Schmuck-, Zier- und sonstige Luxusgegenstände, ganz oder teilweise aus unedlen Metallen oder aus Legierungen unedler Metalle, fein gearbeitet und in Verbindung mit Halbedelsteinen, Gemmen oder Kameen aus Halbedelsteinen; Zellenschmelzarbeiten (sogenannte Cloisonneewaren); Perlen aus unedlen Metallen oder aus Legierungen unedler Metalle, vernickelt oder verniert; Waren aus unedlen Metallen oder aus Legierungen unedler Metalle in derartiger Verbindung mit Gespinstfäden, daß sie ohne weiteres als Schmuck getragen werden können	—	175
	Anmerkung. Bei Zellenschmelzarbeiten bleiben Stege aus edlen Metallen ohne Einfluß auf die Verzollung.		
	Anmerkungen zu **Nr. 884, 885 und 887.** 1. Die ermäßigten Zollsätze für Schmuckgegenstände finden auch auf Zierknöpfe, Zierschnallen, Schmucknadeln und Schmuckketten Anwendung. 2. Waren aus Glas, Porzellan oder Steingut, bei denen die Verbindung mit vergoldeten oder versilberten unedlen Metallen oder dergleichen Legierungen unedler Metalle nur zum Zusammenhalten der Teile oder zur Befestigung dient (z. B. Schließen, Haken, Heftel, Anstecknadeln) oder sich auf einzelne, keine		

Nr.	Benennung der Gegenstände.	Allgemeiner Tarif. Zollsatz für 1 dz Mark.	Vertragstarif. Zollsatz für 1 dz Mark.
	wesentliche Verzierung der Gesamtware bewirkende Nebenbestandteile (z. B. Drahtgestelle, kleine Füßchen, einfache Knöpfe) beschränkt, werden nicht nach Nr. 884 oder 885, sondern nach ihrer sonstigen Beschaffenheit verzollt. Das gleiche gilt für solche, an sich unter Abschnitt A bis G fallende Gebrauchsgegenstände aus unedlen Metallen oder Legierungen unedler Metalle, die nur in ganz geringer Ausdehnung vergoldet oder versilbert sind.		
	Auf die Verzollung der in den Nrn. 884, 885 und 887 genannten Waren bleiben Ausfütterungen, Polster und ähnliche Zutaten aus Gespinstwaren ohne Einfluß, ebenso Verbindungen mit unwesentlichen Bestandteilen aus Zellhorn (z. B. als Unterlagen an Zierknöpfen angebrachte oder bei Schmuckgegenständen als Schutzüberzug von Bildern dienende Zellhornplättchen).		
	Schmuck-, Zier- und sonstige Luxusgegenstände aus weder vergoldeten oder versilberten noch vernickelten oder vernierten unedlen Metallen oder Legierungen unedler Metalle, fein gearbeitet und in Verbindung mit anderen als den in Nr. 887 genannten Stoffen, sind nicht nach dieser Tarifnummer, sondern nach ihrer sonstigen Beschaffenheit zu verzollen.		
	3. Schmuck-, Zier- und sonstige Luxusgegenstände sind nicht lediglich deshalb, weil die Metallteile durch bloßes Pressen (Stanzen, Prägen) oder durch bloßes Gießen mit Verzierungen versehen sind, als fein gearbeitet im Sinne der Nr. 887 zu behandeln. Dagegen gehören zu den fein gearbeiteten alle durch irgendwelche Nachbearbeitung der Metallteile verfeinerten Waren, insbesondere alle ziselierten, guillochierten, inkrustierten, tauschierten, getriebenen, geätzten, niellierten, gravierten oder bemalten.		
	4. Vernierte Waren sind solche, die durch einen durchsichtigen, gefärbten Überzug das Aussehen von Waren aus edlen Metallen erhalten haben; mit einem Firnisüberzuge versehene Waren, die an sich oder durch eine Blattmetallauflage gold- oder silberfarbig sind, werden nicht als verniert behandelt.		
	5. Gebrauchsgegenstände (z. B. Kaffee-, Tee- und Speisegeschirr, Schüsseln, Flaschen- und Gläsergestelle, Zuckerdosen, Brotkörbe, Bestecke, Rauch- und Schreibgeräte, Zigarren-, Zigaretten- und Tabakdosen, Aschenschalen, Tischfeuerzeuge, Handleuchter, Lampen und Kaminvorsetzer) sind nicht als Zier- oder Luxusgegenstände der Nr. 887 zu behandeln. Gegenstände, die nicht ausschließlich Gebrauchszwecken dienen und auch nicht zu den Schmuckgegenständen, Toilette oder Nippsachen gehören (z. B. Tafelaufsätze, Krüge, Vasen, Blumenhalter, Briefbeschwerer, Besuchskartenschalen und Beleuchtungskörper) sind der Nr. 887 als Zier- oder Luxusgegenstände nur dann zuzuweisen, wenn sie sich nach Form und Beschaffenheit vorzugsweise zu Zier- und Ausschmückungszwecken eignen.		
888	Gespinste aus unedlen Metallen oder aus Legierungen unedler Metalle (ausgenommen Aluminiumgespinst) sowie Tressenwaren (Besätze, Bänder, Kordeln, Litzen, Schnüre), Gewebe und Knopfmacherwaren (auch mit Einlagen von Holz, Bein, Horn, Leder) aus solchen Gespinsten, ohne Beimischung von anderen Gespinsten, wenn der Kern besteht:		
	ganz oder teilweise aus Seide, künstlicher Seide oder Florettseide	250	
	aus anderen Spinnstoffen	150	

Nr.	Benennung der Gegenstände.	Allgemeiner Tarif. Zollsatz für 1 dz Mark.	Vertragstarif. Zollsatz für 1 dz Mark.
889	Blankscheite (Planchetts), Miederfedern und ähnliche Waren aus unedlen Metallen oder aus Legierungen unedler Metalle, ganz oder teilweise mit Gespinsten oder Gespinstwaren übersponnen oder überzogen . .	120	
890	Draht aus unedlen Metallen oder aus Legierungen unedler Metalle:		
	mit Gespinstfäden ganz oder teilweise aus Seide, künstlicher Seide oder Florettseide überzogen, umwickelt, umsponnen oder umflochten, auch in Verbindung mit anderen Stoffen	36	
	mit anderen Stoffen überzogen, umwickelt, umsponnen, umflochten oder sonst verbunden . . .	15	
	Anmerkung. Litzen, Geflechte und ähnliche Waren aus derartigem Draht werden wie dieser verzollt.		
891	Läutewerke, durch Luftdruck betrieben; Sprechmaschinen (Phonographen) einschließlich der mit ihnen in fester Verbindung stehenden elektrischen Maschinen; Reißzeuge; Polarisationsinstrumente; Bussolen und Kompasse; Rechen- und Schreibmaschinen; Elektrisiermaschinen; Modelle von Maschinen und Schiffen aus unedlen Metallen oder aus Legierungen unedler Metalle; Schrittzähler und ähnliche Taschenzählwerke ohne Uhrwerke; andere Zählwerke sowie selbsttätige Meß- und Registriervorrichtungen ohne Uhrwerke; Präzisionswagen, selbsttätige Wagen und selbsttätige Verkaufsvorrichtungen; alle diese, soweit sie nicht durch ihre Verbindungen unter höhere Zollsätze fallen	60	
	Sprechmaschinen (Phonographen) einschließlich der mit ihnen in fester Verbindung stehenden elektrischen Maschinen; Instrumente zur mechanischen Integration (Planimeter, Integratoren); hydrometrische Instrumente (Instrumente zur Messung der Wassergeschwindigkeit, Registrierpegel); Geschwindigkeitsmesser für Fahrzeuge; alle diese aus unedlen Metallen oder Legierungen unedler Metalle, ohne Uhrwerke, und soweit sie nicht durch die Verbindung mit anderen Stoffen unter höhere Zollsätze fallen	—	40
	Anmerkung. Chirurgische Instrumente, die zur Ausführung von chirurgischen Operationen unmittelbar dienen, sowie astronomische, optische, mathematische, chemische und physikalische Instrumente, die ausschließlich wissenschaftlichen Untersuchungen dienen und nicht Gegenstand des allgemeinen oder des gewerblichen Gebrauchs sind, werden zollfrei abgelassen.		
	Allgemeine Anmerkungen zu B bis H.		
	1. Blech aus unedlen Metallen oder aus Legierungen unedler Metalle, das weniger als 0,25 mm stark ist, wird, sofern für Blattmetall (Folie) ein anderer Zollsatz als für Blech vorgesehen ist, als Blattmetall verzollt, soweit		

Nr.	Benennung der Gegenstände	Allgemeiner Tarif. Zollsatz für 1 dz Mark	Vertragstarif. Zollsatz für 1 dz Mark
	es nicht infolge seiner, dem echten Blattgolde (Goldschaum) ähnlichen Beschaffenheit unter den Begriff des unechten Blattgoldes oder des unechten Blattsilbers fällt.		
	2. Für Blech, das anders als rechtwinklig beschnitten ist, erhöht sich der Zoll um 25 v. H. Gewelltes Blech (Wellblech), desgleichen durchschlagenes oder gelochtes, mit eingepreßten, aufgedruckten oder dergleichen Verzierungen (Mustern) versehenes, sowie zu bestimmten Zwecken erkennbar vorgearbeitetes Blech wird als Ware behandelt.		
	3. Statuen (einschließlich der Büsten, Reliefs und Tierfiguren) mindestens in natürlicher Größe werden, sofern sie Kunstgegenstände sind, zollfrei abgelassen (auch vertragsmäßig).		

18. Abschnitt. Maschinen, elektrotechnische Erzeugnisse, Fahrzeuge.

A. Maschinen.

Nr.	Benennung der Gegenstände	Allgemeiner Tarif. Zollsatz für 1 dz Mark	Vertragstarif. Zollsatz für 1 dz Mark
892	Dampflokomotiven, auf Schienen laufend:		
	Tenderlokomotiven bei einem Reingewicht der Maschine von 100 dz oder darunter	11	
	Tenderlokomotiven bei einem Reingewicht der Maschine von mehr als 100 dz; Lokomotiven ohne Tender	9	
	Lokomotivtender	5	
893	Dampflokomotiven, nicht auf Schienen laufend, einschließlich der Dampfstraßenwalzen; Dampflokomobilen, fahrbar oder nicht fahrbar:		
	bei einem Reingewicht der Maschine von 60 dz und darunter	9	
	bei einem Reingewicht der Maschine von mehr als 60 dz . .	8	
894	Dampfmaschinen, Dampfturbinen, Wasserkraftmaschinen (Turbinen, Wasserräder und Wassersäulenmaschinen), Verbrennungs- und Explosionsmotoren, Heißluft- und Druckluftmotoren und andere vorstehend nicht genannte Kraft- (Antriebs-) Maschinen (mit Ausnahme der Elektromotoren), auch in Verbindung mit Dynamomaschinen, Pumpen, Hämmern, Gebläsemaschinen, Kältemaschinen, Fördermaschinen; ferner feststehende, fahrbare oder schwimmende Bagger, Rammen und Kranen:		
	bei einem Reingewicht der Maschine von 40 kg oder darunter	100	
	Verbrennungsmotoren für Motorfahrräder	—	75
	Explosionsmotoren für Motorfahrräder	—	75
	von mehr als 40 kg bis 1 dz	60	
	von mehr als 1 dz bis 2 dz	38	
	von mehr als 2 dz bis 5 dz	25	
	von mehr als 5 dz bis 10 dz	18	11

Nr.	Benennung der Gegenstände.	Allgemeiner Tarif. Zollsatz für 1 dz Mark.	Vertragstarif. Zollsatz für 1 dz Mark.
	(bei einem Reingewicht der Maschine) von mehr als 10 dz bis 25 dz	13	7,50 / 10
	Dampfmaschinen, Wassersäulenmaschinen, Petroleum- und Benzinmotoren	—	8
	von mehr als 25 dz bis 50 dz	10	6 / 8
	Dampfmaschinen, Wassersäulenmaschinen, Petroleum- und Benzinmotoren	—	6,50
	von mehr als 50 dz bis 500 dz	7	5 / 6
	Dampfmaschinen in Verbindung mit Pumpen, Hämmern, Gebläsemaschinen, Kältemaschinen, Fördermaschinen; Kranen . . .	—	5
	andere Dampfmaschinen, Wassersäulenmaschinen, Hochofengasmotoren	—	5,50
	von mehr als 500 dz bis 1000 dz	5,50	4,50 / 5
	Dampfmaschinen in Verbindung mit Pumpen, Hämmern, Gebläsemaschinen, Kältemaschinen, Fördermaschinen; Kranen . . .	—	4,50
	andere Dampfmaschinen, Wassersäulenmaschinen, Hochofengasmotoren	—	5
	von mehr als 1000 dz	3,50	3,50
	Anmerkung. Den Dampfmaschinen in Verbindung mit Pumpen werden die Dampfmaschinen in Verbindung mit Wasserhaltungsmaschinen und den Dampfmaschinen in Verbindung mit Gebläsemaschinen die Dampfmaschinen in Verbindung mit Ventilationsmaschinen gleichgestellt.		
	Anmerkung. Dampfmaschinen zur Verwendung beim Schiffbau werden einschließlich der zugehörigen Schaufelräder und Schiffsschrauben zollfrei zugelassen.		
895	Nähmaschinen (einschließlich der Kurbelstickmaschinen) und Strickmaschinen, für den Handbetrieb, ohne Gestell, Köpfe (Oberteile) von Nähmaschinen (einschließlich der Kurbelstickmaschinen) und von Strickmaschinen, auch Teile davon (ausgenommen Nadeln)	35	
	Strickmaschinen für den Handbetrieb, ohne Gestell, Köpfe (Oberteile) von Strickmaschinen, auch Teile davon (ausgenommen Nadeln)	—	12
896	Nähmaschinen (einschließlich der Kurbelstickmaschinen) und Strickmaschinen, in fester Verbindung mit Gestellen oder für motorischen Betrieb	20	
	Strickmaschinen, in fester Verbindung mit Gestellen oder für motorischen Betrieb	—	8
	Gestelle von Nähmaschinen (einschließlich der Kurbelstickmaschinen) und von Strickmaschinen, sowie Teile von solchen Gestellen, einschließlich der dazu gehörigen Tischplatten oder Tische	5	

Nr.	Benennung der Gegenstände.	Allgemeiner Tarif. Zollsatz für 1 dz Mark.	Vertragstarif. Zollsatz für 1 dz Mark.
	Gestelle von Strickmaschinen, sowie Teile von solchen Gestellen, einschließlich der dazu gehörigen Tischplatten oder Tische	—	5
898	Maschinen und Maschinenteile in fester Verbindung mit Kratzenbeschlägen	20	
	bei einem Reingewicht des Gegenstandes { von weniger als 2 dz .	—	20
	{ von 2 dz oder darüber .	—	18
899	Andere Maschinen für die Vorbereitung der Verarbeitung von Spinnstoffen; Maschinen für die Spinnerei und Zwirnerei einschließlich der das Haspeln, Spulen und Wickeln der Gespinste bewirkenden Maschinen, sowie Maschinen zur Vorbereitung der Gespinste für die Weberei	6	4
	Anmerkung. Hierunter fallen Kettenschlichtmaschinen, auch mit den zugehörigen Walzen aus Kupfer oder Kupferlegierungen.		
	Nicht anderweit benannte Maschinen für die Vorbereitung der Verarbeitung von Wolle oder anderen Tierhaaren; Maschinen für das Spinnen und Zwirnen von Wolle oder anderen Tierhaaren einschließlich der das Haspeln, Spulen und Wickeln der Gespinste aus diesen Spinnstoffen bewirkenden Maschinen, sowie Maschinen zur Vorbereitung der genannten Gespinste für die Weberei	—	4,50
	Anmerkung. Maschinen zum Kardieren von Spinnstoffen ohne feste Verbindung mit Kratzenbeschlägen fallen unter Nr. 899.		
900	Webstühle	5	4
	Webstühle zum Verweben von Gespinsten aus Wolle oder anderen Tierhaaren	—	4,50
	Anmerkung. Gesondert eingehende Schaft- und Jacquardvorrichtungen für Webstühle werden wie die letzteren verzollt.		
901	Gardinen-, Spitzen- und Tüllmaschinen; Wirkmaschinen; Stickmaschinen (ausgenommen Kurbelstickmaschinen)	10	
	Wirkmaschinen	—	10
	Stickmaschinen (ausgenommen Kurbelstickmaschinen)	—	8
902	Zurichte- (Appretur-) Maschinen (Maschinen für die Veredelung von Gespinsten und Gespinstwaren), soweit sie nicht unter Nr. 874 fallen; Maschinen für Wäscherei und chemische Reinigung	6	
	Maschinen zur Zurichtung von Gespinsten und Gespinstwaren aus Wolle oder anderen Tierhaaren, soweit sie nicht unter Nr. 874 fallen	—	4,50
903	Feuerspritzen aller Art; Pumpen für Menschen- oder Tierbetrieb	7	
904	Maschinen zur Bearbeitung von Metallen, Hölzern oder Steinen; Dampf- und hydraulische Schmiedepressen; Nietmaschinen und mechanische Hämmer (Fall-, Luft-		

Nr.	Benennung der Gegenstände.	Allgemeiner Tarif. Zollsatz für 1 dz Mark.	Vertragstarif. Zollsatz für 1 dz Mark.
	druck-, Federhämmer und sonstige durch Kraftübertragung betriebene Hämmer):		
	bei einem Reingewicht der Maschine von 2,5 dz oder darunter	20	12
	bei einem Reingewicht der Maschine von mehr als 2,5 bis 10 dz	12	8
	bei einem Reingewicht der Maschine von mehr als 10 bis 30 dz	8	6
	bei einem Reingewicht der Maschine von mehr als 30 bis 100 dz	6	5
	bei einem Reingewicht der Maschine von mehr als 100 dz .	4	4
905	Pflüge für Kraftbetrieb, auch mit zugehörigen Kraftmaschinen; Mähmaschinen	4	4
906	Andere nicht besonders genannte Maschinen:		
	bei einem Reingewicht der Maschine von 40 kg oder darunter	15	
	von mehr als 40 kg bis 1 dz	12	
	von mehr als 1 dz bis 2 dz	10	7
	von mehr als 2 dz bis 4 dz	9	6
	von mehr als 4 dz bis 10 dz	7	5,50
	Müllereimaschinen und Pumpen von mehr als 4 dz bis 10 dz	—	5
	von mehr als 10 dz bis 50 dz	5,50	5
	Müllereimaschinen und Pumpen von mehr als 10 dz bis 40 dz . . .	—	5
	Müllereimaschinen und Pumpen von mehr als 40 dz bis 50 dz . . .	—	4
	von mehr als 50 dz bis 100 dz	4,50	4,50
	Müllereimaschinen und Pumpen von mehr als 50 dz bis 100 dz	—	4
	von mehr als 100 dz	3	3

Zu den Nummern 892 bis 906, 907, 915, 921 und 923. Die in den genannten Tarifnummern aufgeführten Gegenstände (Maschinen, Fahrzeuge usw.) können unter den folgenden Bedingungen auch in zerlegtem Zustande mit der Maßgabe eingeführt werden, daß die für die unzerlegten Gegenstände der fraglichen Art bestehenden Zollsätze oder Zollbefreiungen zur Anwendung gelangen.

Es macht keinen Unterschied, ob die zusammengehörigen Teile gleichzeitig oder ob sie nach und nach in Teilsendungen eingehen, oder ob die Teile in einem oder mehreren Wagen verladen sind. Das Fehlen von Nebenbestandteilen oder auch von einzelnen Hauptbestandteilen (wie Schwungräder, Achsen, Lager, Grundplatten oder dergleichen) bleibt außer Betracht. Ist der Zoll nach dem Stückgewicht gestaffelt, so wird der Gegenstand ohne Rücksicht auf die fehlenden Teile in die dem wirklich eingeführten Gesamtgewicht entsprechende Zollstaffel eingereiht.

Alle Teilsendungen sind innerhalb einer bestimmten Frist, welche bei der Vorführung der ersten Sendung anzugeben ist und sechs Monate nicht übersteigen darf, bei der gleichen Zollstelle zur Verzollung zu bringen.

Mit der Eingangsdeklaration für eine zerlegte Gesamtsendung oder für eine erste Teilsendung ist dem Zollamt gleichzeitig ein Plan oder eine Abbildung des Ganzen, sowie eine Liste der Hauptbestandteile mit Angabe der Beschaffenheit und des Einzelgewichtes vorzulegen. Ebenso ist das ungefähre Gesamtgewicht der Nebenbestandteile anzugeben.

Nr.	Benennung der Gegenstände.	Allgemeiner Tarif. Zollsatz für 1 dz Mark.	Vertragstarif. Zollsatz für 1 dz Mark.
	Ist nach dem Eingange einer oder mehrerer Teilsendungen der Rest innerhalb der festgesetzten Frist nicht zur Zollabfertigung gestellt worden, so erfolgt die Verzollung der bereits eingeführten Bestandteile nach den für diese geltenden Zollsätzen oder, soweit besondere Zollsätze im Tarif nicht vorgesehen sind, nach der Beschaffenheit des Stoffes. Der Zollstelle bleibt vorbehalten, bis zu der Schlußabfertigung aller Teilsendungen die Sicherstellung der höheren Zollbeträge zu verlangen und die eingeführten Teile mit Identitätszeichen zu versehen. Auch ist sie berechtigt, nach Zusammensetzung des Gegenstandes durch eine auf Kosten des Zollpflichtigen vorzunehmende Revision sich von der Zugehörigkeit aller Teilsendungen zum Ganzen zu überzeugen. Ersatz- und Reserveteile werden stets für sich verzollt.		
	Anmerkung zu Nr. 894, 899, 900, 902, 904, 905, 906. Maschinen können zu den vertragsmäßigen Sätzen auch in zerlegtem Zustand unter den nachstehend aufgeführten Bedingungen eingeführt werden, gleichviel ob die Teile der Maschine gleichzeitig oder nach und nach in verschiedenen Sendungen eingehen. Alle Teilsendungen sind innerhalb einer bestimmten Frist, die von dem Einbringer bei Vorführung der ersten Sendung anzugeben ist und zwei Monate nicht übersteigen darf, bei der gleichen Zollstelle zur Zollabfertigung zu stellen. Bei der Einfuhr einer Maschine in zerlegtem Zustand oder einzelner Teile der Maschine hat der Einbringer gleichzeitig mit der Zollerklärung Pläne und Zeichnungen der vollständigen Maschine sowie eine Liste der Hauptbestandteile nach Beschaffenheit, Nummer und Einzelgewicht und die ungefähre Angabe des Gesamtgewichts der kleinen Nebenbestandteile vorzulegen. Wenn nach der Abfertigung von einzelnen Teilen der Maschine die anderen Teile nicht innerhalb der festgesetzten Frist zur Zollabfertigung gestellt worden sind, so hat die Verzollung der bereits eingebrachten Teile nach den Zollsätzen für getrennt eingehende Maschinenteile oder aber, soweit der Tarif besondere Zollsätze für diese nicht vorsieht, nach der Beschaffenheit des Stoffes zu erfolgen, aus dem die einzelnen Teile bestehen. Das Fehlen einzelner unwesentlicher Nebenbestandteile soll jedoch die Anwendung des für die vollständige Maschine geltenden Zollsatzes nicht ausschließen. Bis zur Schlußabfertigung aller Teilsendungen bleibt der Zollbehörde vorbehalten, die Sicherstellung der gegebenenfalls zu entrichtenden höheren Zollbeträge zu verlangen und die in Teilsendungen eingeführten Stücke mit Identitätszeichen zu versehen; ferner ist sie befugt, nach Zusammenstellung der Maschine durch eine Revision auf Kosten des Zollpflichtigen sich von der Zugehörigkeit aller Teilsendungen zu dieser Maschine zu überzeugen. Ersatz- und Reserveteile werden stets für sich verzollt.		
	B. Elektrotechnische Erzeugnisse.		
907	Dynamomaschinen, Elektromotoren, Umformer, sowie fertig gearbeitete Anker und Kollektoren; Transformatoren und Drosselspulen:		

Nr.	Benennung der Gegenstände.	Allgemeiner Tarif. Zollsatz für 1 dz Mark.	Vertragstarif. Zollsatz für 1 dz Mark.
	bei einem Reingewicht des Gegenstandes von 5 dz oder darunter	9	9
	bei einem Reingewicht des Gegenstandes von mehr als 5 bis 30 dz	7	6
	bei einem Reingewicht des Gegenstandes von mehr als 30 dz . .	6	5
	Dynamomaschinen bei einem Reingewicht des Gegenstandes von mehr als 100 dz	—	4
	Anmerkung. Hierher gehören auch Transformatoren, die zu Isolierungszwecken mit Ölfüllung versehen sind.		
	Anmerkung. Maschinen in fester Verbindung mit einem Dynamo-Generator oder Motor unterliegen der Verzollung nach den Sätzen des Unterabschnitts A.		
	Anmerkung zu Nr 907 siehe bei 906.		
908	Elektrizitätssammler und deren Ersatzplatten (Elektroden):		
	ohne Verbindung mit Zellhorn (Zelluloid), ähnlichen Formerstoffen oder Hartkautschuk	6	
	in Verbindung mit Zellhorn (Zelluloid), ähnlichen Formerstoffen oder Hartkautschuk	24	
909	Kabel zur Leitung elektrischer Ströme, infolge ihrer Umschließung mit Schutzhüllen aus Metall in Form von Hülsen (Mänteln), Blechen, Drähten, Bändern oder dergleichen zur Verlegung in Wasser oder Erde geeignet	8	
910	Bogenlampen und Gehäuse für solche:		
	Bogenlampen	40	
	vollständige Gehäuse für Bogenlampen in Verbindung mit Glasglocken, auch umsponnen; Scheinwerfer; lichtstreuende Reflektoren	20	
911	Elektrische Glühlampen	80	
912	Telegraphenwerke, elektrische; Fernsprecher; elektrische Vorrichtungen für Beleuchtung, Kraftübertragung oder Elektrolyse sowie für ärztliche oder zahnärztliche Zwecke; elektrische Meß-, Zähl- und Registriervorrichtungen; Vorschalte- und Nebenschlußwiderstände; galvanische Elemente (auch Trockenelemente) und Thermoelemente; sonstige elektrische Vorrichtungen; Bestandteile von solchen Gegenständen	60	
	Elektrische Vorrichtungen für Beleuchtung, Kraftübertragung oder Elektrolyse; elektrische Meß-, Zähl- und Registriervorrichtungen; Vorschalte- und Nebenschlußwiderstände; sonstige nicht besonders genannte elektrische Vorrichtungen; Bestandteile von solchen Gegenständen:		
	bei einem Reingewicht des Gegenstandes von 10 kg oder darunter .		40
	bei einem Reingewicht des Gegenstandes von mehr als 10 kg bis 25 kg		30
	bei einem Reingewicht des Gegenstandes von mehr als 25 kg bis 1 dz		20
	bei einem Reingewicht des Gegenstandes von mehr als 1 dz bis 5 dz		8
	bei einem Reingewicht des Gegenstandes von mehr als 5 dz bis 10 dz		6
	bei einem Reingewicht des Gegenstandes von mehr als 10 dz . . .		4
	Isolations-Rollen, -Glocken und -Knöpfe, Spulen, Taster, Schalter und ähnliche, zur Isolierung dienende Montierungsteile aus Steingut, Porzellan oder Glas,		

Nr.	Benennung der Gegenstände.	Allgemeiner Tarif. Zollsatz für 1 dz Mark.	Vertragstarif. Zollsatz für 1 dz Mark.
	ohne Verbindung mit anderen Stoffen und nicht als Bestandteile zerlegter elektrotechnischer Vorrichtungen eingehend:		
	weiß	—	10
	farbig oder gefärbt	—	20
	Anmerkung. Isolationsgegenstände aus Asbest, Asbestpappe, Glimmer oder Mikanit, für die Elektrotechnik (Spulen, Schutzkasten, Röhren, Scheiben, Ringe und dergleichen)	—	15
	Anmerkung zu B. Auf die Verzollung der elektrotechnischen Erzeugnisse bleibt die Art und Beschaffenheit der verwendeten Stoffe ohne Einfluß.		
	C. Fahrzeuge.		
	(913/4) Fahrzeuge, zum Fahren auf Schienengleisen bestimmt:		
913	in Verbindung mit Antriebsmaschinen (ausgenommen Dampflokomotiven)	10	
914	ohne Verbindung mit Antriebsmaschinen:		
	Güterwagen, ungedeckt oder gedeckt	5	3
	Personenwagen ohne Leder- oder Polsterarbeit; Dienstwagen	7,50	
	Personenwagen mit Leder- oder Polsterarbeit; Straßenbahnwagen für Personenbeförderung; Wagen aller Art für einschienige Bahnen	12	
	Anmerkung zu Nr. 913 und 914. Wagenkasten, Untergestelle zu Wagen mit Radsätzen sowie Wagenkasten in fester Verbindung mit Untergestellen ohne Radsätze unterliegen nach ihrer Beschaffenheit der Verzollung wie die fertigen Fahrzeuge. Soweit ihre Zugehörigkeit zu einer bestimmten Art von Fahrzeugen nicht erkennbar ist, werden sie wie Güterwagen behandelt (auch vertragsmäßig).		
915	Fahrzeuge, nicht zum Fahren auf Schienengleisen bestimmt (ausgenommen Wasserfahrzeuge), in Verbindung mit Antriebsmaschinen (Motorwagen und Motorfahrräder):		
	bei einem Reingewicht des Stückes von 50 kg oder darunter	150	
	Motorfahrräder . . .	—	100
	von mehr als 50 kg bis 1 dz	120	
	Motorfahrräder . . .	—	75
	von mehr als 1 dz bis 2,5 dz	90	
	Motorfahrräder . . .	—	70
	von mehr als 2,5 dz bis 5 dz	60	40
	von mehr als 5 dz bis 10 dz	40	25
	von mehr als 10 dz . .	20	15
	Anmerkung zu Nr. 915 siehe bei 906.		
	(916/8) Fahrzeuge, nicht zum Fahren auf Schienengleisen bestimmt (ausgenommen Wasserfahrzeuge), ohne Verbindung mit Antriebsmaschinen:		

Nr.	Benennung der Gegenstände.	Allgemeiner Tarif. Zollsatz für 1 dz Mark.	Vertragstarif. Zollsatz für 1 dz Mark.
916	Fahrräder, auch zur Aufnahme von Fahrgästen, zur Beförderung von Waren oder zur Mitführung von Anhängewagen eingerichtet	150	100
917	Personenwagen:		
	zweirädrige ohne Rücksicht auf die Zahl der festen Sitze und vierrädrige mit nicht mehr als 4 festen Sitzen:		
	ohne Dach	für 1 Stück	für 1 Stück
	bei einem Reingewicht des Wagens von 1,5 dz oder darunter	60	
	vierrädrige Personenwagen mit nicht mehr als vier festen Sitzen	—	60
	von mehr als 1,5 dz	100	
	vierrädrige Personenwagen mit nicht mehr als vier festen Sitzen	—	100
	mit Dach	150	
	vierrädrige Personenwagen mit nicht mehr als vier festen Sitzen	—	150
	vierrädrige mit mehr als vier festen Sitzen:		
	ohne Dach	180	150
	mit Dach	200	160

Anmerkungen.

1. Klappsitze gehören nicht zu den festen Sitzen. Der Bocksitz (Kutschersitz) ist in die Zahl der festen Sitze nicht einzurechnen.
2. Hölzerne Wagenkasten ohne Untergestell, auch mit Eisenbeschlag, sind je nach ihrer Beschaffenheit als Holzwaren zu behandeln und bleiben von der Verzollung als Personenwagen auch dann ausgenommen, wenn die durch Scharniere befestigten Dachbogen und das mit den eisernen Spangen, die den Wagenkasten durchziehen, fest verbundene, schief ansteigende Fußgestell vor dem Kutschbock bereits angebracht oder die hölzernen Türtafeln zur Verstärkung oder zur Verhinderung des Reißens mit groben Holzklötzchen oder Jutegeweben oder mit Eisenblech bekleidet sind.
3. Für zusammengesetzte vierrädrige Personenwagen im Rohbau ist ein Viertel der Sätze für Personenwagen zu entrichten. Als Personenwagen im Rohbau sind solche anzusehen, welche zwar die zum Gebrauch notwendigen Zubehörteile und Einrichtungen (Federn, Achsen, Räder, Vordergestell, Brems- und Anspannvorrichtungen usw.) aufweisen, jedoch weder angestrichen, lackiert, poliert oder bemalt noch mit Leder- oder Polsterarbeit (einschließlich lose eingelegter Polster) ausgestattet sind.
4. Fußdecken, Laternen, Wagenkisten und ähnliche Gegenstände, welche mit fertigen Personenwagen eingehen und dazu bestimmt sind, mit ihnen in feste Verbindung gebracht oder auf andere Weise zusammengesetzt zu werden, sind als Bestandteile der Wagen anzusehen und nicht besonders zu verzollen.
5. Zur Herstellung von Motorwagen bestimmte, ohne Gestellrahmen (Chassis), Motor und Räder eingehende Personenwagen werden wie vierrädrige Personenwagen behandelt und in fertigem Zustande nach den vertragsmäßigen Sätzen der Nr. 917, im Rohbau mit einem Viertel dieser Sätze verzollt.

Nr.	Benennung der Gegenstände.	Allgemeiner Tarif. Zollsatz für 1 dz Mark.	Vertragstarif. Zollsatz für 1 dz Mark.
918	Lastwagen:		
	auf Federn mit geschlossenem Laderaum:		
	roh oder nur mit Öl- oder Farbenanstrich . . .	50	
	lackiert oder mit Polsterung	75	
	auf Federn, mit offenem Laderaum:		
	roh oder nur mit Öl- oder Farbenanstrich .	40	
	lackiert oder mit Polsterung	50	
	ohne Federn	25	
	Anmerkungen zu Nr. 917 und 918. 1. Für zusammengesetzte Personenwagen im Rohbau ist die Hälfte der Sätze für Personenwagen zu entrichten. 2. Personenschlitten unterliegen der Verzollung als Personenwagen mit nicht mehr als 4 festen Sitzen ohne Dach. 3. Lastschlitten werden wie Lastwagen ohne Federn verzollt. 4. Wagen für Hand- oder Fußbetrieb sowie Handwagen, Handschlitten und Handkarren werden nach Beschaffenheit des Stoffes verzollt.		
	(919/20) Fahrradteile (ausgenommen Antriebsmaschinen und Teile von solchen):		
919	aus Eisen:		
	roh	40	25
	bearbeitet	150	100
	Anmerkung. Die Vorschriften in Anmerkung 3 zu Unterabschnitt 17 A finden sinngemäß Anwendung.		
920	aus anderen unedlen Metallen oder Legierungen unedler Metalle, aus Holz, Kork, Hartkautschuk, Horn, Leder, Zellhorn (Zelluloid) oder diesem ähnlichen Formerstoffen; fertige Räder für Fahrräder	150	100
	(921/3) Wasserfahrzeuge einschließlich der zugehörigen gewöhnlichen Schiffsausrüstungsgegenstände, Dampfmaschinen und anderen Antriebsmaschinen:		
921	Seeschiffe	frei	
922	Fluß- und Binnenseeschiffe für Luxuszwecke:		
	in Verbindung mit Antriebsmaschinen	10	
	ohne Verbindung mit Antriebsmaschinen	15	
923	andere Fluß- und Binnenseeschiffe	frei	frei
	Einschließlich der zugehörigen gewöhnlichen Schiffsausrüstungsgegenstände, Dampfmaschinen und anderen Antriebsmaschinen	—	
	Anmerkungen zu Nr. 921 und 923 siehe bei 906.		
924	Schwimmdocks und Pontons, auch mit Maschinenausrüstungen	5	
925	Wasserfahrzeuge aller Art, mit der Bestimmung zum Zerschlagen eingehend	frei	
	Anmerkung zu Nr. 921 bis 925. Die mit den Schiffen eingehenden, nicht zur gewöhnlichen Schiffsausrüstung gehörigen Einrichtungsstücke unterliegen den für diese Gegenstände bestehenden Zollsätzen.		

Nr.	Benennung der Gegenstände.	Allgemeiner Tarif. Zollsatz für 1 dz Mark.	Vertragstarif. Zollsatz für 1 dz Mark.
	19. Abschnitt. Feuerwaffen, Uhren, Tonwerkzeuge, Kinderspielzeug.		
	A. Feuerwaffen.		
926	Handfeuerwaffen aller Art, auch Luftgewehre, aus unedlen Metallen oder aus Legierungen unedler Metalle . .	90	
	Handfeuerwaffen aller Art aus unedlen Metallen oder aus Legierungen unedler Metalle, mit Ausnahme von Kriegswaffen	—	60
927	Bügel, Federn, Hähne und Läufe, auch Teile von solchen, sowie andere Teile von Handfeuerwaffen (ausgenommen Schlösser und Verschlußstücke), aus unedlen Metallen oder aus Legierungen unedler Metalle:		
	roh	6	6
	bearbeitet	24	24
	Läufe, nur gebohrt und abgedreht oder grob abgeschliffen	—	10
	Läufe in anderer Weise bearbeitet; andere Teile von Handfeuerwaffen (ausgenommen Schlösser und Verschlußstücke), bearbeitet	—	24
	Anmerkung. Die Vorschriften in Anmerkung 3 zu Unterabschnitt 17 A finden sinngemäß Anwendung.		
928	Schlösser und Verschlußstücke, auch Teile von solchen, zu Handfeuerwaffen:		
	roh vorgearbeitet	40	24
	andere	90	60
	Anmerkung zu Nr. 927 und 928. Läufe und Schäfte zu Handfeuerwaffen mit eingefügten oder beigepackten Schlössern, Schloßkasten oder Verschlußstücken sind nach Nr. 926 zu verzollen (auch **vertragsmäßig**).		
	Anmerkungen zu A. 1. Die Waren dieses Unterabschnitts werden, wenn sie mit Stoffen verbunden sind, welche die Verzollung nach höheren Zollsätzen bedingen, nach den letzteren verzollt. 2. Andere Feuerwaffen als Handfeuerwaffen werden nach Beschaffenheit des Stoffes verzollt.		
	B. Uhren.		
929	Taschenuhren, auch solche mit Spielwerk:		
	in Gehäusen	für 1 Stück	für 1 Stück
	aus Gold	3	0,80
	aus Silber, auch vergoldet oder mit vergoldeten Rändern, Bügeln oder Knöpfen versehen . . .	1,50	0,60
	aus unedlen Metallen oder aus Legierungen unedler Metalle, auch vergoldet oder versilbert oder mit		

Nr.	Benennung der Gegenstände.	Allgemeiner Tarif. Zollsatz für 1 dz Mark.	Vertragstarif. Zollsatz für 1 dz Mark.
	vergoldeten oder versilberten Rändern, Bügeln oder Knöpfen versehen; aus anderen Stoffen .	für 1 Stück 1	für 1 Stück 0,40
	Anmerkung. Nach Nr. 929 sind auch elektrische Taschenuhren zu verzollen.		
930	Uhrgehäuse zu Taschenuhren:		
	aus Gold	1,50	0,40
	aus Silber oder aus unedlen Metallen oder aus Legierungen unedler Metalle, auch vergoldet oder mit vergoldeten Rändern, Bügeln oder Knöpfen versehen; aus anderen Stoffen	0,75	0,40
	Anmerkung zu Nr. 930. Werden Uhrgehäuse zu Taschenuhren in zerlegtem Zustande, jedoch fertig zum Zusammensetzen eingeführt, so sind Böden mit der Hälfte, Ränder (mit oder ohne Glasreifen) und Glasreifen je mit einem Viertel des Stückzolls für das zusammengesetzte Uhrgehäuse zu belegen, während Staubdeckel sowie andere Teile der Verzollung nach Beschaffenheit des Stoffes unterliegen (auch vertragsmäßig).		
	Anmerkung zu Nr. 929 und 930. Mit Gold oder Silber belegte (plattierte) Taschenuhren und Uhrgehäuse zu Taschenuhren werden wie vergoldete oder versilberte verzollt (auch vertragsmäßig).		
931	Uhrwerke zu Taschenuhren, fertige, und Rohwerke . .	1,50	0,40
932	Triebe und Unruhen (Balancen) aus Stahl für Taschenuhren	für 1 dz 60	für 1 dz 60
933	Teile von Taschenuhren aus unedlen Metallen oder aus Legierungen unedler Metalle, vorstehend nicht genannt	200	
	auch vergoldet, versilbert oder mit Gold oder Silber belegt (plattiert) oder in Verbindung mit anderen Stoffen, soweit sie nicht dadurch unter höhere Zollsätze fallen	—	120
	Uhrfedern aus Stahl; Unruhen (Balancen) aus Bronze oder Messing	—	60
	Anmerkung. Bügel, Bügelringe und Aufziehkronen werden, sofern ihre Bestimmung zu Taschenuhren außer Zweifel steht, nach Nr. 933 verzollt.		
934	Wand- und Standuhren sowie alle anderweit nicht genannten Uhren mit Uhrwerken, auch dergleichen Uhren mit Spielwerken; Taschenzählwerke und andere Zählwerke sowie selbsttätige Meß- und Registriervorrichtungen in Verbindung mit Uhrwerken; alle diese, soweit sie nicht durch ihre Verbindungen unter höhere Zollsätze fallen	200	
	Elektrische Wand- und Standuhren, sowie alle anderweit nicht genannten Uhren mit elektrisch betriebenen Uhrwerken, auch dergleichen Uhren mit Spielwerken; alle diese, soweit sie nicht durch ihre Verbindungen unter höhere Zollsätze fallen	—	100
	Hydrometrische Instrumente (Instrumente zur Messung der Wassergeschwindigkeit, Registrierpegel), sowie		

Nr.	Benennung der Gegenstände.	Allgemeiner Tarif. Zollsatz für 1 dz Mark.	Vertragstarif. Zollsatz für 1 dz Mark.
	Geschwindigkeitsmesser für Fahrzeuge, in Verbindung mit Uhrwerken, aus unedlen Metallen oder Legierungen unedler Metalle, soweit sie nicht durch die Verbindung mit anderen Stoffen unter höhere Zollsätze fallen	—	40
935	Uhrwerke aus unedlen Metallen oder aus Legierungen unedler Metalle zu den unter Nr. 934 fallenden Uhren, sowie Teile solcher Uhren aus unedlen Metallen oder aus Legierungen unedler Metalle, mit Ausnahme der Gehäuse und der nicht gleichzeitig mit den Uhren, zu denen sie gehören, eingehenden Gewichte, die nach Beschaffenheit des Stoffes zu verzollen sind . . .	60	
936	Turmuhren und Teile von solchen aus unedlen Metallen oder aus Legierungen unedler Metalle, mit Ausnahme der nicht gleichzeitig mit den Uhrwerken, zu denen sie gehören, eingehenden Gewichte und Ketten zu solchen Gewichten, die nach Beschaffenheit des Stoffes zu verzollen sind	10	
	C. Tonwerkzeuge.		
937	Pfeifenorgeln	25	20
938	Zungenorgeln (Harmoniums)	40	
939	Klaviere aller Art	40	
940	Klaviermechaniken und Klaviaturen	55	
941	Streich- und Zupf-Tonwerkzeuge	30	20
942	Blas-Tonwerkzeuge	35	20
	Blas-Tonwerkzeuge aus Messingblech, Flöten, Klarinetten, Okarinas	—	20
943	Mechanische Spielwerke:		
	Spielwerke ohne Gehäuse bei einem Reingewicht des Stückes von 500 g oder darunter	25	20
	andere mechanische Spielwerke, sowie Vorrichtungen zur mechanischen Wiedergabe von Tonstücken . .	40	25
	andere mechanische Spielwerke	—	20
	Anmerkung. Wie die mechanischen Spielwerke werden auch Teile derselben verzollt, die als solche erkennbar sind, ferner auch Spielwerke ohne Laufwerk für Weckeruhren.		
944	Tonwerkzeuge, nicht besonders genannt	30	24
	Ziehharmonikas	—	20
945	Saiten (abgepaßt):		
	Darmsaiten, auch nachgeahmte	50	
	übersponnen mit Draht aller Art	100	
	Anmerkung zu C. Auf die Verzollung der Tonwerkzeuge bleibt die Art und Beschaffenheit der verwendeten Stoffe ohne Einfluß. Teile von Tonwerkzeugen, die als solche erkennbar sind, werden, soweit sie nicht besonders genannt sind, wie die Tonwerkzeuge verzollt, zu denen sie gehören (auch vertragsmäßig).		

Nr.	Benennung der Gegenstände.	Allgemeiner Tarif. Zollsatz für 1 dz Mark.	Vertrags-Tarif. Zollsatz für 1 dz Mark.
	Hölzerne Teile von Tonwerkzeugen sind jedoch nach ihrer Beschaffenheit zu verzollen, soweit der Zollsatz, dem sie hiernach unterliegen würden, niedriger ist als der Zollsatz für die Tonwerkzeuge, zu denen sie gehören.		
	Als Teile von Tonwerkzeugen werden auch die zum Spielen derselben erforderlichen Gegenstände, z. B. Geigenbogen, Schlaghämmer, Paukenschlägel, behandelt.		
	Drahtsaiten mit Ausnahme der übersponnenen werden wie Draht verzollt.		
	D. Kinderspielzeug.		
946	Kinderspielzeug aller Art und Teile davon; auch Christbaumschmuck	10	10

H.

Handels- und Zollvertrag zwischen dem Deutschen Reich und Belgien.

Vom 6. Dezember 1901 und 22. Juni 1904.

Art. 1. Die Angehörigen eines der vertragschließenden Teile, welche in dem Gebiete des anderen Teiles dauernd oder vorübergehend sich aufhalten, sollen daselbst in bezug auf den Betrieb des Handels und der Gewerbe die nämlichen Rechte genießen und keinen höheren oder anderen Abgaben unterworfen werden als die Angehörigen des in diesen Beziehungen am meisten begünstigten Landes.

Die Angehörigen eines jeden der vertragschließenden Teile werden in dem Gebiete des anderen von jedem Militärdienste sowohl in der regulären Armee und in der Marine als in der Miliz und Bürgerwehr befreit sein. Sie sollen keinen anderen militärischen Leistungen und Requisitionen in Friedens- und Kriegszeiten unterworfen sein als die Inländer und beiderseits Anspruch auf die Entschädigungen besitzen, die durch die in den beiden Ländern geltenden Gesetze zugunsten der Inländer festgesetzt sind.

Art. 2. Die belgischen Boden- und Gewerbserzeugnisse, welche in Deutschland, und die deutschen Boden- und Gewerbserzeugnisse, welche in Belgien eingeführt werden, sollen daselbst, sie mögen zum Verbrauch, zur Lagerung, zur Wiederausfuhr oder zur Durchfuhr bestimmt sein, der nämlichen Behandlung unterliegen und keinen höheren oder anderen Abgaben unterworfen werden als die Erzeugnisse des in diesen Beziehungen am meisten begünstigten Landes. Insbesondere wird jede Begünstigung, jedes Vorrecht und jede Ermäßigung in dem Tarife der Eingangsabgaben, welche einer der vertragschließenden Teile einer dritten Macht zugestehen möchte, gleichzeitig und ohne Bedingung den Boden- und Gewerbserzeugnissen des anderen zuteil werden.

Art. 3. Von den in dem beiliegenden Tarif A bezeichneten deutschen Boden- und Gewerbserzeugnissen sollen bei ihrer Einfuhr in Belgien und von den in dem beiliegenden Tarif B bezeichneten belgischen Boden- und Gewerbserzeugnissen sollen bei ihrer Einfuhr in Deutschland keine anderen oder höheren als die in diesen Anlagen bestimmten Eingangszölle erhoben werden.

Wenn einer der vertragschließenden Teile auf einen in der Anlage A bzw. B zu gegenwärtigem Vertrage angeführten Gegenstand einheimischer Erzeugung oder Fabrikation eine neue innere Steuer oder einen Zuschlag zu der inneren Steuer legen sollte, so kann der gleichartige Gegenstand mit einer gleichen oder entsprechenden Abgabe bei der Einfuhr belegt werden.

Art. 4. Innere Abgaben, welche in dem Gebiete des einen der vertragschließenden Teile, sei es für Rechnung des Staates oder für Rechnung von Gemeinden oder Korporationen auf der Hervorbringung, der Zubereitung oder dem Verbrauch eines Erzeugnisses gegenwärtig ruhen oder künftig ruhen werden, dürfen Erzeugnisse des anderen Teiles unter keinem Vorwande höher oder in lästigerer Weise treffen als die gleichartigen Erzeugnisse des eigenen Landes.

Art. 5. Bei der Ausfuhr nach Belgien dürfen in Deutschland und bei der Ausfuhr nach Deutschland dürfen in Belgien Ausgangsabgaben von keinen anderen Waren und mit keinem höheren oder anderen Betrage erhoben werden als bei der Ausfuhr nach dem in dieser Beziehung am meisten begünstigten Lande. Auch jede sonst von einem der vertragschließenden Teile einer dritten Macht in Beziehung auf die Ausfuhr zugestandene Begünstigung wird gleichzeitig und ohne Bedingung dem anderen zuteil werden.

Art. 6. Die Warendurchfuhr von und nach Belgien soll in Deutschland und die Warendurchfuhr von und nach Deutschland soll in Belgien von jeder Durchgangsabgabe frei sein, unbeschadet der besonderen Anordnungen in Beziehung auf Schießpulver und Kriegswaffen.

Art. 7. Die vertragschließenden Teile verpflichten sich, den gegenseitigen Verkehr zwischen beiden Ländern durch keinerlei Einfuhr-, Ausfuhr- oder Durchfuhrverbote zu hemmen.

Ausnahmen, sofern sie auf alle oder doch auf alle diejenigen Länder angewendet werden, bei denen die gleichen Voraussetzungen zutreffen, können in folgenden Fällen stattfinden:

1. in Beziehung auf Kriegsbedarf unter außerordentlichen Umständen;
2. aus zwingenden Rücksichten auf die öffentliche Sicherheit; aus Rücksichten der Gesundheitspolizei oder zum Schutze von Tieren oder Nutzpflanzen gegen Krankheiten oder Schädlinge;
3. zu dem Zwecke, um auf ausländische Waren Verbote oder Beschränkungen anzuwenden, die durch die innere Gesetzgebung für die Erzeugung, den Vertrieb oder die Beförderung gleichartiger Waren im Inland festgesetzt sind.

Art. 8. Die Bestimmungen des gegenwärtigen Vertrags berühren nicht die Begünstigungen, welche anderen angrenzenden Staaten zur Erleichterung des örtlichen Verkehrs innerhalb der beiderseitigen Grenzbezirke, jedoch nicht über eine Zone hinaus von je 15 km Breite, von der Grenze an gerechnet, gegenwärtig gewährt sind oder in Zukunft gewährt werden sollten.

Art. 9. Kaufleute, Fabrikanten und andere Gewerbetreibende, welche sich durch den Besitz einer von den Behörden des Heimatlandes ausgefertigten Gewerbelegitimationskarte darüber ausweisen, daß sie in dem Staate, wo sie ihren Wohnsitz haben, zum Gewerbebetrieb berechtigt sind, sollen befugt sein, persönlich oder durch in ihren Diensten stehende Reisende in dem Gebiete des anderen vertragschließenden Teiles Wareneinkäufe zu machen oder Bestellungen auch unter Mitführung von Mustern zu suchen. Solange solche Kaufleute, Fabrikanten und andere Gewerbetreibende oder Handlungsreisende, welche in Belgien angesessen sind und in Deutschland für Rechnung eines belgischen Hauses reisen, von der Zahlung einer Gewerbe- oder Einkommensteuer befreit sind, soll auf Grund der Gegenseitigkeit dasselbe stattfinden bei Kaufleuten, Fabrikanten und anderen Gewerbetreibenden oder Handlungsreisenden, welche in Deutschland angesessen sind und in Belgien für Rechnung eines deutschen Hauses reisen, wobei übrigens das Meistbegünstigungsrecht beiderseits aufrechterhalten bleibt.

Die mit einer Gewerbelegitimationskarte versehenen Gewerbetreibenden (Handlungsreisenden) dürfen wohl Warenmuster, aber keine Waren mit sich führen.

Die Ausfertigung der Gewerbelegitimationskarte soll nach dem in der Anlage C enthaltenen Muster erfolgen.

Die vertragschließenden Teile werden sich gegenseitig Mitteilung darüber machen, welche Behörden zur Erteilung von Gewerbelegitimationskarten befugt sein sollen und welche Vorschriften bei Ausübung des Gewerbebetriebes zu beachten sind.

Für zollpflichtige Gegenstände, welche als Muster eingebracht werden, wird beiderseits Befreiung von Eingangs- und Ausgangsabgaben zugestanden, unter der Voraussetzung, daß diese Gegenstände binnen einer im voraus zu bestimmenden Frist unverkauft wieder ausgeführt werden und die Identität der ein- und wiederausgeführten Gegenstände außer Zweifel ist.

Die Wiederausfuhr der Muster muß in beiden Ländern bei der Einfuhr durch Niederlegung des Betrages der bezüglichen Zollgebühren oder durch Sicherstellung gewährleistet werden.

Art. 10. Auf Eisenbahnen soll sowohl hinsichtlich der Beförderungspreise als der Zeit und Art der Abfertigung kein Unterschied zwischen den Bewohnern der Gebiete der vertragschließenden Teile gemacht werden. Namentlich sollen die aus dem Gebiete des einen Teiles in das Gebiet des anderen Teiles übergehenden oder das letztere transitierenden Sendungen weder in bezug auf die Abfertigung noch hinsichtlich der Beförderungspreise ungünstiger als die in dem betreffenden Gebiete nach einem inländischen Bestimmungsorte oder nach dem Auslande abgehenden Sendungen behandelt werden, sofern sie auf derselben Bahnstrecke und in derselben Verkehrsrichtung befördert werden.

Art. 11. Die Zollabfertigung des internationalen Verkehrs auf den Eisenbahnen, welche die Gebiete der vertragschließenden Teile verbinden, richtet sich nach den Bestimmungen der Anlage D.

Art. 12. Der gegenwärtige Vertrag erstreckt sich auch auf die mit einem der vertragschließenden Teile gegenwärtig oder künftig zollgeeinten Länder oder Gebiete.

Art. 12a. Wenn zwischen den vertragschließenden Teilen über die Auslegung oder Anwendung der Tarife des gegenwärtigen Vertrags (Anlage A und B) oder über die Anwendung der Meistbegünstigungsklausel hinsichtlich der tatsächlichen Handhabung der sonstigen in Kraft befindlichen Vertragstarife eine Meinungsverschiedenheit entsteht, so soll dieser Streit auf Verlangen des einen oder des anderen Teils durch Schiedsspruch erledigt werden.

Das Schiedsgericht wird für jeden Streitfall derart gebildet, daß jeder Teil aus den Angehörigen seines Landes eine geeignete Persönlichkeit zum Schiedsrichter bestellt, und daß die beiden Teile einen Angehörigen eines befreundeten dritten Staates zum Obmann wählen.

Die beiden Teile behalten sich vor, die Person, die im gegebenen Falle das Amt des Obmanns zu versehen haben würde, im voraus für einen gewissen Zeitraum zu bestimmen.

Eintretendenfalls und vorbehaltlich besonderer Verständigung werden die vertragschließenden Teile auch Meinungsverschiedenheiten zum schiedsgerichtlichen Austrag bringen, die zwischen ihnen über die Auslegung oder Anwendung anderer als der im ersten Absatz bezeichneten Bestimmungen des gegenwärtigen Vertrags entstehen könnten.

Über das Verfahren in den Fällen, in denen auf Grund des ersten Absatzes ein schiedsgerichtlicher Austrag stattfindet, wird zwischen den vertragschließenden Teilen folgendes vereinbart:

Beim ersten Streitfall hat das Schiedsgericht seinen Sitz im Gebiet des beklagten Teils, beim zweiten Streitfall im Gebiet des anderen Teils und so abwechselnd in dem einen oder dem anderen der beiden Länder. Derjenige Teil, in dessen Gebiet das Schiedsgericht zusammenzutreten hat, bestimmt den Ort des Gerichtssitzes; er hat für die Stellung der Räumlichkeiten, der Schreibkräfte und des Dienstpersonals zu sorgen, deren das Schiedsgericht für seine Tätigkeit bedarf. Der Obmann ist Vorsitzender des Schiedsgerichts. Die Entscheidungen ergehen nach Stimmenmehrheit.

Die vertragschließenden Teile werden sich im einzelnen Falle oder ein für allemal über das Verfahren des Schiedsgerichts verständigen. In Ermangelung einer solchen Verständigung wird das Verfahren von dem Schiedsgericht selbst bestimmt. Das Verfahren kann schriftlich sein, wenn keiner der vertragschließenden Teile Einspruch erhebt. In diesem Falle kann von der Bestimmung des vorhergehenden Absatzes abgewichen werden.

Hinsichtlich der Zustellung von Vorladungen vor das Schiedsgericht und der Erledigung der von diesem ausgehenden Ersuchen werden die Behörden jedes der vertragschließenden Teile auf den von dem Schiedsgericht bei der betreffenden Regierung zu stellenden Antrag in derselben Weise Rechtshilfe leisten wie auf die Anträge der inländischen Zivilgerichte.

Die vertragschließenden Teile werden sich im einzelnen Falle oder ein für allemal über die Verteilung der Kosten verständigen. In Ermangelung einer Verständigung soll Artikel 57 des Haager Abkommens vom 29. Juli 1899 zur Anwendung gelangen.

Art. 13. . . . Der gegenwärtige Zusatzvertrag soll in Kraft treten mit Ablauf einer Frist von sechs Monaten von dem Tage ab, an dem die beiden vertragschließenden Teile sich zu diesem Zwecke verständigt haben werden. Das Inkrafttreten des gegenwärtigen Zusatzvertrages soll jedoch nicht vor dem 1. Januar 1905 und nicht nach dem 1. Juli 1906 erfolgen.

Nach der Inkraftsetzung des Zusatzvertrags soll der bestehende Handels- und Zollvertrag vom 6. Dezember 1891 mit den durch den Zusatzvertrag herbeigeführten Änderungen und Ergänzungen bis zum 31. Dezember 1917 wirksam bleiben.

Im Falle keiner der vertragschließenden Teile zwölf Monate vor dem Eintritte des letzteren Termins seine Absicht, die Wirkungen des Vertrags aufhören zu lassen, kundgibt, soll dieser nebst den erwähnten Änderungen und Ergänzungen bis zum Ablaufe eines Jahres von dem Tage ab gelten, wo ihn der eine oder der andere der vertragschließenden Teile kündigt.

Anlage D
zum
Handels- und Zollvertrage mit Belgien.

Bestimmungen über die Zollabfertigung des internationalen Verkehrs auf den Eisenbahnen.

I. Bestimmungen über die Güterzüge.

Art. 1. Alle Waren, welche sich in verschlußsicher eingerichteten Wagen verpackt finden, sollen bei gehörigem Verschlusse dieser Wagen mittels Bleie oder Vorlegeschlösser sowohl bei dem Eingange als bei dem Ausgange, bei Nacht wie bei Tage, an Sonn- und Festtagen wie an jedem anderen Tage der Revision bei den betreffenden Grenzzollämtern nicht unterliegen.

In betreff der verschlußsicheren Einrichtung der Wagen sind die auf der Berner Konferenz vom 15. Mai 1886 vereinbarten Vorschriften über die zollsichere Einrichtung der Eisenbahnwagen im internationalen Verkehr sowie die etwaigen Abänderungen und Ergänzungen derselben maßgebend.

Füllen die bei der Beladung der vorbezeichneten Wagen übrig gebliebenen oder die überhaupt vorhandenen Kolli keinen solchen Wagen aus, so können sie, mit dem Anspruch auf die vorerwähnten Erleichterungen, in Wagenabteilungen oder in abhebbare Kasten oder Körbe von mindestens 0,309 cbm Inhalt, deren Benutzung zuvor von der Zollverwaltung gestattet worden ist, verladen und unter Verschluß durch Vorlegeschlösser oder Bleie befördert werden. Für die von der Postbehörde benutzten Kasten, Körbe oder Felleisen findet eine Beschränkung hinsichtlich der Größe nicht statt.

Art. 2. Die Bestimmungsorte, nach welchen die über die Zollgrenze zwischen dem deutschen Zollgebiet und Belgien eingehenden Güterzüge mit den im Artikel 1 erwähnten Erleichterungen befördert werden können, werden gegenseitig rechtzeitig mitgeteilt werden.

Jeder der vertragenden Teile behält sich die Änderung des betreffenden Verzeichnisses und die Mitteilung hierüber an den anderen Teil vor.

Art. 3. Die beim Ausgange in dem einen Staate etwa beigegebenen Begleitungsbeamten haben die Züge auf das Gebiet des benachbarten Staates bis zur ersten Station, wo sich ein Zollamt befindet, zu begleiten. Sie dürfen den Zug nicht eher verlassen, als bis sie die in jedem Lande vorgeschriebenen Förmlichkeiten erfüllt haben.

Art. 4. Jeder Zug muß von Ladungsverzeichnissen, getrennt nach den Bestimmungsorten, begleitet sein. Diese Ladungsverzeichnisse, denen alle erforderlichen Papiere beizufügen sind, werden durch die Eisenbahnverwaltungen nach den darüber für jedes Land bestehenden Vorschriften angefertigt.

Art. 5. Die Zollverwaltung jedes der vertragenden Staaten wird den Verschluß, welchen die Zollverwaltung des anderen Teils angelegt hat, für genügend anerkennen, sobald sie sich vergewissert hat, daß derselbe auf die in ihrem Zollgebiete zulässige Art angelegt ist. Dieselbe ist aber befugt, soweit sie es für erforderlich erachtet, eine Vervollständigung des Verschlusses vorzunehmen.

Art. 6. Die im Artikel 1 bezeichneten Wagen müssen beim Übergange aus einem Gebiete in das andere sich in einem solchen Zustande befinden, daß die Zollbehörde nur die Bleie oder Vorlegeschlösser anzulegen braucht, nachdem sie sich von der guten Beschaffenheit der Verschlußeinrichtungen überzeugt hat.

Auf den Bleien muß die Bezeichnung des Amtes ersichtlich sein, welches dieselben angelegt hat.

Art. 7. Inwieweit die Züge unter Begleitung von Zollbeamten gestellt werden sollen, bleibt dem Ermessen der Zollverwaltung jedes der vertragenden Teile überlassen. Die Eisenbahnverwaltungen haben den Begleitungsbeamten sowohl bei der Hin- als bei der Rückreise ihre Plätze unentgeltlich und so nahe wie möglich bei den Güterwagen einzuräumen.

II. Bestimmungen über die Personenzüge.

Art. 8. Die im Artikel 1 für die Güterzüge zugestandene Befugnis, die Landesgrenze während der Nacht und an Sonn- und Festtagen zu überschreiten, wird auf die Personenzüge ausgedehnt.

Art. 9. Bei Überschreitung der Grenze dürfen in den Personenwagen oder sonst anderswo als in den Güterwagen sich keine Gegenstände befinden, welche zollpflichtig sind oder deren Einfuhr verboten ist. Eine Ausnahme findet nur hinsichtlich der unter dem Handgepäck der Reisenden befindlichen zollpflichtigen Kleinigkeiten sowie des Gepäcks statt, welches sich auf den mittels der Eisenbahn beförderten Wagen von Reisenden befindet.

Art. 10. Das Gepäck der Reisenden wird in der Regel bei dem Grenzzollamte revidiert. Jedoch kann eine Ausnahme da zugelassen werden, wo dies im Interesse des Reiseverkehrs erforderlich erscheint. Soweit dergleichen Ausnahmen angeordnet werden, werden darüber sogleich gegenseitige Mitteilungen erfolgen.

Die Revision des Handgepäcks der Reisenden kann, sofern dies ohne Gefährdung der Zollsicherheit tunlich ist, in den Wagen erfolgen, ohne daß die Reisenden darum zum Aussteigen genötigt werden.

Art. 11. Die bei dem Grenzzollamte nicht revidierten Reiseeffekten müssen auf Grund einer dem Zollamte zu machenden Anmeldung von diesem mit einer Bezettelung versehen werden, welche die Effekten nach deren Stückzahl und getrennt nach den Orten, an welchen deren Abfertigung erfolgen soll, nachweist.

Art. 12. Alle nicht zu den Passagiereffekten zu rechnenden zollpflichtigen Gegenstände, welche mit Personenzügen befördert werden, sind denselben Bedingungen und Förmlichkeiten unterworfen, welche für die mit den Güterzügen beförderten derartigen Gegenstände gelten.

III. Allgemeine Bestimmungen.

Art. 13. Die Waren müssen nach ihrem Eintreffen am Bestimmungsorte in Räumen niedergelegt werden, welche von der Zollverwaltung gut befunden worden und verschlußfähig sind. Die Waren verbleiben in diesen Räumen unter der ununterbrochenen Aufsicht der Zollbeamten und werden von dort, je nach ihrer Bestimmung — zum inneren Verbrauche, zur öffentlichen Niederlage oder zur weiteren Versendung in das Ausland — auf Grund einer speziellen, innerhalb der dafür vorgeschriebenen Frist abzugebenden Deklaration und nach Erfüllung der vorgeschriebenen Förmlichkeiten entnommen. Das Abladen der Wagen muß, wenn möglich, unmittelbar nach dem Eintreffen der Züge stattfinden.

Art. 14. Auf den Stationen, wo Gebäude mit Räumen von der im vorhergehenden Artikel bezeichneten Beschaffenheit noch nicht vorhanden sind, soll das Abladen der Wagen, wenn möglich, spätestens innerhalb einer Frist von 36 Stunden nach dem Eintreffen des Zuges erfolgen.

Art. 15. Die Eisenbahnverwaltungen sind verpflichtet, die Zollverwaltungen von den Veränderungen, welche sie hinsichtlich der Stunden der Abfahrt, des Grenzüberganges oder der Ankunft der Züge, sei es der Tag- oder Nachtzüge, vornehmen wollen, sobald als möglich und spätestens acht Tage vor dem Eintritt der Veränderungen in Kenntnis zu setzen, widrigenfalls die Eisenbahnverwaltungen gehalten sein sollen, auf der Grenze alle gewöhnlichen Zollförmlichkeiten zu erfüllen.

Diese achttägige Frist soll auf diejenigen Sonder-Güterzüge, welche jene Verwaltungen infolge höherer Gewalt und in ausnahmsweisen Fällen einrichten möchten, keine Anwendung finden.

Die durch die gegenwärtigen Bestimmungen vorgeschriebenen Erleichterungen sollen bei diesen Sonderzügen eintreten, sobald deren Grenzübergang wenigstens 12 Stunden zuvor dem betreffenden Grenzzollamt angekündigt ist.

Art. 16. Als Grundsatz ist angenommen, daß eine Teilung der nach derselben Richtung zu befördernden Züge, wenn darum nachgesucht wird, von den Grenzzollämtern, jedoch nicht unter zehn Wagen für jeden Teilzug, bewilligt werden darf. Eine noch weitergehende Teilung der Züge kann von dem obersten Zollbeamten am Orte erlaubt werden, wenn ein Notfall eintritt, der als solcher von dem gedachten Beamten, im Einvernehmen mit dem ersten Eisenbahn-Betriebsbeamten der Station, anerkannt wird.

Art. 17. Die im Artikel 1 bezeichneten Erleichterungen sollen der Regel nach nur auf diejenigen Güter Anwendung finden, welche ohne Veränderung der Wagen und ohne Abnahme des angelegten Verschlusses von der Grenze bis zum Bestimmungsorte befördert werden.

Ausnahmsweise ist jedoch eine Umladung dieser Güter, ohne daß damit die zollordnungsmäßige Abfertigung verbunden zu werden braucht, zulässig an Orten:

1. wo zwei Eisenbahnen zusammentreffen, deren Konstruktionen den Übergang der Güterwagen der einen auf die andere nicht gestatten;
2. wo das Durchlaufen der über die Zollgrenze eingegangenen Güterwagen bis zum Bestimmungsorte ihrer Ladung für untunlich zu erachten ist.

Über die Orte, für welche nach Absatz 2 Ziffer 1 eine Ausnahme zugelassen wird, wird man sich gegenseitig rechtzeitig Mitteilung machen. Jeder der vertragenden Teile behält sich die Vermehrung dieser Orte, je nach dem wohlerwogenen Bedürfnis des internationalen Verkehrs, vor.

Art. 18. Soweit nicht äußere Hindernisse oder Landesgesetze entgegenstehen, sind die Begleitungsbeamten befugt, Sitzplätze auf einem der Wagen, und zwar unentgeltlich, einzunehmen. Jedenfalls müssen ihnen auf dem Hin- wie auf dem Rückwege Sitzplätze in einem der Personenwagen zweiter Klasse oder bei Güterzügen in den für die Schaffner bestimmten Räumlichkeiten unentgeltlich eingeräumt werden.

Art. 19. Man ist darüber einverstanden, daß durch die gegenwärtigen Bestimmungen den Gesetzen eines jeden Landes in betreff der wegen Zolldefraudation oder Kontravention verwirkten Strafen oder denen, in welchen Verbote oder Beschränkungen der Einfuhr, der Ausfuhr oder des Durchgangsverkehrs angeordnet sind, in keiner Weise Eintrag geschehen, sowie daß es in jedem Lande der Zollverwaltung unbenommen bleiben soll, in Fällen, in denen erhebliche Gründe des Verdachts, daß eine Defraude versucht werde, obwalten, zur Revision der Waren und zu den anderen Förmlichkeiten bei dem Grenzzollamte sowohl als auch nötigenfalls bei anderen Ämtern schreiten zu lassen.

Art. 20. Die Zollverwaltungen der vertragenden Staaten werden sich die hinsichtlich der Ausführung der gegenwärtigen Bestimmungen an ihre Beamten ergehenden Instruktionen und Anweisungen gegenseitig mitteilen.

Dieselben werden in Übereinstimmung dahin wirken, daß die Abfertigungsstunden für die Zollbeamten soviel als möglich im Einklange mit den richtig bemessenen Bedürfnissen des Eisenbahndienstes geregelt werden.

J.

Handels- und Zollvertrag zwischen dem Deutschen Reich und Österreich-Ungarn.

Vom 6. Dezember 1891 und 25. Januar 1905.

Art. 1. Die vertragschließenden Teile verpflichten sich, den gegenseitigen Verkehr zwischen ihren Landen durch keinerlei Einfuhr-, Ausfuhr- oder Durchfuhrverbote zu hemmen.

Ausnahmen hiervon dürfen nur stattfinden:

a) bei Tabak, Salz, Schießpulver und sonstigen Sprengstoffen sowie bei anderen Artikeln, welche in dem Gebiete eines der vertragschließenden Teile den Gegenstand eines Staatsmonopols bilden;
b) aus Gesundheitspolizeirücksichten;
c) in Beziehung auf Kriegsbedürfnisse unter außerordentlichen Umständen.

Art. 2. Hinsichtlich des Betrages, der Sicherung und der Erhebung der Eingangs- und Ausgangsabgaben, sowie hinsichtlich der Durchfuhr dürfen von keinem der vertragschließenden Teile dritte Staaten günstiger als der andere vertragschließende Teil behandelt werden. Jede dritten Staaten in diesen Beziehungen eingeräumte Begünstigung ist daher ohne Gegenleistung dem anderen vertragschließenden Teile gleichzeitig einzuräumen.

Ausgenommen hiervon sind:

1. jene Begünstigungen, welche von einem der vertragschließenden Teile einem Nachbarlande zur Erleichterung des Verkehrs für gewisse Grenzstrecken und für die Bewohner einzelner Gebietsteile eingeräumt werden;
2. die von einem der vertragschließenden Teile durch eine schon abgeschlossene oder etwa künftighin abzuschließende Zolleinigung zugestandenen Begünstigungen.

Art. 3. Von den in der Anlage A bezeichneten österreichischen und ungarischen Boden- und Gewerbserzeugnissen sollen bei ihrer Einfuhr in das deutsche Zollgebiet, und von den in der Anlage B bezeichneten deutschen Boden- und Gewerbserzeugnissen sollen bei ihrer Einfuhr in das österreichisch-ungarische Zollgebiet keine bzw. keine höheren als die in diesen Anlagen bestimmten Eingangszölle erhoben werden.

Wenn einer der vertragschließenden Teile auf einen in der Anlage A bzw. B zu dem gegenwärtigen Vertrag angeführten Gegenstand einheimischer Erzeugung oder Fabrikation eine neue innere Steuer oder einen Zuschlag zu der inneren Steuer legen sollte, so kann der gleichartige Gegenstand mit einer gleichen oder entsprechenden Abgabe bei der Einfuhr belegt werden.

Art. 4. Von Waren, welche durch das Gebiet eines der vertragschließenden Teile aus oder nach dem Gebiete des anderen Teiles durchgeführt werden, dürfen Durchgangsabgaben nicht erhoben werden.

Diese Verabredung findet sowohl auf die nach erfolgter Umladung oder Lagerung, als auf die unmittelbar durchgeführten Waren Anwendung.

Art. 5. Zur weiteren Erleichterung des gegenseitigen Verkehrs wird, sofern die Identität der aus- und wiedereingeführten Gegenstände außer Zweifel ist, beiderseits Befreiung von Eingangs- und Ausgangsabgaben zugestanden:

a) für Waren (mit Ausnahme von Verzehrungsgegenständen), welche aus dem freien Verkehr im Gebiete des einen der vertragschließenden Teile in das Gebiet des anderen auf Märkte oder Messen gebracht oder auf ungewissen Verkauf außer dem Meß- und Marktverkehr versendet, sowie für Muster, welche von Handlungsreisenden eingebracht werden; alle diese Gegenstände, wenn sie binnen einer im voraus zu bestimmenden Frist unverkauft zurückgeführt werden;

b) für Vieh, welches auf Märkte in das Gebiet des anderen vertragschließenden Teiles gebracht und unverkauft von dort zurückgeführt wird.

Art. 6. Zur Erleichterung des gegenseitigen Verkehrs in den Grenzbezirken sind unter den vertragschließenden Teilen diejenigen besonderen Bestimmungen vereinbart, welche sich in der Anlage C verzeichnet finden.

Art. 7. Hinsichtlich der zollamtlichen Behandlung von Waren, die dem Begleitscheinverfahren unterliegen, wird eine Verkehrserleichterung dadurch gegenseitig gewährt, daß beim unmittelbaren Übergange solcher Waren aus dem Gebiete des einen der vertragschließenden Teile in das Gebiet des anderen die Verschlußabnahme, die Anlage eines anderweiten Verschlusses und die Auspackung der Waren unterbleibt, sofern den dieserhalb vereinbarten Erfordernissen genügt ist.

Art. 8. Die vertragschließenden Teile werden auch ferner darauf bedacht sein, ihre gegenüberliegenden Grenzzollämter, wo es die Verhältnisse gestatten, je an einen Ort zu verlegen, so daß die Amtshandlungen bei dem Übertritt der Waren aus einem Zollgebiete in das andere gleichzeitig stattfinden können.

Art. 9. Innere Abgaben, welche in dem Gebiete des einen der vertragschließenden Teile, sei es für Rechnung des Staates oder für Rechnung von Kommunen oder Korporationen, auf der Hervorbringung, der Zubereitung oder dem Verbrauch eines Erzeugnisses gegenwärtig ruhen, oder künftig ruhen werden, dürfen Erzeugnisse des anderen Teiles unter keinem Vorwande höher oder in lästigerer Weise treffen, als die gleichnamigen Erzeugnisse des eigenen Landes.

Art. 10. Die vertragschließenden Teile verpflichten sich, auch ferner zur Verhütung und Bestrafung des Schleichhandels nach oder aus ihren Gebieten durch angemessene Mittel mitzuwirken und die zu diesem Zweck erlassenen Strafgesetze aufrecht zu erhalten, die Rechtshilfe zu gewähren, den Aufsichtsbeamten des anderen Teiles die Verfolgung der Kontravenienten in ihr Gebiet zu gestatten und denselben durch Steuer-, Zoll- und Polizeibeamte, sowie durch die Ortsvorstände alle erforderliche Auskunft und Beihilfe zuteil werden zu lassen.

Das nach Maßgabe dieser allgemeinen Bestimmungen abgeschlossene Zollkartell enthält die Anlage D.

Für Grenzgewässer und für solche Grenzstrecken, wo die Gebiete der vertragschließenden Teile mit fremden Staaten zusammentreffen, werden die zur gegenseitigen Unterstützung beim Überwachungsdienst verabredeten Maßregeln aufrecht erhalten.

Art. 11. Jeder der vertragschließenden Teile wird die Seehandelsschiffe des anderen und deren Ladungen unter denselben Bedingungen und gegen dieselben Abgaben, wie die eigenen Seehandelsschiffe, zulassen.

Dieses gilt auch für die Küstenschiffahrt. Die Staatsangehörigkeit der Schiffe jedes der vertragschließenden Teile ist nach der Gesetzgebung ihrer Heimat zu beurteilen.

Die beiderseitigen Schiffsmeßbriefe finden nach Maßgabe der zwischen den vertragschließenden Teilen getroffenen besonderen Vereinbarungen Anerkennung.

Art. 12. Von Schiffen des einen der vertragschließenden Teile, welche in Unglücks- oder Notfällen in die Seehäfen des anderen einlaufen, sollen, wenn nicht der Aufenthalt unnötig verlängert oder zum Handelsverkehr benutzt wird, Schiffahrts- oder Hafenabgaben nicht erhoben werden.

Von Havarie- und Strandgütern, welche in das Schiff eines der vertragschließenden Teile verladen waren, soll von dem anderen, unter Vorbehalt des etwaigen Bergelohns, eine Abgabe nur dann erhoben werden, wenn dieselben in den Verbrauch übergehen.

Art. 13. Zur Befahrung aller natürlichen und künstlichen Wasserstraßen in den Gebieten der vertragschließenden Teile sollen Schiffsführer und Fahrzeuge, welche einem derselben angehören, unter denselben Bedingungen und gegen dieselben Abgaben von Schiff oder Ladung zugelassen werden, wie Schiffsführer und Fahrzeuge des eigenen Landes.

Art. 14. Die Benutzung der Chausseen und sonstigen Straßen, Kanäle, Schleusen, Fähren, Brücken und Brückenöffnungen, der Häfen und Landungsplätze, der Bezeichnung und Beleuchtung des Fahrwassers, des Lotsenwesens, der Krahne und Wageanstalten, der Niederlagen, der Anstalten zur Rettung und Bergung von Schiffsgütern und dergleichen mehr, insoweit die Anlagen oder Anstalten für den öffentlichen Verkehr bestimmt sind, soll, gleichviel ob dieselben vom Staate oder von Privatberechtigten verwaltet werden, den Angehörigen des anderen vertragschließenden Teiles unter gleichen Bedingungen und gegen gleiche Gebühren, wie den Angehörigen des eigenen Staates, gestattet werden.

Gebühren dürfen, vorbehaltlich der beim Seebeleuchtungs- und Seelotsenwesen zulässigen abweichenden Bestimmungen, nur bei wirklicher Benutzung solcher Anlagen oder Anstalten erhoben werden.

Wegegelder für einen die Landesgrenze überschreitenden Verkehr dürfen auf Straßen, welche zur Verbindung der Gebiete der vertragschließenden Teile unter sich oder mit dem Auslande dienen, nach Verhältnis der Streckenlänge nicht höher sein, als für den auf das eigene Staatsgebiet beschränkten Verkehr.

Hinsichtlich der Abfertigung und Beförderung der aus den Gebieten des einen Teiles in die des anderen Teiles übergehenden oder die letzteren transitierenden Güter, soweit sie in diesen durch Schiffahrtsunternehmungen auf Flüssen oder Kanälen weiterbefördert werden, und bezüglich derjenigen Beförderungspreise dieser Unternehmungen, welche auf staatliche Veranlassung für bestimmte Güter eingeführt werden, verpflichten sich die vertragschließenden Teile, keine Verfügung zu treffen, durch welche derartige Begünstigungen den Gütern des anderen Teiles vorenthalten werden.

Art. 15. Auf Eisenbahnen soll sowohl hinsichtlich der Beförderungspreise als der Zeit und Art der Abfertigung kein Unterschied zwischen den Bewohnern der Gebiete der vertragschließenden Teile gemacht werden. Namentlich sollen die aus dem Gebiete des einen Teiles in das Gebiet des anderen Teiles übergehenden oder das letztere transitierenden Transporte weder in bezug auf die Abfertigung, noch rücksichtlich der Beförderungspreise ungünstiger behandelt werden, als die aus dem Gebiete des betreffenden Teiles abgehenden oder darin verbleibenden Transporte.

Für den Personen- und Güterverkehr, welcher zwischen Eisenbahnstationen, die in dem Gebiete des einen vertragschließenden Teiles gelegen sind, innerhalb dieses Gebiets mittels ununterbrochener Bahnverbindung stattfindet, sollen die Tarife in der gesetzlichen Landeswährung dieses Gebietes auch in dem Falle aufgestellt werden, wenn die für den Verkehr benutzte Bahnverbindung ganz oder teilweise im Betriebe einer Bahnanstalt steht, welche in dem Gebiete des anderen Teiles ihren Sitz hat.

Auf Anschlußstrecken und insoweit es sich lediglich um den Verkehr zwischen den zunächst der Grenze gelegenen beiderseitigen Stationen handelt, soll bei Einhebung der im Personen- und Güterverkehr zu entrichtenden Gebühren auch in dem Falle, wenn der Tarif nicht auf die gesetzliche Landeswährung der Einhebungsstelle lautet, die Annahme der nach den Gesetzen des Landes, in welchem die Einhebungsstelle gelegen ist, zulässigen Zahlungsmittel mit Berücksichtigung des jeweiligen Kurswertes nicht verweigert werden.

Die hier geregelte Annahme von Zahlungsmitteln soll den Vereinbarungen der beteiligten Eisenbahnverwaltungen über die Abrechnung in keiner Weise vorgreifen.

Art. 16. Die vertragschließenden Teile werden dahin wirken, daß der gegenseitige Eisenbahnverkehr in ihren Gebieten durch Herstellung unmittelbarer Schienenverbindungen zwischen den an einem Orte zusammentreffenden Bahnen und durch Überführung der Transportmittel von einer Bahn auf die andere möglichst erleichtert werde.

Die vertragschließenden Teile sichern sich gegenseitig auf dem Gebiete des Eisenbahntarifwesens, insbesondere auch bei Anträgen auf Herstellung direkter Personen- und Frachttarife, nach Maßgabe des tatsächlichen Bedürfnisses, tunlichste Unterstützung zu.

Art. 17. Die vertragschließenden Teile verpflichten sich, den Eisenbahnverkehr zwischen den beiderseitigen Gebieten gegen Störungen und Behinderungen sicherzustellen. Sie werden dahin wirken, daß dem Bedürfnisse des durchgehenden Verkehrs durch Herstellung ineinandergreifender Fahrpläne für Personen- und Güterverkehr tunlichst Rechnung getragen wird.

Art. 18. Die vertragschließenden Teile werden dort, wo an ihren Grenzen unmittelbare Schienenverbindungen vorhanden sind und ein Übergang der Transportmittel stattfindet, Waren, welche in vorschriftsmäßig verschließbaren Wagen eingehen und in denselben Wagen nach einem Orte im Innern befördert werden, an welchem sich ein zur Abfertigung befugtes Zoll- oder Steueramt befindet, von der Deklaration, Abladung und Revision an der Grenze, sowie vom Kolloverschluß frei lassen, insofern jene Waren durch Übergabe der Ladungsverzeichnisse und Frachtbriefe zum Eingang angemeldet sind.

Waren, welche in vorschriftsmäßig verschließbaren Eisenbahnwagen durch das Gebiet eines der vertragschließenden Teile ausgeführt oder nach dem Gebiete des anderen ohne Umladung durchgeführt werden, sollen von der Deklaration, Abladung und Revision, sowie vom Kolloverschlusse sowohl im Innern als an den Grenzen frei bleiben, insofern dieselben durch Übergabe der Ladungsverzeichnisse und Frachtbriefe zum Durchgang angemeldet sind.

Die Verwirklichung der vorstehenden Bestimmungen ist jedoch dadurch bedingt, daß die beteiligten Eisenbahnverwaltungen für das rechtzeitige Eintreffen der Wagen mit unverletztem Verschlusse am Abfertigungsamt im Innern oder am Ausgangsamt verpflichtet seien.

Insoweit von einem der vertragschließenden Teile mit dritten Staaten in betreff der Zollabfertigung weitergehende, als die hier aufgeführten Erleichterungen vereinbart worden sind, finden diese Erleichterungen auch bei dem Verkehr mit dem anderen Teile, unter Voraussetzung der Gegenseitigkeit, Anwendung.

Art. 19. Die Angehörigen der vertragschließenden Teile sollen gegenseitig in bezug auf den Antritt, den Betrieb und die Abgaben von Handel und Gewerbe den Inländern völlig gleichgestellt sein. Beim Besuche der Märkte und Messen sollen die Angehörigen des anderen Teiles ebenso wie die eigenen Angehörigen behandelt werden.

Auf das Apothekergewerbe, das Handelsmäkler- (Sensalen-) Geschäft und den Gewerbebetrieb im Umherziehen, einschließlich des Hausierhandels, finden die vorstehenden Bestimmungen keine Anwendung.

Kaufleute, Fabrikanten und andere Gewerbetreibende, welche sich darüber ausweisen, daß sie in dem Staate, wo sie ihren Wohnsitz haben, die gesetzlichen Abgaben für das von ihnen betriebene Geschäft entrichten, sollen, wenn sie persönlich oder durch in ihren Diensten stehende Reisende Ankäufe machen oder Bestellungen, nur unter Mitführung von Mustern, suchen, in dem Gebiete des anderen vertragschließenden Teiles keine weitere Abgabe hierfür zu entrichten verpflichtet sein.

Die Angehörigen des einen der vertragschließenden Teile, welche das Frachtfuhrgewerbe, die See- oder Flußschiffahrt zwischen Plätzen verschiedener Staaten betreiben, sollen für diesen Gewerbebetrieb in dem Gebiete des anderen Teiles einer Gewerbesteuer nicht unterworfen werden.

Aktiengesellschaften und andere kommerzielle, industrielle und finanzielle Gesellschaften, einschließlich der Versicherungsgesellschaften, welche in den Gebieten des einen vertragschließenden Teiles ihren Sitz haben und nach dessen Gesetzen rechtlich bestehen, sollen auch in den Gebieten des anderen Teiles gegen Beobachtung der daselbst geltenden einschlägigen Gesetze und Verordnungen befugt sein, alle ihre Rechte geltend zu machen und namentlich vor Gericht als Kläger oder Beklagte Prozesse zu führen. Die Frage, ob und inwieweit solche Gesellschaften in den Gebieten des anderen vertragschließenden Teiles Grundstücke und sonstiges Vermögen erwerben können, ist nach den in diesen Gebieten geltenden Gesetzen zu bestimmen. Betreffs der Zulassung zum Betriebe ihrer Geschäfte in den Gebieten des anderen Teiles haben die daselbst geltenden gesetzlichen und reglementarischen Bestimmungen Anwendung zu finden. In jedem Falle sollen die gedachten Gesellschaften in den Gebieten des anderen Teiles dieselben Rechte genießen, welche den als rechtlich bestehend anerkannten gleichartigen Gesellschaften irgend eines dritten Landes zustehen oder künftig zugestanden werden.

Art. 20. Die vertragschließenden Teile bewilligen sich gegenseitig das Recht, Konsuln in allen denjenigen Häfen und Handelsplätzen des anderen Teiles zu ernennen, in denen Konsuln irgend eines dritten Staates zugelassen werden.

Diese Konsuln des einen der vertragschließenden Teile sollen, unter der Bedingung der Gegenseitigkeit, in dem Gebiete des anderen Teiles dieselben Vorrechte, Befugnisse und Befreiungen genießen, deren sich diejenigen irgend eines dritten Staates erfreuen oder erfreuen werden.

Bezüglich der Befreiungen in Sachen der direkten Besteuerung besteht Einverständnis, daß solche nur den beiderseitigen Berufskonsuln, sofern sie nicht die Staatsbürgerschaft jenes Staates besitzen, in welchem sie ihre Funktionen ausüben, und keinesfalls in weiterem Umfange als den diplomatischen Vertretern der vertragschließenden Teile zugute kommen.

Art. 21. Jeder der vertragschließenden Teile wird seine Konsuln im Auslande verpflichten, den Angehörigen des anderen Teiles, sofern letzterer an dem betreffenden Platze durch einen Konsul nicht vertreten ist, Schutz und Beistand in derselben Art und gegen nicht höhere Gebühren wie den eigenen Angehörigen zu gewähren.

Art. 22. Die vertragschließenden Teile gestehen sich gegenseitig das Recht zu, an ihre Zollstellen Beamte zu dem Zweck zu senden, um von der Geschäftsbehandlung derselben in Beziehung auf das Zollwesen und die Grenzbewachung Kenntnis zu erlangen, wozu diesen Beamten alle Gelegenheit bereitwillig zu gewähren ist.

Über die Rechnungsführung und Statistik in beiden Zollgebieten werden gegenseitig alle gewünschten Aufklärungen erteilt werden.

Art. 23. Der gegenwärtige Handels- und Zollvertrag erstreckt sich auch auf die mit den Gebieten der vertragschließenden Teile gegenwärtig oder künftig zollgeeinten Länder oder Landesteile.

Art. 23a. Wenn zwischen den vertragschließenden Teilen über die Auslegung oder Anwendung der Tarife des gegenwärtigen Vertrages (Anlage A und B) und der Zusatzbestimmungen zu diesen Tarifen oder über die Anwendung der Meistbegünstigungsklausel hinsichtlich der tatsächlichen Handhabung der sonstigen in Kraft befindlichen Vertragstarife eine Meinungsverschiedenheit entsteht, so soll sie auf Verlangen des einen oder des anderen Teiles durch Schiedsspruch erledigt werden.

Das Schiedsgericht wird für jeden Streitfall derart gebildet, daß jeder Teil aus seinen Angehörigen zwei geeignete Persönlichkeiten zu Schiedsrichtern bestellt, und daß die beiden Teile einen Angehörigen eines befreundeten dritten Staates zum Obmann wählen. Die beiden Teile behalten sich vor, sich im voraus und für einen bestimmten Zeitraum über die Person des im gegebenen Fall zu ernennenden Obmannes zu verständigen.

Eintretendenfalls und vorbehaltlich besonderer Verständigung werden die vertragschließenden Teile auch andere als die im Absatz 1 bezeichneten Meinungsverschiedenheiten über die Auslegung oder Anwendung des gegenwärtigen Vertrages zum schiedsgerichtlichen Austrag bringen.

Art. 24. Der gegenwärtige Zusatzvertrag soll am 15. Februar 1906 in Kraft treten.

Mit den durch den Zusatzvertrag bedingten Änderungen und Ergänzungen soll der bestehende Handels- und Zollvertrag vom 6. Dezember 1891 während der Zeit bis zum 31. Dezember 1917 wirksam bleiben.

Jeder der vertragschließenden Teile behält sich jedoch das Recht vor, zwölf Monate vor dem 31. Dezember 1915 den Vertrag mit der Wirkung zu kündigen, daß derselbe zu diesem Termin außer Kraft tritt.

Falls kein Teil von diesem Rechte Gebrauch macht und auch nicht zwölf Monate vor dem 31. Dezember 1917 seine Absicht kund gibt, die Wirkungen des Vertrags mit diesem Tage aufhören zu lassen, soll der Vertrag nebst den erwähnten Änderungen und Ergänzungen über den 31. Dezember 1917 hinaus bis zum Ablauf eines Jahres von dem Tage ab in Geltung bleiben, an welchem der eine oder der andere der vertragschließenden Teile die Abmachungen gekündigt haben wird.

Anlage C

zum

Handels- und Zollvertrag mit Österreich-Ungarn.

Erleichterungen im Grenzverkehr.

1. Auf Landgütern oder Grundbesitzungen, welche von der Zollgrenze der beiderseitigen Gebietsteile durchschnitten sind, dürfen das dazu gehörige Wirtschaftsvieh und Wirtschaftsgeräte, die Aussaat zum dortigen Feldbau, dann die auf denselben gewonnenen Erzeugnisse des Ackerbaues und der Viehzucht bei der Beförderung von den Orten ihrer Hervorbringung nach den zu ihrer Verwahrung bestimmten Gebäuden und Räumen von einem Zollgebiete auf das andere an den durch die Verwendung oder Bestimmung im Wirtschaftsbetriebe angezeigten natürlichen Übergangspunkten zollfrei gebracht werden.

2. Die Grenzbewohner, welche im jenseitigen Grenzbezirke eigene oder gepachtete Äcker und Wiesen zu bestellen oder dort, jedoch in der Nähe ihres Wohnortes, sonst eine Feldarbeit zu verrichten haben, genießen Zollfreiheit in betreff der Aussaat zum Anbau der erwähnten Grundstücke und der von denselben weggeführten Fechsung an Feldfrüchten und Getreide in Garben, dann in betreff des Arbeitsviehes und der Arbeitsgerätschaften für die landwirtschaftlichen Verrichtungen.

Nach Maßgabe der örtlichen Verhältnisse und der zu verrichtenden Arbeiten kann der Grenzübertritt auch auf Nebenwegen unter Beobachtung der diesfalls zu bestimmenden Vorsichtsmaßregeln dann geschehen, wenn die Rückkehr noch an demselben Tage erfolgt.

3. Die nachbenannten Gegenstände dürfen im gegenseitigen Verkehr der Grenzbezirke, wo die örtlichen Verhältnisse dies wünschenswert und zulässig erscheinen lassen, unter dienlichen Vorsichten auch auf Nebenwegen zollfrei ein- oder austreten:

Ausgelaugte oder Auswurfsasche zum Düngen, Bausand (gemeiner) und Kieselsteine; Dünger, tierischer; Feuerschwamm, roher; Flachs und Hanf in Wurzeln; Gras; Moos; Binsen; Futterkräuter; Waldstreu; Heu; Stroh und Häckerling; Milch; Schmirgel und Trippel in Stücken; Ton und Töpfererde, gemeine; Brennholz, Kohle, Torf und Moorerde.

4. Vieh, das auf Weiden getrieben wird oder von denselben zurückkehrt, ebenso Vieh, welches zur Stallfütterung ein- oder ausgeführt wird, kann, wenn die Identität sichergestellt ist, zollfrei über die Zollinie ein- und austreten. Auch die Erzeugnisse von solchem Vieh, als: Milch, Butter, Käse, Wolle und das in der Zwischenzeit zugewachsene junge Vieh, dürfen in einer der Stückzahl des Viehes und der Weidezeit angemessenen Menge zollfrei zurückgeführt werden.

Soweit die örtlichen Verhältnisse es erfordern, ist die Überschreitung der Grenze auf Nebenwegen unter Beobachtung der diesfalls zu bestimmenden lokalen Vorsichtsmaßregeln auch dann zulässig, wenn es sich um eine längere Weidezeit im jenseitigen Grenzbezirke handelt.

Die Zollfreiheit wird auch zugestanden für Salz, Mehl und Brot, welches von den Grenzbewohnern während der Alpenweidezeit auf ihre im jenseitigen Staatsgebiete befindlichen Alpenweideplätze zum notwendigen Verbrauch beim Betriebe der Alpenwirtschaft verbracht wird.

Die zollfrei zu belassenden Mengen an Salz, Mehl und Brot werden nach Maßgabe des Bedürfnisses von den beiderseitigen Zollverwaltungen festgesetzt.

5. Für Vieh, welches zur Arbeit aus dem einen Gebiet in das andere vorübergehend gebracht wird und von der Arbeit aus letzterem in das erstere zurückkommt, desgleichen für landwirtschaftliche Maschinen und Geräte, welche zur vorübergehenden Benutzung aus dem einen in den anderen Grenzbezirk gebracht und nach erfolgter Benutzung wieder in den ersteren zurückgeführt werden, ferner für das zum Verwiegen ein- und wieder auszuführende Vieh wird unter den für das Vormerkverfahren bestehenden Kontrollen die Zollfreiheit zugestanden.

6. Die beiderseitigen Grenzbewohner sind, wenn sie Getreide, Ölsamen, Hanf, Lein, Holz, Lohe und andere dergleichen landwirtschaftliche Gegenstände zum Vermahlen, Stampfen, Schneiden, Reiben usw. auf Mühlen in den jenseitigen Grenzbezirk bringen und im verarbeiteten Zustande wieder zurückführen, von jeder Zollabgabe befreit.

Auch wird hierbei gestattet, Ausnahmen von dem regelmäßigen Zollverfahren, wenn berücksichtigungswerte örtliche Verhältnisse dafür sprechen, unter Substituierung anderer, den Umständen angemessener Modalitäten zum Schutze gegen Zollumgehungen zu bewilligen. Die Mengen der Erzeugnisse, welche an Stelle der Rohstoffe wieder eingebracht werden dürfen, beziehungsweise wieder ausgeführt werden müssen, sind nach Erfordernis von den beiderseitigen Zollverwaltungen einvernehmlich angemessen festzusetzen.

7. Die gegenseitige Zollfreiheit soll sich ferner erstrecken auf alle Säcke und Gefäße, worin landwirtschaftliche Erzeugnisse, als z. B. Getreide und andere Feldfrüchte, Gips, Kalk, Getränke oder Flüssigkeiten anderer Gattung und sonst im Grenzverkehr vorkommende Gegenstände in das Nachbarland gebracht werden und die von dort leer auf dem nämlichen Wege wieder zurückgelangen.

8. Die bestehenden Erleichterungen in dem Verkehr zwischen den Bewohnern der beiderseitigen Grenzbezirke in bezug auf Gegenstände ihres eigenen Bedarfes zur Reparatur oder einer handwerksmäßigen Bearbeitung, welcher die häusliche Lohnarbeit gleichzuhalten ist und die für Garne und Gewebe auch im Färben bestehen darf, werden aufrecht erhalten. Im Bearbeitungsverkehr mit Stoffen zur Anfertigung von Kleidungsstücken erstreckt sich die Zollfreiheit auch auf die bei der Herstellung verwendeten Zutaten.

9. Zubereitete Arzneiwaren, welche Grenzbewohner gegen Rezepte von zur Ausübung der Praxis berechtigten Ärzten in, den Verhältnissen der Beziehenden entsprechenden kleinen Mengen aus benachbarten Apotheken

holen, dürfen auch ohne Bewilligung der politischen Behörde eingebracht und zollfrei abgefertigt werden. Bei einfachen, zu Medizinalzwecken dienenden Drogen und einfachen pharmazeutischen und chemischen Präparaten, deren pharmazeutische Bezeichnung auf der Umhüllung genau und deutlich ersichtlich gemacht ist, und welche nach den in dem betreffenden Gebiete geltenden Bestimmungen im Handverkaufe verabreicht werden dürfen, wird überdies von dem Erfordernis der Beibringung von Rezepten abgesehen.

10. Bei den bestehenden sonstigen Erleichterungen, Förmlichkeiten und Kontrollen im Grenzverkehr behält es sein Bewenden.

11. Geronnene Milch (Topfen) und Gips, die aus dem deutschen Grenzbezirke stammen und in den österreichischen Grenzbezirk zum dortigen Verbrauch eingebracht werden, werden in Österreich-Ungarn zollfrei zugelassen. Die gleiche Behandlung genießen Zwiebeln und Knoblauch aus der Zittauer Gegend, die im Achsverkehr in die böhmischen Grenzgebiete eingehen.

Preißelbeeren, die aus dem österreichischen Grenzbezirke stammen und in den deutschen Grenzbezirk zum dortigen Verbrauch eingebracht werden, werden im Deutschen Reiche zollfrei zugelassen.

Jeder der vertragschließenden Teile behält sich vor, diese Begünstigungen, soweit sie für sein Gebiet gelten, an die Erfüllung besonderer Bedingungen zu knüpfen.

K.

Handels- und Schiffahrtsvertrag zwischen dem Deutschen Reich und Rußland.

Vom 10. Februar 1894 und 28. Juli 1904.

Art. 1. Die Angehörigen eines der beiden vertragschließenden Teile, welche sich in dem Gebiete des anderen Teiles niedergelassen haben oder sich dort vorübergehend aufhalten, sollen dort im Handels- und Gewerbebetriebe die nämlichen Rechte genießen und keinen höheren oder anderen Abgaben unterworfen werden als die Inländer. Sie sollen in dem Gebiete des anderen Teiles in jeder Hinsicht dieselben Rechte, Privilegien, Freiheiten, Begünstigungen und Befreiungen haben wie die Angehörigen des meistbegünstigten Landes.

Es herrscht jedoch darüber Einverständnis, daß durch die vorstehenden Bestimmungen die besonderen Gesetze, Erlasse und Verordnungen auf dem Gebiete des Handels, der Gewerbe und der Polizei nicht berührt werden, welche in jedem der beiden vertragschließenden Länder gelten oder gelten werden und auf alle Ausländer Anwendung finden.

Art. 2. Die Angehörigen jedes der beiden vertragschließenden Teile sollen in dem Gebiete des anderen Teiles berechtigt sein, jede Art von beweglichem oder unbeweglichem Vermögen zu erwerben und zu besitzen, soweit dieses Recht nach den Landesgesetzen Angehörigen irgend einer fremden Nation jetzt oder künftig zusteht. Sie sollen berechtigt sein, darüber durch Verkauf, Tausch, Schenkung, Eheschließung, letzten Willen, oder auf andere Weise zu verfügen, sowie durch Vermögen, durch Erbschaften zu erwerben, und zwar unter denselben Bedingungen, welche jetzt oder künftig für die Angehörigen irgend einer anderen fremden Station bestehen, ohne in einem der genannten Fälle unter irgend einer Bezeichnung anderen oder höheren Abgaben, Steuern oder Auflagen unterworfen zu sein als die Inländer.

Die dreijährige Frist, die durch den Kaiserlich russischen Ukas vom 14. März 1887 für die Veräußerung der Liegenschaften seitens der Ausländer festgesetzt worden ist, wird für die deutschen Reichsangehörigen auf zehn Jahre verlängert.

Die Angehörigen eines jeden der beiden vertragschließenden Teile sollen den Erlös aus dem Verkaufe ihres Eigentums und ihr Vermögen überhaupt unter Beobachtung der Landesgesetze frei ausführen können, ohne als Ausländer zur Entrichtung anderer oder höherer Abgaben verpflichtet zu sein, als die Inländer unter gleichen Verhältnissen zu entrichten haben würden.

Sie sollen unter Beobachtung der Landesgesetze freien Zutritt zu den Gerichten haben, um als Kläger oder Beklagte aufzutreten, und sollen in dieser Hinsicht alle Rechte und Befreiungen der Inländer genießen und wie diese befugt sein, sich in jeder Rechtssache der durch die Landesgesetze zugelassenen Anwälte, Sachwalter und Vertreter jeder Art zu bedienen.

Art. 3. Die Angehörigen jedes der vertragschließenden Teile sollen in dem Gebiete des anderen zu Gerichts-, Administrativ- oder Munizipaldiensten mit Ausnahme der Vormundschaft nicht verpflichtet sein, ebenso bleiben sie frei von jedem persönlichen Dienste im Landheere, in der Marine, in der Reserve der Land- und Seemacht und in der Nationalmiliz sowie von allen Lasten, Zwangsanleihen, militärischen Requisitionen und Leistungen jeder Art, welche im Kriegsfalle oder infolge von außergewöhnlichen Umständen auferlegt werden; ausgenommen sind die aus irgendwelchem Rechtstitel mit dem Besitze eines Grundstücks verbundenen Lasten sowie die Verpflichtung zur Quartierleistung und zu sonstigen besonderen Leistungen für die bewaffnete Macht, die den Inländern und den Angehörigen der meistbegünstigten Nation als Eigentümern, Pächtern oder Mietern von Immobilien obliegen.

Art. 4. Aktiengesellschaften und andere kommerzielle, industrielle oder finanzielle Gesellschaften, welche in einem der beiden Länder nach den bestehenden Gesetzen rechtsgültig errichtet worden sind und dort ihren Sitz haben, sollen in dem anderen Lande als gesetzlich bestehend anerkannt werden und dort namentlich das Recht haben, vor Gericht als Kläger oder als Beklagte Prozesse zu führen.

Es herrscht jedoch darüber Einverständnis, daß durch die vorstehende Bestimmung die Frage nicht berührt wird, ob derartige in einem der beiden Länder errichtete Gesellschaften in dem anderen Lande zum Handels- und Gewerbebetriebe zugelassen werden sollen oder nicht. Diese Frage bleibt, wie bisher, den in dem betreffenden Lande bestehenden oder noch einzuführenden Bestimmungen vorbehalten.

In jedem Falle sollen die gedachten Gesellschaften in dem anderen Lande dieselben Rechte genießen, welche den gleichartigen Gesellschaften irgend eines Landes zustehen oder zugestanden werden sollten.

Art. 5. Die vertragschließenden Teile verpflichten sich, den gegenseitigen Verkehr zwischen beiden Ländern durch keinerlei Einfuhr- oder Ausfuhrverbote zu hemmen, auch die freie Durchfuhr zu gestatten, soweit es sich nicht um Wege handelt, die der Durchfuhr verschlossen sind oder sein werden.

Ausnahmen sind nur für solche Erzeugnisse zulässig, welche auf dem Gebiete eines der vertragschließenden Teile den Gegenstand eines Staatsmonopols bilden oder bilden werden, sowie auch für gewisse Erzeugnisse, für die aus Rücksichten auf die Gesundheit, die Veterinärpolizei und die öffentliche Sicherheit oder aus anderen schwerwiegenden Gründen außerordentliche Verbotsmaßregeln ergehen könnten.

Art. 6. Die russischen Boden- und Gewerbserzeugnisse, welche in Deutschland, und die deutschen Boden- und Gewerbserzeugnisse, welche in Rußland eingeführt werden, sollen dort, sie mögen zum Verbrauch oder zur Lagerung, zur Wiederausfuhr oder zur Durchfuhr bestimmt sein, der nämlichen Behandlung wie die Erzeugnisse des meistbegünstigten Landes unterliegen. In keinem Falle und aus keinem Grunde sollen sie höheren oder anderen Zöllen, Gebühren, Steuern oder Abgaben unterworfen sein, noch mit Zuschlägen oder einem Einfuhrverbote belegt werden, von denen nicht auch die gleichartigen Erzeugnisse irgend eines anderen Landes betroffen werden. Insbesondere wird jede Begünstigung und Erleichterung, jede Befreiung und jede Ermäßigung der in dem Generaltarif oder in den Vertragstarifen enthaltenen Eingangszölle, welche einer der vertragschließenden Teile einer dritten Macht dauernd oder zeitweise, ohne Gegenleistung oder mit Kompensation zugesteht, ohne weiteres und bedingungs-, vorbehalts- oder kompensationslos auf die Boden- und Gewerbserzeugnisse des anderen ausgedehnt werden.

Art. 7. Die in dem beiliegenden Tarif A bezeichneten deutschen Boden- und Gewerbserzeugnisse sollen bei ihrer Einfuhr in Rußland und die in dem beiliegenden Tarif B bezeichneten russischen Boden- und Gewerbserzeugnisse sollen bei ihrer Einfuhr in Deutschland keinen anderen oder höheren Eingangszöllen unterliegen als den in diesen Anlagen festgesetzten.

Wenn einer der vertragschließenden Teile auf einen in Anlage A oder Anlage B des gegenwärtigen Vertrags angeführten Gegenstand einheimischer Erzeugung oder Fabrikation zum Vorteil der Staatskasse eine neue innere Steuer oder Akzise oder einen Zuschlag zu einer solchen inneren Steuer oder Akzise legen sollte, so kann der gleichartige Gegenstand bei der Einfuhr mit einer gleichen oder entsprechenden Abgabe belegt werden, vorausgesetzt, daß diese Abgabe für die Provenienzen aller Länder gleich ist.

Art. 8. Innere Abgaben, welche in dem Gebiete eines der vertragschließenden Teile für Rechnung des Staates, der Gemeinden oder der Korporationen auf der Hervorbringung, der Bearbeitung oder dem Verbrauch eines Erzeugnisses ruhen oder ruhen werden, dürfen für Erzeugnisse des anderen Teiles unter keinem Vorwande höher oder lästiger sein als für die gleichartigen Erzeugnisse des eigenen Landes.

Art. 9. Bei der Ausfuhr von Waren aus einem der beiden Länder nach dem anderen dürfen keine anderen oder höheren Ausgangsabgaben erhoben werden als bei der Ausfuhr nach dem in dieser Beziehung meistbegünstigten Lande. Auch jede sonst von einem der vertragschließenden Teile einer dritten Macht für die Ausfuhr zugestandene Begünstigung wird ohne weiteres und bedingungslos dem anderen zuteil werden.

Art. 10. Die Waren aller Art, welche durch das Gebiet eines der beiden Teile auf einem dem Transithandel geöffneten Wege durchgeführt werden, sollen wechselseitig von jeder Durchfuhrabgabe frei sein, sei es, daß sie unmittelbar durchgeführt werden, sei es, daß sie während der Durchfuhr abgeladen, eingelagert und wieder aufgeladen werden.

Art. 11. Die Bestimmungen des gegenwärtigen Vertrags berühren nicht:

1. die Begünstigungen, welche anderen angrenzenden Staaten zur Erleichterung des örtlichen Verkehrs innerhalb einer Grenzzone bis zu fünfzehn Kilometer Breite gegenwärtig gewährt sind oder in Zukunft gewährt werden sollten,
2. die von Deutschland auf Grund der bestehenden Zolleinigung dem Großherzogtum Luxemburg und den österreichischen Gemeinden Jungholz und Mittelberg zugestandenen Begünstigungen, auf welche Gebietsteile im übrigen die Bestimmungen des gegenwärtigen Vertrags Anwendung finden,
3. die Begünstigungen, welche für die Einfuhr oder Ausfuhr den Bewohnern des Gouvernements Archangel sowie für die nördlichen und östlichen Küsten des asiatischen Rußlands (Sibirien) gegenwärtig gewährt sind oder in Zukunft gewährt werden sollten.

Doch soll die deutsche Einfuhr in gleicher Weise alle der Einfuhr eines europäischen oder nordamerikanischen Staates in diese Gebiete eingeräumten Zollerleichterungen mitgenießen.

Es wird außerdem der Vorbehalt gemacht, daß die Bestimmungen der Artikel 6, 9 und 10 des gegenwärtigen Vertrags weder auf die besonderen Abmachungen des Vertrags zwischen Rußland und Schweden und Norwegen vom 26. April (8. Mai) 1838 noch auf diejenigen Vereinbarungen Anwendung finden sollen, welche die Handelsbeziehungen mit den angrenzenden Staaten und Ländern Asiens regeln oder regeln werden. Auf diese Abmachungen darf in keinem Falle Bezug genommen werden, um die Handels- und Schiffahrtsverhältnisse, wie sie zwischen den beiden vertragschließenden Teilen durch den gegenwärtigen Vertrag begründet worden sind, abzuändern.

Art. 12. Kaufleute, Fabrikanten und andere Gewerbetreibende, welche sich durch den Besitz einer von den Behörden des Heimatlandes ausgefertigten Gewerbelegitimationskarte darüber ausweisen, daß sie in dem Staate, wo sie ihren Wohnsitz haben, zum Gewerbebetrieb berechtigt sind, sollen befugt sein, persönlich oder durch die in ihren Diensten stehenden Reisenden in dem Gebiete des anderen vertragschließenden Teiles Wareneinkäufe zu machen oder Bestellungen, auch unter Mitführung von Mustern, zu suchen. Die gedachten Kaufleute, Fabrikanten und anderen Gewerbetreibenden oder Handlungsreisenden sollen wechselseitig in den beiden Ländern hinsichtlich der Pässe und der den Handelsbetrieb treffenden Abgaben wie die Angehörigen der meistbegünstigten Nation behandelt werden.

Die mit einer Gewerbelegitimationskarte versehenen Gewerbetreibenden (Handlungsreisenden) dürfen wohl Warenmuster aller Art, aber keine Waren mit sich führen. Für zollpflichtige Gegenstände, welche als Muster von den vorbezeichneten Handlungsreisenden eingebracht werden, wird beiderseits Befreiung von Eingangs- und Ausgangsabgaben unter der Voraussetzung zugestanden, daß diese Gegenstände, falls sie nicht verkauft worden sind, binnen einer Frist von einem Jahre wieder ausgeführt werden und die Identität der ein- und wieder ausgeführten Gegenstände außer Zweifel ist, wobei es gleichgültig sein soll, über welches Zollamt die Gegenstände ausgeführt werden.

Die Wiederausfuhr der Muster muß in beiden Ländern bei der Einfuhr durch Niederlegung des Betrages der bezüglichen Zollgebühren oder durch Sicherstellung gewährleistet werden.

Die vertragschließenden Teile werden sich gegenseitig Mitteilung darüber machen, welche Behörden zur Erteilung von Gewerbelegitimationskarten befugt sein sollen, nach welchem Muster diese Karten ausgefertigt werden und welche Vorschriften die Reisenden bei Ausübung des Gewerbebetriebes zu beachten haben.

Die Angehörigen des einen der vertragschließenden Teile, welche sich in das Gebiet des anderen zum Besuche der Messen und Märkte begeben, um dort Handel zu treiben oder ihre Erzeugnisse feilzuhalten, werden wechselseitig wie die Inländer behandelt und keinen höheren Abgaben als diese unterworfen werden.

Art. 12a. Die Kaiserlich russische Regierung erklärt sich bereit, innerhalb einer Frist von drei Jahren nach dem Inkrafttreten des gegenwärtigen Vertrags mit der Kaiserlich deutschen Regierung in Verhandlungen wegen des Abschlusses eines Abkommens, betreffend den gegenseitigen Schutz des Urheberrechts an Werken der Literatur, Kunst und Photographie, einzutreten.

Art. 13. Die deutschen Schiffe und ihre Ladungen sollen in Rußland und die russischen Schiffe und ihre Ladungen sollen in Deutschland ganz wie die inländischen Schiffe und Ladungen behandelt werden, gleichviel von wo die Schiffe ausgelaufen oder wohin sie bestimmt sind und woher die Ladungen stammen oder wohin sie bestimmt sind.

Jedes Vorrecht und jede Befreiung, welche in dieser Beziehung von einem der vertragschließenden Teile einer dritten Macht eingeräumt werden sollte, soll ohne weiteres und bedingungslos auch dem anderen Teile zustehen.

Von den vorstehenden Bestimmungen wird jedoch eine Ausnahme gemacht

a) in betreff derjenigen besonderen Begünstigungen, welche dem inländischen Fischfang und dessen Erzeugnissen in dem einen oder dem anderen Lande jetzt oder in Zukunft gewährt werden sollten,

b) in betreff der jetzt oder künftig der nationalen Kauffahrteiflotte gewährten Begünstigungen.

Die Bestimmungen des gegenwärtigen Vertrags finden keine Anwendung auf die Küstenschiffahrt, welche nach wie vor durch die in jedem der beiden Länder jetzt oder künftig in Kraft stehenden Gesetze geregelt wird. Immerhin soll es den deutschen und den russischen Schiffen freistehen, aus einem Hafen des einen der beiden vertragschließenden Länder nach einem oder mehreren Häfen desselben Landes zu fahren, sei es, um dort die aus dem Auslande mitgebrachte Ladung ganz oder teilweise zu löschen, oder um eine nach dem Auslande bestimmte Ladung einzunehmen oder zu ergänzen.

Art. 14. Die Nationalität der Schiffe soll beiderseits nach den jedem Lande eigentümlichen Gesetzen und Verordnungen auf Grund der an Bord befindlichen, durch die zuständigen Behörden ausgestellten Urkunden und Patente anerkannt werden.

Die von dem einen der vertragschließenden Teile ausgestellten Schiffsmeßbriefe werden nach Maßgabe der zwischen den beiden vertragschließenden Teilen getroffenen oder zu treffenden besonderen Vereinbarungen von dem anderen Teile anerkannt werden.

Art. 15. Die deutschen Schiffe, welche nach einem russischen Hafen, und umgekehrt die russischen Schiffe, welche nach einem deutschen Hafen kommen, nur um dort ihre Ladung zu vervollständigen oder einen Teil derselben zu löschen, sollen, vorausgesetzt, daß sie sich nach den Gesetzen und Vorschriften des betreffenden Staates richten, den nach einem anderen Hafen desselben oder eines anderen Landes bestimmten Teil ihrer Ladung an Bord behalten und ihn wieder ausführen können, ohne gehalten zu sein, für diesen Teil ihrer Ladung irgendwelche Gefälle zu bezahlen außer den Aufsichtsabgaben, welche übrigens nur nach dem für die inländische Schiffahrt bestimmten Satze erhoben werden dürfen.

Art 16. Von Tonnengeldern und Abfertigungsgebühren sollen in den Häfen eines jeden der beiden Länder völlig befreit sein:

1 die Schiffe, welche von irgend einem Orte mit Ballast ein- und damit wieder auslaufen;

2 die Schiffe, welche aus einem Hafen des einen der beiden Länder nach einem oder mehreren Häfen desselben Landes kommen und sich über die in einem anderen Hafen desselben Landes bereits erfolgte Zahlung jener Abgaben ausweisen können;

3 die Schiffe, welche freiwillig oder notgedrungen mit Ladung nach einem Hafen kommen und ihn, ohne irgendwie Handel betrieben zu haben, wieder verlassen.

Diese Befreiung wird nicht gewährt für Leuchtturm-, Lotsen-, Remorkierungs-, Quarantäne- und sonstige auf dem Schiffskörper lastende Abgaben, welche für dem Verkehr dienende Leistungen und Vorkehrungen in gleichem Maße von den inländischen und von den Schiffen der meistbegünstigten Nation zu entrichten sind.

Ist das Einlaufen durch Not veranlaßt worden, so gelten nicht als Ausübung des Handelsbetriebes das zur Ausbesserung des Schiffes erfolgte Löschen und Wiedereinladen der Waren, das Überladen auf ein anderes Schiff im Falle der Seeuntüchtigkeit des ersten, die zur Verproviantierung der Schiffsmannschaft notwendigen Aufwendungen und der Verkauf der beschädigten Waren mit Genehmigung der Zollverwaltung.

Art. 17. Wenn ein Schiff eines der vertragschließenden Teile an den Küsten des anderen Teiles strandet oder Schiffbruch leidet, sollen Schiff und Ladung dieselben Begünstigungen und Befreiungen genießen, welche die Gesetzgebung des betreffenden Landes den eigenen Schiffen in gleicher Lage bewilligt. Es soll jederlei Hilfe und Beistand dem Führer und der Mannschaft sowohl für ihre Person wie für Schiff und Ladung geleistet werden.

Die vertragschließenden Teile kommen außerdem überein, daß die geborgenen Waren keiner Zollabgabe unterliegen sollen, es sei denn, daß sie in den inländischen Verbrauch übergehen.

Art. 18. Die Benutzung der Chausseen und sonstigen Straßen, Kanäle, Schleusen, Fähren, Brücken und Brückenöffnungen, der Häfen und Landungsplätze, der Bezeichnung und Beleuchtung des Fahrwassers, des Lotsenwesens, der Krane und Wageanstalten, der Niederlagen, der Anstalten zur Rettung und Bergung von Schiffsgütern und dergleichen mehr soll, insoweit die Anlagen oder Anstalten für den öffentlichen Verkehr und den Handel im allgemeinen bestimmt sind, gleichviel, ob sie vom Staate oder mit staatlicher Genehmigung von Privatpersonen verwaltet werden, den Angehörigen des anderen vertragschließenden Teiles unter gleichen Bedingungen und gegen Zahlung gleicher Gebühren wie den Angehörigen des eigenen Staates gestattet werden.

Solche Gebühren dürfen, vorbehaltlich der beim Seebeleuchtungs- und Seelotsenwesen zulässigen abweichenden Bestimmungen, nur bei wirklicher Benutzung solcher Anlagen oder Anstalten erhoben werden.

Art. 19. Die beiden vertragschließenden Teile behalten sich das Recht vor, ihre Eisenbahntransporttarife nach eigenem Ermessen zu bestimmen.

Jedoch soll weder hinsichtlich der Beförderungspreise noch hinsichtlich der Zeit und der Art der Abfertigung zwischen den Bewohnern der Gebiete der vertragschließenden Teile ein Unterschied gemacht werden. Insbesondere sollen für die von Rußland nach einer deutschen Station oder durch Deutschland beförderten Gütertransporte auf den deutschen Bahnen keine höheren Tarife angewendet werden, als für gleichartige deutsche oder ausländische Erzeugnisse in derselben Richtung und auf derselben Verkehrsstrecke erhoben werden. Das gleiche soll auf den russischen Bahnen für Gütersendungen aus Deutschland gelten, welche nach einer russischen Station oder durch Rußland befördert werden.

Ausnahmen von vorstehenden Bestimmungen sollen nur zulässig sein, soweit es sich um Transporte zu ermäßigten Preisen für öffentliche oder milde Zwecke handelt.

Art. 20. Der gegenwärtige Vertrag soll am 1. Juli 1906 in Kraft treten.

Nach der Inkraftsetzung wird der Handels- und Schiffahrtsvertrag bis zum 31. Dezember 1917 in Geltung bleiben.

Im Falle keiner der vertragschließenden Teile zwölf Monate vor dem Eintritt dieses Termins seine Absicht, die Wirkungen des Vertrags aufhören zu lassen, kundgibt, soll der letztere mit den obenerwähnten Änderungen und Zusätzen in Geltung bleiben bis zum Ablauf eines Jahres von dem Tage ab, wo der eine oder der andere der vertragschließenden Teile ihn kündigt.

L.

Handels- und Zollvertrag zwischen dem Deutschen Reich und der Schweiz.

Vom 10. Dezember 1891 und 12. November 1904.

Art. 1. Die beiden vertragschließenden Teile werden sich wechselseitig in Beziehung auf die Einfuhr, Ausfuhr und Durchfuhr in jeder Hinsicht auf dem Fuße der meist begünstigten Nation behandeln.

Jeder der beiden Teile verpflichtet sich demgemäß, jedes Vorrecht und jede Begünstigung, welche er in den gedachten Beziehungen einer dritten Macht bereits zugestanden hat oder in der Folge zugestehen möchte, insbesondere jede Ermäßigung der Eingangs- und Ausgangsabgaben, gleichmäßig auch dem anderen vertragschließenden Teile gegenüber ohne irgend welche Gegenleistung in Kraft treten zu lassen.

Die vertragschließenden Teile verpflichten sich ferner, den gegenseitigen Verkehr zwischen beiden Ländern durch keinerlei Einfuhr-, Ausfuhr- oder Durchfuhrverbote zu hemmen. Ausnahmen sind nur zulässig:

1. in Beziehung auf Kriegsbedarf unter außerordentlichen Umständen;
2. aus Rücksichten auf die öffentliche Sicherheit;
3. aus Rücksichten der Gesundheitspolizei oder zum Schutze von Tieren oder Nutzpflanzen gegen Krankheiten, Schädlinge oder andere Gefahren;
4. behufs Durchführung der inneren Gesetzgebung, soweit durch diese die Erzeugung, die Beförderung, der Vertrieb oder der Verbrauch gewisser Gegenstände verboten oder eingeschränkt wird.

Art. 2. Die in der Anlage A bezeichneten Gegenstände schweizerischen Ursprungs oder schweizerischer Fabrikation werden bei ihrer Einfuhr in das deutsche Zollgebiet zu den durch diesen Tarif festgestellten Bedingungen zugelassen.

Die in der Anlage B bezeichneten Gegenstände deutschen Ursprungs oder deutscher Fabrikation werden bei ihrer Einfuhr in die Schweiz zu den durch diesen Tarif festgestellten Bedingungen zugelassen.

Art. 3. Die aus einem der beiden Gebiete eingehenden oder nach demselben ausgehenden Waren aller Art sollen gegenseitig in dem anderen Gebiet von jeder Durchgangsabgabe befreit sein.

Art. 4. Zur Erleichterung im gegenseitigen Grenzverkehr sind unter den vertragschließenden Teilen diejenigen besonderen Bestimmungen vereinbart worden, welche sich in der Anlage C dem gegenwärtigen Vertrage angeschlossen finden.

Art. 5. Die Befreiung von Eingangs- und Ausgangsabgaben wird beiderseits zugestanden, sofern die Identität der aus- und wieder eingeführten Gegenstände außer Zweifel ist:

1. für Waren (mit Ausnahme von Verzehrungsgegenständen), welche aus dem freien Verkehr im Gebiete des einen der vertragschließenden Teile in das Gebiet des anderen

   auf Märkte oder Messen, oder auf ungewissen Verkauf außer dem Meß- und Marktverkehr, oder als Muster

   eingebracht werden; alle diese Gegenstände, wenn sie binnen einer im voraus zu bestimmenden Frist unverkauft zurückgeführt werden;
2. für Vieh, welches aus dem einen Gebiete auf Märkte des anderen gebracht und unverkauft von dort zurückgeführt wird;
3. für handelsübliche Umschließungen aller Art, sowie Schutzdecken und andere Verpackungsmittel, auch Webebäume, Holz- und Papprollen und dergleichen, die aus dem einen Gebiete in das andere zum Zwecke der Ausfuhr von Waren eingeführt, oder, nachdem sie nachweislich dazu gedient haben, aus dem andern Gebiete wieder zurückgebracht werden;
4. für Vieh, welches zur Fütterung, Mästung oder auf Weiden aus dem einen Gebiete in das andere gebracht und von der Fütterung, Mästung oder nach der Weidezeit in das erstere zurückgeführt wird.

Art. 6. Zur Regelung des Verkehrs zum Zwecke der Veredlung oder Ausbesserung von Waren zwischen den Gebieten der vertragschließenden Teile wird festgesetzt, daß bei der Einfuhr in das Veredlungsland und bei der Rückkehr aus demselben von Eingangs- und Ausgangsabgaben befreit bleiben:

a) Seide aller Art, sowie Garne und Gewebe, welche zum Winden (Haspeln, Spulen), Zwirnen, Waschen, Bleichen, Mercerisieren, Färben, Umfärben, Bedrucken (und zwar Garne zum Bedrucken auch in durchschossenen Ketten), Gaufrieren, Moirieren, Appretieren, Walken, Pressen, Plissieren oder zur Vornahme ähnlicher Veredlungsarbeiten,
b) Häute und Felle, welche zur Leder- und Pelzwerkbereitung,
c) Gegenstände, welche zum Lackieren, Polieren und Bemalen in das andere Gebiet ausgeführt worden sind,
d) sonstige zur Ausbesserung, Bearbeitung oder Veredlung bestimmte, in das andere Gebiet gebrachte und nach Erreichung jenes Zweckes unter Beobachtung der deshalb getroffenen besonderen Vorschriften zurückgeführte Gegenstände, wenn die wesentliche Beschaffenheit derselben unverändert bleibt,

und zwar in allen diesen Fällen, sofern die Identität der aus- und wieder eingeführten Waren und Gegenstände außer Zweifel ist.

Ferner werden beiderseits, bei Festhaltung der Identität, von Eingangs- und Ausgangsabgaben freigelassen:

1. Gewebe, welche aus der Schweiz in die bayerischen Hauptzollamtsbezirke Lindau und Pfronten, den württembergischen Hauptzollamtsbezirk Friedrichshafen, den württembergischen Oberamtsbezirk Riedlingen, den preußischen Regierungsbezirk Sigmaringen und den badischen Kreis Konstanz, oder welche aus Deutschland nach der Schweiz versandt werden, um dort bestickt und sodann zurückgesandt zu werden. Außer den Geweben werden auch die Stickmusterblätter sowie das Stickmaterial (Seide oder Garn) beiderseits zollfrei abgefertigt.
2. Unaufgeschnittene Samte, Plüsche, samt- und plüschartige Gewebe, welche aus Deutschland nach der Schweiz ausgehen, um dort aufgeschnitten und sodann zurückgesandt zu werden.

In allen genannten Fällen kann die Zollfreiheit von dem Nachweise der einheimischen Erzeugung der zur Veredlung ausgeführten Waren abhängig gemacht werden, ausgenommen bei Seide zum Färben oder Umfärben, für welche dieser Nachweis nicht verlangt wird.

Art. 7. Zur Förderung der gegenseitigen Handelsbeziehungen werden die vertragschließenden Teile die Zollabfertigung im wechselseitigen Verkehre so weit erleichtern, als sich dies mit der Zollsicherheit verträgt.

Art. 8. Innere Abgaben, welche in dem einen der vertragschließenden Teile, sei es für Rechnung des Staates oder für Rechnung von Kantonen, Ländern, Kommunen oder Korporationen, auf der Hervorbringung, der Zubereitung oder dem Verbrauch eines Erzeugnisses gegenwärtig ruhen oder künftig ruhen möchten, dürfen Erzeugnisse des anderen Teiles unter keinem Vorwande höher oder in lästigerer Weise treffen als die gleichartigen Erzeugnisse des eigenen Landes.

Keiner der beiden vertragschließenden Teile wird Gegenstände, welche im eigenen Gebiete nicht erzeugt werden, und welche in den Tarifen zu gegenwärtigem Vertrage begriffen sind, unter dem Vorwande der inneren Besteuerung mit neuen oder erhöhten Abgaben bei der Einfuhr belegen.

Wenn einer der vertragschließenden Teile es nötig findet, auf einen in den Tarifen zu gegenwärtigem Vertrage begriffenen Gegenstand einheimischer Erzeugung oder Fabrikation eine neue innere Steuer oder Akzisegebühr oder einen Gebührenzuschlag zu legen, so soll der gleichartige ausländische Gegenstand sofort mit einem gleichen Zolle oder Zollzuschlage bei der Einfuhr belegt werden können.

Erzeugnisse, welche Staatsmonopole eines der vertragschließenden Teile bilden, sowie Gegenstände, welche zur Erzeugung von solchen monopolisierten Waren dienen, können bei ihrer Einfuhr einer zur Sicherung des Monopols bestimmten Abgabe auch in dem Falle unterworfen werden, wenn die gleichartigen Erzeugnisse oder Gegenstände des Inlandes dieser Abgabe nicht unterliegen.

Die vertragschließenden Teile behalten sich das Recht vor, diejenigen Produkte, zu deren Herstellung Alkohol verwendet wird — unter Wahrung des in Absatz 1 dieses Artikels enthaltenen Grundsatzes —, bei der Einfuhr außer mit dem tarifmäßig etwa entfallenden Zolle noch mit einer Gebühr zu belegen, deren Betrag der auf den verwendeten Alkohol entfallenden inneren fiskalischen Belastung gleichkommt.

Art. 9. Kaufleute, Fabrikanten und andere Gewerbetreibende, welche sich durch den Besitz einer von den Behörden des Heimatlandes ausgefertigten Gewerbe-Legitimationskarte darüber ausweisen, daß sie in dem Staate, wo sie ihren Wohnsitz haben, die gesetzlichen Steuern und Abgaben entrichten, sollen befugt sein, persönlich oder durch in ihren Diensten stehende Reisende in dem Gebiete des anderen vertragschließenden Teiles bei Kaufleuten oder in offenen Verkaufsstellen oder bei solchen Personen, welche die Waren produzieren, Warenankäufe zu machen oder bei Kaufleuten in deren Geschäftsräumen oder bei solchen Personen, in deren Gewerbebetriebe Waren der angebotenen Art Verwendung finden, Bestellungen zu suchen, ohne hierfür eine weitere Abgabe entrichten zu müssen.

Die mit einer Gewerbe-Legitimationskarte versehenen Gewerbetreibenden (Handlungsreisenden) dürfen in der Regel nur Warenmuster, aber keine Waren mit sich führen; indessen soll ihnen die Mitführung von Waren insoweit erlaubt sein, als sie den im Inlande domizilierten inländischen Gewerbetreibenden (Handlungsreisenden) gestattet wird.

Die Ausfertigung der Gewerbe-Legitimationskarte soll nach dem unter lit. D anliegenden Muster erfolgen.

Die vertragschließenden Teile werden sich gegenseitig Mitteilung darüber machen, welche Behörden zur Erteilung von Gewerbe-Legitimationskarten befugt sein sollen, und welche Vorschriften von den Inhabern dieser Karten bei Ausübung des Gewerbebetriebes zu beachten sind.

Hinsichtlich des Gewerbebetriebes im Umherziehen, einschließlich des Hausierhandels und des Aufsuchens von Bestellungen bei Nichtgewerbetreibenden, behalten sich die vertragschließenden Teile volle Freiheit der Gesetzgebung vor.

Art. 10. Der gegenwärtige Vertrag erstreckt sich auf die mit einem der vertragschließenden Teile gegenwärtig oder künftig zollgeeinten Länder oder Gebiete.

Art. 10a. Wenn zwischen den vertragschließenden Teilen über die Auslegung oder Anwendung der dem gegenwärtigen Vertrage beigefügten Tarife A und B, einschließlich der Zusatzbestimmungen zu diesen Tarifen, sowie der Zollsätze der von den vertragschließenden Teilen mit dritten Staaten vereinbarten Vertragstarife eine Meinungsverschiedenheit entsteht, so soll sie auf Verlangen des einen oder des anderen Teiles durch Schiedsspruch erledigt werden.

Das Schiedsgericht wird für jeden Streitfall derart gebildet, daß jeder Teil aus den Angehörigen seines Landes eine geeignete Persönlichkeit zum Schiedsrichter bestellt, und daß die beiden Teile einen Anhörigen eines befreundeten dritten Staates zum Obmann wählen. Die beiden Teile behalten sich vor, sich im voraus und für einen bestimmten Zeitraum über die Person des im gegebenen Falle zu ernennenden Obmannes zu verständigen.

Eintretendenfalls und vorbehaltlich besonderer Verständigung werden die vertragschließenden Teile auch andere als die im ersten Absatz bezeichneten Meinungsverschiedenheiten über die Auslegung oder Anwendung des gegenwärtigen Vertrages zum schiedsgerichtlichen Austrag bringen.

Art. **11.** ... Mit den durch den Zusatzvertrag bedingten Änderungen und Ergänzungen soll der bestehende Handels- und Zollvertrag vom 10. Dezember 1891 während der Zeit bis zum 31. Dezember 1917 wirksam bleiben.

Im Falle keiner der vertragschließenden Teile zwölf Monate vor diesem Termin seine Absicht, die Wirkungen des Vertrages aufhören zu lassen, kundgibt, soll der letztere nebst den erwähnten Änderungen und Ergänzungen in Geltung bleiben bis zum Ablauf eines Jahres von dem Tage, an welchem der eine oder der andere der vertragschließenden Teile diese Abmachungen kündigt.

Anlage C

zum

Handels- und Zollvertrage mit der Schweiz.

Bestimmungen über die Behandlung des grenznachbarlichen Verkehrs.

§ 1.

Um die Bewirtschaftung der an der Grenze liegenden Güter und Wälder zu erleichtern, werden von allen Eingangs- und Ausgangsabgaben befreit:

Getreide in Garben oder in Ähren,
die Roherzeugnisse der Wälder, Holz und Kohlen,
Sämereien,
Setzlinge, ausgenommen solche von Obstbäumen und Zierpflanzen,
Stangen,
Rebstecken,
Gerätschaften und Materialien zum Bespritzen der Reben,
Werkzeuge aller Art und
Tiere,

die zur Bewirtschaftung der innerhalb eines Umkreises von 15 km auf beiden Seiten der Grenze gelegenen Güter dienen, vorbehaltlich der in beiden Ländern zur Verhütung von Defraudationen allfällig bestehenden Kontrollen.

Von allen Eingangs- und Ausgangsabgaben werden ferner befreit sämtliche Erzeugnisse des Ackerbaues und der Viehzucht eines einzelnen von der Zollgrenze zwischen beiden Gebieten durchschnittenen Landgutes, bei der Beförderung zu den Wohn- und Wirtschaftsgebäuden aus den durch die Zollgrenze davon getrennten Teilen.

§ 2.

Von Eingangs- und Ausgangsabgaben bleiben befreit:

1. Vieh, welches zur Arbeit aus dem einen Gebiete in das andere vorübergehend gebracht wird und von der Arbeit aus letzterem in das erstere zurückkommt; desgleichen landwirtschaftliche Maschinen und Geräte, welche zur vorübergehenden Benutzung aus dem einen in das andere Gebiet gebracht und nach erfolgter Benutzung wieder in das erstere zurückgeführt werden;
2. Holz, Lohe (Rinde), Getreide, Ölsamen, Hanf und andere dergleichen landwirtschaftliche Gegenstände, welche im gewöhnlichen kleinen Grenzverkehre zum Schneiden, Stampfen, Mahlen, Reiben usw. aus dem

einen Gebiete in das andere gebracht und geschnitten, gestampft, gemahlen, gerieben usw. in das erstere zurückgebracht werden;

3. Waren oder Gegenstände, welche im gewöhnlichen kleinen Grenzverkehr entweder zur Veredelung, namentlich zum Bedrucken, Bleichen, Färben, Gerben, Spinnen, Weben usw. oder zur handwerksmäßigen Verarbeitung oder Ausbesserung aus dem einen Gebiete in das andere ausgehen und nachher veredelt, verarbeitet oder ausgebessert wieder eingehen;
4. die selbstverfertigten Erzeugnisse der Handwerker, welche von diesen aus dem einen Gebiete auf die benachbarten Märkte des anderen gebracht werden und unverkauft zurückkommen, mit Ausschluß von Gegenständen der Verzehrung.

§ 3.

Zum Schutze gegen Mißbrauch werden in den Fällen des vorhergehenden § 2 die erforderlichen Kontrollmaßregeln beiderseitig zur Anwendung kommen. Doch ist dabei verstanden, daß dieselben auf das geringste, mit dem bezeichneten Zwecke vereinbarte Maß beschränkt, und daß jedenfalls nicht mehr gefordert werden soll, als daß

1. die fraglichen Gegenstände bei der Einfuhr beziehungsweise Ausfuhr an einer Grenzzollstelle behufs vormerklicher Behandlung nach Gattung und Menge angemeldet, zur Feststellung der Identität, wo es angeht, bezeichnet und nachher bei der Wiederausfuhr beziehungsweise Wiedereinfuhr der nämlichen Zollstelle wieder vorgeführt werden, und daß
2. die Wiederausfuhr, beziehungsweise Wiedereinfuhr, innerhalb einer bestimmten, von der Grenzzollstelle angesetzten Frist stattfinde.

Zur Forderung einer Kaution sind die Grenzzollstellen berechtigt; doch soll dieselbe den einfachen Zollbetrag nicht übersteigen. Über die nähere Ausführung in betreff dieser Kontrollmaßregeln soll, soweit nötig, eine Übereinkunft abgeschlossen werden.

§ 4.

Im kleinen Grenzverkehr an der deutsch-schweizerischen Grenze werden beiderseits folgende, nicht mit der Post eingehende Waren zollfrei zugelassen:

1. einzelne Stücke von frischem oder einfach zubereitetem Fleisch oder von Schweinespeck, in Mengen von nicht mehr als 2 kg;
2. Müllerei-Erzeugnisse — mit Ausnahme von Reisgries und gewalztem Reis — in Mengen von nicht mehr als 3 kg;
3. gewöhnliches Backwerk in Mengen von nicht mehr als 3 kg.

§ 5.

Ferner werden im kleinen Grenzverkehr frisches Obst, unverpackt oder nur in Säcke verpackt, sowie frischer Rotkohl, Weißkohl und Wirsingkohl und frische Kartoffeln zollfrei zugelassen, wenn diese Erzeugnisse aus der schweizerischen Grenzzone stammen und auf Landwegen (mit Ausschluß des Eisenbahnweges) nach Marktorten der deutschen Grenzzone an Markttagen zum Absatz an dortige Einwohner für deren eigenen Bedarf eingebracht werden.

§ 6.

Jeder der vertragschließenden Teile behält sich vor, die in den §§ 4 und 5 vorgesehenen Begünstigungen, soweit sie für sein Gebiet gelten, an die Erfüllung besonderer Bedingungen zu knüpfen oder bei vorgekommenen Mißbräuchen ganz oder teilweise außer Kraft zu setzen. In den Fällen des § 4 ist der andere Teil berechtigt, alsbald die gleichen Maßregeln für sein Gebiet zu treffen.

§ 7.

Im kleinen Grenzverkehr zwischen den beiden Teilen bleiben auch Nahrungsmittel und Getränke zollfrei, welche von den die Grenze überschreitenden Arbeitern oder ihren Angehörigen für den Tagesbedarf der ersteren eingebracht werden.

Anlage D

zum

Handels- und Zollvertrage mit der Schweiz.

Gewerbe-Legitimationskarte für Handlungsreisende.

Auf das Jahr 19 . . . . Nr. der Karte . . . .

(Wappen.)

(Alternat.) Gültig im Deutschen Reiche, in Luxemburg, in der Schweiz.

Inhaber:

(Vor- und Zuname.)

(Ortsname), den . . . . 19 . . . .

(Siegel.)

(Behörde.)

(Unterschrift.)

Es wird hiermit bescheinigt, daß Inhaber dieser Karte

{ eine (Art der Fabrik oder Handlung) in . . . . unter der Firma . . . . besitzt.
{ als Handlungsreisender im Dienste der Firma . . . . in . . . . steht, welche eine (Art der Fabrik oder Handlung) daselbst besitzt.

Ferner wird, da Inhaber für Rechnung dieser Firma und außerdem nachfolgender Firmen:

1. . . . . in . . . . ;
2. . . . . in . . . .

. . . .

Warenbestellungen aufzusuchen und Warenankäufe zu machen beabsichtigt, bescheinigt, daß für den Gewerbebetrieb vorgedachter Firm$\frac{a}{en}$ im hiesigen Lande die gesetzlich bestehenden Abgaben zu entrichten sind.

Bezeichnung der Person des Inhabers:

Alter: . . . .
Gestalt: . . . .
Haare: . . . .
Besondere Kennzeichen: . . . .

Unterschrift:

. . . .

Bemerkung. Von den Doppelzeilen wird in das Formular, welches dafür den entsprechenden Raum zu gewähren hat, die obere oder untere Zeile eingetragen, je nachdem es den Verhältnissen des einzelnen Falles entspricht.

Sachregister.

Die Ziffern verweisen auf die Seiten. (Der Zolltarif ist nicht berücksichtigt.)

C.

D.

E.

T.

U.

Lippert & Co. (G. Pätz'sche Buchdr.), Naumburg a. S.

FSC
www.fsc.org
MIX
Papier | Fördert gute Waldnutzung
FSC® C083411

Kolibri 360 GmbH
Ferdinand-Jühlke-Straße 7
99095 Erfurt, Deutschland
produktsicherheit@kolibri360.de